HIRTS STICHWORTBÜCHER

KARTOGRAPHIE IN STICHWORTEN

von

Herbert Wilhelmy

5., überarbeitete Auflage

von

Armin Hüttermann
und Peter Schröder

VERLAG FERDINAND HIRT

Über die Verfasser

Professor Dr. HERBERT WILHELMY, geb. 1910; 1942–54 apl. Professor am Geographischen Institut der Universität Kiel, 1954–58 o. Professor und Direktor des Geographischen Instituts an der TH Stuttgart; ab 1958 Direktor des Geographischen Instituts der Universität Tübingen, 1978 emeritiert.

1953 Silberne Carl-Ritter-Medaille, 1965 Karl-Sapper-Medaille für Tropenforschung. Mitglied der Deutschen Akademie der Naturforscher Leopoldina, korresp. Mitglied der Österreichischen Akademie der Wissenschaften und der Kolumbianischen Akademie der Wissenschaften, Ehrenmitglied mehrerer Geographischer Gesellschaften Südamerikas.

Forschungs- und Studienreisen in allen Erdteilen, besonders Südamerika, Südostasien und Südsee.

Dr. ARMIN HÜTTERMANN, geb. 1944; Studium in Göttingen und Tübingen; 1971–74 Wissenschaftlicher Assistent am Geographischen Institut der Universität Tübingen, 1975–80 am Geographischen Seminar der Universität Osnabrück/Abt. Vechta; seit 1980 Professor für Geographie an der PH Ludwigsburg. Schriftleiter der Zeitschrift „Geographie und Schule". Mitglied der ICA-Commission „Map and Statistical Data Use"; Leiter des Arbeitskreises „Kartennutzung" der DGfK.

Diplomgeograph PETER SCHRÖDER, geb. 1943, wiss. Ausbildung an den Universitäten Mainz, Wien und Tübingen, dort 1973/74 und 1978–1982 wiss. Angestellter am Geographischen Institut, seit 1982 Lehrbeauftragter an der Universität Tübingen (Geographie, Kartographie, amtl. Statistik). Mitarbeit u. a. an den Kreisbeschreibungen Tübingen und Biberach, Alexander Weltatlas, Alexander Handbuch, Geographische Landeskunde von Baden-Württemberg (hrsg. von Ch. Borcherdt)., Hrsg. und Redaktion der Zeitschrift „Geographie aktuell".

CIP-Titelaufnahme der Deutschen Bibliothek

Wilhelmy, Herbert:
Kartographie in Stichworten / von Herbert Wilhelmy. – 5., überarb. Aufl. / von Armin Hüttermann u. Peter Schröder. – Unterägeri : Hirt, 1990
(Hirts Stichwortbücher)
ISBN 3-266-03065-6
NE. Hüttermann, Armin [Bearb.]

5. Auflage 1990

© 1990 by Verlag Ferdinand Hirt AG, CH 6314 Unterägeri

Printed in Germany

ISBN 3-266-**03065**-6

Redaktion: VERLAG FERDINAND HIRT AG
Herstellung: TUTTE DRUCKEREI GmbH, Salzweg

Vorwort zur 5. Auflage

Seit über 25 Jahren erscheint die KARTOGRAPHIE IN STICHWORTEN und hat während dieser Zeit Generationen an Studenten, aber auch Lehrern und Schülern, wichtige Grundlagen zum Thema vermittelt oder sie zum Nachschlagen und Wiederholen angeregt.

Das Werk wurde 1965 zunächst in Einzelheften erarbeitet und basiert auf jahrzehntelanger praktischer Arbeit mit Studenten in Pro- und Mittelseminaren.

Da die Themen der Einzelhefte Projektionen/Netzentwürfe – Topographische Karte – Thematische Karte – Kartenaufnahme bzw. -Erarbeitung, sowie die Interpretation von Karten – eng verflochten sind, erscheint das Werk seit der 3. Auflage als Bandausgabe.

Die KARTOGRAPHIE IN STICHWORTEN hat sich in all den Jahren bewährt, ist bei Kartographen und Geographen als kleines Lehrbuch und Repetitorium anerkannt. Jeder wird es begrüßen, daß jetzt die 5. überarbeitete und erweiterte Auflage vorliegt.

Da ich in diesem Jahr das 80. Lebensjahr vollendet habe, wurde die Überarbeitung durch zwei neue Autoren ausgeführt. Beide Bearbeiter sind Schüler von mir.

Tübingen im August 1990   HERBERT WILHELMY

Seit dem Erscheinen der letzten Auflage der KARTOGRAPHIE IN STICHWORTEN vor fast zehn Jahren haben sich in der Kartographie in Theorie und Praxis wesentliche Entwicklungen vollzogen. Deshalb erschien für die 5. Auflage eine aktualisierte Überarbeitung erforderlich, mit der wir vom Verlag betraut worden sind.

Das grundlegende Konzept Wilhelmys wurde auch in der Neuauflage beibehalten, einzelne Abschnitte wurden jedoch neu formuliert und teilweise ergänzt. Darüber hinaus wurden einige Abschnitte (so z. B. zum Thema Geo-Informationssysteme) neu aufgenommen. Bei den Literaturangaben war es unumgänglich, auf die Anführung einiger älterer Titel zu verzichten, um wenigstens auf eine Auswahl wichtiger Neuerscheinungen hinweisen zu können.

Auf manche wünschenswerte Ergänzung bzw. Überarbeitung mußte verzichtet werden, um den vom Verlag gesetzten Rahmen einzuhalten. Beschränkungen ergeben sich natürlich auch aus der Zielsetzung des Buches, nämlich eine Einführung in die Kartographie aus *geographischer Sicht* zu bieten.

Wir hoffen, dennoch den Wünschen nach einer aktualisierten Fassung der bewährten Darstellung Wilhelmys entsprochen zu haben.

August 1990   ARMIN HÜTTERMANN   PETER SCHRÖDER

Inhalt

Seite

GRUNDLAGEN 13

Geodäsie – Kartographie – Geographie 13

Abbildungsmöglichkeiten der Erde 18
   Karte 18
      Definition 18
      Forderungen an Kartendarstellung 18
      Kartenarten 19
   Relief 21
   Blockdiagramm 22
   Kausalprofil 26
   Globus 26
   Luftbild 29
   Panorame 32
   Geo-Informationssysteme 32

Maßstab 36
   Kartenklassifikation nach Maßstäben 37
      Plankarten 37
      Spezialkarten 38
      Übersichtskarten 38
      Handkarten 38
      Länder-, Erdteil- und Weltkarten 39

Generalisierung 39

NETZENTWÜRFE (KARTENPROJEKTIONEN) 42

Erdgestalt 42
Gradnetz und Nullmeridian 43
Möglichkeiten und Grenzen der Projektionen 45

Azimutalprojektionen 49
   Polständige (normale) Azimutalprojektionen 49
      Polständige Zentrale oder Gnomonische Projektion 49
      Polständige Orthographische Azimutalprojektion 51
      Polständige Stereographische Azimutalprojektion 52
      Polständige Mittabstandstreue oder Speichentreue Azimutal-
      projektion 53
      Lamberts flächentreue polständige Azimutalprojektion 54
   Äquatorständige (transversale) Azimutalprojektionen 55
      Äquatorständige Zentrale Azimutalprojektion 55
      Äquatorständige Orthographische Azimutalprojektion 56

Äquatorständige Stereographische Azimutalprojektion 57
Äquatorständige Azimutalprojektion oder Globularprojektion 57
Nells modifizierte äquatorständige Azimutalprojektion 58
Lamberts flächentreue äquatorständige Azimutalprojektion.............. 59
Hammers Planisphäre... 60
Aitoffs Planisphäre 60
Zwischenständige (schiefachsige) Azimutalprojektionen............. 61

Kegelprojektionen.. 61
Echte Kegelprojektionen.. 61

Einfache Kegelprojektion.. 62
Vereinfachte Kegelprojektionen 62
Albers' flächentreue Schnittkegelprojektion...................... 63
Lamberts flächentreue Kegelprojektion 63

Unechte Kegelprojektion 63

Bonnesche Projektion... 63
Stab-Wernersche Projektion..................................... 65

Zylinderprojektionen 66
Echte Zylinderprojektionen 67

Quadratische Plattkarte 67
Rechteckige Plattkarte 68
Mercatorprojektion 68
Lamberts flächentreue Zylinderprojektion........................ 70
Behrmanns flächentreue Schnittzylinderprojektion 71
Peters-Projektion 71

Unechte Zylinderprojektionen.................................... 72

Mercator-Sansonsche Zylinderprojektion 73
Mollweidesche Projektion....................................... 73
Eckerts Trapez-, Ellipsen- und Sinuslinienentwürfe.................. 74

Vermittelnde und mehrpolige Projektionen 76
Mischprojektionen 77

Winkels vermittelnde Projektionen 77

Mehrpolige Projektionen 77

Goodes flächentreue Projektionen............................... 77
Schmetterlingskarten 78

Spezialentwürfe für topographische Kartenwerke..................... 78
Polyederprojektion.. 78
Polykonische Projektion.. 79

Geodätische Abbildungen... 80
Soldnersche Koordinaten 80
Gauß-Krügersche Koordinaten..................................... 80
Gitternetz 81

Verwandtschaften unter den Projekten 83
Kriterien für die Bestimmung von Projektionen..................... 84
Kriterien für die Verwendung von Projektionen 89
Geschichte der Netzentwürfe....................................... 92

TOPOGRAPHISCHE KARTEN 96

Karteninhalt 96
  Darstellung des Lageplans 96
    Liniensignaturen 97
    Ortssignaturen 100
    Flächensignaturen 101
  Geländedarstellung 102
    Vorder-, Seiten- und Schrägansichten 103
    Böschungsschraffen 106
    Schattenschraffen 109
    Bergstriche 110
    Farbige Schraffen 111
    Schummerung 111
      Handschummerung 112
      Photomechanische Schummerung (Wenschow-Verfahren) 115
    Höhenlinien 116
    Höhenschichten 120
    Farbenplastik 120
      Hauslabs Höhenplastik 121
      Sydowsche Regionalfarben 121
      Peuckersche Farbenplastik 121
      Ostwalds Farbenlehre 122
      Imhofs luftperspektivische Skala (Schweizer Manier) 122
      Naturfarbenskala 123
      Kombinierte Geländedarstellungen 123
  Kartenschrift 124

Kartenaufnahme 127
  Routenaufnahme 127
  Landesaufnahme 129
    Geodätische Voraussetzungen 130
    Dreiecksmessung (Triangulation) 130
    Höhenmessung und Höhennullpunkte 132
    Meßtischaufnahme 134
    Tachymeteraufnahme 135
    Photogrammetrische Aufnahme 135

Kartenreproduktion 139

Kartenwerke 141
  Amtliche Kartenwerke 141
  Deutschland 143
    Deutsche Grundkarte 1:5000 (20 cm-Karte) 148
    Topographische Karte 1:25000 (Meßtischblatt, 4-cm-Karte) 149
    Topographische Karte 1:500000 (2-cm-Karte) 151
    Topographische Karte 1:100000 (1-cm-Karte) 152
    Topographische Spezialkarte von Mitteleuropa 1:200000
    (Reymannsche Karte) 154
    Topographische Übersichtskarte 1:200000 (1/2-cm-Karte 154
    Karte 1:250000 (Militärische Ausgabe) 155

Übersichtskarte von Mitteleuropa 1 : 300 000 (1/3-cm Karte)............. 156
Übersichtskarte 1 : 500 000 (ÜK 500)............................... 156
Übersichtskarte 1 : 1 Mill. (IWK)................................... 156
Neuere Entwicklung der amtlichen Kartographie in der
Bundesrepublik Deutschland...................................... 157
Österreich... 158
Schweiz... 160
Italien... 161
Frankreich 162
Großbritannien 163
Sowjetunion 164
Vereinigte Staaten von Amerika.................................... 165
Andere Staaten 165
Internationale Weltkarte (IWK) 167
Andere Weltkartenwerke 169

Nichtamtliche Kartenwerke 171
Topographische Kartenwerke 171
Deutsche Privatkartographie 171
Alpenvereinskartographie.. 172
Atlanten und Wandkarten 173
Geschichtlicher Überblick 173
Deutsche Atlaskartographie.. 175
Internationale Atlaskartographie................................... 176

Angewandte Karten... 179
Wanderkarten 179
Straßenkarten (Autokarten)... 179
Binnenschiffahrtskarten.. 180
Luftfahrtkarten (Fliegerkarten)..................................... 180
Seekarten.. 182

Auswertung topographischer Karten.................................. 184
Kartenlesen.. 184
Karteninterpretation 187
Relief.. 187
Gewässernetz 189
Klima 189
Pflanzenkleid.. 189
Siedlungen... 190
Wirtschaft... 190
Verkehrsnetz... 190
Landschaftliche Zusammenschau................................... 191
Kartometrie 191

THEMATISCHE KARTOGRAPHIE 195

Begriff und Aufgabe thematischer Karten 195
Allgemeine Klassifikation thematischer Karten...................... 201
Analytische und synthetische Karten............................. 201

Primäre und abgeleitete Quellenkarten............................ 202
Konkrete und abstrakte Karten 203
Induktive und deduktive Karten................................. 203
Darstellungen unveränderlicher und veränderlicher Sachverhalte 204
Darstellungen fest begrenzter und kontinuierlich verbreiteter
Erscheinungen... 204
Karten und Kartogramme 206
Großmaßstäbliche und kleinmaßstäbliche thematische Karten......... 209

Methoden thematischer Kartographie.............................. 211
Qualitative und quantitative Methode............................ 211
Absolute und relative Methode.................................. 211
Situationstreue, positionstreue und raumtreue Darstellung.......... 213
Veranschaulichung von Bewegungsvorgängen und Zustands-
änderungen... 213

Darstellungs- oder Strukturtypen thematischer Karten................ 216
Positions- oder Ortslagekarten 217
Positionstreue Diagrammdarstellungen: Diagrammkarten........... 217
Raumtreue Diagrammdarstellungen: Kartodiagramme 218
Verbreitungsdarstellung in Grenzlinien oder Grenzbandmethode 219
Verbreitungskarten in Flächendarstellung 219
Verbreitungsdarstellungen nach relativer Methode: Mosaikkarto-
gramme und Dichtekarten.................................... 221
Verteilungsdarstellungen nach absoluter Methode: Punkt- oder
Punktstreuungskarten 222
Karten und Kartogramme mit variablen Größenzeichen 224
Isolinienkarten (Isarithmenkarten)............................... 225
Linear- oder Banddarstellungen 227
Vektorbilder... 228
Kombinierte Darstellungen 229
Zusammenfassung: Übersicht zur allgemeinen Klassifikation,
Methodik und Typologie thematischer Karten.................... 231

Technik thematischer Kartendarstellung............................ 231
Allgemeine Voraussetzungen 231
Flächenfarben 234
Raster, Schraffuren und Flächenmuster 237
Signaturen und Symbole....................................... 238
Gruppierung von Signaturen und Symbolen...................... 241
Buchstaben und Ziffern.. 242
Punktkarten (Absolutdarstellungen) 243
Mosaikkartogramme (Relativdarstellungen) 243
Kombination von Farben und Signaturen........................ 244
Topographische Bezugsgrundlagen.............................. 244
Legende (Zeichenerklärung).................................... 245
Normung.. 246

Psychologische Wirkung thematischer Karten....................... 247
Auswertung thematischer Karten................................. 247

Klassifikation thematischer Karten nach Sachgebieten................ 248
Geologische Karten 248
Geophysikalische Karten 257
Bodenkarten... 258
Geomorphologische Karten..................................... 261

Morphographische Karten 261
Physiographische Karten 262
Morphometrische Karten....................................... 264
Morphographische Karten im engeren Sinne (Formentypenkarten)....... 267
Kombinierte morphographische Karten 269
Morphogenetische Karten 270
Morphophysiologische Karten................................... 270
Morphodynamische Karten 271
Morphochronologische Karten 271
Morphogenetische Karten im engeren Sinne....................... 271

Wetter- und Klimakarten 278

Wetterkarten... 278
Klimakarten 281
Analytische Klimakarten 281
Synthetische Klimakarten 288

Gewässerkarten.. 290
Pflanzengeographische Karten................................... 294
Tiergeographische Karten....................................... 298
Siedlungsgeographische Karten.................................. 299
Bevölkerungskarten 305

Karten der Bevölkerungsverteilung (nach absol. Methode) 305
Karten der Bevölkerungsdichte (nach relativer Methode)................ 308

Rassen-, Religions-, Sprachen-, Völker- und Nationalitätenkarten... 317
Politische, historische und geopolitische Karten................... 320
Geomedizinische Karten.. 327
Wirtschaftskarten 330

Analytische Wirtschaftskarten 332
Synthetische Wirtschaftskarten 334
Spezielle Wirtschaftskarten...................................... 337
Agrargeographische Karten 337
Industrie- und Bergbaukarten 345
Verkehrskarten 349

Raumgliederungs- und Planungskarten........................... 353
Militärgeographische Karten.................................... 361
Thematische Atlanten und Globen 362

ZEITTAFEL ZUR GESCHICHTE DER KARTOGRAPHIE 368

Sachregister... 386
Maßstabtabelle 392

GRUNDLAGEN

GEODÄSIE – KARTOGRAPHIE – GEOGRAPHIE

Geodäsie und Geographie „*Mutterwissenschaften*" der Kartographie.

Aufgaben der *Geodäsie* sind Erdmessung, Landesvermessung sowie Sondervermessungen (Kataster- und Ingenieurvermessungen), der *Geographie* wissenschaftlich fundierte Beschreibung und Erklärung räumlicher Sachverhalte der Erde; *Kartographie* sorgt für maßgetreue Abbildung räumlicher Sachverhalte.

Kartographie, Geodäsie und Geographie berühren und überschneiden sich in weiten Bereichen. Geodäsie hat dabei engere Beziehungen zur topographischen Kartographie, Geographie zur Nutzung topographischer Karten und zur thematischen Kartographie. Geodäsie liefert Ausgangsmaterial für Kartographie, für Geographie ist Karte exaktes *Darstellungsmittel* räumlicher Sachverhalte und wichtiges *Forschungsmittel*.

Chorologischem* Charakter der Geographie wird Karte besser gerecht als gesprochenes oder geschriebenes Wort. Nebeneinander der Erscheinungen muß durch Worte nach sachlichen Kategorien gegliedert und geordnet werden (Lage, Standorte, Verteilungen, Grenzen, Relief, Siedlungen, Verkehrswege, Einkommensverhältnisse, Klimawerte usw.). Innerhalb dieser stofflichen Ordnung lassen sich Einzelerscheinungen nur nacheinander (chronologisch**) beschreiben. Karte dagegen bildet Nebeneinander auch nebeneinander ab. Räumliche Dimensionen brauchen nicht wie bei sprachlicher Darstellung auf Textzeilen „projiziert" zu werden, sondern können in zwei Dimensionen in unverfälschter Wiedergabe aller Lagebeziehungen der Erscheinungen dargestellt werden. Auch dritte Dimension (Relief) läßt sich auf zeichnerischem Wege veranschaulichen (Höhenschichten, Farbenplastik usw.).

Kartographie hat sich vor allem in letzten Jahrzehnten zu unabhängiger, eigenständiger Wissenschaft entwickelt, die Kartengestaltung und Kartennutzung umfaßt. Gliederung der Kartographie nach Theoretischer und Praktischer Kartographie oder nach Kartenarten in Topographische und Thematische Kartographie möglich, wie in diesem Buch.

Theoretische Kartographie erarbeitet wissenschaftliche Grundlagen für Kartengestaltung und Kartennutzung. Allgemeine Theorien und Methodologien umfassen z. B. mathematische Grundlagen, Quellenkritik, Darstellungsmittel und -methoden, Generalisierungsprobleme, Standardisierung der Kartengestaltung, aber auch kartographische Kommunikation und visuelle Wahrnehmung. Bedeutende Vertreter der theoretischen Kartographie: M. ECKERT, E. IMHOF, W. WITT, E. ARNBERGER, L. RATAJSKI, G. HAKE, U. FREITAG, I. KRETSCHMER, F. KELNHOFER, R. OGRISSEK.

---

* Von griech. chora = Raum
** Von griech. chronos = Zeit

Praktische Kartographie (Kartentechnik) stellt Handlungsanweisungen vor allem im Bereich der Kartenherstellung bereit. Auf Grundlage wissenschaftlicher Ergebnisse der Theoretischen Kartographie werden räumliche Sachverhalte (Informationen) zum Kartenbild zusammengefügt. Kartenzweck und Maßstab müssen bedacht werden (topographische Spezialkarte, Übersichtskarte, Atlasblatt, Siedlungskarte, Wirtschaftskarte usw.). Je kleiner der Maßstab, desto strenger die Auswahl des Darzustellenden. Vereinfachung (Generalisierung) hebt Wesentliches hervor, scheidet Unwesentliches aus.

Quellen zur Kartenherstellung werden in der Regel von Geodäsie und Geographie geliefert. Dazu gehören Kartennetzentwürfe („Projektionen") ebenso wie Karteninhalte. Die in Karten darzustellenden Sachverhalte/Informationen müssen exakt räumlich vermessen sein und in quantitativen und qualitativen Merkmalen erfaßt werden. Zu geodätischer Grundlagenmessung und topographischer Vermessung im Gelände kommen in zunehmendem Maße Luftbildauswertung und Fernerkundung, auch für Erfassung thematischer Informationen. Daneben stehen als Quellen andere Karten, Statistiken, Felduntersuchungen, Fachliteratur usw. zur Verfügung. Daten stehen in zunehmendem Maße außer in analoger Form (= Darstellung entspricht räumlichen Verhältnissen) auch digital (= in Ziffern kodiert) zur Verfügung.

Stoffauswahl (Konkretisierung) bei jeder Karte wegen Lesbarkeit und Übersichtlichkeit notwendig. Keine technische Möglichkeit, Gesamtheit des geographischen Wissens über einen Erdraum auf relativ kleinem Kartenausschnitt – auch bei Verwendung vielsagender Signaturen – wiederzugeben.

Drei Arten von *Konkretisierungen:*
1. *Sachliche* oder *stoffliche* Konkretisierung: Darstellung beschränkt sich auf *eine* Erscheinung, z. B. bestimmte Geländeformen, Siedlungstypen, wirtschaftliche Erzeugnisse
2. *Räumliche* Konkretisierung: Darstellung beschränkt sich auf bestimmten Erdteil, einzelnes Land, eine Landschaft, eine Gemeinde o. ä.
3. *Zeitliche* Konkretisierung: Viele Karten haben nur zeitlich begrenzte Richtigkeit, da sich zahlreiche kartographisch darstellbare Erscheinungen beständig ändern (Siedlungspläne, Wirtschaftskarten, politische Karten, Wetterkarten u.a.).

Beispiel für Konkretisierung: Karte des Weinbaus in Württemberg um 1900 veranschaulicht alle drei Arten der Konkretisierung
stofflich: Wirtschaftskarte, hier: Weinbau;
räumlich: Darstellung auf Württemberg beschränkt;
zeitlich: Anbauflächen gelten für Zeit um 1900.

Enge Verbindung Kartographie daher mit Geodäsie, aber vor allem *Geographie* weiterhin, trotz eigenständiger Entwicklung der Kartographie, unabdingbar.

Karteninhalt nur sinnvoll darstellbar, wenn Kartograph Kenntnisse über Zusammenhänge des Darzustellenden hat. Je nach der einer Karte gestellten Aufgabe zwingt Forderung nach exakter Darstellung zur Überprüfung des diesen Bereich betreffenden geographischen Wissens. Spezielle Wirtschaftsformen ebenso von Boden-, Wasser- und Klimaverhältnissen bestimmt wie von Bevölkerungs- und Sozialstruktur oder kulturellen, geschichtlichen und politischen Faktoren.

Ergebnis der Kartenherstellung sind in der Regel graphische Darstellungen räumlicher Sachverhalte („Karten"). Zu kartographischen Ausdrucksformen („Abbildungsmöglichkeiten der Erde") zählen neben Karte im weiteren Sinne aber auch Relief, Blockdiagramm, Kausalprofil, Globus, Fotografie, Panorama sowie neuerdings Geo-Informationssysteme digitaler Daten auf Disketten (z. B. Umwelt-Informationssysteme o. ä.).

Entwicklung der Kartographie s. Zeittafel S. 368 ff.

Literatur zum Gesamtgebiet der Kartographie

ARNBERGER E.: Die Kartographie als Wissenschaft und ihre Beziehungen zur Geographie und Geodäsie. Grundsatzfragen der Kartographie, Wien 1970, S. 1–28
—: Grundsatzfragen der Kartographie, Hrsg. v. d. Österr. Geogr. Ges., Wien 1970
—: Kartographische Veröffentlichungen aus jüngerer Zeit und ihre Bedeutung für Geographie und Kartographie. Mitt. d. Österr. Geogr. Ges. 120, Wien 1978, S. 162–181
—: Die Bedeutung der Computerkartographie für Geographie und Kartographie. Mitt. d. Österr. Geogr. Ges. 121, 1979, S. 9–45
— u. KRETSCHMER, I.: Wesen und Aufgaben der Kartographie. Topographische Karten. Aufnahme, Entwurf topographischer und geographischer Karten, Kartenwerke, T. 1.2. Die Kartographie und ihre Randgebiete, Bd 1, Wien 1975
BECK, W.: Geodäsie und Kartographie. Zeitschr. f. Vermessungswesen 83, 1958, S. 433–439
Bibliographia Cartographica. Internationale Dokumentation des Kartographischen Schrifttums, München – Berlin 1975
BORCHERDT, CH.: Geographie und Kartographie. Kartogr. Nachr. 17, 1967, S. 202–209
BRENNECKE, E.: Die Stellung der Kartographie zwischen Geodäsie und Geographie. Kartogr. Nachr. 1952
DODT, J. u. HERZOG, W.: Kartogr. Taschenb. 1988/89. Bonn o. J. (1988)
ECKERT, M.: Die Kartographie als Wissenschaft. Ztschr. d. Ges. f. Erdk. 1907, S. 539–555
—: Die Kartenwissenschaft, Bd I., Berlin-Leipzig 1921; Bd. II, 1925
ECKERT-GREIFENDORF, M.: Kartographie. Ihre Aufgaben und Bedeutung für die Kultur der Gegenwart. Berlin 1939
FINSTERWALDER, R.: Begriffe Kartographie und Karte. Geogr. Taschenb. 1951/52, S. 408–411
Freitag, U.: Bemerkungen zu kartographischen Grundbegriffen. Kartogr. Nachr. 1963
—: Semiotik und Kartographie. Über die Anwendung kybernetischer Disziplinen in der theoretischen Kartographie. Kartogr. Nachr. 21, 1971, S. 171–182
HAACK, H.: Schriften zur Kartographie. Ausgew. und bearb. von W. HORN, Gotha – Leipzig 1972
HAKE, G.: Der Informationsgehalt der Karte – Merkmale und Maße. Grundsatzfragen der Kartographie, Wien 1970, S. 119–131
—: Kartographie. Band I Berlin, New York [6]1982; Band II Berlin, New York [3]1985
—: Gedanken zu Form und Inhalt heutiger Karten. Kartogr. Nachr. 38, 1988, S. 65–72
HERZOG, W.: „Kartographische Darstellungen", eine terminologische Diskussion. Kartogr. Nachr. 38, 1988, S. 72–77
HEUPEL, A.: Geodäsie und Kartographie. Kartogr. Nachr. 18, 1968, S. 46–52
HÖLZEL, F.: Aufgaben der Geographie in der Kartographie. Nürnb. Wirtschafts- u. Sozialgeograph. Arb. 5, 1966, S. 57–64

HÜTTERMANN, A.: 10 Thesen zu veränderten Inhalten und Zielen von „Kartographie"-Lehrveranstaltungen im Rahmen der Ausbildung von Geographie-Lehrern. Zur Begründung von Lehrveranstaltungen über „chorographische Medien". Geogr. Rundschau 32, 1980, 506–508

International Cartographic Association (Hrsg.): Mehrsprachiges Wörterbuch kartographischer Fachbegriffe. Wiesbaden 1973

IMHOF, E.: Gelände und Karte. 3. Aufl., Erlenbach-Zürich 1968

—: Aufgaben und Methoden der theoretischen Kartographie. Peterm. Geogr. Mitt. 1956

—: Heutiger Stand und weitere Entwicklung der Kartographie. Kartogr. Nachr. 1962

—: Kartographische Geländedarstellung. Berlin 1965

KADEN, H. W.: Kartographie. Leipzig 1955

KAESTNER, W.: Einführung in die Kartographie. Bad Godesberg 1957

KELNHOFER, F.: Forschungen zur theoretischen Kartographie. Österr. Akad. d. Wiss., 2 Bde., Wien 1971/72

KNORR, H.: Über Gegenwartsprobleme der Kartographie. Kartogr. Nachr. 17, 1967, S. 149–161

KRALLERT, W.: Die Karte, Beiträge zur Begriffsbestimmung und Abgrenzung. Internat. Jb. f. Kartogr. 1963

KRETSCHMER, I. (Hrsg.): Beiträge zur theoretischen Kartographie. Festschr. f. E. ARNBERGER. Wien 1977

LEHMANN, E.: Die Kartographie als Wissenschaft und Technik. Peterm. Geogr. Mitt. 1952

LESER, H.: Geographie. Braunschweig 1980

LOUIS, H.: Die Karte als wissenschaftliche Ausdrucksform. Dt. Geographentag Würzburg 1957, Tagungsber. u. wiss. Abh., Wiesbaden 1958

—: Über latente Aussageunsicherheiten in Karten und über Möglichkeiten ihrer Verringerung. Kartogr. Nachr. 15, 1965, S. 57–65

MORRISON, J. L.: Towards a functional definition of the science of cartography with emphasis on map reading. Beiträge zur theoretischen Kartographie. Wien 1977, S. 247–266

OGRISSEK, R.: Prinzipien und Möglichkeiten der Anwendung von Modellklassifikationen bei kartographischen Darstellungsformen und kartographische Terminologie. Sitzungsber. d. Akad. d., Wiss. d. DDR Berlin 5N/1980, S. 99–121

—: Ein Strukturmodell der Theoretischen Kartographie für Forschung und Lehre. Wiss. Ztschr. TU Dresden 29, 1980, S. 1123–1126

—: Theorie der Kartengestaltung und Theorie der Kartennutzung als Hauptkomponenten der Theoretischen Kartographie für Ausbildung und Forschung. Intern. Jb. f. Kartogr. 21, S. 133–153

—(Hrsg.): ABC Kartenkunde. Leipzig 1983

—: Theoretische Kartographie. Eine Einführung. Gotha 1987

PAPAY, G.: Zur Herausbildung der Kartographie als selbständiger Wissenschaft. Peterm. Geogr. Mitt. 128, 1984, S. 221–231

PASCHINGER, H.: Grundriß der allgemeinen Kartenkunde, Teil I u. II. Innsbruck 1953/54; 2. Aufl. 1962/63, Teil I, 3. Aufl. 1967

PEUCKER, K.: Drei Thesen zum Aufbau der theoretischen Kartographie. Geogr. Ztschr. 8, 1902, S. 65–80, 145–160, 204–222

PILLEWIZER, W.: Die Bedeutung der Karte für die Landschaftsforschung. Kartogr. Nachr. 18, 1968, S. 170–173

PLEWE, E.: Die Karte als Ausdrucksform. Geogr. Zeitschr. 1940

RATAJSKI, L.: Kartologie – ein System der theoretischen Kartographie. Vermessungstechnik 19, 1971, S. 324–328

—: The research structure of theoretical cartography. Intern. Jb. f. Kartogr. 13, 1973, S. 217–228

—: Loss and Gain of Information in Cartographic Communication. Beiträge zur theoretischen Kartographie. Wien 1977, S. 217–227

SALISČEV, K. A.: Einführung in die Kartographie. 2. Bde., Gotha-Leipzig 1967

SALISTSCHEW, K.: Die Kartographie in ihren Beziehungen zu den Geowissenschaften, insbesondere zur Geodäsie und Geographie. 12. Arbeitskurs Niederdollendorf 1978, Bielefeld 1979, S. 59–81
—u. SCHAMP, H.: Die kartographischen Zeitschriften der Erde. Peterm. Geogr. Mitt. 110, 1966, S. 147–159
SCHMIDT-FALKENBERG, H.: Grundsätzliches zu geodätischen und geographischen Karten. Peterm. Geogr. Mitt. 1958
—: Aufgaben der Kartographie und Gruppierung der Karten. Vermessungstechn. Rundschau 1959
—: Grundlinien einer Theorie der Kartographie. Nachr. aus dem Karten- u. Vermessungswesen 1962
—: Über einige Grundbegriffe der Kartographie. Nachr. aus dem Karten- u. Vermessungswesen 1962
—: Begriff, Einteilung und Stellung der Kartographie in heutiger Sicht. Kartogr. Nachr. 1964
SCHNEIDER, M.: Satellitengeodäsie. Mannheim 1988
SCHRÖDER, P.: Aktuelle Probleme der Kartographie und ihre Entwicklungen. Universitas 34, 1979, S. 859–865
STAMS, W.: Zum Modell-, Informations- und Systembegriff in der Kartographie. Wiss. Ztschr. TU Dresden 20, 1971, S. 287–300
TANNER, G., SCHOLZ, E. u. JÄNCKEL, R.: Einführung in die Kartographie und Luftbildinterpretation. Gotha, Leipzig 1980
WERNER, F.: Überlegungen zur Stellung der Kartographie in den Hochschulen. Kartogr. Nachr. 20, 1970, S. 143–145
WITT, W.: Lexikon der Kartographie. Bd. B der Enzyklopädie: Die Kartographie und ihre Randgebiete, hrsg. v. E. ARNBERGER, Wien 1979
—: Modelle und Karten. Kartogr. Nachr. 26, 1976, S. 2–8
—: Theoretische Kartographie – ein Beitrag zur Systematik. Beiträge zur theoretischen Kartographie. Wien 1977, S. 15–37

ABBILDUNGSMÖGLICHKEITEN DER ERDE

Karte

Traditionell ist Karte das verebnete, verkleinerte und erläuterte Grundrißbild der gesamten oder eines Teils der Erdoberfläche, wobei sie nach der ihr jeweils gestellten Aufgabe generalisiert und inhaltlich (thematisch) begrenzt ist.

Ausweitung solcher Definition bedingt durch:

- Zunahme thematischer Karten, die nicht mehr nur Abbildungen der Erdoberfläche sind,
- Entwicklung und Nutzung rechnergestützter digitaler geographischer und kartographischer Informationssysteme.

Umfassendere Definition notwendig, die sowohl traditionelle Formen als auch neuere Entwicklungen einbezieht. Dabei sind wichtige Elemente traditioneller Definitionen mit neueren Entwicklungen zu verbinden und gleichzeitig Abgrenzung zu kartenähnlichen Abbildungen der Erde zu berücksichtigen.

Definition

Karte ist verebnetes, maßstabgebundenes, generalisiertes und inhaltlich begrenztes Modell räumlicher Informationen.

In der Regel wird darunter eine analoge Abbildung auf Papier o. ä. dauerhaften Trägern verstanden; technische Entwicklung ermöglicht aber auch kurzfristige Kartendarstellungen auf Bildschirmen usw. Begriff wird sogar zunehmend ausgeweitet auf:

- nicht präsente Darstellungen wie digitale Speichermedien der graphischen Datenverarbeitung (z. B. Disketten, Festplatten, Magnetbänder),
- subjektive innere Vorstellungen räumlicher Sachverhalte, räumliche Vorstellungen von der Umwelt, wie sie jeder besitzt und ständig verändert, sogenannte mental maps („kognitive Karten").

Forderungen an Kartendarstellung

1. Karte sollte eine der mathematischen Grundforderungen erfüllen: *Flächentreue* oder *Winkeltreue*. *Längentreue* (Abstandstreue) nur auf großmaßstäblichen Karten oder für ausgewählte Strecken erreichbar.

2. Karte muß *genau* sein (im Unterschied zur Karten*skizze*!). Umrisse und andere Angaben müssen maßstabsgetreu der Wirklichkeit entsprechen.

3. Karte muß möglichst *vollständig* sein. Vom Karteninhalt muß in Grenzen des gewählten Maßstabs Rückschluß auf Wissenstand möglich sein.

4. Karte muß *zweckmäßig* sein. Projektion und Format müssen Darstellungs- und Verwendungszweck entsprechen. Orientierungs- und Vergleichskärtchen, Zuverlässigkeitsdiagramme, alphabetisches Namenverzeichnis erleichtern Benutzung, besonders bei Atlanten.

5. Karte muß *klar* und *verständlich* sein. Was veranschaulicht werden soll, muß unzweideutig ausgedrückt sein. Übersichtlichkeit darf nicht durch Stoffüberlastung beeinträchtigt werden.

6. Karte muß *übersichtlich* und leicht *lesbar* sein. Voraussetzungen dafür: saubere Zeichnung, überlegte Wahl und Anordnung der Zeichen, geschickte, auch ästhetisch befriedigende Wahl der Farben, technisch einwandfreier Druck.

Kartenarten

Vielfältige Möglichkeiten der Unterscheidung von Karten, z. B. nach Inhalt, nach Maßstab (s. S. 36ff.), nach Art der Realisation (analog/digital, sichtbar/latent, s. o.), nach Hersteller (amtlich/privat), nach Größe (Handkarte/Wandkarte), nach Kartenumfeld (Atlaskarte/Einzelkarte) usw. Häufigste Unterscheidung nach Inhalt in topographische und thematische Karten. Daher auch Gliederungsprinzip dieses Buches.

Topographische Karten stellen sichtbare Erscheinungen der Erdoberfläche, vermessen und lagerichtig kartiert, im Grundriß und z. T. durch Schrift erläutert dar. Dazu gehören orographische Verhältnisse, Geländeformen und Höhenverhältnisse, Bodenbewachsung, Siedlungen und Wirtschaftsflächen, Verkehrswege und Grenzen, aber auch Einzelobjekte wie Burgen, Schlösser, Aussichtspunkte, Windmühlen etc.

Topographische Karten ermöglichen zugleich schnelle Erfassung bestimmter Tatsachen nach Art, Verbreitung, Häufigkeit und Größenordnung, geben auf engem Raum Einblick in örtliche Verhältnisse und in weiträumige Zusammenhänge. Lagerichtige Darstellung örtlicher Erscheinungen läßt Raumbeziehungen einzelner Objekte untereinander und damit deren Wechselbeziehungen erkennen. Durch Vergleich (Relief-Vegetation-Gewässernetz-Siedlungen) Erschließung kausaler Zusammenhänge und wichtiger geographischer Erkenntnisse möglich. Topographische Karten daher unentbehrliches Forschungsmittel der Geographie. Auswertung führt zu allgemein-geographischen Begriffen und Schlüssen in größerem Rahmen. Als Grundlage für Kartierungen geographischer Beobachtungen ist topographische Karte auch wichtiges Arbeitsmittel.

Topographische Karten auch als allgemein-geographische Karten bezeichnet. Unterscheidung der topographischen Karten vor allem durch Maßstab, der Inhalt und Darstellung bedingt. Dort dann auch Bezeichnungen wie chorographische Karte und geographische Karte. Topographische Karten in der Regel amtliche Karten. Wichtig ist Fortführung (Laufendhaltung) durch regelmäßige Nachträge, Berichtigungen oder Neubearbeitungen sowie Genauigkeit, inhaltliche Vollständigkeit und gute Lesbarkeit.

Weiterentwicklungen topographischer Kartographie betreffen vor allem Methoden der Aufnahme, Speicherung und Darstellung.

Thematische Karten stellen raumbezogene Themen unterschiedlichster Art dar, ohne als Abbildung der Erdoberfläche verstanden werden zu müssen. Karten mit Linien gleicher Zahlenwerte (z. B. Isohypsen, Isothermen, Isobaren, Isohyeten, Isochronen), Bevölkerungsdichtekarten, Wirtschafts- und Verkehrskarten sind *kein* Abbild der Natur. Situationstreue muß aber gewährleistet sein.

Thematische Karten finden weite Verbreitung in Geographie, wie auch an zunehmender Verwendung in Schulatlanten zu sehen ist. Dienen als Darstellungsmittel wissenschaftlicher Forschungsergebnisse ebenso wie als Arbeits- und Lehrmittel, aber auch ihrerseits wieder als Forschungsmittel.

Unterscheidung thematischer Karten vor allem nach Inhalt, „Thema". Bezeichnung „angewandte Karte" sollte auf topographische Karten beschränkt werden, die besonderen Zwecken dienen und zusätzliche Eintragungen erhalten. Qualität thematischer Karten hängt ab von dargestellten Daten und Entwicklung der Bezugswissenschaft. Entwicklung thematischer Kartographie daher eng verbunden mit Entwicklungen in der Geographie; Weiterentwicklung betrifft darüberhinaus aber auch Möglichkeiten der Speicherung und der Darstellung (Standardisierung, Generalisierung).

Problematik der Unterscheidung topographische/thematische Karte liegt in Tatsache, daß topographische Karte als Spezialfall der thematischen Karte („komplexe thematische Karte") angesehen werden kann. Danach Topographie ein ein Thema wie jedes andere; auch enthalten topographische Karten thematische Einträge wie z. B. politische Grenzen. Dennoch traditionelle Unterscheidung wegen vielseitigerer Nutzung topographischer Karten sinnvoll. Selbst in thematischen Karten finden Auszüge topographischer Karten als Kartengrund Verwendung. Mischform „angewandte Karte".

Literatur

ARNBERGER, E. u. KRETSCHMER, I.: Wesen und Aufgaben der Kartographie. Topographische Karten. Die Kartographie und ihre Randgebiete, Bd. 1, Wien 1975

BOARD, C.: Maps as models. Models in Geography, hrsg. CHORLEY R. J. u. P. HAGGET, London 1967, S. 671–725

DOWNS, R. M. u. STEA, D.: Maps in Mind. Reflections on cognitive mapping. New York 1977 (deutsch: Kognitive Karten: Die Welt in unseren Köpfen. New York 1982)

FINSTERWALDER, R.: Begriffe Kartographie und Karte. Geogr. Taschenb. 1951/52, S. 408–411

GOULD, P. u. WHITE, R.: Mental Maps. London 1974

HAKE, G.: Gedanken zu Form und Inhalt heutiger Karten. Kartogr. Nachr. 38, 1988, S. 65–72

KRALLERT, W.: Die Karte. Beiträge zur Begriffsbestimmung und Abgrenzung. Intern. Jb. f. Kartogr. 1963, S. 39–53

OGRISSEK, R.: Kartenklassifikation und analoge kartographische Terminologie in Theorie und Praxis. Peterm. Geogr. Mitt. 124, 1980, S. 75–81

–(Hrsg.): ABC Kartenkunde. Leipzig 1983

WITT, W.: Lexikon der Kartographie. Enzyklopädie der Kartographie, Bd. B, Wien 1979

Relief

Ideale großmaßstäbliche Wiedergabe eines Teils der Erdoberfläche ist das nicht überhöhte Relief: Drei Dimensionen werden, wenn auch stark verkleinert, naturgetreu wiedergegeben. Relief ist anschaulichste Darstellung der Erdoberfläche. Verkleinerung im Relief vermittelt aufschlußreiche Übersichten. Nützlich für Vorbereitung von Lehrausflügen (Schule!), zur unterrichtlichen Verarbeitung von Beobachtungen und zur Schulung im Kartengebrauch; erleichtert Umdenken in kartographische Darstellung.

Bei geringen Geländeunterschieden meist Überhöhung erforderlich. Auf nicht überhöhtem Relief von Ostholstein im Maßstab 1:25 000 (1 cm = 250 m Höhe) erscheint höchster Moränenzug (Bungsberg: 164 m) als kaum 7 mm hohe Erhebung. Zehnfache Überhöhung sinnvoll. Bei zu starker Überhöhung, besonders von Gebirgslandschaften, Verfälschung von Böschungsverhältnissen.

Anfertigung eines Reliefs. *Ältere einfache Methode:* Herstellung eines Urmodells. Bekleben einer Holz- oder Papptafel mit großmaßstäblicher Höhenlinienkarte (Meßtischblatt). Dicke der Tafel muß Kartenmaßstab oder gewünschter Überhöhung entsprechen. Ausschneiden der einzelnen Höhenschichten und Zusammenfügung zu einem Stufenrelief (Abb. 1). Glättung der Stufen mit Gips. Von dieser Matrize Herstellung positiver Formabzüge (Gipsabguß) und Handbemalung je nach Verwendungszweck. Qualität der Darstellung vom Geschick des Herstellers abhängig. Vergröberung meist unumgänglich. Trotzdem entstanden Kunstwerke wie Gletscher- und Vulkanreliefs von A. HEIM.

Neuere Methode: Mechanische Herstellung nach dem von KARL WENSCHOW erfundenen Verfahren. Nach Bestimmung des Vertikalmaßstabs werden Isohypsen einer Höhenlinienkarte mit Stift nachgefahren und über Pantographen (Storchschnabel) auf Fräsmaschine übertragen, die aus einem Gipsblock Stufenrelief herausschneidet. Jede Stufenkehle entspricht einer Höhenlinie. Von geglättetem Stufenrelief Herstellung negativer Preßform, in der auf imprägniertes, dehnungsfähiges Spezialpapier gedruckte und auf thermoplastische Folien aufgezogene Karten im Tiefziehverfahren zu Kartenreliefs geprägt werden. Inhaltlich übertreffen solche auf Grundlage großmaßstäblicher Karten hergestellten Präzisionsreliefs bei weitem handkolorierte Reliefs älteren Typs. Weiterentwicklung des Verfahrens ermöglicht sogar Herstellung von Hochgebirgsreliefs. Weiterer Vorteil: geprägte Kunststoffreliefs sind leicht, handlich und können an einfachen Bilderhaken an der Wand befestigt werden.

Abb. 1 Stufenrelief (Horizontalplattenrelief)

In jüngster Zeit in den USA Reliefherstellung aus Luftbild-Raummodellen am Stereokartiergerät: Entstehung 0,6 mm starker Profilschnitte des Geländes aus Wachs, die zu Geländemodellen zusammengesetzt werden. Nach anderem Verfahren wird Raummodell im Stereokartiergerät mit Meßmarke abgetastet. Raumkoordinaten jedes Punktes werden elektromagnetisch auf Band notiert und ergeben über elektronisches Rechengerät Steuerimpulse für Stereofräsmaschine, die Profilschnitte des Geländemodells aus einem Wachsblock schneidet. Durch elektronisches Gerät läßt sich Horizontal- bzw. Vertikalmaßstab des Reliefs beliebig verändern, so daß aus magnetisch gespeicherten Koordinaten Modelle verschiedener Maßstäbe und Überhöhungen hergestellt werden können.

Literatur

KALISCHER, E.: Das Wenschowrelief im Unterricht. Berlin 1927
MÜHLE, H.: Über die Anwendung von Geländemodellen und Kartenreliefs. Kartogr. Nachr. 1963
MÜNNICH, H.: Überhöhte Reliefs in kleinen Maßstäben. Kartogr. Nachr. 1958
RATHJENS, K.: Das neue Wenschowsche Reliefverfahren. Peterm. Geogr. Mitt. 1922
WIEDEMANN, J.: Reliefkarten für den geographischen Unterricht. Anleitung zur Herstellung von Schulreliefs. 2. Aufl., Gera 1914

Blockdiagramm

Blockdiagramme oder Blockbilder ersetzen dreidimensionale Reliefs durch zweidimensionale zeichnerische Wiedergabe. Zeigen Oberfläche der Landschaft und meist zwei winklig zueinander stehende Vertikalschnitte mit oder ohne Darstellung des geologischen Baus (Abb. 2). Blockdiagramme beruhen auf maßgerechter Übertragung der auf topographischen Karten in Vertikalprojektion wiedergegebenen Geländepunkte auf perspektivisches, halbperspektivisches oder pseudoperspektivisches Schaubild.

Man kann Blockbilder streng exakt, d. h. mit Mitteln der darstellenden Geometrie, konstruieren. Solche Konstruktionen gehen von perspektivischer Darstellung einfacher Körper aus und verwenden in der darstellenden Geometrie gebräuchliche Verfahren für Abbildung von Teilen der Erdoberfläche.

Gewählter Kartenausschnitt wird mit Netz von 1-cm-Quadraten überzogen (Abb. 3). Zeichnerische Übertragung dieses Quadratnetzes in perspektivischer Projektion als Parallelogramm; Winkel der Seitenkanten mit Vorderkante kann 45° oder 60° betragen. 60°-Parallelogramm erlaubt steileren Einblick in künftiges Blockbild. Übertragung eines rechteckigen oder quadratischen Kartenausschnittes in Parallelogramm auch durch Schrägphotographie möglich.

Abb. 2 Entstehung eines isometrischen Blockbildes aus einer geologischen Karte

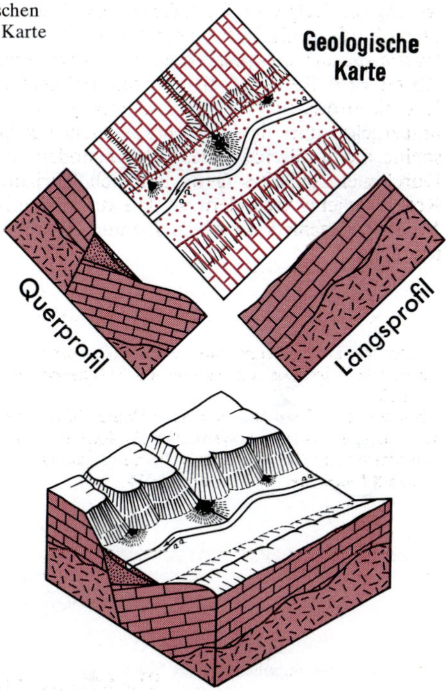

Jedes der kleinen Netzparallelogramme entspricht einem Netzquadrat der Karte. Nach Augenmaß Übertragung aller Geländepunkte vom unverzerrten Netz der Karte in verzerrtes Netz des Blockbildes unter Zuhilfenahme von Diagonalen oder anderen Hilfslinien (Halbierung, Drittelung der Seiten). Danach Markierung der Höhenzahlen nach gewähltem Überhöhungsmaßstab (z.B. 100 m = 5 mm, 1 cm) auf Senkrechten über den Höhenpunkten im Netzparallelogramm. Punkte werden durch Linien verbunden, so daß die Oberflächenformen sichtbar werden. Durch Verbindung aller auf parallelen Linien gelegenen Höhepunkte entstehen hintereinandergestaffelte Profile, durch Verbindung aller in gleicher Höhe gelegenen Punkte entstehen Höhenschichten-Blockdiagramme (Abb. 4); erinnern an photographierte Reliefs. Ähnliche dreidimensionale Raumbilder heute auch mit Computer erstellbar.

Parallele Projektion des Quadratnetzes ergibt perspektivische Verkürzung der schrägen Seiten. Wahl gleichlanger Seiten für Zeichnung des Netzparallelogramms

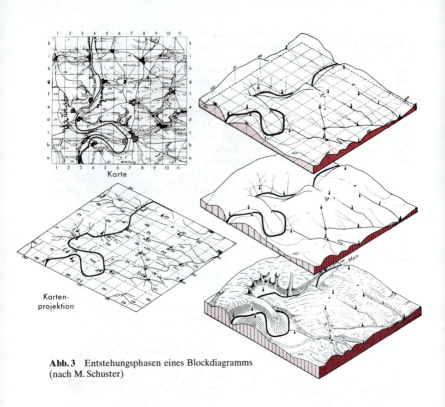

Abb. 3 Entstehungsphasen eines Blockdiagramms (nach M. Schuster)

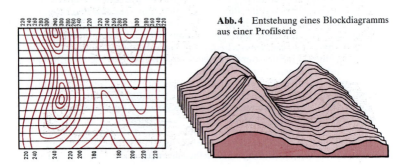

Abb. 4 Entstehung eines Blockdiagramms aus einer Profilserie

(*isometrische Projektion*) hat Vorteil vereinfachter Punktübertragung. Mit Zirkel kann jeder Punkt genau in Rautennetz übertragen werden. Isometrische Blockdiagramme geben daher Raumwirklichkeit in genauer Verzerrung wieder, können umgekehrt wieder entzerrt werden. Alle Punkte lassen sich mit Zirkel und Maßstab abgreifen und für Kartendarstellung verwenden.

Konstruktion von Blockdiagrammen bedarf keiner zeichnerischen Begabung, jedoch einiger Übung. Nur bei zeichnerischem Geschick und guter räumlicher Vorstellungsgabe kann auf Hilfskonstruktionen verzichtet werden, besonders wenn keine Maßgerechtigkeit, sondern nur suggestiv plastische Wirkung gefordert wird. Blockdiagramme zur Landschaftsgenese müssen in der Regel aus räumlicher Vorstellung heraus freihändig gestaltet werden (Abb. 5).

Einfache Möglichkeiten zur Herstellung von Blockdiagrammen auf handelsüblichem Stereomillimeter-Papier oder mit neuerdings entwickelten Blockbild-Zeichengeräten (Perspektomat für parallelperspektivische Darstellungen).

Blockdiagramme bilden neben Karte (bes. Anaglyphenkarte, S. 115) und Kausalprofil vorzügliches Mittel zur Veranschaulichung der Raumwirklichkeit. Meisterhafte Blockdiagramme zur Genese der Landformen entwarfen W. M. DAVIS, H. CLOOS, G. WAGNER und H. LEHMANN.

Abb. 5 Blockdiagrammserie: Entstehung eines Umlaufberges
(nach G. Wagner, vereinfacht)

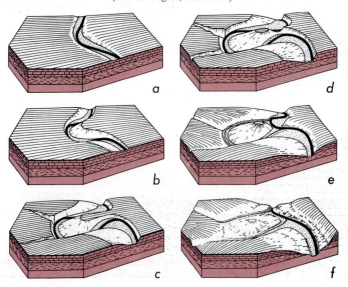

Literatur

BENZING, A. G.: Vereinfachtes Blockbild-Zeichnen. Geogr. Taschenbuch 1962/63, S. 317–320
—: Blockbilder als Arbeitshilfen für geographische Exkursionen. Geogr. Rdsch. 15, 1963, S. 421–424
CARLBERG, B.: Zeichnen kartographischer Raumbilder. Peterm. Geogr. Mitt. 1943
CLOOS, H.: Blockbild und Strukturrelief. Geogr. Taschenb. 1951/52, S. 397–398
—: Gespräch mit der Erde. München 1954
DAVIS, W. M.: Erklärende Beschreibung der Landformen. Leipzig 1912
FISCHER, A.: The construction and drawing of Block Diagrams. London 1961
FREBOLD, G.: Profil und Blockbild. Braunschweig 1951
HÖLZEL, F.: Perspektivische Karten. Internat. Jb. f. Kartogr. 3, 1963
IMHOF, E.: Kartenverwandte Darstellungen. Internat. Jb. f. Kartogr. 3, 1963; Geogr. Taschenb. 1964/65, S. 317–331
LEHMANN, H.: Konstruktion von Blockdiagrammen. Geogr. Taschenbuch 1951/52, S. 395–397
LOBECK, A.: Block Diagrams. 2. Aufl. Amherst, Mass. 1958
SCHUSTER, M.: Das geographische und geologische Blockbild. Berlin 1954
STOLLT, O.: Die Geländedarstellung im Vogelschaubild. Kartogr. Nachr. 1958
WAGNER, G. u. KOCH, A.: Raumbilder zur Erd- und Landschaftsgeschichte Südwestdeutschlands. Stuttgart 1961

Kausalprofil

Geographisches Kausalprofil bezweckt Darstellung des Zusammenhangs (kausale Abhängigkeit) von Boden, Oberflächengestaltung, Klima, Vegetation, Wirtschaft, Besiedlung, Verkehr usw. (Abb. 6). Übliches Profil wird durch Eintragung physischgeographischer und anthropogeographischer Erscheinungen ergänzt, so daß durch Zusammenschau aller Einzeltatsachen deren ursächliche Abhängigkeit deutlich wird. Pädagogischer Gewinn: Entlastung von nur gedächtnismäßig erworbenen Kenntnissen, Erziehung zu räumlichem Denken, Erkennen geographischer Zusammenhänge, Anleitung zu logischen Schlußfolgerungen.

Literatur

HÄRTIG, P.: Das Kausalprofil. Geogr. Rundschau 1950
KRAUSE, K.: Das geographische Kausalprofil. Geogr. Anzeiger 1927
—: Geographische Kausalprofile. Breslau 1930

Globus

Verkleinerte Nachbildung der Erde durch Holz-, Papp-, Kunststoff-, Metall- oder Glaskugel (Leuchtglobus); ist mit einer in Meridianstreifen zerlegten Erdkarte überzogen (Abb. 7) und um eine durch die Pole verlaufende Achse drehbar. Seit 1935 jedoch auch frei bewegliche Globen im Handel auf Fuß mit Meßgerät, das längen-, flächen- und winkeltreu mißt (Columbus-Rollglobus mit Haardt-Erdmesser). Leuchtglobus zeigt unbeleuchtet politisches Kartenbild, durch Lichtquelle im Inneren des Globus zusätzlich Reliefdarstellung oder umgekehrt.

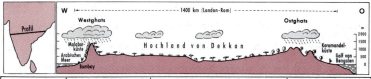

	Malabarküste	Hochland von Dekkan	Koromandelküste
Oberflächengestalt:	steiler Küstenabbruch mit vorgelagerten Schwemmlandstreifen	alte Rumpfschollen, z. T. überlagert von Trappdecken. Tafelland. Regurböden bei Basalt, sonst lateritische Böden	flache Schwemmlandküste, z. T. mit Dünen
Klima:	feuchttropisches Monsunklima, wintertrocken	heiß, mäßig feucht bis trocken, niederschlagsarmer Winter	tropisch heiß, auch im Winter feucht durch NO-Monsun
Mittlere Temperatur:	Jan. +26° C, Juli +28° C	Jan. +19° C, Juli +35° C	Jan. +20° C, Juli +31° C
Niederschlag (Jahresmittel):	über 2000 mm	700 bis 1100 mm	1200 bis 1500 mm
Natürliche Vegetation:	feuchter Monsunwald	Savannen mit Galeriewäldern	Monsunwald, Mangroven
Siedlungsstruktur:	moderne Überseehäfen, Fischerdörfer	Bauerndörfer. Vereinzelt Großstädte in Verkehrslage. Ehemalige Residenzstädte indischer Fürsten	Hafenstädte, Bauern- und Fischerdörfer
Bevölkerungsdichte:	über 100 Einw./km²	weniger als 100 Einw./km²	über 100 Einw./km²
Wirtschaftsstruktur:	kleine Pflanzungen: Kokospalmen, Tee, Kaffee, Ingwer u. a. Gewürze, Reis. Salzgärten. Textilindustrie	kleine Felder: Hirse, Bohnen, Weizen, Ölfrüchte, Baumwolle. Wasserspeicher (Tanks). Abbau von Kohle und Manganerzen, Hüttenwerke	Kokospalmen, Reis, Knollengewächse, Tabak

Abb. 6 Geographisches Kausalprofil

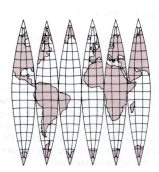

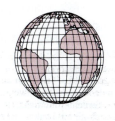

Abb. 7 Kartenzweiecke und Globus

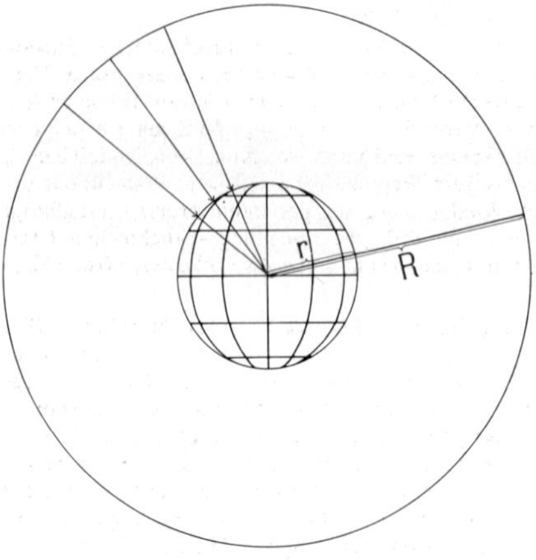

Abb. 8 Projektion der Erdoberfläche auf einen Globus

Globus dank Kugelform einzige verzerrungsfreie Abbildung gesamter Erdoberfläche (Abb. 8). Globusdarstellungen also längen-, flächen- und winkeltreu, d. h. für Gesamtbereich des Globus gilt gleicher Maßstab. Globus daher unersetzbares Anschauungsmittel für richtige Auffassung der Erdoberfläche. Vermittelt Kenntnis von Größe und Verteilung der Land- und Wassermassen, verdeutlicht Lagebeziehungen (Meridian- und Parallelkreisvergleiche), erlaubt Berechnung kürzester Entfernungen auf größtem Kugelkreis u. a.

Einziger Nachteil des Globus: Infolge kleinen Maßstabs nur für große Übersichten verwendbar. Durchmesser eines Globus im Maßstab 1:10 Mill. bereits 126 cm. Größter Globus von fast 4 m Durchmesser von italienischem Pater M. V. CORONELLI (1650–1718) für Ludwig XIV. konstruiert (Nationalbibliothek Paris).

Kugelmaßstab des Globus berechnet sich, wenn Umfang des Globus 1 m ist, nach Formel

$$\frac{2r\pi}{2R\pi} = \frac{1}{40\,000\,000}; \qquad r:R = 1:40\,000\,000$$

Da Verhältnis der Radien proportional dem Verhältnis der Bögen ist, ergibt sich daraus Kugelmaßstab 1:40 Mill. Gebräuchlichste Globusmaßstäbe zwischen 1:30 Mill. und 1:40 Mill.

Zwei Arten von Globen: 1. Globen mit glatter Oberfläche und Geländedarstellung wie in geographischen Übersichtskarten; 2. Reliefgloben mit plastischer Wiedergabe der Erdoberfläche. Dabei starke Überhöhung des Reliefs erforderlich. da bei maßstabgerechter Höhendarstellung höchste Erhebung (Mount Everest, 8848 m) auf Globus im Maßstab 1:10 Mill. kaum 1 mm hoch und 11 022 m tiefer Marianen-Graben im Stillen Ozean nur etwas über 1 mm tief wären.

Ältester Erdglobus von KRATES MALLOTES um 150 v. Chr.

Arabische *Himmelsgloben* (Sterngloben) stammen aus 11. und 13. Jh. Im christlichen Europa während des Mittelalters wenig Interesse für Geographie. Erst im Zeitalter der großen Entdeckungen erwächst der Wunsch, Oberfläche der Erde an deren körperlichem Abbild zu studieren. Erdgloben gewinnen dadurch weite Verbreitung, zumal fast gleichzeitig erfundene Buchdruckerkunst in Verbindung mit Holzschneide- und Kupferstichkunst Möglichkeit bietet, Handzeichnungen naturgetreu auf mechanischem Wege zu vervielfältigen. War Globus ursprünglich ein Kunstwerk, das nur durch Wiederholung der gesamten Arbeit vervielfältigt werden konnte, so ließ sich nunmehr schwierigster Teil – die Zeichnung – drucktechnisch beliebig reproduzieren. Globen konnten jetzt mit dem in sphärische Zweiecke aufgelösten Kartendruck (auf Papier) überzogen werden.

Ältester bekannter Globus: der berühmte „Erdapfel" MARTIN BEHAIMS (Nürnberg 1492, Germanisches Nationalmuseum, Nürnberg). Kugel hat Durchmesser von 54,1 cm, besteht aus Pappe, mit Gips überzogen. Darüber Pergamenthaut mit handgefertigter Zeichnung. Globus hat kein Gradnetz; nur Darstellung von Polar- und Wendekreisen nebst in 360 Grade geteiltem Äquator und Ekliptik. Dreht sich um eiserne Achse, hat Meridianring und Horizontalkreis. Erste Globen mit in Merdianstreifen zerlegten gedruckten Karten seit 1505 von JOHANNES SCHÖNER. In zweiter Hälfte des 16. Jhs. gehörte GERHARD MERCATOR zu den berühmtesten Globusbauern. Nach Italiener MARCO VIZENZO CORONELLI, der 1683 zwei Riesengloben verfertigte, nennt sich „Coronelli-Weltbund der Globusfreunde" (gegr. 1952 in Wien).

Literatur

BLUDAU, A.: Geschichte der Erd- und Himmelsgloben. Geogr. Zeitschr. 1896

BONACKER, W.: Globen, einst und jetzt. Kartogr. Nachr. 1960

—: Globenmacher aller Zeiten. Der Globusfreund 1956, Nachtr. 1957

HAACK, H.: Studien am Globus, Bemerkungen zur Geschichte und Technik der Erdgloben und Winke zu ihrer Benutzung. Geogr. Bausteine, Gotha 1915

HINRICHS, E.: Der Globus im Erdkundeunterricht. Erdkunde 1943

JAQUES, N.: Die Karte auf der Kugel. Martin Behaim, Seefahrer und Sternenrechner. Berlin 1942

JENSCH, G.: Thematische Globen. In: Grundsatzfragen der Kartographie, Sonderbd. d. Österr. Geogr. Ges., Wien 1970, S. 140–149

MURIS, O. u. SAARMANN, G.: Der Globus im Wandel der Zeiten. Eine Geschichte der Globen. Berlin 1961

WINKEL, O.: Der Globus. Geogr. Rundschau 1950

Luftbild

150 Jahre alte Technik der Fotografie schon früh auch für Luftaufnahmen der Erdoberfläche genutzt. Erste Ballonaufnahmen 1859 von Paris von FELIX TOURNACHON (gen. NADAR). Weitere Entwicklungen betrafen Luftfahrt (Flugzeuge, Raumfahrt) sowie Aufnahmetechnik (Filmmaterial, Kameras, Scanner, digitale Datenspeicherung). Luftaufnahmen in der Kartographie heute sowohl für Vermessungsgrundlagen (Photogrammetrie) als auch für Karteninhalt (z. B. Laufendhaltung topographischer Karten) genutzt (s. S. 135–138).

Bildaufnahmen der Erde oder eines Teiles davon zu unterscheiden nach Aufnahmewinkel bzw. Aufnahmestandort in Geneigtaufnahmen (Flachaufnahme,

Schrägaufnahme, Steilaufnahme) und Senkrechtaufnahmen. Vom Erdboden aufgenommene Bilder (terrestrische Fotos) entsprechen eher menschlichen Erfahrungen und sind anschaulicher. Allerdings ergeben sich im Bild mögliche Verdeckungen sowie wechselnde Maßstäbe. Daher für exakte Vermessung Senkrechtaufnahmen bevorzugt. Wegen zentralperspektivischer Abbildung der Senkrechtaufnahmen (gegenüber Parallelperspektive kartographischer Abbildung) Randverzerrungen und ebenfalls Maßstabsprobleme, wenn Gelände nicht völlig eben ist. Anderseits können durch Luftbildreihen mit ca. 60 % Überdeckung der Bilder mit Hilfe von Stereoskopen dreidimensionale Bilder erzeugt werden.

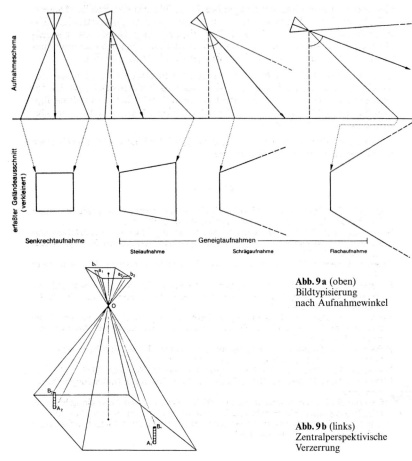

Abb. 9a (oben)
Bildtypisierung nach Aufnahmewinkel

Abb. 9b (links)
Zentralperspektivische Verzerrung

Heute meist verwendeter Begriff *Fernerkundung* umfaßt verschiedenste Aufnahmetechniken und Entfernungen von der Erdoberfläche. Satellitenbilddaten heute analog und digital verfügbar. Wichtig die Möglichkeit der elektronischen Speicherung und des Aufbaus von Geo-Informationssystemen. Fernerkundung besonders auch dort eingesetzt, wo andere Abbildungsmöglichkeiten z. B. wegen Unzulänglichkeit schwer möglich sind. Bildauflösungsvermögen heutiger Techniken so gut, daß selbst Aufnahmen aus höchsten Höhen verwendet werden. Fernerkundung gekennzeichnet durch Ausnutzung auch nichtsichtbaren Bereichs des elektromagnetischen Spektrums sowie Einsatz von nichtfotografischen Aufnahmemethoden, Satelliten und Computern.

Gegenüber anderen Erdabbildungen beachten: Bilder stellen jeweils Momentaufnahmen dar, während andere Abbildungen versuchen, längerfristigen Zustand darzustellen. Vorteil: Wiederholbarkeit, Zeitreihen, Darstellung von zeitabhängigen Aspekten. Aus verschiedenen Aufnahmen konstruierte multitemporale Aufnahmen versuchen längerfristige Zustände darzustellen.

Lesbarkeit von Luftaufnahmen von speziellen Interpretationsschlüsseln abhängig sowie durch Fehlen einer Auslese des Abgebildeten erschwert. Kartographische Generalisierung fehlt. Stellt auch Problem bei der Verwendung digitaler Satellitendaten dar, da auch computergestützte Generalisierung der Datenmengen noch nicht gelöst ist.

Im Übergangsbereich zur Karte entzerrte Luftbildpläne und Luftbildkarten mit Schriftzusätzen und Erläuterungen.

Literatur

BECKEL, K.: Spot- und Landsat TM-Daten für den Einsatz in der Kartographie. In: Wiener Schriften zur Geographie und Kartographie, Band 2, 1989, S. 54–65

BERCHTOLD, K. u. SONNE, B.: Einsatz der Luftbildmessung für die Kartenherstellung und Kartenfortführung auf der Grundlage eines Geoinformationssystems. Kartogr. Nachr. 38, 1988, S. 232–236

GIERLOFF-EMDEN, H. G. u. SCHROEDER-LANZ, H.: Luftbildauswertung. 2 Bd. Mannheim 1970

HÜTTERMANN, A.: Luftbildauswertung auch in der Schule! Anstiftung zur Beschäftigung mit einer „neuen" geographischen Arbeitstechnik. Geogr. u. Schule 9. Jg., 1987, H. 47, S. 45–48 u. H. 48, S. 40–43

KONECNY, G.: Stand und Entwicklung der Fernerkundung durch Satelliten und deren Einsatz in der Kartographie. In: Wiener Schriften zur Geographie und Kartographie, Band 2, 1989, S. 12–27

KONECNY, G. u. LEHMANN, G.: Photogrammetrie. 4. Aufl. Berlin, New York 1984

LÖFFLER, E.: Geographie und Fernerkundung. Stuttgart 1985

SCHNEIDER, S.: Luftbild und Luftbildinterpretation. Berlin, New York 1974

MARKWITZ, W. u. WINTER, R. (Hrsg.): Fernerkundung. Daten und Anwendungen. Karlsruhe 1989

MÜHLFELD, R.: Fernerkundung der Erdoberfläche, Methoden und Anwendungsbereiche. DGLR-Symposium Flugtechnik und Umweltforschung. Bonn 1974, S. 114–121

WEIMANN, G.: Geometrische Grundlagen der Luftbildinterpretation. Einfachverfahren der Luftbildauswertung. Karlsruhe 1984

Panorama

Zeichnung oder Fotoreihe von Grund- und Aufriß eines Teils der Erdoberfläche, von einem Standort aus gesehen. Ergibt anschauliche, dem Schrägluftbild ähnliche Darstellung (Zentralperspektive).

Zeichnerische Abbildung erfolgt auf gedachte senkrechte Zylinderfläche, die in Ebene abgewickelt wird. Dadurch gerade Horizontlinie. Höhen- und Breitenkoordinaten entsprechen annähernd einer zentralperspektivischen Zylinderprojektion. Die vom Beobachtungspunkt aus gemessenen Richtungswinkel werden im Bogenmaß auf der Horizontgeraden abgetragen. Höhenwinkel senkrecht dazu. Vom Standort aus sichtbare Geländeteile werden kulissenartig hintereinandergereiht.

Perspektivische Schrägansichten heute auch mit dem Computer herstellbar. Handgezeichnete Panoramen überwiegen aber noch, so z. B. auch als Panorama-Wandkarte Deutschlands von H. BERANN.

Literatur

IMHOF, E.: Kartenverwandte Darstellungen der Erdoberfläche. Intern. Jb. f. Kartogr. 1963, S. 54–99
WITT, W.: Lexikon der Kartographie. Wien 1979, S. 426–427

Geo-Informationssysteme

Geo-Informationssysteme („GIS") Sammelbegriff für Datenbanken bzw. Datenverarbeitungssysteme, die grafikgestützt raumbezogene Daten digital erfassen, aufbereiten, verarbeiten, verwalten und die für verschiedenste Aufgaben innerhalb geowissenschaftlicher Disziplinen einsetzbar sind. Neueste Art der „Abbildung" der auf die Erde bezogenen Informationen, durch Nutzung elektronischer Datenverarbeitung in großem Maße möglich geworden. Verwandte Begriffe: Geographische Informationssysteme, Raumbezogene Informationssysteme.

Im Prinzip alle Daten mit Ortsbezug in GIS verfügbar zu machen. ARC/INFO z. B. vereint *geometrische Daten* (ARC) eines Raumbezugssystems mit zugehörigen *Fachdaten* (INFO). INFO ist als relationale Datenbank ein unabhängiges Software-Produkt, das in das ARC-System eingebunden ist und Fachdaten in Form von Attributen zu den Geometriedaten verwaltet. Erfassung der Daten durch manuelles oder automatisches Digitalisieren (scannen) von Karten, photogrammetrische Auswertungen, Erfassen von alphanumerischen Attributen, Lesen von Bildinformation und durch extern bereitgestellte Daten. Neben raumbezogenen Daten und Fachdaten sind *Vektor-* und *Rasterdaten* (sowie heute auch „hybride" Kombinationen) zu unterscheiden. Vektorgraphik (CAD) hat Schwerpunkt traditionell im großmaßstäbigen Bereich der Vermessung, Rastergraphik (image-processing) in Photogrammetrie und Fernerkun-

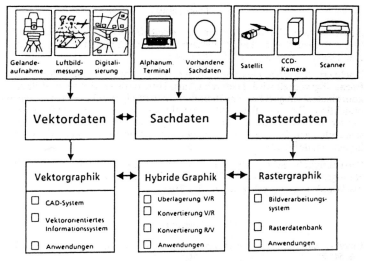

Datenerfassung und Weiterverarbeitung
(nach Berchthold/Sonne 1988, S. 233)

dung, topographischer Kartographie, Militärgraphik. Bisher noch mehr Vektordaten, Trend geht aber vor allem durch Auswertung von Fernerkundungsdaten und wegen Ausgabe (vektororientierte Zeichengeräte sind langsamer und können Flächen nur mit Schraffer oder Signatur füllen) in Richtung auf Raster- bzw. Hybrid-Dateien.

Aus „maßstabsloser" digitaler Datenbank, in der geometrische Elemente klassifiziert, Darstellung aber noch nicht festgelegt ist, wird „Erdabbildung" (Bildschirm, Papier, Folie etc.) erst durch eigene Software-Programme erzeugt. Neben kartographischen auch alphanumerische Darstellungen der Daten üblich. Datenbank universell einsetzbar, für jeden Darstellungstyp erfolgt zuerst Selektion des Inhalts (Ausschnitt, Inhaltselemente). Danach wird entsprechend einem gewählten Maßstab gewünschte Darstellung ausgewählt. Problem: Maßstabgebundenes Generalisieren der *Daten* durch Rechenprogramme noch nicht gelöst; *Darstellungsmittel* können maßstabgerecht bereitgehalten werden. Leichte Herstellbarkeit von Karten aus solchen Datenbanken wird in Zukunft Anzahl der verwendeten Karten für Spezialzwecke erhöhen. Gefahr: Leichte Erstellbarkeit von Karten durch kartographische Laien, Qualitätsverlust kartographischer Erzeugnisse. „Kartographische Expertensysteme" noch nicht verfügbar; müßten aber selbst dann noch von Kartographie-Experten bedient werden. Andererseits erlaubt digitale Kartographie auf der Basis umfassender GIS geographische Analysen und Korrelationen im Datenverbund mit statistischen Daten durch Such-, Misch- und Verkettungsprozesse herzustellen und gleich anschließend zu präsentieren.

Selektionen nach Örtlichkeit (Welche Parzellen liegen an Straße X), nach Eigenschaft (alle Flächen mit Hangneigung über y %), Koppelung zweier Selektionen (örtlich, logisch; z. B. Schulstandorte und Wohnorte schulpflichtiger Kinder), räumliche Zusammenhänge (Häufigkeit der Erkrankung der Atemwege in Abhängigkeit von verschiedenen Arten der Luftverschmutzung) möglich und schnell, anschaulich, übersichtlich, detailliert oder generalisiert, selektiert oder umfassend darstellbar.

Unterschiedlichste Datenbanken werden z. Zt. erstellt, so vor allem im Bereich der topographischen Karten (z. B. Automatisierte Liegenschaftskarte ALK, bundeseinheitliches Amtliches Topographisch-Kartographisches Informationssystem ATKIS), aber auch für viele thematische Teilbereiche (z. B. Umweltinformationssysteme wie GEOGIS in Bayern oder UIS in Baden-Württemberg, kommunale Informationssysteme wie MERKIS, Topographisches Informationssystem der Bundeswehr TOPIS, automatisierte Raumordnungskataster AROK etc.). Fragen des Datenschutzes bei Weitergabe noch nicht abschließend geklärt; im US Geological Survey bereits über 20 % der Anfragen nicht mehr nach gedruckten Karten sondern nach digitalen Daten.

GIS auch in Zukunft für „Normalverbraucher" verfügbar in Kfz-Navigationssystemen als Zielfindungssysteme (z. B. CARPILOT von Bosch/Blaupunkt, CITYPILOT von VDO) oder Zielführungssysteme (z. B. autonome Systeme mit Routensuchprogramm: Elektronischer Verkehrslotse EVA von Bosch, CAR Information- und Navigation-System CARIN von Philips). Zielfindungssysteme zeigen dem Fahrer während der Fahrt Zielrichtung und Luftlinienentfernung an, Zielführungssysteme zeigen an Entscheidungspunkten wie Kreuzungen weiteren Fahrtweg an. Beide Konzepte setzen Kartenabbildungen voraus, wobei Zielführungssysteme digitale Straßennetze gespeichert haben müssen. Bei EVA erhält der Fahrer aber Navigationshinweise durch synthetische Stimme vom Bordrechner, Bildschirme oder Kartenbilddarstellungen entfallen ganz und lenken nicht mehr vom Fahren ab.

Kfz-Navigationssystem EVA (nach Lichtner 1988, S. 101)

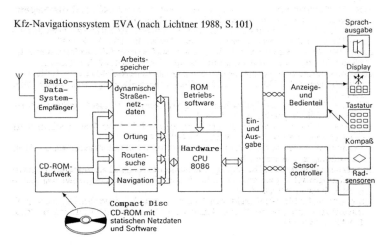

Moderne Computer ermöglichen auch Speicherung unterschiedlicher Medienarten zur gemeinsamen Nutzung: Domesday Project in England bringt große Mengen visueller, textlicher, kartographischer und numerischer Informationen über Raumeinheiten verschiedener Maßstäbe zusammen in Videos und Computer.

Auf einer Karte von Großbritannien kann Region mit einer „Maus" angegeben werden, die in Karte größeren Maßstabs erscheinen soll. Von hier aus in gleicher Weise zu weiteren Karten größerer Maßstäbe (ca. 4–5), z.T. bis hin zu Grundrissen einzelner Gebäude. Zu bestimmten Regionen, Städten, Lokalitäten dann zusätzliche Informationen abfragbar, als Texte, Boden- oder Luftbilder, Videofilme, Interviews etc. etc.

Domesday Project stellt verschiedene Aspekte Großbritanniens vor; Name bezieht sich auf 900 Jahre altes Domesday Book, ein nationales Inventar des 11. Jahrhunderts.

Literatur

BECHTHOLD, K. u. SONNE, B.: Einsatz der Luftbildmessung für die Kartenerstellung und Kartenfortführung auf der Grundlage eines Geo-Informationssystems. Kartogr. Nachr. 38, 1988, S. 232–236

CUMMERWIE, H.-G..: Mit MERKIS auf dem Weg zur individuellen Stadtkarte. Kartogr. Nachr. 39, 1989, S. 131–139

FORER, P.: Video and data in geography: An initial analysis of the Domesday Project in the United Kingdom. New Zealand Journ. of Geogr. 82, 1987, S. 19–23

GÖPFERT, W.: Raumbezogene Informationssysteme. Datenerfassung, Verarbeitung, Integration, Ausgabe auf der Grundlage digitaler Bild- und Kartenverarbeitung. Karlsruhe 1987

GOSSMANN, H.: GIS in der Geographie. In: Geo-Informations-Systeme 2, Nr. 3, 1989, S. 2–4

HEISE, D.: Raumbezogene Informationssysteme. Eine überblicksmäßige Darstellung und exemplarische Anwendung im Maßstab 1: 1000. Wien 1985

JUNIUS, H.: Planungskartographie: ARC/INFO ein wirksames Hilfsmittel beim Aufbau von Planungsinformationssystemen. Kartogr. Nachr. 38, 1988, S. 105–113

KAINZ, W.: Datenmodelle und Datenbanken für raumbezogene Informationssysteme. In: Wiener Schriften zur Geographie und Kartographie, Band 2, 1989, S. 155–163

LICHTNER, W.: Die Anwendung analoger und digitaler Kartenabbildungen in KFZ-Navigationssystemen. In: Wiener Schriften zur Geographie und Kartographie, Band 1, 1988, S. 99–104

MAYER, F. (Hrsg.): Digitale Technologie in der Kartographie. Wiener Schriften zur Geographie und Kartographie, Band 1, 1988

SCHALLER, J.: Das geographische Informationssystem ARC/INFO. Wiener Schriften zur Geographie und Kartographie, Band 1, 1988, S. 218–227

SCHILCHER, M. u. FRITSCH, D. (Hrsg.): Geo-Informationssysteme. Anwendungen – Neue Entwicklungen. Karlsruhe 1989

SCHMIDT-FALKENBERG, H.: Die Beiträge von Fernerkundung und Kartographie zu einem raumbezogenen Informationssystem. In: Wiener Schriften zur Geographie und Kartographie, Band 2, 1989, S. 28–41

WILMERSDORF, E.: Einsatzmöglichkeiten der graphischen Datenverarbeitung in der großmaßstäbigen Kartographie. Wiener Schriften zur Geographie und Kartographie, Band 1, 1988, S. 139–153

MAßSTAB

Verhältnis abgebildeter verkleinerter Strecke zur natürlichen Ausdehnung ergibt Maßstab, ausgedrückt als Bruch oder Division. Bei 1 : 100000 entspricht 1 cm auf der Karte 100000 cm = 1 km in der Natur. Kartenstrecke: Naturstrecke = 1 : M. Modul (M) oder Kennziffer bezeichnet Wert, mit dem auf der Karte gemessene Strecke zu multiplizieren ist, um Streckenlänge in der Natur zu ermitteln.

Der der Verhältniszahl für Maßstab beigefügte Längenmaßstab (Linearmaßstab) erleichtert schnelle Streckenmessung: Skala mit Kilometer- oder Meilenangaben und Unterteilung. Für Feinmessung Transversalmaßstab mit Zehntelteilung nach Strahlensatzprinzip (Abb. 10a).

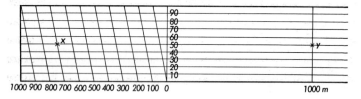

Abb. 10a Transversalmaßstab, Strecke x−y = 1750 m

4 cm auf Karte 1:25000 entsprechen 4·25000 cm in Natur = 1000 m. Karte 1:25000 daher auch als „4-cm-Karte", Karte 1:50000 als „2-cm-Karte", Karte 1:100000 als „1-cm-Karte" bezeichnet. − Umrechnung nichtmetrischer Maßstäbe ergibt „krumme" Werte. Englische 1 inch map (1 inch entspricht 1 mile) = 1:63360; $^1/_2$ inch map = 1:126720. − Alte Meilen- und Routenmaßstäbe mit Hilfe geographischer Maßstabsschlüssel umrechenbar (vgl. Geogr. Taschenbuch 1960/61, S. 488 ff.).

Je nach gewählter Projektion Maßstab für ganzen Kartenausschnitt, für Äquator, Mittelmeridian oder bestimmten Parallelkreis gültig. West-Ost-Strecken können anderen Maßstab haben als Nord-Süd-Strecken. Auf Mercatorkarte (S. 68 ff.) wächst Maßstab vom Äquator polwärts. Hilfsfigur (Abb. 10b) anstelle einfachen Längenmaßstabs erforderlich. Höhenlinienkarten zur Ermittlung der Hangneigung gelegentlich mit Neigungs- oder Böschungsmaßstäben versehen, bei denen Isohypsenabstände zu Hangwinkeln in Bezug gesetzt sind.

Bestimmung des Maßstabs ist auf Karten ohne Maßstabsangabe nach folgenden Methoden möglich:

1. Auswahl zweier Punkte, die auf anderer Karte mit Linearmaßstab enthalten sind. Feststellung der Entfernung auf beiden Karten und Berechnung des Maßstabs nach Verhältnis $cm_1 : cm_2 = km_1 : km_2$.

Beispiel: Entfernung zweier Städte auf Karte ohne Maßstab sei 5 cm, auf Vergleichskarte 1:100000 4 cm = 4 km in der Natur; 5 cm auf maßstabsloser Karte entsprechen also 4 km bzw. 1 cm = 0,8 km; gesuchter Maßstab daher 1:80000.

2. Auf maßstabsloser Karte mit Gradnetz Messung eines Meridiangrades oder der Abweitung, Entnahme wahrer Entfernung aus Gradnetztabellen, mittels beider Werte Berechnung des Maßstabs.

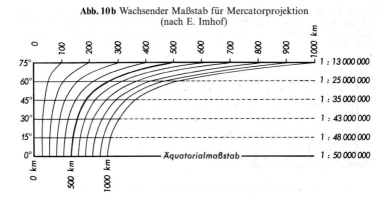

Abb. 10b Wachsender Maßstab für Mercatorprojektion (nach E. Imhof)

Literatur

FREITAG, U.: Der Kartenmaßstab – Betrachtungen über den Maßstabsbegriff in der Kartographie. Kartogr. Nachr. 12, 1962, S. 134–146

KOSACK, H. P.: Bestimmung des Kartenmaßstabes einer Karte ohne Maßstabsangabe. Geogr. Taschenbuch 1951/52, S. 408

Kartenklassifikation nach Maßstäben

Maßstab bestimmt *Aussageumfang* der Karte. Jedoch keine schematische, kontinuierliche Inhaltsvereinfachung parallel dem Zahlenwert des Maßstabs möglich, sondern unter Beachtung gewisser Schwellenbereiche in maßstabsbedingten Darstellungsstufen geographischer Wirklichkeit. Da Maßstab als Verhältniszahl 1:m (m = Maßstabszahl) angegeben wird, bedeutet z. B. 1:10000 großen, 1:25 Mill. kleinen Maßstab.

Fünf Maßstabsklassen unterschiedlichen Aussagewertes:

Plankarten

Plankarten umfassen Pläne, Katasterkarten, Flurkarten u. ä. bis 1:10000 als kleinstem Maßstab. In diesem Grenzmaßstab 1 m der Natur noch als 0,1 mm messende Linie (Grenze der Zeichengenauigkeit) abbildbar. Kleinere Gegenstände für kartographische Darstellung bedeutungslos, daher in dieser Maßstabsklasse kein Generalisierungsproblem. Plankarten ermöglichen erschöpfende Realdarstellung: genaue Eigentumsgrenzen, maßgerechte Abbildung von Straßen, Eisenbahnen, Flüssen und Bächen, Höhenlinien in Abständen von 5 m oder weniger. Allenfalls erforderliche Vereinfachungen in maßgebundener Generalisierung möglich.

Spezialkarten

Umfassen alle Karten im Maßstab von etwa 1 : 20 000 bis 1 : 75 000. Grundrißtreue Abbildung von Kleinstformen nicht mehr möglich: Auswahl nach Bedeutung und Wiedergabe in maßgebundener oder freier Generalisierung. 5 m in der Natur reduzieren sich in Karte 1 : 50 000 auf 0,1 mm, in Karte 1 : 25 000 auf 0,2 mm, d. h. Objekte von 5–20 m Größe (Bauwerke, Verkehrswege) zwar noch grundrißgetreu abbildbar, jedoch zur Verdeutlichung vorzugsweise durch Symbole dargestellt (Burgen, Schlösser, Mühlen, Forsthäuser, Brücken usw.). Wiedergabe der Reliefkleinformen durch Höhenlinien in 10 m oder geringerem Abstand. Spezialkarten ermöglichen trotz Generalisierung der Kleinstformen noch ausführliche Realdarstellung.

Übersichtskarten

Bezeichnung für alle Karten im Maßstab von etwa 1 : 100 000 bis 1 : 500 000. Da sich 20 m in der Natur auf Karte 1 : 200 000 auf 0,1 mm reduzieren, Darstellung der Kleinformen in Dekametergröße nur noch in starker Übertreibung bzw. Generalisierung möglich. Auf Übersichtskarte des Deutschen Reiches 1 : 200 000 bedeuten Straßen mit 0,6 mm breiten Linien, Einzelhäuser mit 0,4 mm messenden Signaturen 10- bis 20fache Übertreibung; Höhenlinien aus Platzgründen zuweilen 0,5 bis 1 mm = 10–200 m verschoben. Untere Eindeutigkeitsgrenze liegt bei etwa 2 mm.

Geringere Abweichung von Grundrißtreue bei 1 : 100 000, wichtigstem Maßstab topographischer Übersichtskarten. Formen in der Größenordnung von 100 m, d. h. 1 mm auf Karte, noch weitgehend grundrißtreu. Kleinformen nur in starker Generalisierung und Übertreibung darstellbar: 0,5 mm breit gezeichnete Straße entspricht in Wirklichkeit nur selten tatsächlicher Breite von 50 m! Höhenlinien in 20 m Vertikalabstand in bewegtem Gelände gerade noch für Darstellung der Kleinformen ausreichend. Untere Eindeutigkeitsgrenze bei 1 mm.

Handkarten

Karten im Maßstab von etwa 1 : 500 000 bis 1 : 800 000. Raummangel schließt Darstellung von Kleinst- und Kleinformen aus, selbst mittelgroße Formen in 100-m-Dimension ab 1 : 500 000 nicht mehr abbildbar. Höhenlinien je nach Relief in Abständen von 50 m, 100 m oder 200 m, im Hochgebirge mit Höhenungenauigkeiten von 200–500 m. Vereinfachung des Karteninhalts in freier Generalisierung; für Siedlungen, Verkehrswege usw. in großem Umfang Symbole (Ortskreise) und Signaturen, idealisierte Geländeformen, Vereinfachung des Gewässernetzes. Realdarstellung durch typisierende Generaldarstellung ersetzt, daher auch als *Generalkarten* bezeichnet. Untere Eindeutigkeitsgrenze bei 2,5–3 mm.

Länder-, Erdteil- und Weltkarten

Karten des Maßstabs 1 : 1 Mill. und kleiner. Internationale Weltkarte 1 : 1 Mill umfaßt etwa 2000 Blätter, von denen knapp die Hälfte erschienen sind (S. 167 f.). Erdteildarstellungen als Wandkarten in 1 : 6 Mill., Erdkarten als Wandkarten 1 : 15 Mill bis 1 : 20 Mill. In allen Fällen weitgehender Verzicht auf Einzelheiten, Vergröberung der Umrisse und Formen in großzügiger freier Generalisierung.

Literatur

LOUIS, H.: Über Kartenmaßstäbe und kartographische Darstellungsstufen der geographischen Wirklichkeit. Zeitschr. f. Vermessungswesen 1956
—: Die Karte als wissenschaftliche Ausdrucksform. Dt. Geographentag Würzburg 1957, Tagungsber. u. wiss. Abh., Wiesbaden 1958
—: Die Maßstabsklassen der Geländekarten und ihr Aussagewert. Geogr. Taschenbuch 1958/59, S. 527–534
SCHULZ, G.: Darstellungsfragen des Kartenmaßstabs 1 : 100 000. Kartogr. Miniaturen Nr. 3, Berlin 1970

GENERALISIERUNG

Je kleiner der Maßstab, desto stärkerer Zwang zur stoffgerechten Vereinfachung, Zusammenfassung und Schematisierung eines Verbreitungsbildes. Längenverkleinerung 1 : 10 entspricht Flächenverkleinerung 1 : 100. Generalisierung besteht daher nicht in photographischem Verkleinern oder mechanischem Vergröbern, Ausscheiden oder Übertreiben von Objekten, sondern in überlegter qualitativer und quantitativer Auswahl (Abb. 11 u. 12).

Maßgebundenes Generalisieren: Gleichartige Behandlung gleich großer oder gleichwertiger Objekte. Abbildung läßt trotz Vereinfachung (Signaturen, Symbole) noch Ähnlichkeit mit Urbild erkennen (teilkonkrete Abbildung), ist eindeutig in Aussage.

Freies Generalisieren: Ungleiche Behandlung gleich großer oder gleichwertiger Objekte. Anwendung dieses Verfahrens, wo enger Raum beispielhafte Auswahl sich häufender gleichartiger Erscheinungen erfordert, z. B. Darstellung von drei Hangleisten statt fünf, vier Einzelhöfen statt sieben usw. In solchen Fällen dargestellte Objekte nicht mehr Abbild individueller Erscheinungen, sondern stellvertretend für viele. Eindeutigkeit kartographischer Aussage geht dadurch verloren. Bei freier Generalisierung Angabe des Mindestdurchmessers abgebildeter Gegenstände, die im Vergleich zu gleich großen Nachbarerscheinungen Ausgewogenheit der Darstellung erkennen läßt, wünschenswert: Mindestdurchmesser bezeichnet „untere Eindeutigkeitsgrenze" kartographischer Abbildung.

Literatur

BOSSE, H. (Hrsg.): Kartographische Generalisierung. Erg. d. 6. Arbeitskurses Niederdollendorf 1966 d. Dt. Ges. f. Kartogr. e. V., Mannheim 1970
TÖPFER, F.: Kartographische Generalisierung. Pet. Geogr. Mitt., Erg. H. 275, Gotha 1974

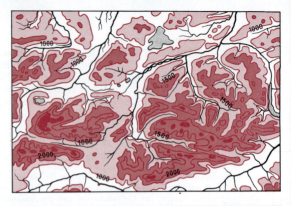

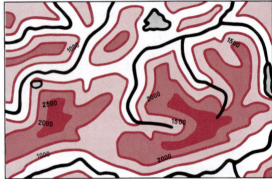

Abb. 11 Generalisierung der Geländeformen: Wetterstein und Karwendelgebirge 1 : 500 000 (oben), 1 : 1,25 Mill. (Mitte) und 1 : 5 Mill. (unten), alle auf gleichen Maßstab, etwa 1 : 860 000, umgezeichnet (nach H. Louis, verändert)

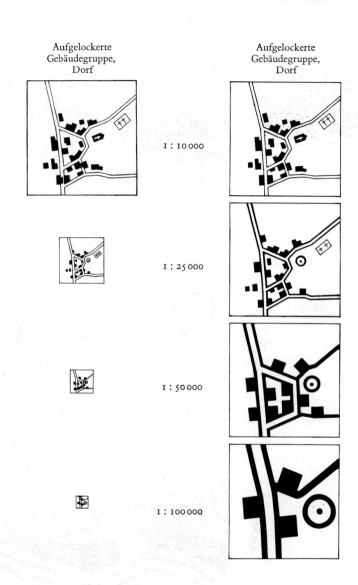

Abb. 12 Generalisierung von Siedlungsgrundrissen (nach E. Imhof, rechts auf gleichen Maßstab umgezeichnet)

NETZENTWÜRFE (Kartenprojektionen)

Kartenprojektionslehre liefert mathematisch formulierte „Regeln", mit deren Hilfe Erdoberfläche verebnet abgebildet werden kann. Wegen Krümmung der Erdoberfläche nicht ohne Verzerrung möglich. Wahl der Kartenprojektion bestimmt Ausmaß und Art der Verzerrung und damit Eignung der Karte für vorgesehenen Zweck. Kartenprojektionslehre deshalb grundlegend für topographische und thematische Karten. In Kartographie verwendeter Begriff „Projektion" nur in wenigen Fällen (perspektivische Projektionen) im Sinne der projektiven Geometrie gebraucht; vielmehr als Synonym sowohl für konstruierte wie berechnete „Abbildungen" oder „Netzentwürfe" (franz. *projection* = Entwurf) zu verstehen.

Erdgestalt

Erde hat keine exakt mathematisch definierbare Gestalt. Auch wenn unregelmäßiges Relief außer acht bleibt und vom Meeresniveau ausgegangen wird, entspricht Erde keinem geometrischen Körper.

Als wahre Erdfigur wird Fläche konstanten Schwerepotentials (Äquipotentialfläche) bezeichnet, die weitgehend mit ruhend gedachtem Meeresspiegel identisch ist. Seit J. B. LISTING (1873) als Geoid bezeichnet. Bestimmung des Geoids für Geodäsie (Erdmessung) von größter Bedeutung.

Bei Kartenprojektionen wird nicht vom Geoid ausgegangen, sondern von mathematisch definierbarer Bezugsfläche. Soll möglichst geringe Abweichungen gegenüber wahrer Erdfigur haben und leicht zu berechnen sein. Da Erde an beiden Polen abgeplattet, kommt Ellipsoid (Sphäroid) dem Geoid sehr nahe. Ellipsoid nach HAYFORD (1909) heute Grundlage vieler Kartenwerke; vertikale Abweichung gegenüber Geoid bis maximal etwa 50 m. Oft wird Erde nicht als Ellipsoid, sondern als volumengleiche Kugel (mit Radius 6370 km) aufgefaßt und deren Oberfläche als Bezugsfläche gewählt: *Vorteil:* Stark vereinfachte Berechnung bei ausreichender Genauigkeit für kleinmaßstäbige Karten.

Bedeutende Leistung des Altertums war Erdumfangberechnung des Alexandriner Geographen ERATOSTHENES (295–214 v. Chr.). Aus unterschiedlicher Sonnenstandshöhe in Alexandria und Syene (Assuan) berechnete er Breitenunterschied zwischen beiden Orten. Ermitteltes Bogenmaß von $7^1/_5°$ entspricht $^1/_{50}$ des Kreisumfangs, mithin setzte er bekannte Entfernung Alexandria-Assuan (5000 Stadien) gleich $^1/_{50}$ des Erdumfangs und kam auf Werte von 250 000 Stadien = etwa 40 000 bis 45 000 km; keine genaue Angabe möglich, da in der Antike 1 Stadion zeitlich und örtlich unterschiedliche Längen (157 m? 179 m?) bezeichnet hat. Im 1. Jh. v. Chr. errechnete POSIDONIUS beträchtlich kleineren Wert, der, von PTOLEMÄUS übernommen, bis Ende des Mittelalters Ursache für Unterschätzung des Erdumfangs (KOLUMBUS!) war.

Moderne exakte Erdmessung beginnt mit Einführung der Triangulationsmethode durch holländischen Naturforscher W. SNELLIUS (1615). Erste Bogenmessung der Neuzeit (Paris–Amiens) durch FERNEL (1525). 1669 Messung des Meridianbogens Amiens–Malvoisine durch PICARD, deren Ergebnisse zur Entdeckung des Gravitationsgesetzes durch NEWTON führten. Beweis der Abplattung der Erde wurde erbracht durch 2 große Expeditionen, die eine mit LA CONDAMINE nach Peru (1735–1744), die andere 1736/37 nach Lappland. 1841 Berechnung des Erdsphäroids durch W. BESSEL. Heute gültige und international verwendete Werte von J. HAYFORD (1909), F. N. KRASSOWSKI (1940) bzw. Internationale Union für Geodäsie und Geophysik (1967).

Gradnetz und Nullmeridian

Lage jedes Ortes auf der Erdoberfläche mit Hilfe des Gradnetzes bestimmbar (Abb. 13). Sphärisches Koordinatensystem aus sich rechtwinklig schneidenden Kreislinien. Teilung der Erde durch Äquator in Nord- und Südhalbkugel.

Breitenkreise (Parallelkreise): je 90, parallel verlaufend zwischen Äquator und Polen. Äquator größter Kugelkreis. Streifen zwischen zwei Parallelkreisen bildet Kugelzone, Abstände zwischen Äquatorebene und Parallelkreisen, als Winkel im Erdmittelpunkt gemessen, heißen Breitengrade (φ).

Berechnung der Oberfläche der Kugelzone Z zwischen φ_1 und φ_2:
$Z = 2\pi R^2 (\sin \varphi_2 - \sin \varphi_1)$

Beispiele: Zone Z zwischen $\ 0°$ und $\ 1° = 4\,449\,529$ km^2
zwischen $50°$ und $51° = 2\,830\,356$ km^2
(wenn Erdradius R = 6370 km)

Längenkreise (Meridiane): verbinden beide Pole, teilen Parallelkreise in 360 *Längengrade* (λ). *Nullmeridian* (Anfangsmeridian) nach konventioneller Übereinkunft 1634 von Franzosen durch Ferro (westlichste der Kanarischen Inseln) gelegt.

Abb. 13 Gradnetz der Erde mit Beispiel für Längen- und Breitenwinkel eines Punktes (A)

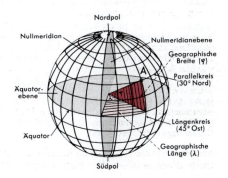

Bereits in der Antike (MARINUS VON TYRUS um 100 n. Chr., PTOLEMÄUS 150 n. Chr.) hatten „Glückselige Inseln" (Kanaren) im äußersten W damals bekannter Welt als Ausgangspunkt der Längengradzählung gedient. Heute fast allgemein Längenzählung 0°–180° östl. und westl. des 1883/84 bzw. 1911 international übernommenen Nullmeridians von Greenwich. Dieser bereits seit 1767 englischem Seekartenwerk zugrunde gelegt.

Längenkreise sind größte Kugelkreise. Abstand der Längenkreise, gemessen auf jeweiligem Breitenkreis, heißt *Abweitung*; diese verringert sich polwärts (am Äquator 111,3 km, am Pol 0 km). Von zwei Meridianen begrenzter, von Pol zu Pol reichender Streifen bildet sphärisches Zweieck (Meridianstreifen). Von Parallelkreisen und Meridianen begrenzte Flächenstücke bilden sphärische Vierecke (Gradtrapeze), sog. Gradfelder.

Fläche von 1°-Kugelzonen dividiert durch 360 ergibt Fläche der Eingradfelder.

Beispiele: Eingradfelder zwischen 0° und 1° = 12 359,8 km²
zwischen 50° und 51° = 7 862,1 km²

Angaben über Flächeninhalt der Eingrad- und Halbgradfelder im Geogr. Taschenbuch 1950, S. 239.

Neben herkömmlicher Teilung des Kreises in 360° auch Teilung in 400 gon; 1 gon = 100 cgon (Zentigon) bzw. 1000 mgon (Milligon). Im Vermessungswesen heute üblich; auf französischen topographischen Karten beide Winkelteilungen.

Frühere Nullmeridiane

Ferro:	17° 39' 46" westl. Greenwich, Nullmeridian Deutscher Karten bis 1884
Berlin:	13° 23' 44" östl. Greenwich, Nullmeridian Preußischer Karten bis etwa 1850
Paris:	2° 20' 14" östl. Greenwich, Nullmeridian Französischer Karten bis 1911, von Vogels Karte des Deutschen Reiches 1 : 500 000 u. a.
Rom:	12° 27' 08" östl. Greenwich (Monte Mario), früherer Nullmeridian Italienischer Karten
Pulkowo:	30° 19' 39" östl. Greenwich, Nullmeridian Russischer Karten bis 1920
Washington:	77° 3" 2" westl. Greenwich, Nullmeridian der ersten Karten der USA

Literatur

HAAG, H.: Geschichte des Nullmeridians. Diss. Gießen 1912 (Leipzig 1913)

Dimensionen der Erde

Rotationsellipsoid nach J. Hayford (1924)

Große Halbachse a (Äquatorradius)	6 378,388 km
Kleine Halbachse b (Polachse)	6 356,912 km
Achsendifferenz (2a−2b)	42,952 km
Abplattung (a−b): a	1 : 297
Umfang des Äquators	40 076,594 km
1 Längengrad auf dem Äquator	111,324 km
Umfang eines Längenkreises	40 009,153 km
1 Breitengrad zwischen 0° und 1° nördl. (südl.) Breite	110,576 km
1 Breitengrad zwischen 89° und 90° nördl. (südl.) Breite	111,700 km
Oberfläche	510,101 Millionen km²
Volumen	1,083 Billionen km³

Kugel mit Radius R = 6370 km

Umfang des Äquators, aller Längenkreise und aller übrigen Großkreise		40 023,890 km
1 Längengrad auf dem Äquator = 1 Breitengrad = 1 Grad auf Großkreis		111,177 km
Umfang eines Breitenkreises der geogr. Breite	$U_\varphi = 2\pi R \cdot \cos\varphi$	
Umfang des 50. Breitenkreises		25 726,861 km
Umfang des 70. Breitenkreises		13 688,977 km
1 Längengrad, gemessen auf der geogr. Breite φ	$L = \dfrac{2\pi R \cdot \cos\varphi}{360}$	
gemessen auf dem Äquator		111,177 km
gemessen auf dem 50. Breitenkreis		71,464 km
gemessen auf dem 70. Breitenkreis		38,025 km
Oberfläche der Erdkugel	$O = 4\pi R^2$	509,904 Millionen km²
Volumen der Erdkugel	$V = \dfrac{4}{3}\pi R^3$	1,083 Billionen km³

Möglichkeiten und Grenzen der Projektionen

Kugeloberfläche läßt sich nicht auf eine Ebene abwickeln. Daher Projektion auf Ebene mit allen Vorzügen des Globus, d.h. mit Flächen-, Winkel- und Längentreue, unmöglich. Somit auch keine Karte verzerrungsfrei, d.h. gleichzeitig flächentreu (äquivalent), winkeltreu (konform) und längentreu (äquidistant). Bei Beschränkung auf eine dieser Eigenschaften jedoch zahlreiche Lösungen durch geometrische Konstruktionen oder mathematische Berechnungen möglich. Erreichung allgemeiner Längentreue ausgeschlossen, nur in bestimmter Richtung (breitenkreisparallel) mit Flächentreue kombinierbar.

Auf Grund der Verzerrungen führt Abmessen größerer Strecken auf der Karte in der Regel zu falschen Entfernungsangaben. Genaue Bestimmung der kürzesten Entfernung zwischen Punkten P_1 und P_2 auf Kugeloberfläche nach Seitenkosinussatz der sphärischen Trigonometrie.

Drei Arbeitsschritte:
1. Bestimmung geogr. Beite φ und Länge λ der Punkte P_1 und P_2 (können z. B. aus Atlas abgelesen werden). Südl. geogr. Breite und geogr. Länge westl. von Greenwich erhalten negative Vorzeichen.

2. Berechnung des Winkels des Großkreisbogens zwischen P_1 und P_2. Kürzeste Entfernung auf Kugeloberfläche ist Abschnitt des Großkreisbogens (Orthodrome) durch P_1 und P_2, dessen Mittelpunkt mit Erdmittelpunkt zusammenfällt.

$$\cos \widehat{P_1 P_2} = \sin\varphi_1 \cdot \sin\varphi_2 + \cos\varphi_1 \cdot \cos\varphi_2 \cdot \cos(\lambda_1 - \lambda_2)$$

3. Umrechnung des Winkels in Streckenmaß (km) durch Multiplikation mit 111,18 (da 1° auf Großkreis $\triangleq$ 118,18 km).

Beispiel A: Entfernung Oslo (P_1) – Tokyo (P_2)
P_1 $\quad \varphi_1 = 59{,}91°$ $\quad \lambda_1 = 10{,}75°$
P_2 $\quad \varphi_2 = 35{,}75°$ $\quad \lambda_2 = 139{,}75°$
$\cos \widehat{P_1 P_2} = 0{,}24945$ Winkel $= 75{,}55°$ Strecke $= 8400$ km

Beispiel B: Entfernung Frankfurt (P_1) – Buenos Aires (P_2)
P_1 $\quad \varphi_1 = 50{,}11°$ $\quad \lambda_1 = 8{,}68°$
P_2 $\quad \varphi_2 = -34{,}50°$ $\quad \lambda_2 = -58{,}33°$ (negative Vorzeichen!)
$\cos \widehat{P_1 P_2} = -0{,}22816$ Winkel $= 103{,}19°$ Strecke $= 11\,473$ km

---

Merksatz: Je größer der Maßstab, desto stärkere Annäherung an gleichzeitige Flächen-, Winkel- und Längentreue.

Sorgfältige **Wahl der Projektion** je nach Zweck der Karte erforderlich: Topographische und thematische Karten, die Flächenvergleichen dienen, müssen *Flächentreue* besitzen;

See- und Luftkarten erfordern *Winkeltreue*;

Karten, bei denen es auf Vergleich bestimmter Entfernungen ankommt, verlangen *Längentreue*. Dies nur auf großmaßstäblichen Karten erreichbar.

Unabhängig von mathematischen Forderungen sollte wahres Bild der Erde mit möglichst wenigen Verzerrungen wiedergegeben werden. Zugunsten dieser Forderung bei Karten, die vor allem Anschaulichkeit erstreben, auch Kompromiß zwischen Winkel-, Flächen- oder Längentreue zur Erlangung gefälliger Erddarstellung sinnvoll.

Richtige Verwendung und Auswertung einer Karte erfordern Kenntnis zugrundegelegter Projektion. Vielzahl theoretisch möglicher *Netzentwürfe zu gliedern* nach:

1. Konstruktionsmethode,
2. verwendeter Projektionsfläche,
3. Lage des Berührungspunktes der Projektionsfläche im Gradnetz der Erde.

Nach gewählter *Konstruktionsmethode* ist zwischen echten und unechten (modifizierten) Kartenprojektionen zu unterscheiden:

Echte Projektionen beruhen auf geometrischer Konstruktion, zeigen das für jeweiliges Projektionsprinzip typische Gradnetzbild. Innerhalb der echten werden *perspektivische Projektionen* direkt durch Projektionsvorgang gewonnen. Vom Erdmittelpunkt, Pol oder anderem Punkt auf der Erdachse als Projektionszentrum werden alle Meridiane und Parallelkreise der Erdkugel auf Berührungsebene projiziert.

Größere praktische Bedeutung haben nichtperspektivische *unechte Projektionen*. Sind keine „Projektionen" im eigentlichen Sinne, sondern „Netzentwürfe" oder „Abbildungen" und beruhen auf mathematischer Berechnung.

Projektionsfläche kann sein: Ebene, welche die Erde in einem Punkt berührt (Azimutalprojektion, Abb. 14), Kegelmantel (Kegelprojektion, Abb. 15) oder Zylinder (Zylinderprojektion, Abb. 16). Ebene darf als Kegel mit Scheitelwinkel von 180°, Zylinder als Kegel mit Scheitel im Unendlichen aufgefaßt werden. Azimutalprojektionen und Zylinderprojektionen somit Grenzfälle der Kegelprojektionen.

Berührungspunkt der Projektionsfläche am Pol, am Äquator oder an beliebigem Punkt der Erdkugel: polständige, äquatorständige oder zwischenständige Projektionen. Unterscheidung zwischen normaler, transversaler und schiefachsiger Lage (Abb. 17a–c).

Literatur

BOLLIGER, J.: Die Projektionen der schweizerischen Plan- und Kartenwerke. Winterthur 1967

BORMANN, W.: Allgemeine Kartenkunde. Kartogr. Schriftenreihe, Bd. I. Lahr 1954

ECKERT, M.: Geographisches Praktikum, Bd. I. Leipzig 1931

ECKERT-GREIFENDORFF, M. u. KLEFFNER, W.: Kartenkunde. Sammlung Göschen. Berlin 1950

FRANČULA, N.: Die vorteilhaftesten Abbildungen in der Atlaskartographie. Diss. Bonn 1971

Grundwerte für Kartenprojektionen. Geogr. Taschenb. 1950, S. 238

HAKE, G.: Kartographie I. Sammlung Göschen. Berlin [6]1982

HAMMER, E.: Über die geographisch wichtigsten Kartenprojektionen. Stuttgart 1889

HEISSLER, V.: Kartographie. Sammlung Göschen, Berlin 1962

HOSCHEK, J.: Mathematische Grundlagen der Kartographie. Mannheim 1969, 2., überarbeitete und ergänzte Aufl. 1984

KELNHOFER, F.: Kartennetzberechnung mittels einfacher Computerprogramme. In: Festschrift ERIK ARNBERGER, S. 65–90. Wien 1977

KRETSCHMER, I.: Netzkonstruktion. In: Die Kartographie und ihre Randgebiete, hrsg. von E. ARNBERGER, Band I, S. 120–191. Wien 1975

KRÜMMEL-ECKERT.: Geographisches Praktikum. Leipzig 1908

MAURER, H.: Ebene Kugelbilder. Ein Linnésches System der Kartenentwürfe. Peterm. Geogr. Mitt., Erg. H. 221, Gotha 1935

PASCHINGER, H.: Grundriß der allgemeinen Kartenkunde, Teil II. 2. Aufl., Innsbruck 1962

WAGNER, H.: Lehrbuch der Geographie, Bd. I., Teil 1. 10. Aufl., Hannover 1920

WAGNER, K. H.: Kartographische Netzentwürfe. Leipzig 1949, Neudruck Mannheim 1962

ZÖPPRITZ, K. u. BLUDAU, A.: Leitfaden der Kartenentwurfslehre, 1. Teil. Leipzig-Berlin 1912

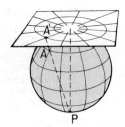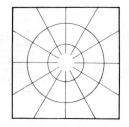

Abb. 14 Prinzip der Azimutalprojektion P-A-A' = Projektion des Punktes A von der Erdkugel auf die Fläche durch Lichtquelle im Gegenpol

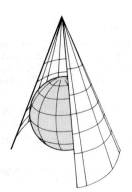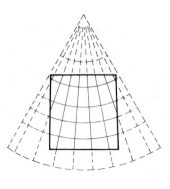

Abb. 15 Prinzip der Kegelprojektion

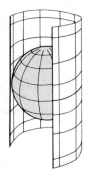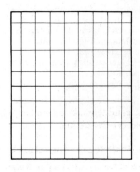

Abb. 16 Prinzip der Zylinderprojektion

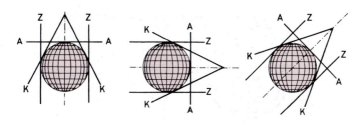

A = Azimutalprojektion, K = Kegelprojektion, Z = Zylinderprojektion

a) Normale Lage b) Transversale Lage c) Schiefachsige Lage

Abb. 17   Lagemöglichkeiten der Projektionsfläche

Azimutalprojektionen

Nur Kugelkappen, höchstens Halbkugel, auf ebener Projektionsfläche perspektivisch abbildbar. Im Gegensatz zu Zylinder- und Kegelprojektionen keine Unterscheidung zwischen echten und unechten Azimutalprojektionen, da Kreise, Ellipsen, Strahlenbüschel und parallele Geraden in verschiedenartigster Kombination im Gradnetz auftreten können.

Entwürfe mit **Projektionszentrum** *im Erdmittelpunkt* heißen *Zentrale* oder *Gnomonische Projektionen.*

Entwürfe mit *Projektionszentrum am Gegenpol* heißen *Stereographische Projektionen;* sie sind winkeltreu.

Entwürfe mit *Projektionszentrum in unendlicher Entfernung* heißen *Orthographische Projektionen*; Parallelkreise sind längentreu.

Ferner: flächentreue, mittabstandstreue, abweitungstreue und vermittelnde Azimutalprojektionen. Welche dieser Eigenschaften zutrifft, hängt von Lage des Projektionszentrums oder von anderen Konstruktionsmerkmalen ab. Große Bedeutung der Azimutalprojektionen außer für Darstellung von Land- und Wasserhalbkugel, Nord- und Südpolargebieten (Planigloben), in Astronomie, See- und Luftfahrt.

Polständige Azimutalprojektionen

Meridiane sind radiales Strahlenbüschel, Breitenkreise konzentrische Kreise. Äußerster darstellbarer Breitenkreis bildet Kartenrand. Alle Meridianwinkel (Azimut) im Kartenmittelpunkt gegenüber Wirklichkeit der Kugelkappe unverändert. Daher Name der Projektion.

Polständige Zentrale oder Gnomonische Projektion

Projektionszentrum (Lichtquelle) im Erdmittelpunkt. Projektion der Breitenkreise mit schnell nach außen wachsenden Abständen (Abb. 18). Volle Halbkugel

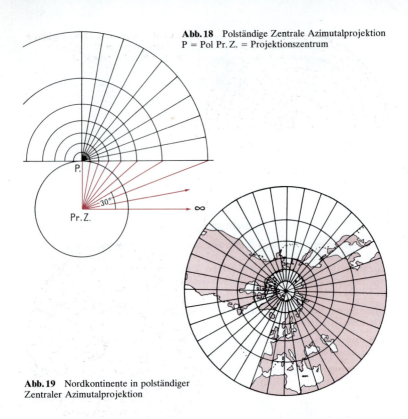

Abb. 18 Polständige Zentrale Azimutalprojektion
P = Pol Pr. Z. = Projektionszentrum

Abb. 19 Nordkontinente in polständiger Zentraler Azimutalprojektion

nicht darstellbar, da projizierter Äquator die Kartenebene erst im Unendlichen erreicht (Abb. 19). Schnelles Auseinandertreten der Breitenkreise in Richtung Äquator bewirkt, daß Fläche unter 45° schon dreimal so groß ist wie in Wirklichkeit. Projektion weder längen- noch flächentreu, jedoch vom Pol aus gesehen winkeltreu. Abbildung der Orthodrome (kürzester Weg zwischen 2 Punkten auf der Erdoberfläche) als gerade Linie.

Verwendung: Für spezielle Zwecke der See- und Luftfahrt (Navigationskarten), früher zur Konstruktion von Sonnenuhren (erklärt Namen „Gnomonische"*) Projektion).

---

*) Gnomon: Senkrecht stehender Stab, aus dessen Schattenlänge Höhenwinkel der Sonne sowie die Nord-Süd-Linie errechnet werden konnten; Vorläufer der Sonnenuhr.

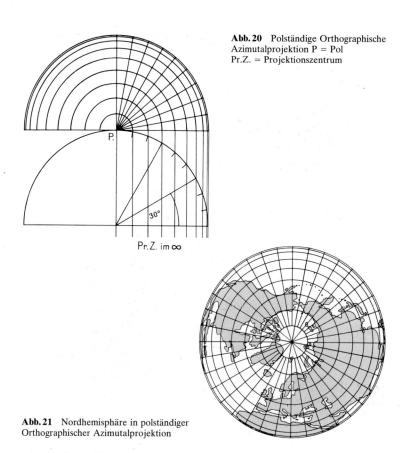

Abb. 20 Polständige Orthographische Azimutalprojektion P = Pol
Pr.Z. = Projektionszentrum

Pr.Z. im ∞

Abb. 21 Nordhemisphäre in polständiger Orthographischer Azimutalprojektion

Polständige Orthographische Azimutalprojektion

Lichtquelle im Unendlichen, Projektionsstrahlen parallel zur Erdachse (Abb. 20). Daher längentreue Abbildung aller Breitenkreise einschließlich Äquator, jedoch Breitenkreise äquatorwärts stark zusammengedrängt (Abb. 21). Dadurch wirkt Kartenbild globusartig.

Verwendung: Besonders für Mondkarten und Darstellungen des Sternhimmels. Projektion ist „orthographisch", da alle Breitenkreise längentreu („reifentreu") abgebildet werden, jedoch weder flächen- noch winkeltreu.

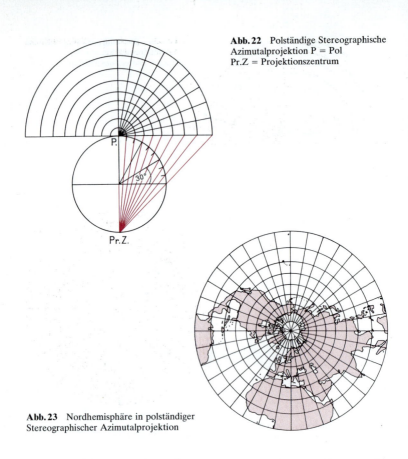

Abb. 22 Polständige Stereographische Azimutalprojektion P = Pol
Pr.Z = Projektionszentrum

Abb. 23 Nordhemisphäre in polständiger Stereographischer Azimutalprojektion

Polständige Stereographische Azimutalprojektion

Nimmt vermittelnde Stellung zwischen Zentraler und Orthographischer Azimutalprojektion ein. Projektionszentrum im Gegenpol, daher Halbkugel ohne stärkere Verzerrung oder Zusammendrängung der Breitenkreise abbildbar (Abb. 22). Projektion nicht flächentreu, aber winkeltreu, d.h. chorographische Lage jedes Ortes bleibt infolge proportionaler Verzerrung der Meridiane und Breitenkreise unverändert (Abb. 23).

Verwendung: Früher für Seekarten, heute für astronomische Karten und Wetterkarten bevorzugt.

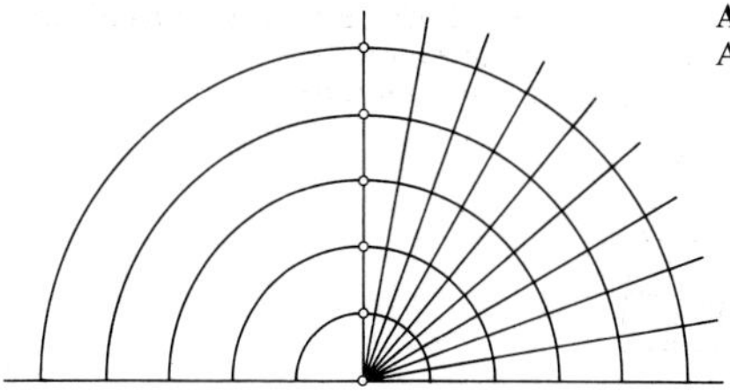

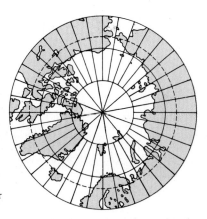

Abb. 24 Polständige Mittabstandstreue Azimutalprojektion

Abb. 25 Nordpolargebiet in polständiger Mittabstandstreuer Azimutalprojektion

Polständige Mittabstandstreue oder Speichentreue Azimutalprojektion

Beruht auf zeichnerischer Konstruktion, daher nichtperspektivisch. Um längentreu geteilten Mittelmeridian verlaufen Breitenkreise als abstandsgleiche konzentrische Kreise (Abb. 24). Da Erdkrümmung unberücksichtigt bleibt, werden Breitenkreise vergrößert abgebildet. Kreisringe übertreffen in Flächeninhalt den der entsprechenden Kugelzonen. Projektion weder flächen- noch winkeltreu, jedoch in Richtung der Meridiane längentreu, d. h. vom Pol gemessen „mittabstandstreu" (äquidistant).

Verwendung: Beliebt für Polarkarten, auf denen in der Regel Entfernungen vom Pol aus in Richtung der Meridianstrahlen („Speichen") gemessen werden (Abb. 25). Auf Polarkarten (Nebenkarten seiner Weltkarte) bereits 1569 von MERCATOR angewandt.

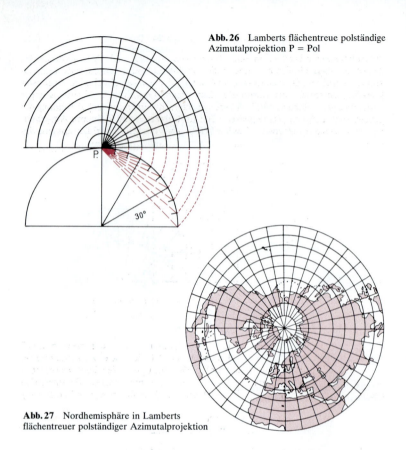

Abb. 26 Lamberts flächentreue polständige Azimutalprojektion P = Pol

Abb. 27 Nordhemisphäre in Lamberts flächentreuer polständiger Azimutalprojektion

Lamberts flächentreue polständige Azimutalprojektion

1772 von J. H. LAMBERT entworfen.

Flächentreue durch Gleichsetzung der Kugeloberfläche mit Projektionsfläche. Radius jedes projizierten Breitenkreises erhält gleiche Länge wie entsprechende Sehne im Globus (Abb. 26). Da Kugelzone gleichen Flächeninhalt hat wie ebener Kreisring, dessen Radien gleich lang sind wie die beiden äußeren Sehnen der entsprechenden Kugelzone, ist Projektion flächentreu. Abstände der Parallelkreise verringern sich nach außen, aber Zusammendrängung geringer als bei Orthographischer Azimutalprojektion. Außer der Flächentreue besteht Vorzug dieses Netzentwurfes in geringer Winkelverzerrung (Abb. 27).

Verwendung: Für flächentreue Polarkarten oder Karten einer Hemisphäre.

Äquatorständige (transversale) Azimutalprojektionen

Projektionsebene berührt im Schnittpunkt von Äquator und Mittelmeridian des darzustellenden Gebietes. Beide bilden rechtwinkliges Achsenkreuz. Längenkreise als Kurven, Breitenkreise als Geraden oder Kurven abgebildet. Äußerster Meridian entspricht kreisförmigem Kartenrand. Gewöhnlich Abbildung einer Erdhalbkugel, jedoch durch Erweiterung nach rechts und links auch Abbildung der ganzen Erde möglich (Planisphären). Bei Erdteilkarten und kleineren Ausschnitten Darstellung äquatornaher Gebiete beiderseits vom Mittelmeridian am günstigsten.

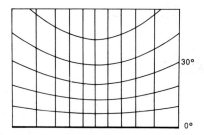

Abb. 28 Äquatorständige Zentrale Azimutalprojektion

Äquatorständige Zentrale Azimutalprojektion

Projektionszentrum im Erdmittelpunkt. Da Berührung der Projektionsebene am Äquator, treffen Projektionsstrahlen durch den Pol die Ebene im Unendlichen. Abbildung beider Pole daher nicht möglich. Abbildung der Meridiane als zueinander parallele Geraden, deren Abstände nach außen hin wachsen. Breitenkreise projizieren sich als Hyperbeln (Abb. 28). Da alle Orthodromen (= kürzeste Ver-

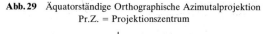

Abb. 29 Äquatorständige Orthographische Azimutalprojektion
Pr.Z. = Projektionszentrum

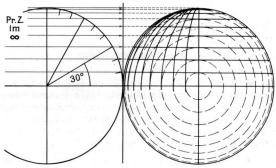

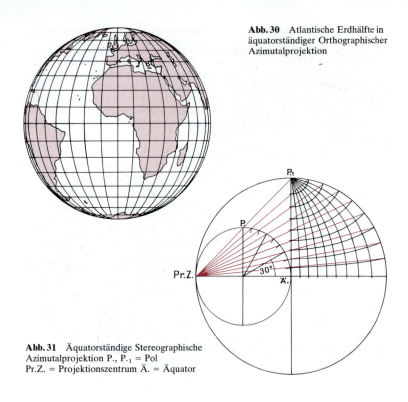

Abb. 30 Atlantische Erdhälfte in äquatorständiger Orthographischer Azimutalprojektion

Abb. 31 Äquatorständige Stereographische Azimutalprojektion P., P.₋₁ = Pol
Pr.Z. = Projektionszentrum Ä. = Äquator

bindungslinien) Geraden sind, *Verwendung* dieser Projektion besonders für See- und Luftfahrtkarten (Fliegerkarten). Nachteil: Starke Verzerrung, daher nur für Ausschnitte äquatornaher Gebiete geeignet.

Äquatorständige Orthographische Azimutalprojektion

Lichtquelle im Unendlichen, Projektionsstrahlen parallel zur Äquatorebene. Abbildung der Breitenkreise als parallele Geraden, deren Abstände sich gegen Pole hin stark verringern (Abb. 29). Nach gleichem orthographischem Prinzip nehmen Abstände der Meridiane gegen Begrenzungsmeridian rasch ab. Netzentwurf ermöglicht globusartige Darstellung einer Erdhälfte (Abb. 30). Projektion nicht flächentreu, nur Begrenzungsmeridian längentreu geteilt.

Verwendung: Für anschauliche, keine Meßgenauigkeit erfordernde Erd- und Mondkarten.

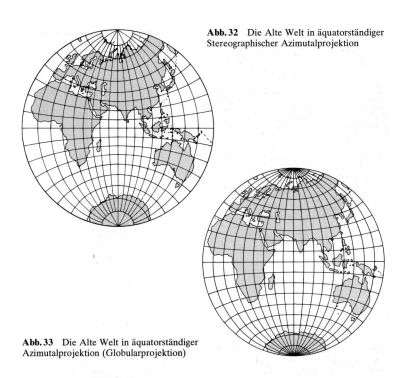

Abb. 32 Die Alte Welt in äquatorständiger Stereographischer Azimutalprojektion

Abb. 33 Die Alte Welt in äquatorständiger Azimutalprojektion (Globularprojektion)

Äquatorständige Stereographische Azimutalprojektion

Projektionsebene berührt im Schnittpunkt von Äquator und Mittelmeridian des darzustellenden Gebietes. Lichtquelle im äquatorialen Gegenpunkt. Von dort Projektion der Breitenkreise der berührenden Halbkugel auf Projektionsebene (Abb. 31). Projektionsstrahlen teilen Mittelmeridian nach stereographischem Prinzip. Verlängerte Sehstrahlen ergeben Teilungspunkte auf Begrenzungsmeridian. Übertragung der stereographischen Teilung des Mittelmeridians auf Äquator und Verbindung entsprechender Punkte. Längen- und Breitenkreise außer zentralem Achsenkreuz als Kurven abgebildet (Abb. 32). Projektion ist winkeltreu.

Verwendung: Für Darstellung einer Erdhälfte, z. B. Neue Welt, Stiller Ozean.

Äquatorständige Azimutalprojektion oder Globularprojektion

Äquator und Mittelmeridian bilden rechtwinkliges Achsenkreuz. Beide Koordinaten und Begrenzungsmeridian gleichmäßig geteilt. Verbindung entsprechender Teilungspunkte ergibt Längen- und Breitenkreise als Kreisbögen (Abb. 33). Ent-

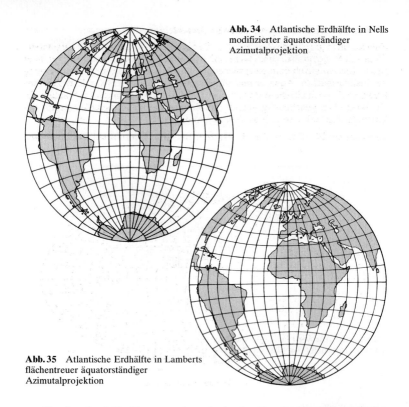

Abb. 34 Atlantische Erdhälfte in Nells modifizierter äquatorständiger Azimutalprojektion

Abb. 35 Atlantische Erdhälfte in Lamberts flächentreuer äquatorständiger Azimutalprojektion

wurf in allen durch Berührungspunkt verlaufenden Geraden längentreu, aber infolge starker Winkelverzerrung erscheint Erde abgeplattet. Daher für Planiglobendarstellungen zu unanschaulich.

Nells modifizierte äquatorständige Azimutalprojektion

Entwurf kombiniert Globularprojektion und Stereographische Azimutalprojektion. Auf rechtwinkliges Achsenkreuz von Äquator und Mittelmeridian wird längentreue und stereographische Teilung übertragen. Für jeden projizierten Breitenkreis ergeben sich zunächst zwei Teilungspunkte. Strecke zwischen zwei zusammengehörenden Teilungspunkten wird halbiert und Netz mit Hilfe dieser neugefundenen Teilungspunkte konstruiert. Diese 1852 von NELL vorgeschlagene „modifizierte Globularprojektion" verzerrt weniger als stereographische und wirkt anschaulicher als unveränderte Globularprojektion (Abb. 34).

Verwendung: Trotz fehlender Winkel-, Längen- und Flächentreue häufig für Planiglobendarstellungen in Atlanten.

Lamberts flächentreue äquatorständige Azimutalprojektion

Entwurf nicht graphisch konstruierbar. Beruht auf Gleichsetzung der Kugeloberfläche mit Projektionsfläche. Flächeninhalt jedes Gradnetzstreifens zwischen zwei Breitenkreisen gleich dem entsprechender Kugelzone. Komplizierte Berechnung der Teilungspunkte. Äquator und Mittelmeridian bilden rechtwinkliges Achsenkreuz, beide nach gleichem Prinzip unterteilt. Abstände nehmen nach außen ab. Grenzmeridian gleichmäßig geteilt. Verbindung der Teilungspunkte ergibt gekrümmte Breitenkreise und Meridiane (Abb. 35).

Verwendung: Für Erd- und Erdteilkarten; Bedeutung beruht auf Flächentreue.

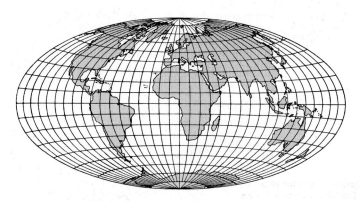

Abb. 36 Hammers Planisphäre

Abb. 37 Aitoffs Planisphäre

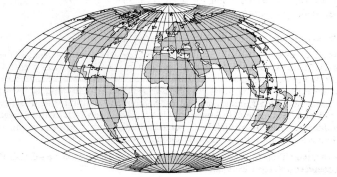

Hammers Planisphäre

Lamberts flächentreue äquatorständige Azimutalprojektion bildete Grundlage für flächentreuen Netzentwurf des Geodäten ERNST HAMMER (1892). Von allen Netzschnittpunkten der Lambertschen Projektion werden Lotlinien zum Äquator gezogen und diese halbiert. Verbindung der Teilungspunkte ergibt Planisphärennetz in Gestalt einer Ellipse, da Mittelmeridian nur halbe Äquatorlänge hat. Meridiane und Breitenkreise ebenfalls Ellipsen (Abb. 36).

Verwendung: Weite Verbreitung auf Grund der Anschaulichkeit, wenn auch gekrümmte Parallelkreise Breitenvergleiche erschweren. Projektion erlaubt Darstellung der ganzen Erde, verzerrt stark in Randgebieten, ist jedoch flächentreu.

Aitoffs Planisphäre

Dieser erstmals 1889 von DAVID AITOFF (1854–1933) angewendete Netzentwurf hat Globularprojektion als Grundlage, beruht auf ähnlichem Konstruktionsprinzip wie Hammers Planisphäre. Aitoffs Entwurf (Abb. 37) weniger gedrückt als Hammers, jedoch weder flächen- noch mittabstandstreu, daher nur selten verwendet.

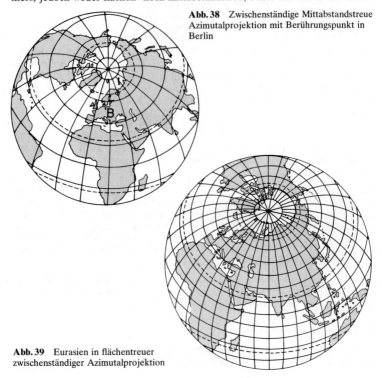

Abb. 38 Zwischenständige Mittabstandstreue Azimutalprojektion mit Berührungspunkt in Berlin

Abb. 39 Eurasien in flächentreuer zwischenständiger Azimutalprojektion

Literatur

HAMMER, E.: Über die Planisphäre von Aitoff und verwandte Entwürfe, insbesondere neue flächentreue ähnlicher Art. Peterm. Geogr. Mitt. 1892
LEIGHLY, J. B. Aitoff and Hammer. Geogr. Review 1955

Zwischenständige (schiefachsige) Azimutalprojektionen

Pol- oder äquatorständige Azimutalprojektionen für Darstellungen von Gebieten in mittleren Breitenlagen (Europa, Nordamerika) wenig geeignet. Günstiger ist Verwendung von zwischenständigen oder schiefachsigen Azimutalprojektionen. Projektionsebene berührt im Mittelpunkt der darzustellenden Gebiete. Konstruktion orthographischer, stereographischer, mittabstandstreuer (Abb. 38) und flächentreuer zwischenständiger Azimutalprojektionen (Abb. 39) möglich, jedoch spezielle Berechnung erforderlich. Da ein Pol ins Kartenbild wandert und polnahe Breitenkreise als Ellipsen, andere als Hyperbeln abgebildet werden, entsteht plastische, globusartige Halbkugeldarstellung.

Kegelprojektionen

Netzentwürfe, bei denen Gradnetz auf Mantel eines die Erde berührenden oder sie schneidenden Kegels abgebildet wird: Kegelprojektion. In kartographischer Praxis nur geradachsige Kegelprojektionen brauchbar: Erdmittelpunkt, Pol und Spitze des Kegels bilden eine Achse (Abb. 40). Öffnungswinkel des Kegels ergibt sich aus Breitenkreis, an dem der Kegel die Erde berühren soll. Radius des Berührungskreises (Mantellinie):

$$M = R \cdot \cotg \varphi$$

Verwendung: „Konische" Netzentwürfe daher besonders für Darstellung von Ländern in mittlerer Breitenlage geeignet.

Die vom Mittelpunkt der Erdkugel auf Kegel projizierten Meridiane entsprechen den Mantellinien und haben gleichen Winkel. Wird Kegel entlang einer Mantellinie (= Meridian) aufgeschnitten und in die Ebene abgerollt, so wird Kegelmantel zum Kreissektor mit Berührungs-Breitenkreis in abweitungstreuer Teilung. Meridiane sind Strahlenbüschel, Breitenkreise konzentrische Teilkreise mit Kegelspitze (Pol) als Mittelpunkt. Verzerrung wächst mit zunehmender Entfernung vom Berührungs-Breitenkreis. Perspektivische Kegelprojektion (Abb. 40a) daher für kartographische Praxis bedeutungslos.

Schneidet der Kegel die Erdkugel, so entsteht längentreue Abbildung zweier Breitenkreise, die nicht symmetrisch zum Äquator liegen. Abbildung des Streifens zwischen ihnen mit verhältnismäßig geringer Verzerrung.

Echte Kegelprojektionen

Als Strahlenbüschel geradlinig abgebildete Meridiane, konzentrische Teilkreisbögen der Breitenkreise. Gradfelder bilden Kreisbogentrapeze.

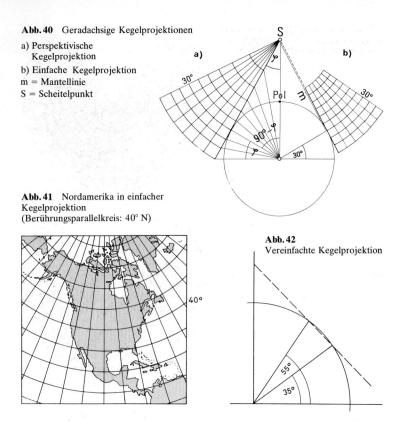

Abb. 40 Geradachsige Kegelprojektionen
a) Perspektivische Kegelprojektion
b) Einfache Kegelprojektion
m = Mantellinie
S = Scheitelpunkt

Abb. 41 Nordamerika in einfacher Kegelprojektion (Berührungsparallelkreis: 40° N)

Abb. 42 Vereinfachte Kegelprojektion

Einfache Kegelprojektion

Vermeidet polwärtige Verzerrungen perspektivischer Kegelprojektion, indem neben Berührungs-Breitenkreis auch Mantellinie (Mittelmeridian) längentreu geteilt wird. Pol fällt nicht mit Kegelspitze zusammen, sondern wird als unvollständiger Kreis abgebildet (Abb. 40b). Projektion ist längentreu in Meridianen und im Berührungs-Breitenkreis, jedoch weder flächen- noch winkeltreu. Trotzdem für Ausschnittdarstellungen polferner Gebiete brauchbar (Abb. 41). Da nur geringfügig verzerrend, sind auf großmaßstäblichen Darstellungen kleinerer Gebiete Messungen möglich.

Vereinfachte Kegelprojektion

Netzentwurf geht von Schnittkegel aus, der Erdkugel auf zwei Breitenkreisen durchstößt (Abb. 42). Zuerst von französischem Kartographen GUILLAUME DE

Abb. 43 Nordhemisphäre in vereinfachter Kegelprojektion mit zwei längentreuen Schnittparallelkreisen (35° und 65° N)

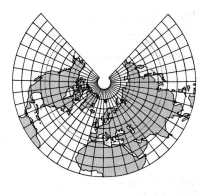

Abb. 44 Albers' flächentreue Schnittkegelprojektion (35° und 65° N)

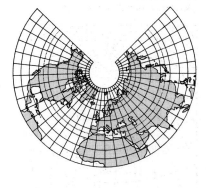

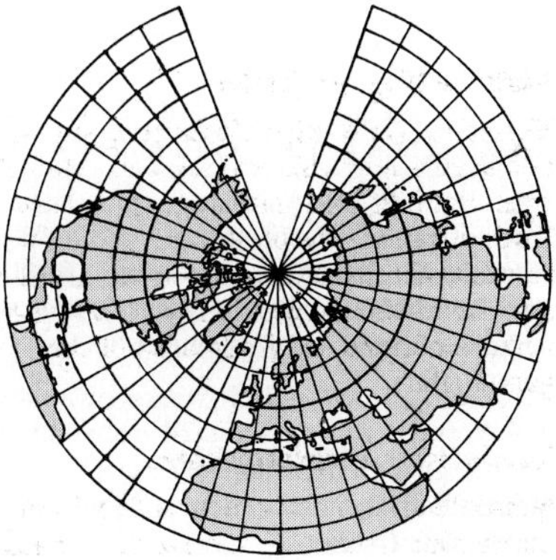

Abb. 45 Lamberts flächentreue Kegelprojektion

L'ISLE (DELISLE, 1675–1726) angewendet. Nach längentreuer Teilung der Schnitt-Breitenkreise Verbindung der Teilungspunkte durch Geraden. Meridiane verlaufen in höheren Breiten weitständiger als auf einfacher Kegelprojektion (Abb. 43); keine Flächentreue.

Verwendung: Entwurf bildete Grundlage für alte Topographische Übersichtskarte von Deutschland 1 : 200 000.

Albers' flächentreue Schnittkegelprojektion

Im Prinzip der vereinfachten Kegelprojektion ähnlich. Abstand der beiden längentreuen Schnitt-Breitenkreise jedoch so gewählt, daß Flächeninhalt des Kreisringsektors dem der Kugelzone entspricht (Abb. 44). Entwurf daher flächentreu.

Verwendung: In der Österreichischen Übersichtskarte von Mitteleuropa 1 : 750 000 und in Atlanten, z. B. allen Karten 1 : 2,5 Mill. und 1 : 5 Mill. im Großen Bertelsmann-Atlas.

Lamberts flächentreue Kegelprojektion

Flächeninhalt des Kegelmantels entspricht Oberfläche des abzubildenden Kugelteils. Berechnung der Streifenbreite zwischen je zwei Breitenkreisen nach Flächeninhalt entsprechender Kugelzone. Abstände der Breitenkreise vergrößern sich polwärts (Abb. 45). Pol als Punkt abgebildet, Berührungs-Breitenkreis längentreu geteilt.

Unechte Kegelprojektionen

Breitenkreise werden als konzentrische Teilkreise, Meridiane – außer geradlinigem Mittelmeridian – als Kurven abgebildet.

Bonnesche Projektion

1752 zuerst von RIGOBERT BONNE (1727–1795) entworfene flächentreue unechte Kegelprojektion.

Mittelmeridian und als konzentrische Kreise abgebildete Breitenkreise werden längentreu geteilt. Verbindung der Teilungspunkte ergibt Meridian-Kurven, die in polnahen Gebieten und im Kartenzentrum wenig, in mittleren Breiten und an Kartenrändern stark gekrümmt sind. Ergibt herzförmige Weltkarte (Abb. 46 u. 47).

Verwendung: Französischem Vorbild folgend, dank Flächentreue im vorigen Jahrhundert häufig: Carte de France 1 : 80 000; Siegfried-Atlas der Schweiz 1 : 25 000 und 1 : 50 000; Topographischer Atlas von Bayern 1 : 50 000; Vogels Karte des Deutschen Reiches 1 : 500 000.

Größter *Nachteil:* Schnittwinkel zwischen Meridianen und Breitenkreisen bereits bei Abstand von mehr als 20° vom Mittelmeridian stark verzerrt, daher randliche Blätter größerer Kartenwerke nicht mehr nach N orientiert. N-Richtung fällt nicht mit Kartenrand zusammen, wird von schief durch Kartenbild verlaufenden Meridianen bezeichnet.

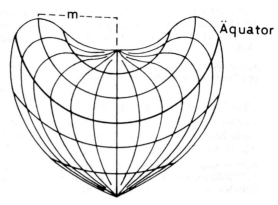

Abb. 46 Bonnesche Projektion m = Mantellinie (Berührungs-Breitenkreis = 30° N)

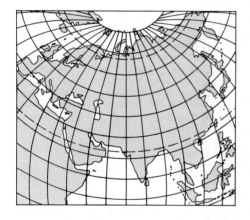

Abb. 47 Eurasien in Bonnescher Projektion

Stab-Wernersche Projektion

1514 von J. WERNER nach Angaben von J. STAB (1502) vorgeschlagener Netzentwurf.

Während bei Bonnescher Projektion Mittelpunkt der Breitenkreise über dem Pol liegt, fällt auf Stab-Wernerscher Projektion Pol mit Mittelpunkt der Breitenkreise zusammen: Grenzfall der Bonneschen Projektion. Ausgehend von geradem, längentreu geteiltem Mittelmeridian, werden um Pol konzentrische Kreisbögen geschlagen und längentreu geteilt. Verbindung zusammengehöriger Punkte ergibt Meridian-Kurven, so daß Gradnetz bei vollständiger Erddarstellung Herzform erhält (Abb. 48). Abbildung ist flächentreu, aber stärker verzerrt als Bonnesche Projektion, daher für kartographische Praxis bedeutungslos.

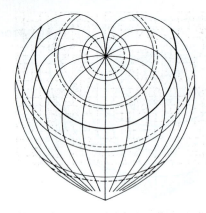

Abb. 48 Stab-Wernersche Projektion

Zylinderprojektionen

Netzentwürfe, bei denen Gradnetz der Erde auf einen die Erdkugel berührenden oder sie schneidenden Zylinder abgebildet wird, der sich längs eines Meridians (Mantellinie) aufgeschnitten in der Kartenebene abrollen läßt: Zylinderprojektionen. Durch „Projektion" (S. 45 ff.) gewonnene perspektivische Zylinderprojektionen (Abb. 49) weder flächen- noch winkeltreu, daher wie perspektivische Kegelprojektionen ohne praktische Bedeutung. Erst durch geometrische Konstruktionen oder Berechnungen entstehen vielseitig verwendbare Entwürfe.

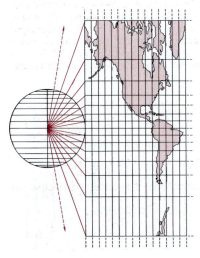

Abb. 49 Perspektivische Zylinderprojektion

Abb. 50 Quadratische Plattkarte

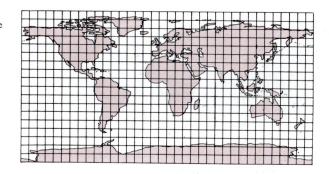

Echte Zylinderprojektionen

Erkennbar am Rechteckgitter der Längen- und Breitenkreise: Alle Meridiane und Breitenkreise sind Geraden, die sich rechtwinklig schneiden. Äquator und Pol sind gleichlange Linien. Rechteckiger Rahmen der Karte fällt mit Gradnetz zusammen.

Quadratische Plattkarte

Bezeichnung „Plattkarte" aus dem Niederländischen: „platte kaart" = ebene Karte, weil Seefahrer beim Navigieren danach so verfuhren, als ob die Erde eine Ebene wäre. Im Gegensatz dazu Mercator-Netzentwurf „ronde kaart" genannt, weil bei ihr für Kursbestimmung Kugelgestalt der Erde berücksichtigt ist.

Quadratische Plattkarte einfachste Zylinderprojektion. Zylinder berührt im Äquator. Längentreue Darstellung und Teilung des Äquators und der Meridiane. Da Abweitung und Meridiangrad im Bereich des Äquators annähernd gleich sind, entstehen quadratische Gradfelder. Karte äquator-abstandstreu, da Bogenlängen der Meridiane längentreu abgebildet werden, aber nur im Bereich des Äquators annähernd flächentreu. Polwärts starke Verzerrung (Pol wird Linie!). Für Erdkarten (Abb. 50) ungeeignet, für großmaßstäbliche Länderkarten, besonders äquatorialer Gebiete, brauchbar.

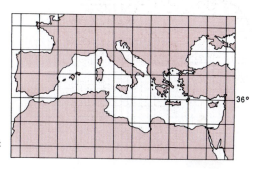

Abb. 51 Mittelmeerländer in rechteckiger Plattkarte mit Schnittparallel bei 36° N

Rechteckige Plattkarte

Zur Minderung der Verzerrungen in höheren Breiten Berücksichtigung der Abweitung (S. 49) erforderlich. Dieses durch Ausgang von längentreuem Breitenkreis (meist 30°) erreichbar. Aus quadratischer wird damit unter Verzicht auf längentreuen Äquator rechteckige Plattkarte. Zuerst um 100 n. Chr. von MARINUS VON TYRUS für östliches Mittelmeergebiet mit 36. Breitenkreis (Parallelkreis von Rhodos) als Achse entworfen. Dieser Entwurf nahm für Verhältnis Abweitung: Meridiangrad bereits richtigen Wert 4:5 (Abweitung bei 36° = 90,15 km, Meridiangrad zwischen 36° und 37° = 110,95 km). Karte somit im Bereich des 36. Parallels etwa längen- und flächentreu, nördlich und südlich davon stark verzerrt (Abb. 51).

Mercatorprojektion

Benannt nach *Gerhard Kremer,* latinisiert MERCATOR (1512–1594). Projektion bereits 1511 vom Nürnberger Kartograph ETZLAUB für Weltkarte auf einer Sonnenuhr angewendet, aber erst 1569 durch große Weltkarte MERCATORS allgemein bekannt geworden.

Mercatorprojektion aus quadratischer Plattkarte hervorgegangen. Gleicht die dort auftretende Verzerrung der Breitenkreise aus. Alle Breitenkreise haben Länge des Äquators, da Mercatorprojektion Längen der Meridiangrade entsprechend der Verzerrung der Abweitung vergrößert (Abb. 52). Pol nicht darstellbar, da er im Unendlichen liegt. Erdoberfläche auf Mercatorkarten daher nur bis etwa 85° abbildbar. Da Länge der Breitenkreise auf der Erdkugel nach Cosinus-Funktion der geographischen Breite abnimmt, jedoch auf Plattkarte in Größe des Äquators dargestellt wird, müssen, damit natürliches Verhältnis gewahrt bleibt, Abstände der Breitenkreise im umgekehrten Verhältnis des Cosinus der geographischen Breite vergrößert werden, d.h. um $\frac{1}{\cos}\varphi = \sec.\varphi$. Dadurch Mercatorprojektion winkeltreu. Jedoch wachsen infolge doppelter Ausdehnung der Netzlinien Flächen im quadratischen Verhältnis der Sekante der Breite: $\frac{1}{\cos}\varphi = \sec.^2\varphi$, wogegen sie in

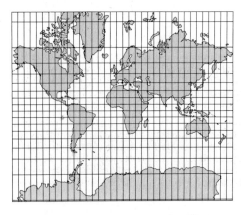

Abb. 52 Erdkarte in Mercatorprojektion

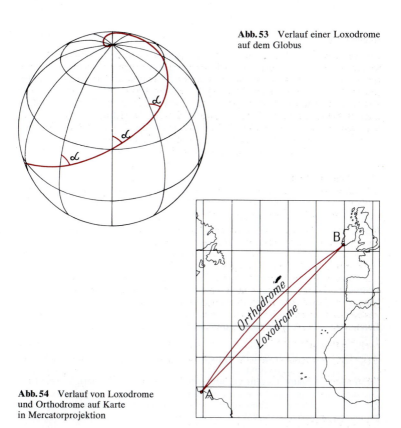

Abb. 53 Verlauf einer Loxodrome auf dem Globus

Abb. 54 Verlauf von Loxodrome und Orthodrome auf Karte in Mercatorprojektion

Wirklichkeit polwärts abnehmen. Während ein Gradfeld bei 60° Breite halbe Größe eines Gradfeldes am Äquator hat (cos 60° = $^1/_2$), ist auf Mercatorkarte dargestellte Fläche bei 60° viermal größer als am Äquator. Grönland (2 Mill. km^2) erscheint auf Mercatorprojektion bereits in Größe Afrikas (30 Mill. km^2). Karten in Mercatorprojektion daher für Flächenvergleiche unbrauchbar.

Großer Vorteil der Mercatorkarte beruht auf Winkeltreue. *Loxodrome* (= Schrägläufige), eine die Meridiane unter gleichem Winkel schneidende und Erde als Spirale umziehende Kurve (Abb. 53), wird auf Mercatorkarten zur Geraden. Schiffahrt bevorzugt wegen einfacherer Navigation trotz längeren Weges die Loxodrome gegenüber der *Orthodrome* (= Rechtläufige), der kürzesten Linie zwischen zwei Punkten auf größtem Kugelkreis (Großkreis), die jeden Meridian unter anderem Winkel schneidet.

Auf Globus ist Loxodrome schwer einzutragen. Auf Mercatorkarte dagegen gibt gerade Verbindung zwischen zwei Orten, da Winkeltreue erhalten bleibt, zugleich einzuhaltenden Kurs an (Abb. 54). Fahrt auf größtem Kugelkreis würde ständige Kursänderungen erfordern.
Berechnung der sich von Bogensekunde zu Bogensekunde vergrößernden Breitenkreisabstände (= Meridiangrade) nur durch Integralgleichungen möglich. Darum kaum anzunehmen, daß MERCATOR Abstände der Breitenparallele durch Addition der Sekanten der Mittelbreite gefunden hat. Näherliegende Erklärung, daß er seine Loxodromen auf Globus mechanisch mit biegsamem Winkelhaken zeichnete. Erdteilumrisse und Loxodromen hat er dann auf quadratische Plattkarte übertragen und ist, um sie als Gerade darzustellen, durch Überhöhung der Ordinaten schließlich zu seinem berühmt gewordenen Entwurf gekommen.

Verwendung: Mercatorprojektion hat Jahrhunderte Kartographie beherrscht. Erst unter Einfluß messender Kartographie (Kartometrie) mit Bevorzugung flächentreuer Entwürfe Zurückdrängung. Unveränderte Bedeutung der Mercatorprojektion jedoch für See- und Fliegerkarten sowie für Karten der Luft- und Meeresströmungen.

Transversale Mercatorprojektion mit längentreuen Hauptmeridianen (Zylinder berührt in beiden Polen) ist Grundlage für Gauß-Krügersche Koordinaten (S. 80f.) und für Netzentwürfe neuerer Kartenwerke.

Literatur

KIRMSE, R.: Neue Arbeiten über Gerh. Mercator. Duisburger Forsch. 5, 1961
GERHARD MERCATOR zum 450. Geburtstag. Duisburger Forsch. 6, 1962

Lamberts flächentreue Zylinderprojektion

1772 von J. H. LAMBERT entworfen.

Zylinder berührt Erdkugel im Äquator, Projektionszentrum im Unendlichen. Breitenkreise bleiben dadurch parallele Geraden mit polwärts sich verringernden Abständen; Äquator längentreu, übrige Breitenkreise vergrößert. Abstand der Breitenkreise vom Äquator wächst in Sinus-Funktion der geographischen Breite, d.h. mit Höhe der Kugelzone. Daher muß Höhe der Einzelzonen zwischen zwei Parallelen im gleichen Verhältnis polwärts abnehmen, wie sich die auf Äquator-

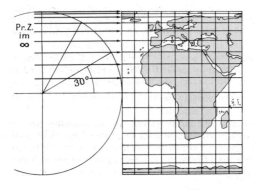

Abb. 55 Lamberts flächentreue Zylinderprojektion
Pr.Z = Projektionszentrum

Abb. 56 Die Alte Welt in Behrmanns flächentreuer Schnittzylinderprojektion

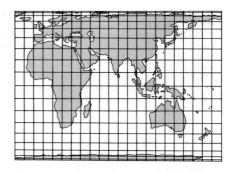

länge gebrachten Breitenkreise polwärts vergrößern. Gradnetzstreifen zwischen zwei Breitenkreisen daher flächengleich mit entsprechender Kugelzone bzw. aufgerollter Zylindermantel flächengleich mit Gesamtoberfläche der Erdkugel. Wegen starker Zusammendrängung der Breitenkreise in mittleren und höheren Breiten (Abb. 55) trotz Flächentreue kaum angewendet. Nur für Darstellungen bis etwa zum 30. Breitengrad geeignet.

Behrmanns flächentreue Schnittzylinderprojektion

Starke Zusammendrückung der Polargebiete in Lamberts Zylinderprojektion veranlaßte W. BEHRMANN (1909), Schnittzylinder als Projektionsfläche anzuwenden. Geringste Winkelverzerrung bei Projektion auf Zylinder, der in 30° nördl. Br. bzw. 30° südl. Br. Kugel durchstößt. 30. Breitenkreis wird längen- und abweitungstreu dargestellt, Äquator und alle anderen Breitenkreise erhalten gleiche Länge. Um flächentreue Darstellung zu erzielen, müssen Gradfelder äquatorwärts mehr und mehr auseinandergezogen, polwärts entsprechend zusammengedrückt werden (Abb. 56). Projektion wegen verzerrter Umrisse kaum angewendet.

Peters-Projektion

1973 von ARNO PETERS veröffentlichte und seitdem heftig diskutierte flächen-, lage- und achsentreue Projektion, insbesondere zur Überwindung des nach Meinung des Historikers durch Mercatorkarte (Abb. 52) zu Ungunsten der Entwicklungsländer „verfälschten" Weltbildes geschaffen.

Kein grundsätzlich neuer Netzentwurf, sondern Modifikation der Schnittzylinderprojektion von Behrmann. Zylinder durchstößt Erdkugel nicht in 30°, sondern etwa 46° nördl. und südl. Br. Dadurch keine Qualitätsverbesserung gegenüber BEHRMANN erreicht, sondern lediglich Verlagerung der Zonen maximaler Winkelverzerrung.

Stärkste Längen- und Winkelverzerrungen gerade im äquatorialen Bereich (40,8°!), dessen optisch korrekte Wiedergabe nach Flächenumfang und Gestalt PETERS' eigentliches Anliegen ist. Der Flächentreue werden die von der Globusbetrachtung vertrauten Umrisse der Länder und Kontinente und jegliche Entfernungstreue geopfert, Verzerrungen, bes. in Erdteilausschnitten, bis zur Unkenntlichkeit. Formentreue einer Karte (z. B. in Massenmedien, Tagesschau) jedoch wichtiger als absolute Flächentreue, da Betrachter keine Flächen ausplanimetrieren, sondern Anschauung vermittelt haben möchten.

Literatur

BENZING, A.: Die Peters-Karte im Geographieunterricht. „Der Erdkundelehrer" 15, 1975, S. 12–15
—: Die Peters-Karte. Exemplarisch für Erdkarten in kartographischen Übungen (mit Kartierungsbeispielen). Freiburger Geogr. Mitt. 1976, H. 1/2, S. 125–131
KAISER, A.: Die Peters-Projektion. Kartogr. Nachr. 24, 1974, S. 20–25
KARRASCH, H.: Optimale Planisphärenabbildungen. „Der Erdkundelehrer" 14, Nr. 2, 1975, S. 2–8
KRETSCHMER, J.: Irreführende Meinungen über die „Peters-Karte". Mitt. d. Österr. Geogr. Ges. 120, Wien 1978, S. 124– 136
LISS, C. C.: Zum Problem der Verzerrungen auf Weltkarten. Geogr. Rdsch. 25, 1973, S. 399–401
MALING, D. H.: PETERS' Wunderwerk. Kartogr. Nachr. 24, 1974, S. 153–156
PETERS, A.: Der europa-zentrische Charakter unseres geographischen Weltbildes und seine Überwindung. Dortmund 1975
WAGNER, K. H.: Das neue Kartenbild des Herrn Peters. Kartogr. Nachr. 23, 1973, S. 162–163

Unechte Zylinderprojektionen

Da es für Gesamtdarstellung der Erde keine geeignete echte flächentreue Zylinderprojektion gibt, schon frühzeitig Versuche der Berechnung unechter flächentreuer Zylinderprojektionen. Unterscheiden sich von echten Zylinderprojektionen dadurch, daß nur Mittelmeridian senkrecht auf den als Parallelen abgebildeten Breitenkreisen steht, während sich alle übrigen Meridiane als Kurven in einem Punkt (Pol) bzw. als geknickte Geraden oder Kurven auf Pollinie treffen, die kürzer ist als abgebildeter Äquator. Durch polwärtiges Konvergieren der Meridiane wird gegenüber Rechteckform der echten Zylinderprojektionen eine dem natürlichen Erdbild ähnliche Darstellung erzielt.

Abb. 57 Erdkarte in Mercator-Sansonscher Projektion

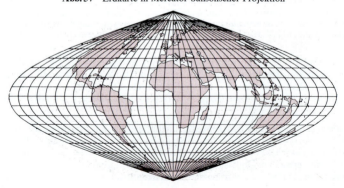

Literatur

WAGNER, K. H.: Die unechten Zylinderprojektionen. Diss. Hamburg 1931; Arch. Dt. Seewarte, Bd. 51, H. 4, Hamburg 1932

Mercator-Sansonsche Zylinderprojektion

1606 erstmals auf einer Karte aus Nachlaß von MERCATOR angewendet, 1650 von französischem Kartographen NICOLAS SANSON (1600–1667) für Entwurf zahlreicher Karten benutzt. Fälschlicherweise in englischsprachiger Welt auch als Sanson-Flamsteed-Projektion bezeichnet. JOHN FLAMSTEED (1646–1719) hat zwar Himmelskarten in dieser Projektion entworfen, jedoch nicht zur Konstruktion des Entwurfs beigetragen.

Mercator-Sanson-Projektion bildet alle Breitenkreise und Mittelmeridian längentreu ab. Übrige Meridiane werden durch Verbindung der abweitungstreuen Teilungspunkte zu Sinuslinien, die sich im Pol treffen (Abb. 57). Längentreue Teilung des Mittelmeridians, daher gleicher Abstand aller Breitenparallelen. Starke Zusammendrängung der Meridiane in höheren Breiten macht „zwiebelförmige" Projektion zur Darstellung der ganzen Erde wenig geeignet.

Verwendung: Bevorzugt für Länderkarten äquatorialer Gebiete. Projektion ist flächentreu, da Gradfelder in allen Breiten gleiche Höhe und Grundlinie haben wie auf dem Globus.

Literatur

FLAMSTEED, J.: The Construction of Maps and Globes. London 1717

Mollweidesche Projektion

1805 von Mathematiker KARL MOLLWEIDE (1774–1825) berechnet, erstmalig 1860 von BABINET als „Homalographische Projektion" verwendet.

Konstruktionsgrundlage ist ebene Kreisfläche, deren Inhalt dem der halben Erdoberfläche gleichgesetzt wird. Abstand der geradlinig abgebildeten Breitenkreise so berechnet, daß Bildstreifen zwischen zwei Parallelen Inhalt zugehöri-

Abb. 58 Erdkarte in Mollweidescher Projektion

ger Kugelzone des Globus entspricht. Teilung des Mittelmeridians, d. h. Berechnung der verschiedenen Abstände der einzelnen Breitenparallelen, kompliziert. Breitenkreise nach Anzahl der Meridiane gleichmäßig geteilt, Meridianschnittpunkte miteinander verbunden. Verbindungslinien ergeben flache Ellipsen, die gegen Kartenrand stärker gekrümmt sind (Abb. 58). Ergebnis ist flächentreue Darstellung der halben Erde auf Kreisfläche. Beidseitige Verlängerung der Breitenkreise und Fortsetzung der Teilung ermöglicht Darstellung der gesamten Erdoberfläche. Verbindung der Meridianschnittpunkte ergibt Ellipsen, so daß Grenzmeridian die Ellipsengestalt des Netzentwurfs im ganzen bestimmt. Starke periphere Verzerrung stört jedoch Anschaulichkeit der Kontinentformen. Deshalb heute Mollweidesche Projektion von Planisphären mit Pollinie verdrängt (vgl. Eckerts und Winkels Projektionen, S. 74 ff. und 81).

Eckerts Trapez-, Ellipsen- und Sinuslinienentwürfe

Ungünstige randliche und polwärtige Verzerrungen auf Mercator-Sansonscher und auf Mollweidescher Projektion veranlaßten MAX ECKERT (1868–1938) zur Entwicklung von 6 Projektionen, die für höhere Breiten aufgelockerte Darstellung erlauben. Alle Eckertschen Entwürfe beruhen auf gleichem Prinzip: Breitenkreise werden als parallele Geraden, Pol als Linie von halber Äquatorlänge abgebildet; Mittelmeridian erhält gleiche Länge wie Pollinie. Entwurf I und II haben Form von Doppeltrapezen (Abb. 59). Im *Entwurf I* werden Äquator und Mittelmeridian längentreu abgebildet und unterteilt. Entsprechende gleichmäßige Teilung der Pollinie und Verbindung aller Teilungspunkte; dadurch entstehen zwischen Äquator- und Pollinie geradlinige Meridiane.

Entwurf II stellt gegenüber I Verbesserung dar: Fläche des Doppeltrapezes ist inhaltsgleich zur Kugelfläche gesetzt. Flächentreu, aber wie bei Entwurf I am Äquator unnatürlich geknickte Meridiane.

Abb. 59 Eckerts Trapezentwürfe I und II mit Hilfsfigur

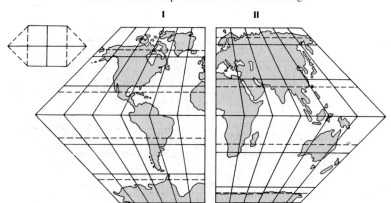

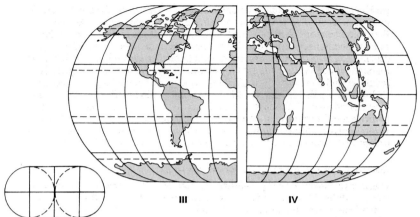

Abb. 60 Eckerts Ellipsenentwürfe III und IV mit Hilfsfigur

Entwurf III meidet Nachteil geknickter Meridiane der Entwürfe I und II: Anstelle geknickter Grenzmeridiane zwei Halbkreise beiderseits quadratischem Mittelstück (Abb. 60). Da Projektion flächentreu sein soll, wird Fläche des Netzentwurfs der Kugelfläche inhaltsgleich gesetzt. Äquator, Pollinie, Mittelmeridian und als parallele Geraden abgebildete Breitenkreise werden gleichmäßig geteilt. Verbindung der Teilungspunkte ergibt ellipsenförmige Meridiane. Projektion ist im ganzen und in den Meridianstreifen flächentreu, jedoch nicht in den Gradfeldstreifen (Breitenzonen) zwischen den Breitenkreisen.

Abb. 61 Eckerts Sinuslinienentwürfe V und VI

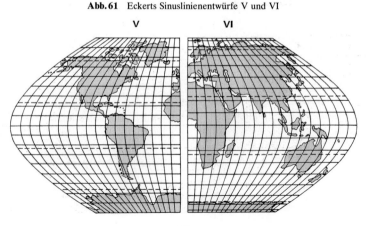

Entwurf IV erreicht gegenüber Entwurf III auch Flächentreue für die Breitenzonen, indem diesen Flächen gleicher Inhalt wie entsprechenden Kugelzonenoberflächen gegeben wird (Abb. 60). Abstand der Breitenkreise ergibt sich aus komplizierter Berechnung. Die gegen Pole hin näher aneinanderrückenden Breitenkreise werden gleichgeteilt, Teilungspunkte durch ellipsenförmige Meridiane verbunden.

Im *Entwurf V* sind Meridiankurven Sinuslinien (Abb. 61). Da Äquator, Pollinien und Mittelmeridian gleichgeteilt werden, ist Entwurf V nur im ganzen und im Bereich der Meridianstreifen flächentreu.

Im *Entwurf VI* wird Fläche jeder Breitenzone inhaltsgleich zur entsprechenden Kugelzone gesetzt (Abb. 61). Eckerts flächentreue Sinuslinienprojektion (VI) bildet Kompromiß zwischen Behrmanns flächentreuer Schnittzylinderprojektion und Mercator-Sansonscher Projektion.

Verwendung: Entwurf VI eignet sich für Gesamtdarstellungen der Erde, da hohe Breiten weniger verzerrt sind als bei MERCATOR, andererseits weniger zusammengedrückt erscheinen als bei MOLLWEIDE und MERCATOR-SANSON; daher häufig angewendet.

Literatur

ECKERT, M.: Neue Entwürfe für Erdkarten. Peterm. Geogr. Mitt. 1906

Vermittelnde und mehrpolige Projektionen

Netzentwürfe, die nicht „Projektionen" i. e. S. sind, sondern durch Kombination zweier Projektionen (*Mischprojektionen*) oder konstruktiv entstehen.

Abb. 62 Erdkarte in Winkels vermittelnder Projektion

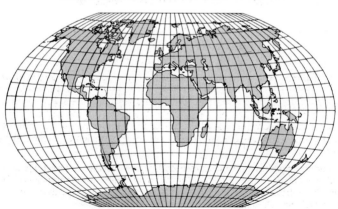

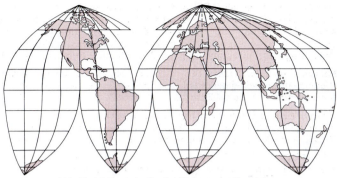

Abb. 63 Erdkarte in Goodes flächentreuer Projektion
(Grundlage: Mercator-Sansonsche Projektion)

Mischprojektionen

Winkels vermittelnde Projektionen

Von Leipziger Kartograph O. WINKEL 1921 entwickelt, für Erdkarten häufig verwendet.

Grundlage bilden Netzentwürfe mit Pollinien, die gleich oder kleiner als halber Äquator sind (Abb. 62). Meistbenutzter Entwurf ist Kombination des Aitoffschen Entwurfs mit rechteckiger Plattkarte. Aus arithmetischem Mittel der Koordinaten beider Projektionen Gewinnung der Netzpunkte. Breitenkreise werden als leicht gekrümmte Linien, Meridiane als Ellipsen abgebildet. Durch Krümmung der Breitenkreise erhält Gradnetz ein dem Globusbild angenähertes Aussehen. Randliche Verzerrungen unechter Zylinderprojektionen werden vermieden.

Gefällige Darstellung der Erdoberfläche wird erreicht durch Mittelweg zwischen Flächen- und Winkeltreue, daher „vermittelnde" Projektion.

Mehrpolige Projektionen

Goodes flächentreue Projektionen

Von amerikanischem Kartograph J. PAUL GOODE entwickelt.

Modifikationen der Mercator-Sansonschen und der Mollweideschen Projektion (Abb. 63) führten zu GOODES flächentreuen Projektionen. Zur Vermeidung der randlichen Zusammendrückungen oder Verzerrungen dieser Entwürfe wird Globus längs einiger durch Ozeane verlaufenden Meridiane aufgeschlitzt und der Projektion jedes Einzelteils eigener Mittelmeridian zugrunde gelegt. Ergebnis: stark zerlapptes, mehrpoliges Kartenbild, das nur in äquatorialen Bereichen weniger verzerrt ist.

Methode der apfelsinenschalenartigen Zerlappung unechter Zylinderentwürfe für Erddarstellungen in den USA häufig angewendet, obgleich unnatürliches Bild entsteht und Vergleiche und Messungen erschwert werden. Brauchbar, wenn zerlappte Gebiete (Ozeane) für Darstellung unwichtig sind.

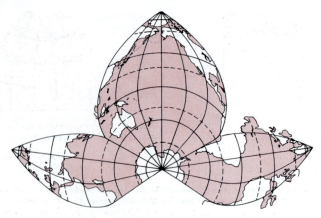

Abb. 64 Schmetterlingskarte zur Darstellung des Weltmeeres mit Südpol als Kartenzentrum (Bartholomews Lotusprojektion); Wasserflächen rot

Schmetterlingskarten

Sammelbezeichnung für moderne Versuche zur Herstellung mehrpoliger Karten, die nicht auf Prinzip der Zylinderprojektion beruhen, sondern einen Pol im Zentrum der Karte belassen, den anderen auflösen und mehrfach abbilden. Dadurch Entstehung von schmetterlings- oder blütenähnlichen Formen, z. B. *Bartholomews Lotusprojektion* (Abb. 64).

Literatur

DAHLBERG, R. E.: Evolution of Interrupted Map Projections. Internat. Jb. f. Kartogr. 1962

Spezialentwürfe für topographische Kartenwerke

Modernen großmaßstäblichen Karten der Landesaufnahmen liegen selten Projektionen im üblichen Sinn zugrunde. Jedes Kartenblatt beruht auf selbständigem Entwurf mit eigenen Berührungspunkten bzw. -linien.

Polyederprojektion

Polyederprojektionen erstmals 1818–1830 in Preußen für Meßtischblattaufnahme 1:25000 verwendet, daher auch „Preußische Polyederprojektion" genannt.

Gradnetzausschnitt jedes Kartenblattes als Trapez abgebildet, welches die Erdoberfläche an Netzschnittpunkten (Ecken) berührt. Kartenebene liegt daher unter gewölbter Erdoberfläche. Dieses bei großmaßstäblicher Darstellung kleiner Erdausschnitte ohne Bedeutung, da Wölbungsbetrag gering. Auf jedes Gradtrapez

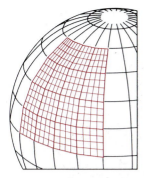

Abb. 66 Auseinanderklaffen der Kartenblätter bei Polyederprojektion

Abb. 65 Schematische Darstellung der von einem Polyeder überzogenen Kugeloberfläche

wird von Erdoberfläche gesondert projiziert, gekrümmte Erdoberfläche dadurch in Vielflächner (Polyeder) umgewandelt (Abb. 65). In der Ebene aneinandergefügte Einzelblätter zeigen infolge Trapezform Klaffung (Abb. 66). Bei klaffungsfreiem Aneinanderfügen entsteht Polyeder. Da Entwürfe dieser Art für Karten sehr großen Maßstabs benutzt werden und die auf einzelnen Blättern abgebildeten Räume im Vergleich zur ganzen Erdoberfläche sehr klein sind, ist der um die Erde gelegte Polyeder nahezu identisch mit wirklicher Kugeloberfläche, der Netzentwurf daher praktisch verzerrungsfrei. Auf großmaßstäblichen Karten wird Gradnetz unmittelbar als Umrandung der Karte genommen und Aufnahmeergebnis eingetragen, daher auch Bezeichnung „Gradabteilungskarten".

Polykonische Projektion

Polykonische Projektion benötigt mehrere Kegel unterschiedlicher Öffnungswinkels bzw. Kegelstümpfe als Hilfskörper. Jeder Breitenkreis ist für seinen Kegelmantel Berührungs-Breitenkreis, wird längentreu abgebildet. Spitzen aller Kegel liegen auf verlängerter Erdachse in verschiedener Entfernung vom Pol.

Aufgeschnittene und in Ebene abgerollte Kegelmäntel ergeben gekrümmte, in nord-südlicher Folge nicht lückenlos aneinanderpassende Bildstreifen (Abb. 67). Während sich die einzelnen Zonenstreifen im Bereich des Mittelmeridians berühren, klaffen sie von der Mitte nach außen fortschreitend immer weiter auseinander. Lückenlose Aneinanderfügung in der Ebene nicht möglich, weil Berührungs-Brei-

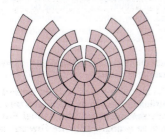

Abb. 67 Auseinanderklaffen der Parallelkreisstreifen bei Polykonischer Projektion

tenkreis jedes Kegelstumpfes eigenen Mittelpunkt und anderen Radius hat. Zusammenfügung der Einzelblätter würde aus verschachtelten Kegelstümpfen bestehenden Körper ergeben.

Verwendung der seit 1856 eingeführten Projektion in amtlichen Kartenwerken Englands und der USA. Modifizierte Polykonische Projektion liegt Internationaler Weltkarte 1 : 1 Mill. zugrunde (S. 167).

Geodätische Abbildungen

Verwendung sog. *geodätischer Abbildungen* für großmaßstäbliche Darstellung kleiner Erdausschnitte (Staaten, Länder). Bezugskörper nicht Erdkugel wie bei klassischen Projektionen, sondern Rotationsellipsoid. Anstelle von Längen- und Breitenkreisen Berechnung und Abbildung rechtwinklig-ebener Koordinaten, durch die die Lage jedes Punktes auf Ellipsoid exakt bestimmbar ist.

Soldnersche Koordinaten

Von J. G. SOLDNER (1776–1833) für großmaßstäbliche Kartenwerke entwickeltes Koordinatensystem.

Längentreue Abbildung eines Hauptmeridians (Mittelmeridian des Vermessungsgebietes) als senkrechte Achse; rechtwinklig dazu Eintragung ebenfalls *längentreuer Ordinaten* als *waagerechte Achsen* des Koordinatensystems. Durch parallele Abbildung erfahren auf Ellipsoid konvergierende Ordinaten (ellipsoidische Lotlinien) Dehnung um wachsende Beträge. Ehemaliges preußisches Kataster, das Soldnersche Koordinaten verwendete, vermied zu starke Verzerrung durch Beschränkung dargestellter Gebiete auf 64 km beiderseits Hauptmeridian bei Einteilung des Staatsgebietes in mehrere Systeme mit entsprechenden Hauptmeridianen.

Gauß-Krügersche Koordinaten

Von Mathematiker C. F. GAUSS für von ihm 1822–1847 geleitete hannoversche Landesvermessung entworfen, 1912 von L. KRÜGER ergänzt.

Meridianstreifen werden vom Erdellipsoid winkeltreu auf Ebene übertragen. Längentreuer Mittelmeridian bildet x-Achse, senkrecht dazu y-Achse. Beiderseits des Mittelmeridians Verzerrung infolge paralleler Abbildung konvergierender Ordinaten. Um Verzerrung in tragbaren Grenzen zu halten, Beschränkung der Abbildung auf jeweils 2° beiderseits des Mittelmeridians (Abb. 68). Einrichtung selbständiger, 4° breiter Meridianstreifensysteme, die sich in 1° breiten Streifen überdecken. Abszissen in Deutschland 6°, 9°, 12°, 15° usw. östl. Länge.

Im Koordinatensystem eindeutige *Lagebestimmung* jedes Ortes möglich. *Hochwert* x bezeichnet Abstand vom Äquator, z. B. Hochwert 57^{07} = 5707 km (Abb. 69).

Rechtswert y bezeichnet Abstand vom Mittelmeridian. Erste Zahl gibt dessen Kennziffer an, gewonnen aus Gradzahl des Mittelmeridians (6°, 9°, 12° östl. L.), geteilt durch Zahl 3 (= 2, 3, 4 usw.). Zweite Zahl ist Grundzahl 500, hinzugefügt zur

Abb. 68 Gauß-Krügersche Meridianstreifensysteme

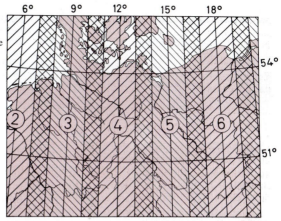

Vermeidung der Vorzeichen + bzw. − für Lage östlich bzw. westlich vom jeweiligen Mittelmeridian. Dritte und vierte Zahl ergeben durch Addition bzw. Subtraktion zu bzw. von der Grundzahl Entfernung von Mttelmeridian.

Beispiel (Abb. 69):
Rechtswert 35^{41} = Ort liegt 41 km östlich 9° östl. Länge (500 + 41 = 541).
Rechtswert 34^{59} = Ort liegt 41 km westlich 9° östl. Länge (500 − 41 = 459).

Gitternetz

Gitternetz ist amtlichen Karten aufgedrucktes Quadratnetz eines bestimmten Koordinatensystems. Maschenweite Gauß-Krügerscher Koordinaten bei deut-

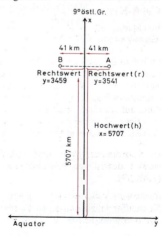

Abb. 69 Gauß-Krügersches Koordinatensystem des 3. Meridianstreifens mit Beispielpunkten A und B

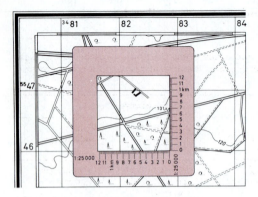

Abb. 70 Beispiel für Anwendung des Planzeigers: Lagebestimmung des Höhenpunktes 131,2 (Hochwert 5546,67; Rechtswert 3482,85)

schen Karten 1:5000, 1:25000 und 1:50000 = 4 cm, entsprechend 200 m, 1000 m und 2000 m in der Natur; bei 1:100000 und 1:200000 = 5 cm, entsprechend 5 km bzw. 10 km in der Natur. Mit Planzeiger Lage jedes Ortes nach Rechts- und Hochwert exakt bestimmbar (Abb. 70). Da Gitternetzlinien jedes Meridianstreifens auf selbständiger Konstruktion beruhen, treffen Gitter benachbarter Streifen in spitzem Winkel aufeinander. Ausgleich durch Sprungstellen von je 10 km nach rechts, in deutschen Karten bei Hochwert 57^{00} und 62^{00} (Abb. 71). Gauß-Krüger-Gitternetz vor allem in Deutschland verwendet. Andere Länder haben zum Teil andere Gitternetzsysteme. In Nordamerika UTM-Gitter (*Universal Transverse Mercator*) seit 1947 üblich, bezogen auf „Internationales Ellipsoid" (nach HAYFORD); verwendet keinen Berührungs-, sondern Schnittzylinder, bildet daher nicht Berührungsmeridian, sondern Paar ihm paralleler Schnittlinien längentreu ab. Statt Hoch- und Rechtswerten N- (north) und E-(east) Werte. UTM-Gitter auch auf NATO-Karten verwendet, dadurch international verbreitet. Gitternetze dienen hauptsächlich militärischen Zwecken (Meldegitter).

Ordinaten des Gitternetzes entsprechen nicht wie Meridiane der Nordrichtung. Daher Unterscheidung zwischen Geographisch-Nord und Gitter-Nord. Winkel zwischen Geographisch-Nord und Gitter-Nord heißt *Meridiankonvergenz,* Winkel zwischen Gitter-Nord und Magnetisch-Nord ist *Nadelabweichung.*

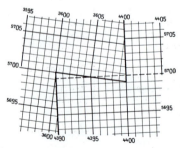

Abb. 71 Gitternetz mit Sprungstelle

Verwandtschaften unter den Projektionen

Da Azimutal- und Zylinderprojektionen nur Grenzfälle der Kegelprojektionen sind, können folgende Projektionen als untereinander verwandt aufgefaßt werden:

Eigenschafts-typen	Konstruktionstypen		
	Kegel-projektion	Azimutal-projektionen (polständig)	Zylinder-projektionen
Einfache, partiell längentreue Projektionen	Einfache Kegelprojektion	Mittabstands-treue Azimutal-projektion	Quadratische Plattkarte
Partiell längentreue Projektionen mit Schnittprinzip	Vereinfachte Kegelprojektion	Nicht konstruierbar	Rechteckige Plattkarte
Einfache flächentreue Projektionen	Lamberts flächentreue Kegelprojektion u. flächentreuer Entwurf auf Berührungskegel	Lamberts flächentreue Azimutal-projektion	Lamberts flächentreue Zylinder-projektion
Flächentreue Projektionen mit Schnittprinzip	Albèrs' flächentreue Schnittkegel-projektion	Nicht konstruierbar	Behrmanns flächentreue Schnittzylinder-projektion, Peters-Projektion
Flächentreue u. breitenkreis-parallele Längentreue	Bonnesche Projektion	Stab-Wernersche Projektion	Mercator-Sansonsche Projektion
Flächentreue mehrpolige Projektionen	Bartholomews Lotusprojektion u. a.	Flächentreue Schmetterlings-karten	Goodes mehrpolige flächentreue Zylinder-projektion u. a.
Winkeltreue Projektionen	Lambert-Gaußsche winkeltreue Kegelprojektion	Stereographische Azimutal-projektion	Mercator-projektion

Kriterien für die Bestimmung von Projektionen

A. Breitenkreise sind Geraden (I–VI)

I. Breitenkreise und Meridiane sind parallele Geraden, Pol bildet Linie von gleicher Länge des Äquators; gleichbleibende Meridianabstände; rechteckiger Rahmen der Karte fällt mit Gradnetz zusammen: *Echte Zylinderprojektionen* (S. 66ff. u. Abb. 72).

1. Gradfelder bilden Quadrate: *Quadratische Plattkarte* (S. 67).

2. Gradfelder bilden gleich große Rechtecke: *Rechteckige Plattkarte* (S. 68)

3. Abstand der Breitenkreise wächst polwärts: *Mercatorprojektion* (S. 68).

4. Abstand der Breitenkreise verringert sich polwärts: *Lamberts flächentreue Zylinderprojektion* (S. 70).

   Kartenausschnitte äquatornaher Gebiete mit fast quadratischen Gradfeldern nur durch Meßkontrolle von quadratischer Plattkarte zu unterscheiden.

5. Geringere polwärtige Zusammendrückung der Breitenkreise als in Lamberts flächentreuer Zylinderprojektion: *Behrmanns flächentreue Schnittzylinderprojektion* (S. 71) oder *Peters-Projektion* (S. 71).

   Im Kartenausschnitt Verwechslung mit rechteckiger Plattkarte möglich, Rechtecke in Behrmanns Schnittzylinderprojektion jedoch polwärts kleiner werdend. Unterscheidung von Lamberts flächentreuer Zylinderprojektion im Kartenausschnitt ohne rechnerische Nachprüfung nicht möglich. Bei Peters-Projektion wesentlich stärkere Verzerrungen im äquatorialen Bereich.

II. Breitenkreise sind parallele Geraden, Meridiane polwärts konvergierende Geraden, Gradnetz bestimmt Trapezform der Karte: *Polyederprojektion* (S. 78f.).

Da Anwendung auf großmaßstäbliche Kartenwerke beschränkt ist, verlaufen außer dem als Kartenrahmen dienenden Gradnetz keine Netzlinien durch die Einzelblätter. Ost-westliche benachbarte Blätter fügen sich zu Kartenstreifen zusammen, der durch Spalt vom nördlich bzw. südlich anschließenden Kartenstreifen getrennt ist. Nord-südlich aneinander gefügte Karten ohne Spalt. Einzelblätter in Polyederprojektion von solchen in polykonischer Projektion durch geradlinige Kartenränder zu unterscheiden.

III. Breitenkreise sind parallele Geraden, werden vom Mittelmeridian senkrecht geschnitten, alle übrigen Meridiane sind Kurven, treffen sich im Pol. Ovale oder sinuslinienartige Begrenzung des Netzentwurfs: *Unechte Zylinderprojektionen* (S. 72).

1. Gleicher Abstand und abweitungstreue Teilung der Breitenkreise, Längenkreise außer geradem Mittelmeridian sinuslinienartige Kurven, Planisphäre hat Zwiebelform mit spitzen Polen: *Mercator-Sansonsche Zylinderprojektion* (S. 73).

   In äquatornahem Ausschnitt nur durch Nachrechnung von Eckerts Entwurf V zu unterscheiden.

Abb. 72 Gradnetzvergleich echter Zylinderprojektionen

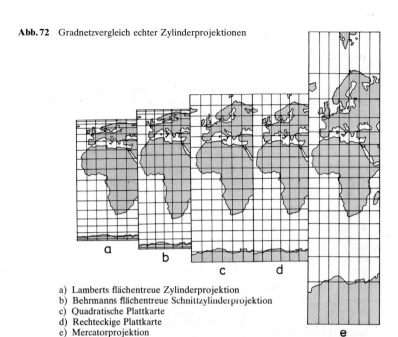

a) Lamberts flächentreue Zylinderprojektion
b) Behrmanns flächentreue Schnittzylinderprojektion
c) Quadratische Plattkarte
d) Rechteckige Plattkarte
e) Mercatorprojektion

2. Polwärts abnehmender Abstand der gleichmäßig geteilten Breitenkreise, Längenkreise außer geradem Mittelmeridian flache, gegen Kartenrand stärker gekrümmte Ellipsen, ovales Kartenbild: *Mollweidesche Projektion* (S. 73f.).

Im Kartenausschnitt nicht von Eckerts Entwurf IV zu unterscheiden. Unterschied zu Hammers Planisphäre: Breitenkreise bei Hammer als Kurven abgebildet, außerdem dort stärkere randliche Verzerrungen.

IV. Breitenkreise sind parallele Geraden, werden vom Mittelmeridian senkrecht geschnitten, übrige Meridiane sind Kurven, treffen sich im Pol. Polwärts abnehmender Abstand der Breitenkreise, um gleiche Werte nach außen zusammenrückende Meridiane, kreisförmige Begrenzung des Netzentwurfs: *Äquatorständige Orthographische Azimutalprojektion* (S. 56).

Bei Kartenausschnitten Unterscheidungsmöglichkeiten von Mollweidescher-Projektion: Dort gleichmäßige Teilung der Breitenkreise, daher keine randliche Zusammendrängung der Meridiane. Unterschied zu Mercator-Sansonscher Projektion: Dort gleichmäßiger Abstand der Breitenkreise, sinuslinienartige Meridiane.

V. Breitenkreise sind parallele Geraden, werden vom Mittelmeridian senkrecht geschnitten, übrige Meridiane sind geknickte Geraden oder Kurven. Pol als

Linie von halber Äquatorlänge abgebildet: *Eckerts Trapez-, Ellipsen- und Sinuslinienentwürfe* (S. 74 ff.).

1. Meridiane sind Geraden, schneiden Breitenkreise nicht senkrecht, sind am Äquator geknickt: *Eckerts Trapezentwürfe* (S. 74).

   a) Äquator und Mittelmeridian längentreu abgebildet und geteilt: *Eckerts Entwurf I* (S. 74).

   b) Äquator und Mittelmeridian nicht längentreu, Abstände der Breitenkreise verringern sich polwärts: *Eckerts Entwurf II* (S. 74).

2. Meridiane sind ellipsenförmige Kurven, Grenzmeridiane bilden halbe Kreisbögen: *Eckerts Ellipsenentwürfe* (S. 75).

   a) Äquator, Pollinie und Mittelmeridian gleichmäßig geteilt, Breitenkreise abstandsgleich: *Eckerts Entwurf III* (S. 75).

   Im Kartenausschnitt schwer von Eckerts Entwurf V zu unterscheiden.

   b) Äquator, Pollinie und Breitenkreise gleichmäßig geteilt, Abstände der Breitenkreise nehmen polwärts ab: *Eckerts Entwurf IV* (S. 76).

   Im Kartenausschnitt schwer von Mollweidescher Projektion zu unterscheiden.

3. Meridiane sind Sinuslinien: *Eckerts Sinuslinienentwürfe* (S. 76).

   a) Äquator, Pollinie und Breitenkreise gleichmäßig geteilt, Breitenkreise abstandsgleich: *Eckerts Entwurf V* (S. 76).

   Im Kartenausschnitt schwer von Eckerts Entwurf III und von Mercator-Sansonscher Projektion zu unterscheiden.

   b) Äquator, Pollinie und Breitenkreise gleichmäßig geteilt, Abstände der Breitenkreise nehmen polwärts ab: *Eckerts Entwurf VI* (S. 76 f.)

   Im Kartenausschnitt schwer von Mollweidescher Projektion und Eckerts Entwurf IV zu unterscheiden. Unterschied zu Mercator-Sansonscher Projektion: Dort gleicher Abstand und abweitungstreue Teilung der Breitenkreise, alle Meridiane treffen sich in einem Punkt (Pol).

VI. Zerlapptes, nur im äquatorialen Bereich zusammengehaltenes Kartenbild: *Goodes flächentreue Projektion* (S. 77).

Grundlage dieser Modifikationen unechter Zylinderprojektionen können Mercator-Sansonsche oder Mollweidesche Projektion sein.

B. Breitenkreise sind Kurven (VII–XVI)

VII. Breitenkreise sind konzentrische Teilkreise, Meridiane bilden Strahlenbüschel: *Echte Kegelprojektionen* (S. 61).

1. Konzentrische Kreisbögen der Breitenkreise abstandsgleich, Pol bildet Teilkreis: *Einfache und vereinfachte Kegelprojektion* (S. 62 f.).

   In vollständiger Abbildung der Erde vereinfachte Kegelprojektion am längentreuer Abbildung zweier Breitenkreise zu erkennen, in einfacher Kegelprojektion nur Berührungskreis längentreu geteilt und engere Scharung der Meridiane in höheren Breiten. Bei Ausschnittdarstellungen polferner Gebiete keine Unterscheidung zwischen einfacher und vereinfachter Kegelprojektion möglich.

2. Abstände der konzentrischen Kreisbögen vergrößern sich polwärts, Pol als Punkt abgebildet: *Lamberts flächentreue Kegelprojektion* (S. 64).

Im Ausschnitt nur durch Nachrechnung von Albers' flächentreuer Schnittkegelprojektion unterscheidbar.

3. Abstände der konzentrischen Kreisbögen verringern sich pol- und äquatorwärts von dem durch zwei Schnittparallelen begrenzten Gradnetzstreifen: *Albers' flächentreue Schnittkegelprojektion* (S. 64).

VIII. Breitenkreise sind konzentrische Teilkreise, Meridiane bilden außer geradlinigem Mittelmeridian Kurven: *Unechte Kegelprojektionen* (S. 64f.).

1. Kreisbögen und Mittelmeridian längentreu geteilt, Meridiane bilden Kurven, sind an Kartenrändern stark gekrümmt: *Bonnesche Projektion* (S. 64).

Dieser Netzentwurf auch daran zu erkennen, daß bei Blättern eines größeren Kartenwerks (z. B. der Französischen Karte 1 : 80000) Meridiane und Breitenkreise schief durch Kartenbild verlaufen, sofern Ausschnitt nicht nahem Bereich des senkrecht verlaufenden Mittelmeridians entstammt. Derartige Ausschnitte von ähnlichen Netzen der Stereographischen oder Lambertschen flächentreuen äquator- und zwischenständigen Azimutalprojektionen durch konzentrischen Verlauf der Kreisbögen zu unterscheiden.

2. Abbildung der Meridiane und Breitenkreise wie in Bonnescher Projektion, jedoch Mittelpunkte der Breitenkreise mit Pol zusammenfallend. Daher stärkere randliche Verzerrung und ausgeprägtere Herzform des Netzentwurfs bei vollständiger Erddarstellung: *Stab-Wernersche Projektion* (S. 65).

Bei Ausschnittdarstellungen Unterscheidung zu Bonnescher Projektion schwierig; da Projektion nur für ältere polständige Erddarstellungen verwendet wurde, jedoch kaum Verwechslungsmöglichkeit.

3. Breitenkreise bilden Kreisbögen von unterschiedlichem Radius; in ost-westlicher Richtung aneinandergefügte Kartenblätter bilden schwach gekrümmte Bildstreifen; berühren sich nur im Mittelmeridian, klaffen nach außen fortschreitend stärker auseinander: *Polykonische Projektion* (S. 79f.).

Da Anwendung auf großmaßstäbliche Kartenwerke beschränkt ist, bestimmt Gradnetz Rand der Einzelkarten. Diese von solchen in Polyederprojektion durch leichte Krümmung des oberen und unteren Kartenrandes zu unterscheiden.

IX. Breitenkreise sind geschlossene konzentrische Kreise, Meridiane bilden Strahlenbüschel, Grenz-Breitenparallel bestimmt Kreisform der Karte: *Polständige Azimutalprojektionen* (S. 49).

1. Breitenkreise in gleichen Abständen: *Mittabstandstreue* oder *speichentreue Azimutalprojektion* (S. 53 ff.).

2. Abstand der Breitenkreise wächst rasch nach außen, Darstellung reicht nicht bis zum Äquator: *Zentrale* oder *Gnomonische Projektion* (S. 49f.).

Unterschied zu polständiger Stereographischer Azimutalprojektion: Dort bei geringer Zunahme der Breitenkreisabstände Darstellung einer vollen Halbkugel möglich.

3. Abstand der Breitenkreise nimmt allmählich nach außen zu, Darstellung bis zum Äquator: *Polständige Stereographische Azimutalprojektion* (S. 52).

   Im Kartenausschnitt nur durch Nachrechnung von Zentraler Projektion zu unterscheiden.

4. Abstand der Breitenkreise verringert sich rasch nach außen, Darstellung umfaßt volle Halbkugel, Kartenbild wirkt globusartig: *Polständige Orthographische Azimutalprojektion* (S. 51).

   Unterschied zu Lamberts flächentreuer polständiger Azimutalprojektion: Dort weniger starke randliche Zusammendrängung der Breitenkreise. Im Kartenausschnitt Unterscheidung nur durch Nachmessen der in Orthographischer Projektion längentreu abgebildeten Breitenkreise möglich.

5. Abstand der Breitenkreise verringert sich allmählich nach außen: *Lamberts flächentreue polständige Azimutalprojektion* (S. 54).

   Im Kartenausschnitt Unterscheidung von polständiger Orthographischer Azimutalprojektion nur durch Nachrechnung möglich.

X. Breitenkreise sind Hyperbeln, Meridiane parallele Geraden, Pole nicht darstellbar: *Äquatorständige Zentrale Azimutalprojektion* (S. 55f.).

XI. Breitenkreise sind Hyperbeln bzw. in Polnähe Ellipsen, Meridiane außer geradem Mittelmeridian Kurven, Pol als Punkt dargestellt: *Zwischenständige (schiefachsige) flächentreue Azimutalprojektion* (S. 61).

XII. Äquator und Mittelmeridian bilden rechtwinkliges Achsenkreuz, alle anderen Längen- und Breitenkreise sind Kurven, kreisförmige Begrenzung des Netzentwurfs: *Äquatorständige Azimutalprojektionen* (S. 55ff.).

1. Abstände der Breitenkreise und Meridiane nehmen nach außen stark zu: *Äquatorständige Stereographische Azimutalprojektion* (S. 57).

2. Abstände der Breitenkreise und Meridiane nehmen nach außen allmählich zu: *Nells modifizierte äquatorständige Azimutalprojektion* (S. 58).

   Im Kartenausschnitt nur durch Nachrechnung von äquatorständiger Stereographischer Azimutalprojektion zu unterscheiden.

3. Abstände der Breitenkreise und Meridiane nehmen nach außen allmählich ab: *Lamberts flächentreue äquatorständige Azimutalprojektion* (S. 59).

4. Äquator, Mittel- und Begrenzungsmeridian sind gleichmäßig geteilt: *Äquatorständige Azimutalprojektion (Globularprojektion)* (S. 57f.).

XIII. Äquator und Mittelmeridian bilden rechtwinkliges Achsenkreuz, übrige Längen- und Breitenkreise sind Kurven, Mittelmeridian hat halbe Äquatorlänge, ovale Form des Netzentwurfs: *Hammers oder Aitoffs Planisphäre* (S. 59).

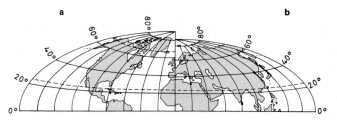

Abb. 73 Vergleich: Aitoffs (a) und Hammers (b) Planisphäre

In vollständiger Darstellung erscheint Aitoffs Entwurf weniger gedrückt als Hammers (Abb. 73). Im Kartenausschnitt nur durch Nachrechnung voneinander zu unterscheiden. Unterschied Hammer-Mollweide: In Mollweidescher Projektion Breitenkreise als Geraden abgebildet, geringere randliche Verzerrungen.

XIV. Äquator und Mittelmeridian bilden rechtwinkliges Achsenkreuz, Längen- und Breitenkreise sind Kurven, Pole durch Linien dargestellt, sich gleich oder kleiner als Hälfte des Äquators: *Winkels vermittelnde Projektionen* (S. 76).

XV. Globusartige Halbkugeldarstellungen ohne zentrales Achsenkreuz aus Äquator und Mittelmeridian: *Zwischenständige Azimutalprojektionen* (S. 61).

XVI. Zerlapptes, nur im Bereich eines Poles zusammengehaltenes Kartenbild: *Schmetterlingskarten* (S. 78).

Kriterien für die Verwendung von Projektionen

Wahl der Projektion vom Verwendungszweck der Karte abhängig. Ideale Eigenschaft gleichzeitiger Winkel-, Flächen- und Längentreue des Globusgradnetzes besitzt keine Projektion. Entscheidung für jeweils *eine* der drei mathematischen Forderungen notwendig. Winkel- und Flächentreue schließen in verebnetem Kartenbild einander grundsätzlich aus, nur Längentreue in bestimmten Meßrichtungen in manchen Entwürfen mit Flächentreue vereinbar (Bonne, Mercator-Sanson).

Im Entdeckungszeitalter benötigte die aufkommende Hochseeschiffahrt *winkeltreue* Navigationskarten. Mercatorkarte (1569) dafür besonders geeignet; bis heute dort verwendet, wo es auf günstige Darstellung der Loxodrome ankommt (S. 69, Abb. 54).

Wie Mercatorprojektion auch andere **winkeltreue** Projektionen, z. B. polständige und äqiatorständige Stereographische Azimutalprojektionen, besonders für See- und Fliegerkarten, Konstruktion von Sonnenuhren, astronomische Karten und Wetterkarten geeignet.

Mercatorprojektion diente über diesen Verwendungsbereich hinaus lange auch als Netzgrundlage für Karten, die Verbreitung bestimmter Erscheinungen veranschaulichen sollten. Wegen starker Verzerrung in höheren Breiten – Grönland erscheint im Vergleich zu Arabien siebenmal zu groß (Abb. 74) – Mercatorprojektion für solche Zwecke jedoch unbrauchbar (Flächenfälschung).

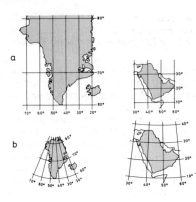

Abb. 74 Beispiel für Flächenfälschung bei Mercatorprojektion (nach E. Imhof, verändert) a) Grönland und Arabien in Mercatorprojektion b) Grönland und Arabien im richtigen Flächenverhältnis

Karten, die Flächenvergleichen dienen, müssen **flächentreu** sein, bei möglichst geringer Verzerrung (Abb. 75). Von echten Zylinderprojektionen erfüllen Lamberts und Behrmanns Entwürfe diese Forderung nur zum Teil: Haben Vorteil rechtwinkligen Schnitts aller Meridiane und Breitenkreise (wie auf Globus), jedoch Nachteil starker Zusammendrängung der Breitenkreise in mittleren und höheren Breiten (Lambert) bzw. Verzerrung in niederen Breiten (Behrmann). Besonders starke Verzerrungen wahrer Umrißformen und Entfernungen im äquatorialen Bereich der Peters-Projektion. Auch flächentreue unechte Zylinderprojektionen (Mercator-Sanson, Mollweide) für Flächenvergleiche wegen polwärtiger Zusammendrängung der Meridiane nur bedingt brauchbar (z. B. für Ausschnittdarstellungen tropischer Länder). Gestreckte Breitenkreise jedoch günstig für Lagevergleiche.

Wachsendes Interesse an Wirtschaftskarten der gemäßigten Breiten veranlaßte Eckert zu flächentreuen Trapez-, Ellipsen- und Sinuslinienentwürfen. Diese stellen durch Abbildung des Pols als Linie von halber Äquatorlänge Kompromiß zwischen Lamberts flächentreuer Zylinderprojektion (Pollinie = Äquator) und un-

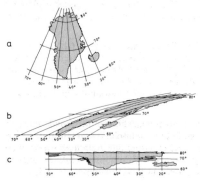

Abb. 75 Geeignete (a: Lamberts flächentreue Azimutalprojektion) und ungeeignete flächentreue Projektionen (b: Mollweides Planisphäre, c: Lamberts flächentreue Zylinderprojektion) für die Darstellung Grönlands (nach E. Imhof, verändert)

echten flächentreuen Zylinderprojektionen (Pol = Punkt) dar. Ergeben vorteilhaft aufgelockertes Bild mittlerer Breiten. Besonders Eckerts Entwurf VI für thematische Erdkarten gern verwendet (z. B. in Lautensachs Atlas zur Erdkunde).

Flächentreue Kegelprojektionen (Lambert, Bonne, Stab-Werner) für Darstellungen der ganzen Erde wegen unanschaulicher Umrißformen (aufgeschnittener Kegelmantel, Herzformen) nicht brauchbar. Dagegen von großer Bedeutung für Erdteilkarten und Ausschnittkarten kleinerer Gebiete, die unsymmetrisch zum Äquator auf einer Halbkugel liegen. Für Länderkarten am günstigsten Albers' echte flächentreue Schnittkegelprojektion: Dieser Entwurf ermöglicht es, größere Räume einheitlich darzustellen, bereits bestehende Kartenausschnitte (z. B. in Atlanten) infolge gerader Meridiane beliebig zu erweitern und bei Verwendung gleicher Grundwerte (gleicher Schnittkreise) mehrere Blätter lückenlos aneinanderzufügen. Früher viel verwendete unechte flächentreue Bonnesche Kegelprojektion besitzt diese Vorteile nicht.

Amtliche Landesaufnahmen bedienen sich für ihre großmaßstäblichen Karten praktisch verzerrungsfreier Polyederprojektion (Gradabteilungskarten) oder polykonischer Projektion.

Netzentwürfe, die jede gerade Linie und Kurve der Erdkugel in entsprechender maßgerechter Verkleinerung wiedergegeben, d. h. vollständig **längentreu** sind, gibt es nicht, mit Ausnahme von Karten sehr großer Maßstäbe (Pläne, Plankarten). Einige flächentreue Projektionen in Teilgebieten annähernd längentreu. Spezielle Form der Längentreue bei mittabstandstreuen (speichentreuen) Karten. Von einem Punkt (Pol oder beliebigen Punkt) ausstrahlende Linien sind längentreu abgebildete und mittabstandstreu geteilte größte Kugelkreise. Bevorzugte Anwendung bei Polarkarten, auf denen Entfernungen von Kartenmitte (Pol) in Richtung der Meridianstrahlen („Speichen") gemessen werden. Auch für Darstellung von Verbreitungsgrenzen (z. B. nördliche Baumgrenze) brauchbar.

Allgemein gilt Grundsatz, daß für Atlaskarten im Querformat (Abbildung von Ländern west-östlicher Erstreckung) Kegelentwürfe, für Karten im Längsformat (Abbildung von Ländern mit meridionaler Erstreckung) Zylinderentwürfe und für Gebiete von kreisförmiger Umgrenzung (Polargebiete) azimutale Projektionen gewählt werden sollten. Lamberts flächentreue Azimutalprojektionen für Polarkarten besonders geeignet.

Neben Erfüllung mathematischer Grundforderungen sollten Kartennetze *anschauliches* Bild der Erde vermitteln, d. h. Kugelgestalt der Erde möglichst sinnfällig wiedergeben. Rechteckform echter Zylinderprojektionen am weitesten von vertrauter Vorstellung der Erdgestalt entfernt. Auch Herzformen (Bonne, Stab-Werner) oder aufgeschlitzte Umrißformen (J. P. Goode) erschweren Vorstellung der Zusammenhänge.

Anschauliche Halbkugeldarstellungen (Planigloben) liefern: Mollweidesche Projektion; polständige und äquatorständige Orthographische Azimutalprojektionen; Nells modifizierte Azimutalprojektion; zwischenständige Azimutalprojektionen. Früher viel verwendete Globularprojektion läßt Erde plattgedrückt erscheinen. Nachteil der Planigloben: Jeweils nur Darstellung einer Erdhälfte möglich.

Vollständige Erdkarten in gefälliger Oval- oder Ellipsenform (Planisphären) zunächst aus Azimutalprojektionen entwickelt. Günstiger Kompromiß zwischen Flächentreue und Anschaulichkeit: Hammers und Aitoffs Planisphäre. Jedoch erst nach Einführung einer Pollinie (Eckert, Winkel, K. H. Wagner) in Verbindung mit Gradnetzkombinationen Entwicklung vermittelnder und flächentreuer Entwürfe für Abbildung der ganzen Erde, die randliche Quetschungen der Gradnetztrapeze verringern. Hoher Grad von Anschaulichkeit bei Winkels vermittelnden Projektionen. Trotz Verzicht auf Flächen- und Winkeltreue beliebte Projektion für thematische Erdkarten (z. B. in Dierckes Weltatlas).

Letzter, besonders für Geographie wichtiger Gesichtspunkt bei Wahl der Projektionen: Gradnetz muß leichten **Lagevergleich** ermöglichen. Stark gekrümmte Breitenkreise erschweren diese neben Flächenvergleich bedeutsame erzieherische Aufgabe der Karte. Ost-westliche Lagevergleiche (Verfolgung von äquatorialen und polaren Verbreitungsgrenzen) am einfachsten bei gestreckten, zueinander parallelen Breitenkreisen. Nord-südlicher Vergleich bei gekrümmten Meridianen nicht erschwert, da dies gewohntem Bild auf Globus entspricht. Auch unter diesem Gesichtspunkt erscheint in Verbindung von Flächentreue, geringer Verzerrung und Anschaulichkeit Eckerts Sinuslinienentwurf VI als ideale Projektion für Erddarstellungen jeglicher Art.

Geschichte der Netzentwürfe

Lehre von den Kartenprojektionen mehr als 2000 Jahre alt, Ursprung im Mittelmeerraum. Im 3. Jh. v. Chr. kannte ARCHIMEDES bereits flächentreue Projektion der Kugel auf Zylinder; entsprach Lamberts flächentreuer Zylinderprojektion. Seit gleicher Zeit Verwendung des durch Breitenkreis und Meridian von Rhodos gebildeten rechtwinkligen Koordinatensystems als Orientierungskreuz für kartographische Darstellungen des Mittelmeerraumes. Möglichkeit der Eintragung anderer bekannter Punkte mit Hilfe von Entfernungsangaben. HIPPARCH (180–125 v. Chr.) kannte und lehrte bereits Prinzipien perspektivischer Projektionen. Von ihm erste orthographische und stereographische Entwürfe für Himmelskarten. MARINUS VON TYRUS konstruierte um 100 n. Chr. erste rechteckige Plattkarte. Sein jüngerer Zeitgenosse PTOLEMÄUS (85–160 n. Chr.) erster wissenschaftlicher Kartograph. Von ihm Netzentwürfe, die über 1000 Jahre Kartographie beherrschten: Einfache Kegelprojektion mit Berührungsparallel auf geographischer Breite von Rhodos und eine flächentreue Kegelprojektion mit 5 längentreuen Breitenkreisen (Vorläufer der Bonneschen Projektion). Von Römern keine eigenständigen Netzentwürfe bekannt.

Mittelalterliche Kartographie ohne Kenntnis antiker Netzentwürfe. Mönchs- und Radkarten (z. B. Ebstorfer Weltkarte von 1235) ohne Gradnetz (Abb. 76). Nach Kenntnis des Kompasses (um 1250) im Mittelmeergebiet Fertigung von graphischen Küstenitineraren*) mit Linien in allen Richtungen der Kompaßrose, sollten

---

*) Itinerar(ium), lat., = Wegeverzeichnis.

Abb. 76 Vereinfachte Umrißskizze der Ebstorfer Weltkarte

1. Jerusalem
2. Rom
3. Sizilien
4. Griechenland
5. Konstantinopel
6. Nil
7. Persischer Golf
8. Das Paradies

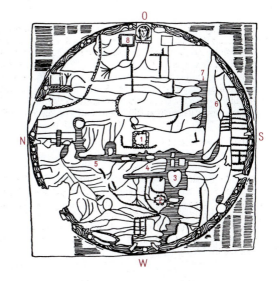

Kapitänen helfen, besser von Hafen zu Hafen zu finden, daher Portulan-, Rumben-, Windstrahlen- oder Kompaßkarten genannt (Abb. 77). Führende Kartographen dieser Zeit in Genua, Venedig und auf Mallorca.

In Renaissance und im Zeitalter der großen Entdeckungen Rückbesinnung auf PTOLEMÄUS. Damals herausgegebene „Ptolemäus-Atlanten" wurden Prototyp moderner Atlanten. 1474 entwarf TOSCANELLI Plattkarte für nautische Zwecke. Erweiterter geographischer Gesichtskreis zwang, Schranken überlieferter griechischer Kartenentwürfe zu sprengen. Entdeckungsreisen hatten in äquatoriale Breiten geführt: Äquator wird orientierende Hauptlinie für Weltkarten. Entwürfe des 15. und 16. Jhs. teils Modifikationen ptolemäischer Kegelprojektionen, teils neue Entwürfe. Deutsche und niederländische Kartographen führend. Entstehung erster moderner flächentreuer Projektionen, ohne daß man sich der Flächentreue sogleich bewußt war: im Prinzip der Mercator-Sansonschen entsprechende Projektion von NICOLAUS DONIS (1482), berühmte herzförmige Projektion von J. STAB und J. WERNER (1514), eine der Bonneschen Projektion ähnliche unechte Zylinderprojektion des PETER APIAN (1530). Im 16. Jh. Entwicklung polständiger und äquatorständiger speichentreuer und flächentreuer Azimutalprojektionen. J. STAB auch Erfinder der polständigen, äquatorständigen und zwischenständigen winkeltreuen (Stereographischen) Azimutalprojektionen.

Markstein in der Kartographie des 16. Jhs. MERCATORS Weltkarte (1569), erste Karte in winkeltreuer Zylinderprojektion. Bis heute von hervorragender Bedeutung für Entwurf von Navigationskarten. Obwohl Idee dieser Projektion vom Nürnberger Kartographen ETZLAUB (1511) stammt, hat MERCATOR erstmalig damals bekannte Welt in der nach ihm benannten Projektion großmaßstäblich dargestellt.

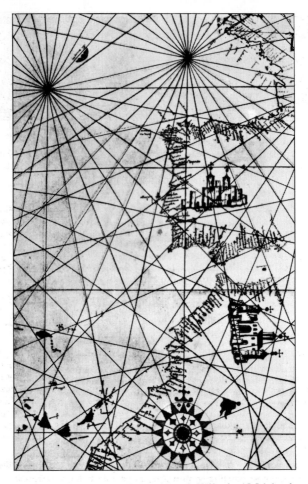

Abb. 77 Ausschnitt aus einer Portulankarte, 2. Hälfte des 15. Jahrhunderts (unbekannter Autor)

17. Jh. auf Gebiet der Kartenprojektionen wenig schöpferisch. Jedoch Kritik und theoretische Unterbauung der früher erfundenen Projektionen. Wiederentdekkung und Neubenennung bis dahin fast vergessener älterer Projektionen, so der Mercator-Sansonschen Projektion (1606 bzw. 1650), die fälschlicherweise mit Namen FLAMSTEED (1646–1719) verbunden wurde.

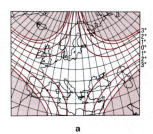 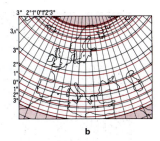

a   b

Abb. 78 Zunahme der Winkelzerrung zum Kartenrand in Bonnescher (a) und Albersscher (b) flächentreuer Kegelprojektion. Netzteile mit über 3,5° Winkelverzerrung: rot (nach K. H. Wagner)

Im 18. Jh. stärkerer Einfluß französischer Kartographie. Kegelprojektionen von DE L'ISLE (DELISLE) und BONNE. Beginn vertiefter Forschungen zum mathematischen Problem der Übertragung gekrümmter Kugeloberfläche auf Ebene oder andere gekrümmte Flächen (Zylinder, Kegel). Bahnbrechende Arbeiten von LAMBERT (1772), EULER (1777), LAGRANGE (1779) und GAUSS (1822). Strebte MERCATOR Erhaltung der Winkeltreue an, so widmete sich LAMBERT besonders flächentreuem Entwurf, schuf flächentreue Zylinder-, Kegel- und Azimutalprojektion.

1805 fand MOLLWEIDE flächentreue unechte Zylinderprojektion, 1852 NELL anschauliche modifizierte Globularprojektion. Polyederprojektion (1818) und polykonische Projektion (1856) entsprangen Bedürfnissen der im 19. Jh. beginnenden großen staatlichen Landesaufnahmen.

In zweiter Hälfte des 19. Jhs. weiterer Ausbau mathematischer Grundlagen der Projektionen. GERMAIN studierte Veränderungen der Größenverhältnisse in verschiedensten Projektionen. Prüfte die vom Zentrum des Entwurfs nach Rändern fortschreitenden Änderungen der Linien-, Flächen- und Winkelverhältnisse, um Wertmesser für Brauchbarkeit wichtigster Projektionen zu gewinnen (Abb. 78). Fortsetzung seiner Arbeit durch TISSOT; dieser entdeckte 1881 „Verzerrungsgesetz". Schuf damit Grundlage für Gewinnung mathematisch bester Projektion, die freilich nicht zugleich für geographische Zwecke günstigste Projektion zu sein braucht.

Verzerrungsellipse zur Berechnung der Verzerrung von Winkeln, Längen und Flächen in bestimmten Abständen vom Kartenmittelpunkt heißt *Indicatrix*.

TISSOTS Gedanken besonders von HAMMER (1892), ECKERT (1906) und WINKEL (1913) durch neue Entwürfe von großer praktischer Bedeutung fortgeführt. In jüngerer Zeit verschiedenartige Modifikationen älterer Entwürfe, darunter die aufgeschlitzten mehrpoligen Erdkarten des Amerikaners GOODE.

TOPOGRAPHISCHE KARTEN

KARTENINHALT

Gesamtheit kartographischer Darstellung – mit Ausnahme des Gradnetzes – bildet Karteninhalt.

Gliederung des Karteninhalts (der topographischen Substanz) in:

1. *Darstellung des Lageplans* (Situationszeichnung, Bodenbewachsung),
2. *Geländedarstellung* (Versinnbildlichung der Bodenplastik) und
3. *Kartenschrift.*

Karteninhalt in erster Linie vom Maßstab abhängig. Je nach der durch Maßstabswahl erzwungenen Generalisierung erscheint verwirrende Fülle der Einzelgegenstände auf Karte geordnet, nach gewissen Gesichtspunkten verallgemeinert und gruppiert. Dabei alle Übergänge von grundrißtreuen Darstellungen über Grundrißdarstellungen mit zusätzlicher Signatur zu abgeleiteten Signaturen (Bildsymbolen) und reinen Signaturen (konventionellen Symbolen), d. h. abstrakten Zeichen.

Maßstabbedingte Generalisierung kann zu Fehlinterpretationen führen: Sogenannte „Einzelhausdarstellung" nur in großen Maßstäben tatsächliche Abbildung jedes einzelnen Hauses. Auf Karten mittlerer und kleinerer Maßstäbe (schon ab 1 : 25000) kann Zahl abgebildeter „Einzelhäuser" stark von Realität abweichen.

Karteninhalt wird durch Angaben am Kartenrand z. T. erläutert und ergänzt. *Legende* (Zeichenerklärung) gibt kurze Erläuterung der wichtigsten Kartenzeichen; meist ausführlichere Beschreibung in „Musterblättern". Kartenrand enthält auch Hilfsmittel zur Orientierung und Messung auf der Karte, Angaben über Maßstab und Berichtigungsstand, Auszüge von Verwaltungsgrenzen etc.

Zu topographischen Karten im weiteren Sinne werden hier auch kleinmaßstäbige Karten mit topographischem Inhalt gezählt (Übersichtskarten, Handkarten) sowie sog. „Physische Karten" in Atlanten, Wandkarten u. a.

DARSTELLUNG DES LAGEPLANS

Aufgabe des Lageplans: Geometrisch exakte Wiedergabe der unabhängig vom Relief auf die Ebene projizierten linien- und flächenhaften Erscheinungen, wie Küsten- und Länderumrisse, Grenzen, Gewässernetz, Verkehrswege, Siedlungen, Bodenbedeckung. Wichtige, aus Maßstabsgründen nicht grundrißtreu darstellbare Objekte werden durch Kartenzeichen (Signaturen, Symbole) wiedergegeben.

Zu unterscheiden grundsätzlich zwischen: 1. Liniensignaturen, 2. Ortssignaturen und 3. flächenhaften Signaturen; alle gegliedert in Objektsignaturen und Eigenschaftssignaturen.

Liniensignaturen als Objektsignaturen umfassen Darstellung z. B. der Küstenumrisse und Flußläufe, Kanäle, Verkehrswege, Hochspannungs- und Erdölleitungen. Zu linearen Eigenschaftssignaturen gehören politische Grenzen, Fluglinien, Schiffahrtswege u. a.

Ortssignaturen als Objektsignaturen umfassen Siedlungen, wichtige Bauwerke wie Schlösser, Burgen (Ruinen), Kirchen, Bahnhöfe, Flugplätze, Kraftwerke, Mühlen, Leuchttürme, Vermessungsfestpunkte und andere auffällige Einzelerscheinungen. Konventionelle Ortssignaturen als Eigenschaftssignaturen bezeichnen Schlachtfelder, Aussichtspunkte usw.

Flächensignaturen als Objektsignaturen verwendet für Wälder, Weinberge, Sümpfe, Moore, Friedhöfe, Dünen u. ä. Als Eigenschaftssignaturen kennzeichnen sie durch verschiedene Farbtöne, Schraffuren oder Raster flächenhaft verbreitete Sachverhalte, z. B. in neueren kleinmaßstäbigen Karten Farbtonunterscheidung von dichter und lockerer Bebauung.

Liniensignaturen

Neben Gradnetz bilden Küstenumrisse und Flußläufe Grundgerüst jeder Karte. Hervorhebung der *Küstenlinie* durch kräftige Zeichnung, durch unterschiedlichen Farbton von Wasser und Land (blau bzw. braun), auf einfarbigen Karten durch sich zur Küste verdichtende parallele Linien oder durch waagerechte, dem Küstenverlauf folgende zarte Schraffur in der Wasserfläche. Für Binnenseen im Prinzip gleiche Darstellung.

Abbildung des *Gewässernetzes* je nach Breite der Bäche, Flüsse und Kanäle durch einfache oder doppelte Linien in möglichst naturgetreuer Wiedergabe. Abbildung periodisch fließender Gewässer oder Versickerungsstellen durch gestrichelte Linien. Zunehmende Breite von Quelle zur Mündung; örtliche Verengungen, Furten, größere Flußinseln, Wasserfälle, Kataraktenstrecken müssen erkennbar sein. Angabe der Fließrichtung durch kleine Pfeile, Hinweis auf Schiffbarkeit. Zusätzliche Verzeichnung der Gewässerbauten wie Brücken, Durchlässe, Dämme, Buhnen, Art der Uferbekleidung, Fähren, Schiffahrtszeichen, Staustufen, Schleusen, Schiffsanlegeplätze usw.

In Karten kleinerer Maßstäbe drückt sich zeichnerische Vereinfachung (Generalisierung) der Flußläufe in Beschränkung auf Hauptflußnetz, durch Verbreiterung bzw. Streckung der Krümmungen und Schleifen aus; dadurch bedeutende Verkürzung der Flußläufe in Kartendarstellung.

Für Wiedergabe des *Verkehrsnetzes* (Eisenbahnen, Straßen, Feld- und Fußwege) breite Skala von farbigen oder schwarzen Liniensignaturen je nach gewähltem Maßstab (Abb. 79). Durch Breite des einfachen Strichs oder Zahl der „Schwellen" im Doppelstrich (abwechselnde Schwarz-Weiß-Felder) Angabe der Spurweite, der Anzahl der Gleise, der Bedeutung der Bahnen (Haupt- und Nebenlinien). In ähnlicher Weise Klassifizierung des Straßen- und Wegenetzes nach Verkehrsbedeutung (Autobahnen, Straßen 1. Ordnung, 2. Ordnung usw.). Bis Maßstab 1 : 5000 grundrißtreue Darstellung von Eisenbahnen und Straßen mit allen Einzelheiten (Däm-

Grenzen, Eisenbahnen, Straßen und Wege

Erläuterung:	1:25 000	1:100 000	1:300 000
Grenzen:			
Reichs- oder Landesgrenze			
Provinz- oder Regierungsbezirksgrenze			
Kreisgrenze, (Alte Kreisgrenze)	(- - -)		
Gemeindegrenze			
Eisenbahnen:			
mehrgleisige Haupt- und vollspurige Nebenbahn			Bhf. Tunnel
eingleisige Haupt- und vollspurige Nebenbahn			Hp.
Vollspurige nebenbahnähnliche Kleinbahn			
Schmalspurige Nebenbahn			Klbhf.
Schmalspurige nebenbahnähnliche Kleinbahn			
Straßen- und Wirtschaftsbahn			
Seil- und Schwebebahn			Autobahn
Straßen:			
Fernverkehrsstraße	54	12	56
I A etwa 5,5 m Mindestnutzbreite mit gutem Unterbau, für Lastkraftwagen zu jeder Jahreszeit unbedingt brauchbar		Größere Steigungen	
I B weniger fest, etwa 4 m Mindestnutzbreite, für Lastkraftwagen nur bedingt brauchbar			
Wege:			
II A Unterhaltener Fahrweg, für Personenkraftwagen zu jeder Zeit brauchbar, abgesehen von außergewöhnlichen Witterungsverhältnissen			
II B Unterhaltener Fahrweg			
III Feld- und Waldwege A B			
IV Fußweg			

Abb. 79 Beispiel für Liniensignaturen. Zeichen des Meßtischblatts 1:25 000, der Karte des Deutschen Reiches 1:100 000 und der Übersichtskarte von Mitteleuropa 1:300 000. Mit Genehmigung des Inst. für Angewandte Geodäsie, Frankfurt a. M.

men, Einschnitten, Brücken, Tunnels) möglich. Auf Karten kleinerer Maßstäbe Wiedergabe durch Signaturen. Auf Autokarten Angabe der Leistungsfähigkeit, Güte des Unterbaus, Art der Fahrbahndecke, Verkehrsfrequenz mit Hilfe farbiger oder schwarzer, einfacher oder doppelter, starker oder schwacher, durchgezeichneter, gestrichelter oder punktierter Linien. Dazu Angabe von Baumpflanzungen an Straßenseiten, Verzeichnung der Brücken, Durchlässe und Tunnels, Hinweis auf Steigung bzw. Gefälle, Angabe festgelegter Nummern für Fernverkehrsstraßen. Keine international einheitlichen Straßen- und Eisenbahnsignaturen, da Ausbau in einzelnen Ländern unterschiedlich. Bei Entfernungsmessungen zeichnerische Vereinfachung der Streckenführung beachten.

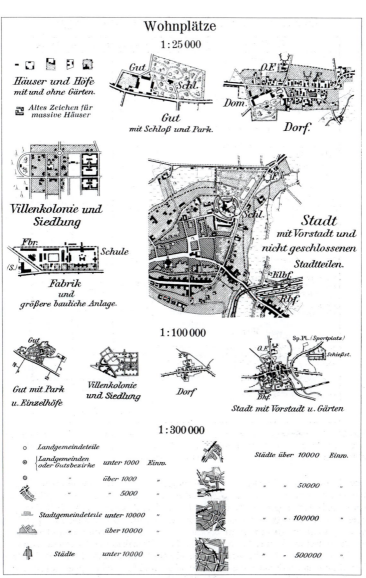

Abb. 80 Beispiel für Ortssignaturen auf großmaßstäblichen Karten. Mit Genehmigung des Inst. für Angewandte Geodäsie, Frankfurt a. M.

Hochspannungs-, Ferngas- und *Ölleitungen* (pipelines) dargestellt durch Linien mit kurzen Querstrichen oder anderen Zeichen. *Politische Grenzen* je nach Bedeutung (Staaten-, Provinz-, Kreis-, Gemeindegrenzen) durch unterbrochene Linie verschiedener Strichstärke, durch Strichpunkte o.ä. *Flug-* und *Schiffahrtswege* durch Striche oder gepunktete Linien.

Ortssignaturen

Grundrißtreuer oder grundrißähnlicher Ortsplan großmaßstäblicher Karten (Abb. 80) mit ausführlichen Einzelangaben (Gärten, Parks, Eigentumsgrenzen usw.) wird in kleinmaßstäbigen Karten (Maßstab unter 1 : 300000) zur statistisch gewerteten Signatur. Gibt in sinnvoller Staffelung von Punkten, einfachen oder doppelten Kreisen (mit oder ohne schwarzen Kern) und Quadraten Ortsgrößenklassen an. Nur bei Großstädten noch Wiedergabe des Gesamtumrisses, jedoch ohne innere Aufgliederung, möglich. Klassifizierung gewöhnlich wie in Abb. 81.

Ortssignaturen sind abstrakte Zeichen, müssen durch Legende mit Angabe der Ortsgrößenklassen erläutert werden. Zur Kenntlichmachung administrativer Bedeutung Unterstreichung der Landeshauptstädte und der Hauptorte nachgeordneter Verwaltungseinheiten.

Für wichtige topographische oder bauliche Einzelerscheinungen Katalog konventioneller Grundriß- oder Aufrißsymbole, die in bildhafter Anpassung an dargestellte Gegenstände auch ohne Legende leicht verständlich sind (Suggestivwirkung). Solche sinnfälligen Symbole sollen Karten von vermeidbarer Beschriftung entlasten.

In Grundriß- oder Aufrißsymbolen werden z.B. dargestellt: Kirchen, Moscheen, Schlösser, Burgen, Bergwerke, Ziegeleien, Steinbrüche, Torfstiche, Wind- und Wassermühlen, Förstereien, Leuchttürme, Örtlichkeiten historischer Ereignisse, Aussichtspunkte, einzelnstehende Bäume.

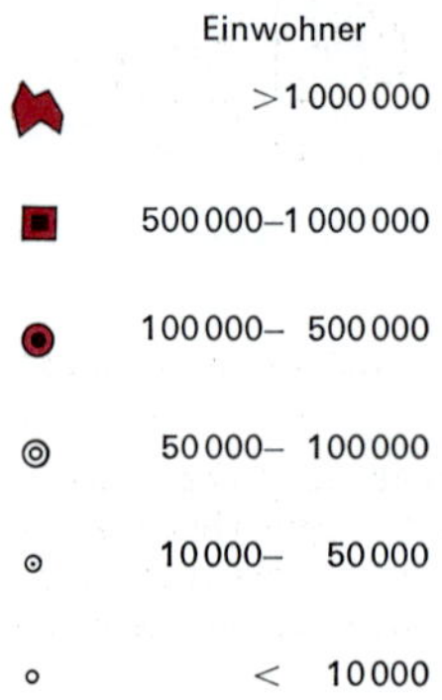

	Einwohner
★	>1 000 000
■	500 000–1 000 000
●	100 000– 500 000
◎	50 000– 100 000
⊙	10 000– 50 000
○	< 10 000

Abb. 81 Beispiel für Ortssignaturen auf kleinmaßstäblichen Karten (Atlaskarten)

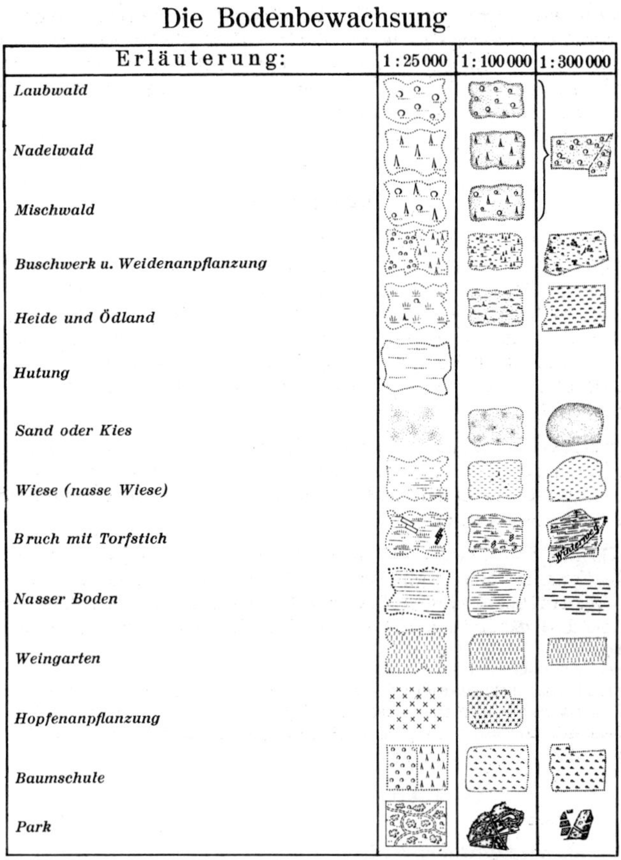

Die Bodenbewachsung

Erläuterung:	1:25000	1:100000	1:300000
Laubwald			
Nadelwald			
Mischwald			
Buschwerk u. Weidenanpflanzung			
Heide und Ödland			
Hutung			
Sand oder Kies			
Wiese (nasse Wiese)			
Bruch mit Torfstich			
Nasser Boden			
Weingarten			
Hopfenanpflanzung			
Baumschule			
Park			

Abb. 82 Beispiel für Flächensignaturen. Mit Genehmigung des Inst. für Angewandte Geodäsie, Frankfurt a. M.

Flächensignaturen

Flächensignaturen dienen der Darstellung einheitlich verbreiteter Erscheinungen, in erster Linie der Bodenbewachsung (Abb. 82).

Zu unterscheiden: bewaldete Flächen, landwirtschaftlich genutzte Flächen (Ackerland, Gartenland, Grünland), unkultiviertes Land (Sümpfe, Moore, Heiden). Auf großmaßstäblichen Karten der Kulturländer z. T. Unterscheidung zwischen Laub-, Nadel- und Mischwald, ferner Angabe von Niederwald, Buschwald und Krummholz.

Signatur für Laubbäume im allgemeinen: kleiner, rechts etwas verstärkter, an unterer Seite nicht geschlossener Kreis über waagerechter Punktierung oder Grundstrich. Nadelbaumsignatur: schmale, aufrechtstehende Pyramide mit verstärktem rechtem Strich als Abbild der Tanne. Mischwald: Mischung beider Zeichen. Buschwald: kleinere Zeichen gleicher Art mit kleinen Punkten und Strichen als Unterton.

Ackerland als weiße Fläche ohne Signaturen, nur mit Wegenetz, dargestellt. Wiesen, Weiden, Baumschulen, Parkanlagen, Obst- und Gemüsegärten, Weinberge, Hopfengärten u. a. landwirtschaftliche Sonderkulturen durch spezielle Flächensignaturen gekennzeichnet, desgl. Sümpfe, Moore, Heiden, Dünen, Ödländereien, Torfstiche, Sand-, Lehm- und Kiesgruben.

Literatur

ARNBERGER, E.: Möglichkeiten, Vorteile und Gefahren einer internationalen Signaturenvereinheitlichung in der Kartographie. Wiener Geogr. Schr. 43–45, Tl. 1, Wien 1975, S. 11–26.

BENGER, A.: Die Darstellung der Straßen in topographischen Karten Westeuropas. Allg. Vermessungsnachr. 83, 1970, S. 47–58

BERTINCHAMP, H.-P.: Sind Inhalte und Darstellung deutscher topographischer Kartenwerke noch zeitgemäß? 12. Akad. Niederdollendorf 1978. Bielefeld 1979, S. 303–320

BORMANN, W.: Bodengestaltung und Bodenbedeckung. Peterm. Geogr. Mitt. 1954

IMHOF, E.: Siedlungsgrundrißformen und ihre Generalisierung im Kartenbilde. Mitt. Geogr. Ethnogr. Ges. Zürich 1923/24

—: Das Siedlungsbild in der Karte. Mitt. Geogr. Ethnogr. Ges. Zürich 1936/37

—: Gelände und Karte. Erlenbach-Zürich ³1968

MEINE, K. H.: Zur Struktur und Form der Generalisierung des Siedlungsbildes. Beiträge zur theoretischen Kartographie, Wien 1977, S. 163–216

MÜLLER, H. H.: „Kartenprobe Siedlungsfläche C 5914 Wiesbaden" – Wende in der Siedlungsdarstellung? Kartogr. Nachr. 31, 1981, S. 45–52

NEUMANN, J.: Untersuchungen zur Bebauungs- und Straßengeneralisierung. Frankfurt 1978

GELÄNDEDARSTELLUNG

Ziel der Geländedarstellung: Veranschaulichung dreidimensionaler Bodenplastik in zweidimensionaler Kartenebene, Karte soll höhen-, formen- und böschungsanschaulich sein. Erfüllung dieser schwierigsten Aufgabe der Kartographie erfordert hohes graphisches und wissenschaftliches Können. Güte der Geländedarstellung (früher: Terraindarstellung) bestimmt Wert jeder topographischen Karte.

Aufgaben der Geländedarstellung

1. *Geometrisch* einwandfreie Wiedergabe des Reliefs, so daß Höhenlage jedes Kartenpunktes bestimmbar ist, Höhenunterschiede zwischen beliebigen Punkten feststellbar und Böschungswinkel leicht ablesbar sind.

Bei Beobachtungen im Gelände werden Böschungswinkel im allgemeinen weit überschätzt. Hangneigungen, die nach Augenbeobachtung auf 50° oder 60°

veranschlagt werden, erreichen in Wirklichkeit nur etwa 30°. Ältere Hochgebirgspanoramen, selbst Zeichnungen ALEXANDER V. HUMBOLDTS, lassen Übersteilung erkennen. Durch Photographie heute Blick für wahre Böschungsverhältnisse geschärft.

2. *Plastische* Wiedergabe des Reliefs mit zeichnerischen Mitteln.

Geometrisch einwandfreie Geländedarstellung, z. B. durch Isohypsen, nur zugleich höhen-, formen- und böschungsanschaulich, wenn Höhenlinien in dichter Folge verlaufen und optisch-räumliche Wirkung nicht durch andere Karteninhalte beeinträchtigt wird. Zahlreiche, ständig verbesserte Methoden zur Wiedergabe der Geländeformen.

Literatur

BARTSCH, E.: Zur Formentreue in Karten, Kartogr. Nachr., 16, 1966, S. 125–132
BRANDSTÄTTER, L.: Das Geländeproblem in der Hochgebirgskarte. Jb. Kartogr. 1942
—: Schattenplastik oder Scharungsplastik. Über die notwendige Neugestaltung topographischer Gebirgskarten. In: E. ARNBERGER, Grundsatzfragen der Kartographie. Wien 1970, S. 72–91
—: Neue Gedanken zur topographischen Karte des Hochgebirges. Kartogr. Nachr. 20, 1970, S. 167–178
CARLBERG, B.: Geographisch-morphologische Forderungen an die Geländedarstellung. Kartogr. Nachr. 8, 1958, S. 82–90
GOERTZ, H.: Das Relief in der Karte. Geogr. Taschenbuch 1951/52, S. 412–418
HOFMANN, W.: Geländeaufnahme – Geländedarstellung. Das Geogr. Seminar, Prakt. Arbeitsweisen, Braunschweig 1971
IMHOF, E.: Reliefdarstellung in Karten kleiner Maßstäbe. Internat. Jb. f. Kartogr. 1961
—: Kartographische Geländedarstellung. Berlin 1965
KOEMAN, C.: Die Geländedarstellung von Hochgebirgen in kleinmaßstäbigen Karten, überprüft durch Satellitenbilder. Kartogr. Nachr. 1971
MIETZNER, H.: Die Kartographische Darstellung des Geländes. Veröff. Dt. Geodät. Komm., Reihe C, H. 42, 1964 (Diss.)

Vorder-, Seiten- und Schrägansichten

Älteste Geländedarstellung auf nubischer Goldminenkarte aus Zeit RAMSES II. (um 1300 v. Chr.): Wegekarte auf Papyrus mit in die Ebene umgeklappten schematischen Gebirgskonturen. Auch auf Ptolemäuskarten (150 n. Chr.) schematisierte Bergprofile. Auf Peutinger-Tafel, Kopie der Weltkarte des CASTORIUS (um 375) aus 12. Jh., langgestreckte, getönte Profile an Stelle der Gebirge (Abb. 83). Auf Mönchskarten des Mittelalters symbolisch-schematische Wiedergabe des Geländes durch Ornamentbänder, Raupen, Sägezahn-, Fischschuppen-, Dachziegel-, Wellenmuster, zopfartig gedrehte, bemalte oder schattierte Formen (Abb. 84). Maulwurfshügelmanier beherrschte Geländedarstellung bis Ende des 18. Jhs. (Abb. 85). Jedoch zwei Fortschritte seit Beginn der Neuzeit: Genauere Festlegung des Verlaufs der Gebirge und Übergang von ursprünglich rein schematischen Profilzeichnungen zu naturgetreueren seitlichen Ansichten. Früher Höhepunkt individueller Gebirgsdarstellung auf PHILIPP APIANS „Bayerischen Landtafeln" (Maßstab ca. 1:140000) von 1568: Berg- und Hügelland klar unterschieden, Formen durch Schattierung betont; dadurch für Geländezeichnung für lange Zeit richtungsweisendes topographisches Meisterwerk (Abb. 86).

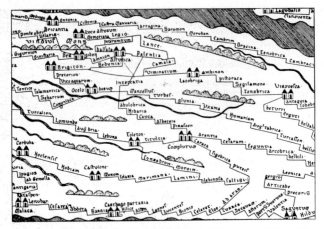

Abb. 83 Frühform der Geländedarstellung (getönte, schematisierte Gebirgsprofile) auf Peutinger-Tafel (um 375 bzw. 12. Jh.). Ausschnitt aus Spanien mit Mittelmeerküste zwischen Malaga und Sagunt

Abb. 84 Verschiedene Frühformen der Geländedarstellung a) Ornamentform b) Sägezahnform c) Zahnform d) Fischschuppen- oder Dachziegelform e) Wellenform f) ineinandergeschobene Zacken (Kulissenform) g) ineinandergeschobene Wellen (Übergang zur Maulwurfshügelmanier) h) Raupen- oder Zopfform

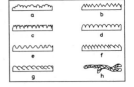

Abb. 85 Beispiel für Geländedarstellung in Maulwurfshügelmanier: Ausschnitt aus G. Gadners „Chorographia Ducatus Wirtembergici" (1596)

Abb. 86 Individuelle Gebirgsdarstellung mit Schattierung (verfeinerte Maulwurfshügelmanier) aus Philipp Apians „Bayerischen Landtafeln" (1568)

Im 17. Jh. Beginn der Militärkartographie. Generalstäbe verlangten übersichtlichere Grundriß- und Geländedarstellung. Ersatz der konventionellen Seitenansichten durch solche in „Kavalierperspektive", d. h. isometrische Darstellungen in Halbperspektive, wie sie Beobachter vom „Kavalier" (hochgelegenem Wall älterer Festungsbauten) über das Vorfeld hatte. Zu großartigsten halbperspektivischen Darstellungen dieser Epoche gehören die Städtebilder von MATTHAEUS MERIAN (1593–1650) (Abb. 87): Bildmäßige Wiedergabe des Geländes durch Federzeichnung, Hervorhebung der Formen durch schräge Beleuchtung mit Schattenwirkung von links. Ende 18. Jh. Verdrängung der Kavalierperspektive durch Vogelperspektive: Standpunkt des Beobachters rückt höher, befindet sich schließlich

Abb. 87 Perspektivische Darstellung: Ansicht von Tübingen nach Merian (um 1643)

senkrecht über darzustellendem Gelände; alle in Seiten- oder Schrägansichten auftretenden Verdeckungen verschwinden, Gelände erscheint im Grundriß, Kartographen dadurch gezwungen, Geländeformen plastisch im Grundriß (in orthogonaler Projektion) wiederzugeben. Führte nacheinander zur Reliefdarstellung durch Schraffen, Höhenlinien und Schummerung.

Literatur

MILLER, K.: Die Peutingersche Tafel, Neudruck Stuttgart 1962
ROEGER, J.: Die Bergzeichnung auf den älteren Karten. München 1910
STOLLT, O.: Die Geländedarstellung im Vogelschaubild. Kartogr. Nachr. 1958

Böschungsschraffen

Böschungsschraffen sind in Richtung des stärksten Gefälles gezeichnete Striche. Durch unterschiedliche Breite der Schraffen und ihrer Zwischenräume wird Grad der Hangneigung veranschaulicht.

Methode der Böschungsschraffen erstmalig 1617 von J. A. RAUCH auf seiner Landtafel von Wangen (Allgäu) angewendet (Abb. 88).

Abb. 88 Frühform der Schraffendarstellung: Ausschnitt aus J. A. Rauchs Landtafel von Wangen (1617)

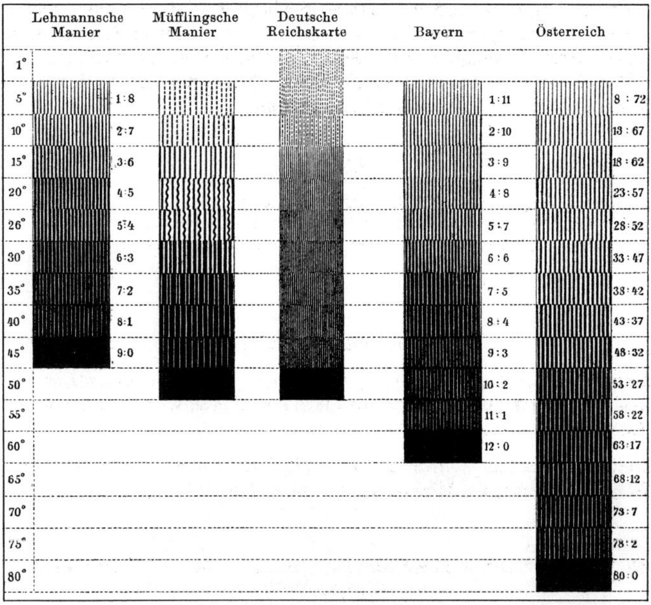

Lehmannsche Manier	Müfflingsche Manier	Deutsche Reichskarte	Bayern	Österreich
1°				
5°	1:8		1:11	8:72
10°	2:7		2:10	13:67
15°	3:6		3:9	18:62
20°	4:5		4:8	23:57
25°	5:4		5:7	28:52
30°	6:3		6:6	33:47
35°	7:2		7:5	38:42
40°	8:1		8:4	43:37
45°	9:0		9:3	48:32
50°			10:2	53:27
55°			11:1	58:22
60°			12:0	63:17
65°				68:12
70°				73:7
75°				78:2
80°				80:0

Abb. 89 Lehmannsche Böschungsschraffen und davon abgeleitete Skalen

Wahl der Strichstärke blieb anfangs individueller Entscheidung der Zeichner überlassen, daher Vergleiche mit Böschungsverhältnissen auf älteren Schraffenkarten nicht möglich. Weitere Erschwerung des Vergleichs durch unterschiedliche Sinngebung des Hell-Dunkel-Verhältnisses. Auffassung „je *steiler*, desto dunkler" stand Auffassung „je *höher*, desto dunkler" gegenüber.

J. G. LEHMANN, sächsischer Major, entwickelte 1799 die vor allem für militärische Zwecke wichtige Darstellung der Böschungsverhältnisse nach geometrischem System.

Ausgehend von der Auffassung „je steiler, desto dunkler" und unter Annahme senkrechter Beleuchtung, entwickelte er neunstufige Skala der Böschungsschraffen. Bestimmte Stärke und Abstand der Striche nach auftreffender Lichtmenge (Abb. 89). Ebene Fläche wird bei senkrechtem Lichteinfall voll beleuchtet, senkrechte Fläche bleibt unbeleuchtet. Geneigte Flächen erhalten je nach Böschungsgrad eine Lichtmenge in bestimmtem Verhältnis zwischen Hell und Dunkel (Abnahme des senkrechten Lichteinfalls mit Cosinus des Böschungswinkels). Da im deutschen Mittelgebirge Böschungswinkel über 45° selten sind und im 18. Jh. steilere Gebirgshänge für Truppenbewegungen ausschieden, Beschränkung der Lehmannschen Schraffenskala auf Böschungswinkel 0°–45°. Ebene Flächen bleiben weiß, über 45° geneigte Hänge werden schwarz gezeichnet, dazwischen neun 5°-Stufen mit zunehmendem Schwarzanteil:

Böschungswinkel (α)	Verhältnis Schwarz:Weiß
0°	0:9 (weiß)
5°	1:8
10°	2:7
15°	3:6
20°	4:5
25°	5:4
30°	6:3
35°	7:2
40°	8:1
45°	9:0 (schwarz)

Abb. 90 Geländedarstellung in Lehmannschen Böschungsschraffen: Albtrauf, Ausschnitt aus Blatt Reutlingen im Topographischen Atlas von Württemberg 1:50 000 (vgl. Abb. 93, 94, 96 u. 97)

Lehmannsche Böschungsschraffen in vielen amtlichen Kartenwerken des 19. Jhs.: Deutschland, England, Norwegen, Schweden, Rußland, Italien, Balkanstaaten (Abb. 90). Methode versagt für Kamm- und Gratdarstellungen, wenn rechte und linke Bergflanke über 45° geneigt sind. Vollschwarze Flächen verfließen über Gebirgskamm hinweg, allenfalls Hervorhebung der Grate durch feine weiße Linien. Verdeckung der übrigen Karteninhalte durch dicke Schraffen oder volle Schwärzung, daher in Gebirgsländern Erweiterung der Skala, z. B. in Bayern auf 60° mit 13 Stufen, in Österreich-Ungarn auf 80° mit 17 Stufen (vgl. Abb. 89).

Je größer die Zahl gewählter Böschungsschraffen, desto schwieriger Abschätzung des Verhältnisses von Strichstärke und Zwischenraum. Schnelles Ablesen der Böschungswinkel dadurch unmöglich, d. h. militärischer Hauptzweck mathematisch exakter Böschungsschraffen verfehlt. Versuch des preußischen Generals C. v. MÜFFLING (1821), Lehmannsche Skala durch Wechsel ausgezogener Striche mit unterbrochenen und geschlängelten Strichen abzuwandeln, fand nur geringe Nachahmung, da Kartenbild unschön und unruhig (Müfflingsche Manier z. B. auf Karte des Deutschen Reiches 1:100000 für Böschungswinkel von 0°–10°). Böschungsschraffen zur Geländedarstellung am besten im Mittelgebirge geeignet. Hügel- und Stufenlandschaften gut darstellbar. Musterbeispiele vorzüglicher Schraffenkarten (Maßstab 1:57600) im Sachsenatlas von OBERREIT (1836–1860). Für Flachland und Hochgebirge weniger brauchbar. Mit Ausnahme von Flußterrassen und deutlich abgesetzten Erhebungen (Moränen, Oser, Drumlins) oder Vertiefungen (Sölle, Dolinen) Kleinformen in wenig bewegtem Gelände schwer darstellbar. Aber auch ungenügende Hell-Dunkel-Gliederung in stärker bewegtem Gelände. Hochgebirgsschraffenkarten leiden unter zu dunkler Tönung. Feinheiten des Geländes und Lageplans von sehr dicht gesetzten Schraffen und Schwarzflächen zugedeckt. Alpenblätter alter Ausgabe der Karte des Deutschen Reiches 1:100000 als Beispiele für schwer lesbare Schraffenkarten. Allgemeiner Mangel der Böschungsschraffenkarten: Da sie Neigungswinkelkarten sind, können nur angegebene Höhen eindeutig abgelesen werden, exakte Bestimmung beliebiger Höhenpunkte nicht möglich.

Literatur

LEHMANN, J. G.: Darstellung einer neuen Theorie der Bezeichnung der schiefen Flächen im Grundriß oder der Situationszeichnung der Berge. Leipzig 1799

VOGEL, C.: Die Terraindarstellung auf Landkarten mittels Schraffierung. Peterm. Geogr. Mitt. 1893

Schattenschraffen

Forderung plastischer Wiedergabe der Geländeformen durch Böschungsschraffen bei senkrechter Beleuchtung nur für Mittelgebirgsdarstellungen erfüllt. Verbesserung der Formenanschaulichkeit bei stärker bewegtem Relief durch Schrägbeleuchtung (30°–45°) in der bei Schreibtischarbeit gewohnten Einfallsrichtung des Lichtes von links oben, d. h. bei genordeten Karten aus NW: Scheidung von Licht-

Abb. 91 Geländedarstellung durch Böschungsschraffen (links) und Schattenschraffen (rechts): Uetliberg b. Zürich (nach E. Imhof)

und Schattenflächen. Zeichnerische Wiedergabe durch *Schattenschraffen* (Abb. 91). Beleuchtete NW-Hänge werden nach dünnerer (hell wirkender), beschattete SO-Hänge nach stärkerer (dunkel wirkender) Strichskala schraffiert. Dadurch Abhebung der Bergkämme in scharfen Linien. Gewinn: Räumliche Wirkung und Anschaulichkeit („Formenplastik"); Verlust: Vergleichbarkeit der Hangneigungen.

Nordwestbeleuchtung in Natur ungewöhnlich. Beleuchtung aus südlichen Richtungen ergibt jedoch optische Umkehreffekte, wird daher praktisch nicht angewendet.

Vorbildlich plastische Geländedarstellung durch Schattenschraffen im amtlichen Kartenwerk der Schweiz (1844–1864), der Dufourkarte 1:100000. Diese Karte ist zwar wegen Schrägbeleuchtung als unwissenschaftlich bezeichnet worden, hat aber doch – dank Klarheit und Übersichtlichkeit – Weltruf schweizerischer Kartographie begründet.

F. v. RICHTHOFEN und andere führende Geographen des 19. Jh. lehnten Schattenschraffen wegen fehlender Böschungsanschaulichkeit ab. Beschattete Talseiten erscheinen steiler als beleuchtete. Dieser unerwünschte Nebeneffekt nur vermeidbar durch Eintragung vieler Höhenzahlen oder zusätzlicher Höhenlinien.

Bergstriche

Grenzmaßstab für exakte Geländedarstellung in Böschungs- oder Schattenschraffen liegt bei etwa 1:500000. Auf Karten kleinerer Maßstäbe schematisierte Bergstriche (Abb. 92) statt der streng in Richtung des Gefälles verlaufenden, feingliedriger Geländegestaltung entsprechenden Schraffen. Erforderliche Vereinfachung darf jedoch nicht zu topographischer Verfälschung führen und Gebirge vortäuschen, wo sich nur sanfte Hügel erheben.

„Cuchillas" im uruguayischen Hügelland erscheinen z. B. auf vielen Atlaskarten fälschlicherweise als Gebirgszüge mit scharfen Graten. Kartograph muß gute topographisch-morphologische Kenntnisse besitzen, um zu naturgetreuer Darstellung in Bergstrichmanier befähigt zu sein.

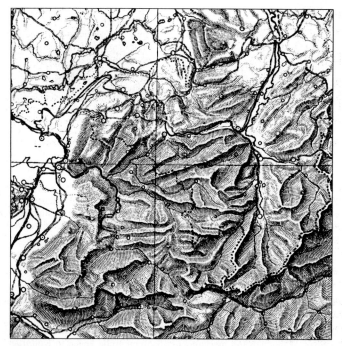

Abb. 92 Kleinmaßstäbliche Geländedarstellung durch Bergstriche: Allgäuer Alpen, Ausschnitt (aus Stielers Handatlas 1925)

Farbige Schraffen

Versuche, Lesbarkeit der Schraffenkarten durch farbige Schraffen zu erhöhen (Beispiele: B-Ausgabe der Karte des Deutschen Reiches 1:100 000, Österreichische Generalkarte 1:200 000), haben wenig Anklang gefunden, da farbige Schraffen in plastischer Wirkung schwarzen Schraffen unterlegen sind.

Schummerung

Schummerung ist Flächentönung in gleitenden Übergängen (Schattierung), bei Böschungsschummerung nach Prinzip: dunkle Töne für steile, helle Töne für flache Hänge, Ebenen bleiben weiß. Bei Schattenschummerung durch Schatteneffekte und Halbtöne plastische, optisch richtige Wiedergabe der Geländeformen.

Anwendungsmöglichkeiten plastischer Schummerung erstrecken sich über alle Gebiete kartographischen Schaffens. Heute in Kombination mit Höhenliniendarstellung wichtigste Methode der Geländewiedergabe auf topographischen Karten. Schon einfarbige Schummerung gut lesbar, besonders als erläuternde Unterdrucke für thematische Karten, z. B. für wirtschaftsgeographische oder historische Karten. Beispielhaft gelungene Schummerungen von F. HÖLZEL auf Grundlagenkarten des von E. RODENWALDT herausgegebenen Welt-Seuchen-Atlas.

Anwendung der Schummerung bereits auf Karten des 16. Jhs.: Darstellung geschummerten Geländes in Schrägansicht und nordwestlicher Beleuchtung. Manuell ausgeführte Flächentönung auf Blättern der Kurhannoverschen Landesaufnahme (1764–1786). Jedes Blatt mußte handkoloriert werden, da es bis zur Erfindung der Lithographie durch SENEFELDER (1771–1834) nicht möglich war, getönte Flächen zu vervielfältigen. Weitere Voraussetzung für Reproduktion von Schummerungen war Erfindung von MEISENBACH (1881), mittels Photographie Halbtonflächen in Rasterpunkte aufzulösen. Offsetdruck in Verbindung mit modernen Ätzverfahren der Photolithographie wurde ideales Druckverfahren für Landkarten mit geschummerter Geländedarstellung.

Zwei technische Möglichkeiten der Schummerung:

1. *Handschummerung* mit Kreidestiften, Graphitwischung, Wasserfarben und Spritzpistole, auch als Pinselzeichnung mit Tusche (Lavierung). Gestaltung hängt weitgehend vom graphischen Können, morphologischen und geographischen Verständnis (Formensinn) des Kartographen ab.

Meisterhafte moderne Handschummerungskarten von F. HÖLZEL für Atlanten, Kreisbeschreibungen und geographische Unterrichtswerke (Seydlitzsches Lehrbuch der Geographie).

2. *Photomechanische Schummerung*. Hat Geländemodell zur Voraussetzung, an dem Hell- und Dunkeltöne vom Licht selbst gestaltet werden (Wenschow-Verfahren).

Jede Originalschummerung nur für bestimmte Zwecke und Maßstabsgruppen brauchbar. Manueller und mechanischer Schummerung liegen in Kulturländern Höhenlinien- oder Schraffenkarten zugrunde, die zweckentsprechend generalisiert werden müssen. In Neuländern liefern Krokis (einfache Geländeskizzen) mit Formenlinien in Ermangelung exakter topographischer Aufnahmen oder Luftbilder Grundlage für Geländedarstellung in Schummerungsmanier.

Handschummerung

Drei Schummerungsmethoden:

1. *Böschungsschummerung* bei senkrechter Beleuchtung nach Grundsatz „je steiler, desto dunkler" (Abb. 93). Zeitraubende Schraffenzeichnung durch zeitsparende Flächentönung in verschiedenen Abstufungen ersetzt. Einfache Böschungsschummerung heute gegenüber Schattenschummerung veraltet.

2. *Schattenschummerung* (Schräglichtschummerung), fälschlicherweise als Reliefschummerung bezeichnet. Unter Zuhilfenahme gedachter Beleuchtungsquelle von links oben erscheinen steilste Hänge auf Lichtseite am hellsten, auf Schattenseite am dunkelsten, Ebenen in leichter Tönung (Abb. 94). Vermittelt gute plastische Anschauung.

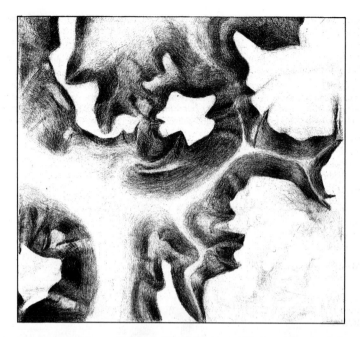

Abb. 93 Schummerung bei senkrechter Beleuchtung (Böschungsschummerung): Albtrauf, Ausschnitt wie Abb. 94, umgezeichnet. Mit Genehmigung des Landesvermessungsamtes Baden-Württemberg

Anwendung von Licht und Schatten als plastisches Ausdrucksmittel kann Gesetzlichkeit der Kartographie widersprechen. Wissenschaftliche Bearbeitung einer Karte erfordert, daß objektive Raumbilder geschaffen werden, daß alle Dimensionen meßbar sind und daß Geländeformen keine Fälschungen zugunsten eines naturwidrigen Effektes erleiden. Bei schräg einfallenden Lichtstrahlen entsprechen gleichem Neigungswinkel des Geländes je nach verschiedener Lage und Richtung der Bergformen zur gedachten Lichtquelle verschiedene Einfallswinkel des Lichtes. Gleichgeneigte Berghänge werden je nach Beleuchtung unterschiedlich dargestellt. Langgestreckte Gebirgszüge und Täler, die quer zum Lichteinfall liegen, werden kontrastreich abgebildet, solche, die im Sinne der Beleuchtungsrichtung streichen, erscheinen flach. Nur wo sich relativ regelmäßige Formen eines einzigen Typs in Tälern und Bergkämmen begegnen, steht Anwendung schräger Beleuchtung im Einklang mit Forderung naturgetreuer Wiedergabe.

3. *Kombinierte* (Böschungs-Schatten-)*Schummerung*. Darstellung von Ebenen und Hügelländern in senkrechter, von Hoch- und Mittelgebirgen in schräger Beleuchtung. Lichtseiten und Ebenen bleiben weiß. Nachteil: Häufiger Wechsel zwischen Senkrecht- und Schrägbeleuchtung führt leicht zu Mißverständnissen.

Hochplateaus und Steilabfälle werden z. B. gleichermaßen weiß dargestellt, jedoch können durch lokale Lichtdrehungen Formenverfälschungen ausgeglichen werden.

Im Unterschied zu Schraffen beeinträchtigt Schummerung nicht Lesbarkeit des übrigen Karteninhalts. Schummerung entwickelte sich daher zu beliebter schattenplastischer Darstellungsmethode des Geländes von wirkungsvoller Anschaulichkeit. Geometrische Unexaktheit zwingt jedoch bei Maßstäben von etwa 1:25 000 bis 1:500 000 zur Kombination mit Höhenlinien. Farbe der Höhen- oder Formenlinien beeinflußt Charakter der Schummerung. Graue Höhenlinien verdüstern das Bild, dunkelbraune steigern plastische Wirkung, hellbraune geben den Lichtseiten des Reliefs eine Art Sonnenton.

Auf Karten kleinerer Maßstäbe (z. B. Karte von Europa 1:800 000 und Atlaskarten) vereinfachte Gebirgsschummerung; hier wie auf allen Schummerungskarten keine meßbaren Höhenunterschiede, Zahlenangaben sind alleinige Anhaltspunkte für absolute Höhen.

Abb. 94 Schattenschummerung (Schräglichtschummerung): Albtrauf, Ausschnitt aus Topographischer Karte 1:50 000 Bl. L 7520 Reutlingen, orohydrographische Ausgabe (vgl. Abb. 90, 93, 96 u. 97). Mit Genehmigung des Landesvermessungsamtes Baden-Württemberg

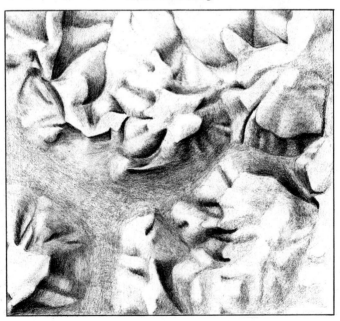

Literatur

BORMANN, W.: Die Schummerung als eigenschöpferische Leistung. Kartogr. Nachr. 1954
MIETZNER, H.: Die Schummerung unter Annahme einer naturgemäßen Beleuchtung. Kartogr. Nachr. 1959

Photomechanische Schummerung (Wenschow-Verfahren)

Neben verschiedenartigen Handschummerungsverfahren Entwicklung schattenplastischer Geländedarstellung durch Photographie eines Reliefs: „Ebene Hochbildkarten" oder Reliefkarten nach Verfahren von KARL WENSCHOW (1930). Als Vorlage für photographische Aufnahme dienen nichtüberhöhte, mechanisch gefräste und morphologisch überarbeitete Präzisionsreliefs (S. 31 f.). Schrägbeleuchtetes Gipsmodell wird mit Objektiv langer Brennweite photographiert. Fehler, die sich aus Kartenparallelprojektion des Kameraobjektivs ergeben, werden dadurch unter Zeichengenauigkeitsgrenze herabgedrückt. Zur Vermeidung von Lageverschiebungen überhöhter Gipfelpunkte Aufnahme mit Fernkamera von 80 m Länge.

Reliefphotographien zeichnen sich bei richtiger Ausleuchtung des Modells durch detailliertes, mit Höhenlinien der Karte genau zusammenpassendes Spiel von Licht und Schatten aus (Abb. 95). Auf ebenen Hochbildkarten werden Geschlossenheit und Plastik der Geländewiedergabe erreicht, die Spitzenleistungen manueller Schummerungsverfahren entsprechen.

Neuere Entwicklungen in der Computerkartographie führen zur Möglichkeit der *computergesteuerten Schummerung*, die Hangwinkel und Beschattung berücksichtigt und daraus geeignete Schummerung ableitet.

Verwendung der Schummerungstechnik auch für *Anaglyphenkarten*. Herstellung durch leicht verschobenen Übereinanderdruck zweier auf mechanischem Wege gewonnener Schummerungen in Komplementärfarben Rot und Blau. Bei Betrachtung durch Rot-Blau-Brille entstehen Bilder großartiger Raumwirkung.

Abb. 95 Photomechanische Schummerung (Wenschow-Verfahren): Hunsrück und Taunus mit Rheindurchbruch

Literatur

GOTTSCHALK, H.-J.: Einige Probleme der Schräglichtschattierung. Nachr. a. d. Kataster- u. Vermessungswesen 1982, S. 27–34
HEYDE, H.: Wenschow-Karten. Peterm. Geogr. Mitt. 1952
PILLEWIZER, W.: Wenschow-Reliefkartographie. Z. f. Vermessungswesen 1949
—: Reliefherstellung, Anaglyphen Karten und photomechanische Schummerung. Veröff. Dt. Geodät. Komm., Reihe B, Nr. 5, 1952

Höhenlinien

Höhenlinien (Höhenschichtlinien, Schichtlinien, Höhenkurven, Niveaulinien oder Isohypsen) in Karten sind gedachte, alle Geländepunkte gleicher Meereshöhe miteinander verbindende Linien (fiktive Linien). Verlaufen horizontal und folgen Ein- und Ausbuchtungen des Reliefs in maßstabbedingtem Generalisierungsgrad.

Abb. 96 Geländedarstellung durch Höhenlinien: Albtrauf, Ausschnitt aus Topographischer Karte 1:50 000, Bl. L 7520 Reutlingen, orohydrographische Ausgabe (vgl. Abb. 90, 93, 94 u. 97). Straßen sind ausgespart. Mit Genehmigung des Landesvermessungsamtes Baden-Württemberg

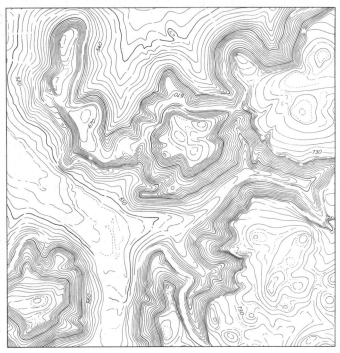

Stellen Schnittlinien gleichabständiger, zur Nullfläche (Meeresniveau) paralleler Ebenen dar. Vertikalabstand zweier Höhenlinien bzw. der durch sie bestimmten Schnittflächen heißt *Äquidistanz*. Zur leichteren Höhenbestimmung kräftiger gezeichnete Isohypsen (z. B. jede 5. oder 10. Linie) heißen *Zählkurven*.

Höhenliniendarstellung einzige geometrisch einwandfreie Form der Reliefwiedergabe (Abb. 96). Darstellung des Geländes liegen durch Nivellements, trigonometrische und barometrische Höhenmessungen ermittelte Höhenzahlen (Koten) zugrunde. Meßtechnisch schwieriges Festlegen von Punkten gleicher Höhe zwingt zur Interpolation. Durch photogrammetrische Aufnahmen gewonnene Höhenlinien wesentlich genauer als handgezeichnete der Meßtischaufnahmen.

Späte Einführung der Höhenlinie beruht auf mehreren, bis Ende des 19. Jhs. bestehenden Schwierigkeiten:
1. auf geringer Zahl vermessener Höhenpunkte,
2. auf Fehlen von Nullflächen als einheitliche Bezugsflächen für diese Höhenpunkte,
3. auf Benutzung unterschiedlicher Meßeinheiten,
4. auf geringer Entwicklung geodätischer Instrumente und Aufnahmeverfahren.

Erst durch Einführung internationalen Metersystems, gesicherter Nullflächen und Entwicklung der Vermessungstechnik wurde Ermittlung von Höhenzahlen in größerem Umfang möglich. Erste für kartographische Zwecke durchgeführte barometrische Höhenmessung 1705 durch J. Scheuchzer in der Schweiz. Verbindung von Punkten gleicher Höhe führt zur Isohypse als graphischem Ausdruck eines abstrakten geometrischen Prinzips. Wo erforderliche große Zahl exakt bestimmter Höhenpunkte fehlt (Entwicklungsländer), tritt Formlinie (S. 128) an Stelle der Höhenlinie.

Historisch ging Entwicklung der Tiefenlinie *(Isobathe)* der der Höhenlinie voran. Meerestiefenmessungen in der Schiffahrt schon seit frühen Zeiten üblich. Gedanke lag nahe, gelotete Punkte durch Linien gleicher Tiefe („Unterwasserhöhenlinien") parallel zur Küstenlinie (= Niveaulinie Null) zu verbinden. Älteste Isobathendarstellung auf Karte des durch Haarlem fließenden Sparne-Flusses des Feldmessers Pieter Bruinss aus dem Jahre 1584 (7-Fuß-Tiefenlinie). Ab 1697 zahlreiche Isobathenkarten von Flußmündungsgebieten. 1749 schlug der französische Ingenieur Millet du Mureau erstmalig vor, Landoberfläche durch gleichabständige Höhenlinien darzustellen. 1791 erste Isohypsenkarte: Dupain-Triels Karte von Frankreich mit Höhenlinien im Abstand von 10 zu 10 Toisen (= 19,49 m). 1804 Begründung der wissenschaftlichen Hypsometrie (Höhenmessung) durch A. v. Humboldt. Höhenlinien- und Höhenschichtenkarten auch als hypsometrische Karten bezeichnet.

Als Einzellinie hat Isohypse nur Bedeutung einer Höhengrenze. Erst vergesellschaftet wird sie zum Formelement und Maß für Böschungswinkel. Eng zusammenrückende Höhenlinien ergeben plastisches Bild. Je enger die horizontalen Schnitte gelegt werden können, um so mehr entspricht Höhenlinienbild den Formen der Natur. Abstand der Höhenlinien jedoch abhängig vom Maßstab, von steilsten Böschungen und minimal erforderlicher Strichstärke. Für Karte im Maßstab 1:100 000 bei Strichstärke von 0,1 mm ergeben sich folgende Werte:

Geländeneigung in Grad	5	10	15	20	30,
kleinste Äquidistanz in Meter	3	6	9	12	20,

das heißt, daß bei Geländeneigung von 5° die Höhenlinien Abstand von wenigstens 3 m, bei Geländeneigung von 30° nur Abstand von 20 m haben können. Neue Topographische Karte

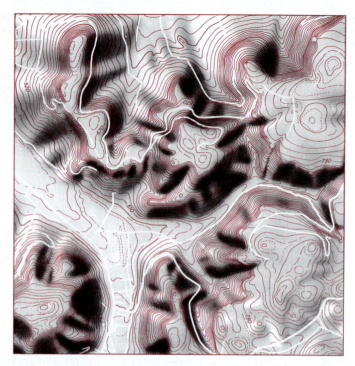

Abb. 97 Kombination von Höhenlinien mit Schattenschummerung: Albtrauf, Ausschnitt aus Topographischer Karte 1 : 50 000, Bl. L 7520 Reutlingen, orohydrographische Ausgabe (vgl. Abb. 93, 94 u. 96). Straßen sind ausgespart. Mit Genehmigung des Landesvermessungsamtes Baden-Württemberg

1 : 100 000 sieht für Flachland Isohypsenabstand von 10 m vor, setzt damit Höchstneigung von ca. 20° voraus. An steileren Stellen werden Höhenlinien stark zusammengedrängt (Scharung). Vermeidbar durch Auslassung einiger Linien und Ersatz durch Böschungsschraffen.

Auf großmaßstäblichen Karten (1 : 5000 bis 1 : 25 000) Darstellung aller Geländefeinheiten durch Höhenlinien möglich, auch auf Karte 1 : 100 000 noch keine die Genauigkeit wesentlich beeinträchtigende Vereinfachung der Linienführung. Grenze exakter Isohypsendarstellung bei Maßstab 1 : 300 000 bzw. für Gebirgskarten schon bei größeren Maßstäben wegen zu enger Scharung. Ersatz der Höhenlinie durch „Felszeichnung" oder Kombination beider. Entwicklung naturgetreuer Fels- und Felsgerippezeichnung besonders in Österreich und der Schweiz.

Höhenlinien bilden Gundlage für Zeichnung von Profilen und Blockdiagrammen, Messung von Böschungswinkeln mit Hilfe des Neigungsmessers und für kartometrische Arbeiten. Neben Vorzügen, wie geometrischer Exaktheit, leichter Ablesbarkeit der Höhenverhältnisse und aufgelichtetem Kartenbild, andererseits bedeutende Mängel der Höhenliniendarstellung: Unanschaulichkeit und Verlust vieler Klein- und Einzelformen des Geländes bei zu großem Abstand oder zu starker Generalisierung (Glättung) der Isohypsen: Höhenlinien werden „Schichtlinien". Dadurch zwischen zwei Höhenlinien ein nach Maßstab und Äquidistanz verschieden breiter, von der Darstellung nicht erfaßter Geländestreifen. Zusätzlich eingetragene Zwischenhöhenlinien (Hilfshöhenlinien) dienen der Veranschaulichung wichtiger Kleinformen, besonders bei geringer Geländeneigung. Andererseits erweckt zu große Zahl wahllos interpolierter Zwischenhöhenlinien wechselnder (schwingender) Äquidistanz falsche Böschungsvorstellungen.

Höhenlinien versagen insbesondere als alleiniges Formendarstellungsmittel in flachem Gelände mit Dünenfeldern oder kleinkuppigen Moränen. Sinnvolle Ergänzung durch Schraffen erforderlich.

Weiterer Mangel von Höhenlinienkarten ist unzulängliche Wiedergabe markanter Geländeknicke (Kanten).

Kantenlinien verlaufen nicht nur in Richtung des Gefälles (Gesteinsrippen), sondern auch horizontal (Terrassenränder) oder in leicht zur Horizontale geneigter Richtung. Werden in Höhenliniendarstellung nicht deutlich genug erfaßt. Geradezu Umkehr der Verhältnisse: Klar gezeichnete Höhenlinie ist abstrakte, in der Natur nicht vorhandene Linie, zeichnerisch nicht dargestellte Kante hingegen konkrete, in der Natur sichtbare Erscheinung. Erfordert Darstellung durch „Kantenschraffen", die an linienhafte Geländeknicke gebunden sind.

Seit 100 Jahren Versuche, durch Kombination von Höhenlinien mit Schraffendarstellung oder Schummerung Vorzüge zweier Methoden zu vereinigen. Als 1870–1890 Schweizer Siegfried-Atlas erschien (S. 172), gab allzu abstraktes Bild dieser reinen Höhenlinienkarten Anstoß, ihnen durch Überarbeitung erwünschte Plastik zu verleihen. Damit Einleitung der Epoche naturnaher Karten mit Geländedarstellung in „Schweizer Manier" (S. 122). Kombination von Höhenlinien mit Schattenschummerung heute bevorzugte Geländedarstellung auf großmaßstäblichen Karten (Abb. 97).

Literatur

BRANDSTÄTTER, L.: Schattenplastik oder Scharungsplastik. Grundsatzfragen der Kartographie Wien 1970, S. 72–91
BREDOW, E.: Höhenlinie oder Relieflinie? Nachr. 1956
EBSTER, F.: Zur Felszeichnungen und topographischen Geländedarstellung der neuen Alpenvereinskartographie. Berlin 1935, S. 46–53
FINSTERWALDER, R.: Photogrammetrische Schichtlinien. Zeitschr. f. Vermessungswesen 1957
KNORR, H.: Die Herausarbeitung der Landschaftsformen in der neuen Topographischen Übersichtskarte 1 : 200000. Frankfurt 1965
KRAIXL, W.: Topographisches Felszeichnen nach der Schraffenmethode. Schweizer Geograph, Bern 1930
MÜLLER, H.: Morphologische Charakterkarten und das Generalisieren von Schichtlinien. Mitt. Reichsamt f. Landesaufn. 1940
WERKMEISTER, W.: Die Darstellung der Geländeformen in Schichtlinien. Allg. Vermessungsnachr. 1940

Höhenschichten

Frühe farbige Höhenschichtenkarte: 1835 Karte der südlichen Teile von Schweden und Norwegen im Maßstab 1:500 000 von CARL AF FORSELL.

Geringe Formenanschaulichkeit einfacher Höhenlinienkarten führte zu farbiger Hervorhebung der Höhenschichten, d. h. der von 2 Höhenlinien begrenzten Fläche. Durch Auswahl bestimmter Höhenstufen und sinnvolle Farbgebung oder Schraffuren (vgl. Abb. 11) Erzielung plastischer Reliefdarstellung (Höhenplastik). Für Höhenschichtenkarten folgende Farbskala üblich:

    0–100 m   Blaugrün   1000–2000 m Braun
  100–200 m   Gelbgrün   2000–4000 m Rotbraun
  200–500 m   Gelb   über 4000 m   Braunrot oder Rot
 500–1000 m   Hellbraun

Blauabstufungen zur Wiedergabe der Meerestiefe nach Prinzip „je tiefer, desto dunkler": Hellblau, Blau, Blauviolett. Während Höhenschichtenkarte von Festlandgebieten ihren Gipfelpunkt im sattesten Ton der Farbleiter „warmer" Farben (Rot) erreicht, so Meerestiefenkarte im sattesten Ton „kalter" Farben (Blauviolett) für größte Tiefen.

Höhenschichtenkarten besonders für Mittelgebirgslandschaften geeignet. Grenzen der Darstellung: Auf Hochgebirgskarten bei zu kleiner Zahl ausgeschiedener Höhenschichten Überdeckung der Reliefeinheiten durch einheitlichen Farbton. Umfälschung von Kammgebirgen in Tafellandschaften. Bei zu großer Höhenstufenzahl schwierige Unterscheidung ähnlicher Farbtöne. Kombination von farbigen Höhenschichten mit Schraffen oder Schummerung erforderlich.

Uneinheitliche Farbabstufung auf Karten verschiedenen Ursprungs erschwert Vergleich von absoluten Höhen und Höhenunterschieden oder vermittelt falschen Eindruck bei Zusammenschau; z.B. haben englische Karten Höhenstufen von Weiß über Gelb zu Braun oder von Weiß über Blau zu Violett. Gedanke farbiger Höhenschichten weiterverfolgt in Farbenplastik (siehe folgendes Kapitel).

Literatur

BRANDSTÄTTER, L.: Die Frage der Schichtlinienkarte. Mitt. Geogr. Ges. Wien 1949
PEUCKER, K.: Höhenschichtenkarten. Studien und Kriterien zur Lösung des Flugkartenproblems. Stuttgart 1910
STEINHAUSER, A.: Beiträge zur Geschichte der Niveaukarten. Mitt. Geogr. Ges. Wien 1958

Farbenplastik

Farbenplastische Methoden der Geländedarstellung zunächst zur Unterstützung plastischer Wirkung von Höhenliniendarstellungen gedacht. Dunkles Bild der Schraffenkarten verträgt dagegen keine farbenplastische Steigerung. In Anlehnung an F. v. HAUSLAB, E. v. SYDOW, K. PEUCKER, W. OSTWALD, E. IMHOF u. a. entwickelte Farbskalen schließen an bestimmte Höhenstufen und progressiv wachsende Abstände von Höhenlinien an. Die vom Hell zum Dunkel, vom Blaugrün zum Rotbraun usw. fortschreitenden Farbtöne bauen gewöhnlich auf drei Farbgruppen (Blau-Gelb-Rot bzw. Grün-Gelb-Braun) auf. Lassen nicht nur absolute Höhe und relative Höhenunterschiede erkennen, sondern sollen Plastik der Gebirgsdarstellung erhöhen und zutreffende Reliefvorstellung vermitteln.

Literatur

CARLBERG, B.: Schweizer Manier und wirklichkeitsnahe Karte. Probleme der Farbgebung. Kartogr. Nachr. 1954
—: Die naturnahe Karte in der Schweiz. Peterm. Geogr. Mitt., Erg.-H. Nr. 264, Gotha 1957
HAACK, H.: Ostwalds Farbentheorie in der Kartographie. Geogr. Anzeiger 1924
HEUPEL, A.: Farbe und topographische Karten. Internat. Jb. f. Kartogr. 7, 1967
PEUCKER, K.: Schattenplastik und Farbenplastik. Wien 1898
—: Geländekarte und Raumfarbenreihen. Mitt. Geogr. Ges. Wien 1940
SYDOW, E. V.: Drei Farbenklippen. Geogr. Jb. I. Gotha 1866

Hauslabs Höhenplastik

F. V. HAUSLAB vertrat Grundsatz, „je höher, desto dunkler". Farbskala: Weiß-Gelb-Hellbraun-Grün-Violett. Begründete damit zwar 1830 Idee einer „Höhenplastik in Farben", wurde jedoch bald durch Darstellungen mit ansprechenderen Farbfolgen überholt.

Sydowsche Regionalfarben

E. V. SYDOW entwickelte 1838 Skala seiner „Regionalfarben". Legte ihr in bestimmten Höhenstufen vorherrschende Landschaftsfarben zugrunde: Grün für Tiefland (0–200 m: Äcker, Wiesen, Wälder), Braungelb für Bergländer ab 500 m, Braunrot und Grau für Gipfelregionen. Als Übergangsfarbe zwischen grünen und braunen Farbtönen wählte er aus technischen Gründen für Hügelland (200–500 m) Weiß. Da mittlere Höhen am hellsten erscheinen, besitzen *Sydowsche Regionalfarben* keine Höhenplastik. Später von H. HAACK unter Auslassung weißer Zwischenstufe aus Sydowschen Regionalfarben entwickelte Farbreihe vom satten Grün zum leuchtenden Rot wurde dank ungewöhnlicher Fernwirkung richtungsweisend für Wandkarten.

Peuckersche Farbenplastik

K. PEUCKER gebührt Verdienst, Farbskalen näher untersucht und diese systematisch geordnet zu haben (1898). Kam zur Erkenntnis, daß manche Farben spezifische Raumwirkung besitzen, so daß nach Farbton, Helligkeitswert und Sättigungsgrad geordnete Farbreihen bildplastisch wirken (*adaptive Bildplastik*).

PEUCKER ging von NEWTONS Entdeckung des Spektrums aus. Spektralfarben haben verschiedene Wellenlängen und Brechungswinkel. Rot hat größte Wellenlänge und kleinsten Brechungswinkel, Violett kleinste Wellenlänge und größten Brechungswinkel. Betrachtung beider Farben erweckt Empfindung, daß rote Flächen dem Auge näher, violette dem Auge ferner liegen, d. h. rote Flächen hervorspringen, violette Flächen zurücktreten. Anwendung optischer Tiefenwirkung der Spektralfarben für Geländedarstellung in einer, bestimmten Höhenstufen entsprechenden 15farbigen Stufenleiter führt zum Prinzip „je höher, desto intensiver, farbsatter und lichtstärker" mit Grau für Tiefländer (da Violett zu kräftig deckend) und Kulmination im Rot für Hochgebirge. Erlaubt objektive Darstellung plastisch wirkender Geländeformen, wie sie Beobachter vom Flugzeug sieht. Zwischen Endfarben Grau und Rot für übrige Höhenstufen 13 Farben in „spektral-adaptiver" Folge: Grüngrau, Graugrün, Blaugrün, Grün, Gelbgrün, Grüngelb, Gelb, Orangegelb, Gelborange, Braunorange, Orange, Rotorange und Orangerot. Durch Schattierung zusätzliche Erhöhung der Anschaulichkeit. Peuckersche Farbenskala hat sich zwar nicht durchgesetzt, jedoch befruchtend auf Entwicklung luftperspektivischer Farbskalen ausgewirkt, vgl. z. B. Karten aus BARTHOLOMEWS Edinburgher Schule mit charakteristischen violetten Farbtönen.

Ostwalds Farbenlehre

Weiterentwicklung der Farbentheorie durch W. OSTWALD (1914): Einteilung der Farben in Gruppen der bunten und unbunten Farben. Schaffung strenger Ordnung in Farbskala durch 100teiligen „Farbkreis" und Normierung. Durch Aufstellung bestimmter Farbreihen und Harmoniegesetze schuf OSTWALD umfassende Farbenlehre. Durch Normentafeln und andere technische Hilfsmittel suchte er, ihr den Weg in die kartographische Praxis zu ebnen. Sachlichen Vorzügen stehen jedoch unüberwindliche drucktechnische Schwierigkeiten gegenüber. OSTWALDS Ablehnung des Übereinanderdrucks mehrerer Farben und geforderter Normendruck würden völlige Umstellung in Farbenproduktion und im herrschenden Mehrfarbendruck zur Voraussetzung haben.

Imhofs luftperspektivische Skala (Schweizer Manier)

Nach französischen Frühversuchen Entwicklung der *luftperspektivischen Skala* durch LEUZINGER (1860) und IMHOF (1932) in der Schweiz. Durch Diffusion des die Atmosphäre durchdringenden Lichtes erscheinen tiefgelegene Punkte der Erdoberfläche schwächer beleuchtet als höher liegende. Luftperspektive in Verbindung mit naturnahen Farben der Vegetationsformationen führte zu folgender Skala: Kultur- und Hügelstufe (Obergrenze 600–800 m) mit Wiesen und Wäldern in Grünblau, montane Buchenwaldstufe (800–1800 m) mit Wäldern, Äckern und Wiesen in Grün, subalpine Nadelwaldstufe (1800–2250 m) mit aufgelockertem Wald und Weiden in Grüngelb, alpine Strauch- und Mattenstufe (2250–3250 m) in Gelb, darüber Felsstufe in Gelbrosa, Gletscher und Firnfelder in Weiß. Hypsometrisch angeordnete Farben gehen ineinander über. Auf Kontrast zwischen grauem Grünblau der Tiefe und Gelbrosa der Höhe, dem Widerspiel „warmer" Lichtfarben mit „kalten" Schattenfarben, beruht überzeugende Wirkung dieser Methode.

Anwendung der Farbskala luftperspektivischer Höhenabstufung für Karten mit Maßstäben größer als 1:500000. Für Reliefkarten kleinerer Maßstäbe Schweizer Manier nicht geeignet, da keine klare Höhengliederung mehr erreicht werden kann. Ersatz bietet konventionelle Farbskala. Luftperspektivische Farbskala leitet sich außerdem aus Beleuchtungsverhältnissen, Farbintensität und Farbwertung im alpinen Hochgebirge ab, daher für Mittelgebirgs- und Tieflandsdarstellungen ungeeignet.

Später erstrebte IMHOF noch anschaulichere Wiedergabe des Reliefs, daher stärkere Betonung des Verhältnisses von Licht und Schatten. In seinem neuen Typ schattenplastischer Reliefkarten Vereinigung von Höhenlinien, Felsgerippe- und Gletscherzeichnung, Schräglichtschummerung und luftperspektivischer Höhenabstufung zu harmonischem Gesamtbild.

Naturfarbenskala

In jüngster Zeit Versuche, mit Mitteln der Farbe den Charakter der Landschaft in Karte auszudrücken, ähnlich wie es IMHOF mit luftperspektivischer Manier bei großmaßstäblichen Karten des Schweizer Alpen- und Voralpenlandes gelungen ist.

Beispiel für Reliefkarten in Naturfarbenskala: Reader's Digest-Atlas. Wahl folgender Farben: Braun für waldarme Ackerflächen, Braungrün für Kulturland mit Wiesen und Wäldern, Grün für Laubwaldgebiete, Blaugrün für Nadelwälder im Mittel- und Hochgebirge, Grauviolett für Moore und Heiden, Violett für Fels- und Mattenstufe im Hochgebirge, Grau für Gletscher und Firnfelder. Solche Karten grenzen an Landschaftsmalerei. Verwischung der Grenze zwischen abstrakter Sprache der Karte und Farbfreudigkeit der Landschaftsmalerei problematisch. Naturfarbenkarten gehören mehr in das Gebiet der Gebrauchsgraphik als das der Kartographie.

Kombinierte Geländedarstellungen

Forderung gleichzeitiger Höhenanschaulichkeit, Formenanschaulichkeit und Böschungsanschaulichkeit im allgemeinen nicht durch Anwendung *einer* Geländedarstellungsmethode erreichbar. Daher Kombination zweier oder mehrerer Methoden:

1. *Schraffenkarten mit Höhenlinien.* Böschungsschraffen günstig für Darstellung der Hangneigung, Schattenschraffen für Wiedergabe der Formen. Höhenverhältnisse jedoch durch einzelne Zahlenangaben nur unvollständig zum Ausdruck gebracht. Verbesserung durch Einzeichnung von Höhenlinien.

Beispiel: Karte des Deutschen Reiches 1:100000, B-Ausgabe.

2. *Schummerungskarten mit Höhenlinien.* Schummerung formenanschaulich, jedoch geometrisch unexakt. Ausgleich durch Kombination mit Höhenlinien. Heute allgemein übliche Methode.

3. *Höhenlinienkarten mit Schraffen.* Durch Höhenliniendarstellung im Flachland nicht zum Ausdruck kommende Kleinformen (Wannen, Kessel, Trichter, Dünen, Moränen, Ringwälle, Schanzen u.ä.) werden durch Schraffenzeichnung herausgearbeitet.

4. *Höhenschichtenkarten mit Höhenlinien.* Bei zu groß gewählten Höhenstufen Überdeckung der Reliefeinheiten durch einheitlichen Farbton. Erhöhung der Formenanschaulichkeit durch Zwischen-Isohypsen.

5. *Höhenschichtenkarten mit Bergstrichen.* Auf kleinmaßstäblichen Karten treten wegen Raummangels Bergstriche an Stelle von Zwischen-Isohypsen (vgl. 4). Übliche Form der Geländedarstellung in älteren Atlanten.

6. *Höhenschichtenkarten mit Schummerung.* Erhöhung der Plastik durch Schräglichtschummerung. Anwendung in modernen Atlanten, z. B. Bertelsmann Weltatlas.

7. *Luftperspektivische Höhenstufenkarten mit Höhenlinien und Schräglichtschummerung.* In der Schweiz entwickelter Prototyp moderner kombinierter Geländedarstellung.

KARTENSCHRIFT

Namen und Zahlen wesentliche Teile des Karteninhalts. Unbeschriftete Karten heißen „stumme Karten"; erfüllen nur didaktischen Zweck, dienen als Arbeitskarten oder als Unterdruck für thematische Karten. Durch Namen Identifizierung und Erläuterung der durch Situations- und Geländezeichnung dargestellten Objekte.

Festlegung und Auswahl der *Namen* nach wissenschaftlichen Gesichtspunkten. Ermittlung der Namen Bestandteil der Geländeaufnahme durch Kartographen oder Geographen. Rechtschreibung mündlich mitgeteilter Namen, besonders in Dialekt- oder fremdsprachigen Gebieten, eines der schwierigsten Probleme. Phonetische Transkription oft einziger Ausweg. Mitwirkung von Sprachwissenschaftlern erforderlich, anderenfalls Gefahr unverständlicher Verballhornungen, wie z. B. Hiddensee statt Hiddens-ö, oder „Vereinsalm" statt „Verein" – oder „Ferein"alm (vom romanischen Flurnamen *verrina sc. mons* = Berg, wo Eber hausen). Namenkommissionen bei Herausgabe größerer Karten- oder Atlaswerke verantwortlich für einheitliche, wissenschaftlich korrekte Namengebung, Orthographie und zweckmäßige Transkription aus Sprachen nichtlateinischer Alphabete.

Wichtigste der auf Karten wiedergegebenen Namen bezeichnen Städte und Dörfer, Gebirge mit höchsten Erhebungen, Flüsse, Seen, Landschaften, Länder, Staaten, Inseln und Erdteile. Dazu auf großmaßstäblichen Karten Flurnamen und Namen für wichtige Einzelerscheinungen wie Wälder, Burgen, Ruinen, Klöster etc.

Namen können zum kartographischen *Darstellungsmittel* werden und stellvertretend für Signaturen stehen, z. B. Bezeichnung „Wald" anstelle Waldsignatur, Völkernamen oder Anbaugewächse anstelle Flächensignatur und Flächenkolorits.

Namengut der Karte zugleich wichtiges *Forschungsmittel*: Spiegel der Natur-, Kultur- und Sprachgeschichte, damit Schlüssel besonders zum Verständnis kulturgeographischer Entwicklung dargestellter Gebiete. Aus Orts- und Flurnamen Rückschlüsse auf Besiedlungsgang und Stammeszugehörigkeit der Siedler, aus Wüstungsnamen auf abgegangene Siedlungen, aus Flurnamen auf einstigen Weinbau, trockengelegte Sümpfe, Schauplätze historischer Ereignisse, aus Rodungsnamen auf frühere Waldverbreitung.

Auswahl wiederzugebender Namen abhängig von Maßstab und Zweck der Karte. Generalisierung erfordert mit kleiner werdendem Maßstab Beschränkung. Durch Platzmangel erzwungene Verringerung der Namen darf nicht nur dichtbesiedelte Gebiete betreffen und dünnbesiedelte ausnehmen. Ziel ist nicht gleichmäßige Bedeckung der Karte mit Namen unterschiedlichen Wertgehaltes, sondern sachgerechte Ausgewogenheit zwischen Schrift und übriger Darstellung.

Beispiele: Sind Kleinstädte infolge Generalisierung nicht mehr darstellbar, dürfen im benachbarten Bergland keine Einzelhöfe mehr erscheinen. Andererseits hat Oase mit 300 Einwohnern in der Sahara größere Bedeutung als Dorf mit 2000 Einwohnern im Nildelta: Oase muß mit Namen verzeichnet werden, auf Wiedergabe des Fellachendorfes kann verzichtet werden.

Bei Platzmangel Entlastung des Kartenbildes durch *Buchstabenabkürzungen* (Abbreviaturen). Diese müssen eindeutig sein:

Beispiele: „Bf." oder „Bhf." für Bahnhof, während „T". Turm, Tunnel oder Tal bedeuten kann. Bei geläufigen Signaturen, z. B. für Ruinen oder Denkmäler, Hinzufügung eines „R." oder „Denkm." überflüssig.

Zur Veranschaulichung topographischer Verhältnisse tritt neben Geländedarstellung und Namen die *Zahl.* Höhenzahlen erstmalig um 1850 auf Karten, seit 1861 in Atlanten (Stielers Handatlas); sollten sich nicht auf höchste Punkte beschränken (wie auf älteren Karten), sondern in einem zum Verständnis der Geländeformen notwendigen Umfang auch auf Talböden oder im Flachland verzeichnet sein. Zahlenangaben gelegentlich auch in Verbindung mit Ortssignaturen zum Ausdruck bestimmter quantitativer Feststellungen: Einwohnerzahlen oder andere statistische Angaben, ferner als offizielle Numerierung von Fernverkehrsstraßen und als Bezifferung Gauß-Krügerscher Koordinaten.

Kartenschrift muß nach Art, Größe, Stärke, Lage, Stellung und Farbe sorgfältig ausgewählt werden, um verwirrenden Schriftschleier zu vermeiden, Gelände- und Situationszeichnung anschaulich zu erhalten und Lesbarkeit und Ästhetik der Karte nicht zu beeinträchtigen. Dadurch zugleich begriffliche Unterscheidungen und quantitative oder qualitative Wertungen möglich.

Von *Schriftart* (Duktus) hängt weitgehend gute Lesbarkeit und harmonische Einbeziehung der Namen in das Kartenbild ab. Verschnörkelte klobige Frakturschrift auf Karten des 15. und 16. Jhs., z. B. auf Karten von Etzlaub, erregte bereits Widerspruch von Mercator. Dieser setzte sich seit 1540 für Verwendung lateinischer Schrift auf topographischen Karten ein, die bis heute vorherrschend geblieben ist.

Hauptsächlich zu unterscheiden zwischen Antiqua-, Kursiv-, Balken- (Grotesk-) und Blockschrift (Abb. 98). Weitere Abarten: Haar-, Hohl-, schraffierte und breitlaufende Schrift. Nach Schriftarten begriffliche Unterscheidung dargestellter Objekte, z. B. Blockschrift für Gebirge und Landschaften. Kursivschrift für Flüsse, Hohlschrift für Meere und Meeresteile, Antiqua für Siedlungen, Haarschrift für Flurnamen, Rundschrift (lat. Schreibschrift) auf älteren österreichischen Karten für Orographie.

Schriftgröße von absoluter Buchstabenhöhe und Zusammensetzung aus großen und kleinen Buchstaben abhängig. Worte entweder nur aus großen Buchstaben (Majuskeln, Versalien), z. B. für Städte, oder aus großen und kleinen (Minuskeln) gebildet. Verhältnis von großen zu kleinen Buchstaben soll 3:5, allenfalls 2:3 betragen. Verhältnis 1:2 wirkt plump und unschön.

Schriftstärke ergibt sich aus Schriftgröße. Beide zusammen veranschaulichen Bedeutung dargestellter Objekte. Auf deutschen Hauptkartenwerken 11 verschiedene Schriftgrößen für Ortsnamen zur Unterscheidung von Hauptstädten, Kreisstädten, Landstädten, Dörfern.

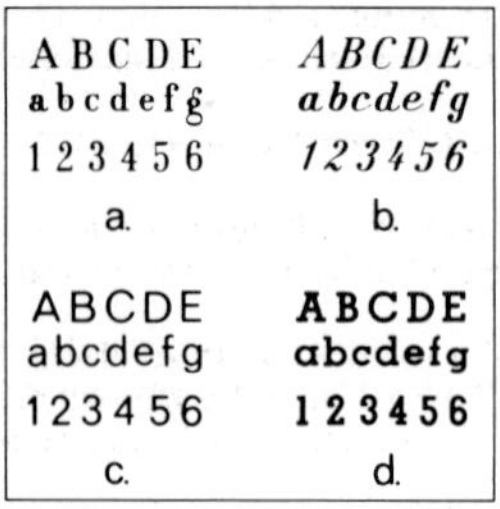

Abb. 98 Schriftarten

a) Antiqua   b) Kursiv
c) Blockschrift d) Balkenschrift

```
A B C D E      ABCDE
a b c d e f g  abcdefg
1 2 3 4 5 6    123456
   a.             b.

ABCDE          ABCDE
abcdefg        abcdefg
123456         123456
   c.             d.
```

Drei Möglichkeiten der *Schriftlage*: stehend, vorwärtsliegend, rückwärtsliegend (Abb. 99). Gewässernamen gewöhnlich in rückwärtsliegender Schrift, Dörfer ohne Kirche, Vorwerke, einzelne Gehöfte in vorwärtsliegender Schrift, alle übrigen Objekte in normaler, stehender Schrift.

Abb. 99 Schriftlagen   Berlin   *Flotthof*   Havel

stehend   vorwärtsliegend   rückwärtsliegend

Schriftstellung entscheidend für Lesbarkeit der Karte. Zu unterscheiden zwischen Linear- und Arealstellung. Zu Punktsymbolen gehörige Namen, besonders Ortsnamen, sollten immer waagerecht bzw. parallel zum Breitenkreis stehen. Beschriftung von Linienelementen (Flüssen usw.) folgt Verlauf dieser Linien. Lesbarkeit der Karte wird erhöht, wenn Arealnamen (Landschafts-, Staatennamen u. a.), welche Fläche nie ganz erfüllen, sondern in Längsachse zu der zu benennenden Fläche stehen, nicht zu weit auseinandergezogen werden. Andernfalls geht bei reicher Kartenbeschriftung Buchstabenfolge und damit Wortsinn verloren.

Durch *Schriftfarbe* Möglichkeit begrifflicher Unterscheidungen. Fluß-, See- und Meeresnamen gewöhnlich blau, Völkernamen auf Atlasblättern rot oder rotbraun gedruckt.

Gesamte Kartenbeschriftung früher gezeichnet, gestochen oder graviert. Heute Einbeziehung von Buchdruckschriften in technisch verschiedenartige Druckverfahren. Moderne Montagemethoden und Computersatz erlauben, alten Regeln der Schriftgestaltung in Art und Stellung nahezukommen und gesetzte Schrift herkömmlichem Kartenbeschriftungsstil anzupassen. Stempelgeräte und durch Fotosatz (Lichtsatz) gewonnene Schriften ersparen Zeit und Kosten, ermöglichen einheitliche Beschriftung größerer Kartenwerke.

Literatur

BECK, W.: Die Schrift in den topographischen Karten. Zeitschr. f. Vermessungswesen 1952
BONACKER, W.: Kartenwörterbuch. Berlin 1941
—: Die Namenstellung in geographischen Karten. In: Studien z. Kartogr., Nr. 1 a, Berlin 1957, S. 3–61
—: Fortschritt oder Rückschritt in der Kartenschrift. In: Studien z. Kartogr., Nr. 1 b, Berlin 1957, S. 3–36
BORMANN, W.: Kartenbeschriftung und deutsche Rechtschreibung. Kartogr. Nachr. 1952

BOSSE, H.: Die Kartenbeschriftungsverfahren. Kartogr. Nachr. 1957
Die im Buchdruck gebräuchlichsten Schriftgrößen und Schrifttypen. Geogr. Taschenbuch 1951/52, S. 439
BREU, J.: Die Transkription in der Kartographie. Mitt. d. Österr. Geogr. Ges., 111, 1969, S. 221–247
BÜHLER, P.: Schriftformen und Schrifterstellung. Internat. Jb. f. Kartogr. 1961
FINSTERWALDER, R.: Die Namenarbeit an den Alpenvereinskarten. In: R. FINSTERWALDER, Alpenvereinskartographie. Berlin 1935, S. 53–61
GREBE, P.: Transkription und Transliteration in der Kartographie. Kartogr. Nachr. 1962
IMHOF, E.: Die Anordnung der Namen in der Karte. Internat. Jb. f. Kartogr. 1962
Institut f. Angew. Geodäsie (Hrsg.): Geographisches Namenbuch Bundesrepublik Deutschland. Frankfurt 1981
MEYERHUBER, H.: Die Kartenschrift. Kartogr. Nachr. 1957
—: Schritte auf dem Wege zu einer Standardisierung geographischer Namen für den deutschen Sprachbereich. Kartogr. Nachr. 1959
MEYNEN, E.: Die Schreibweise von Orts- und Landschaftsnamen. Kartogr. Nachr. 1952
—: Schritte auf dem Wege zu einer Standardisierung geographischer Namen für den deutschen Sprachbereich. Kartogr. Nachr. 9, 1959
MÜHLPFORDT, G.: Transkriptionsprobleme. Die korrekte Wiedergabe russischer Namen im Deutschen. Berlin 1957
SCHÜLE, W.: Über Namengebung auf geographischen Karten. Bern 1923
THIEME, K.-H.: Gedanken zur Namenschreibung in Karten und Atlanten. Kartogr. Nachr. 18, 1968, S. 52–61
WAKONIGG, H.: Rijeka oder Fiume. Zur Schreibweise ausländischer Ortsnamen in Karten. Geogr. Rundsch. 32, 1980, S. 416–419
WALDBAUR, H.: Schreibung fremder Ortsnamen in deutscher Sprache. Peterm. Geogr. Mitt. 1934
WEYGANDT, H.: Kartographische Ortsnamenkunde. Kartogr. Schriftenreihe 5, Lahr 1955

KARTENAUFNAHME

Kartenaufnahme umfaßt alle zur Herstellung von Karten erforderlichen Arbeiten. Zu unterscheiden zwischen *linienhafter* Aufnahme (Routenaufnahme) mit einfachsten Hilfsmitteln und *flächenhafter* Aufnahme (Landesaufnahme) auf exakter geodätischer Grundlage (Meßtischaufnahme, Tachymeteraufnahme, photogrammetrische Aufnahme).

Katasteraufnahme arbeitet mit geometrischen Methoden, konstruiert aus Meßzahlen Grundrißdarstellungen mit Eigentumsgrenzen (Pläne) und gehört nicht zur Kartenaufnahme i. e. S.

ROUTENAUFNAHME

Wegeaufnahme (Itinerar) in noch nicht vermessenen Gebieten war klassische kartographische Aufnahmemethode früherer Forschungsreisender (Abb. 100). Als Instrumente dienen für Winkelmessungen (Azimutbestimmungen) Peilkompaß oder Bussole, für Entfernungsmessungen, Schrittzähler oder Tachometer von

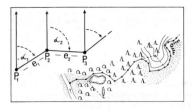

Abb. 100 Prinzip und Beispiel einer Routenaufnahme (P = Endpunkt der Entfernungen e, α = Winkel zur Nordrichtung)

Kraftfahrzeugen, auch Uhr (Zeitmaß ≈ Entfernungsmaß), für Höhenmessungen früher Quecksilberbarometer oder Siedethermometer, heute Aneroid. Registrierung aller Messungen im Routenprotokoll als Grundlage für spätere maßstabsgerechte Ausarbeitung (Kroki). Für sorgfältigere Aufnahmen und unmittelbare zeichnerische Darstellung zusätzlich Krokiertisch (Peiltisch) und Diopterlineal (Lineal mit Visiereinrichtung) erforderlich.

Zwischen begangenen oder befahrenen Routen liegendes Gelände wird mit Hilfe von Peilungen und Entfernungsschätzungen einskizziert. Vervollständigung des Krokis durch Erkundungen (Befragungen), Darstellung des eingesehenen Geländes mangels ausreichender Höhenangaben durch Formlinien („Gefühls-Isohypsen"). Gefahr von Irrtümern bei der Verzeichnung nicht selbst beobachteter Objekte.

Anschluß der Routenaufnahme an bekannte Festpunkte, anderenfalls Notwendigkeit astronomischer *Ortsbestimmungen*: Geographische *Breite* durch Messung der Polhöhe, geographische *Länge* durch Messung der Entfernung zwischen Ortsmeridian und Nullmeridian. Da Orte gleicher geographischer Länge gleiche Ortszeit haben, entsprechen Längenunterschiede Zeitunterschieden: $15° = 1$ Stunde, $1° = 4$ Zeitminuten. Mittels zweier, Greenwich-Zeit und wahre Ortszeit anzeigender Uhren (Chronometer) Längenbestimmung durch Messung des Zeitunterschieds.

Barometrische *Höhenmessungen* nach zwei Methoden möglich:

1. Anschluß an trigonometrisch oder durch Nivellement gut bestimmte Höhenpunkte, d. h. Messung *relativer* Höhenunterschiede;

2. durch unmittelbare Bestimmung der *Meereshöhe*. Grundlage barometrischer Höhenmessungen ist 1805 von LAPLACE und BIOT gefundene *barometrische Höhenformel*: Bestimmung des Höhenunterschieds zweier Stationen aus gemessener Luftdruckdifferenz:

Früher umständliche Höhenmessung auf Reisen mit transportempfindlichem, etwa 1 m langem Quecksilberbarometer wesentlich vereinfacht seit Erfindung des Aneroids (1847). Durch Verwendung von Bimetallen weitgehende Temperaturunempfindlichkeit moderner Federbarometer. Trotzdem erfordern Aneroid-Höhenmessungen, besonders mit kleinen Taschenhöhenmessern (Dosenbarometern), ständige Vergleiche mit Präzisionskontrollinstrumenten, stationärem Quecksilberbarometer, Siedethermometer (Hypsometer) oder bekannten Höhenfestpunkten.

Mit wachsender Zahl der Forschungsreisen verdichteten sich Routenaufnahmen zu geschlossenem Bild einer Karte. Erweckt, in kleinerem Maßstab gezeichnet, Eindruck der Entstehung aus flächenhafter Aufnahme, A. v. HUMBOLDT, F. v. RICHTHOFEN, A. TAFEL, SV. HEDIN, H. V. WISSMANN u. a. haben ihre Arbeitsgebiete in Amerika, China, Tibet und Arabien mit so dichten Netzen eigener Routenaufnahmen überzogen, daß sich vollständige Kartenbilder ohne „weiße Flecken" ergaben. Letztlich beruhte bis in jüngste Gegenwart Mehrzahl aller Afrika-, Asien- und Südamerika-Karten auf Ergebnissen unzähliger Routenaufnahmen. Diese sind im Laufe mehrerer Jahrhunderte von Forschungsreisenden, Missionaren, Soldaten, Kolonialbeamten, Ingenieuren, Landmessern, Farmern und Kolonisten zusammengebracht und kritisch verarbeitet worden.

In 2. Hälfte des 19. Jhs. AUGUST PETERMANN führend in Bearbeitung der Afrika-Karten, seit 1855 veröffentlicht in „Dr. August Petermanns Mitteilungen aus Justus Perthes' Geographischer Anstalt". Hervorragende Kolonialkartographen der späteren Zeit P. SPRIGADE und M. MOISEL. Von ehemaligen deutschen Schutzgebieten Togo, Kamerun und Ostafrika liegen aus Routenaufnahmen hervorgegangene Kartenwerke in Maßstäben 1:200000 bzw. 1:300000 vor. Entstanden zwischen 1880 und 1914 unter maßgeblicher Beteiligung von Geographen (HASSERT, JAEGER, H. MEYER, OBST, THORBECKE, UHLIG u. a.) in erstaunlicher Vollständigkeit und Güte.

Literatur

BAUMGART, G.: Gelände und Kartenkunde. 5. Aufl., Berlin 1942
EGERER, A.: Wie fertigt man eine Kartenskizze (Kroki)? Stuttgart 1924
HOFMANN, W.: Geländeaufnahme – Geländedarstellung. Das geographische Seminar. Praktische Arbeitsweisen, Braunschweig 1971
HUGERSHOFF, R. u. ISRAEL, O.: Kartographische Aufnahmen und geographische Ortsbestimmung auf Reisen. Teil 1: Die topographischen Aufnahmen. Berlin-Leipzig 1925
KOSACK, H. P.: Kompaßmessungen. Geogr. Taschenbuch 1950, S. 219–221
LOUIS, H.: Topographische Übersichtsaufnahmen auf Forschungsreisen. Zeitschr. Ges. f. Erdkunde Berlin 1931
PILLEWIZER, W.: Der Anteil der Geographie an der kartographischen Erschließung Deutsch-Ostafrikas. Jb. Kartogr. 1941
—: Die Kartenaufnahme in unerforschten Gebieten. Kartogr. Nachr. 1965
—: Erfahrungen mit Kartographischen Hochgebirgsaufnahmen auf Forschungsreisen. In: E. ARNBERGER, Grundsatzfragen der Kartographie. Wien 1970
SCHWEISSTHAL, R.: Geländeaufnahme mit einfachen Hilfsmitteln. Frankfurt/M. 1966
SPRIGADE, P. u. MOISEL, M.: Die Aufnahmemethoden in den deutschen Schutzgebieten und die deutsche Kolonialkartographie. Zeitschr. Ges. f. Erdkunde Berlin 1914
STAMS, W.: Die Kartographie in den ersten 30 Jahrgängen von „Petermanns Geographischen Mitteilungen". Peterm. Geogr. Mitt., 122, 1978, S. 185–202
WAND, O.: Die Konstruktion topographischer Karten auf Grund von Routenaufnahmen. Mitt. Reichsamt Landesaufn. 1938

LANDESAUFNAHME

Während Routenaufnahmen vorwiegend Ergebnisse privater Initiative einzelner Forschungsreisender sind, ist moderne flächenhafte *Landesaufnahme* nicht denkbar ohne staatliche Organisation. Aufgabenbereich von Geodäten und Topographen. Theorie der Instrumentenfehler und Ausgleichsrechnung sind Teilgebiete höherer Geodäsie. Geographen zwar an praktischen Arbeiten der Landesaufnahme nicht beteiligt, müssen jedoch als Kartenbenutzer mit deren Methoden vertraut sein und können für inhaltliche Gestaltung der Kartenwerke wichtige Hinweise geben.

Geodätische Voraussetzungen

Grundlagen exakter Landesaufnahmen bilden durch Triangulation festgelegte Dreiecksnetze und trigonometrisch oder durch Nivellement bestimmte Höhenfestpunkte. Eigentliche Geländeaufnahme mit Meßtisch und Kippregel oder tachymetrisch, heute vorzugsweise photogrammetrisch.

Dreiecksmessung (Triangulation)

Anfänge der Triangulation in Renaissance bei GEMMA-FRISIUS (1533). Begründung moderner Triangulation mit Winkel- und Basismessung durch Niederländer W. SNELLIUS (1615). Erste Verwendung von Dreiecksnetzen durch W. SCHICKHART (1620) für Landesaufnahme in Württemberg, erste genauere Basismessung (München-Dachau) 1764.

Zusammenhängende Vermessung eines größeren Teils der Erdoberfläche erfordert Festlegung eines Dreiecksnetzes von trigonometrischen Punkten (TP). Zu unterscheiden zwischen solchen I., II., III. und IV. Ordnung (Abb. 101). Auf amtlichen Karten durch Punkt inmitten kleinen Dreiecks verzeichnet. Zentralpunkt des alten deutschen Triangulationsnetzes war Helmertturm des Geodätischen Instituts Potsdam mit Koordinaten $\varphi = 52° 22' 54{,}8''$ und $\lambda = 13° 4' 1{,}73''$ östl. Greenwich.

Trigonometrischer Punkt *I. Ordnung* im Gelände oberirdisch durch Pyramidensignal über Granitpfeiler, unterirdisch durch Granitplatte mit Kreuz bezeichnet (Abb. 102). Bei Haupttriangulation betragen Zielweiten des Theodolits 20–50 km

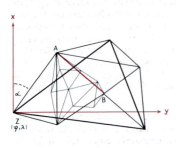

Abb. 101 Dreiecksnetz I., II. und III. Ordnung mit Basislinie A–B (Z = Zentralpunkt, α = Richtungswinkel)

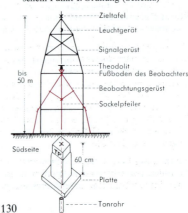

Abb. 102 Signalbau über Trigonometrischem Punkt I. Ordnung (Schema)

(längste Seite in Deutschland 98 km). Punkte möglichst so gewählt, daß sie gleichseitige Dreiecke bilden. Da Pyramidensignale (Holz- oder Stahltürme) oder gegebene trigonometrische Hochpunkte (Kirchturmspitzen, Schornsteine, Fahnenstangen auf Aussichtstürmen) über große Entfernungen nicht deutlich erkennbar, Anpeilung des Lichts eines Scheinwerfers oder Sonnenspiegels (Heliotrops). Durch Messung aller Dreieckswinkel (Triangulation) Festlegung des Hauptdreiecksnetzes. Bestimmung der Seitenlängen möglich, wenn Länge mindestens *einer* Seite (Basis) bekannt ist.

Basislinien seit 1834 in Preußen und Nachbarländern mit Bessel-Apparat gemessen, bestehend aus 4 Eisenstangen von je 2 Toisen (= 3,898 m) Länge. 1847 ergab erste Doppelmessung der „Bonner Basis" 2134 m. Später Benutzung 4 m langer Platin-Iridium-Meßstangen. Um 1900 löste Drahtmessung Basismessung mit Stangenapparaten ab. Verwendung der gegen Temperaturänderungen fast unempfindlichen Nickel-Stahl-Legierung „Invar" (invariabel = unveränderlich).

Invar-Draht-Meßverfahren mit 24 m langen gespannten Drähten heute allgemein für *Basismessungen* üblich. *Neueste Entwicklung:* Elektromagnetische und elektro-optische Streckenmessung (bis 60 km) mit modernen Geräten der Funkmeßtechnik. Dadurch Aufbau von Dreiecksnetzen durch Seitenmessung (Trilateration) möglich.

Triangulation *II. Ordnung* bezweckt Verdichtung des Hauptdreiecksnetzes. Erstrebt einen Festpunkt je 50 km^2 bzw. 2–3 Punkte je Blatt der Topographischen Karte 1:25 000 (TK 25). Angestrebt wurde möglichst gleichmäßige Punktverteilung mit durchschnittlicher Länge der Dreiecksseiten von 10–20 km.

Weiterverdichtung des Hauptnetzes durch Triangulation *III. Ordnung* (Kleintriangulation) mit gleichmäßiger Festpunktdichte von einem Punkt je 5 km^2 bzw. 22–24 Punkten je Blatt der Topographischen Karte 1:25 000. Seitenlänge 3–10 km. Beobachtung gewöhnlich vom Stativ, in seltenen Fällen von hölzernen Hochbauten (ähnlich denen der Triangulation höherer Ordnungen) oder von Stahltürmen.

Dreiecksnetz aus trigonometrischen Punkten I. bis III. Ordnung liefert Rahmen für eigentliches Aufnahmenetz. Triangulation *IV. Ordnung* bezweckt Verdichtung des Festpunktfeldes auf einen Punkt je km^2 oder 125 Punkte je Blatt der Topographischen Karte 1:25 000. Seitenlänge 1–3 km.

Weitere Triangulation in waldreichem oder unübersichtlichem Gelände wegen hoher Kosten unwirtschaftlich. Daher als letztes Glied zur Verdichtung des trigonometrischen Netzes *Polygonzugmessung*: Von geknicktem Linienzug werden Brechungswinkel (Polygonwinkel) und Strecken (50–500 m lange Polygonseiten) gemessen (Abb. 103). Alte Methode der Streckenmessung (Latten und Meßketten) waren an günstige Geländeprofile gebunden und ungenau. In jüngerer Zeit Entwicklung von Methoden zur indirekten (optischen) Streckenmessung mit Tachymetertheodolit. Erlauben bei guter Genauigkeit schnelles Arbeiten auch in schwierigem Gelände.

Einmessung beiderseits des Polygonzuges liegender Objekte durch Fällung von Lotlinien auf markante Eckpunkte (z.B. eines Gehöftes, Waldstücks usw.) mit Hilfe des Winkelprismas und Ausmessung der Lotpunktabstände (Abb. 103).

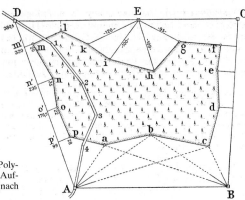

Abb. 103 Geschlossener Polygonzug (Punkte A–D) zur Aufnahme eines Waldstückes (nach A. Egerer)

Literatur

BUNDSCHUH, F.: Entwicklung und Stand der deutschen Dreiecksnetze. Sammelband „Geodätische Woche Köln". Stuttgart 1951
GROSSMANN, W. u. KAHMEN, H.: Vermessungskunde. Samml. Göschen. Bd. I, 16. Aufl. Berlin 1985; II, 13. Aufl. 1983; III, 11. Aufl. 1979
KRIEGEL, O. u. BÖHM, M.: Das öffentliche Vermessungs- und Landkartenwesen in der Bundesrepublik Deutschland. Bonn 1961
MÜLLER, H.: Die topographische Landesaufnahme und ihre Bedeutung für die Kartographie. Jb. Kartogr. 1941
PFITZER, A.: Aufgaben und Aufbau einer Reichsvermessung. Mitt. Reichsamt f. Landesaufn. Berlin 1935
SEIDEL, F.: Der Stand der Triangulationsarbeiten im Reich. Zeitschr. f. Vermessungswesen 1939
SUCKOW, F.: Die Landmessung. Aus Natur und Geisteswelt, Nr. 608. Leipzig 1919
TORGE, W.: Geodäsie. Samml. Göschen, Berlin 1975
VOLLMAR, W.: Landestriangulation, Höhenmessungen und amtliche Kartenwerke im Reichsvermessungswesen. Mitt. Reichsamt f. Landesaufn. Berlin 1935

Höhenmessung und Höhennullpunkte

Drei Methoden der Höhenmessung:

1. Barometrische Höhenmessung,
2. Trigonometrische Höhenmessung,
3. Nivellement.

1. *Barometrische Höhenmessung:* einfachste, billigste, aber auch ungenaueste Form der Höhenmessung (S. 128), scheidet daher für größtmögliche Zuverlässigkeit anstrebende exakte Landesaufnahme aus. Wichtige Hilfe: Barometrische Höhentafeln von W. JORDAN.

2. *Trigonometrische Höhenmessung*, d.h. Höhenbestimmung aus horizontaler Entfernung und einem Höhenwinkel: Grundgedanke so alt wie euklidische Geometrie. Bereits um 200 v. Chr. von HERON VON ALEXANDRIEN angewendet. Diese einfache Form der Höhenmessung jedoch nur auf relativ kurze Entfernungen anwendbar. Bei größeren Entfernungen fehlerhafte Ergebnisse wegen Erdkrümmung und Strahlenbrechung (Refraktion). Rechnerische Korrektur erforderlich.

Zur Ermittlung der Höhe der Berliner Sternwarte 1835 von General BAEYER durchgeführtes „Nivellement zwischen Swinemünde und Berlin" war trigonometrische Höhenmessung mit Sichtweiten von 15–30 km. Viermonatige Geländearbeit von zwei Beobachtern, Berechnung erforderte nahezu 2 Jahre. Ergab Höhe der Berliner Sternwarte von 34,4 m mit wahrscheinlichem Fehler von 0,6 m. Heute Nivellierung bei zehnfach besserer Genauigkeit in wesentlich kürzerer Zeit möglich.

3. *Nivellement:* langwierigstes, kostspieligstes, jedoch genauestes Höhenmeßverfahren. Ermittlung des Höhenunterschieds zweier Punkte durch horizontales Anvisieren senkrecht aufgestellter Nivellierlatten mit Nivellierfernrohr (Abb. 104). Früher zur Messung verwendete Holzlatten heute durch temperaturunempfindliche Latte mit Skala auf gespanntem Invarband ersetzt.

Mittlerer Fehler eines Nivellierungszuges wächst proportional der Quadratwurzel der Gesamtlänge des Nivellements und proportional der Quadratwurzel der Zielweiten. Daher Zielweiten gewöhnlich nur 50 m, bei starker Geländeneigung weniger. Messungen in Reihenfolge Rückblick-Vorblick-Vorblick-Rückblick. Durch Vermeidung bodennaher Visuren Beseitigung des Einflusses der Refraktion. Zusammenstellung der Meßergebnisse in Linienverzeichnissen, mathematischer Fehlerausgleich.

Zur systematischen Instrumenten- und Meßfehlerausscheidung wird jede Strecke entweder an zweiten Festpunkt angeschlossen oder hin- und zurücknivelliert, wenn möglich in Schleife. Berühmte Nivellementschleife von Bozen (265 m) über Brenner (1371 m) nach Innsbruck (574 m) und zurück über Landeck, Reschenpaß (1508 m), Meran nach Bozen ergab bei Höhenunterschied von 1243 m Endfehler von 7 mm.

Abb. 104 Zwei Arbeitsgänge eines Nivellements vom Höhenbolzen HB zum Wechselpunkt W_2. Rückblick (R) und Vorblick (V) vom jeweiligen Standort (S) ergeben Höhendifferenz (h). Ermittlung absoluter Höhe aus Addition der Höhendifferenzen

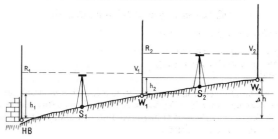

Neuere Methode: Hydrostatisches Nivellement nach Prinzip der kommunizierenden Röhren. Kabelschläuche werden mit Wasser gefüllt. Methode besonders für Übertragung des Höhenhorizontes über große Meeresstrecken (bis zu 20 km) geeignet.

Vermarkung der Höhenpunkte durch Pfeiler- oder Mauerbolzen in Abständen von durchschnittlich 1 km längs Nivellementlinien. Anbringung an besonders fest gegründeten Bauwerken (Kirchen, Rathäusern, Schlössern, Bahnhöfen, Schulen usw.).

1879 Festlegung eines Normalhöhenpunktes (NHP) an alter Berliner Sternwarte als Bezugs- und Ausgangspunkt aller amtlichen deutschen Höhenmessungen; liegt 37 m über Normalnullpunkt (NN) des Amsterdamer Pegels. 1912 Verlegung des Normalhöhenpunktes wegen Abbruchs der Sternwarte nach Berlin-Hoppegarten unter Beibehaltung der Bezugsfläche. Bezugspunkt für alle Ostblockstaaten seit 1957: Pegel von Kronstadt b. Leningrad (S. 162).

Bis 1909 erschienene Topographische Karte von Baden 1:25 000 bezog sich auf Boden des Straßburger Münsters: 145,75 m über Mittelwasser des Mittelmeeres, Umrechnung auf NN erfordert Abzug von 2 m. Alter Topographischer Atlas von Bayern 1:50 000 hat inneres Pflaster der Münchener Frauenkirche als Bezugsfläche: 519,16 m über Adria bei Venedig, Umrechnung auf NN durch Abzug von 1,74 m. Auch württembergische, hessische und sächsische Karten mit eigenem Normalhöhenbezug. Meereshöhenangaben österreichischer Karten auf Pegel in Triest, der Schweizer Karten auf Höhenmarke an Felsblock im Genfer See bezogen.

Literatur

BODENMÜLLER, H.: Höhensysteme, ihre Definition und gravimetrische Bestimmung. Veröff. Dt. Geodät. Komm., Reihe A, H. 32. München 1959

GROSSMANN, W. u. KAHMEN, H.: Vermessungskunde. Band III: Trigonometrische und barometrische Höhenmessung, Tachymetrie und Ingenieurgeodäsie. Samml. Göschen. 11. Aufl. Berlin 1979

HEYDE, H.: Die Höhennullpunkte der amtlichen deutschen Kartenwerke (Festband A. Penck). Stuttgart 1918

—: Die Höhennullpunkte der amtlichen topographischen Kartenwerke der außerdeutschen europäischen Staaten und ihre Lage zu Normalnull (NN). Zeitschr. Ges. f. Erdkunde Berlin 1923

JORDAN, W., EGGERT, O. u. KNEISSL, M.: Handbuch der Vermessungskunde. Bd. III: Höhenmessung. Tachymetrie. 10. Aufl., Stuttgart 1955/56

WOLFF, H.: Die neuen Normalhöhenpunkte für Preußen. Geogr. Zeitschr. 1916

Meßtischaufnahme

Kartenaufnahme mit Meßtisch und Kippregel seit 1821 in Deutschland bewährte „klassische" Aufnahmemethode. Meßtisch (bereits 1590 von PRAETORIUS erfunden): auf Stativ drehbar befestigte, mit Zeichenkarton bespannte quadratische Holzplatte (Reißbrett); Kippregel: ein auf Kippachse gelagertes Meßfernrohr mit festverbundenem Zeichenlineal, Höhenkreis zur Ablesung der Neigungswinkel und Distanzfäden zur optischen Entfernungsmessung.

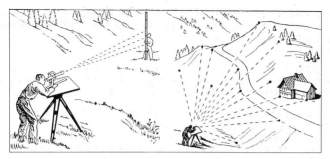

Abb. 105 Arbeit mit Meßtisch und Kippregel. Aufnahme von Lage und Höhe ausgewählter Punkte von einem Standort (nach E. Imhof)

Zwei Aufnahmeverfahren üblich:

1. *Graphisches Verfahren.* Standpunkte und alle Geländepunkte werden durch „graphisches Einschneiden" mittels Kippregel eingemessen, d. h. Zielpunktrichtungen (Visierstrahlen) werden mit Kippregellineal sogleich aufgezeichnet (Abb. 105).

2. *Meßtischtachymetrie.* Richtungen der Geländepunkte werden graphisch, Entfernungen mit Fadendistanzmesser bestimmt.

In beiden Fällen wird Gelände nach Sicht von Standpunkten aus auf Grundlage eingemessener Punkte formgerecht krokiert. Ergebnis sind Meßtischblätter 1 : 25000 (Topographische Karte 1 : 25000). Traditionelles Meßtischverfahren heute weitgehend durch photogrammetrische Aufnahme abgelöst.

Tachymeteraufnahme

Aufnahmegerät: Tachymeter- (oder Bussolen-) Theodolit mit Meßlatte. Dieses Instrumentarium beweglicher als Meßtisch. Geländepunkte werden von gewählten Standpunkten aus nach Richtung, Entfernung und Höhe eingemessen und im Aufnahmebuch verzeichnet (Zahlentachymetrie, „Württembergisches Verfahren"): Richtungsmessung in Winkeln zu bekanntem Festpunkt oder Magnetisch-Nord, Entfernungsmessung (bis 200 m) optisch mit Distanzfäden und Meßlatte. Höhenmessung mit Kippregel. Topograph entwirft auf dieser Grundlage im Anblick des Geländes Feldskizze mit angedeuteten Höhenlinien. Weitere Ausarbeitung im Büro. In Bayern Kombination der Zahlentachymetrie mit graphischer Meßtischaufnahme.

Photogrammetrische Aufnahme

Unterscheidung zweier *Verfahren*:

1. *Terrestrische Photogrammetrie* (Erdbildmessung), Anfänge um 1850,

2. *Aerophotogrammetrie* (Luftbildmessung) seit 1915.

Beide erlauben schnelle, zuverlässige Kartenaufnahme, ersetzen besonders in schwer zugänglichen Gebieten klassische Aufnahmemethoden. Ergänzende Geländebegehung nur zur Einmessung von Festpunkten, Klassifizierung des Wegenetzes und Ermittlung des Namengutes (topographische Bezeichnungen, Orts- und Flurnamen) usw. erforderlich.

Moderne Stereophotogrammetrie arbeitet mit großem Instrumenten-, aber geringem Personalaufwand. Ausmessung der Raumbilder halbautomatisch auf optisch-mechanischem Wege mit Stereoautograph oder Stereoplanigraph. Ins Gesichtsfeld beider Stereobilder gebrachte Leuchtmarken kommen an Schnittstelle der Aufnahmestrahlen zur räumlichen Deckung. Modell kann durch Erfassung aller Punkte gleicher Höhe „abgetastet" werden. Bewegung der Meßmarke mechanisch mit Zeichenstift verbunden. Auf diese Weise Übertragung der Höhenlinien und des Lageplans auf Zeichenebene, Eintragung der Höhenzahlen. Neuerdings elektronische Abtastung der Raummodelle.

Terrestrische Photogrammetrie bestgeeignete Aufnahmemethode im Hochgebirge für Grundriß- und Höhenmessung. Viele Aufnahmestandpunkte mit guter Übersicht. Von genau ausgemessener Standlinie (Basislinie, 30–500 m) wird Gelände in verschiedensten Richtungen photographiert. Doppelbilder werden in verfeinertem Stereoskop (Stereokomparator) zur räumlichen Anschauung gebracht und mit beweglicher Meßmarke in 3 Dimensionen ausgewertet. Mit Stereoautographen unter Berücksichtigung von Verzerrung und Perspektive unmittelbare Zeichnung des Lageplans und der Höhenlinien. Eindrucksvolles Beispiel früher stereophotogrammetrischer Aufnahme eines tropischen Hochgebirges: Kilimandscharo-Karte 1:50000 (1912, erschienen 1920) von F. KLUTE und E. OEHLER.

Aerophotogrammetrie hält Verbindung zur Erdoberfläche nur durch einige Paßpunkte. Zur Kartierung vorgesehener Geländeabschnitt wird von möglichst gleichhohen Luftstandorten aus in Reihenaufnahmen photographiert (Abb. 106), die sich zu 60% überdecken. Kontrolle durch barometrische Feinhöhenmesser auf 1–2 m Genauigkeit. Horizontbilder registrieren Neigung des Flugzeuges. Zentralperspektivisch „verkantete" Luftbilder werden mit Entzerrungsgeräten ohne Lagefehler in orthogonal projizierte Karte verwandelt. Erleichterung der Kartenbearbeitung durch Einbeziehung einer Basislinie oder bekannter Festpunkte in Aufnahmebereich.

Aus Flughöhe und Öffnungswinkel der Aufnahmestrahlenbündel ergibt sich Maßstab aerophotogrammetrisch aufgenommener Bilder: bei Flughöhe von 5000 m und Brennweite des Objektivs von 20 cm z. B. 1 : 25000. Mit Kammern mittlerer Brennweite für Über-

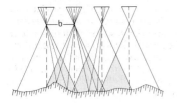

Abb. 106 Schema aerophotogrammetrischer Aufnahme. Festlegung jedes Geländepunktes durch zwei Strahlen ergibt ausmeßbares stereoskopisches Bild. Abstand der Aufnahmen = b. Überdeckungsbereiche gerastert

deckung von 100000 km² 30000 Aufnahmen im Maßstab 1 : 25000 erforderlich. Durch Erfindung von Panoramakammern mit Weitwinkelobjektiven von 105° Öffnung Reduzierung der Aufnahmen von 30000 auf 750, der erforderlichen Flugstrecke von 40000 km auf 6000 km. Moderne Überweitwinkelobjektive von 120° Öffnung erlauben mit einer Senkrechtdoppelaufnahme aus 7000 m Flughöhe Erfassung eines Geländeausschnitts von weit über 100 km². Möglichkeit, mit einer Stereoaufnahme aus 13000 m Höhe Gebiet von 600 km² zu „kartieren". Weitere Entwicklung durch Satellitenaufnahmen.

In der Praxis nicht Verwendung einzelner Bildpaare, sondern mittels vollautomatischer Reihenmeßkammern gewonnener Bildreihen. Für aerophotogrammetrische Grundrißmessung der Karte 1: 25000 z. B. 5 Bildreihen zu je 10 Einzelbildern bei 65% gegenseitiger Überdeckung erforderlich, für Karte 1: 5000 2 Bildreihen zu je 3 Einzelbildern.

Aerophotogrammetrie im offenen *Flachland* günstigstes modernes Verfahren für Aufnahme des Lageplans. Dagegen luftphotogrammetrische Höhenbestimmung im Flachland für großmaßstäbliche Karten unzulänglich. Höhengenauigkeit beträgt 0,3‰ der Flughöhe, d. h. bei praktisch geringst möglicher Flughöhe von 1000 m etwa 30 cm. Höhen müssen daher terrestrisch mit Meßtisch oder tachymetrisch nachträglich auf photogrammetrisch gewonnenen Grundriß eingemessen, Schichtlinien im Anblick des Geländes entworfen werden.

Aerophotogrammetrie im bewaldeten *Mittelgebirge* erschwert, da Boden nicht sichtbar, besonders bei Bedeckung mit Nadelwald. Aufnahme von Laubwaldgebieten nach Laubabwurf.

Im *Hochgebirge* sollte Flughöhe etwa das Doppelte vorkommender Geländeunterschiede betragen, z. B. 5200 m über Grund bei relativen Höhenunterschieden von 2600–2800 m. Schwierigkeiten infolge Formenverschleierung durch starke Schlagschatten. Aerophotogrammetrie daher am erfolgreichsten in Gebieten hoher Sonnenstände anwendbar (tropisches Hochgebirge), in anderen Bereichen Kombination von terrestrischer und luftphotogrammetrischer Aufnahme notwendig. Tachymetrie und Meßtischaufnahme im Hochgebirge unwirtschaftlich. Leistung von Photogrammetrie und Tachymetrie dort wie 50: 1.

Nachteile der Photogrammetrie: Auswerter im Büro kommt mit Aufnahmegelände nicht mehr in Berührung, bedarf daher guter morphologischer Schulung für verständnisvolle Kartenbearbeitung, vgl.:

MÜLLER, H.: Deutschlands Erdoberflächenformen, eine Morphologie für Kartenherstellung und Kartenlehre. Stuttgart 1941, und
RATHJENS, C.: Geomorphologie für Kartographen und Vermessungsingenieure. Kartogr. Schriftenreihe, Bd. VI. Lahr 1958.

Vorteile der Photogrammetrie: Erspart zeitraubende und kostspielige geodätische Feldarbeit. Auch schwer zugängliche Gebiete können leicht vermessen werden. Relief exakt erfaßbar: Höhenlinien werden nicht durch Interpolation, sondern durch Ausmessung am stereoskopischen Bild gefunden. Automatisierung der Kartenarbeit scheidet menschliche Fehlerquellen weitgehend aus. Bei nahezu ebenem Gelände schnelle Herstellung von Bildplänen möglich. Wiederholung der Bildflüge sichert Laufendhaltung (Evidenz) der Kartenwerke; Veränderungen in der Landschaft werden dokumentarisch festgehalten.

Anwendung der Photogrammetrie neben Herstellung topographischer Karten auch für Landesplanung (Bildpläne) und militärische Zwecke. Wissenschaftliche Luftbildinterpretation durch Geographen eröffnet neue Möglichkeiten landeskundlicher Erkenntnisse. Luftbild wichtiges Hilfsmittel für geologische Kartierung größerer Gebiete.

In den USA 1937 bereits über 400 000 km^2 von 9,9 Mill. km^2 gesamter Staatsfläche luftphotogrammetrisch vermessen. Seit 2. Weltkrieg Aufnahme in 1:250 000 lückenlos durchgeführt.

Seit 1972 neue Möglichkeiten schneller topographischer und thematischer Landesaufnahme und Fortführung älterer Kartenwerke in kleinen Maßstäben (± 1:250 000) durch LANDSAT-Satellitenbeobachtungsprogramm. Satelliten (LANDSAT 1–3, anfänglich ERTS genannt) umkreisen Erde mit Umlaufzeit von 103 Minuten in 910 km Höhe und nehmen alle 18 Tage mit fast 10 000 Bildern jedes Gebiet der Erde zur gleichen Ortszeit auf. Je Bild Abdeckung einer Fläche von 185·185 km mit erkennbaren Details in Größenordnung von 10–80 m. Topographische Veränderungen durch Erdbeben, Vulkanausbrüche, Ausmaß von Überschwemmungen, Bodenerosion u. a. Naturkatastrophen sofort erfaßbar, daneben Erkundung von geologischen Lagerstätten, Wasserreserven, Größe landwirtschaftlicher Nutzfläche, Saatenstand u. ä.

Literatur

BODECHTEL, H. u. GIERLOFF-EMDEN, H.-G.: Weltraumbilder der Erde. München 1970
BUCHHOLTZ, A.: Photogrammetrie. Berlin ^{2}1960
BUCHROITHNER, M. F.: Fernerkundungskartographie mit Satellitenaufnahmen. Digitale Methoden, Reliefkartierung, geowissenschaftliche Applikationsbeispiele. Wien 1989
FINSTERWALDER, R.: Photogrammetrie, Berlin 1952
— u. HOFMANN, W.: Photogrammetrie. Berlin 1968
GIERLOFF-EMDEN, H.-G.: Fernerkundungskartographie mit Satellitenaufnahmen. Allgemeine Grundlagen und Anwendungen. Wien 1989
— u. DIETZ, K. R.: Auswertung und Verwendung von High Altitude Photography (HAP). München 1983
— u. HALM, K.: Geographische Bildanalyse von Metric-Camera-Aufnahmen des Space-Shuttle-Fluges StS-9. München 1985
— u. WIENEKE, F. (Hrsg.): Anwendung von Satelliten- und Luftbildern zur Geländedarstellung in topographischen Karten und zur bodengeographischen Kartierung. Münchener Geogr. Abh. Bd. 20, München 1978
KLUTE, F.: Die Methode der Stereophotogrammetrie und ihre Bedeutung für geographische Aufnahmen. Geogr. Zeitschr. 1920
KONECNY, G. u. LEHMANN, G.: Photogrammetrie ^{4}1984
LINDIG, G.: Großmaßstäbige Wüstenphotogrammetrie. Bildmess. u. Luftbildwesen 32, 1964
LÖFFLER, E.: Geographie und Fernerkundung. Stuttgart 1985
MEINE, K.-H.: Weltraum-Kartographie, Geogr. Tijdschr. 1969
RINNER, K. u. BURKHARDT, R.: Photogrammetrie. Handb. d. Vermessungskunde, Bd. III a, Stuttgart 1972
SCHWIDEFSKY, K.: Grundriß der Photogrammetrie. Stuttgart ^{6}1963
— u. ACKERMANN, F.: Photogrammetrie. Stuttgart ^{7}1976

KARTENREPRODUKTION

Kartographische Reproduktionstechnik umfaßt Herstellung der Druckvorlagen und Vervielfältigung von Karten. Von Reproduktionstechnik zu fordern:

1. Maßhaltigkeit der Druckvorlagen,
2. Korrektur- und Nachtragfähigkeit der Druckvorlagen,
3. Jahrzehntelange Lagerfähigkeit der Druckvorlagen,
4. Einwandfreie Wiedergabe feinster Strichzeichnungen in Kombination mit vollen Flächentönen und Rastertönen,
5. Maßhaltigkeit und Faltfähigkeit des verwendeten Papiers,
6. Wirtschaftlichkeit des Reproduktionsverfahrens.

Übliche Verfahren des Hoch-, Tief- und Flachdrucks erfüllen diese Forderungen in unterschiedlicher Weise. Ältestes Vervielfältigungsverfahren ist *Hochdruck*. Karten wurden seit Beginn des 15. Jhs. in Holz geschnitten. Durch Herausschnitzen der Leerfelder blieb auf Holzplatte übertragene Zeichnung erhaben stehen. Derartige grobe, in kleiner Auflage mit Handpresse hergestellte *Holzschnittdrucke*, z.B. PHILIPP APIANS Bayerische Landtafeln von 1568 (Abb. 86), nur noch von historischem Interesse. Im Prinzip gleiches Verfahren bei *Strichätzung*: Schwarz-Weiß-Zeichnung wird photographisch auf Metallplatte übertragen, Leerfelder werden herausgeätzt. Neuerdings auch Gravur mit vollautomatischen Maschinen in Kunststoffplatten. Verwendung solcher Klischees im Buchdruck für *Textkarten*. Erzielung von Halbtönen durch einkopierte Raster.

Reproduktion im *Tiefdruck* erfordert Stich oder Ätzung der Kartenvorlage in Metallplatte. Beim *Kupferstich* (seit 1446) wird Zeichnung auf polierte, mit Gelatineschicht überzogene Kupferplatte gepaust, jede Linie mit Grabstichel ausgestochen. Vertiefungen werden beim Druckvorgang eingefärbt, Leerfelder bleiben ohne Farbe, dadurch Wiedergabe aller feinen und feinsten Linien der Gravur in „gestochener" Schärfe.

Stahlstich noch feiner in Wiedergabe, aber technisch schwieriger. Nur ein Kartenwerk in Stahlstich: Englische Karte 1:63360, ein anderes (Französische Karte 1:50000) in Zinkstich.

Schnelle Abnutzung der 3–4 mm dicken Kupferstichplatten erlaubt nur kleine Auflagen mit Tiefdruck-Handpressen. Für 100–200 Abzüge 1–2 Wochen benötigt. Papier muß zum Druck angefeuchtet werden, ist nicht maßhaltig, daher auch kein Farbaufdruck möglich: Kupferstichkarten sind handkoloriert (Grenzkolorit oder Flächenkolorit).

Zur Schonung der Original-Kupferstichplatten um 1860 Übergang zum *Umdruckverfahren*. Abzug des Stichs auf leicht angefeuchtetem Umdruckpapier wird auf Flachdruck-Metallplatte (Zink, Aluminium) übertragen. Damit Durchführung des Auflagedrucks im Offsetverfahren (s.u.). Durch Zwischenübertragung auf feuchtes Papier Verlust von Maßstabsgenauigkeit und zeichnerischer Feinheit. Umdruckausgaben, z.B. der Karte des Deutschen Reiches 1:100000, Original-Kupferstichkarten weit unterlegen.

Andere Tiefdruckverfahren (Heliogravüre, Rastertiefdruck, Kupfertiefätzung, Galvanoplastik) für moderne Kartendrucke bedeutungslos.

Beim *Flachdruck* Verwendung ebener Kalkstein- oder Metallplatten, auf die Kartenvorlage spiegelbildlich mit Fettusche gezeichnet oder photographisch (Photolithdruckkarte) übertragen wird. Behandlung des Steins mit mineralsaurer Gummi-arabicum-Lösung hat zur Folge, daß sich bei anschließender Einfärbung mit Druckfarbe bildfreie Flächen farbabstoßend verhalten und nur Fettusche der Zeichnung Farbe annimmt.

Für das von A. SENEFELDER 1798 erfundene *Lithographieverfahren* besonders feinkörnige geschliffene Plattenkalke („Solnhofener Schiefer") geeignet. Steindruck erreicht nicht kontrastreiche Schärfe des Kupferstichs (Übersichtskarte von Mitteleuropa 1:300000). Lithographieschnellpresse erlaubte jedoch erstmalig Druck hoher Auflagen (500–700 je Stunde). Großes Gewicht der Lithographiesteine, schwierige Lagerung, begrenzte Korrekturmöglichkeiten (Verlust der Ebenheit durch partielles Abschleifen) führten zum Ersatz der Steine durch dünne Metallplatten als Druckträger.

Beim *Lichtdruck* Verwendung einer mit Chromatgelatine beschichteten Glasplatte als Druckform. Ergibt tonreiche Bilder feinster Struktur. Daher für hochwertige Reproduktion in kleiner Auflage (maximal 1000 Drucke) geeignet, z. B. Faksimileausgaben alter Karten, Flurkarten u. ä.

Direkter Flachdruck von Stein- oder Metallplatte heute durch indirekten Flachdruck ersetzt: *Offsetdruck*. Benutzt statt hochwertiger, aber teurer und umständlicher Gravur in Stein oder Kupfer sehr viel billigere Gravur auf beschichtetes Glas oder Tuschzeichnungen auf transparenten Kunststoff-Folien (Astralon, Ultraphan). Schichtgravur wird im Kontaktkopieverfahren seitenrichtig auf dünne Metallplatte (Zink, Aluminium, Bi-Metall) übertragen, diese auf Druckzylinder der Offsetpresse gespannt. Vom Druckzylinder wird Bild seitenverkehrt von Gummituch abgehoben, das über zweiten Zylinder läuft. Davon seitenrichtiger Druck auf Papier. Hauptvorteil: Reproduktion von Kopie; Original auf Glas oder Folie bleibt erhalten, ist beliebig korrektur- und ergänzungsfähig. Glas besitzt zwar größte Maßhaltigkeit, unzerbrechliche Kunststoff-Folien dagegen leichter zu behandeln und zu lagern.

Im Offsetdruck für jede Farbe durch ganze Auflage hindurch eigener Druckgang erforderlich, meist 4–7 Farben, bei geologischen Karten 15–20 und mehr Farben. Erzielung von Mischfarben durch Übereinanderdruck von gerasterten Farbtönen. Voraussetzung für Gelingen des Drucks ist Maßhaltigkeit der einzelnen Farbfolien, Maßhaltigkeit des Papiers (Lagerung in klimatisierten Räumen) und exakte Beachtung der Paßmarken. Auch Zwei- und Vierfarben-Offsetpressen, die 2 oder 4 Farben in einem Durchgang drucken. Vollautomatische Offset-Druckmaschinen liefern 7000–9000 Drucke je Stunde.

Durch Offsetdruck Erzielung besserer, gleichmäßiger und damit schönerer Farbwirkungen als durch Steindruck. Amtliche Karten der Schweiz sind Musterbeispiele für farbschöne Abstimmungen. Offsetdruck ist in Verbindung mit moderner Photolithographie zu idealem Reproduktionsverfahren für *große* Auflagen mehrfarbiger topographischer Karten mit geschummerter Reliefdarstellung geworden.

Bewährtes Verfahren für Vervielfältigung von Karten mit ungewöhnlich großer Zahl von Farbabstufungen (geologische Karten, Bodenkarten, pflanzengeographische Karten) in beschränkter Auflage ist *Siebdruck*: Druckform sind mit lichtempfindlicher Schicht versehene feinmaschige Draht- oder Kunstfasersiebe. Jeweils mit bestimmter Farbe zu bedruckende Flächen werden von Vorlage photographisch übertragen und durch Entwicklungsprozeß herausgelöst. Farbe wird mit Gummiwalze durch diese Schablone und „Sieb" auf Papier gebracht. Sieb verhindert ungleichmäßigen Farbauftrag. Da jede Farbe auf jede andere aufgedruckt werden kann (auch Hell auf Dunkel), Erzeugung klar lesbarer, ausdruckskräftiger Kartenbilder in mannigfaltigsten Farbkombinationen.

Literatur

Bosse, H.: Kartentechnik II (Vervielfältigungsverfahren). Lahr [3]1955
Ehlers, K. F.: Siebdruck. München [3]1980
Ermel, H.: Die Reproduktionstechnik im Vermessungswesen und in der Kartographie. Berlin 1949
Kartenvervielfältigungsverfahren. Hrsg. v. d. Dt. Ges. f. Kartographie 1961
Kleffner, W.: Der Kupferstich und die Karte 1 : 100000. Mitt. Reichsamt f. Landesaufn. Berlin 1926/27
Kloppenburg, W.: Die Kartographische Reproduktion. Bonn 1972
Meynen, E.: Die Fachbegriffe der Kartenvervielfältigung. Kartogr. Nachr. 1970
Rittweger, H.: Offsetdruck Stuttgart [4]1983
Stams, W.: Die kartographische Technik in Vergangenheit und Gegenwart. Papier u. Druck 1975, S. 105–112
Stump, H.: Versuch einer Darstellung der Entwicklung und des Standes der kartographischen Reproduktionstechnik. Intant. Jb. f. Kartogr. 1961

KARTENWERKE

AMTLICHE KARTENWERKE

Seit 16. Jh. Bestreben europäischer Staaten, ihre Territorien in umfassenden topographischen Kartenwerken darzustellen. Erstes Kartenwerk dieser Art schuf Philipp Apian 1568 von Bayern: Rahmenkartenwerk von 24 Blättern in ungefährem Maßstab 1: 140000.

Zentral regierte Staaten zu allen Zeiten stärkste Förderer der Landesaufnahme. Besitz guter Spezialkarten geradezu Privileg der Staatsführung. Daher bis heute in vielen Ländern Geheimhaltung amtlicher Karten. Noch unter Friedrich dem Grossen war Plankammerverwalter hoher Vertrauensposten; Plankammern lagen über Zimmern des Königs, Zugang nur mit ausdrücklicher Erlaubnis des Monarchen. Amtliche Karten in Deutschland erst seit 1813 im öffentlichen Handel. In erster Hälfte des 19. Jhs. charakteristische Phase der „Topographischen Atlanten" (1:50000), in der u. a. die heute für kulturgeographische Vergleiche äußerst wichtigen Kartenwerke von Baden-Württemberg und Bayern entstanden.

Abb. 107 Stand großmaßstäblicher Kartenaufnahme der Erde um 1960 (nach W. Bormann)

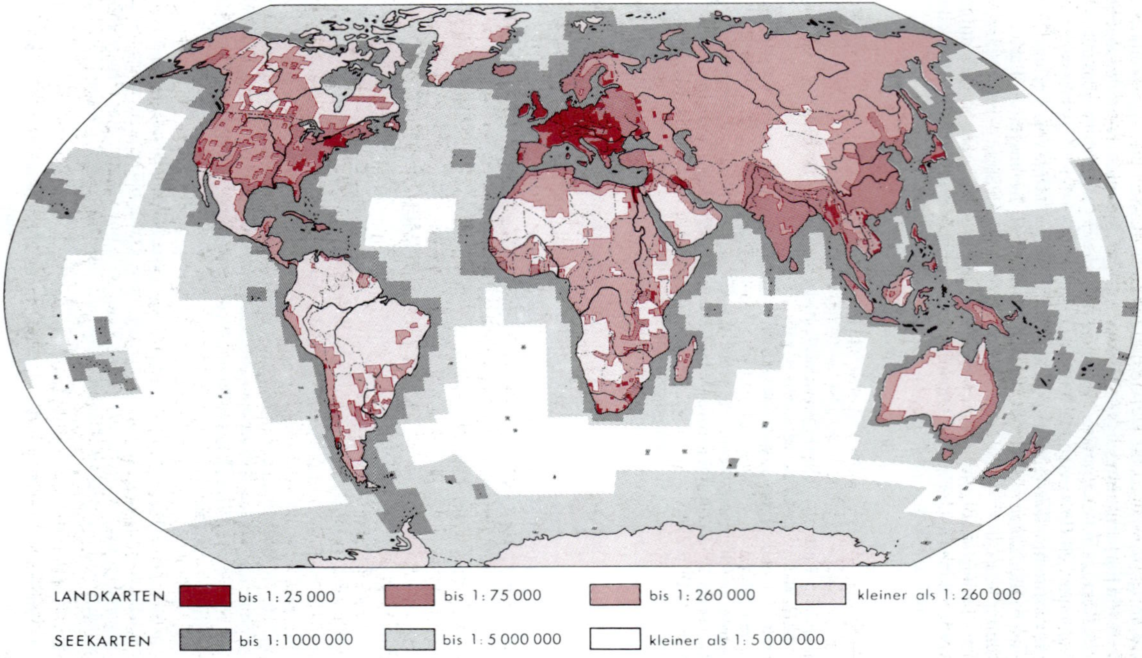

Mit Ausnahme einiger englischsprechender Länder heute allgemein metrische Maßstäbe bevorzugt. Mehrzahl amtlicher Kartenwerke in Maßstäben 1 : 25000, 1 : 50000, 1 : 100000, 1 : 200000, 1 : 250000 und 1 : 500000. 1927/28 waren erst 20% der Erdoberfläche in Maßstäben 1 : 50000 bis etwa 1 : 250000 aufgenommen, 1977 etwa 40% in Maßstäben 1 : 50000 bis 1 : 100000. Stand großmaßstäblicher Kartenaufnahme um 1960 in weltweiter Übersicht veranschaulicht Abb. 107. Vom Geo-Center Stuttgart-München-Berlin herausgegebener Geo-Katalog (2 Bde.) vermittelt Übersicht über alle Karten- und Atlaswerke der Welt nach neuestem Erscheinungsstand.

Literatur

Böhme, R.: Topographische Aufnahme und Kartographische Darstellung der Erde. 12. Arbeitskurs Niederdollendorf 1978. Bielefeld 1975, S. 83–91
Heininger, B.: Maßstäbe, Blattschnitt und Blattnumerierung der amtlichen Kartenwerke der europäischen Länder. Peterm. Geogr. Mitt. 1942
Imhof, E.: Gelände und Karte. Erlenbach-Zürich ³1968
Kosack, H. P.: Amtliche topographische Kartenwerke der Staaten der Erde. Geogr. Taschenbuch 1953, S. 231–238
Paschinger, H.: Grundriß der allgemeinen Kartenkunde, Teil 1. Innsbruck ³1967
Platt, R. R.: Official Topographic Maps. A World Index. Geogr. Review 1945

DEUTSCHLAND

Im vorigen Jahrhundert einsetzende Landesaufnahme zunächst in der Hand militärischer Dienststellen der einzelnen deutschen Staaten. Nach Frieden von Tilsit (1807) in Preußen Errichtung einer Abteilung für Karten und Pläne im Allgemeinen Kriegsdepartement; zeitweise unter Leitung von Scharnhorst. Preußische Landesaufnahme dem Generalstab angeschlossen, süddeutsche Kartenwerke von militärtopographischen Büros und Zivilbehörden betreut. 1875 mit Beschluß der Herausgabe der Karte des Deutschen Reiches 1 : 100000 Begründung einheitlich gelenkter deutscher Landesaufnahme. 1879 Festlegung des Normalhöhenpunktes (S. 134) für alle amtlichen Kartenwerke an alter Berliner Sternwarte (+ 37 m NN).

Nach 1. Weltkrieg Übergang der Aufnahme und des Drucks topographischer Karten von militärischen Dienststellen und topographischen Büros ehemaliger deutscher Bundesstaaten auf zivile Stellen. Damit Abschluß der maßgeblich von Moltke, Schlieffen, Beck u. a. Feldmarschällen beeinflußten Periode der Militärkartographie. 1934 Zusammenfassung aller amtlichen kartographischen Arbeiten im Reichsamt für Landesaufnahme. War Reichsinnenministerium unterstellt und betreute folgende Kartenwerke: Meßtischblätter 1:25000, Karte des Deutschen Reiches 1:100000, Topographische Karte des Deutschen Reiches 1:200000, Übersichtskarte von Mitteleuropa 1:300000, Übersichtskarte von Europa 1:800000 und Übersichtskarte 1:1 Mill. im Rahmen der Internationalen Weltkarte.

1938 Dezentralisierung der Aufgaben des Reichsamts für Landesaufnahme in Berlin, Einrichtung von 13 Hauptvermessungsabteilungen. Aufgaben der Hauptvermessungsabteilungen waren Herstellung der Landesdreiecksnetze (Triangulation III. Ordnung), Überwachung des Reichsfestpunktfeldes, Bearbeitung, Laufendhaltung und Drucklegung der topographischen Kartenwerke 1:5000 und 1:25000. Reichsamt in Berlin betreute Maßstäbe 1:50000 bis 1:1 Mill.

Nach 2. Weltkrieg in der **Bundesrepublik Deutschland** aus Hauptvermessungsabteilungen entstandene Landesvermessungsämter der Bundesländer organisatorisch selbständig. Zentrale Bundesbehörde wie früheres Reichsamt für Landesaufnahme fehlt. Landesvermessungsämter haben für jeweiliges Bundesland frühere zentrale Aufgaben des Reichsamts mit übernommen. *Arbeitsgemeinschaft der Vermessungsverwaltungen* (AdV) wurde bereits 1948 gegründet, um Einheitlichkeit und koordinierte Weiterentwicklung für das gesamte Bundesgebiet zu wahren. Einzige mit kartographischen Aufgaben betraute **Bundesbehörde**: *Institut für Angewandte Geodäsie* in Frankfurt a. M. mit Außenstelle Berlin (Überrest des aufgelösten Reichsamts), zuständig für Bearbeitung und Herausgabe amtlicher Kartenwerke in Maßstäben 1 : 200000 bis 1 : 1 Mill.

Grundlage deutscher topographischer Karten war zunächst Polyederprojektion (s. S. 78), ab 1923 Gauß-Krügersche Koordinaten (s. S. 80). Gradabteilungskarten: N-Rand der Karten stets einige Millimeter kürzer als S-Rand, Karten daher strenggenommen Trapeze.

Abb. 108 Blatteinteilung der Maßstabsfolge topographischer Karten. Ziffernfolge gibt Lage des Kartenblattes an: erste beiden Ziffern von N nach S zunehmend, letzte beiden von W nach O zunehmend. Buchstaben geben Maßstab an (Ohne Buchst.: TK 25; L: TK 50; C: TK 100; CC: TK 200).

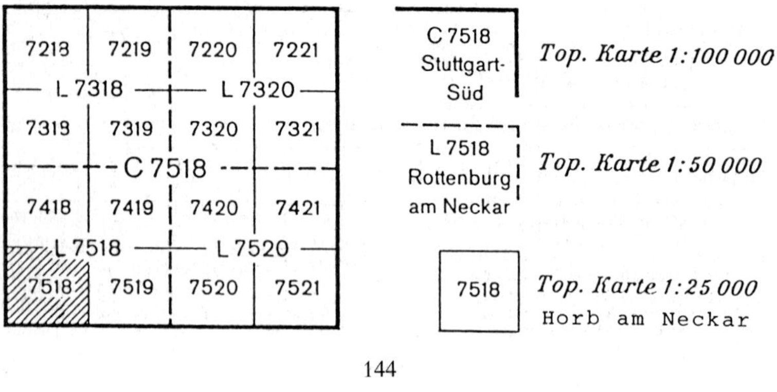

Bearbeitungsstand der Topographischen Karte der Bundesrepublik Deutschland 1987
(nach D. Schmidt 1988)

Land	Fl. Tsd. km²	Einwohner Mio.	DGK 5 Blattzahl	DGK 5 erschienen N	DGK 5 erschienen N+G	DGK 5 erschienen L	TK 25	TK 50	TK 100	Erläuterung
BW	35,8	9,3	4189 16400*	3216 16373*	4189 16400*		285	76	20	* HFK 1:2500
BY	70,5	11,0	12298** 5922*	11754** 5345*	12298** 5922*		558	157	44 (40 Beh. A)	* HFK 1:2500 ** HFK 1:5000
B	0,5	1,9	Kartenwerk 1:4000				13			
HB	0,4	0,7	101	9	101		Bearbeitung durch NS			
HH	0,8	1,6	245	245	245		Bearbeitung durch SH			
HE	21,1	5,5	5277	1555	1555	3996	172	42	10	
NS	47,4	7,2	12226	7174	12226	3116*	435	109	28	* auf Antrag
NW	34,1	16,7	8629	4830	8111	8629	270	72	19	
RP	19,8	3,6	5013	1256 1204*	2460	2084	156	40	11	* Vorstufe
SA	2,6	1,0	683	351	351		24	7	2	
SH	15,7	2,6	4314	3251	4314		180	55	18	TK: UTM
BRD	248,7	61,1	40677* 75297**	23091* 56563**	33552* 68172**	17825	2093	558	152	* ohne BY, B u. Württ. ** BRD mit HFK
Blattschnitt km x km bzw. Δφ' x Δλ' Blattgebiet km x km				2 x 2 1,1 x 1,1 = HFK 1:2500 2,3 x 2,3 = HFK 1:5000	2 x 2	2 x 2	6' x 10' 11 x 12	12' x 20' 22 x 24	24' x 40' 44 x 48	

N = Normalausgabe der DGK 5 mit Höhenlinien
G = zusätzliche Blätter, nur Grundrißausgabe erschienen
L = Luftbildausgabe; HFK = Höhenflurkarte
TK 25, TK 50, TK 100 vollzählig erschienen, mehrere Ausgabearten

		TÜK 200	ÜK 500	IWK 1 Mio.	Erläuterung
Bund	Kartenwerke 1:200000 und kleiner gemäß Verwaltungsabkommen				
IfAG	Blätter vollzählig erschienen, mehrere Ausgabearten	44*	4 + 4**	2 + 1**	* davon 12 Hrsg. BY ** Großblätter
Blattschnitt Normalblätter Δφ x Δλ Blattgebiet Normalblätter ca. km x km Blattgebiet Großblatt ca. km x km		48' x 80' 89 x 95	2° x 4,5° 222 x 315 556 x 380	4° x 8°/9° 445 x 600 890 x 560	

Nach 2. Weltkrieg Vereinheitlichung des Blattschnitts der neubearbeiteten deutschen Kartenwerke. Topographische Karte 1:100 000 umfaßt jetzt Darstellungsraum von 16 Blättern der Karte 1:25 000. Neuer Blattschnitt ergibt überdies für Karten 1:25 000, 1:50 000, 1:100 000 und 1:200 000 einheitliches, nahezu quadratisches Blattformat von etwa 50·50 cm.

Maßstabsreihe heute in folgenden, nach dem Kartenschnitt ineinanderpassenden Maßstäben:

— Topographische Grundkarten
   Deutsche Grundkarte 1 : 5000 (DGK 5)
   Höhenflurkarten 1 : 5000 bzw. 1 : 2500 in Bayern und ehem. Württemberg
— Topographische Karten i. e. S.
   Topographische Karte 1 : 25 000 (TK 25)
   Topographische Karte 1 : 50 000 (TK 50)
   Topographische Karte 1 : 100 000 (TK 100)
— Übersichtskarten
   Topographische Übersichtskarte 1 : 200 000 (TÜK 200)
   Übersichtskarte 1 : 500 000 (ÜK 500)
   Internationale Weltkarte 1 : 1 000 000 (IWK)

Als Sonderausgaben der Landesvermessungsämter Kreis- und Gemeindegrenzenkarten in Maßstäben 1 : 50 000, 1 : 75 000, 1 : 100 000 und 1 : 200 000.

Inhalt und Gestaltung der Kartenwerke werden durch sog. Musterblätter festgelegt, die gleichzeitig einheitliche Ausführung in den einzelnen Bundesländern sichern sollen. Dort ausführliche Legendenerläuterungen, da auf Karten selbst immer nur „Auszug aus Legende" abgedruckt werden kann.

In **Deutscher Demokratischer Republik** und ehemaligen deutschen Ostgebieten keine Weiterführung alter deutscher Kartenwerke. Sowjetischen Kartenwerken entsprechend, entstanden durch Unterteilung des Blattschnitts der Internationalen Weltkarte 1 : 1 Mill. neue Kartenwerke in Maßstäben 1 : 5000 (1' 15"× 1'52,5"), 1 : 10 000 (2'30"× 3' 45"), 1 : 25 000 (5'× 7'30") 1 : 50 000 (10'× 15') und 1 : 100 000 (20'× 30'). Gauß-Krügersche Koordinaten mit 3° breiten Meridianstreifen für 1 : 5000, mit 6° breiten Meridianstreifen für Folgemaßstäbe: Vier- bis siebenfarbige Höhenlinienkarten. Äquidistanzen auf Karten 1 : 5000 1–5 m, für Folgemaßstäbe 20–40 m. In zeichnerischer Ausführung und Höhenangaben (Pegel von Kronstadt) starke Anlehnung an sowjetische Kartographie.

Literatur

BECK, W.: Neuere Entwicklung und gegenwärtiger Stand der topographischen Kartographie in der Bundesrepublik. Kartogr. Nachr. 1964
BERTINCHAMP, H.-P.: Sind Inhalt und Darstellung deutscher topographischer Kartenwerke noch zeitgemäß? 12. Arbeitskurs Niederdollendorf 1978. Bielefeld 1979, S. 303–320
Blattschnitte der amtlichen Kartenwerke Deutschlands. Geogr. Taschenbuch 1951/52, S. 406
BÖHME, R.: Der Verbleib der Originale der amtlichen Kartenwerke des Deutschen Reiches. Frankfurt 1978
BORMANN, W.: Allgemeine Kartenkunde. Kartogr. Schriftenr., Bd. I, Lahr 1954
—: Die kartographischen Institutionen in der Bundesrepublik Deutschland. 12. Arbeitskurs Niederdollendorf 1978. Bielefeld 1979, S. 231–273
Das Reichsamt für Landesaufnahme und seine Kartenwerke. Berlin 1931
EGERER, A.: Abbildung, Blattbegrenzung, Gradnetz und Höhennullpunkte der amtlichen topographischen Kartenwerke Deutschlands. Peterm. Geogr. Mitt. 1921
FINSTERWALDER, R.: Die deutsche Originalkartographie. Zeitschr. Ges. f. Erdkunde Berlin 1942
—: Die Entwicklung der Originalkartographie seit ihrer Übernahme durch das Vermessungswesen. Zeitschr. f. Vermessungswesen 1955
KLEFFNER, W.: Die Reichskartenwerke mit besonderer Behandlung der Darstellung der Bodenformen. Berlin 1939
KOSACK, H. P.: Übersicht über Behörden und Einrichtungen auf dem Gebiet der Landesvermessung in der Bundesrepublik Deutschland und Berlin (West-Berlin) und ihre Kartenwerke. Geogr. Taschenbuch 1954/55, S. 229–250
KRAUS, G., BECK, W., APPELT, G. u. KNORR, H.: Die amtlichen topographischen Kartenwerke der Bundesrepublik Deutschland. Karlsruhe 1969
KRAUSE, H.: Neue Wege der Kartenherstellung. Berlin 1931
KRAUSS, G.: Die Lage der amtlichen Kartographie. Ber. Dt. Landeskunde, Sonderh. 3, Stuttgart 1951
— u. HARBECK, R.: Die Entwicklung der Landesaufnahme. Karlsruhe 1985
KRIEGEL, O. u. BÖHM, M.: Das öffentliche Vermessungs- und Landkartenwesen in der Bundesrepublik Deutschland. Hamburg 1961
LEIBBRAND, W. (Hrsg.): Kartographie der Gegenwart in der Bundesrepublik Deutschland '84. 3 Bände. Bielefeld 1984
MEINE, K.-H.: Grundzüge der Organisation, des Inhalts und der Gestaltung der amtlichen topographischen Kartenwerke in den Teilen Deutschlands von 1945 bis 1965. Dt. Geodät. Komm. b. d. Bayr. Akad. d. Wiss., H. 123, München 1968
NITTINGER, J.: Der jetzige Stand der amtlichen deutschen Kartographie. Kartogr. Nachr. 1963
—: 20 Jahre Arbeitsgemeinschaft der Vermessungsverwaltungen der Länder der Bundesrepublik Deutschland (AdV). Zeitschr. f. Vermessungsw. 1969, S. 5–14
PENCK, A.: Landesaufnahme und Reichsvermessungsamt. Zeitschr. Ges. f. Erdkunde Berlin 1920
SCHILLING, H.: Die topographischen Kartenwerke der Deutschen Demokratischen Republik. Vermessungstechnik 1958
SCHMID, D.: Stand und Fortentwicklung der amtlichen topographischen Kartenwerke in der Bundesrepublik Deutschland. Kartogr. Nachr. 36, 1986, S. 121–132
—: Die Topographischen Landeskartenwerke in der Bundesrepublik Deutschland. Kartogr. Taschenb. 1988/89. Bonn o. J. (1988), S. 21–46
SIEWKE, TH.: Kartenkunde unter besonderer Berücksichtigung der amtlichen topographischen Karten im Deutschen Reich. Berlin 1934

Deutsche Grundkarte 1:5000 (20-cm-Karte; DGK 5)

Schnitt dieses 1936 begonnenen Kartenwerks nach Gauß-Krügerschen Koordinaten, Format 40 × 40 cm. Rahmenkarte mit Gitterlinien von 200 zu 200 m (= 4 × 4 cm). Umfaßt innerhalb Grenzen des Deutschen Reiches von 1937 144000 Blätter von je 4 km² Fläche. Davon bis 1939 etwa 1000 Blätter, bis 1958 über 4000 Blätter erschienen. Von Gesamtfläche der Bundesrepublik Deutschland (etwa 75000 Blätter) 1987 bereits 82% im Grundriß aufgenommen, für 57% auch Höhenaufnahme durchgeführt, jedoch häufig nicht in geschlossenen Blöcken.

In Grundkarte 1 : 5000 finden Katasteraufnahmen verschiedenster Art in Verbindung mit Luftbildaufnahmen einheitlichen Niederschlag. Großmaßstäbliche Katasteraufnahmen in allen Bundesländern verfügbar, systematische Zusammenfassung und Verarbeitung zu Planwerken jedoch nur in Süddeutschland. Katasterpläne in Preußen waren lokalorientierte, ungedruckte „Inselkarten". Grundkarte schließt Lücke zwischen Topographischer Karte 1 : 25000 (Meßtischblatt) und großen, nicht zusammenhängenden Maßstäben der Pläne des Liegenschaftskatasters. Grundkarte soll als Urkarte mit Isohypsen auf Grundlage von 450–600 eingemessenen Höhenpunkten je km² und Gitternetz bisherige Meßtischaufnahme überflüssig machen. Aus ihr ist Ableitung aller Folgemaßstäbe geplant.

Merkmale der Deutschen Grundkarte: Zweifarben- oder Dreifarbendruck. Grundrißtreue Situationszeichnung und Höhenzahlen der Vermessungsfestpunkte Schwarz, Höhenlinien in 5-m-Abständen (vielfach ergänzt durch 1-m-, gelegentlich durch 50-cm-Zwischenisohypsen) und sonstige Höhenangaben Braun, Gewässernetz z. T. Blau, Herausarbeitung von Wohn-, Wirtschafts- bzw. Industriegebieten durch unterschiedliche Signaturen.

Grundkarte 1:5000 bildet Grundlage für Planungen zur Raumordnung, für Städtebau, Wasserwirtschaft, Kulturtechnik, Land- und Forstwirtschaft, ist wichtige Arbeitskarte für Geographen, Geologen, Bodenkundler, Pflanzensoziologen usw. Daher beschleunigte Herausgabe durch die deutschen Bundesländer. Weitgehend Neuaufnahme, da älteren Katasteraufnahmen rund 50 verschiedene Koordinatensysteme zugrunde lagen. Ältere Katasteraufnahmen überdies nicht in einheitlicher Polyederprojektion für Abbildung gekrümmter Erdoberfläche. Nur Bayern und Württemberg von Neuaufnahme befreit, da diese bereits im Besitz vollständiger Höhenflurkarten 1:5000 und 1:2500 sind.

Literatur

ENGELBERT, W.: Deutsche Grundkarte 1 : 5000 und Katasterplankarte in den Städten. Zeitschr. f. Vermessungswesen 1952
HARTNACK, W.: Die topographische Grundkarte des Deutschen Reiches. Peterm. Geogr. Mitt. 1925

HAUPT, E.: Die Bedeutung der Deutschen Grundkarte 1 : 5000 für die Topographische Karte 1 : 25000. Kartogr. Nachr. 1961
HEISSLER, V.: Möglichkeiten und Vorschläge für die Verwendung und Weiterentwicklung der „Deutschen Grundkarte 1 : 5000". Hannover 1949
KRIEGEL, O. u. DRESBACH, D.: Kataster-ABC. Karlsruhe 1985
LICHTNER, W. (Hrsg.): Funktion und Gestaltung der Deutschen Grundkarte 1 : 5000 (DGK 5). Darmstadt 1983
MOHR, G.: Die Deutsche Grundkarte 1 : 5000 – das künftige topographische Grundkartenwerk? Kartogr. Nachr. 1961
PAPE, E.: Die Herstellung der Deutschen Grundkarte 1 : 5000 in digitaler Form – Ein Zwischenbericht. Bildmessung u. Luftbildwesen 1986, S. 79–85
ROSSOL, G.: Automatisierte Liegenschaftskarte. – Verfahrenslösung Niedersachsen. Nachr. Nieders. Verm.- u. Katasterverw., 1987, S. 21–41
STAUFENBIEL, W.: Deutsche Grundkarte 15000. In: Kartographie der Gegenwart in der Bundesrepublik Deutschland '84. Bielefeld 1984, S. 63–70
WALTHER, P.: Die Einführung der topographischen Grundkarte 1 : 5000 im Lande Baden. Mitt. Reichsamt f. Landesaufn. Berlin 1928/29

Topographische Karte 1:25 000 (Meßtischblatt, 4-cm-Karte; TK 25)

Als *Meßtischblatt* wird unmittelbar im Gelände mit Meßtisch und Kippregel als Gradabteilungskarte in Preußischer Polyederprojektion aufgenommene Höhenlinienkarte bezeichnet. Umfaßt Fläche von 6 Breiten- und 10 Längenminuten Ausdehnung, im mittleren Deutschland etwa 124 km^2.

Aufnahme preußischer Meßtischblätter (insgesamt 3560) begann 1816 unter Leitung des preußischen Generalstabs. Reichsgebiet in Grenzen von 1918 umfaßte 5272, in Grenzen von 1937 4808 Blätter im Format 60×60 cm, davon bis Kriegsausbruch 1939 über 4300 erschienen. Für Gebiet der Bundesrepublik Deutschland liegt Karte 1:25 000 (2068 Blätter) lückenlos vor. Einziges topographisches Kartenwerk, dessen Originale größtenteils erhalten geblieben sind.

Meßtischblätter ursprünglich geheimgehalten, dienten nur als Arbeitsunterlage für Karte 1: 100 000 („Generalstabskarte"). Praktische Bedürfnisse der Wirtschaft, Technik, Wissenschaft usw. erforderten jedoch ab 1875 Veröffentlichung als selbständiges Kartenwerk. Vervielfältigung durch Stich auf Stein (Handlithographie). Ältere Meßtischblätter lassen noch Herkunft als Aufnahmeblätter für Karte 1: 100 000 erkennen: quadratisches Format des Meßtisches, Einfarbigkeit, Geländedarstellung durch Höhenlinien ohne Zuhilfenahme feiner durchgearbeiteter Schraffen, häufig wechselnder Isohypsenabstand, verhältnismäßig große, oft die Grundrißzeichnung verdrängende Signaturen.

In Süddeutschland beruht Karte 1:25 000 nicht wie in Preußen auf Originalmeßtischaufnahme. Württembergische Landeskarte 1:25 000 (184 Blätter) aus Höhenflurkarte 1:2500 abgeleitet. Topographische Karte von Bayern 1:25 000 (892 Blätter und 89 Blätter für die Pfalz) aus Katasterkarte 1:5000 entwickelt. Ältere Ausgaben („Positionsatlas") mit schwarzen Böschungsschraffen, seit 1902 als Gradabteilungskarte dreifarbig mit braunen Höhenlinien. Topographische Karten von Baden (170 Blätter), Hessen (80 Blätter) und Sachsen (63 Blätter) ebenfalls dreifarbige Höhenlinienkarten: Grundriß Schwarz, Gelände Braun, Gewässer Blau.

Seit 1913 Angleichung der süddeutschen Länder an Signaturen der preußischen Meßtischblätter: Darstellung des Waldes, Klassifikation der Verkehrswege, einheitliche Kartenschrift. Andererseits noch wesentliche Unterschiede: Preußische Meßtischblätter waren einfarbig schwarz, süddeutsche Karten 1:25 000 dreifarbig.

Seit 1930 Angleichung preußischer Meßtischblätter an süddeutsche Kartenwerke durch Umstellung auf dreifarbige, teils auch vierfarbige Ausgabe und Übergang auf photomechanische Reproduktionsverfahren: Schwarz für Grundrißzeichnung, Zahlen und Schrift, Braun für Höhenlinien, Blau für Gewässer, Firnhänge und Gletscher. Dazu auf einzelnen vierfarbigen Blättern Grün für Wald. Gleichzeitig Verbesserungen im Karteninhalt; statt Schraffierung der Gärten in Schwarz-Ausgabe z. B. Punktierung mit Obstbaumzeichen.

Genauigkeit der Meßtischblätter im Laufe der Zeit immer mehr gesteigert. Anfänglich 20–100 Höhenpunkte je km^2 für Höhenlinienzeichnung, später 350–400.

Merkmale der Topographischen Karte 1:25 000: Isohypsendarstellung auf älteren Meßtischblättern uneinheitlich. Auf norddeutschen Blättern 20-m-Abstand der Haupthöhenlinien; zur Kenntlichmachung veränderter Hangneigung gelegentlich 10-m-Linien eingeschaltet. Ausgiebige Verwendung von Hilfshöhenlinien kleinerer Abstände (bis 1,25 m), keine Zählkurven. Häufiger Wechsel der Äquidistanz ergibt unrichtiges Bild der Böschungswinkel, dadurch Beeinträchtigung der Formenanschaulichkeit.

Auf sächsischen und bayerischen Blättern alle 10-m-Höhenlinien durchgezogen, 5-m-Isohypsen als langgestrichelte Linien. Verstärkung der 50- und 100-m-Linien als Zählkurven erhöht Übersichtlichkeit.

Bewährter Kompromiß auf süddeutschen Blättern: Grundsätzlich 10-m-Abstand der Isohypsen, Verstärkung der 100-m-, örtlich auch der 50-m-Linien als Zählkurven. Dadurch Offenheit der Darstellung, sichere Meßbarkeit und gute Formenanschaulichkeit, Situationszeichnung nirgends verdeckt. Allgemein 10-m-Isohypsenabstand im Mittelgebirge für Karten 1:25 000 am günstigsten.

Auf Küstenblättern der älteren Ausgabe Wiedergabe der unteren Grenze zeitweise unter Wasser liegender Wattflächen durch eine im Wasser verlaufende Linie. In neuer Ausgabe Darstellung der oberen Wattgrenze (Uferlinie) durch Linie des mittleren Tidehochwassers (MThw), der unteren Wattgrenze durch Linie des mittleren Tideniedrigwassers (MTnw). Blauer Punktraster für Wattflächen, schwarze Flächenpunktierung für über mittleres Tidehochwasser aufragende Sandflächen. Alle Höhenangaben im Unterschied zu Seekarten (S. 182) auf NN bezogen.

Von 1953–1958 Berichtigung bzw. Neubearbeitung der auf Bereich der Bundesrepublik Deutschland entfallenden 2068 Blätter. Neben 1488 (= 72%) dreifarbigen Blättern z. T. auch vierfarbige Ausgaben mit grünem Waldaufdruck. Als Vergrößerung der Karte 1:25 000 in Baden-Württemberg, Hessen, Nordrhein-Westfalen, Rheinland-Pfalz und Saarland Karte 1:10 000 vollständig erschienen.

Neuer Topographischer Karte 1:25 000 und allen amtlichen Karten bis 1:200 000 liegt einheitlich Gauß-Krüger-Netz zu Grunde.

Literatur

APPELT, G.: Scanner-unterstützte Nachführung topographischer Karten 1 : 25 000. Zeitschr., f. Vermessungsw. 1986, S. 543–547

EGERER, A.: Die neuere amtliche Kartographie Württembergs. Mitt. Reichsamt f. Landesaufn. Berlin 1929/30

FINSTERWALDER, R.: Zu den Schichtlinien der Deutschen Karte 1 : 25 000. Die Erde. Berlin 1951/52

—: Topographisch-morphologische Kartenproben 1 : 25 000. Dt. Geographentag Köln 1961. Tagungsber. u. Wiss. Abh., Wiesbaden 1962

—: u. SCHMIDT-THOMÉ, P.: Die Topographie und Kartographie des Gebirges 1 : 25 000. Zeitschr. f. Vermessungswesen 1953

GABRIEL, B.: Zum Inhalt und zur Gestaltung der topograph. Karte 1 : 25 000 (TK 25). Kart. Nachr. 21, 1971, S. 21–25

JAROS, R.: Zur Frage des Siedlungsbildes in der Topographischen Karte 1 : 25 000. Allgem. Verm. Nachr. 71, 1964, S. 433–436

KRAUSS, G.: Die Topographische Karte 1 : 25 000. Sammlung Wichmann NF, H. 10, Karlsruhe 1969, S. 1–11

LEHMBROCK, H. u. OSTER, M.: Die automationsgestützte Fortführung der Topographischen Karte 1 : 25 000 in Nordrhein-Westfalen. Kartogr. Nachr. 31, 1981, S. 52–59

Musterblatt für die Topographische Karte 1 : 25 000. Hrsg. vom Landesvermessungsamt Nordrhein-Westfalen. Bad Godesberg ²1981

OPPERMANN, E.: Einführung in die Kartenwerke der Kgl. Preuß., Bayr., Württ. und Sächs. Landesaufnahmen. Hannover ³1917

SCHMID, D.: Topographische Karten 1 : 25 000 bis 1 : 100 000. In: Kartographie der Gegenwart in der Bundesrepublik Deutschland '84. Bielefeld 1984, S. 71–78

SCHULZ, G.: Versuch einer optimalen geographischen Inhaltsgestaltung der Topographischen Karte 1 : 25 000 am Beispiel eines Kartenausschnitts. Berliner Geogr. Abh., H. 7, 1969

WALTHER, P.: Die amtlichen topographischen Kartenwerke des Landes Baden. Mitt. Reichsamt f. Landesaufn. Berlin 1931/32

Topographische Karte 1:50 000 (2-cm-Karte; TK 50)

Topographische Karte 1 : 50 000 ist Gradabteilungskarte von 12 Breiten- und 20 Längenminuten Ausdehnung mit am Kartenrand angerissenen Gitternetzlinien in 4 cm Abstand. Jedes Blatt umfaßt Fläche von 4 Karten 1 : 25 000.

Von den für altes deutsches Reichsgebiet vorgesehenen 1079 Blättern bis 1942 nur 30 fertiggestellt. Verlust aller Unterlagen 1945. Völlige Neubearbeitung für gesamtes Bundesgebiet nach Abschluß eines Verwaltungsabkommens von Bund und Ländern (1958), je nach Geländeverhältnissen in vier- bis fünffarbiger und sechs- bis siebenfarbiger Ausgabe. Für Gebiet der Bundesrepublik Deutschland ingesamt 560 Blätter in 8 Jahren (1956–1964) erschienen. Spezialausgaben als Wanderkarten und orohydrographische Karten.

Merkmale der Topographischen Karte 1:50 000: In vierfarbiger Ausgabe Grundrißzeichnung und Schrift Schwarz, Höhenlinien Braun, Gewässer Blau, Bodenbedeckung Grün. In fünffarbiger Ausgabe Erhöhung der Formenplastik durch zusätzliche violette Schummerung bei Schrägbeleuchtung. Höhenlinien im Abstand von 10 m, Zwischen-Isohypsen (2,5 und 5 m) in gerissenen Linien. 100-m-Linien als Zählkurven kräftig ausgezogen. Im Gebirge Verdoppelung der Äquidistanzen.

Kartenwerk 1 : 50000 auch in vierfarbiger militärischer Ausgabe (Höhenlinien ohne Schummerung) erschienen (DMG-Serie M 745). Aufdruck eines militärischen Meldegitters und dreisprachiger Legende (Deutsch, Französisch, Englisch) zum Gebrauch innerhalb der NATO.

Literatur

BECK, W.: Die Topographische Karte 1 : 25000. Sammlung Wichmann NF, H. 10, Karlsruhe 1969, S. 12–26
Musterblatt für die Topographische Karte 1 : 50000. Hrsg. vom Landesvermessungsamt Baden-Württemberg. Stuttgart ⁴1981
FRANKMANN, R. u. SEEL, K.-A.: Karten des Militärischen Geowesens. In: Kartographie der Gegenwart in der Bundesrepublik Deutschland '84. Bielefeld 1984, S. 89–94
SCHMID, D.: Topographische Karten 1 : 25000 bis 1 : 100000. In: Kartographie der Gegenwart in der Bundesrepublik Deutschland '84. Bielefeld 1984, S. 71–78

Topographische Karte 1:100000 (1-cm-Karte; TK 100)

Bearbeitung als „Karte des Deutschen Reiches 1 : 100000" seit 1875 durch amtliche Landesaufnahme nach einheitlichen Richtlinien (Polyederprojektion, Geländedarstellung, Signaturen) auf Grundlage der preußischen Meßtischaufnahme bzw. der süddeutschen Kartenwerke 1 : 25000. Gradabteilungskarte von 15 Breiten- und 30 Längenminuten Ausdehnung mit Meridian von Ferro als Nullmeridian (17° 39′ 46″ westl. Greenwich; S. 44). Als erstes vollständiges Kartenwerk über das Gebiet des Deutschen Reiches 1909 beendet. Von 674 Blättern der Gesamtausgabe entfallen 320 auf Gebiet der Bundesrepublik Deutschland.

Merkmale der Karte des Deutschen Reiches 1 : 100000: Sorgfältige Geländedarstellung in Schraffen, Reproduktion in Kupferstich, z. T. handkolorierte Gewässer und Grenzen, oder Lithographie von hervorragender Feinheit und Schärfe (Ausgabe A). Zeichnung der Böschungsschraffen bei Neigung von 0°–10° nach Müfflingscher, bei steileren Böschungswinkeln nach Lehmannscher Manier (S. 107). Zur besseren Geländedarstellung Versuche einer Ausgabe mit braunen Schraffen, 50-Meter-Höhenlinie und blauer Gewässerzeichnung (Ausgabe B, nur wenige Blätter, 1929 eingestellt). Durch Handkupferstich klare, jedoch teure Kartenbilder. Reproduktionsverfahren ließ größere Auflagen nicht zu, daher bei wachsendem Kartenbedarf Übergang zum Umdruck auf Stein (Ausgabe C). „Umdruckausgaben" büßten Prägnanz der Geländedarstellung ein. Zahlreiche Zusammendrucke erschienen: Großblätter (Einheitsblätter), mehrfarbige Wander- und Kreiskarten.

Aufgabe des Kartenwerks 1:100 000 war Darstellung des 1871 gegründeten Deutschen Reiches. Entsprach vollauf Bedürfnissen seiner Zeit, blieb jedoch allmählich hinter allgemeiner kartentechnischer Entwicklung zurück. Durch Schraffendarstellung keine Möglichkeit genauerer Höhenentnahmen. Bei stärker bewegtem Relief mangelhafte Wiedergabe der Formen. Daher 1922 Antrag im damaligen Beirat für das Vermessungswesen, in Karte 1:100 000 Schraffe durch Höhenlinie zu ersetzen. Dies in ersten Jahren nach 1945 in Bayern und Niedersachsen auf einzelnen Blättern in bisherigem Blattschnitt durchgeführt.

Mit Kriegsende 1945 Verlust fast aller Originalkupferstichplatten. Dadurch Unmöglichkeit der Weiterführung der Karte in alter Form. Seit 1954 *Neubearbeitung* als mehrfarbige Höhenlinienkarte in verändertem Schnitt von 24 Breiten- und 40 Längenminuten Darstellungsraum. Gradabteilungskarte mit blauem Gitternetz (5 × 5 cm). Von 151 Blättern bis 1985 149 erschienenen, z. T. in Behelfsausgaben (Verkleinerung der TK 50 mit generalisiertem Situationsaufdruck). Neben 4farbiger Normalausgabe 5farbige Schummerungsausgabe sowie orohydrographische Ausgabe, seit 1986 auch militärische Ausgabe mit UTM-Gitter. Einzelhausdarstellung seit 1986 teilweise durch Siedlungsflächendarstellung ersetzt, so z. B. Blätter Fulda und Gießen.

Neue Karte 1 : 100 000 nicht im klassischen Stichverfahren bearbeitet, sondern nach vorhandenem Urmaterial (Karten 1 : 25 000) im Arbeitsmaßstab 1 : 50 000 gezeichnet und photomechanisch auf Endmaßstab verkleinert. Wesentliche Mängel der alten Reichskarte (Schraffen und zu feine Signaturen) beseitigt.

Merkmale der neuen Topographischen Karte 1 : 100 000: Haupthöhenlinienabstand im Flachland 10 m, im Mittelgebirge 20 m und im Hochgebirge 40 m, Verstärkung jeder 5. Isohypse als Zählkurve. Straßennetz rot. Übrige Merkmale wie Topographische Karte 1 : 50 000 (S. 151).

Dank neuem Schnitt umfaßt Karte 1:100 000 gleichen Darstellungsraum wie 4 Blätter der Karte 1:50 000 bzw. 16 Blätter des Kartenwerks 1:25 000. Bedeutet wichtigen Vorteil gegenüber früheren Überschneidungen (6 + 3/2 Meßtischblätter). Nahezu quadratisches Blattformat von 50˙50 cm entspricht Fläche, die Kartenbenutzer mühelos übersehen kann. Weiterer Vorzug des neuen Blattschnitts: Zwanglose Einfügung der Karte 1:100 000 in Blattschnitt der Internationalen Weltkarte 1:1 Mill. Darstellungsraum von 90 Blättern entspricht einem Blatt der IWK.

Literatur

APPELT, G.: Die Topographische Karte 1 : 100000. Sammlung Wichmann NF, H.10, Karlsruhe 1969, S. 27–37

GRIMM, W.: Die Weiterentwicklung der Topographischen Karte 1 : 100000. Kartogr. Nachr. 33, 1983, S. 126–128

LOUIS, H.: Der Plan der neuen Deutschen Karte 1 : 100000. Mitt. Geogr. Ges. München 1953

MÜLLER, H. H.: „Kartenprobe Siedlungsflächen" C 5914 Wiesbaden – Wende in der Siedlungsdarstellung? Kartogr. Nachr. 31, 1981, S. 45–52

Musterblatt für die Topographische Karte 1 : 100000. Hrsg. vom Bayerischen Landesvermessungsamt. München 1961, Ausgabe 1980

PENCK, A.: Zur Vollendung der Karte des Deutschen Reiches 1 : 100000. Zeitschr. Ges. f. Erdkunde Berlin 1910

PILLEWIZER, W.: Die Deutsche Topographische Karte 1 : 10000. Ber. Dt. Landeskunde 1951.

SCHMID, D.: Topographische Karten 1 : 25000 bis 1 : 100000. In: Kartographie der Gegenwart in der Bundesrepublik Deutschland '84. Bielefeld 1984, S. 71–78

ZGLINICKI, V.: Die Karte des Deutschen Reiches 1 : 100000. Zeitschr. Ges. f. Erdkunde Berlin 1910

Topographische Spezialkarte von Mitteleuropa 1:200000 (Reymannsche Karte)

1806 von Plankammerinspektor REYMANN begonnen, 1874 vom Preußischen Generalstab übernommen, bis 1908 weitergeführt. Umfaßt 796 rechteckig geschnittene Blätter (ca. 34 × 23 cm) mit Geländedarstellung in Bergstrichen, reicht von Alençon im W bis Minsk im O, von Århus im N bis Trient im S. Da nicht auf Besselsches Erdsphäroid bezogen und auf Grundlage einfacher Kegelprojektion (Berührungs-Breitenkreis 50° N) entworfen, allmählich durch Gradabteilungskarte gleichen Maßstabs ersetzt.

Topographische Übersichtskarte 1:200000 ($^{1}/_{2}$-cm-Karte; TÜK 200)

Gradabteilungskarte von $^{1}/_{2}°$ Breiten- und Längenausdehnung in mittabstandstreuer de l'Islescher Schnittkegelprojektion mit 2 längentreuen Breitenkreisen (50° und 53° N) und geradliniger, längentreuer Abbildung der Meridiane. 1 Blatt umfaßt 4 Blätter der Karte 1: 100000.

Altes deutsches Reichsgebiet umfaßte 196 Blätter, davon entfallen 86 auf Bereich der Bundesrepublik Deutschland. 1: 200000 kleinster Maßstab, der noch weitgehend grundrißähnliche Darstellungen erlaubt.

Merkmale der Topographischen Übersichtskarte 1: 200000: Dreifarbiger Kupferdruck bzw. Steindruck. Situationszeichnung Schwarz, Höhenlinien Braun, Gewässer Blau. Als Fliegerkarte im Maßstab 1: 200000 mit zusätzlichem farbigem Aufdruck: Olivgrün für Wald, Gelb für Wiesen, Rot für Hauptverkehrsstraßen, Landeplätze und politische Grenzen. Daneben zweifarbige morphologische Ausgabe: Gelände in braunen Höhenlinien, Gewässer Blau.

Höhenlinien im Abstand von 20 m, im Flachland fein gerissene 10-m-Zwischen-Isohypsen. 100-m-Linien als Zählkurven verstärkt. Erfassung der Geländeformen etwa bis zu gleicher Größenordnung wie Siedlungen und Wege. Äquidistanzen im Flachland und sanftem Mittelgebirge bewährt, im steilflankigen Mittelgebirge und Hochgebirge jedoch Verlauf der 20-m-Höhenlinien zu gedrängt: Überlastung der Karte. Einige Blätter auch mit brauner Schraffendarstellung erschienen.

Originale des nach 1927 nicht mehr berichtigten Kartenwerks im 2. Weltkrieg verlorengegangen, jedoch Druckunterlagen auf verschiedenen Zeichenträgern (Steine, Kupferstichplatten, Umdruckplatten, Kreidedrucke) erhalten. Davon nach 1945 38 Blätter berichtigt und nachgedruckt.

Neue Topographische Übersichtskarte 1:200 000 vom Institut für Angewandte Geodäsie in Frankfurt/M. in 44 Blättern zwischen 1963 und 1973 vollständig herausgebracht. Gradabteilungskarte in winkeltreuer Abbildung nach Gauß-Krüger. Ein Blatt der TÜK 200 hat Ausdehnung von 80 Längen- und 48 Breitenminuten, umfaßt Fläche von 4 Blättern der TK 100, 16 Blättern der TK 50 und 64 Blättern der TK 25. 3 Ausgaben: Standard-, Schummerungs- und orohydrographische Ausgabe, ferner Grundlage für Geologische Übersichtskarte, Vegetationskarte und Karte der öffentlichen Wasserversorgung (alle 1:200000).

Merkmale der neuen Karte: Mehrfarbendruck durch Schummerung unterstützte Isohypsen. Im Flachland Abstand der Höhenlinien 25 m mit 12,5-m-Zwischen-Isohypsen. Im Mittel- und Hochgebirge Vergrößerung der Äquidistanz auf 50 m mit 25-m- und 12,5-m-Zwischen-Isohypsen. 50-m-Linie als Haupthöhenlinie, verstärkte 200-m-Linie als Zähllinie. Schattenschummerung sichert plastische Reliefwiedergabe. Farbiges Straßennetz. – Deutsche Generalkarte 1:200000 in 26 Blättern ist nichtamtliche Ausgabe von Mairs Geographischem Verlag, Stuttgart.

Literatur

KNORR, H.: Die Topographische Übersichtskarte 1 : 200000. Sammlung Wichmann, NF, H. 10, Karlsruhe 1969, S. 38–51

MEYNEN, E.: Maßstabsbedingte Kartengruppen. Das geographische Bedürfnis nach einer Karte im Maßstab 1 : 200000. Ber. Dt. Landeskunde 1956

Musterblatt für die Topographische Übersichtskarte 1 : 200000. Frankfurt ³1981

SCHÖTTLER, H.: Die Topographische Übersichtskarte 1 : 200000. Möglichkeiten der inhaltlichen Neugestaltung unter Berücksichtigung geographischer, landesplanerischer und administrativer Sachverhalte, dargestellt am Kartenbeispiel der Region Neckar-Alb. Deutsche Geodätische Kommission bei der Bayer. Akad. d. Wiss. Reihe C. H. 237, Frankfurt/M. 1978

WEBER, W.: Topographische Übersichtskarten 1 : 200000 bis 1 : 1 000000. In: Kartographie der Gegenwart in der Bundesrepublik Deutschland '84. Bielefeld 1984, S. 79–88

Karte 1:250 000 (Militärische Ausgabe)

Vom Institut für Angewandte Geodäsie in Frankfurt a. M. 1958/59 auf Grundlage berichtigter Meßtischblätter hergestellt: siebenfarbiges Kartenwerk in 20

Blättern für militärische Zwecke. Blattschnitt in 1°Breiten-, 2°Längenausdehnung. Kartenwerk für zivile Verwendung wenig geeignet, da Höhenliniendarstellung in kleineren Maßstäben als 1 : 200000 nicht befriedigt. Gleichen Maßstab 1 : 250000 hat auch von Deutscher Bundesbahn ausgegebene „Eisenbahn-Straßenkarte der Bundesrepublik", jedoch unter Beschränkung auf Wiedergabe des Verkehrsnetzes. Neuauflage des Kartenwerkes geplant.

Übersichtskarte von Mitteleuropa 1:300000 ($^1/_3$-cm-Karte)

Gradabteilungskarte mit Blattschnitt 1° Breiten-, 2° Längenausdehnung in uneinheittlicher Projektion und Höhendarstellung. Grundrißzeichnung nach photographischer Verkleinerung der Karte 1:100000.

Merkmale der Übersichtskarte 1:300000: Fünf- bis Sechsfarbendruck. Lageplan und Schrift Schwarz, Gelände Braun (Schummerung ohne Höhenlinien, auf älteren Blättern Bergstriche), Gewässer Blau, Wälder Blaßgrün, Hauptstraßen Rot, Grenzen Orange. Fortführung seit vollständigem Erscheinen der neuen Karte 1:200000 eingestellt.

Übersichtskarte 1 : 500000 (ÜK 500)

Entstanden aus Internationalem Militärkartenwerk World 1 : 500000 (Serie 1404), nachdem 1972 IGN in Paris verfeinerten Schlüssel vorgelegt hatte. 1976 vom Institut für Angewandte Geodäsie übernommen (seit 1972 militärische Ausgabe). 4 Normalblätter würden Bundesgebiet nicht ganz erfassen, daher 4 mehrfarbige Großblätter (von 1978 bis 1985 erschienen) mit großer gegenseitiger Überdeckung. Lieferbar Normal-, Schummerungs-, orohydrographische und Verwaltungsausgabe. Alle Ortsnamen und Landschaftsnamen der ÜK 500 wurden in „Geographisches Namenbuch Bundesrepublik Deutschland" aufgenommen.

Übersichtskarte 1 : 1 Mill. (IWK)

Bearbeitung auf Deutschland entfallender Blätter der Internationalen Weltkarte (S. 167f.) als amtliches Kartenwerk. Ehemaliges deutsches Reichsgebiet umfaßt 5 Voll- und 3 Teilblätter, Bundesrepublik Deutschland 2 Blätter. Laufendhaltung durch Institut für Angewandte Geodäsie, Frankfurt a. M., Originalstichsteine aus Vorkriegszeit erhalten. 1979 ein Gesamtblatt Bundesrepublik Deutschland erschienen.

Neuere Entwicklung der amtlichen Kartographie in der Bundesrepublik Deutschland

Weiterentwicklung amtlicher Kartographie durch Diskussion um Inhalte und Darstellungsweisen der einzelnen Kartenwerke und vor allem durch elektronische Datenverarbeitung beeinflußt.

Inhalte und Darstellungsweisen, festgelegt in Musterblättern, werden auf Empfehlung der Arbeitsgruppe „Bereinigung der Musterblätter" der AdV modernisiert. Dazu gehören die Aufnahme der Landes- (TK 25, 50, 100) und Kreisstraßennummern (nur TK 25 und 50), sowie vor allem im Maßstab 1 : 50000 die Einführung der Farbtrennung von Grundriß (dunkelbraun) und Schrift (schwarz), von Farbdrucken für Straßen des Fernverkehrs (gelborange) und des Regionalverkehrs (gelb) sowie Aufnahme der Schummerung in die Normalausgabe. Ursprünglich für TK 50 ebenfalls vorgesehene zusätzliche Flächenfarben für Wohngebiete (blaßrot), Industriegebiete (grau), Moor, Heide und Watt werden zur Zeit zurückgestellt. Einzelhausdarstellung wird in Zukunft auf Darstellungen bis 1 : 50000 beschränkt bleiben; bei TK 100 besteht für Landesvermessungsämter Möglichkeit der Wahl. Hessische Blätter Fulda und Gießen bereits in möglicher neuer Variante erschienen, Darmstadt folgt; auch Bayern will Neuausgaben in dieser Art herausbringen. Dabei wird dichte Bebauung im Ortskern in kräftigem, lockere in blassem Rot, Industriegebiete einheitlich grau (ohne Gebäudegrundrisse) gezeichnet. Einzelgebäude von überregionaler Bedeutung (meist Versammlungsstätten) können auch innerhalb von Ortschaften dargestellt werden, Hochhäuser, die die umgebende Bebauung deutlich überragen, werden gesondert hervorgehoben.

Elektronische Datenverarbeitung hat vor allem zum Aufbau von Geo-Informationssystemen geführt (s. S. 32). AdV hat 1986 Einführung eines bundeseinheitlichen Amtlichen Topographisch-kartographischen Informationssystems ATKIS empfohlen. Aufbauend auf vorhandenen Entwicklungen für die automatisierte Liegenschaftskarte ALK werden verschiedene Datenbanken erstellt. Wegen des noch ungelösten Problems automatisierter Generalisierung von einem Maßstab in einen anderen werden voraussichtlich jeweils für Maßstabsgruppen getrennte Datensysteme erhoben werden müssen. Automatische Ableitung aller Folgestufen aus einer Grundstufe kartographisch noch nicht gelöst. Jede Stufe wird sich aus zwei Komponenten zusammensetzen:

1. *Digitales Landschaftsmodell* (DLM) enthält Objekte der Erdoberfläche nach Art (z.B. Straße), Attributen (z.B. Spurbreite der Straße) und Koordinaten (Punkt oder Linienverlauf). Dabei wird DLM untergliedert in Situationsmodell DSM und Höhenmodell DHM.

2. *Digitales Kartographisches Modell* (DKM) speichert maßstabsgerecht generalisiertes Bild des Kartenwerks, das automatisch oder interaktiv am Bildschirm mit Hilfe eines Signaturenkatalogs aus dem DLM abgeleitet worden ist. Zunächst soll vorrangig DLM 25 (entspricht etwa Inhalt der TK 25) aufgebaut werden. Kartennutzer können in Zukunft digitale Daten des DLM oder DKM in Auszügen erhalten. Dabei nicht mehr an herkömmlichen Blattschnitt gebunden, gewünschte Daten können angefordert, eigene hinzugefügt werden.

Literatur

AdV (Hrsg.): Amtliches Topographisch-Kartographisches Informationssystem (ATKIS). Düsseldorf 1988

APPELT, G.: Das AdV-Vorhaben ATKIS – Technische Konzeption. Nachr. a.d. Vermessungsw. 99, 1987, S. 15–22

BERTINCHAMP, H.-P.: Sind Inhalte und Darstellung deutscher topographischer Kartenwerke noch zeitgemäß? 12. Akad. Niederdollendorf 1978. Bielefeld 1979, S. 303–320

CHRIST, F., MALETZKA, R. u. STÜNKEL, B.: Versuch einer flächenhaften Siedlungsdarstellung, abgestuft nach Bebauungsdichten, in der Topographischen Karte 1 : 100000 und in der Topographischen Übersichtskarte 1 : 200000. Kartogr. Nachr. 33, 1983, S. 19–22

GRIMM, W.: Die Weiterentwicklung der Topographischen Karte 1 : 100000. Kartogr. Nachr. 33, 1983, S. 126–128

HARBECK, R.: Das AdV-Vorhaben ATKIS – Inhaltliche Konzeption. Nachr. a.d. Vermessungsw. 99, 1987, S. 7–14

—: Digitale und analoge Technologien in der topographischen Landeskartographie. In: Wiener Schriften zur Geographie und Kartographie, Band 2, 1989. S. 89–100

MÜLLER, H. H.: „Kartenprobe Siedlungsfläche" C 5914 Wiesbaden – Wende in der Siedlungsdarstellung? Kartogr. Nachr. 31, 1981, S. 45–52

SCHMID, D.: Stand und Fortentwicklung der amtlichen topographischen Kartenwerke in der Bundesrepublik Deutschland. Tätigkeit und Empfehlungen der Arbeitsgruppe „Bereinigung der Musterblätter". Kartogr. Nachr. 36, 1986, S. 121–132

—: Die Topographischen Landeskartenwerke in der Bundesrepublik Deutschland. Kartogr. Taschenb. 1988/89. Bonn o.J. (1988), S. 21–46

SPIESS, E.: Digitale Herstellung und Nachführung amtlicher Karten. In: Wiener Schriften zur Geographie und Kartographie, Band 2, 1989. S. 76–88

Österreich

Zuständige Behörde: Seit Ende des 1. Weltkrieges Bundesamt für Eich- und Vermessungswesen, vorher Militärgeographisches Institut, Wien.

Nullmeridian: Greenwich, früher Ferro (17° 39' 46" W).

Höhennullpunkt: Mittleres Meeresspiegelniveau der Adria bei Triest; 0,378 m unter NN.

Erste staatliche Landesaufnahme („Militärmappierung") 1764–1787 unter MARIA THERESIA und JOSEPH II. im Maßstab 1 : 28800. Unterschiedliche Aufnahmegrundlagen erforderten nach Schaffung eines Triangulationsnetzes Ersatz dieser „Josephinischen Landesaufnahme" unter FRANZ I. („ Franziszeische Landesaufnahme") 1806–1869. Darstellung in gleichem Maßstab in Cassinischer Projektion mit Wiener Stephansturm als Nullpunkt des Koordinatensystems für die gesamte Österreichisch-Ungarische Monarchie. Unter Kaiser FRANZ JOSEF I. 1869–1888 dritte große Landesaufnahme („Franzisko-Josephinische Aufnahme") auf verbesserter geodätischer Grundlage im Maßstab 1 : 25000; Geländedarstellung in Schraffen und 100-m-Höhenlinien. Reproduktion in schwer lesbarem Schwarzdruck (2780 Blätter, davon 383 Blätter für Bereich der Republik). Daraus später Ableitung der Spezialkarte 1 : 75000 (752

Blätter). Darstellung in Polyederprojektion, Einzelblätter begrenzt von Meridianen in runden Ferrolängen von 30'- und Parallelkreisen in 15'-Abstand. Geländedarstellung in Lehmannschen Böschungsschraffen, z.T. mit grünem Waldaufdruck. Überarbeitete Neuausgaben 1885–1896 und 1896–1914. Kartenwerk entspricht nach Aufgabe und Inhalt Karte des Deutschen Reiches 1 : 100000 („Generalstabskarte"). Bildete Grundlage für „ Generalkarte von Mitteleuropa 1 : 200000" im Mehrfarbendruck (282 Blätter) und „Übersichtskarte von Europa 1 : 750000" (45 Blätter). Karte umfaßte auch große Teile Ost- und Südosteuropas. Hat als erstes vollständiges Kartenwerk der Balkanhalbinsel große Bedeutung erlangt, besonders für Nachfolgestaaten der österreichischen Donaumonarchie.

Nach 1. Weltkrieg Übergang der Landesaufnahme vom Militärgeographischen Institut auf Bundesamt für Eich- und Vermessungswesen. Schaffung eines neuen Triangulationsnetzes II.–IV. Ordnung, Neuaufnahme des verkleinerten Staatsgebietes: Ersatz der alten Spezialkarte 1 : 75000 durch „Österreichische Karte 1 : 50000" in Gauß-Krügerischer Projektion. Grundlage bildet seit 1923 „Österreichische Karte 1 : 25000" (743 Blätter, davon bis 1955 219 Blätter erschienen, danach nicht weitergeführt).

Seit 1952 mit Hilfe der Aerophotogrammetrie beschleunigte Ausgabe der aus 213 Blätter veranschlagten Karte 1 : 50000 („4. Landesaufnahme" 1987 abgeschlossen). Geländedarstellung durch Höhenlinien von 20 m Abstand im Gebirge, 10,5 und 2,5 m Abstand bei weniger bewegtem Relief. Im Hochgebirge Felszeichnung. Durch Zusammenwirken von Höhenlinien von 20 m Abstand im Gebirge, 10,5 und 2,5 m Abstand bei weniger bewegtem Relief. Im Hochgebirge Felszeichnung. Durch Zusammenwirken von Höhenlinien, grauer Schummerung, Schräg- und Senkrechtbeleuchtung vorzügliche Plastik. Reproduktion im Siebenfarbendruck, bei Gletscherdarstellungen im Neunfarbendruck. Seit 1963 Österreichische Karte 1 : 200000 in 23 Blättern, seit 1968 Übersichtskarte von Österreich 1 : 500000 (1 Blatt).

Literatur

ARNBERGER, E.: Österreichische Leistungen auf dem Gebiet der Kartographie in der 2. Hälfte des 20. Jahrhunderts. Mitt. Österr. Geogr. Ges. 117, 1975, S. 165–214
—(Hrsg.): Kartographie der Gegenwart in Österreich. Wien 1984
BERNLEITHNER, E.: Die Entwicklung der Kartographie in Österreich. Ber. Dt. Landeskunde 1959
—: Österreich im Kartenbild der Zeiten. Kartogr. Nachr. 1966
KRETSCHMER, I. (Hrsg.): Kartographie in Österreich. Wien 1989
LICHTENECKER, N.: Die österreichische Karte 1 : 25000 und 1 : 50000. Mitt. Geogr. Ges. Wien 1938
MECKEL, H.: Die topographische Landesaufnahme und die Herstellung der staatlichen Landkarten in Österreich. Kartogr. Taschenbuch 1988/89. Karlsruhe o.J. (1988), S. 47–66
MEYER, H. F.: Die amtlichen Kartenwerke des Landes Österreich. Mitt. Reichsamt f. Landesaufn. Berlin 1938
MILIUS, K.: Das österreichische Kartenwesen. Raumforschg. u. Raumordnung 1938; Zeitschr. f. Vermessungswesen 1938

PASCHINGER, H.: Grundgriß der Allgemeinen Kartenkunde, 1. Teil. 3. Aufl., Innsbruck 1967, S. 52 ff.
SLANAR, K.: Die neuen österreichischen Staatskarten 1 : 25 000 und 1 : 50 000. Zeitschr. Ges. f. Erdkunde Berlin 1933
STRZYGOWSKI, W.: Leistungen der Kartographie in Österreich seit 1945. Kartogr. Nachr. 1953
VOGEL, C.: Die Vollendung der Spezialkarte Österreich-Ungarns. Peterm. Geogr. Mitt. 1890 u. 1892
WAGNER, W.: Die amtliche Kartographie in Österreich. Wien 1970

Schweiz

Zuständige Behörde: Bundesamt für Landestopographie, früher Eidgenössisches Topographisches Büro, Wabern b. Bern.

Nullmeridian: Greenwich, früher Paris (2° 20' 14" E).

Höhenbezugspunkt: Meßmarke an einem Felsblock im Hafen von Genf (Pierre du Niton), 373,6 m über mittlerem Wasserstand des Mittelmeeres bei Marseille (0,307 m unter NN). Älterer Bezugswert (376,86 m) 1903 durch Nivellement korrigiert.

Bereits erstes amtliches Kartenwerk der Schweiz, die 1844–1864 veröffentlichte „Topographische Karte der Schweiz 1:100 000" (genannt „DUFOUR-KARTE", nach dem Leiter der Landesaufnahme), als Meisterwerk berühmt geworden (26 Blätter). Grundlage: Kantonale Karten und Neuaufnahmen in Maßstäben 1:25 000 und 1:50 000. Darstellung in Bonnescher Projektion mit Paris als Nullmeridian, für damalige Zeit hervorragende Formenplastik durch Schattenschraffen (NW-Beleuchtung). Reproduktion als Schwarz-Weiß-Karte in Kupfertiefdruck, später als mehrfarbige Umdruckkarte. Aus Dufour-Atlas abgeleitet die „Generalkarte der Schweiz 1:250 000" in 4 Blättern.

1870–1890 unter Leitung von Oberst SIEGFRIED Ausgabe des „Topographischen Atlas der Schweiz", kurz als „SIEGFRIED-KARTE" bezeichnet. Mehrfarbige Höhenlinienkarte auf Grundlage von Meßtischaufnahmen. Hochgebirgsdarstellung in 1:50 000 mit 30-m-Isohypsen (142 Blätter), Schweizer Jura, Mittelland und südlicher Tessin in 1:25 000 mit 10-m-Linien (462 Blätter). Bei anstehendem Fels Isohypsen durch Felszeichnung ersetzt.

1938 Beginn der Herausgabe der „Landeskarte der Schweiz 1 : 50 000" (77 $^1/_2$ Blätter) im Mehrfarbendruck. Ebenfalls Höhenlinienkarte mit 20-m-Äquidistanz, 10-m- und 5-m-Zwischenkurven mit gelblichen Sonnenhängen, Talböden in leichtem Grauton, feine Felszeichnung. Seit 1960 vollständig.

Seit 1952 Ausgabe der „Landeskarte der Schweiz 1 : 25 000" in schiefachsiger winkeltreuer Zylinderprojektion mit farbigen Höhenlinien in geländeabhängigen Abständen von 10, 20 oder 100 m. Beschattete Hänge grau geschummert, beleuchtete Hänge gelblich getönt. Alle 249 Blätter bis 1979 erschienen.

1954–1964 Ausgabe der Landeskarte 1 : 100 000 (23 Bl.), abgeleitet von 1 : 50 000. 7farbiges Kartenwerk.

Landeskarte der Schweiz 1 : 200 000 in 4 Blättern von 1971–1976 vollständig erschienen. 16farbig, auf der Rückseite Stadtpläne.

1964 Übersichtskarte der Schweiz 1 : 500 000 (1 Bl.), seit 1967 Vergrößerung auf 1 : 300 000 erhältlich. Landeskarte 1 : 1 000 000 geplant.

Literatur

Böhme, R.: Gegenwärtiger Stand der amtlichen Kartographie in der Schweiz. Zeitschr. f. Vermessungswesen 1950.
Finsterwalder, R.: Neue Landeskarte der Schweiz 1: 25 000. Zeitschr. f. Vermessungswesen 1953
Grob, R.: Die Geschichte der Schweizerischen Kartographie. Bern 1941
Huber, E.: Die Landeskarten der Schweiz. Internat. Jb. f. Kartogr. 1962
Imhof, E.: Kartographische Geländedarstellung. Berlin 1965
—: Gelände und Karte. Erlenbach-Zürich. ^{3}1968
—: Die neue Landeskarte der Schweiz 1: 100 000. Geogr. Helvetica 1955
Knoepfli, R.: Die Nachführung der Landeskarten der Schweiz. Intern. Jb. f. Kartographie 1970, S. 168–173
Schweizerische Ges. f. Kartographie (Hrsg.): Kartographie der Gegenwart in der Schweiz. Zürich 1984
Schweizerische Ges. f. Kartographie (Hrsg.): Kartographie in der Schweiz. 1987–1989. Zürich 1989
Sturzenegger: Das Vermessungs- und Kartenwesen der Schweiz. Geogr. Taschenbuch 1954/55, S. 254ff.
Vosseler, P.: Neue Schweizer Karten. Zeitschr. f. Erdkunde 1939
Wiche, K.: Die neue Landeskarte der Schweiz. Mitt. Geogr. Ges. Wien 1950

Italien

Zuständige Behörde: Istituto Geografico Militare, früher Kgl. Militärgeographisches Institut, Florenz.

Nullmeridian: Greenwich, früher Meridian von Rom (Monte Mario, 12° 27' 08" E).

Höhennullpunkt: Mittleres Meeresspiegelniveau bei Genua: 0,635 m unter NN.

Staatliche Landesaufnahme seit 1873, Nord- und Mittelitalien in 1 : 25 000, Süditalien in 1 : 50 000 erfaßt, mit dem Ziel allmählicher Ersetzung durch 1 : 25 000. Mittels Meßtischphotogrammetrie seit 1941 aerophotogrammetrisch aufgenommene „Carta topografica d'Italia 1 : 25 000" (*tavolette*) umfaßt 3545 Blätter. Gradabteilungskarte mit Höhenlinienabstand je nach Relief von 5–25 m, ursprünglich einfarbig, neuerdings dreifarbig, dem deutschen Meßtischblatt ähnlich.

Die „Carta topografica d'Italia 1 : 50 000" (*quadranti*) erscheint als Höhenlinienkarte fünffarbig und sechsfarbig mit grauem Schummerton (636 Blätter). Soll nach Fertigstellung Maßstäbe 1 : 100 000 und 1 : 25 000 ersetzen.

Beide großmaßstäblichen Kartenwerke bildeten Grundlage für 1879–1912 fertiggestelltes ehem. Hauptkartenwerk: „Carta topografica d'Italia 1 : 100000"; Gradabteilungskarte von 278 Blättern. Ältere einfarbige Ausgabe mit Böschungsschraffen durch zwei mehrfarbige Ausgaben mit braunen Höhenlinien in 50 m Abstand und graubrauner Schräglichtschummerung ersetzt.

Weitere Folgemaßstäbe: „Carta stradale d'Italia 1 : 200000", „Carta regionale d'Italia 1 : 250000" (15 Bl.), ferner verschiedene mehrfarbige Ausgaben der „Il Mondo 1 : 500000" (13 Bl., Serie 1404) und 6 Blätter der Internationalen Weltkarte 1 : 1 Mill.

Literatur

BÖHME, R.: Gegenwärtiger Stand der Kartographie in Italien. Zeitschr. f. Vermessungswesen 1950

SCHILLMANN, F.: Das amtliche Kartenwesen Italiens. Mitt. Reichsamt f. Landesaufn. Berlin 1934/35

STAVENHAGEN, W.: Italiens Kartenwesen in geschichtlicher Entwicklung. Zeitschr. Ges. f. Erdkunde Berlin 1901

Frankreich

Zuständige Behörde: Institut Géographique National, Paris.

Nullmeridian: Greenwich, früher Paris (2° 20′ 14″ E).

Höhennullpunkt: Mittleres Meeresspiegelniveau bei Marseille: 0,11 m unter NN.

Sog. „Cassinische Karte", 1750–1793 von französischer Akademie der Wissenschaften im Cassinischen Entwurf (transversale mittabstandstreue Plattkarte) geschaffenes Kartenwerk, 1815 veröffentlicht; erste gedruckt erschienene Aufnahme eines geschlossenen Staatsgebietes. Beginn amtlicher Landesaufnahme unter Napoleon. Ergebnis: 1818–1880 in 373 Kupfertiefdruckblättern vollständig veröffentlicht „Carte de France 1: 80000" (Generalstabskarte). Einfarbige Schraffenkarte in Bonnescher Projektion, rechteckige Einzelblätter in gleichgroßem Schnitt (S. 68). Für französische Alpen vierfarbige Isohypsenausgabe.

Von Karte 1: 80000 abgeleitete Kartenwerke: „Carte du service vicinal 1: 100000", seit 1896 herausgegeben, eine Straßen- und Eisenbahnkarte mit graugeschummertem Gelände (587 Bl.) – „Carte de France et des frontières 1: 200000", seit 1880, zeichnerisch modernisiert 1912–1942 als sechs- und siebenfarbige Höhenlinienkarte für große Teile Frankreichs (84 Bl.) – „Carte de France 1: 320000" (33 Bl.), teils in Schraffen-, teils in Höhenliniendarstellung, Erscheinen eingestellt – „Carte de France et des pays limitrophes 1: 500000", 10 Blätter im Schnitt der Internationalen Weltkarte, alte Ausgabe als einfarbige Schraffenkarte, neue Ausgabe in mehrfarbigen Höhenschichten; daneben als Fliegerkarte erschienen.

Moderne französische Kartenwerke in Lamberts winkeltreuer Kegelprojektion sind Gradabteilungskarten, beruhen auf photogrammetrischen Neuaufnahmen. Die „Carte topographique 1 : 25000" ist mehrfarbige Höhenlinienkarte mit Äquidistanzen von 5 oder 10 m. Von 2000 Blättern ca. 90 % als „Serie bleu" (Viertelblätter) erschienen, Rest als „Type 1922". Von ihr abgeleitet die seit 1923 erscheinende, drei- bis sechsfarbige „Nouvelle Carte de France 1 : 50000":

Braune Höhenlinien in 5, 10 und 20 m Abstand, kombiniert mit bräunlicher Schummerung. Die vorgesehenen 1102 Blätter sind zu 95 % erschienen, Rest in älterer Ausgabe als „Type 1922". Seit 1977 heißt Kartenwerk 1 : 50 000 „Carte topographique de France".

Weiterer Folgemaßstab seit 1954 „Carte de France 1 : 100 000", achtfarbige Höhenlinienkarte mit grauer Schattenschummerung. Die 293 Blätter sind vollständig erschienen. „Carte 1 : 500 000" 10 Blätter der Serie 1404 (Weltkarte).

Auf Frankreich entfallen 6 Blätter der Internationalen Weltkarte 1 : 1 Mill.

Literatur

BÖHME, R.: Gegenwärtiger Stand der amtlichen Kartographie in Frankreich. Zeitschr. f. Vermessungswesen 1950

MEINE, K. H., u. MELCHERS, H.: Die amtliche Kartographie in Frankreich und ihre geschichtliche Entwicklung. Zeitschr. f. Vermessungswesen 1955

STAVENHAGEN, W.: Frankreichs Kartenwesen in geschichtlicher Entwicklung. Mitt. Geogr. Ges. Wien 1902

WEBER, P.: Entwicklung und Stand der amtlichen Kartographie in Frankreich. Kartogr. Nachr. 1966

Großbritannien

Zuständige Behörde: Ordnance Survey, Southampton.

Nullmeridian: Greenwich.

Höhennullpunkt: Mittleres Meeresspiegelniveau bei Liverpool.

Ältestes amtliches Kartenwerk: „General Map 1: 63 360" (One Inch Map, 1 inch = 1 mile), 1801–1862 erschienen; seit 1872 sieben Neubearbeitungen in 2 Ausgaben: als Schraffenkarte mit Höhenzahlen oder als mehrfarbige Isohypsenkarte mit Äquidistanzen von 50 bzw. 25 Fuß, seit 1962 in 7. Bearbeitung mit 190 Blättern vollständig. Von ihr abgeleitet: Seit 1902 ausgegebene fünffarbige Halbzollkarte 1: 126 720 (Half Inch Map) mit braunen Höhenlinien in 50 oder 100 Fuß Abstand und grauer Böschungsschummerung (103 Blätter, nur als District Map für Teilgebiete fortgeführt); Viertelzollkarte 1: 253 440 (Quarter Inch Map); Zehntelzollkarte 1: 633 600 (Tenth Inch Map), mehrfarbige Höhenschichtenkarte mit Schummerung (3 Blätter). – Six Inch Map (1: 10 560) hat größten Maßstab eines die Britischen Inseln vollständig überdeckenden Kartenwerks.

Seit Einführung einheitlichen Gitternetzes (National Grid, 1938) alle Karten nach diesem km-Netz geschnitten. Gleichzeitig Übergang zu metrischen Maßstäben. Grundlage moderner britischer Kartenwerke bildet neue mehrfarbige Höhenlinienkarte 1 : 25 000 (2207 Blätter First Series, 1405 Blätter Second Series ab 1981). Beschleunigte Ausgabe seit 2. Weltkrieg. Landranger Map 1 : 50 000 (204 Bl.) liegt seit 1979 vollständig vor, hat alte One Inch Map 1 : 63 360 abgelöst. Routemaster Map 1 : 250 000 (9 Bl.) wird jährlich neu herausgegeben, hat alte Viertelzollkarte 1 : 253 440 ersetzt.

Auf Bereich der Britischen Inseln entfallen 8 Blätter der Internationalen Weltkarte 1: 1 Mill.

Literatur

BIRCH, T. W.: Maps, Topographical and Statistical. Oxford 1949
BÖHME, R.: Gegenwärtiger Stand der amtlichen Kartographie in Großbritannien. Zeitschr. f. Vermessungswesen 1950
CLOSE, CHR.: The Map of England. London 1932
HARRIS, L. J., BIDDLE, C. A., THOMPSON, E. H. and IRVING, E. G.: British Maps and Charts: A Survey of Development. Geogr. Journal 1964
KLASEN, J.: Bemerkungen zu britischen und irischen Kartenwerken. Kartogr. Nachr. 1964

Sowjetunion

Zuständige Behörde: Hauptverwaltung für Geodäsie und Kartographie, Moskau.

Nullmeridian: Greenwich, früher Pulkowo (30° 19' 39" E).

Höhennullpunkt: Mittleres Meeresspiegelniveau bei Kronstadt: 0,114 m über NN.

Beginn staatlicher Landesaufnahme unter KATHARINA II. (1763). Im 19. Jh. Entstehung zahlreicher ein- und mehrfarbiger nichtmetrischer Kartenwerke unterschiedlicher geodätischer Grundlage, Blatteinteilung und Wiedergabe des Karteninhalts.

Halb-Werst-Karte 1:21 000 (1 Zoll = $^1/_2$ Werst); 1-Werst-Karte 1:42 000; 2-Werst-Karte 1:84 000; 3-Werst-Karte 1:126 000; 5-Werst-Karte 1:210 000; 10-Werst-Karte 1:420 000 und 25-Werst-Karte 1:1 050 000. Alle Karten überdeckten Zarenreich nur unvollständig. Unterschiedliche Projektionen und Nullmeridiane erschweren Benutzung.

Seit 1925 Vereinheitlichung des sowjetischen Kartenwesens: Verwendung der Polyederprojektion auf Grundlage des Ellipsoides von KRASSOWSKYJ; Übergang zu metrischen Maßstäben; Längenzählung nach Nullmeridian von Greenwich; einheitliche Geländedarstellung durch Höhenlinien; einheitliche Signaturen, Symbole und Farben für Karten aller Maßstäbe. Schnitt und Bezifferung der Karten ausnahmslos nach System der Internationalen Weltkarte in Maßstäben 1:10 000 (für Planungszwecke), 1:25 000, 1:50 000, 1:100 000, 1:200 000, 1:500 000, 1:1 Mill. und 1:2,5 Mill. (16 Blätter).

Flächeninhalt eines Blattes 1:1 Mill. gliedert sich demnach in

4 Blätter 1:500 000	576 Blätter 1:50 000
3 Blätter 1:200 000	2304 Blätter 1:25 000
144 Blätter 1:100 000	

Großmaßstäbliche Kartenwerke erst für Teile der Sowjetunion erschienen, jedoch in schneller Vervollständigung. Auf Sowjetunion entfallen etwa 200 Blätter der Internationalen Weltkarte 1:1 Mill.

Literatur

BONACKER, W.: Aus der sowjetischen Kartographie. Kartogr. Nachr. 1954
FISCHER, H. R.: Die Kartographie in der Sowjetunion. Vermessungstechnik 1953
HAACK, H. (Hrsg.): Beiträge aus der sowjetischen Kartographie. Berlin 1954
KRALLERT, W.: Planmäßigkeit auf dem Gebiete der sowjetrussischen Kartenarbeit. Dt. Arch. f. Landes- u. Volksforsch. 1943
PUTZER, H.: Begegnungen mit russischen Karten. Peterm. Geogr. Mitt. 1943

Vereinigte Staaten von Amerika

Zuständige Behörden: US Geological Survey, Washington (Zentralbehörde für Herstellung topographischer, geologischer und hydrographischer Karten), Army Map Service (Militärkarten), Coast and Geodetic Survey (Küstenblätter), Aeronautical Chart Service (Luftfahrt-Karten).

Nullmeridian: Greenwich.

Höhennullpunkt: Mittleres Meeresspiegelniveau mehrerer „Primary Tide Stations".

Begründung amtlicher Landesaufnahme 1883, seit 1. Weltkrieg überwiegend aerophotogrammetrische Aufnahme. Sämtliche Kartenwerke Gradabteilungskarten auf Grundlage polykonischer Projektion im Blattschnitt der Internationalen Weltkarte 1 : 1 Mill. Ausschließlich Höhenlinienkarten. Hauptmaßstäbe 1 : 24 000, 1 : 25 000, 1 : 62 500, 1 : 100 000, 1 : 250 000, 1 : 500 000 und 1 : 1 Mill. Großmaßstäbliche Karten auf Hauptsiedlungs- und Wirtschaftsgebiete der USA beschränkt. Maßstäbe 1 : 24 000 und 1 : 62 000 laufen aus. Vollständig vorliegende Karte 1 : 250 000 (470 Blätter). Da sich alle Kartenwerke auf Drei- bzw. Vierfarbendruck beschränken (Situation Schwarz, Isohypsen Braun, Gewässer und Gletscher Blau, gelegentliche Schummerung Grau), oft keinerlei Bodenbedeckung verzeichnen, auf vielen Blättern nahezu unbesiedelte Gebiete darstellen und arm an Beschriftung sind, wirken amerikanische Karten leer und unvollständig.

Literatur

BITTERLING, R.: U. S. Geological Survey und ihr topographischer Standardatlas. Geogr. Anzeiger 1932

CARLBERG, B.: Die Kartierung der USA. Peterm. Geogr. Mitt. 1931

—: Kartographie in den USA. Peterm. Geogr. Mitt. 1950

—: Kartographie in Amerika. Geogr. Helvetica 1952

ESPENSHADE, E. B.: Stand der Kartographie in den USA. Die Erde 1953

FISCHER, H. R.: Kartographisches aus den USA. Peterm. Geogr. Mitt. 1954

KNOWLES, R. u. STOWE, P. W. E.: North American in Maps. Topographical Map Studies of Canada and the USA. London 1976

KÖNIG, R.: Topographische Karten aus den USA. Vermessungstechnik 1958

LENZ, K., PATZER, W. u. VOLLMAR, R.: Nordamerika im Kartenbild. Historische und moderne Landkarten der USA und Kanadas. Berlin 1976

PILLEWIZER, W.: Kartographie in den Vereinigten Staaten von Amerika. Erdkunde 1951

RUGG, D. S.: Der gegenwärtige Stand und die technischen Entwicklungstendenzen der Kartographie in den USA. Kartogr. Nachr. 1961

Andere Staaten

Über Stand amtlicher Kartographie in bisher nicht ausführlich behandelten Ländern unterrichtet folgendes Literaturverzeichnis.

Literatur

AGOSTINI, E. DE: La cartografia della Libia. Bol. Soc. Geogr. Ital. 1944
BEŠEVLIEV, B. u. FREITAG, U.: Bulgarien im Kartenbild. Kartogr. Nachr. 29, 1979, S. 134–142
BOBEK, H.: Das Kartenwesen von Iran (Persien). Mitt. Reichsamt f. Landesaufn. Berlin 1936
BÖHME, R.: Gegenwärtiger Stand der amtlichen Kartographie in Dänemark, Island und Grönland. Zeitschr. f. Vermessungswesen 1950
—: Gegenwärtiger Stand der amtlichen Kartographie in Schweden. Zeitschr. f. Vermessungswesen 1950
—: Gegenwärtiger Stand der amtlichen Kartographie in Norwegen. Zeitschr. f. Vermessungswesen 1950
BOESCH, H.: Neue dänische Karten. Geogr. Helvetica 1949
BORCHERT, G.: Die heutigen Kartenwerke von Angola. Pet. Geogr. Mitt. 105, 1961, S. 150–153
BREDOW, E.: Überblick über die neuere amtliche Kartographie der ehemaligen Rehublik Polen. Allg. Vermessungsnachrichten 1940
CARLBERG, B.: Die Karte von Südslawien 1:100000. Peterm. Geogr. Mitt. 1935
—: Die neue Karte von Griechenland 1:100000. Peterm. Geogr. Mitt. 1935
—: Die Karte von Uruguay in 1:50000. Peterm. Geogr. Mitt. 19 5
—: Das topographische Kartenwerk Ägyptens. Peterm. Geogr. Mitt. 1936
—: Vermessung und amtliches Kartenwesen in Afrika. Peterm. Geogr. Mitt. 1944
DRUMLICH, C.: Die Kartographie in der Volksrepublik China. Vermessungstechnik VI, 1958
EGGERS, W.: Zur kartographischen Erschließung Afrikas. Zeitschr. f. Erdkunde 1943
ERGENZINGER, P.: Die Landkarten Afrikas. Kartogr. Miniaturen 2, Berlin 1966
EVERS, W.: Entwicklung und Stand der Kartographie Norwegens, Peterm. Geogr. Mitt. 1943
—: Neues norwegisches Hauptkartenwerk. Peterm. Geogr. Mitt. 1944
FELS, E.: Die amtlichen Kartenwerke Griechenlands. Geogr. Wochenschr. 1934
FREITAG, U.: Die kartographische Darstellung Nigeriens. Eine Bestandsaufnahme. Kartogr. Nachr. 1969
—: Pragmatische Aspekte der Kartographie in Entwicklungsländern. Kartogr. Nachr. 27, 1977, S. 53–62
FREY, U.: Die Karte der neuen Türkei. Peterm. Geogr. Mitt. 1935
ISBERT, OX. A.: Zur Kartographie Ungarns. Auslanddt. Volksforsch. 1937
KOEMAN, C.: Charakteristik der heutigen niederländischen Kartographie. Kartogr. Nachr. 1964
KOSACK, H. P.: Das neue bulgarische Kartenwerk. Peterm. Geogr. Mitt. 1936
KRIESCHE, U.: Die amtlichen Karten von Finnland. Peterm. Geogr. Mitt. 1944
KÜHN, F.: Das neue argentinische Kartenwerk 1:50000 des Instituto Geográfico Militar. Peterm. Geogr. Mitt. 1934
LANGER, H.: Neue chinesische Karten und Atlanten. Peterm. Geogr. Mitt. 1957
—: Neue Karten aus Polen. Peterm. Geogr. Mitt. 1957
LAUTENSACH, H.: Die amtlichen japanischen Kartenwerke. Peterm. Geogr. Mitt. 1942
—: Die amtlichen portugiesischen Kartenwerke. Peterm. Geogr. Mitt. 1943
—: Die amtlichen spanischen Kartenwerke. Peterm. Geogr. Mitt., Erg.-H. 264 (Haack-Festschrift). Gotha 1957
LESER, H.: Südwestafrika 1:1000000. Kartogr. Nachr. 1968
LICHTE, H.: Vermessungswesen und Kartographie in Liberia. Zeitschr. f. Vermessungswesen 1954
LUNDQVIST, G.: Schwedische Kartographie von heute. Peterm. Geogr. Mitt., Erg.-H. 264 (Haack-Festschrift). Gotha 1957
—: Die Kartenwerke der nordischen Länder. Geogr. Taschenbuch 1960/61, S. 172–181
MECKING, L.: Neue Höhenschichtenkarten von Lettland. Zeitschr. Ges. f. Erdkunde Berlin 1936

MEDVEY, A.: Das topographische Kartenwesen Ungarns. Mitt. Reichsamt f. Landesaufn. Berlin 1932/33
MENSCHING, H.: Das Afrika-Kartenwerk 1:1 000 000 der Deutschen Forschungsgemeinschaft. Kartogr. Nachr. 19, 1969, S. 17–26
MEYER, H. H. F.: Die chinesische Landesaufnahme 1931–1933. Mitt. Reichsamt f. Landesaufn. 1934/35
—: Der Stand der topographischen und kartographischen Arbeiten in der Tschechoslowakei. Mitt. Reichsamt f. Landesaufn. Berlin 1935
—: Stand der Topographie und Kartographie in Estland. Mitt. Reichsamt f. Landesaufn. Berlin 1936
—: Stand der geodätischen, topographischen und kartographischen Arbeit in Rumänien. Mitt. Reichsamt f. Landesaufn. Berlin 1936
MOLTER, T.: Entwicklung und Stand der Kartographie in der Südafrikanischen Union. Kartogr. Nachr. 1960
NESTMANN, L.: Topographische und thematische Karten der Türkei. Erdkunde 1964
OVERSLUIJS, P. M.: Die amtlichen topographischen Kartenwerke der Niederlande. Mitt. Reichsamt f. Landesaufn. Berlin 1932/33
PAFFEN, K. H.: Dänemark im Bild neuer Karten. Erdkunde 1951
REINER, E.: Die Kartographie in Afghanistan. Kartogr. Nachr. 1966
SANDNER, G.: Die zentralamerikanische Kartographie, ihre Entwicklung und ihre Bedeutung für Wirtschaft und Planung. Kartogr. Nachr. 1964
SCHILLMANN, FR.: Die kartographische Darstellung Abessiniens. Mitt. Reichsamt f. Landesaufn. Berlin 1935
SCHULZ, W.: Geschichte und Stand der argentinischen Landesaufnahme und Kartographie. Die Erde 1950/51
WEBER, P.: Die amtliche peruanische Kartographie. Kartogr. Nachr. 1967
WILHELMY, H.: Das Kartenwesen Bulgariens. Mitt. Reichsamt f. Landesaufn. Berlin 1938
ZONDERVAN, H.: Die geschichtliche Entwicklung der offiziellen Kartenkunde in den Niederlanden. Peterm. Geogr. Mitt. 1903

Internationale Weltkarte (IWK)

Plan zur Erarbeitung einer Internationalen Weltkarte 1:1 Mill. erstmalig 1891 von A. PENCK auf 5. Internationalem Geographenkongreß in Bern vorgetragen. Schnelle Verwirklichung scheiterte an Wahl des Nullmeridians von Greenwich (Einspruch Frankreichs) und Verwendung metrischen Systems für Höhenliniendarstellung (Einspruch Großbritanniens). Aufgrund Penckscher Vorschläge jedoch selbständiger Beginn der Ausgabe von Kartenwerken 1:1 Mill. durch einzelne Staaten. Erneuter Vorstoß PENCKS auf 8. Internationalem Geographenkongreß in Washington 1904 erbrachte Zustimmung zur Wahl des Nullmeridians von Greenwich und metrischer Maße. Festlegung des Darstellungsraumes je Blatt: Höhe von 4 Breitenkreisen, Breite von 6 Längenkreisen. Auf zwei Internationalen Kartenkonferenzen in London (1909) und Paris (1913) Richtlinien für neue „Carte Internationale du Monde 1:1 Mill." endgültig beschlossen: Gradabteilungskarte in modifizierter polykonischer Projektion, Ausgangsmeridian von Greenwich, Schnitt 4°·6° (in Polargebieten 4°·12°), Schichtlinienabstände von 100, 200, 500, 1000, 1500, 2500, 3000, 4000, 5000, 6000 m, Acht- bis Zehnfarbendruck, Namen in offizieller Sprache des betr. Landes, lateinische Schrift. Hauptbüro in Southampton mit Nebenstelle in Chessington (Vorort von London).

Bis 1914 über ein Dutzend Blätter erschienen. 1. Weltkrieg unterbrach internationale Zusammenarbeit.

Aufsplitterung in uneinheitliche parallele und provisorische Ausgaben, z. B. „Croquis de l'Afrique Français"; „Carta do Brasil", herausgegeben vom Conselho Nacional de Geografia (3. Aufl. 1960/61); „Hispanic America", seit 20er Jahren herausgegeben von der American Geographical Society (110 Bl.); „Staatskarte der Sowjetunion" 1: 1 Mill. u. a. Diese Kartenwerke zählen nicht zur offiziellen Internationalen Weltkarte, obwohl in Blattschnitt, Bezifferung und Zeichenschlüssel dieser weitgehend angepaßt.

Zwischen beiden Weltkriegen Wiederaufnahme internationaler Zusammenarbeit nur in bescheidenen Ansätzen. Während des 2. Weltkrieges Ausgabe von Kartenwerken 1 : 1 Mill. für weite Teile der Erde durch kriegführende Staaten: USA, Sowjetunion, Großbritannien, Deutschland, Italien, Japan. Später auf Zivilbedarf freigegeben und z. T. weitergeführt. 1953 zentrale Leitung des Weltkartenwerkes dem Kartographischen Büro der UNO übertragen. 1962 3. Internationale Kartenkonferenz als Technische Konferenz der Vereinten Nationen über die IWK in Bonn. Nach neuen Beschlüssen grundsätzlich Beibehaltung modifizierter polykonischer Projektion, jedoch bei neuen oder neuaufgelegten Blättern zwischen 84°N und 80°S in Angleichung an Internationale Luftfahrtkarte (S. 180f.) Anwendung von Lamberts winkeltreuer Kegelprojektion zulässig. Geländedarstellung in farbigen Höhenschichten mit Isohypsenabständen laut Beschlüssen von 1913, veränderter Zeichenschlüssel, Beigabe von Zuverlässigkeitsdiagrammen empfohlen. Von insgesamt über 2000 möglichen IWK-Blättern etwa 750 Blätter erschienen. Europa mit 67 Blättern bisher einziger vollständig bearbeiteter Erdteil. Über deutschen Anteil an IWK vgl. S. 156.

1913 Vorschlag Italiens, zu jedem Blatt eingehende landeskundliche Beschreibung zu liefern; bisher nur in einem Fall verwirklicht: Handbuch zum Blatt „La Paz", herausgegeben von der American Geographical Society (1922).

IWK wichtige Grundlage für umfassendere thematische Karten, z. B. K. HUECKS Vegetationskarte von Deutschland (Blatt Berlin), Bevölkerungskarte von England, Karte des Römischen Weltreiches (seit 1932). Blattschnitt der IWK in jüngerer Zeit von zahlreichen amtlichen Landesaufnahmen für eigene Kartenwerke üdernommen.

Literatur

BÖHME, R.: Die IWK 1 : 100 00 nach der Bonner Weltkartenkonferenz. Kartogr. Nachr. 1965
—: Die Internationale Weltkarte 1 : 1 000 000. Allg. Vermessungsnachr. 78, 1971, S. 2–12
CARLBERG, B.: Die Karte von Spanisch Amerika in 1: 1 Mill. Peterm. Geogr. Mitt. 1936
GOESSLER, P.: Tabula Imperii Romani. Ber. Dt. Landeskunde 1948
GRENACHER, F.: Die Internationale Weltkarte 1: 1 000 000 im Zeitgeschehen. Geogr. Helvetica 1947 u. Kartogr. Nachr. 1968
GRÜSSNER, A.: Weltkartenkonferenz 1962 in Bonn. Internat. Jb. f. Kartogr. 1963
HUECK, K.: Vegetationskundliche Karte 1: 1 000 000. Blatt Berlin. Berlin 1944
KOSACK, H. P.: Die Internationale Weltkarte als Grundlage angewandter Karten. Ber. Dt. Landeskunde 1949

KNORR, H.: Zur Entwicklung der amtlichen deutschen Kartenwerke 1: 200 000 bis 1: 1 000 000. Frankfurt/M. 1955
MERZ, A.: Neue englische und französische Kartenwerke im Maßstab 1: 1 000 000. Zeitschr. Ges. f. Erdkunde Berlin 1915
MEYER, H. H. F.: Die Internationale Weltkarte 1: 1 000 000 und ihr heutiger Stand. Mitt. Reichsamt f. Landesaufn. Berlin 1931/32
MEYNEN, E.: International Bibliography of the „Carte Internationale du Monde au Millionième". Bundesanst. f. Landeskunde u. Raumforsch. Bad Godesberg 1962
OGILVIE, A. G.: Geography of the Central Andes. A Handbook to Accompany the La Paz Sheet of the Map of Hispanic America on the Millionth Scale. Map of Hispanic America Publications 1. – Amer. Geogr. Soc., New York 1922
PENCK, A.: Die Weltkarte 1: 1 000 000. Jb. Kartogr. 1941
SCHAMP, H. P.: Technische Konferenz der Vereinten Nationen über die Internationale Weltkarte 1: 1 000 000 in Bonn vom 3.–22. August 1962. Die Erde, Zeitschr. Ges. f. Erdkunde Berlin 1963
SCHULZ, G.: Darstellungsfragen des Kartenmaßstabs 1: 1 000 000. Kartogr. Miniaturen 3, Berlin 1970
STOCKS, TH.: Die Darstellung des Meeres auf der Internationalen Weltkarte 1 : 1 Mill. Wiss. Veröff. Dt. Mus. f. Länderkunde Leipzig, N. F. 4, 936
TROLL, C.: Die Internationale Weltkarte 1 : 1 Mill. als Grundlage einer systematischen geographischen Aufnahme der Erde. Die Erde 1968
United Nations (Hrsg.): International Map of the World on the Millionth Scale. Report for 1977. New York 1979

Andere Weltkartenwerke

Weltkartenwerk 1 : 500 000 (Serie 1404) als topographische Ausgabe der englisch-amerikanischen Fliegerkarte 1 : 500 000 (s. S. 181) im Aufbau. In verschiedenen Ländern Europas (Bundesrepublik Deutschland, Deutsche Demokratische Republik, England, Frankreich, Italien u. a.), Nordafrikas und des Vorderen Orients erschienen. Bundesrepublik Deutschland übernahm Bearbeitungsmodus von Frankreich (s. S. 162) und bringt vier Großblätter (NW, NO, SW, SO) heraus, die im Blattabschnitt dem Staatsgebiet angepaßt sind. Auf Grundlage der Weltkarte 1 : 500 000 für Bundesrepublik Deutschland Ortsnamenbuch entstanden.

Lamberts winkeltreue Schnittkegelabbildung. Braune Höhenschichten, Abstände 150 m, Schummerung, blaue Gewässer, rotes Straßennetz mit Entfernungsangaben, größere Orte rotflächig, Legende dreisprachig (dt./engl./frz.), UTM-Gitternetz.

Weltkartenwerk 1 : 2 500 000 in Gemeinschaftsproduktion von Kartenämtern der Deutschen Demokratischen Republik, Polens, der CSSR, Ungarns, Rumäniens, Bulgariens und der UdSSR in 234 Blättern weltweit 1964 bis 1976 erschienen.

Mittabstandstreue Kegelabbildung mit zwei Schnittkegeln zwischen 64° N und 64° S, mittabstandstreue Azimutalabbildung zwischen 60° und 90° N und S. Blatteinteilung basiert auf IWK; je 9 Blätter der IWK ergeben 1 Blatt 1 : 2 500 000. Beschriftung in internationaler Schreibweise (englisch und russisch), Meeresnamen englisch, Titel und Legenden auch russisch. Zwölffarbig, Höhenschichten mit Höhenlinien in 50 bis 1000 m und Tiefenlinien in 100 bis 1000 m Abständen. Detaillierte Hydrographie, Orte 7fach klassifiziert, Verkehrsnetz mit Flughäfen und Schiffbarkeitsangaben, Verwaltungsgrenzen in Bandkolorit, Situation in 70 Symbolen. Neuauflagen erscheinen nur vereinzelt.

Deutsche Weltkarte 1 : 5 000 000 (DWK) seit 1965 in 32 Großraumblättern für alle Landflächen 8farbig, bearbeitet von K. H. Wagner beim Bibliographischen Institut in Mannheim, Erschienene Blätter: 1, 2, 4, 26.

Weltkarte 1 : 5 000 000 (The World) ist von der American Geographical Society (New York) 1962 bis 1973 herausgebenes Weltkartenwerk, das aus Map of the Americas entstand. 16 mehrfarbige Blätter der Landflächen und Polargebiete in Millers abgeplatteter stereographischer Projektion, mit Höhen- und Tiefenschichten. Neuauflagen nur noch bei Blatt 1 „Europe" (zuletzt 1982).

Weltkarte 1 : 5 000 000 (Carte générale des continents) vom Institut Géographique National in Paris 1967 bis 1972 herausgegeben. 34 Blätter der Arktis und der Landgebiete sowie Sonderblatt Antarktis, 7–11farbig, in doppelter transversaler Mercatorprojektion, mit Höhenschichten und plastisch wirkender Schummerung, zweisprachiger Legende (franz./engl.), internationaler Beschriftung (Meeresnamen franz.).

Literatur

BÖHME, R.: Die Übersichtskarte 1 : 500 000 (World Serie 1404). Nachr. a. d. Karten- u. Vermessungsw. 1977, S. 177–178
—: Geographisches Namenbuch Bundesrepublik Deutschland. Kartogr. Nachr. 30, 1980, S. 92–102
—: MEINE, K.-H. u. HANLE, A.: Chorographische Kartographie. Samml. Wichmann, H. 14, Karlsruhe 1971
FREITAG, U.: neue chorographische Weltkartenwerke. Kartogr. Nachr. 1965
HAACK, E.: Die Herstellung der Weltkarte 1 : 2 500 000 als Beispiel des Fortschritts der Kartographie. Peterm. Geogr. Mitt. 113, 1969, S. 231–238
—: Die Anwendung der Weltkarte 1 : 2 500 000 für die Herstellung thematischer Weltkartenserien. Vermessungstechnik 24, 1976, S. 285–287
—: Möglichkeiten zur Nutzung der Weltkarte 1 : 2 500 000. Vermessungstechnik 28, 1980, S. 145–147
HANLE, A.: Die Deutsche Weltkarte 1 : 5 000 000. Allg. Vermessungsnachr. 78, 1971, S. 24–33
Institut für Angewandte Geodäsie (Hrsg.): Geographisches Namenbuch Bundesrepublik Deutschland. Frankfurt 1981
KRETSCHMER, I.: Stand und heutige Bedeutung der großen Weltkartenwerke. Mitt. Österr. Geogr. Ges. Band 115, Wien 1973, S. 124–150
MEINE, K.-H.: Zum neuen Weltkartenwerk 1 : 2,5 Mill. Kartogr. Nachr. 1966
—: Fortschritte am Weltkartenwerk 1 : 2 500 000. Kartogr. Nachr. 1968
—: Karta Mira – World Map – Weltkarte 1 : 2 500 000. Allg. Vermessungsnachr. 1971, S. 12–23
NISCHAN, H.: Aufgaben zur Aktualisierung der Weltkarte 1 : 2 500 000. Vermessungstechnik 24, 1976, S. 287–289
RADÓ, S.: World Map, Scale of 1 : 2 500 000. Internat. Jb. f. Kartogr., VI, 1966
STAMS, W.: Die Weltkarte 1 : 2,5 Millionen – Entwicklung, gegenwärtiger Bearbeitungsstand und Perspektive aus geographischer und kartographischer Sicht. Geogr. Ber. 58, 1971, S. 34–54
STRZYGOWSKI, W.: Ein neues Kartenwerk der ganzen Erde. Mitt. Österr. Geogr. Ges. 1965

NICHTAMTLICHE KARTENWERKE

Neben Kartenwerken staatlicher Landesaufnahmen in vielen Kulturländern bedeutsame Leistungen privater Kartographie. Herausgeber nichtamtlicher Kartenwerke: Kartographische Verlagsanstalten, wissenschaftliche Gesellschaften, Wandervereine u. a.

Literatur

BORMANN, W.: Gewerbliche Kartographie. In: Kartographie der Gegenwart in der Bundesrepublik Deutschland '84. Bielefeld 1984, S. 209–225

KÖTTER, H.: Entwicklungstendenzen in der gewerblichen Kartographie. Niederdollendorf 1978

Topographische Kartenwerke

Deutsche Privatkartographie

Lücke zwischen amtlichen Kartenwerken in Maßstäben 1 : 300000 und 1 : 800000 schloß hervorragendes privates Kartenwerk: „Karte des Deutschen Reiches und der Alpenländer" 1 : 500000 von C. VOGEL, erschienen im Verlag Justus Perthes, Gotha. Format 40 × 50 cm. Mehrfarbige Schraffenkarte in Bonnescher Projektion, Berührungsparallel 50° n. Br., Mittelmeridian 13° 50′ ö. L.

Erste Ausgabe in 27 Blättern 1891–93. Dreifarbendruck: Lageplan und Schrift Schwarz, Geländedarstellung in braunen Bergstrichen, Gewässer Blau. Kartenwerk diente als Grundlage für LEPSIUS' „Geologische Karte des Deutschen Reiches".

Neubearbeitung in 33 Blättern 1913–15 als Vogels „Karte von Mitteleuropa" 1: 500 000 mit 2 weiteren Farbaufdrucken: Wälder Grün, Stadtgrundrisse, Verkehrswege und Grenzen Orange. Grundlage für „Deutsche Fliegerkarte 1: 500 000". Überdruck flugnavigatorisch wichtiger Angaben (Flugplätze, Funkfeuer, Flugsperrgebiete usw.).

Anderes bedeutendes privates Kartenwerk des 19. Jhs. war „Mitteleuropa" in 1:300000 (164 Blätter) von W. LIEBENOW. 1898 von Geographischer Verlagsanstalt Ludwig Ravenstein, Frankfurt a. M., erworben und in Folgezeit als „Ravensteins Karte von Mitteleuropa" fortgeführt.

Starke Überalterung der amtlichen Topographischen Übersichtskarte 1 : 200000 veranlaßte Mairs Geographischen Verlag in Stuttgart 1952–57 zur Herausgabe der neuen „Deutschen Generalkarte" 1 : 200 000 in 26, das gesamte Gebiet der BRD umfassenden Blättern. Als Verkehrs-Gebrauchskarte hervorragende Leistung privater deutscher Kartographie, deren Name „Deutsche Generalkarte" allerdings nicht wissenschaftlicher Klassifikation entspricht (S. 38). In anderem Blattschnitt erschienen als „Deutscher Generalatlas" 1 : 200000.

In Südwestdeutschland erwarb sich Reise- und Verkehrsverlag, Stuttgart, Verdienste um Herausgabe regional begrenzter Kartenwerke, z. B. „Heimatkarte von

SW-Deutschland" 1:500 000 von F. HUTTENLOCHER, sowie durch Vertrieb von amtlichen und privaten Kartenwerken der ganzen Welt.

Alpenvereinskartographie

Zum besonderen Arbeitsfeld privater Kartographie wurde in den Alpen entwikkelte Hochgebirgskartographie. 1869 gegründeter *Deutscher Alpenverein* veröffentlichte bereits 1871 mehrfarbige Karte der Glocknergruppe (1:66 000) auf Grundlage amtlicher Karten. Entwicklung weitgehend eigenständiger Kartenwerke nach Vereinigung mit Österreichischem Alpenverein zum DÖAV (1873).

Deutsch-Österreichischer Alpenverein übernahm Herausgabe von Kartenwerken in 3 Maßstäben: 1 : 50 000 (Spezialkarten), 1 : 100 000 (Übersichtskarten einzelner Gebirgsgruppen), 1 : 250 000 (Übersichtskarte der Ostalpen). 1874–1878 Veröffentlichung von 9 vierfarbigen Blättern der Ötztaler und Stubaier Alpen in kombinierter Höhenlinien-Schraffendarstellung. Ausgehend von „Franzisko-Josephinischer Aufnahme" (S. 158) Entwicklung spezifischen Alpenvereinskartenstils durch Gestaltung des Karteninhalts nach eigenen Grundsätzen. In Folgezeit Serie von einfarbigen 1 : 50 000-Kupferstichblättern mit Relief in Lehmannschen Böschungsschraffen, teils auf Grundlage eigener Triangulation des Alpenvereins. Seit Erscheinen des Siegfried-Atlas (1870–90) starke Beeinflussung durch Schweizer Hochgebirgskartographie: Herausgabe mehrfarbiger Isohypsenkarten mit Schräglichtschummerung. Entwicklung der Felsdarstellung. Weitgehend Übergang zu größerem Maßstab 1 : 25 000.

Nach zwölfjähriger Periode eigener Meßtischaufnahmen zur Verfeinerung der Relief- und Grundrißdarstellung 1913 Beginn terrestrischer photogrammetrischer Aufnahmen (1915: Dachsteinkarte 1: 25 000). In Verbindung mit eigenen geodätischen Aufnahmen und Aerophotogrammetrie Entwicklung der Alpenvereinskartographie zu heutigem Leistungsstand (z. B. Ötztaler und Stubaier Alpen 1: 25 000, 1950–56). In Alpen bewährte Darstellungsmethoden auch auf Expeditionskarten des Alpenvereins (Himalaya, Anden) mit Erfolg angewendet. Druck der AV-Karten durch Freytag-Berndt u. Artaria, Kartographische Anstalt Wien.

Verlag Freytag-Berndt zugleich Herausgeber der achtfarbigen österreichischen Touristenwanderkarte 1: 100 000. Umfaßt 51 Blätter, die über österreichisches Staatsgebiet hinausgreifen. Braune Höhenlinien- und Felszeichnung mit kombinierter Böschungs- und Schattenschummerung, ungewöhnlich klares Kartenbild.

In der Schweiz vorzügliche Wander- und Reliefkarten der Geographischen Anstalt Kümmerly und Frey, Bern, und der Art. Institut Orell-Füssli A.G., Zürich.

Literatur

ARNBERGER, E.: Der Weg der Alpenvereins-Kartographie in der Aufnahme und Darstellung von Berggruppen der Ostalpen. Festschr. f. W. Bonacker „Kartengeschichte u. Kartenbearbeitung". Bad Godesberg 1968, S. 133–152
—: Die Kartographie im Alpenverein. München-Innsbruck 1970
AURADA, F.: 100 Jahre Alpenvereinskartographie. Wien 1962
—: Entwicklungsphasen der Alpenvereinskartographie. Kartogr. Nachr. 1963
KINZL, H.: Die neuere Alpenvereinskartographie. Int. Jb. f. Kartogr. 12, 1972, S. 145–167
PASCHINGER, H.: Die Alpenvereinskarten. In: Grundriß der Allgemeinen Kartenkunde, I. 3. Aufl., Innsbruck 1967, S. 60–65

Atlanten und Wandkarten

Moderne Kartenwerke sind Frucht jahrhundertelanger wissenschaftlicher und technischer Entwicklung.

Geschichtlicher Überblick

Keine griechischen Originalkarten des Altertums überliefert, jedoch Rekonstruktionen nach Texten und mittelalterlichen Nachzeichnungen. CLAUDIUS PTOLEMÄUS (87–150 n. Chr.) gab im ersten Buch seiner „Geographie" geometrische Theorie des Kartenzeichnens (Kartenentwurfslehre); weitere 6 Bücher mit Positionsbestimmungen für alle Teile der damals bekannten Erde. Im 8. Buch führt Ptolemäus aus, wie unter Zugrundelegung aller mitgeteilten Positionen bekannte Erde auf 27 Länderkarten der Wirklichkeit entsprechend gezeichnet werden könne. Solche Karten von späteren Kompilatoren entworfen und unter Bezeichnung „Ptolemäuskarten" bekannt geworden.

Uns überlieferte Ptolemäuskarten sind Arbeiten von griechischen Abschreibern und Zeichnern des 12. Jhs., so z. B. im Codex des Vatopedi-Klosters am Berge Athos erhaltenes Exemplar (photolithographische Reproduktion von VICTOR LANGLOIS, Paris 1867). Ältere Ptolemäuskarten müssen bis zu dieser Zeit als Vorlagen existiert haben. KHALIF AL MAMUN besaß z. B. solche um Wende des 8./9. Jhs. Zur Renaissancezeit erschienen vor allem in deutschen Reichsstädten (Ulm, Straßburg) insgesamt 31 Neuausgaben (1477–1599) der Ptolemäuskarten mit vielen Neuzeichnungen *(tabulae novae)*: erste uns erhaltene Atlanten, obwohl noch nicht als solche bezeichnet.

Bis Ausgang des Mittelalters keine Fortschritte der Kartographie gegenüber Stand zur Zeit des klassischen Altertums. Großartige Leistungen des CLAUDIUS PTOLEMÄUS gerieten in Vergessenheit. Dürftiger Behelf durch leere Form der Radkarte (S. 93 f.). In wörtlicher Bibelauslegung wird Welt sogar viereckig als Tabernakel dargestellt. Bedeutet Ersatz konkreter antiker Raumvorstellung durch symbolische Ideenverbindungen. Erst im Entdeckungszeitalter mit Vervollständigung des physischen Weltbildes mächtig wirkende neue Impulse.

Kartographischen Niederschlag erweiterter Weltkenntnis veranschaulichen großartige Zusammenstellungen von A. E. V. NORDENSKJÖLD: „Facsimile-Atlas on the Early History of Cartography", Stockholm 1889, und „Periplus. An Essay of the Early History of Charts and Sailing Directions" V, Stockholm 1897. Guten Überblick gibt auch „Sammlung mittelalterlicher Welt- und Seekarten in photographischen Abzügen" von TH. FISCHER, Venedig 1886. Spezielle Sammlung von Karten zur Entdeckung Amerikas von K. KRETSCHMER in seinem Atlas zum Werk „Die Entdeckung Amerikas", Berlin 1892. Andere wertvolle Quelle: „Kartographische Denkmäler zur Entdeckungsgeschichte von Amerika, Asien, Australien und Afrika" von V. HANTSCH und L. SCHMIDT, Leipzig 1903.

Vergleichende Kartenzusammenstellungen zeigen, wie sich unsere Länderkenntnisse allmählich vervollkommnet haben, andererseits – soweit auf großmaßstäblichen Karten sachliche Darstellung für richtig gehalten werden darf –, welche Veränderungen sich im Landschafts- und Siedlungsbild vollzogen haben. Somit Vergleich alter Karten wichtige geographische Forschungsmethode.

In Kartographie der 1. Hälfte des 16. Jhs. elsässisch-lothringische Schule mit MARTIN WALDSEEMÜLLER (1470–1518) und SEBASTIAN MÜNSTER (1489–1552) führend. Auf WALDSEEMÜLLERS großer Weltkarte (1507) im Format 120 × 235 cm erstmals Name und Umrisse von Amerika. 1516 WALDSEEMÜLLERS „Carta Marina Navigatoria" (S. 182). Starke Anregungen auf Kartographie dieser Zeit durch SEBASTIAN MÜNSTERS „Kosmographie" (1544) mit Wiedergaben älterer Karten. In Ausgabe von 1550 Aufnahme von 52 neu entworfenen Karten.

Bedeutendster Kartograph der 2. Hälfte des 16. Jhs.: GERHARD KREMER, genannt MERCATOR (1512–1594). Veröffentlichte 1554 „Karte von Europa" in Kegelprojektion (15 Blätter), 1564 „Karte von England" (8 Blätter), 1569 berühmte Weltkarte in nach ihm benannter Projektion (18 Blätter). 1595, ein Jahr nach seinem Tod, erschien MERCATORS „Atlas sive Cosmographicae Meditationes de Fabrica Mundi" etc. Erste, in großem Folioband vereinigte Kartensammlung mit Bezeichnung „Atlas". Zuvor bereits von Antwerpener Kartograph ABRAHAM ORTELIUS 1570 veröffentlichte Sammlung zeitgenössischer Karten mit kurzer länderkundlicher Beschreibung hieß noch „*Theatrum* Orbis Terrarum", LUCAS J. WAGHENAERS Sammlung von Seekarten „*Spieghel* der Zeevaerdt" (1584). Nicht Idee des Atlas, jedoch dessen Bezeichnung von MERCATOR. Zahlreiche neue Faksimileausgaben klassischer Atlas-Werke.

Literatur

BAGROW, L.: Geschichte der Kartographie. Berlin 1951
—u. SKELTON, R. A.: Meister der Kartographie. Berlin ²1973
BONACKER, W.: Kartenmacher aller Länder und Zeiten. Stuttgart 1966
BROWN, LLOYD, A.: The Story of Maps, Boston 1950
LEITHÄUSER, J. G.: Mappae Mundi. Berlin 1958
SCHULZ, G.: Die Atlaskartographie in Vergangenheit und Gegenwart und die darauf aufbauende Entwicklung eines neuen Erdatlas. Berliner Geogr. Abh., H. 20, Berlin 1974
WOLKENHAUER, W.: Aus der Geschichte der Kartographie. Dt. Geogr. Blätter. Bremen 1895, 1904, 1910, 1911, 1912, 1913, 1917

Deutsche Atlaskartographie

Nach Blüte niederländischer Kartographie, die – mit Ausnahme von ORTELIUS (1527–1598) – wenig schöpferisch ältere Werke kopierte, im 18. Jh. wieder Verlagerung des Schwerpunktes kartographischen Schaffens nach Deutschland. Zentren in Nürnberg und Augsburg. JOHANN BAPTIST HOMANN in Nürnberg (1664–1724) bedeutendster Kartenstecher und Kartenverleger seiner Zeit. Von 1702 bis 1813 entstanden in „Homannscher Offizin" etwa 600 Karten. Davon zwar 8/9 Kopien älterer Vorlagen, erhielten jedoch durch wissenschaftliche und technische Vervollkommnung Wert von Originalkarten. Zusammenfassung ab 1707 in zahlreichen Atlasbänden (Großer Homann-Atlas von 1716 mit 126 Karten). Homannsche Offizin bestand bis 1813, nahm im 18. Jh. gleichen Rang ein wie Justus Perthes' Geographisch-Kartographische Anstalt im 19. und 20. Jh.

Mit dem von JUSTUS PERTHES 1785 in Gotha begründeten Unternehmen Namen hervorragendster Kartographen verbunden: ADOLF STIELER, EMIL V. SYDOW, HEINRICH und HERMANN BERGHAUS, AUGUST PETERMANN, CARL VOGEL, HERMANN HAACK. Werke wie Stielers „Handatlas" (1. Ausgabe 1820, Hundertjahrausgabe 1920–25, Internationale Ausgabe 1934), Sydows „Methodischer Handatlas" (1844) und „Schulatlas" (1849), Berghaus' „Physikalischer Atlas in 90 Karten" (1837–1848), Sydow-Wagners „Methodischer Schulatlas" (1888, 23. Auflage herausgegeben von H. LAUTENSACH 1944), Vogels „Karte des Deutschen Reiches" 1:500 000 (1893) und Haacks Schulwandkarten begründeten Weltruf.

Grundlegende Abhandlungen zur wissenschaftlichen Kartographie von SYDOW und PETERMANN, ab 1885 in eigener Verlagszeitschrift erschienen: „Dr. August Petermanns Mitteilungen aus Justus Perthes' Geographischer Anstalt" (heutiger Titel *Petermanns Geographische Mitteilungen*"), erste geographische Fachzeitschrift der Welt. Insbesondere Veröffentlichung von Originalkarten der Forschungsreisenden. Zu PETERMANNS Zeiten war Gotha Weltzentrum wissenschaftlicher Geographie und Kartographie. Nach 2. Weltkrieg Verlag Justus Perthes nach Darmstadt verlagert. Stammhaus in Gotha seit 1952/53 VEB Hermann Haack.

Neben Perthes zunehmende Bedeutung anderer kartographischer Verlagsanstalten. Bei Velhagen u. Klasing, Bielefeld, 1877 „PUTZGERS Historischer Schulatlas", ab 1880/81, „ANDREES Handatlas" (letzte Auflage 1937), 1907 „FISCHER-GEISTBECKS Stufenatlas"; bei Wagner u. Debes, Leipzig, seit 1894 DEBES „Neuer Handatlas" und zahlreiche Auflagen der „Debesschen Stufenatlanten für die Höheren Schulen", ferner Bearbeitung der Karten für Baedekers Reiseführer; im Georg-Westermann-Verlag, Braunschweig, seit 1883 DIERCKES „Schulatlas" in zahlreichen Auflagen (Neubearbeitung 1988), daneben andere Atlanten und weit verbreitete Schulwandkarten.

Als kartographische Verlage weiterhin hervorgetreten: Dietrich Reimer (Ernst Vohsen), Berlin (Kieperts historisch-geographische Karten, Kolonialatlas, Seekarten); Berliner Lithographisches Institut Julius Moser (Internationale Geologische Karte von Europa, Bearbeitung der amtlichen Übersichtskarte von Mitteleuropa 1 : 300000, der deutschen Blätter der Internationalen Weltkarte 1 : 1 Mill.); Bibliographisches Institut, Mannheim (Meyers Handatlas, Großer Weltatlas, Meyers Großer Physikalischer Weltatlas); Klett, Stuttgart (Alexander Weltatlas).

Nach 2. Weltkrieg Ersatz des nicht wieder aufgelegen „Stieler" durch völlig neu erarbeiteten „Bertesmann Weltatlas" (1961) und „Bertelsmann Atlas International" C 1963), herausgegeben von W. BORMANN, beides hervorragende Leistungen deutscher Atlaskartographie (C. Bertelsmann Verlag, Gütersloh). Unterschied zu früheren Atlanten: landesübliche Namen in internationaler Transkription. Zahlreiche weitere Handatlanten wie „Columbus-Weltatlas" (hervorgegangen aus Debes' Handatlas), „Goldmanns Großer Weltatlas" (auf Grundlage des italienischen „Grande Atlante Geografico"), „Iro-Weltatlas" vom Iro-Verlag, München, ferner monatlich die „Aktuelle Iro-Landkarte" mit thematischen Karten und Karten zum Zeitgeschehen.

Große Zahl seit 1929 erschienener deutscher *Regionalatlanten* verfolgt in erster Linie themakartographische Zielsetzungen. Die wichtigsten sind:

„Rhein-Mainischer Atlas" von W. BEHRMANN und O. MAULL (1929), „Elsaß-Lothringischer Atlas" von G. WOLFRAM und W. GLEY (1931), „Schlesien-Atlas" von W. GEISLER (1932), „Saar-Atlas" von H. OVERBECK und G. W. SANTE (1934), „Niedersachsen-Atlas" von K. BRÜNING (1934 u. 1950), „Pommern-Atlas" von W. WITT (1934), „Mitteldeutscher Heimatatlas" von O. SCHLÜTER (1935), „Danzig-Atlas" von N. CREUTZBURG (1936), „Oberschlesien-Atlas" von W. GEISLER (1938), „Atlas Bayerische Ostmark" von M. KORNRUMPF (1939), „Thüringen-Atlas" von J. MÜLLER (1939), „Atlas des Saale- und mittleren Elbegebietes" von O. SCHLÜTER u. O. AUGUST (1959–61), „Die Landschaften Niedersachsens" von E.SCHRADER (1957), „Topographischer Atlas Schleswig-Holsteins" und „Luftbildatlas Schleswig-Holstein" von CHR. DEGN und U. MUUSS (1963 bzw. 1965). Ähnliche Ausgaben für andere deutsche und österreichische Bundesländer (Tirol, Salzburg u. a.). Von N. KREBS herausgegebener „Atlas des deutschen Lebensraumes" (3 Lieferungen 1937 bis 1941) blieb infolge des 2. Weltkriegs unvollendet.

Unter neuen *Schulatlanten* hervorzuheben: „Diercke-Weltatlas" (in über 200 Aufl., völlige Neubearbeitung 1988, „Westermann Schulatlas", „Westermann Weltatlas", „List Großer Weltatlas" „Alexander Weltatlas" und neuer „Seydlitz Weltatlas" von CVK und Schroedel (1984). Einige durch andersartige Kartenauswahl und Hinzufügung von Text- und Bildteilen zu *Hausatlanten* ausgebaut: „Westermanns Hausatlas", „Bertelsmann Hausatlas" und „Neuer Hausatlas" des Südwest-Verlages, München. Allgemeine heutige Entwicklungstendenz: Neben rein topographischen Atlanten Herausgabe von Atlanten mit zahlreichen thematischen Karten, Text- und Bildteil (z. B. „Großer Herder-Atlas", herausgegeben von C. TROLL, Freiburg 1958). Geographisches Wissen dadurch breiten Kreisen zugänglich gemacht (z. B. „Keysers Großer Weltatlas" „Reader's Digest Weltatlas", „Unsere Welt" [Velhagen & Klasing u. H. Schroedel], „Das Antlitz unserer Erde" [Bertelsmann], „Alexander Weltatlas" [Klett], „Merian Großer Atlas der Erde", „RV-Atlas Unsere Welt heute").

Internationale Atlaskartographie

Drei große Atlaswerke haben neben „Stielers Handatlas" und „Bertelsmann Atlas International" Weltgeltung erlangt: „Grande Atlante Internazionale", herausgegeben 1927 vom Touring Club Italiens (Mailand) (letzte Ausgabe 1968); „Times Atlas of the World", herausgegeben von J. BARTHOLOMEW (Edinburgh) 1955–59 in 5 Bänden; „Atlas Mira" unter Redaktion von A. N. BARANOV 1954 in Moskau erschienen, Neuauflage 1967.

Weitere Atlaswerke: „Grande Atlante Geografico" und „Atlante Mondiale" des Istituto Geografico de Agostini in Novara; „Oxford Atlas" (Oxford); The New Oxford Atlas (London), „Regional Atlas of the World", herausgegeben von J. BARTHOLOMEW (Edinburgh); „Atlas Géneral Larousse" und „Atlas International Larousse" (Paris); „Neuer Welt-Atlas" des Stauffacher-Verlages (Zürich); „Rand McNally Cosmopolitan World Atlas" (Chicago); Westermann-Rand McNally: Internationaler Atlas (Braunschweig); russischer „See-Atlas" (Morskoj Atlas) in 3 Bänden (Moskau 1950–58).

Dazu Fülle von *Nationalatlanten* mit bevorzugter oder ausschließlicher Behandlung des eigenen Staatsgebietes. 1899 erster Nationalatlas der Welt: „Atlas von Finnland" (4. Ausgabe, Helsinki 1960), herausgegeben von der Geographischen Gesellschaft Finnlands; 1916 ähnlicher Atlas von Polen, 1921 von Norwegen, 1935 der Tschechoslowakei. Nach 2. Weltkrieg zahlreiche weitere Nationalatlanten in allen europäischen und vielen überseeischen Staaten: Atlas der Republik Österreich (1976), Israel (1969), ferner Argentinien, Brasilien, Kanada, Japan, China u. a. Unter *ausländischen Schulatlanten* ragen dank mustergültiger inhaltlicher und technischer Gestaltung hervor: „Österreichischer Mittelschulatlas", hergestellt im Verlag, Ed. Hölzel (Wien), „Freytag und Berndts Atlas für Mittelschulen" im Verlag Freytag-Berndt und Artaria (Wien), E. IMHOFS „Schweizerischer Mittelschulatlas" im Kantonalen Lehrmittelverlag (Zürich), „Edinburgh World Atlas of Modern Geography" im Verlag F. Bartholomew (Edinburgh) und „Goode's World Atlas" im Verlag Rand McNally (Chicago).

Literatur

ARNBERGER, E. u. MAYER, F.: Diercke Weltatlas – Quelle eines zeitgemäßen Wissens über die Erde. Mitt. d. Österr. Geogr. Ges. 116, III, Wien 1974, S. 458–477
AURADA, F.: Moderne Haus- und Schulatlanten. Kartogr. Nachr. 1961
BODECHTEL, J., BECKEL, L. u. HAEFNER, H.: Weltraumbild-Atlas. Braunschweig 1978
BORMANN, W.: Atlaskartographie. Peterm. Geogr. Mitt., Erg.-H. 264 (Haack-Festschrift). Gotha 1957 u. Samml. Wichmann, H. 18, Karlsruhe 1973
– u. WEYGANDT, H.: Gedanken um die Entwicklung und Zukunft der Atlaskartographie. Peterm. Geogr. Mitt. 1961
FICK, K. E.: Schulatlanten im 18. und 19. Jahrhundert. Der Erdkundeunterricht, Stuttgart 1970, H. 11, S. 55–92
HAACK, H.: Hundertjahr-Ausgabe von Stielers-Handatlas. Peterm. Geogr. Mitt. 1921, 1923 u. 1924
HINRICHS, E.: Der Atlas im Erdkundeunterricht. Stuttgart ²1971
HORN, W.: Zur Geschichte der Atlanten. Kartogr. Nachr. 1961
KOSACK, H. P. u. a.: Führende Welt- und Schulatlanten der Zeit nach 1945. Geogr. Taschenbuch 1960/61, S. 163–169
KÖHLER, F.: Gothaer Wege in Geographie und Kartographie. Gotha 1987
KRALLERT, W.: Die Atlasproduktion der Sowjetunion seit dem 2. Weltkrieg. Geogr. Taschenbuch 1956/57, S. 251
KRAUSE, K.: 150 Jahre reichsdeutsche Kartographie. Ein Beitrag zur Entwicklungsgeschichte einiger privater kartographischer Anstalten. Arch. Buchgew. u. Gebrauchsgraphik 1935
Länderatlanten Europas. Geogr. Taschenb. 1956/57, S. 244 ff.
Landes- und Landschaftsatlanten Deutschlands. Geogr. Taschenb. 1956/57, S. 238 ff.

LEHMANN, E.: Zur Problematik der Nationalatlanten. Peterm. Geogr. Mitt. 1959
—: Möglichkeiten und Grenzen in der Entwicklung neuer Atlaskarten. Kartogr. Nachr. 1961
LIEDTKE, H.: Neue Weltatlanten. Zeitschr. f. Vermessungswesen 1960
PILLEWIZER, W.: Die Geländedarstellung in Atlaskarten und der topographische Erschließungszustand der Erde. Kartogr. Nachr. 1961
RICHTER, D. u. HAUSMANN, W.: Der neue Diercke Weltatlas im lernzielorientierten Geographieunterricht. Braunschweig 1974
SCHMIDT-KRAEPELIN, E.: Neue Wege in der Atlas-Kartographie. Erdkunde 1963
SUCHY, G.: Gothaer Geographen und Kartographen. Beiträge zur Geschichte der Geographie und Kartographie. Gotha 1985
TROLL, C., u. HAHN, H.: Neue Landes- und Planungsatlanten. Erdkunde 1952
WALSH, S. P.: General World Atlases in Print. Epping, Essex [4]1973 (Übersicht wichtigster Atlaswerke in englischer Sprache)
WINCH, K. L.: International Maps and Atlases in Print. Epping, Essex [2]1976 (Verzeichnis der Kartenwerke von 285 Ländern)
YONGE, E. L.: Regional Atlases. A Summary Survey. Geogr. Review 1962

ANGEWANDTE KARTEN

Begriffe „angewandte Karte" und „thematische Karte" lange Zeit in gleichem Sinne verwendet. Unter Bezeichnung *angewandte* Karten sind besser solche topographische Karten zusammenzufassen, die besonderen praktischen Zwecken dienen und über normalen Inhalt topographischer Karten hinaus spezielle Eintragungen für spezielle Verwendungszwecke enthalten. Angewandte Karten somit Mischformen von topographischen und thematischen Karten.

Wanderkarten

Für starkes Bedürfnis nach Wandern mit Karte spricht Herausgabe eigener Wanderkarten durch Gebirgswandervereine (z. B. Alpenverein, Schwäbischer Albverein, Eifelverein u. a.).

Auf derartigen Karten roter Überdruck markierter Wanderwege, Hervorhebung von Aussichtspunkten, landschaftlichen oder kunstgeschichtlichen Sehenswürdigkeiten, Eintragung von Hütten, Jugendherbergen und Zeltlagerplätzen, Hinweise auf Bergwacht- und Unfallmeldestationen. Großmaßstäbliche Skikarten mit Skirouten, Skiliften, Lawinenhängen, Skihütten usw. Wassersportkarten (Flußkarten) mit ähnlichen Spezialangaben (Staustufen, Schleusen, Untiefen u. a. Hindernissen), oft als Bandkarten.

Wanderkarten sind entweder amtliche Karten mit Aufdruck (z. B. siebenfarbige Karte 1:50000 als Wanderkarte des Schwäbischen Albvereins) oder Erzeugnisse privater Kartographie (z. B. Bodensee-Wanderkarte 1:100000 des Reise- und Verkehrsverlages, Stuttgart).

Literatur

PILLEWIZER, W.: Die Wanderkarte. Peterm. Geogr. Mitt. 1961

Straßenkarten (Autokarten)

Über Darstellung des Verkehrsnetzes auf topographischen Karten hinaus farbige Hervorhebung der für Fern- und Lokalverkehr bestimmten Straßen (Autobahnen, Bundesstraßen, Straßen 1. und 2. Ordnung), z. T. unter starker Zurückstellung der Geländedarstellung.

Älteste Straßenkarte: *Peutinger-Tafel* (S. 104). War Sinnbild der Militärmacht und Zentralgewalt des Römischen Weltreiches. Stellte als Bandkarte unter ebenso rücksichtsloser wie genialer Verzerrung aller Lageverhältnisse damalige Welt allein unter Gesichtspunkt der Erreichbarkeit jedes Ortes des Imperiums dar.

Moderne Straßenkarte zuerst von französischer Reifenfabrik Michelin, später vielfach nachgeahmt, zu Autoatlanten für größere Gebiete zusammengefaßt (z. B. Autoatlas von Deutschland, Mitteleuropa usw.).

Autokarten enthalten amtliche Straßennummern, Entfernungsangaben in km oder Meilen, Hinweise auf Steigung und Zustand der Straßen, landschaftlich besonders schöne Strecken, Sehenswürdigkeiten, Aussichtspunkte, Motels, Zeltplätze u. a. Quantitative Angaben, z. B. über Stärke und Häufigkeit des Verkehrs, sind Aufgabe der Verkehrskarten (S. 349 ff.).

Literatur

CASTIGLIONI, M.: Das Wesen und Werden der Straßenkarten unter besonderer Berücksichtigung der Kartenwerke des Touring Club Italiano. Kartogr. Nachr. 1959

FALK, G.: Gestaltung und Entwurf von Straßenkarten. (Tagung „Kartengestaltung und Kartenentwurf", Niederdollendorf 1962.) Mannheim 1962

MAIR, V.: Straßenkarten aus Mairs Geographischem Verlag. Internat. Jb. f. Kartogr. 1963

MEINE, K. H.: Straßen- und Autokarten aus aller Welt. Peterm. Geogr. Mitt. 1959

MÖLLER, P.: Straßenkarten. In: Kartographie der Gegenwart in der Bundesrepublik Deutschland '84. Bielefeld 1984, S. 187–189

Binnenschiffahrtskarten

Flußkarten mit detaillierten Schiffahrtsangaben wie Staustufen, Schleusen, Untiefen, anderen Hindernissen, Fahrtwegmarkierungen, Hafenplätzen usw. Meist in Maßstäben 1 : 10 000 und 1 : 20 000 in Atlasform sowie Übersichtskarten in kleineren Maßstäben. Für Deutschland Karten der wichtigsten Großschiffahrtswege vorliegend: Rhein, Mosel, Neckar, Donau u. a.

Luftfahrtkarten (Fliegerkarten)

Besonderer Verwendungszweck der Luftfahrtkarten erfordert starke Generalisierung, Ausscheidung aller überflüssigen Angaben, jedoch stärkere Hervorhebung einzelner markanter Erscheinungen (z. B. Gipfelhöhen) als auf üblichen topographischen Karten. Für Flugverkehr wichtige Hilfsmittel wie Landeplätze, Peilstationen, Funkfeuer, Leuchtfeuer, Flugschneisen, Sperrgebiete u. dgl. müssen durch farbige Überdrucke schnell übersehbar sein.

Navigationskarten im englischen Sprachbereich als „charts" bezeichnet, im Unterschied zu Landkarten = „maps". Nach angewendeten Funknavigationsverfahren zu unterscheiden zwischen:

1. *Consol-Karten* mit eingedruckten Peilstrahlen von 2 Consol-Funkfeuern (Consol-Netz) für Standortermittlungen mit Hilfe des Consol-Navigationsgerätes,

2. *Decca-Karten* für laufende Standortbestimmungen mit Decca-Funkortungs- und Navigationsgeräten,

3. *Loran-Karten* für Funkortung mit *Long Range Navigation*-Verfahren, abgekürzt „Loran", und

4. *Radar-Karten* für Ortungen mit Radargeräten.

Für Sichtnavigation reichten bis 2. Weltkrieg Karten in Maßstäben 1 : 200 000 bis 1 : 500 000 aus, z. B. Deutsche Fliegerkarte 1 : 200 000 und 1 : 500 000 (S. 154 f. u. 171). Karten dieser Maßstabsgruppen jetzt nur noch für Sportfliegerei verwendet, wie „Quax-Atlas für Luftfahrer der Bundesrepublik", 55 Blätter in 1 : 300 000.

Für heutige Verkehrsfliegerei kleinmaßstäblichere Karten erforderlich, um bei Funknavigation in schnellen Flugzeugen rasche Orientierung und häufiges Umwechseln der Blätter zu vermeiden. Infolge der für Flugzwecke ungeeigneten Projektion und Situationszeichnung der IWK von amerikanischer Luftwaffe, seit 1947 von Internationaler Zivilluftffahrt-Organisation (ICAO), Entwicklung der „World Aeronautical Chart" 1 : 1 Mill. (WAC) in Lamberts winkeltreuer Kegelprojektion, für Polargebiete in polständiger Stereographischer Azimutalprojektion. Unterscheidet sich von IWK durch anderen Blattschnitt, sparsame Situationszeichnung, Höhenschichtendarstellung in Fuß-Skala und chemische Behandlung der Farben für Benutzung bei rotem oder ultraviolettem Licht. WAC umfaßt bereits ganze Erde mit Ausnahme einiger antarktischer Gebiete, übertrifft damit bei weitem von IWK dargestelltes Areal.

Weiteres neues amerikanisches Luftfahrtkartenwerk im Maßstab 1 : 1 Mill.: „Operational Navigation Charts", (ONC), soll in Zukunft WAC-Serie ersetzen. Erscheint in Großblättern (110'145 cm) und umfaßt jeweils 4 WAC-Blätter. Hervorragende mehrfarbige Höhenschichtenkarte (Äquidistanzen in Fuß) mit plastischer Geländeschummerung und üblichen Luftfahrtangaben.

Im Blattschnitt der WAC 1:1 Mill. auch englisch-amerikanische Fliegerkarte 1:500000 für Bereich der Nordhalbkugel im Erscheinen („RAF Aeronautical Charts" und „USAF Pilotage Charts"). Farbige Höhenschichten in Fuß, Luftfahrtinformationen, z. T. grüner Waldaufdruck. Seit 1963 Europa, Orient, Ostasien und Alaska bereits vorliegend.

Für modernen Weitstreckenflugverkehr Kartenwerk 1:2 Mill. der nördlichen Erdhälfte („JET-Navigation Charts") fast vollständig erschienen. Lamberts winkeltreue Kegelprojektion, Polblätter in polständiger Stereographischer Projektion. Mehrfarbige Höhenschichtenkarte mit unaufdringlichem Luftfahrtüberdruck (Mißweisung, Flughäfen, Sperrgebiete).

Ähnliches mehrfarbiges Weltkartenwerk 1:2 188 000 („Navy Air Navigation Charts") in Mercatorprojektion. Höhenschichtendarstellung mit Gewässern und Grenzen, Überdrucke für See- und Luftfahrtnavigation. 120 Blätter, ausgenommen Sowjetunion und Westteil Chinas. USAF Global Navigation and Planning Chart 1: 5 Mill. umfaßt 26 Blätter. Schnittkegelprojektion, Polargebiete in Azimutalprojektion, beide winkeltreu.

Literatur

BOELCKE, S.: Flugkarten. Mitt. Reichsamt f. Landesaufn. Berlin 1928/29

MEINE, K.-H.: Die Ergebnisse der ICAO-Kartenkonferenz 1959 und ihre vermutlichen Auswirkungen auf die internationale Zusammenarbeit in der geographischen Kartographie. Peterm. Geogr. Mitt. 1960

—: Entwurf und Gestaltung von Luftfahrtskarten. (Tagung „Kartengestaltung und Kartenentwurf", Niederdollendorf 1962.) Mannheim 1962

— u. REENTS, E.: Die neuzeitlichen Luftfahrtkarten und ihre Anwendungsbereiche. Frankfurt a. M. 1957

REENTS, E.: Luftfahrtkarten. In: Kartographie der Gegenwart in der Bundesrepublik Deutschland '84. Bielefeld 1984, S. 198–205

Seekarten

Mit nautischen Angaben versehene Darstellungen der Küstengebiete und Meere. Dienen der Schiffahrt, daher bei Wahl der Projektion Längen- und Flächentreue von zweitrangiger Bedeutung. Erforderlich dagegen Winkeltreue und Eigenschaft, Schiffskurs als gerade Linie abzubilden (Mercatorprojektion, S. 69f.). Nach Maßstäben zu unterscheiden: Übersichts- oder Generalkarten (1 : 2,5 Mill. und kleiner) zur großräumigen Orientierung; Segelkarten zur Absetzung des Schiffskurses bei Hochseefahrten; Küstenkarten und Hafenkarten (1 : 50 000 bis 1 : 250 000).

Seekarten verzeichnen alle der Schiffahrt gefährlichen Erscheinungen: Untiefen, Sandbänke, Riffe, Felsen, ferner navigatorische Hilfsmittel wie Leuchttürme und Leuchtfeuer, Bojen, Tonnen, Baken u. a. Seezeichen. Funkortungsangaben wie auf Luftfahrtskarten (S. 180ff.). Zusätzlich Küstenlinie mit natürlichen und künstlichen Landmarken im Aufriß wiedergegeben (Vertonung).

Angabe der Wassertiefen in Meter oder Faden. Danach *zwei Hauptgruppen* von Seekarten zu unterscheiden:

1. *Fadengruppe* der englischsprechenden Länder (1 Faden = 6 Fuß = 1,829 m),
2. *Metergruppe* der meisten übrigen Länder.

Punkte gleicher Tiefe in küstennahen Meeresteilen durch Isobathen verbunden. Tiefenangaben nicht auf NN bezogen, sondern auf mittleres Springniedrigwasser, an deutscher Nordseeküste etwa $^1/_2$ Tidenhub unter NN, d. h. Seekartennull bei Wilhelmshaven rd. 2 m, bei Cuxhaven 1,5 m und bei List/Sylt 1 m unter NN. Darum fort schwierig, Land- und Seekarten unmittelbar miteinander zu vereinen. Im Ostseegebiet Seekartennull = NN. Ergänzung der Seekartenangaben durch Seehandbücher (ehemals „Segelhandbücher").

Älteste Seekarten sind griechische und phönizische Fahrtskizzen Um Wende 13./14. Jh. mit Erfindung der Portulan-, Windstrahlen- oder Rumbenkarten (S. 94) Wandel im Seekartenwesen: Zeichnung der Küstenumrisse vereinfacht durch Kompaßmessungen und Breitenbestimmung einiger markanter Punkte. Längenbestimmung (S. 43f.) vor Erfindung tragbarer Federuhr (1510) schwierig, daher Längenangaben meist sehr ungenau. Gefährliche Klippen durch Kreuze, Untiefen durch Punkte bezeichnet. Erste gedruckte Seekarte mit Gradnetz: „Carta Marina Navigatoria" von Martin Waldseemüller, 1516. Quadratische Plattkarte auf 12 Holzschnittblättern, Küstenumrisse zunächst nur im Aufriß. Im Grundriß erstmals im „Spieghel der Zeevaerdt" von Lucas J. Waghenaer, Leyden 1584. Jedoch wie noch heute Ergänzung der Küstenlinien durch halbperspektivischen Aufriß.

Mit Waghenaers Atlas Beginn neuer Epoche der Seekarten von 1500–1800. Bedeutende Werke dieser Zeit: „De Groote nieuwe Zee Atlas" (5 Bde., 1682–1684) des Amsterdamer Kartographen Johannes van Keulen mit klarer Unterscheidung von Steil- und Flachküsten sowie Ostseekarten von Peter Gedda (1695). Mit Meeresungeheuern bedeckte Wasserflächen älterer Seekarten verschwinden, statt dessen sich mehrende Wassertiefenangaben. Pieter Mortier verwendet für sein Seekartenwerk „Neptune françois" (1693–1700) bereits Mercatorprojektion, nimmt Korrekturen aufgrund neuer Längenmessungen vor und verzeichnet besonders charakteristische Landmarken: Berge, Kirchen, Türme, Windmühlen u. a. Besonders hervorgehoben: Große Flußmündungen (Themse, Gironde) mit detaillierten Tiefenangaben, Sandbänken und bei Ebbe trockenfallendem Watt. Nach Erfindung der Isobathendarstellung durch Pieter Bruinss (S. 117) 1697 Karte der Maas und des alten Hafens von Rotterdam mit Tiefenlinien von 5 zu 5 Fuß des PIERRE ANCELIN. 1729 Isobathenkarte der Maasmündung (Merwede) von NIC. SAMUEL CRUQUIUS, 1737 Karte des Ärmelkanals von PHILIPPE BUACHE.

Neueste Entwicklungen im Seekartenwerk der Bundesrepublik Deutschland muß elektronische Datenverarbeitung, Ausrichtung auf Internationale Karten sowie Bedarf an Karten für Sportschiffahrt berücksichtigen.

Literatur

BETTAC, W.: Seekarten. In: Kartographie der Gegenwart in der Bundesrepublik Deutschland '84. Bielefeld 1984, S. 190–192
BREDOW, E.: Das Watt in der Topographischen Karte. Kartogr. Nachr. 3, 1953, S. 7–9
—: Das Problem der Kartographischen Wattdarstellung. Kartogr. Nachr. 9, 1959, S. 79–81
CONRAD, F.: Die Seekarte. Mitt. Reichsamt f. Landesaufn. Berlin 1925
Deutsches Hydrographisches Institut (Hrsg.): Verzeichnis der nautischen Karten und Bücher und sonstigen Veröffentlichungen. Hamburg 1983
ECKERT, M.: Die Entwicklung der deutschen Seekarte. Verh. XVII. Geographentag Lübeck 1909, Berlin 1910
ERMEL, H.: Seekarte und Landkarte. Zeitschr. f. Vermessungswesen 1953
—: Das internationale Seekartenwerk. Kartogr. Nachr. 1968
JUNG, R.: Der erste preussische Seeatlas – 200 Jahre alt. Dt. Hydrog. Zeitschr. 1949
—: Das Seekartenwerk. Ber. z. dt. Landeskde. 1951
KRÜGER, E.: Gestaltung und Entwurf von Seekarten. (Tagung „Kartengestaltung und Kartenentwurf", Niederdollendorf 1962.) Mannheim 1962
LANG, A. W.: Seekarten der südlichen Nord- und Ostsee. Berlin-Stuttgart 1968
SPIESS, F.: Das deutsche Seekartenwerk. Meereskunde, Berlin 1925
STOCKS, TH.: Über den Aussagewert von ozeanischen Tiefenzahlen. Geogr. Rundschau 1964

AUSWERTUNG TOPOGRAPHISCHER KARTEN

Kartenlesen

Übungen im Kartenlesen haben Aufgabe, zwischen Karte und Gelände lebendige und zuverlässige Wirklichkeitsbeziehung herzustellen. Wenn Karte zutreffendes Abbild dreidimensionaler Wirklichkeit ist, muß sich umgekehrt Karte in Wirklichkeit zurückübersetzen lassen. Erforderlich für sinnvoll-zweckmäßige Benutzung der Karte ist tieferes Verständnis der Landschaft und ihrer Formen. Dieses nur erreichbar durch intensive Naturbeobachtung und wissenschaftliche Schulung, die aus Anschauung erwächst.

Tätigkeit des „Lesens" im engeren Sinne nur dort, wo Karte mit einfacher symbolischer Darstellung arbeitet. Konventionelle Signaturen und übliches Namengut stellen an Benutzer kaum vom normalen Lesen abweichende Anforderungen. Schwierigkeiten beginnen bei Kombination der Begriffe. Kunst des Kartenlesens setzt daher räumliche Vorstellungs- und Kombinationsgabe voraus.

In Vorstellungswelt des Menschen gliedert sich Erde gewöhnlich in zwei unterschiedliche Bereiche: In die ihm aus eigener Anschauung bekannten, mehr oder weniger in ihrer geographischen Wirklichkeit vor seinem geistigen Auge erscheinenden Gebiete („mental map") und solche, die er nur als Kartenbild aus seinem Atlas kennt.

Erste Einführung in Kunst des Kartenlesens daher zweckmäßigerweise an Hand großmaßstäblicher Karten, möglichst von Meßtischblättern der näheren Umgebung des Wohnortes. Heimatkarte soll dem Anfänger Wirklichkeit so bieten, wie sie ihm vertraut ist. Generalisierte Darstellungen kleinerer Maßstäbe würden Vergleich zwischen Karte und Wirklichkeit erschweren. Erst wenn einige Sicherheit im Kartenlesen erreicht ist, Übergang zu kleinerer Maßstäben, am besten ebenfalls vom Gebiet der engeren Heimat ausgehend. Man muß sich veranschaulichen, wie bekanntes Landschaftsbild im verkleinerten Kartenmaßstab erscheint.

Auf kleinmaßstäblichen Karten keine Gleichsetzung des Kartenlesens mehr mit Lesen im sprachlichen Sinne möglich. Flüsse werden z. B. durch vereinfachte Linien dargestellt. Diese Linien jedoch zur Hilfsdarstellung für weitergehende Vorstellungen, die für möglichst vollständige Aneignung des Wirklichkeitsbildes erforderlich sind, d. h. Kartenbenutzer muß klare Vorstellung vom Erscheinungsbild eines Flußlaufes haben und mit Problem der Generalisierung vertraut sein. Geschulter Kartenleser weiß, daß Vereinfachung notwendig war; er kann daher von kartographischer Darstellung auf den wirklichen Verlauf des Flusses schließen.

Kartographische Generalisierung entspricht durchaus psychologischem Vorgang des Wahrnehmens einer Landschaft. Auf Erfassung des Gesamtbildes gerichtete Beobachtung hat nicht zum Ziel, alle Kleinformen eines Bergabhangs, alle Bäume eines Waldes, alle Äcker einer Flur, alle Gehöfte eines Dorfes, alle Siedlungen einer Ebene usw. ins Bewußtsein zu bringen. Auch in Gesamtvorstellung fallen Einzelheiten aus, so wie man in Rückerinnerung an beobachteten Fluß nur weiß, daß er schlingenreich ist, sich aber auf einzelne Schlingen kaum noch besinnen kann.

Karte ist *Wegweiser* für geographisch interessierten Wanderer. Gibt über drei Dinge Aufschluß: über Ziel, dessen Richtung und Entfernung. Nach Entnahme des Ziels aus reichem topographischem Inhalt der Karte Orientierung des Kartenblatts und Bestimmung der Richtung des Weges (des Azimuts) mit Hilfe des Kompasses oder markanter Geländepunkte. Dabei Nadelabweichung beachten. Moderne Kartenwerke im allgemeinen nach Norden „orientiert" (oberer Kartenrand = Nordseite). Mittelalterliche Karten meist nach Süden oder Osten gerichtet (Orient, daher „orientieren"). Bei andersartiger Orientierung, etwa von Stadtplänen oder thematischen Karten, gibt Richtungspfeil Nordrichtung an. Ermittlung der Weglänge und linearer Entfernung dargestellter Objekte durch Umrechnung nach angegebenem Maßstab.

Besondere Schwierigkeiten bereitet Erfassung der Oberflächenformen, selbst bei Karten verhältnismäßig großen Maßstabs. Übliche Geländezeichnung durch Höhenlinien, Schraffen, Schummerung, Farbstufen usw. vermittelt unterschiedliche Eindrücke von gleichen Geländeformen. Reliefdarstellung erfolgt mit Hilfe abstrakter Zeichen für in der Natur nicht unmittelbar sichtbare Erscheinungen, deren Deutung Denkprozeß erfordert.

Übersicht über geeignete, mit Erläuterungen versehene Kartenblätter für *Übungen zum Kartenlesen* S. 186.

Literatur

BUSCH, H.: Die Auswertung der Spezialkarte im heimatkundlichen Unterricht. Geogr. Rundschau 1949

EGERER, A.: Kartenlesen, Leipzig 1951

ENGELHARD, W.-D. u. GLÖCKEL, H.: Einführung in das Kartenverständnis. Bad Heilbrunn 1973

HÜTTERMANN, A.: Der Einsatz topographischer Karten auf Exkursionen. Osnabrücker Studien zur Geographie, Band 1. Osnabrück 1978, S. 219–246

– (Hrsg.): Probleme der geographischen Kartenauswertung. Darmstadt 1981

—: Wege mit der Karte. Sachunterr. u. Mathem. i.d. Primarstufe 16, 1988, S. 491–499

— u. GEIGER, F.: Arbeitsweisen bei der Kartenauswertung im Geographieunterricht. Geographie und Schule H. 2, 1979, S. 21–31

IKIER, F. v: Kartenkunde, Handbuch für den Gebrauch und die Benutzung von Karten und Luftbildern. Bonn 1964

IMHOF, E.: Gelände und Karte, Erlenbach-Zürich ^{3}1968

JESCHOR, A.: Das Gelände in Karte und Bild. Anleitung für das Lesen von Karte und Luftbild. Regensburg – München 1964

LOESCHEBRAND-HORN, H. J. v.: Kartenlesen. Berlin 1943

MORIGGL, J.: Anleitung zum Kartenlesen im Hochgebirge. München ^{2}1925

SPERLING, W.: Kartenlesen und Kartengebrauch, eine Bibliographie. Nachrichtenbl. d. Vermessungs- u. Katasterverw. Rheinland-Pfalz, 17, Sonderheft, Koblenz 1974

WAGNER, J.: Die Auswertung der Spezialkarte im erdkundlichen Unterricht. München – Berlin 1929

WALTER, M.: Kartenlesen. Geogr. Zeitschr. 1933

ZIMMERMANN, G.: Einführung in das Meßtischblatt. Geogr. Rundschau 1950

Übungen zum Kartenlesen

Auswahlsammlung von *Erläuerungen zu älteren Kartenwerken:*

1 : 25 000: vom REICHSAMT FÜR LANDESAUFNAHME (1923 ff): für Deutschland 31 Blätter von KRAUSE, für die Mark Brandenburg 20 Blätter von RATTHEY, für Schlesien 22 Blätter von OLBRICHT, für das Rheinland 22 Blätter von ZEPP, für Ostpreußen 20 Blätter von STUHLFATH, für Niedersachsen 20 Blätter von MURIS und WAGNER, für Westfalen 20 Blätter von RÜSEWALD u. a., für Thüringen 20 Blätter von ZAHN u. a.

1 : 100 000: Blatt 572 Landau/Pfalz von WALTER; von GREIM 12 ausgewählte Karten von Bayern; von WUNDERLICH 9 Blätter aus Oberschwaben (1927), 11 Blätter von der Schwäb. Alb (1929) und 8 Blätter aus dem württ. Schwarzwald (1931); von BEHRMANN 40 Blätter (^{4}1951).

Auswahlsammlung zur heutigen TK 50:

„Deutsche Landschaften. Geographisch-landeskundliche Erläuterungen zur Topographischen Karte 1 : 50 000". Hrsg. v. INSTITUT FÜR LANDESKUNDE, Bad Godesberg, seit 1963: 40 Blätter in 4 Lieferungen, überarbeitete Neuauflage 1978–1982.

Arbeitsgang der Kartendurchmusterung

1. **Feststellung des Maßstabs und Einordnung des Kartenblatts in größeres Kartenwerk**
2. **Einordnung des Kartenblatts in Grad- und Gitternetz nach Randangaben**
3. **Feststellung der landschaftlichen und politischen Zugehörigkeit des dargestellten Gebietes**
4. **Relief**
5. **Gewässernetz**
6. **Klima**
7. **Pflanzenkleid**
8. **Siedlungen**
9. **Wirtschaft**
10. **Verkehrsnetz**
11. **Landschaftliche Zusammenschau**
12. **Heranziehung ergänzender Karten, Pläne, Skizzen, Erd- und Luftbilder**

Karteninterpretation

Reicher Inhalt moderner Kartenwerke für wenig geübten Kartenbenutzer nicht ohne weiteres verständlich. Erkenntnis örtlicher Besonderheiten nur durch systematische Kartenanalyse möglich. Für sichere Interpretation neben sachlichem Wissen eingehende Kenntnis kartographischer Darstellungsmethoden erforderlich. Kartenbenutzer muß mit Möglichkeiten und Grenzen der Darstellungstechniken vertraut sein. Vereinfachung der Interpretation durch farbige Kennzeichnung der Einzelerscheinungen auf bearbeiteter Karte oder durch Übertragung der Erscheinungskomplexe auf durchsichtige Deckblätter. Ausarbeitung zu morphologischen Karten, Vegetationskarten, Siedlungskarten, Landnutzungskarten, Verkehrskarten usw.

Zur Unterstützung der Analyse-Zeichnung von Quer- und Streckenprofilen, Gefällskurven von Wasserläufen, Lageskizzen. Zu Höhenschichtenkarten ausgearbeitete Meßtischblätter, besonders etwa in norddeutschen Moränenlandschaften, erleichtern Verständnis des Formenschatzes.

Didaktischer Wert der Karte 1:25 000 beruht auf Maßstabsgröße. Darstellung kommt Landschaftswirklichkeit am nächsten. Für Studium kulturgeographischer Verhältnisse Kleinrelief der Landschaft wichtiger als topographische Großformen. Siedlungslage, Wirtschaftswert des Geländes, Verkehrslage usw. weitgehend aus Kleinrelief verständlich. Veranschaulichung dieser anthropogeographischen Abhängigkeiten am günstigsten durch Höhenliniendarstellung des Meßtischblatts; ist Schraffendarstellung alter topographischer Karte 1:100 000 überlegen. Durch Verzeichnung wichtiger Einzelheiten (Römerstraßen u. a. alter Wege, Hünengräber, Ringwälle, Schanzen, Denkmäler, Kapellen, Türme, Wüstungen u. a.) wichtige Hinweise auf Siedlungsgenese. Vertiefung durch Ausdeutung der Flur- und Ortsnamen.

Auf großmaßstäblichen Karten bis 1:100 000 zahlreiche Hinweise auf Wirtschaftsleben und Rohstoffquellen, die in Karten kleinerer Maßstäbe nicht verzeichnet sind: Bergwerke, Steinbrüche, Gruben, Fischteiche, gewerbliche und industrielle Produktionsstätten wie Fabriken, Mühlen, Köhlereien.

Auswertung der Karte beginnt mit Feststellung von Einzelheiten: Maßstab, Einordnung in größeres Kartenwerk, Studium des Kartenrandes. Kenntnis des Maßstabs Grundlage für Entfernungs- und Flächenmessungen sowie Zeichnung von Profilen. Grad- und Gitternetzangaben regen zu vergleichender Betrachtung an. Durch Vergleich von Blättern gleicher Längenlage, jedoch verschiedener geographischer Breite, wird Abnahme der Flächengröße der Blätter bei gleichbleibender Gradnetzgröße nach N deutlich. Am Rande der Karte angedeutete Koordinaten des aufgetragenen Gitternetzes verweisen nebst Gradnetzangaben auf mathematische Grundlagen der Karten. Namengut der Karte läßt landschaftliche Zugehörigkeit, Hilfskärtchen am Kartenrand politische Zugehörigkeit des dargestellten Gebietes erkennen.

Relief

Erste Hauptaufgabe der Karteninterpretation: richtige Erfassung und Deutung der *Oberflächenformen*. Aufgabe wird erleichtert bei Vorliegen sogenannter morphologischer Drucke, d. h. von Spezialdrucken ohne Situationszeichnung und Beschriftung. Zunächst grobe Charakterisierung der großen topographischen Einheiten (Hochgebirge, Mittelgebirge, Ebenen), Ermittlung relativer Höhenunterschiede innerhalb dargestellten Raumes. Sodann morphographische Feinanalyse: Versuch, nach bestimmten Inhalten gleichartige Teilgebiete auszusondern, z. B. unzertalte Hochflächen gegenüber zertalten Hochflächen, durch Stufen voneinander abgesetzte Flächen und Talböden, Kammgebiete gegenüber Hochflächen usw. Deutung der Oberflächenformen unter Hinzuziehung geologischer und geomorphologischer Fachliteratur, vor allem Vergleich mit geologischer Karte. Wertvolle Hilfe: Zeichnung von Profilen. Besonderes Gewicht ist auf Herausarbeitung und Deutung wesentlicher Formelemente zu legen.

Wichtige Ansatzpunkte für Deutung der Formengenese z. b. im

Hochgebirge: Alte Landoberflächen, Verflachungen in der Höhe, Nachweis von Gipfelfluren durch Höhenzahlenvergleich. *Talböden:* Stufung im Längsprofil, Deutung von Klammen oder Engtalstrecken, von Schwemmkegeln der Seitentäler, Verfolgung der Stufen in Terrassenleisten. *Terrassen* (Gliederung der Talhänge): Analyse nach Höhenlage der Ebenheiten (Steilstrecken durch Scharung der Höhenlinien, Flachböden durch Auseinandertreten der Höhenlinien angezeigt), nach Grad der eiszeitlichen Überformung (verschliffene Niveauflächen sind zugerundet). Darüber häufig *Kare:* Sesselartige Hohlformen mit übersteilter Rückwand, z. T. eiserfüllt oder mit Karseen. *Vereisungsformen:* Talgletscher, Kargletscher, Expositionsunterschiede, Höhenlage der Schneegrenzen u. ä. nach Methode von HESS und HÖFER aus Karte bestimmbar. Hinweise auf Moränen meist durch Schuttsignatur.

Mittelgebirge: Analyse von Rumpftreppen durch Interpretation des Höhenlinienverlaufs auf Zwischentalriedeln. Hier meist Stufenbau. Einzelne Verebnungen mit weitabständigen Höhenlinien durch Stufen mit enger Scharung getrennt. Terrassen und Täler s. Hochgebirge.

Schichtstufenland: Markante Form der Landstufen an besonders enger Scharung der Höhenlinien erkennbar. Konkaver Anstieg des Stufenfußes durch allmähliche Verdichtung der Isohypsen angezeigt. Übergang von engem zu weitständigem Isohypsenverlauf bezeichnet Stufenkante. Gliederung der Stufe durch Runsen u. ä. aus Verlauf der Einbiegungen der Höhenlinien abzulesen: weiche Einbiegung = Muldental, eckige scharfe Einbiegung = Kerbtal, Tobel u. ä.

Glazial überformte Gebiete: Endmoränenloben zeichnen sich als langgestreckte Hügelreihen ab, dazwischen Umfließungsrinnen, oft versumpft. Grundmoränen als wellig-kuppige Gebiete mit unruhigem Höhenlinienverlauf. Häufig in Stromrichtung des Eises langgezogene Drumlins, fallen im Höhenlinienbild durch elliptischen Verlauf von Isohypsen auf. Terrassen (Analyse nach Höhenlage über Talsohle) durch Gegensatz des unruhigen Höhenlinienverlaufs in Grundmoränenlandschaft zu ruhigem Bild der Flachformen stets gut erkennbar. Terrassenränder wie Stufenränder durch Scharung der Höhenlinien markiert. Bei allen Terrassen Absinken in Gefällsrichtung beachten. Hohlformen durch Einbiegen, Vollformen duch Ausbiegen der Höhenlinien angezeigt. Gegensatz Marsch-Geest meist nicht nur morphologisch, sondern vor allem hydrographisch wichtig: Marsch mit Entwässerungskanälen, Geest mit Knicks (Hecken auf Erdwällen).

Gewässernetz

Prüfung, ob Gebiet ständiger, periodischer oder episodischer Entwässerung. Entwässerung zum Meer oder Binnenentwässerung (Vorhandensein „abflußloser" Gebiete). Haupt- und Nebenflüsse, Umfang und Begrenzung ihrer Einzugsgebiete, Wasserscheiden. Besondere Merkmale im Flußverlauf: Mäander, Stromzerfaserung, Auswirkung von Stromregulierungen, Vorhandensein von Talböden, Hochwasserbetten, Niederterrassen. Analyse der Talformen: Durchbruchstäler, Klammen u. ä.

Verbreitung der Quellen. Unterschied zwischen quellenreichen und quellenarmen (-losen) Gebieten. Höhengleiche Anordnung = Schichtquellen, Quellhorizonte. Aus Auftreten von Brunnen Rückschlüsse auf Grundwasserverhältnisse. Form von Seen, Teichen usw. gibt Hinweise auf Genese (Sölle, Rinnenseen, Zungenbeckenseen). Moor- oder Sumpfsignaturen aufschlußreich: Lage der Moore gewöhnlich in Niederungen, im Mittelgebirge oft auch flachen Wasserscheiden (Missen). Sind Hohlformen (geschlossener Höhenlinienverlauf mit Pfeil zum Tiefpunkt) nicht wassererfüllt und mit Trockentälern und Dolinen vergesellschaftet = Karst.

Klima

Aus hydrographischen Verhältnissen Rückschlüsse auf Klima. Normalentwickeltes, voll ausgebildetes Entwässerungsnetz, Süßwasserseen (Abfluß, Schilfsignatur): humides Klima. Periodisch fließende Gewässer (Torrenten, Fiumare): jahreszeitlicher Wechsel zwischen Regen- und Trockenzeit. Episodisch fließende Gewässer oder kein zusammenhängendes Entwässerungsnetz, Auftreten abflußloser Salzseen und Salzpfannen: arides Klima.

Kühlfeuchtes Hochgebirgsklima durch Umfang der Vergletscherung angezeigt. Studium der Vergletscherung nach Form (Kappen- oder Talvereisung), Höhenlage usw., Schneegrenzbestimmung nach Höhenlinienverlauf (in Gefällsrichtung konkav = Nährgebiet, konvex = Zehrgebiet) oder anderen Methoden. Eisbrüche geben Hinweise auf Untergrundverhältnisse (Stufenbau der Kare). Exposition eis- und nicht eiserfüllter Kare bei gleicher Höhenlage beachten.

Rückschlüsse auf Temperaturverhältnisse aus Bodenbedeckungssignaturen möglich: Wein- und Hopfenbau, Waldgrenze u. a.

Pflanzenkleid

Deckblattpause wichtigster Vegetationsformationen in größtmöglicher Differenzierung (Hochwald-Niederwald, Laubwald-Nadelwald, Hochmoor-Niedermoor, Wiesen-Weiden usw.) erlaubt über reine Verbreitungsfeststellungen hinaus wichtige Rückschlüsse auf Untergrund, Bodengüte, Wasserverhältnisse, Exposition (Sonnen- und Schattenlagen), Besiedlungsdichte. Betrachtungen der Landschaftsgenese: Grad der Umwandlung der Naturlandschaft zur Kulturlandschaft, Flächenverhältnis zwischen bewaldetem und offenem Land. Vergleiche mit älteren Ausgaben des gleichen Kartenwerks lassen Veränderungen der Wald- und Anbauflächen erkennen.

Siedlungen

Aus Schriftgröße der Ortsnamen und verwendeten Signaturen Rückschlüsse auf Siedlungsgröße (Anzahl der Bewohner). Klassifizierung nach Städten und Dörfern, Gliederung der ländlichen Gemeinden nach vorherrschendem Siedlungstyp: geschlossene oder Gruppensiedlungen einerseits, Streusiedlung andererseits. Geschlossene Siedlungen nach *Form* (Haufendörfer, gereihte Siedlungen, Schachbrettanlagen u. ä.) analysieren und ihre Areale gegeneinander abgrenzen. Häufig alter Kern und junge Ausbauten entlang den Straßen. Junge Ausbauten meist durch andere Grundrißform zu erkennen. Städte auf großmaßstäblichen Karten nach Grundriß analysierbar: Straßenmarkt, Straßenkreuz, Dreitoranlage usw., Streusiedlungen ebenfalls nach Form (Kleinweiler oder Einzelhöfe) und Dichte zu differenzieren.

Funktionale Gliederung: Ländliche und städtische Siedlungen durch Schriftart unterschieden. Häufig Hinweise auf Industrie durch Fabriksignaturen. Gerade bei Industriesiedlungen junge und alte Ausbauten sehr gut trennbar (Grundriß). Altstadtkerne (Geschäftsstadt) von Wohnvierteln unterschieden.

Genetische Gliederung: Wichtigste Hilfsmittel sind Orts- und Flurnamenanalyse. Wegen Unschärfe der Methode Beachtung des Gesetzes der großen Zahl. Wertvolle Hilfe für Deutung der Siedlungen: Historisch-Statistische Grundkarte 1:100 000 und Gemarkungsübersichtskarten. Gemarkungen lassen sich unter verschiedensten Gesichtspunkten in Flächenfarben anlegen. Zur Klärung des Siedlungsganges auf Deckblättern Einzeichnung der -ingen, -heim, -hausen, -rode-Orte usw. in besonderen Farben. Dadurch im allgemeinen leicht Alt- von Ausbausiedlungsgebieten zu trennen. In gleicher Weise Kartierung anderer siedlungsgeographisch wichtiger Erscheinungen: Wüstungen, Güter, Mühlen, Forsthäuser, Sägewerke usw.

Wirtschaft

Kartensignaturen geben Auskunft über Art der Bodenbedeckung und des Anbaus: Ackerland, Wiese, Wald, Gartenland (Glashäuser). Weitere Hilfsmittel zur Interpretation z. B. im Hochgebirge die Namen: Stafel, Alm, Alpe, Maiensäß usw., geben Hinweise auf Alpwirtschaft, oft auf Stockwerksweidebetrieb (z. B. rhätisch: Alm Prüma, Alm Secquonda) oder auf Art des Viehbesatzes (Roßalm, Galtalm usw.); auch besitzrechtliche Verhältnisse häufig erkennbar (Gemeindalm, Brazer Stafel = Alm der Siedlung Braz). Im Hochgebirge besonders auf Stockwerkgliederung achten, oft colline Stufe und Almstufe mit Höhenunterschieden von 2000 m auf einem Blatt.

Bergbau und Industrie meist in eigenen Signaturen verzeichnet, ebenso jede Art von Sondernutzung (Fischereianlagen, Naturschutzgebiete, Truppenübungsplätze usw.).

Verkehrsnetz

Durch farbiges Anlegen des Verkehrsnetzes auf Deckblatt (Eisenbahnen, Straßen, Wasserwege) erhöhtes Verständnis für Verlauf der Verkehrslinien und Herausarbeitung der Beziehungen zu Gelände und Siedlungen. Nützlich ist Vergleich mit römischem und mittelalterlichem Straßennetz. Möglichen Gründen für eingetretene Veränderungen ist nachzuspüren.

Landschaftliche Zusammenschau

Auf Analyse der Einzelerscheinungen folgt landschaftliche Zusammenschau: *Synthese*. Bewußte Vernachlässigung von Einzelheiten zugunsten des Gesamtbildes.

Möglichst Inhalte in verschiedenen Farben auf Deckblatt eintragen, um Höhenstufen u. ä. gleichmäßig über ganzes Blattgebiet hinweg erfassen zu können.

Für Gesamtinterpretation zweckmäßig, ergänzende Karten, Pläne, Skizzen, Erd- und Luftbilder heranzuziehen und Hinweise auf Schrifttum zu beachten.

Ausführliche Behandlung der Methoden und Arbeitsweisen der Karteninterpretation in den Büchern von F. FEZER und A. HÜTTERMANN, vgl. auch S. 247. Übersicht über den *Arbeitsgang zur Durchmusterung von Karten* S. 186.

Literatur

BARTEL, J.: Wege zur Karteninterpretation. Kartogr. Nachr. 1970, S. 127–134
DURY, G. H.: Map Interpretation. London 1972
FEZER, F.: Karteninterpretation. Das Geographische Seminar, Prakt. Arbeitsweisen. Braunschweig ²1976
GEIGER, F.: Methodische Überlegungen zur Karteninterpretation. Freiburger Geogr. Mitt. 1977, H. 1/2, S. 14–25
HÜTTERMANN, A.: Die geographische Karteninterpretation. Kartogr. Nachr. 25, 1975, S. 62–66
—: Karteninterpretation als geographische Arbeitstechnik in der Sekundarstufe II. Kartogr. Nachr. 27, 1977, S. 166–172
—: Karteninterpretation in Stichworten. Geographische Interpretation topographischer Karten. Kiel ²1981
—: Die topographische Karte als geographisches Arbeitsmittel. Der Erdkundeunterricht, Heft 26. Stuttgart ²1981
—: Karten- und Luftbildinterpretation. Handbuch des Geographieunterrichts, Band 1. Köln 1986, S. 55–59
SANDER, H. J. u. WENZEL, A.: Karteninterpretation und -synopse in Schul- und Hochschulgeographie. Kartogr. Nachr. 25, 1975, S. 1–12
SCHICK, M.: Zur Methodik des Auswertens topographischer Karten. Veröff. Geogr. Inst. d. Techn. Hochschule Darmstadt, ⁴1985
SCHMITZ, H.: Grenzen und Möglichkeiten geographischer Karteninterpretation. Kartogr. Nachr. 23, 1973, S. 89–95

Kartometrie

Aufgabe der Kartometrie: Messung von Strecken und Berechnung von Flächen auf topographischen Karten. Messungen auf Karten sind einziger Weg, Längen von Flüssen und Küstenlinien, Flächeninhalte der Erdteile, Länder oder ihrer Teilgebiete zu ermitteln. Zugleich Grundlage für neue Erkenntnisse: Flächengrößen für Berechnungen von Bevölkerungsdichte, Verkehrsdichte und anderer, z. B. für Landesplanung wichtiger Grundwerte.

Erarbeitung einer Karteninterpretation

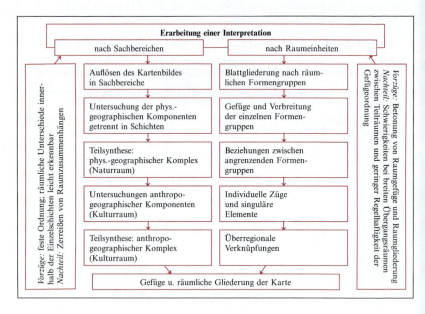

Darstellung der Interpretationsergebnisse

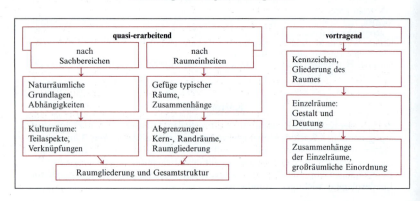

Kartometrische Arbeit kann durch zwei *Fehlerquellen* beeinträchtigt werden:

1. Kartographische Fehler, die auf Ungenauigkeit oder zu kleinem Maßstab verwendeter Karte beruhen.
2. Technische Fehler aufgrund von Mängeln am Instrument, durch Ungenauigkeit beim Umfahren der Konturen und Fehler infolge Verformung des Kartenblatts.

Wichtigste Voraussetzung kartometrischer Arbeit daher Vorhandensein großmaßstäblicher Karten in flächentreuer Projektion. Aus diesem Grunde auch Schaffung zahlreicher flächentreuer Netzentwürfe im 18. Jh. (S. 90).

Messung geradliniger *Strecken* mit Stechzirkel, gekrümmter Linien mit Meßrädchen (Kurvimeter), z. B. Längen von Flüssen, Ufer- und Küstenlinien, Wegestrecken, Grenzen usw.

Ausmessung eines Küstenabschnitts in Istrien durch A. Penck ergab folgende unterschiedliche Werte:

Kartenmaßstab	Küstenlänge in km
1:15 000 000	105,0
1: 3 700 000	132,0
1: 1 500 000	157,6
1: 750 000	199,5
1: 300 000	190,6
1: 75 000	223,8

F. Machatschek bestimmte Grenzlänge der Tschechoslowakei zu 3800 km, N. Krebs zu 2700 km. Beispiele zeigen, daß ermittelter Streckenwert mit Maßstabsgröße der verwendeten Karte wächst. Unterschiedliche Angaben über Grenz- und Küstenlängen in der Literatur erklären sich somit aus Verwendung von Kartenunterlagen unterschiedlicher Generalisierung.

Einfachste *Flächenberechnung* mittels Quadratmethode: Kartenausschnitt wird mit Netz kleiner Quadrate überzogen. Durch Auszählen der Quadrate Ermittlung des Flächeninhalts. Bestimmung des Inhalts randlicher Teilquadrate durch Schätzung. Bei größeren Flächen (Erdteile, Staaten) Berechnung des Inhalts der Gradfelder nach wirklichen Erdmaßen, Ausmessung der Randgebiete nach anderen Methoden: Quadratauszählung, Planimetrierung.

Planimetrie: Wichtigste Methode moderner Flächenmessung. Erfindung des Linearplanimeters 1814 durch Hermann, des Polarplanimeters 40 Jahre später durch Amsler.

Linearplanimeter dient zum Ausmessen langgestreckter Diagramme, hat eine Geradführung mit Lineal oder Spurwagen. Bei dem im allgemeinen verwendeten Polarplanimeter wird ein Fahrstab mit seinem einen Ende längs des Umrisses der zeichnerischen Darstellung geführt, das andere Ende gleitet auf einer Kreisbogenführung um den Pol, der an beliebiger Stelle nahe der Figur aufgesetzt sein kann. Am Fahrstab ist eine Meßrolle befestigt, die zugleich auf dem Zeichenpapier rollt und dabei von der Fahrstabbewegung die Cosinuskomponente aufnimmt. Die Meßrollendrehung ist nach allgemeiner Polar-Gleichung gleich dem umfahrenen Flächeninhalt.

In Verbindung mit Zonenmeßverfahren ermöglicht einfach anzuwendendes Polarplanimeter, technischen Fehler bei Messung großer Flächen auf 0,2 bis 0,05% zu reduzieren.

Ältere Methode der Flächenberechnung für Erdteile und gesamte Festlandfläche: Durch Addition der Flächen aller Staaten Feststellung des Wertes für gesamte Festlandfläche. Ozeanfläche als Differenz zwischen mathematisch bestimmter gesamter Erdoberfläche und Festlandfläche. Methode erbrachte wegen unterschiedlich genauer Messungen in einzelnen Ländern unbefriedigende Ergebnisse.

Moderner Weg: Unmittelbare Messung der Flächen sowohl des Festlandes als auch der Meere nach möglichst genauen Karten.

Morphometrie arbeitet mit kartometrischer Methode. Erstrebt Erfassung der Erdoberfläche durch Maß und Zahl, benutzt neben Flächenmessungen lineare Messungen auf großmaßstäblichen Karten. *Ziel:* Ermittlung von Durchschnittswerten zur Kennzeichnung bestimmter physisch-geographischer Erscheinungen, z.B. Dichte des Flußnetzes, mittlerer Neigungswinkel von Hängen, mittlerer Höhe von Bergrücken.

Orometrie (Lehre von den Maßverhältnissen der Gebirge) beruht auf komplizierten Volumenberechnungen von Geländeformen, Voraussetzung dafür ist Vorhandensein genauer Isohypsenkarten.

Literatur

BORMANN, W.: Die Streckenbestimmung aus der Höhenlinienkarte. Peterm. Geogr. Mitt. 1953

HORMANN, K.: Rechenprogramme zur morphologischen Kartenauswertung. Schriften d. Geogr. Inst. Univ. Kiel, Bd. 29, H. 2, 1968

IMHOF, E.: Gelände und Karte. Erlenbach-Zürich ^{3}1968

KRÜMMEL, O. u. ECKERT, M.: Anleitung zu Kartometrischen Arbeiten. In: M. ECKERT, Geographisches Praktikum I, Leipzig 1931

LESEMANN, K.: Studien zur graphischen Flächenermittlung. Diss. Bonn 1952

MALING, D. H.: Cartometry – the neglected discipline? In: Beiträge zur theoretischen Kartographie. Festschr. f. E. ARNBERGER. Wien 1977, S. 229–246

—: Measurements from Maps. Principles and methods of cartometry. Oxford 1989

MOUTHS, F. E.: Linienmessung auf Karten. Stuttgart 1912

SCHMIDT, R. D.: Messungen auf der Karte. Geogr. Taschenbuch 1949, S. 190

SCHMIEDEBERG, W.: Zur Geschichte der geographischen Flächenmessung bis zur Erfindung des Planimeters. Zeitschr. Ges. f. Erdkunde Berlin 1906

SPALT, G.: Ausmessung der Flußläufe des Amazonassystems. Peterm. Geogr. Mitt. 1923

Umrechnungstabelle für Längen und Flächen in verschiedenen Maßstäben. Geogr. Taschenbuch 1949, S. 194

WAGNER, H.: Die Flächenausdehnung der Köppenschen Klimagebiete der Erde. Peterm. Geogr. Mitt. 1921

WEDEMEYER, A.: Linienmessung auf Karten in Mercatorentwurf. Peterm. Geogr. Mitt. 1918

WILLERS, TH.: Zur Geschichte der geographischen Flächenmessung seit Einführung des Planimeters. Peterm. Geogr. Mitt., Erg.-H. 170, Gotha 1911

WOLKOW, N. M.: Kartometrie und Geographie. Peterm. Geogr. Mitt., Erg.-H. 264 (Haack-Festschrift). Gotha 1957

THEMATISCHE KARTOGRAPHIE*

Thematische Kartographie ist umfangreiches Teilgebiet der Kartographie. Beschäftigt sich in Theorie und Praxis vor allem mit Entwurf, Gestaltung und Herausgabe thematischer Karten sowie mit deren Informationsgehalt und Nutzungsmöglichkeiten. Enge Beziehungen zu anderen Wissenschaften, insbesondere zu Semiotik und Statistik sowie allen Wissenschaften mit raumbezogenen Fragestellungen.

Thematische Kartographie stellt raumbezogene Themen nicht-topographischer Art dar. Thematische Karten dienen der Veranschaulichung von absoluten, mittleren und relativen Zahlenwerten, von Einzelerscheinungen, komplexen Sachverhalten, begrifflichen Abstraktionen und geistigen Vorstellungen nach Verbreitung, Eigenschaften und Wirkungen. Spiegeln ein wissenschaftlich erarbeitetes Urteil wider, das seinen Niederschlag in ausgewählten Signaturen und Symbolen bzw. Farben und Schraffuren findet.

Thematische Karten oder „Problemkarten" werden zur Quelle neuer wissenschaftlicher Erkenntnisse: Tatsachen, die ohne kartographische Darstellung nicht überschaubar sind, werden klar. Inhalt statistischer Tabellen oft nur schwer erfaßbar. Gleiche Zahlenwerte, in Diagramm, Kartogramm oder Karte verarbeitet, ermöglichen anschauliche Übersicht. Thematische Karte daher zur Darstellung verschiedenartigster Sachverhalte in Geographie und vielen anderen Wissenschaften, besonders Geowissenschaften, wichtig.

Thematische Karte ist Arbeits- und Lehrmittel für viele Natur- und Kulturwissenschaften, dient technischen und soziologischen Zwecken, der Verwaltung, Raumforschung und Landesplanung.

Abgrenzung zwischen topographischen und thematischen Karten problematisch. Auch „Topographie" kann als Thema aufgefaßt werden. Unterschied u.a. durch Zweck: topographische Karte dient allgemeiner Orientierung, thematische Karte konzentriert Aussage auf eng begrenztes, im Titel formuliertes Thema. Dargestellt wird nur, was Kartenautor für erforderlich hält. Thematische Karte mehr oder weniger stark von Informationsstand, Meinung und Absicht des Kartenautors geprägt. Kann auch als Mittel der Meinungsbeeinflussung („Manipulation") mißbraucht werden (vgl. u.a. geopolitische Karte, S. 323 ff.).

Begriff und Aufgabe thematischer Karten

Begriff „thematische Karte" 1934 von R. v. SCHUMACHER eingeführt, ersetzte von H. SIEGFRIED 1879 erstmals verwendete Bezeichnung „angewandte Karte". Unter angewandter Karte zweckmäßiger topographische Karten mit Spezialeintragungen

---

*) Die thematische Kartographie wird in diesem Teil unter drei Gesichtspunkten behandelt: 1. Methode (S. 211 ff.), 2. Darstellungs- und Strukturtypen (S. 216 ff.), 3. Technik der Kartendarstellung (S. 231 ff.). Es empfiehlt sich, Ausführungen über Sachverhalte in allen drei Kapiteln nachzuschlagen.

für besondere Verwendungszwecke, z. B. Wanderkarten, Straßenkarten, Binnenschiffahrtskarten, Luftfahrtkarten und Seekarten, zu verstehen.

Geschichtliche Entwicklung. Frühe thematische Karten: Isogonenkarte (1701) von E. HALLEY und Isothermenkarte (1817) von ALEXANDER V. HUMBOLDT; erster thematischer Weltatlas der auf Anregung HUMBOLDTS von HEINRICH BERGHAUS geschaffene Physikalische Atlas (1838–1848).

Aufschwung thematischer Kartographie mit Entwicklung der Naturwissenschaften und Hinwendung der Statistik zu kartographischer Veranschaulichung seit Mitte 19. Jhs. Nationalistisches Denken nach 1. Weltkrieg rief Flut thematischer Karten hervor, besonders von Sprach- und Nationalitätenkarten. Karte wurde zum politischen Kampfmittel, z. B. in Abstimmungsgebieten.

Mit fortschreitender Spezialisierung der Forschung, Entwicklung neuer Drucktechniken (Offsetdruck, Phototechnik, Schichtgravur usw.) und Verwendung thematischer Karten nicht nur in Wissenschaft, sondern auch in breiter Öffentlichkeit (Bundesbaugesetz schreibt z. B. den Gemeinden einheitliche Flächennutzungspläne vor), erfuhr Themakartographie in jüngster Vergangenheit starke Entfaltung. Folge war lebhafte Auseinandersetzung mit methodischen Problemen thematischer Karten. Fragen der Bauregeln und Darstellungsprinzipien beschäftigten A. HETTNER, M. ECKERT, E. MEYNEN, E. IMHOF, H. LOUIS, W. WITT, H. HEYDE, E. ARNBERGER, I. KRETSCHMER, F. KELNHOFER, R. OGRISSEK u. a.

Aufgabe thematischer Karten ist, ausgewählte Zahl von Erscheinungen oder Erscheinungsreihen in räumlicher Verbreitung übersichtlich kartographisch darzustellen, quantitativ und qualitativ ausgewertete, meist durch Denkprozesse erschlossene Gehalte geographisch bedeutsamer Erscheinungen bei gleichzeitiger Sichtbarmachung räumlicher Beziehungen wiederzugeben. Kartographisch darstellbar sind alle auf der Erdoberfläche verbreiteten Erscheinungen, d. h. alle Sachverhalte in räumlicher Anordnung. Kartographische Darstellung jedoch nur sinnvoll, wenn sich aus flächenmäßiger und räumlicher Anordnung der ausgewählten Erscheinungen Raumbeziehungen zu anderen Erscheinungen offenbaren.

In Fällen individueller Einmaligkeit ohne räumliche Vergleichsmöglichkeit und bei Sachverhalten ohne Raumbeziehungen wird kartographische Darstellung sinnlos (vgl. auch „Grenzen thematischer Karte", S. 198 f.).

Kartographische Umsetzung von Zahlenwerten erreicht Grenze, wenn aus Zahlenreihen, Indexzahlen, Typenwerten oder Meßziffern unter Verwendung arithmetischer oder geometrischer Reihen, logarithmischer Skalen, Summenlinien oder anderer Formen mathematischer Verknüpfung Werte gewonnen werden, die aus räumlichem Zusammenhang gelöst sind.

Aussage thematischer Karten umfaßt: Angabe über Lage im Raum, Verbreitung, Bewegung (ob stabil, dauernd oder vorübergehend bewegt), Richtung der Bewegung, Angabe über Menge (absolute oder relative Zahl, Mittelwert), Eigenschaft, Zeitdauer, Häufigkeit, über Beziehungen der Dinge und Wert dargestellter Objekte. Hinzu kommen Darstellungen von Fiktionen, Hypothesen, Tendenzen, Möglichkeiten, Projekten usw.

Thematische Karten i. e. S. verfolgen *zwei Ziele:*

1. Registrierung und Dokumentierung des Beobachtungsmaterials mit kartographischen Mitteln.
2. Darstellung abstrahierter wissenschaftlicher Erkenntnisse.

Vielfalt darstellungsfähigen Inhalts und Vielzahl möglicher Darstellungsmethoden erklären nahezu unübersehbare Fülle thematischer Karten.

Für thematische Karten gelten gleiche Grundsätze wie für topographische Karten:

Projektion und Maßstab müssen in sinnvoller Verbindung zum veranschaulichten Gegenstand stehen. Dem Flächenvergleich dienende thematische Karten setzen flächentreue Projektion voraus. Maßstabgerechte Generalisierung konkreter Wirklichkeit spielt jedoch geringere Rolle als auf topographischen Karten. Thematische Karte dient weniger der Orientierung als der Erkenntnis der Verbreitungserscheinungen in ihren Eigenschaften, Bezügen und Wirkungen.

Von zahlreichen **Darstellungsmöglichkeiten** realer oder idealisierter Grundrißzeichnung mit Flächen, Linien, Liniensignaturen, Punktsignaturen und denen der „Wertefelddarstellung" mit Isolinien (S. 225) oder Schraffen (Vektorzeichen; S. 228) muß günstigste, gegebenenfalls kombinierte Methode ausgewählt werden. *Legende* bei thematischen Karten besonders wichtig: Muß klar und übersichtlich sein, sich leicht einprägen und Wesentliches bzw. Unterschiedliches anschaulich hervortreten lassen.

Thematische Karte beruht nicht nur auf genauer Kenntnis darzustellenden Befundes und dessen sachgerechter kartographischer Umsetzung, sondern bildet oft unmittelbar schöpferisches Erzeugnis wissenschaftlicher Arbeit. Gegenüber klar gelösten Problemen thematischer Kartographie, z. B. in Darstellung geologischer Sachverhalte, Entwicklung bei anderen Kartengruppen noch in vollem Fluß.

Thematische Karten aus Bereichen der physischen Geographie (mit Ausnahme der geomorphologischen) bieten kaum methodische Schwierigkeiten, sind im Symbol- und Signaturwerk weitgehend einheitlich. Kulturgeographische Themakarten dagegen nach Güte und Wert der Darstellung äußerst uneinheitlich (mit Ausnahme schon frühzeitig entwickelter Bevölkerungskarten). Dieses im Wesen kulturgeographischer Karteninhalte begründet.

Kulturgeographische Sachverhalte nicht nur flächen- oder punkthaft verbreitet wie viele physische Erscheinungen, sondern auch nach Wert, Bedeutung und Intensität verschieden, von großer quantitativer und qualitativer Variationsbreite, räumlicher und zeitlicher Überschichtung, vielfach in dauernder Bewegung und Änderung. Komplexe Struktur kulturgeographischer Erscheinungen stellt an kartographische Darstellung besondere Anforderungen. Dazu Schwierigkeiten bei Begriffsbildung darzustellender Sachverhalte, Unsicherheit der Erhebungsgrundlagen und Verfälschung durch Zweckinteressen (Völker- und Sprachenkarten!).

Darstellung von Einzelerscheinungen: Methodisch einfach z. B. Entwurf spezieller Wirtschaftskarten, die einzelnes Erzeugnis des Ackerbaus, der Industrie usw. in räumlicher Verbreitung wiedergeben.

Verbreitungskarten verzeichnen absolute Grenzen des Vorkommens eines Gegenstandes oder einer Erscheinung. Verbreitungsgebiet wird von Linie eingeschlossen oder flächig (Farbe, Raster) abgehoben. Von mehr generalisierter Umriß-Verbreitungskarte ist Flächen-Verbreitungskarte zu unterscheiden, auf der Verbreitungsgebiete eines Gegenstandes oder einer Erscheinung möglichst genau umgrenzt und gesondert dargestellt werden.

Darstellung komplexer Erscheinungen eines Gebietes d. h. kartographische Synthese bestimmter Geofaktoren, dagegen schwierige methodische und graphische Aufgabe. Kein Zufall, daß großer Zahl analytischer Karten nur kleine Gruppe synthetischer Karten gegenübersteht (S. 201).

Durch Entwicklung der Wirtschaftsgeographie und ihrer Teilgebiete (Landwirtschafts-, Industrie- und Handelsgeographie) traten in thematischer Kartographie neben Sachbegriffe, Skalenwerte und Vektorgrößen der physischen Geographie Zahlenwerte der Statistik, insbesondere statistische Beziehungszahlen, Mittel- bzw. Durchschnittswerte. Räumliche Verbreitung agrar- oder bevölkerungsgeographischer Sachverhalte wurden untersucht, oft im Vergleich zur Fläche administrativer Einheiten, oft aber auch ohne Bezug zur Fläche.

Kaum eine Beziehungszahl denkbar, deren Darstellung auf Kartengrundlage in räumlicher Lage nicht versucht worden ist. Dabei teilweise Vernachlässigung des Gesichtspunktes der Unstetigkeit solcher Zahlenwerte im mathematischen Sinn im Gegensatz zur Stetigkeit echter Isolinien (S. 225), z. B. mißglückte Versuche, Bevölkerungskarten nach Vorbild der Höhenschichten- oder Niederschlagskarten zu zeichnen.

Forderungen an thematische Karte

1. Inhalt der Karte muß durch Titel eindeutig nach Thema, Zeit und Raum konkretisiert sein.

2. Verwendete wissenschaftliche Begriffe müssen klar erfaßt sein.

3. Darzustellender Stoff muß geordnet (klassifiziert), vereinfacht (generalisiert) und gegebenenfalls auf Grundform zurückgeführt (typisiert) sein.

4. Zahl darzustellender Erscheinungen soll begrenzt sein, Prinzipien der Wiedergabe dürfen sich nicht durchkreuzen.

5. Gleichzeitigkeit bzw. Ungleichzeitigkeit dargestellter Erscheinungen muß erkennbar sein.

6. Kartographische Ausführung soll möglichst einfach und unmißverständlich sein.

7. Farben und Kartenzeichen sollen sich deutlich voneinander abheben.

8. Legende der Karte soll einprägsam und logisch aufgebaut sein.

Grenzen thematischer Karte

1. Karte kann das Thema selbst nicht abbilden, sondern nur vereinfachte abstrahierte Aspekte.

   Keine Abbildung der Sprachen, sondern nur der räumlichen Sprachgliederung. Auf Karte der Landnutzung nicht Getreide- oder Zuckerrübenfelder tatsächlich abgebildet, sondern farbige Flächen, die sich maßstabgerecht mit Flächen der Getreide- oder Zuckerrübenverbreitung der Wirklichkeit decken. Quantitäten und Werte werden durch Symbole, Zahlenbilder und Wertdiagramme, Quantitätsstufen durch Intensitätsstufen von Farben ausgedrückt.

2. Karte kann nur Aussage über einzelne ausgewählte Erscheinungen machen.

Auf Wirtschaftskarte ist komplexes Erscheinungsbild der Gesamtwirtschaft ohne starke Vergröberungen nicht darstellbar. Daher meist Aufgliederung in Karten der Agrarwirtschaft, des Bergbaus, der Industrie usw. notwendig.

3. Objektmenge eines Themas wird duch Ausleseverfahren vereinfacht und in Umdenkungsverfahren zu Begriffen höherer Ordnung zusammengefaßt (thematische Generalisierung durch Typenbildung).

In Industriekarten werden z.B. Industriebetriebe unter gewissem Schwellenwert vernachlässigt und unterschiedliche Einzelindustrien unter einem Sammelbegriff wiedergegeben.

Literatur

Academy of Sciences of the U.S.S.R.: Thematic mapping in the U.S.S.R. Leningrad 1967

Akademie f. Raumforschung u. Landesplanung: Untersuchungen zur thematischen Kartographie, 3. Tle. Forsch. u. Sitzungsberichte Bd. 51, 1969, Bd. 64, 1971, Bd. 86, 1973

ARNBERGER, E.: Der „Salzburg-Atlas", eine methodisch interessante Neuerscheinung in der Reihe österreichischer Regionalatlanten. Mitt. Geogr. Ges. Wien 1956

—: Beiträge zur Geschichte der angewandten Kartographie und ihrer Methoden in Österreich. Festschr. Hundertjahrfeier Geogr. Ges. Wien 1957

—: Handbuch der thematischen Kartographie. Wien 1966

—: Probleme der Fortführung, Berichtigung und Neubearbeitung thematischer Karten. Mitt. Österr. Geogr. Ges. 108, Wien 1966, S. 296–306

—: Die Stellung der thematischen Kartographie in der Kartenwissenschaft und Kartenpraxis. In: Thematische Kartographie, Gestaltung, Reproduktion. Erg. d. 7. Arbeitskurses Niederdollendorf 1968 d. Arbeitskreises Prakt. Kartogr. d. Dt. Ges. f. Kartogr. Mannheim 1970, S. 13–33

—: Thematische Kartographie. Braunschweig ^{2}1987

BÄR, W.-F.: Zur Methodik der Darstellung dynamischer Phänomene in thematischen Karten. Frankfurter geographische Hefte, 51, 1976

BORMANN, W.: Karte, Bild und Bildkarte. Geogr. Rundschau 1956

BYSOW, L.A.: Graphische Methoden der Planung, Statistik und Erfassung. Berlin ^{9}1955

CLAVAL, P. u. WIEBER, J.C.: La Cartographie Thématique comme méthode de recherche. Ann. Litteraires Univ. Besançon, Paris 1969

CREUTZBURG, N.: Zum Problem der thematischen Karten in Atlaswerken. Kartogr. Nachr. 1953

ECKERT, M.: Die Kartenwissenschaft, Bd. II. Berlin-Leipzig 1925

ENGELBERT, W.: Zur Entwicklung der Thematischen Kartographie. Zeitschr. f. Vermessungswesen 1962

ENGELHARD, K.: Die thematische Karte. Beiheft Geogr. dsch. 7, 1977, S. 160–171

ENGELMANN, G.: Der physikalische Atlas des Heinrich Berghaus. Die kartographische Technik der ältesten thematischen Kartensammlung. Internat. Jb. f. Kartogr. 1964

FINSTERWALDER, R.: Thematische Kartographie im Vermessungswesen. Zeitschr. f. Vermessungswesen 1961

HAEFNER, H.: Thematische Kartierungen mit Hilfe von multidimensionalen Satellitendaten. Geographica Helvetica 33, 1978, S. 21–24

HAKE, G.: Topographische Karten als Quellen thematischer Karten. Veröff. Akad. f. Raumforsch. u. Landesplanung, Forsch.- u. Sitzungsber., Bd. 65, Thematische Kartographie 2, 1971, S. 23–36

—: Kartographie II (Thematische Karten, Kartenauswertung, Kartengeschichte). Samml. Göschen, 3., neubearb. Aufl. Berlin 1985

HETTNER, A.: Die Eigenschaften und Methoden der kartographischen Darstellung. Geogr. Zeitschr. 1910
HEYDE, H.: Die Ausdrucksformen der angewandten Kartographie. Kartogr. Nachr. 1961
HÜTTERMANN, A.: Karteninterpretation in Stichworten II, Thematische Karten. Kiel 1979
IMHOF, E.: Aufgaben und Methoden der theoretischen Kartographie. Peterm. Geogr. Mitt. 1956
—: Thematische Kartographie. Beiträge zu ihrer Methode. Die Erde 1962
—: Über den Aufbau einer Lehre der thematischen Kartographie. Kartogr. Nachr. 19, 1969, S. 218–223
—: Thematische Kartographie, ein Lehrbuch. Berlin 1972
KREMLING, K.: Die Beziehungsgrundlage in thematischen Karten in ihrem Verhältnis zum Kartengegenstand. Münchner Geogr. Abh. 2, 1970
KRETSCHMER, I.: Zur Wahl der Netzentwürfe in der thematischen Kartographie. Grundsatzfragen der Kartographie, Hrsg.: Österr. Geogr. Ges. Wien 1970, S. 150–169
LEHMANN, E.: Die Kartographie als Wissenschaft und Technik. Peterm. Geogr. Mitt. 1952
—: Gedanken zur Leipziger kartographischen Ausstellung „Die Landkarte". Peterm. Geogr. Mitt. 1955
—: Die Heimatkunde als Aufgabe der thematischen Kartographie, dargestellt an einem Kartenentwurf aus dem Bereich des Elbsandsteingebirges. Geogr. Ber. 1961
LOUIS, H.: Über die Grundformen des kartographischen Ausdrucks. Peterm. Geogr. Mitt., Erg.-H. 264, Gotha 1957
MEINE, K.-H.: Standpunkte und Standorte der Thematischen Kartographie im deutschen Sprachraum. Mitt. Österr. Geogr. Ges. 111, Wien 1969, S. 21–50
MEYNEN, E.: Die thematische Raumdarstellung. Karte und Kartogramm in der Landesbeschreibung. Geogr. Taschenbuch 1956/57, S. 462–466
—: Einheit von Form und Inhalt der thematischen Karte. Dt. Geographentag Würzburg 1957, Tagungsber. u. wiss. Abh., Wiesbaden 1958; Geogr. Taschenbuch 1958/59, S. 534–540
—: Kartographische Ausdrucksformen und Begriffe thematischer Darstellung. Kartogr. Nachr. 1963
—: Die kartographischen Strukturformen und Grundtypen der thematischen Karte. Geogr. Taschenbuch 1970/72, S. 305–318
—: Die Grund- und Aussageformen der thematischen Karte. Ztschr. Vermessung Photogrammetrie, Kulturtechnik, 73, H. 1, Zürich 1975, S. 48–58
MONKHOUSE, F. J. and WILKINSON, H. R.: Maps and Diagrams. Their Compilation and Construction. London-New York ³1971
OEST, K.: Datenverarbeitung und thematische Karten, Erfahrungen in Schweden und ihre Auswertung. Veröff. Akad. f. Raumforsch. u. Landesplanung, Forsch-. u. Sitzungsber., Bd. 64, Thematische Kartographie 2, 1971, S. 83–102
PILLEWIZER, W.: Ein System der thematischen Karten. Peterm. Geogr. Mitt. 1964
—: Thematische Aufnahmekarten und topographische Kartierung. Peterm. Geogr. Mitt. 114, 1970, S. 38–43
SALICHTCHEV, K. A.: Fragen der komplexen geographischen Karten und deren Entwicklung in der UdSSR. Peterm. Geogr. Mitt. 1957
SANDNER, G.: Die Bedeutung der thematischen Landesaufnahme für die Regionalentwicklung in Lateinamerika. Kartogr. Nachr. 18, 1968, S. 203–207
—: Nachweis ausgewählter thematischer Landesaufnahmen lateinamerikanischer Länder. Kartogr. Nachr. 18, 1968, S. 207–213
SCHULTZE, J. H.: Aus der thematischen Kartographie afrikanischer Entwicklungsländer. Kartogr. Nachr. 15, 1965, S. 97–108
SCHUMACHER, R. V.: Zur Theorie der Raumdarstellung. Zeitschr. f. Geopolitik 1934
SCHWEISSTHAL, R.: Methoden der thematischen Kartographie. Kartogr. Nachr. 17, 1967, S. 6–17
—: Topographische und thematische Luftbildkarten. Grundsatzfragen der Kartographie, Hrsg.: Österr. Geogr. Ges. Wien 1970, S. 269–278

Schweizerische Ges. f. Kartographie: Thematische Kartographie. Kartogr. Schriftenreihe Nr. 3, Bern 1978

STEGENA, L.: Thematische Kartenwerke der Erdwissenschaften und die Weltkarte 1:2 500 000. Kartogr. Nachr. 20, 1970, S. 100–103

THORN, K.: Aussagekraft und Aussagewert thematischer Karten. Peterm. Geogr. Mitt. 1959 Untersuchungen zur thematischen Kartographie, I. u. II. Veröff. Akad. f. Raumforsch. u. Landesplanung, Forsch.- u. Sitzungsber., Bd. 51 u. 64, Hannover 1969 u. 1971

WAGNER, J.: Zahl und graphische Darstellung im Erdkundeunterricht. Geogr. Bausteine, H. 19, Gotha 1931

WALDBAUR, H.: Zur Darstellung von Zahlenwerten in der Kartographie. Die Erde 1951/52

WALTER, F.: Regionale Statistik und Karten. Allg. Statist. Arch. 1954

—: Zur kartographischen Auswertung regionaler Statistik. Peterm. Geogr. Mitt. 1957

WERNER, F.: Bemerkungen zur thematischen Kartographie. Kartogr. Nachr. 20, 1970, S. 103–109

WITT, W.: Zur Methode der quantitativen kartographischen Darstellung. Geogr. Anzeiger 1935

—: Thematische Kartographie und Raumforschung. Raumforschung. Akad. f. Raumforsch. u. Landesplanung. Bremen ²1970

—: Komplexe Themakartographie in der Landesplanung. Kartogr. Nachr. 1961

—: Thematische Kartographie. Methoden und Probleme,Tendenzen und Aufgaben. Hannover ²1970

—: Ungelöste Probleme der thematischen Kartographie. Int. Jb. f. Kartographie 12, 1972, S. 11–27

YONGE, E. L.: World and Thematic Atlases. A Summary Survey. Geogr. Review 1962

ZACH, W.-D.: Zum Problem synthetischer und komplexer Karten. Abh. d. 1. Geogr. Inst. d. FU Berlin, Bd. 22, Berlin 1976

Allgemeine Klassifikation thematischer Karten

Einteilungsmöglichkeiten nach Art stofflicher Verarbeitung, Darstellungsprinzipien und Maßstäben (vgl. auch S. 211 ff.):

1. Analytische und synthetische Karten,
2. Primäre und abgeleitete Quellenkarten,
3. Konkrete und abstrakte Karten,
4. Induktive und deduktive Karten,
5. Darstellungen unveränderlicher und veränderlicher Sachverhalte,
6. Darstellungen festbegrenzter und kontinuierlich verbreiteter Sachverhalte,
7. Karten und Kartogramme,
8. Großmaßstäbliche und kleinmaßstäbliche Karten,
9. Einzelkarten, Kartenwerke und Atlanten.

Analytische und synthetische Karten

Kartographische Aussage ist *analytisch*, wenn ausgewählter Sachverhalt in seinen Teilen absolut oder relativ, d.h. flächenbezogen oder sachbezogen, dargestellt wird. Aussage ist *synthetisch*, wenn sie Erfassung eines Raumgefüges, d.h. Ausscheidung struktureller Raumeinheiten, zum Ziel hat.

Analytische Karten geben in induktiver, deduktiver oder fiktiver Weise dargestellten Gegenstand in seiner räumlichen Aufgliederung (Verbreitung) wieder.

Allgemeiner *Vorzug* analytischer Karten: jeder Wissenschaftszweig kann sie für seine Zwecke auswerten.

Vom geographischen Standpunkt wird analytische Karte, insbesondere statistisches Flächenkartogramm (S. 207), meist als unbefriedigend umpfunden. Bevorzugung zusammenfassender Karten als spezifisch geographische Karten. Differenzierendes naturwissenschaftliches Denken und stärkere Betonung synthetischer Landschaftsforschung, die nicht nur Verbreitung landschaftlicher Erscheinungen untersucht, sondern deren Verknüpfung zu Formal- und Wirkungsgefügen im Raum nachgeht, gab thematischer Kartendarstellung neue Impulse. Erweiterung siedlungshistorischer Forschung durch sozial- und wirtschaftsgeographische Untersuchungen führte zu neuartigen Kartenentwürfen.

Synthetische Karten stellen Landschaftselemente in ihrer Ganzheit dar, gegebenenfalls nur als begriffliches Abstraktum.

Synthetische Karten nicht durch Übereinanderdecken mehrerer, auf transparentes Papier gezeichneter analytischer Karten zu gewinnen. Solche Deckblattkarten zwar für Vergleichszwecke wichtig, aber kein Ersatz für synthetische Karten. Auch bloßes Neben- und Übereinanderzeichnen der Einzelerscheinungen auf *einer* Karte, graphisches Addieren der Elemente, führt zu meist stark überlasteten *komplexen* Karten, nicht zur Synthese.

Thematisch-kartographische Synthese erfordert vielmehr auf Grundlage fachwissenschaftlicher Bewertung starke Vereinfachung, Auswahl des Darzustellenden, Herstellung von Beziehungen und Verknüpfung der als wesentlich angesehenen Sachverhalte. Gleichartige Erscheinungen müssen zu übergeordneten kategorialen Einheiten zusammengefaßt werden. Gegenüber komplexer Karte stellt synthetische Karte geistige Neuschöpfung dar. Auswahl und begriffliche Umsetzung kann auf unterschiedliche Weise erfolgen. Dadurch u. U. subjektive Färbung oder einseitige fachwissenschaftliche Orientierung derartiger „Interpretationskarten".

Interpretationskarten sind kartographische Darstellungen begrifflich umgesetzter, zu übergeordneten Einheiten zusammengefaßter Sachverhalte. Sollen auf anderem Wege gewonnene Erkenntnisse in räumlicher Verbreitung darstellen, textliche Untersuchungen ergänzen und erläutern. Synthetische thematische Karte damit in erster Linie Mittel zur Ordnung und Darstellung geographischen Stoffes.

Primäre und abgeleitete Quellenkarten

Primäre Quellenkarten sind Darstellungen sicht- und greifbarer Erscheinungen, d.h. Wiedergaben physiognomisch faßbarer Raumerscheinungen. Veranschaulichen unmittelbar Ergebnisse von Beobachtungen und Messungen.

Abgeleitete Quellenkarten sind überarbeitete Karten. Dienen der Veranschaulichung von Quantitäten, Qualitäten, Intensitäten oder der Bildhaftmachung von Bedingungen und Funktionen der Raumerscheinungen. Sie stellen abgeleitete, nicht unmittelbar greifbare Sachverhalte dar. Umfassen Summe der Bilder abstrakter Darstellungen nach Größengruppen, Mittelwerten oder in Isarithmendarstellung (S. 225).

Abb. 109 Beispiel einer konkreten Karte: Bevölkerungskarte Südamerikas (1930) in absoluter Methode (nach O. Schmieder). 1 Punkt = 1 Mill. Menschen

Konkrete und abstrakte Karten

Konkrete Karten stellen reale Dinge in räumlicher Verbreitung dar. Beispiele: Gesteinskarte, Bevölkerungskarte (Abb. 109) oder Belegortkarte (Abb. 131).

Abstrakte oder *fiktive Karten* (Abb. 110) werden aufgrund von Beobachtungen oder Berechnungen unter Annahme einer Raumwirklichkeit entworfen.

Induktive und deduktive Karten

Induktive Karten geben in der Natur beobachtete Einzelgegenstände und Phänomene nach bestimmten Gesetzen und Regeln wieder, entsprechen primären Quellenkarten.

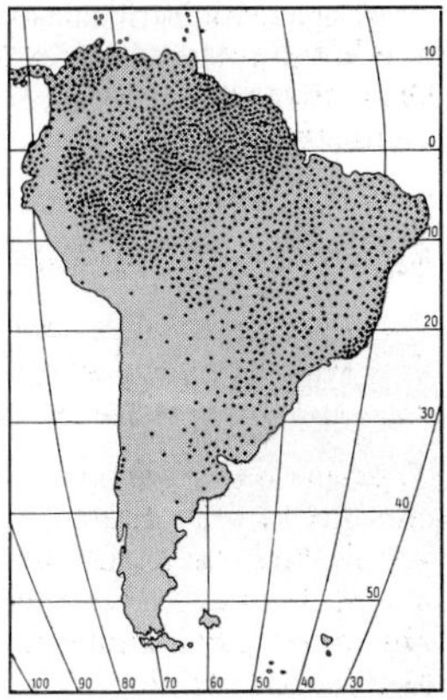

Abb. 110 Beispiel einer fiktiven Karte: Potentielle Bevölkerung Südamerikas (nach Berechnungen von A. Penck).
1 Punkt = 1 Mill. Menschen

Deduktive Karten beruhen nicht auf unmittelbarer Sinneswahrnehmung. Sind Ergebnisse des Versuchs, aus dem Allgemeinen das Spezielle theoretisch zu begreifen. Dargestellte Inhalte werden also auf deduktivem Wege gewonnen. Viele thematische Karten sind deduktive Karten. Geben Erscheinungen wieder, die ohne Umdenkungsprozeß kartographischer Darstellung verschlossen bleiben, z. B. Karten der Klimatypen, Landschaftsgliederungskarten usw. (Abb. 187, 233 u. a.).

Darstellungen unveränderlicher und veränderlicher Sachverhalte

Zu Darstellungen *wenig-* oder *unveränderlicher Sachverhalte* gehören geologische, geomorphologische, tektonische Karten usw. Eine beobachtete und vermessene Schichtstufe oder eine mit Hilfe moderner seismischer Instrumente aufgenommene Bruchstufe läßt sich eindeutig kartieren. Für ihre Veranschaulichung gelten feste Regeln und Konventionen. Dargestellte Erscheinungen als solche verändern sich praktisch nicht, Korrekturen des Kartenbildes nur infolge veränderten Kenntnisstandes erforderlich.

Ihnen gegenüber stehen Karten, die *veränderliche Zustände und Bewegungen* verzeichnen. Darstellungsschwierigkeiten zwingen meist zur Wiedergabe mittlerer Zustände oder Bewegungen, z. B. auf meteorologischen oder ozeanographischen Karten (Abb. 129, 190).

Darstellungen fest begrenzter und kontinuierlich verbreiteter Erscheinungen

Zu unterscheiden zwischen Abbildung *fest begrenzter* (Nach H. Louis „diskreter") Erscheinungen, im Grundriß aufgegliedert nach räumlichem Vorkommen, Quantität und Qualität einerseits, und Wertefelddarstellungen *kontinuierlich verbreiteter Sachverhalte* andererseits.

Unter „diskreten" Erscheinungen sind solche zu verstehen, die bestimmten Raum einnehmen, außerhalb dessen aber nicht vorkommen, z. B. Kulturgewächse, Wald, Siedlungen, Industrieanlagen. Decken sich alle mit bestimmter Grundrißfläche. Beispiele für Abbildung fest begrenzter Erscheinungen auf jeder topographischen Karte: Siedlungen, Wege, Waldflächen, Grenzen der Staaten und kleineren Verwaltungseinheiten.

Kontinua dagegen allgegenwärtig mit von Ort zu Ort stetig wechselndem Maßwert wie Temperatur oder Niederschlag. Bildhaftmachung eines Kontinuums in soge-

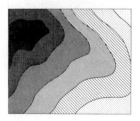

Abb. 111 Darstellung eines Kontinuums in seinem Wertgefälle: Isolinienkarte (nach E. Arnberger)

Abb. 112 Kreissektorenkartodiagramm: Auf Flächenstücke bezogene Mengen in Absolutdarstellung, durch verschieden große Kreisscheiben dargestellt, diese durch Sektoren qualitativ und quantitativ aufgegliedert (nach E. Imhof)

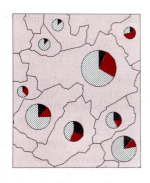

nannter „Wertefelddarstellung" mittels Isolinien (Isarithmen, S. 225). Isolinienkarten sind kartographische Ausdrucksform des Zustands-, Wert- oder Intensitätsgefälles eines Kontinuums (Abb. 111).

Kartographisch ohne Schwierigkeiten darstellbar im Grunde genommen nur Diskreta und Kontinua. Zuordnung eines Objekts zu einem dieser beiden Begriffe jedoch nicht immer eindeutig. Bevölkerungsdichte z.B. kein Diskretum. Ist als abstrakter Begriff nicht auf bestimmte Räume begrenzt, zeigt fließende, den Kontinua ähnliche Übergänge. Ist aber auch kein Kontinuum, da sie in ihren Werten Sprünge aufweisen kann, die mit Definition des Kontinuums unvereinbar sind. Diese Schwierigkeit der Zuordnung allgemein bei Darstellungen abstrakter Inhalte, besonders von Relationen und Funktionen. Daher zwischen Darstellungen der „Diskreta" und „Kontinua" als weitere Grundmöglichkeit kartographischen Ausdrucks das Flächenkartogramm (S. 219 ff.) zur Veranschaulichung raumbezogener statistischer Sachverhalte, z.B. der Bevölkerungsdichte. Im Flächenkartogramm zwar Wiedergabe von Mittelwerten in Wertefelddarstellung, jedoch nicht mit kontinuierlichem, sondern dispersem Intensitätsgefälle (S. 313 f.). Zur gleichen Gruppe gehören auch alle Dichtepunkt- und Größenpunktdarstellungen (S. 207), ferner Kartodiagramme (S. 218 f.), die reale Erscheinungen in sachbezogener Aufgliederung, z.B. als Kreissektorenkartodiagramm (Abb. 112), wiedergeben.

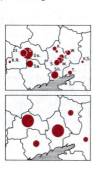

Abb. 113 Beispiel für positionstreue Karte: Industriestandorte im Donezbecken, quantitativ gegliedert (nach W. Krallert)

Abb. 114 Beispiel für Kartogramm: Industriestandorte im Donezbecken nach Verwaltungseinheiten (nach W. Krallert)

Karten und Kartogramme

Karte verzeichnet dargestellte Sachverhalte in Situations- bzw. Positionstreue (Abb. 113). Signatur läßt durch Form und Anordnung auf der Karte zumindest ungefähre Lage der Erscheinung erkennen, über die Aussage gemacht wird.

Ganz andere Aussage, wenn für bestimmte Bezugsflächen (z. B. Regierungsbezirke) berechnete Werte dargestellt werden. Aussage gilt dann jeweils für eine Bezugsfläche als ganze, nicht für Teilbereiche und nicht für Zusammenfassungen von Bezugsflächen. Lage der Signatur innerhalb der Bezugsfläche in diesem Fall ohne Bedeutung (nur „raumtreue" Lage). Derartige Darstellungen meist nicht als Karte, sondern als *Kartogramm* bezeichnet.

Nach Art der benutzten Signatur weitere Unterscheidungen möglich: Beim Flächenkartogramm wird berechneter Zahlenwert durch flächenhafte Signatur (Raster, Farbe) ausgedrückt.

Bei weiterer Aufgliederung des statistischen Zahlenmaterials und graphischer Darstellung durch Diagramme (z. B. Kreissektoren-, Streifendiagramme usw.) entsteht Kartodiagramm (S. 218 f.).

Sind graphische Größenzeichen Punkte, spricht man von Punktkartogramm, sind es Kreise, Ringe, Quadrate, Quader, Kugeln, Bänder usw., von Flächen- oder Körperzeichenkartogrammen. *Wichtig:* Kartogramm muß immer erkennen lassen, für welche Bezugsfläche Aussage gilt.

Abb. 115 Punktkartogramm: Punkte in beliebiger und symmetrischer Anordnung (nach E. Meynen)

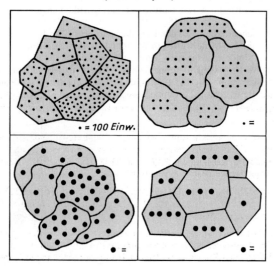

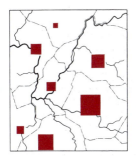
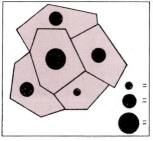
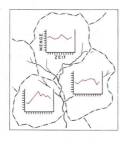

Abb. 116 Flächenzeichenkartogramm: Absolutdarstellung von Mengen, Werten u. a. durch gestufte quadratische Größenzeichen in Raumlage (nach E. Imhof)

Abb. 117 Kreiskartogramm: Nach Menge gestufte Kreise in Raumlage (nach E. Meynen)

Abb. 118 Kurvenkartogramm: Mengenänderungen, bezogen auf, Verwaltungseinheiten

Zur Unterscheidung von Karte und Kartogramm: Karte ist Oberbegriff, Kartogramm ist Sonderfall einer Karte. Bezeichnung Kartogramm nicht auf Darstellung mit flächenbezogener quantitativer Aussage beschränkt. Auch andere nur raumtreue Darstellungen werden gelegentlich als Kartogramm bezeichnet, z. B. Bandkartogramm (S. 350). Stark schematisierte Darstellungen von Verkehrsnetzen (z. B. in U-Bahnen) ohne quantitative Aussage als Topogramm bezeichnet.

Absolutdarstellungen

Punktkartogramm: Gibt aufgrund statistischer Unterlagen räumliche Verteilung von Sachen und Erscheinungen durch verschiedene Anzahl von Punkten gleicher oder unterschiedlicher Größe an. Diese werden innerhalb der Bezugsfläche (z. B. Verwaltungseinheit) beliebig oder in symmetrischer Anordnung eingetragen (Abb. 115).

Flächenzeichenkartogramm (-kartodiagramm): Gibt aufgrund statistischer Unterlagen (Mittel- und Durchschnittswerte) Verbreitung von Sachen und Erscheinungen mittels gestufter Flächenzeichen (Kreise, Quadrate, Rechtecke, Kreisringe) in möglichst ortsgetreuer Raumlage an (Abb. 116).

Kreiskartogramm: Besteht aus Kreisen, die entweder als gleich große Zeichen wie im Punktkartogramm oder in gestufter Größe im Sinne des Flächenzeichenkartogramms verwendet werden (Abb. 117).

Kurvenkartodiagramm: Veranschaulicht statistische Werte durch graphische Darstellungen in Raumlage, z. B. durch Kurvendiagramme (Abb. 118). In diese Gruppe gehören auch Säulen- und Radialdiagrammdarstellungen (Abb. 182).

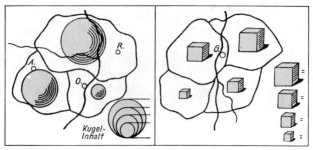

Abb. 119 Körperzeichenkartogramm: Kugeln und Würfel unterschiedlicher Größe in Raumlage (nach E. Meynen)

Körperzeichenkartogramm (-kartodiagramm): Gibt aufgrund statistischer Unterlagen Verbreitung von Sachen und Erscheinungen mittels gestufter Körperzeichen in möglichst positionstreuer Raumlage an (Abb. 119).

Verwendung raumplastischer Symbole (perspektivische Würfelzeichnungen, Kisten, Fässer, schattierte Kreise als Kugelbilder usw.) für Mengendarstellungen (z. B. Förder- und Produktionszahlen, Ein- und Ausfuhr). Vorteil gegenüber Flächenzeichendiagramm: Größe der Signaturen in dritter Dimension wächst langsamer als in flächenhafter oder linienhafter Wiedergabe. Wichtig für Darstellbarkeit großer Mengendifferenzen.

Raumbildkartogramm: Körperzeichenkartogramm, das im Anaglyphen- oder Polarisationsdruck optische Raumtiefe erhält.

Relativdarstellungen

Flächenkartogramm: Beruht auf Relativzahlen, die für bestimmte Gebietseinheit nach Art, Wert oder Menge erhoben werden (Abb. 120). Raumtreue Darstellung durch wertmäßig gestufte Schraffuren (Raster) oder verschiedenfarbige Flächen. Beispiel: Bevölkerungsdichtekarten auf Grundlage der Gemeindeeinheiten.

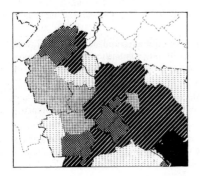

Abb. 120 Flächenkartogramm: Darstellung räumlicher Dichte, bezogen auf Flächeneinheiten (nach E. Meynen)

Abb. 121 Streifenkartodiagramm: Darstellung eines Verhältniswertes durch Mischung von Streifen unterschiedlicher Breite (nach E. Meynen)

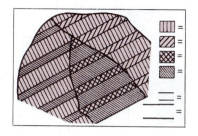

Streifenkartogramm: Flächige Darstellung eines Mengenverhältnisses, bei der Flächenbild in Streifen gleichbleibender oder unterschiedlicher Breite bzw. Farbe (Streifenkartodiagramm) aufgeteilt ist. Breite oder Aufteilung der Streifen geben Verhältniswert an (Abb. 121). Wenig anschaulich.

Ringkartogramm: Flächenkartogramm mit Ringzeichen gleichbleibender oder gestufter Größe (Abb. 122) bzw. gleicher Ringgröße bei unterschiedlicher Ringbreite.

Kombinationen

Kreissektorendiagramm: Stellt absolute und relative Mengenverhältnisse durch Größe und entsprechende Aufteilung einer Kreisfläche in Sektoren dar.

Kreissektorenkartodiagramm: Karte mit Grenzen administrativer o. a. Gebietseinheiten und Kreissektorendiagrammen in Flächenschwerpunkten (Abb. 112).

Großmaßstäbliche und kleinmaßstäbliche thematische Karten

Nach gewähltem Maßstab folgende Gruppen zu unterscheiden:

1. Thematische Spezialkarten
2. Feinübersichtskarten
3. Übersichtskarten
4. Länder- und Erdteilkarten

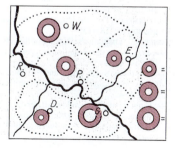

Abb. 122 Ringkartogramm: Darstellung von Mengenverhältnissen durch Ringzeichen gestufter Größe (nach E. Meynen)

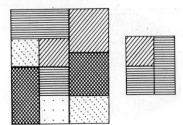

Abb. 123 Schematisches Beispiel einer Generalisierung: Zusammenfassung der Ertragseinheiten bei Verkleinerung des Maßstabs. Nivellierung des feindifferenzierten Verbreitungsgebietes unvermeidbar

Je kleiner der Maßstab, desto stärkere qualitative und quantitative Generalisierung erforderlich (Abb. 123).

Zur Gruppe großmaßstäblicher thematischer *Spezialkarten* (bis Maßstab etwa 1:50000) gehören Wiedergaben geologischer, pflanzensoziologischer, agrargeographischer u. ä. Detailkartierungen, z.B. deutsche geologische Spezialkarte 1:25000.

Thematische *Feinübersichtskarten* umfassen Maßstäbe von 1:50000 bis 1:200000, in Ausnahmefällen bis 1:300000. Eindrucksvollstes Beispiel thematischer Feinübersichtskarten nach Thema, Inhalt und topographischer Grundlage: Geologische Übersichtskarte von Deutschland 1:200000.

Thematische *Übersichtskarten* mittleren Maßstabs von 1:200000 bzw. 1:300000 bis 1:1 Mill., thematische *Länder-* und *Erdteilkarten* bei Maßstäben unter 1:1,5 Mill.

In jüngster Zeit Herausgabe thematischer Atlaswerke im Rahmen von Nationalatlanten oder weltweiten Übersichten. Neue Möglichkeiten vergleichender Darstellung thematischer Sachverhalte auf Globen (vgl. S. 362).

Literatur zur allgemeinen Klassifikation

ARNBERGER, E.: Handbuch der thematischen Kartographie. Wien 1966
—: Die Generalisierung thematischer Karten. Kartogr. Generalisierung, Textband. Erg. d. 6. Arbeitskurses Niederdollendorf 1966 d. Dt. Ges. f. Kartogr., hrsg. v. H. Bosse. Mannheim 1970, S. 225–238
BÜSCHENFELD, H.: Das Diagramm. Beiheft Geogr. Rdsch. 7, 1977, S. 155–158; Das Kartogramm, S. 158–159
IMHOF, E.: Thematische Kartographie, ein Lehrbuch. Berlin 1972
LOUIS, H.: Über die Grundformen des kartographischen Ausdrucks. Peterm. Geogr. Mitt. Erg. H. 264, Gotha 1957
—: Die thematische Karte und ihre Beziehungsgrundlage. Peterm. Geogr. Mitt. 1960
MEYNEN, E.: Bauregeln und Formen des Kartogramms. Geogr. Taschenbuch 1951/52, S. 422–434
—: Einheit von Form und Inhalt der thematischen Karte. Dt. Geographentag Würzburg 1957, Tagungsber. u. wiss. Abh., Wiesbaden 1958; Geogr. Taschenbuch 1958/59, S. 534–540
—: Kartographische Ausdrucksformen und Begriffe thematischer Darstellung. Kartogr. Nachr. 1963

MILLER, O. M. u. VOSKUIL, R.: Thematic Map Generalization. Nachr. aus dem Karten- u. Vermessungswesen 1963
OTREMBA, E.: Gedanken zur kartographischen Synthese. Int. Jb. f. Kartographie, 8, 1968, S. 90–112
STOCKS, TH.: Fragen der thematischen Kartographie. Peterm. Geogr. Mitt. 1955
WITT, W.: Thematische Kartographie und Raumforschung. Raumforschung. Akad. f. Raumforsch. u. Landesplanung. Bremen ²1970

Methoden thematischer Kartographie*

Wechselwirkung von Inhalt und Darstellung, Geographie und Kartographie erfordert sorgfältige methodische Überlegungen. Hohe Anforderungen an thematische Karten in Wissenschaft und Öffentlichkeit zwingen zur Erarbeitung graphischer Gestaltungslehre. Methode in diesem Sinne ist Weg vom Kartenthema zur Kartendarstellung über inhaltliche Bearbeitung und graphische Gestaltung. Wesentliche Erleichterung der Arbeit und Objektivierung der Aussagen durch Computereinsatz. Überlegungen zu folgenden Fragenkreisen:

1. Qualitative und quantitative Methode,
2. Absolute und relative Methode,
3. Situationstreue, positionstreue und raumtreue Darstellung,
4. Veranschaulichung von Bewegungsvorgängen und Zustandsänderungen.

Qualitative und quantitative Methode

Qualitative Methode erstrebt lagemäßig richtige Abbildung einer Erscheinung der Erdoberfläche als Eigenschaft durch Flächenfarbe oder Symbol.

Beispiele: Völkerkarte, auf der durch mehrere, sich gegenseitig ausschließende oder durch Balkensymbole mischende Farben Wohngebiete bestimmter Völker abgebildet werden (Abb. 211). Oder: Geologische Karte, auf der durch mehrere, sich gegenseitig ausschließende Farben Verbreitungsgebiete bestimmter geologischer Formationen dargestellt sind (Abb. 136).

Quantitative Methode liegt Verbreitungsdarstellungen zugrunde, die auf Wert- oder Mengenangaben beruhen. Wiedergabe nach absoluter oder relativer Methode.

Absolute und relative Methode

Absolute Methode dient Erfassung von Gegenständen oder Sachverhalten nach Verbreitung in absoluten Mengen. Darstellung der Absolutwerte statistischer Zahlen durch genormte, gleichbleibende oder gestufte Größenzeichen. Punkte, Quadrate, Kugeln, Würfel und dgl. werden unmittelbar auf Kartengrundlage übertragen.

---

*) Vgl. Anmerkung S. 195.

Beispiel: Nach Festlegung der Mengeneinheit für einen Punkt (z. B. 1 Punkt = 1000 Einwohner) wird erforderliche Punktzahl durch Division aus Gesamtzahl festgestellt und diese in gleichmäßiger Verteilung in Erhebungsflächen der Arbeitskarte übertragen. Ergebnis ist Punktkartogramm (Abb. 124 a).

Von „Einheitspunkten" sind „Größenpunkte" zu unterscheiden, die Gesamtbevölkerung, Gesamternteertrag usw. im Bereich zugrunde gelegter Raumeinheit jeweils durch ein einziges, in seiner Größe *veränderliches* Zeichen (Punkt, Kreis, Quadrat, Kugel, Würfel) zusammenfassend darstellen. Anwendung der Größenpunkt-Methode ergibt ebenfalls Punktkartogramm (Abb. 140).

Aus einfachem Punktkartogramm wird *Dichtekarte nach absoluter Methode* (Punktkarte), wenn die für bestimmte Quantitäten gewählten Zeichen in raumwirklicher Lage eingetragen werden (Abb. 124 b). Häufung oder Streuung der Zeichen vermitteln Eindruck der Verbreitungsdichte. In diesem Falle Punkte als „Dichtepunkte" zu bezeichnen, da Dichte einer bestimmten Erscheinung (Bevölkerung, Rinderhaltung, Ernteerträge usw.) durch verschieden große Zahl der Punkte am richtigen Standort gekennzeichnet ist.

Dichtekarten bzw. -kartogramme nach relativer Methode veranschaulichen Verbreitung einer Sache oder Erscheinung mittels verschiedenfarbig angelegter bzw. unterschiedlich schraffierter oder gerasterter Flächen (Flächenkartogramm). Der Darstellung zugrunde gelegte Relativzahlen errechnen sich aus Verhältnis absoluter statistischer Werte zu bestimmten Flächeneinheiten (Quadratkilometer, Quadratmeilen) bzw. Raumeinheiten (Staaten, Provinzen, Kreise, Gemeinden, naturräumliche oder wirtschaftsräumliche Einheiten).

Relative Methode auf Karten und Kartogrammen zur Darstellung von Bevölkerungsdichte (Abb. 204), Hektarerträgen, Pro-Kopf-Einkommen, Geburtenhäufigkeit usw. oft angewendet. Dabei jedoch zu beachten, daß selbst einwandfrei berechnete statistische Verhältniszahlen u. U. für Darstellung ungeeignet sind: können methodisch falsch sein (Scheinkorrelationen!) und daher in kartographischer Verarbeitung zu Fehlaussage führen (S. 305 ff.).

Abb. 124 Punktkartogramm (a), Punktkarte (b) nach Einheitspunktmethode (nach W. Krallert). 1 Punkt = 1000 Milchkühe

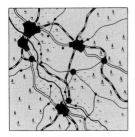 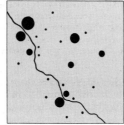 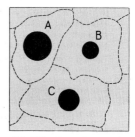

Abb. 125 Darstellung in Situations- und Positionstreue (verändert, nach H. Heyde)

Abb. 126 Darstellung in Positionstreue (verändert, nach H. Heyde)

Abb. 127 Darstellung in Raumtreue (nach H. Heyde)

Situationstreue, positionstreue und raumtreue Darstellung

Vier Darstellungsmöglichkeiten für thematische Karteninhalte:

1. Darstellung in Situations- und Positionstreue, z. B. geologische Karten, großmaßstäbliche Landnutzungskarten.

Abb. 125: Beispiel für Bildhaftmachung in Situations- und Positionstreue. Siedlungen mit gestuften Ortssignaturen in natürlicher Umwelt.

2. Darstellung in Positionstreue ohne Situationstreue, z. B. kleinmaßstäbliche Fund- oder Belegortkarten.

Abb. 126: Darstellung in Positionstreue. Bis auf Flußlauf keine Situationsorientierung. Kartenzeichen positionstreu, jedoch ohne Beziehung zur natürlichen Umwelt. Übergang zum Kartogramm.

3. Darstellung nur in Raumtreue, z. B. Bevölkerungsdichtekartogramme, Wirtschaftskartogramme.

Abb. 127: Darstellung nur in Raumtreue, keine Positions- und Situationstreue. Siedlungen zu Gruppen innerhalb Flächeneinheiten zusammengefaßt und mittels gestufter Signaturen dargestellt. Kein Bezug zur natürlichen Umwelt: Kartogramm (S. 206 u. 224).

4. Darstellung ohne Raumtreue, z. B. Kartogramme, für die Bezugsflächen nach Erhebungswerten in Form und Größe verändert werden (nach ARNBERGER „geometrische Figurengrundkarte").

Abb. 128: Darstellung ohne Raumtreue. Ausdehnung der Erhebungsflächen entspricht nicht tatsächlicher Größe, sondern ihrer Bevölkerungszahl. Anordnung der hier zu Rechtecken schematisierten Verwaltungseinheiten in angenäherter Raumlage. Methode soll Anschaulichkeit erhöhen, verläßt aber kartographisches Prinzip, wird zur statistischen Graphik.

Veranschaulichung von Bewegungsvorgängen und Zustandsänderungen

Übliche thematische Karte stellt räumliches Nebeneinander bestimmter Erscheinungen zu bestimmtem Zeitpunkt dar. Zeitliche Entwicklung läßt sich durch vergleichbare Karten für verschiedene Zeitpunkte oder durch technisch meist schwierige Darstellung der Veränderung zwischen diesen Zeitpunkten wiedergeben. Dabei zu beachten, ob Zustandsänderung sprunghaft, periodisch, gleichförmig oder ungleichförmig ist. Für Darstellung derartiger *dynamischer* Veränderungen Methoden erforderlich, die in Vorstellung des Kartenbenutzers wahres Bild der Bewegung hervorrufen.

Bei *sprunghaften* unperiodischen Veränderungen, z. b. politischer Verhältnisse, des Siedlungsbildes usw., beste Vergleichsmöglichkeit durch Entwurf von Kartenreihen, die Veränderungen zu bestimmten Zeitpunkten erkennen lassen. Bei Vergleich verwandter Karten aus verschiedenen Epochen gilt Prinzip, Gleichartiges durch gleiche Farben oder Signaturen darzustellen.

Für Wiedergabe *periodischer* Veränderungen (Gang der Temperaturen oder Niederschläge, saisonbedingte Veränderungen von Arbeiterzahlen usw.) Verwendung speziell erdachter Zeichen erforderlich.

Beliebtes Mittel zur Veranschaulichung *gleichförmiger* Bewegungen ist der Pfeil, speziell zur Darstellung von Meeresströmungen, Windverhältnissen, Zyklonenzugbahnen u. ä., wobei Richtung, Länge und Stärke der Pfeile Art, Größe und Beständigkeit der Bewegung zum Ausdruck bringen (Abb. 129). Besonders in geopolitischen Darstellungen ist der Pfeil viel – oft über Gebühr – verwendet worden (S. 326).

Gefälls- und *Stromlinien* zur Darstellung von Stromrichtungen mit oder ohne Wertgefälle bzw. zur Bildhaftmachung der Bewegungsrichtung kontinuierlicher Massen (Abb. 190). Weiterentwicklung des linienhaften Grundrißbildes von Ver-

Abb. 128 Darstellung ohne Raumtreue: (links) Flächengröße der brasilianischen Staaten, (rechts) entsprechend ihrer Bevölkerungszahl schematisch verändert (nach H. X. Lenz Cesar)

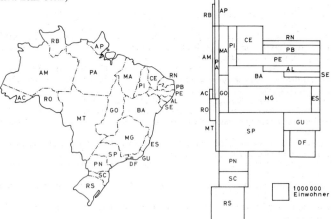

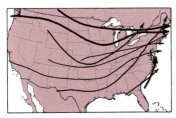
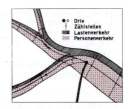

Abb. 129 Pfeile verschiedener Länge und Stärke zur Veranschaulichung von Bewegungsrichtungen: Zyklonenzugbahnen über den USA (nach St. S. Visher)

Abb. 130 Verkehrsbänder zur quantitativen Veranschaulichung des Güter- und Personenverkehrs (nach E. Arnberger)

kehrskarten zu Verkehrsbändern, um Bewegungen und Transporte von Ort zu Ort zu veranschaulichen (Abb. 130). Im Bandkartogramm (Abb. 232) Darstellung des Gütertransports oder Verkehrsvolumens zwischen zwei Orten nach Art, Menge und Verkehrsmittel.

Kartographische Darstellung von *ungleichförmig* beschleunigten oder verlangsamten Bewegungen, von schrumpfenden oder wachsenden Räumen in qualitativer und quantitativer Charakterisierung gehört zu schwierigsten Aufgaben thematischer Kartographie.

Literatur zur Methodik

ARNBERGER, E.: Handbuch der thematischen Kartographie. Wien 1966
— u. SÖLLNER, P.: Jüngere Literatur zur Automation in der thematischen Kartographie. Beiträge Lehrkanzel f. Geographie u. Kartographie, Bd. 4, Wien 1973
BAHRENBERG, E. u. GIESE, E.: Statistische Methoden und ihre Anwendung in der Geographie. Stuttgart 1975
BEHRMANN, W.: Statische und dynamische Kartographie. Jb. Kartogr. 1941
BORMANN, W.: Karte, Bild und Bildkarte. Geogr. Rundschau 1956
DICKINSON, G. C.: Statistical Mapping and the Presentation of Statistics. London ²1973
GEISLER, W.: Absolute oder relative Methode? Probleme der Bevölkerungs- und Wirtschaftskartographie. Kartogr. Mitt. 1930
HOFFMANN, F.: Automation in der thematischen Kartographie. Der praktische Einsatz von Computern und programmgesteuerten Zeichenautomaten beim Entwurf thematischer Karten. Wiss. Zeitschr. Techn. Univ., 19, Dresden 1970, S. 793–797
IMHOF, E.: Thematische Kartographie, ein Lehrbuch. Berlin 1972
KERN, H.: Thematische Computerkartographie – Entwicklungen und Anwendungen. Karlsruher Manuskripte zur Mathematischen und Theoretischen Wirtschafts- und Sozialgeographie 22, 1977
— u. SCHULZ, K.: Thekar – Ein Programm zur automatisierten Herstellung thematischer Karten nach dem Diagrammprinzip. Kartogr. Nachr. 26, 1976, S. 94–100
MEYNEN, E.: Kartographische Ausdrucksformen und Begriffe thematischer Darstellung. Kartogr. Nachr. 1963
OEST, K. u. KNOBLOCH, P.: Untersuchungen zu Arbeiten aus der Thematischen Kartographie mit Hilfe der EDV, 2. Teil. Hannover 1976
SCHARNER, F.: Ein Beitrag zur Frage der Dichtedarstellung in Kartogrammen. Allg. Statist. Arch. 1958

STOCKS, TH.: Fragen der thematischen Kartographie. Peterm. Geogr. Mitt. 1955
Thematische Kartographie und elektronische Datenverarbeitung. Veröff. Akad. Raumforsch.
  u. Landesplanung. Forschungs- u. Sitzungsber. 115, Hannover 1977
WITT, W.: Zur Methode der quantitativen kartographischen Darstellung. Geogr. Anzeiger 1935
—: Thematische Kartographie und Raumforschung. Raumforschung. Akad. f. Raumforsch. u. Landesplanung. Bremen ²1970

Darstellungs- oder Strukturtypen thematischer Karten*

Graphische Lösungen für Veranschaulichung unendlicher Zahl kartographisch darstellungsfähiger Themen auf verhältnismäßig geringe Zahl von *Grundformen* beschränkt. Diese Darstellungstypen (Strukturtypen nach E. IMHOF) schälen sich aus Fülle vorhandener individueller Lösungen als Verallgemeinerungen und Grundtypen heraus. Repräsentieren daher nur derzeitigen Stand, müssen sich immer wieder an Gesamtheit angewendeter Methoden orientieren, berichtigen und vervollständigen.

Darstellungstypen thematischer Karten durch graphische Ausdrucksmittel und Art graphischer Aussage bestimmt. Folgende Grundformen zu unterscheiden:

1. Positions- oder Ortslagekarten,

2. Positionstreue Diagrammdarstellungen: Diagrammkarten,

3. Raumtreue Diagrammdarstellungen: Kartodiagramme,

4. Verbreitungsdarstellungen in Grenzlinien- oder Grenzbandmethode,

5. Verbreitungskarten in Flächendarstellung,

6. Verbreitungsdarstellungen nach relativer Methode: Mosaikkartogramme und Dichtekarten,

7. Verbreitungsdarstellungen nach absoluter Methode: Punkt- oder Punktstreuungskarten,

8. Karten und Kartogramme mit variablen Größenzeichen,

9. Isolinienkarten (Isarithmenkarten),

10. Linear- oder Banddarstellungen,

11. Vektorbilder,

12. Kombinierte Darstellungen.

---

*) Vgl. Anmerkung S. 195.

Abb. 131 Belegortkarte: Darstellung von Industriestandorten durch differenzierte Bildsymbole (nach E. Arnberger)

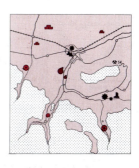

Positions- oder Ortslagekarten

Einfachster Fall einer thematischen Karte: Positions-, Belegort- oder Ortslagekarte (Abb. 131). Vermerkt Lage beobachteter oder gefundener Gegenstände, lokaler Vorkommnisse oder Eigenschaften im Raum. Anwendung von Positions*signaturen* bei einfachen Aussagen; bezeichnen die Örtlichkeit genau. Zusammengesetzte Signaturen (z. B. Quadrat im Kreis) bei komplexen Sachverhalten.

Exakte Plazierung und grundrißtreue Abbildung scharf begrenzter Einzelerscheinungen nur in großmaßstäblichen Karten möglich. Auf kleinmaßstäblichen Karten wird Grundfläche darstellungswerter Einzelerscheinungen nach *beiden* Dimensionen zu klein. Daher Verwendung abstrakter Zeichen oder sinnfälliger Symbole (Bildsymbole, Abb. 152). Vorzugsweise benutzt werden: Punkte, hohle oder gefüllte kleine Kreisschreiben, Quadrate, Dreiecke, Kreuze usw.

Gleichen Rang wie Punkt erhalten Signaturen für Bäume, Kirchen, Schlösser, Ruinen, Brücken usw. Dienen Differenzierung der Objekte und vermitteln spezielle Aussage über Bedeutungsgrad, Baumaterial usw. des dargestellten Gegenstandes. Derartige Signaturen ebensowenig zum Ausmessen bestimmt wie Breite der im Kartenblatt enthaltenen Linien. Haben nur Qualität von Positionszeichen. Bildartige Kleinfiguren im Grund- oder Aufriß, wie stilisierte Tiere, Pflanzen usw., zwar auf ersten Blick deutbar, benötigen aber oft mehr Raum und sind weniger gut vergleichbar. Alle Einzelerscheinungen werden als isolierte Örtlichkeit im Sinne von „Topos" oder Wert- und Mengenangabe nur durch „Positionssignatur" dargestellt. Dieser Typ vertreten in Fülle der Belegort-, Fundort- und Standortkarten (Abb. 153).

Positionskarten mit Punktstreuungskarten (S. 222 ff.) nur im graphischen Bild ähnlich. Auf Positionskarten repräsentiert jede Signatur ein Individuum mit eigener Bedeutung in spezifischer Lage. Darum für genaue Lokalisierung jeder Kleinsignatur hinlänglich genaue topographische Grundlagenkarte (S. 244) wünschenswert. Bei stärkerer Scharung der Signaturen Wirkung ähnlich einer Verteilungskarte.

Positionstreue Diagrammdarstellungen: Diagrammkarten

Positionskarten im weiteren Sinn sind Diagrammkarten. *Diagramm* ist eine der Veranschaulichung und dem Vergleich dienende graphische Darstellung von Zah-

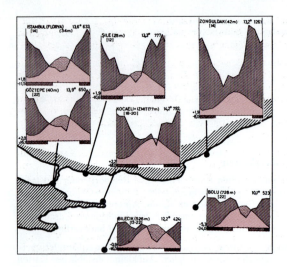

Abb. 132 Ausschnitt aus Klimadiagrammkarte der Türkei (nach H. Walter)

lenwerten. Mit *Positionssignatur* versehen, in Karte übertragene Diagramme ergeben Diagrammkarte (Abb. 132). Beispiel: Klimadiagrammatlas von H. WALTER. Zur gleichen Gruppe gehören Windrosen- und geologische Kluftrosendarstellungen. Jeweils vom Maßstab oder beigefügter Positionssignatur abhängig, ob positionstreue Diagrammkarte oder raumtreues Kartodiagramm.

Raumtreue Diagrammdarstellungen: Kartodiagramme

Kartodiagramme sind kartographische Darstellungen absoluter (selten relativer) Zahlenwerte in qualitativer oder quantitativer Aufgliederung durch Diagramme in topographischer oder chorographischer Lage mit Grenzen der Bezugsflächen (Abb. 133). Benutzt werden in Sektoren unterteilte Kreisflächen (Kreissektorenkartodiagramme, Abb. 112), in Streifen unterteilte Quadrate (Streifenkartodiagramme) oder Säulen- und Kurvenschaubilder (z. B. Klimadiagramme). Kartodia-

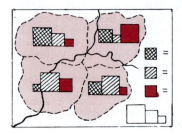

Abb. 133 Kartodiagramm: Auf Flächenstücke bezogene Mengen in raumtreuer Absolutdarstellung, durch verschieden große Quadrate in Reihenanordnung dargestellt (nach E. Meynen)

gramme besonders für Veranschaulichung räumlicher Verteilung einer in sich aufgegliederten Sache geeignet (Anteile verschiedener Feldfrüchte, Anbauflächen usw. an der Gesamtfläche, Religionsgemeinschaften, Berufsgruppen u. a.).

Aufteilung des Darstellungsgebietes in einzelne Flächenstücke. Im jeweiligen Schwerpunkt Plazierung von Diagrammen. Diese enthalten Aussage über einzelne Teilflächen. Dabei sollen Diagramme Teilflächenbereich nicht überschreiten oder völlig überdecken, sondern genügend Abstand voneinander haben, aber auch nicht zu klein und verloren erscheinen. Können reichhaltiger in Aussage sein als abstrakte Positionszeichen (S. 217). Immer muß deutlich sein, daß sich Diagramminhalt auf jeweiliges Flächenstück, nicht auf bestimmte Örtlichkeit bezieht.

Grundlagenkarte für raumtreue Diagrammdarstellung besteht gewöhnlich nur aus Grenzen der Flächenstücke (Verwaltungs-, Staats- oder sonstige Grenzen). Auch auf Kartodiagrammen nur Wiedergabe einer Sachbestandsaufnahme. Darstellungsform besonders für Veranschaulichung statistischer Zahlen aus Klimatologie, Wirtschaft, Verwaltung und Politik beliebt, besonders als Kurvendiagramm (Abb. 118) oder Kreissektorenkartodiagramm (Abb. 112). Bezugseinheiten: Erdteile, Staaten, Länder, Provinzen, Kreise oder Gemeinden. Infolge fehlender Positions- und Situationstreue (S. 218) besitzen Kartodiagramme oft nur Qualität regionalisierter und sichtbar gemachter Statistik.

Verbreitungsdarstellungen in Grenzlinien oder Grenzbandmethoden

Gruppe der Verbreitungskarten hat Darstellung der Objektverteilung innerhalb eines Gebietes zum Ziel. Keine Wiedergabe des *einzelnen* Objektes, sondern einer *Vielzahl* gleicher Erscheinungen, die über gegebene Fläche verteilt sind. Verbreitungsareale können fest oder fiktiv begrenzt sein: Begrenzungslinie kann klar bestimmtes Areal (Staatsgebiet) oder Areal einer Objektstreuung umschließen, wie z. B. Versorgungsbereich einer Großstadt (Abb. 134), Gebiet der Verbreitung einer Krankheit, die an einzelne verstreute Objektträger gebunden ist. In diesem Fall spricht E. IMHOF von „Pseudoarealen" (Abb. 135).

Anspruchsloseste Form der Verbreitungsdarstellung ist Begrenzung eines oder mehrerer Verbreitungsgebiete durch *Linien*. Hervorhebung dieser Grenzlinien (eines Staates, eines Pflanzen- oder Tierareals usw.) durch farbige *Bänder* (Bandkolorit), auf Schwarz-Weiß-Darstellungen durch unterschiedlich gestrichelte oder punktierte Linien. Dadurch auch Sichtbarmachung der Überschneidung oder Überdeckung von Verbreitungsarealen (Abb. 134).

Wo Kerngebiete der Verbreitung bestimmter Erscheinungen in Randzonen allmählich ausklingen, *bandartige Abstufung der Farbwerte*, Auflichtung von Schraffuren oder Rastern.

Verbreitungskarten in Flächendarstellung

Aufgliederung einer Gesamtfläche in Flächenstücke, wie z. B. auf geologischer Karte oder Völkerkarte. Flächenstücke durch einen in Legende erläuterten Farbton (Flächenkolorit) oder Raster (Schraffur) nach Art und Qualität des Gegen-

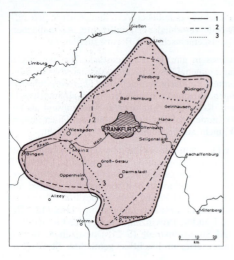

Abb. 134 Darstellung eines „Pseudoareals": Versorgungsbereich des Viehhofs Frankfurt a. M. (nach K. Wolf)
1 Gesamtversorgungsbereich
2 Versorgungsbereich mit Großvieh
3 Versorgungsbereich mit Schweinen

Abb. 135
Drei Methoden zur Darstellung von „Pseudoarealen"

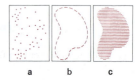

a b c

a) Streuung einzelner Objekte
b) Umfassung der in
a) dargestellten Einzelobjekte durch generalisierte Begrenzungslinie
c) Flächenschraffierung für das in
b) umschlossene „Pseudoareal"

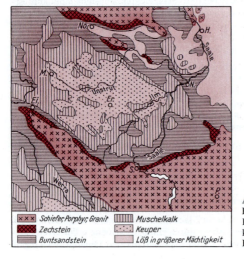

Abb. 136 Verbreitungskarte in Flächendarstellung: Geologische Karte von Thüringen (aus „Erdkunde in Stichworten", Verlag Ferdinand Hirt)

Abb. 137 Mosaikkartogramm: Bevölkerungsdichte (1962) in Baden-Württemberg nach Kreisen als „Inselkarte"

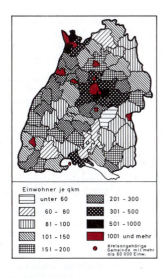

standes voneinander abgehoben (Abb. 136). Bei mosaikartiger Anordnung der Einzelflächen, z.B. auf Staatenkarten: „Mosaikkarten". Darstellung eines in sich (meist politisch) begrenzten Bezirks ohne Wiedergabe angrenzender Gebiete ergibt „Inselkarte" (Abb. 137).

Sinnvolle Farbwahl (S. 234) bei Flächenverbreitungskarten von besonderer Bedeutung. Ermöglicht bei feinmaschiger Flächengliederung durch Kontraste, fließende Übergänge und Ausscheidung von Farbgruppen einprägsame Darstellung von Beziehungen, Verwandtschaften, Mischungen, Überlagerung usw. Bei gegenseitiger Durchdringung der Erscheinungskomplexe, z.B. auf Religions-, Sprachen- und Nationalitätenkarten, balkenförmige Verzahnung zweier Flächen (Abb. 211) oder Überlappung der Schraffuren. Bei unsicherer Begrenzung nicht voll ausgezogene, sondern gestrichelte Grenzlinien.

In gleicher Weise wie Abbildung flächendeckender Sachverhalte Darstellung von Pseudoarealen (S. 220) möglich. Anstelle von Farbtönen, Schraffuren oder Rastern auch gleichmäßig gestreute Signaturen (Baumsignaturen u.a.).

Verbreitungsdarstellungen nach relativer Methode: Mosaikkartogramme und Dichtekarten

Mosaikkarten gleichen graphisch Dichtekarten nach relativer Methode, den Mosaikkartogrammen (Abb. 137). Inhaltlich jedoch wesentlicher Unterschied: In Mosaikkarte Aussage über dargestellte Fläche selbst (klar begrenzte Flächenstücke haben diese oder jene Eigenschaft), im Mosaikkartogramm Aussage über die zur Fläche in Beziehung gesetzten Objekte oder Eigenschaften nach Art, Wert oder Menge. In Wirklichkeit kontinuierliches Verbreitungsgebiet in mosaikartig aneinandergefügte Bezugseinheiten (z. B. Verwaltungsgebiete) aufgelöst.

Von üblichen Mosaikkartogrammen unterscheidet sich *Quadratraster-Flächenkartogramm* durch Aufteilung einer Bezugsfläche in Quadratfelder oder durch Wahl von Quadraten als Erhebungseinheiten. Im ersten Fall Umsetzung prozentualer Anteile eines statistischen Gesamtvolumens im richtigen Verhältnis zueinander in entsprechende Zahl gestufter Quadratraster (z. B. Konfessionskarte nach M. BÜRGENER). Im anderen Fall unmittelbare Eintragung der innerhalb jedes Quadrates ermittelten Werte, wie z. B. auf Karten der Reliefenergie (Abb. 172) oder Flußdichtekarten (Abb. 189).

Relative Dichtedarstellung darf nicht mit Darstellung *sachbezogener* Relationen verwechselt werden. Bei relativer Dichtedarstellung Beziehung zur Fläche, bei Darstellung sachbezogener Relationen nur Verhältnis zwischen zwei Sachverhalten *ohne* quantitativen Flächenbezug. Entwurf von Karten und Kartogrammen z. B. über sprachliche, berufliche und konfessionelle Gliederung der Bevölkerung, über Verhältnis der Schafhaltung zur Rindviehhaltung, über Fleischverbrauch oder Eisenbahndichte pro Kopf der Bevölkerung im allgemeinen nach Prinzip flächenrelativer Karten: Flächen, für die Verhältniszahlen gebildet wurden, werden mit entsprechender Schraffur oder Flächenfärbung versehen. Solche Entwürfe methodisch anfechtbar, da Verhältniszahlen keine wissenschaftlichen Rückschlüsse erlauben, wenn zugehörige Werte nicht in absoluter Höhe bekannt sind. Methodisch fragwürdige, nach flächenrelativer Methode entworfene Sprachenkarten, besonders von gemischtsprachigen Gebieten, haben politische Entscheidungen oft wesentlich beeinflußt.

Literatur

BÜRGENER, M.: Das Quadratraster-Flächenkartogramm. Geogr. Taschenbuch 1956/57, S. 466–471

WITT, W.: Grenzlinien und Grenzgürtelmethode. Grundsatzfragen der Kartographie, Hrsg.: Österr. Geogr. Ges. Wien 1970, S. 294–307

Verteilungsdarstellungen nach absoluter Methode: Punkt- oder Punktstreuungskarten

Bei zu großer Zahl und Scharung der Objekte, nicht exakt fixierbarer Lage, Beschränkung statistischer Erhebungen auf administrative Einheiten und ungenügender Aufgliederung der Angaben keine wirklichkeitstreue Grundrißdarstellung auf kleinmaßstäblichen Karten möglich. Zusammenfassung größerer Zahl gleichartiger Objekte zu *einem* Zeichen und dessen Plazierung in bestmöglicher Annäherung an die Wirklichkeit (Unterschied zu Punktkartogramm, S. 207).

Im Gegensatz zu Punkt-Individuen der Punkt-Positionskarte entsprechen Punkte festgesetzter Objektmenge (z. B. 1 Punkt = 1000 Rinder). Diese werden in Mas-

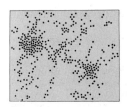 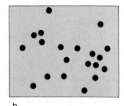 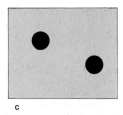

a b c

Abb. 138 Punktstreuungskarten mit gleichwertigen und gleichartigen Mengensignaturen (nach E. Imhof)
a) Einfache Punktkarte, 1 Punkt = 10 Personen. Gute Wiedergabe wirklicher Bevölkerungsverteilung,
b) Punktkarte, 1 Punkt = 200 Personen. Zusammenfassung zu größeren Punkteinheiten erlaubt nur noch Darstellung ungefährer Verteilung,
c) Punktkarte, 1 Punkt = 2000 Personen. Starke Vergröberung des Verteilungsbildes, Punkte können als Positionszeichen mißverstanden werden

senschwerpunkt der Objektverbreitung gestellt. Aussagekraft der Karte hängt von Wahl der Punktzahlenwerte und zeichnerischer Punktgröße ab. Beide müssen tatsächlicher Streuung der Objekte und Kartenmaßstab entsprechen. Vier Darstellungsmöglichkeiten:

1. *Punktstreuungskarten mit gleichwertigen und gleichartigen Mengensignaturen.* Je kleiner gewählter Punktmengenwert und je dichter die Objektstreuung, desto größer die Punktzahl und desto feiner das Streuungsbild (Abb. 138a). Zu kleine Punktmengenwerte oder Punktgrößen ergeben in ausgeprägten Verdichtungsbereichen diffuses Bild und verschleiern wirkliche Verteilung. Zu große Punkte führen in Dichteräumen zu unübersichtlichen Ballungen (Abb. 138b), sehr große Punkte täuschen Positionszeichen vor (Abb. 138c). Punktstreuungskarten als *einfache Punktkarten* zu bezeichnen.

2. *Verteilungskarten mit ungleichwertigen Mengensignaturen.* Bei großen Dichteunterschieden in Objektverteilung Ausweg durch Wahl ungleichwertiger Mengensignaturen, z. B. 1 Punkt = 200 Objekte, 1 Dreieck = 1000 Objekte, 1 Quadrat = 5000 Objekte (Abb. 139).

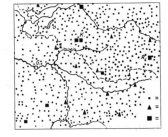

Abb. 139 Verteilungskarte mit ungleichwertigen Mengensignaturen. Bevölkerungsverteilung in Absolutdarstellung (nach E. Meynen)

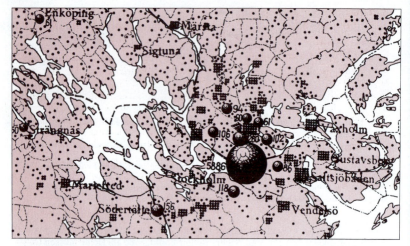

Abb. 140 Punktstreuungskarte mit dreidimensionalen Mengensignaturen für Bevölkerungsballungen (nach Sten de Geer). 1 Punkt = 100 Einwohner, Städte als Kugeln in entsprechendem Maßstab

3. *Punktstreuungskarten mit dreidimensionalen Mengensignaturen.* Bei sehr großen Dichteunterschieden Darstellung der größten Werte durch dreidimensionale Mengensignaturen. Nach Vorbild der Bevölkerungskarte Schwedens (1919) von STEN DE GEER z.B. Wiedergabe der Verteilung ländlicher Bevölkerung durch Mengenpunkte, der städtischen Bevölkerungsballungen durch Kugelsignaturen (Abb. 140).

4. *Punktstreuungskarten verschiedenartiger Objekte.* Darstellung verschiedenartiger Objekte durch unterschiedliche Farben und Signaturen, jedoch Wahl *optisch gleichwertiger Farben* erforderlich. Sonst in einer Religionskarte z.B. zu starkes Zurücktreten gelber Punkte für Buddhisten gegenüber roten für Mohammedaner und schwarzen für Christen.

Karten und Kartogramme mit variablen Größenzeichen

Punktkarten mit ungleichwertigen Mengensignaturen leiten über zu Karten bzw. Kartogrammen mit gestuften oder den darzustellenden Quantitäten proportionalen Größenzeichen. Anordnung der Größenzeichen in Positions- oder Raumtreue (Abb. 113 u. 114). Verwendet werden Kreise, Kreisringe, Quadrate, Rechtecke, Stäbe, Dreiecke (S. 238ff. und Abb. 116, 117, 122, 158 und 159) oder Würfel, Quader und Kugeln (Abb. 119 und 160). Benennung nach gewählten Zeichen als Kreiskartogramm, Quadratkartogramm usw. Wird Zeichen in sich diagrammartig differenziert (z.B. Aufteilung in Kreissektoren), entsteht Kartodiagramm bzw. bei positionstreuer Lage Diagrammkarte (S. 218).

Isolinienkarten (Isarithmenkarten)

Isolinienkarten oder Isarithmenkarten, farbig auf einfarbigem Grund, schwarz auf ein- oder mehrfarbigem Grund oder in Rasterstufen (Abb. 111) sind einfachste Form der Wiedergabe kontinuierlich verbreiteter Erscheinungen. Kontinuum definiert als flächen- oder raumerfüllende Erscheinung mit stetiger Zustands-, Wert- oder Intensitätsänderung von Ort zu Ort (S. 204f.). Analog Geländerelief (S. 116f.) ein „Werterelief" vorstellbar, mit Wertziffern als „Höhenpunkten". Dieses Werterelief durch zueinander parallele Ebenen geschnitten und Schnitte auf Grundrißebene projiziert, ergibt Isarithmendarstellung: Isothermen, Isobaren, Isogonen usw. als Intensitätslinien entsprechen für ihren Sachbereich den Höhenlinien des Reliefs (Isohypsen; Abb. 141).

Isarithmenkarten somit zu definieren als Verbreitungsdarstellungen mit Hilfe von Linien gleicher gemessener oder interpolierter Zahlenwerte (Isolinien). Diese können je nach Zweckmäßigkeit gleiche oder progressiv wachsende Abstände haben. Erhöhte Anschaulichkeit durch gestufte Flächenfärbung (Rasterung) zwischen den Isolinien, etwa im Sinne der Spektralfarben. Intensivste Farben (Rot, Blau) bzw. dunkelste Rastertöne für höchste Werte.

Zeichnung der Kurvenlinien gleicher Zahlenwerte setzt hinreichend dichtes *Netz von Meßpunkten* voraus. Isarithmenkarten, z. B. der mittleren Jahresniederschläge, bauen zwar auf Meßwerten auf, sind aber als ganzes Ergebnis einer Stufenberechnung und Interpolation auf Grundlage sachlicher und räumlicher Einzelkenntnisse des Bearbeiters. Solche Karten daher nicht frei von subjektiven Deutungen. Übungen im Zeichnen von Isolinien nach gegebenen Zahlenwerten erleichtern Verständnis für Isarithmendarstellungen.

Von Inhalt und Aussage her zu unterscheiden zwischen Isolinien *naturgegebener* und *abstrakter* Kontinua. Im naturwissenschaftlichen Bereich naturgegebene Kontinua wie Luftdruck, Niederschlag, magnetische Deklination, Salzgehalt des Meereswassers in ihrem Wertgefälle dargestellt durch Isobaren, Isohyeten, Isogonen, Isohalinen (Abb. 181, 185). Im kulturwissenschaftlichen Bereich dagegen keine

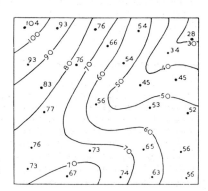

Abb. 141 Isolinienkarte: Darstellung eines Kontinuums durch interpolierte Linien gleicher Werte (nach E. Meynen)

Abb. 142 Isodistanzenkarte: Karte der Straßenferne (nach E. Imhof)

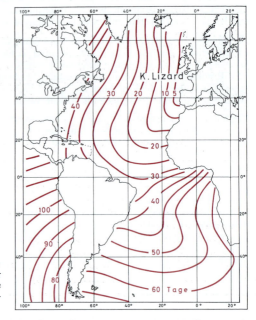

Abb. 143 Isochronenkarte: Linien gleicher Reisedauer (in Tagen) für Segelschiffe mit Kap Lizard als Ausgangspunkt (nach G. Schott)

realen Kontinua, nur fiktive Isolinien. Isodistanzen z. B. Linien gleicher *räumlicher* Entfernung (Verkehrsferne, Abb. 142), Isochronen Linien gleicher *zeitlicher* Entfernung (Abb. 143).

Hauptanwendungsbereich der Isoliniendarstellung für naturgegebene Kontinua. Läßt einfachere kausale oder formale Abhängigkeiten vom Erdrelief erkennen als bei kulturgeographischen Sachverhalten.

Grenzlinien von *Flächen* gleicher Wertigkeit oder Intensität zur Darstellung von Erscheinungen ohne fließende Übergänge, z. B. auf Karten der Reliefenergie, der Bevölkerungsdichte (S. 308 ff.), sind keine echten Isarithmen, sondern Pseudoisarithmen (Isoplethen) oder Wertgrenzlinien.

Literatur

GULLEY, J. L. M. u. SINNHUBER, K. A.: Isokartographie. Eine terminologische Studie. Kartogr. Nachr. 1961
HORN, W.: Die Geschichte der Isarithmenkarte. Peterm. Geogr. Mitt. 1959
IMHOF, E.: Isolinienkarten. Internat. Jb. f. Kartogr. 1961
LENZ, W.: Isolinien in der Geographie. Rundschau 1959
SCHMIDT, R. D. u. SCHAMP, H.: Anwendung und Konstruktion von Isoplethendiagrammen. Geogr. Taschenbuch 1958/59, S. 544–546

Linear- oder Banddarstellungen

Scharf begrenzte Einzelerscheinungen nicht mehr grundrißtreu abbildbar, sobald Maßstabsuntergrenze erreicht wird. Objekte können nur noch symbolisch im Kartenbild wiedergegeben werden. Bleibt aber wie bei Flüssen, Verkehrswegen, Rohrleitungen und anderen linienhaft ausgedehnten Erscheinungen *eine* Dimension in darstellbarer Größe erhalten, so dient als kartographisches Ausdrucksmittel solcher bandartigen Erscheinungen die *Linie*. Erfährt nur Übertreibung in der Breite.

Abb. 144 Beispiele für Liniensignaturen (nach E. Arnberger)

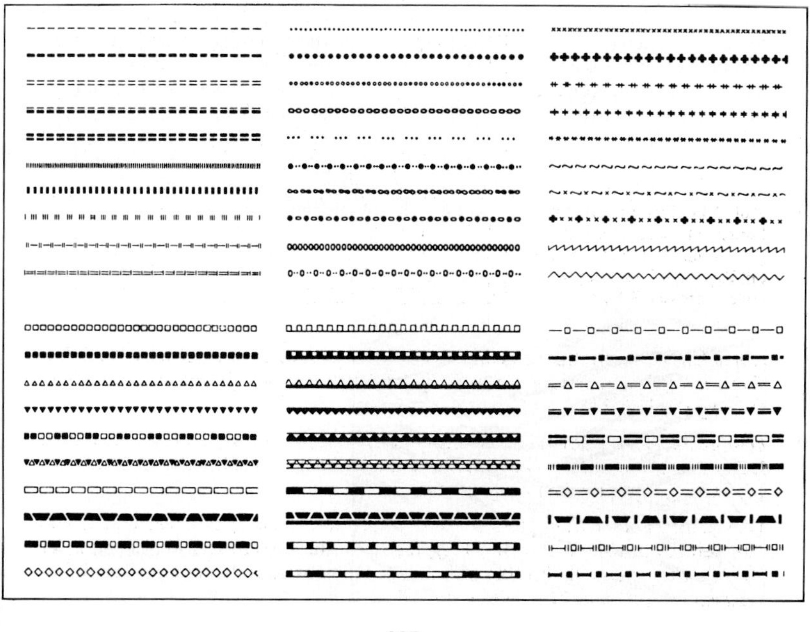

Linie ist wichtigstes graphisches Element. Anwendung in allen Darstellungstypen zur Flächenabgrenzung, Situationsdarstellung, Wiedergabe eines Wertefeldes usw. Gewinnt jedoch für bestimmte Aussagen graphische Eigenständigkeit:

1. Benutzung von Linien und Bändern als Schrumpfungs- und Generalisierungsformen für reale schmale, langgestreckte Objekte (Flüsse, Straßen, Eisenbahnen).
2. Linien als Einfluß- und Zusammenhangslinien zwischen Orten, Institutionen oder anderen Objekten zur Darstellung politischer, rechtlicher, geistiger, merkantiler und anderer Zusammenhänge.
3. Linien zur Darstellung des Verkehrs, der sich seiner Natur nach linear bewegt. Fast alle verkehrsgeographischen Erscheinungen, Verkehrsanlagen, Verkehrsverbindungen und Verkehrsaufkommen nach Quantität, Qualität und Klassifizierungsmerkmalen als Linie oder Band darstellbar, begünstigt durch linearen Charakter der Situationsgrundlage.

Große Variationsfähigkeit der Linien und zum Ausdruck von Mengen usw. verbreiterter Bänder durch Farbe, Art und Stärke der Striche, Signaturformen und Zusatzsignaturen (Abb. 144).

Regel: Kennzeichnung von Artunterschieden durch Farbe oder Signaturformen, von Mengenunterschieden durch Breite der Bänder oder Strichstärke der Linien.

Vektorbilder

Strom- und Windpfeile auf hydrographischen und meteorologischen Karten sind formal-begrifflich Vektorbilder. Anwendung von Gefälls- und Stromlinien mit Richtungspfeilen zur Darstellung von Fließ- und Bewegungsrichtungen kontinuierlicher Massen (Abb. 145). Ferner vereinfachte Richtungspfeile zur Veranschaulichung von Wanderungslinien (z. B. Ein- und Auswanderung, Ausbreitung von Tieren, Pflanzen, Kulturen, Sprachen, Vogelzug), Pendlerbewegungen, Truppenbewegungen. Durch Pfeile auch Veranschaulichung von Gefällsrichtungen (Druck- und Spannungsgefälle). Pfeile entsprechen in diesem Fall prinzipiell Schraffen einer Schraffenkarte (Abb. 146). Anstelle der Pfeile können vom Ausbreitungszentrum gegen Peripherie ausdünnende Farbflächen treten, z. B. zur Darstellung flächenhafter Ausbreitung von Religionen, Kolonisationsbewegungen u. ä.

Abb. 145 Richtungspfeile zur Darstellung von Bewegungen kontinuierlicher Massen (nach E. Meynen)

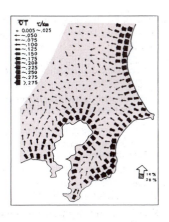

Abb. 146 Gestufte Pfeile zur Darstellung des Temperaturgradienten in der Umgebung der Bucht von Tokio (nach I. Kayane)

Literatur

BAIR, F. H.: Punkt- und Pfeildiagramme, eine Methode der graphischen Darstellung statistischen Materials. Inform. Inst. f. Raumforsch. Bonn, H. 7–8, 1954

BEHRMANN, W.: Statische und dynamische Kartographie. Jb. Kartogr. 1941

Kombinierte Darstellungen

Kombinationsmöglichkeiten unter zwei Gesichtspunkten: inhaltlich und graphisch. Nur Karteninhalte kombinierbar, die in sinnvollem Zusammenhang stehen. Graphisch nur gegensätzliche Elemente gut zu vereinen, z. B. Linien und Punkte, Flächenraster und Figuren (Abb. 147). Ähnliche oder gleichartige Zeichen zur Kombination ungeeignet, z. B. Karte der Bevölkerungsverteilung nach Punktstreuungsmethode kombiniert mit Industriestandorten, ebenfalls in Punktmanier, würde verwirren. Bei Unvermeidbarkeit graphischer Überdeckungen muß optische Unterscheidbarkeit gewahrt bleiben.

Kombinierte Darstellungen für Entwurf synthetischer, besonders anthropogeographischer Karten wichtig.

Abb. 147 Kombination von relativer und absoluter Methode durch Flächenraster und Kreissektorendiagramme (nach E. Meynen)

Beispiel: Bevölkerungskarte der Schweiz.

1. Darstellung der Bevölkerungsverteilung nach absoluter Methode durch Mengenpunkte und Kugeln.
2. Darstellung der konfessionellen Gliederung durch Farbgebung der Punkte.
3. Darstellung der sprachlichen Gliederung durch Eintragung der Sprachgrenzen in Grenzbandmethode.

Kombinierte Darstellung ist neben Anschauungs- auch Forschungsmittel: funktionale oder kausale Beziehungen können aufgedeckt werden.

Beispiel: Karte der Schafhaltung und Wollproduktion Australiens.

1. Darstellung der Intensität der Wollerzeugung (Produktion je Flächeneinheit) als farbiges Mosaikkartogramm.
2. Darstellung der Verteilung der Schafe nach absoluter Methode durch Überdruck schwarzer Mengenpunkte.
3. Eintragung der Wege des Wolltransportes zu den Häfen durch qualitativ oder quantitativ gestufte Verkehrsbänder.
4. Kennzeichnung der Häfen durch Standortsignaturen in qualitativer Aufgliederung.
5. Darstellung der Niederschlagsverteilung durch Jahresisohyeten.

In vielen Fällen Erhöhung der Aussagekraft durch Verwendung topographischer Grundlagenkarte (S. 244).

Literatur zur Typologie

Heyde, H.: Die Ausdrucksforhen der angewandten Kartographie. Kartogr. Nachr. 1961
Imhof, E.: Thematische Kartographie. Beiträge zu ihrer Methode. Die Erde 1962
Louis, H.: Über die Grundformen des kartographischen Ausdrucks. Peterm. Geogr. Mitt., Erg.-H. 264, Gotha 1957
Meynen, E.: Einheit von Form und Inhalt der thematischen Karte. Dt. Geographentag Würzburg 1957, Tagungsbur. u. wiss. Abh., Wiesbaden 1958; Geogr. Taschenbuch 1958/59, S. 534–540
—: Kartographische Ausdrucksformen und Begriffe thematischer Darstellung. Kartogr. Nachr. 1963
Pillewizer, W.: Ein System der thematischen Karten. Peterm. Geogr. Mitt. 1964
Rauscher, F.: Darstellungsmethoden der Statistik. Wien 1953
Schäfer, O.: Die statistischen Verfahren und Darstellungsweisen in der Erdkunde. Allg. Statist. Arch. 1937 u. Geogr. Anzeiger 1937
—: Die statistischen Darstellungsweisen und die Karte. Peterm. Geogr. Mitt. 1942
Schröder, P.: Diagrammdarstellung in Stichworten. (Hirts Stichwortbücher) Unterägeri 1985

Zusammenfassung: Übersicht zur allgemeinen Klassifikation, Methodik und Typologie thematischer Karten

Zusammenfassende Übersicht über methodische Gliederung thematischer Karten (nach E. MEYNEN, verändert) vermittelt nachstehendes Schema:

Allgemeine Klassifikation	Methode	Darstellungs- oder Strukturtyp
Analytische Karte	Darstellung in absoluter Methode	Positions- oder Ortslagekarten Diagrammkarten Kartogramme Kartodiagramme Verbreitungsdarstellungen in Grenzlinien- oder Grenzbandmethode Verbreitungskarten in Flächendarstellung Punkt- oder Punktstreuungskarten Isolinienkarten Linear- oder Banddarstellungen
	Darstellung in relativer Methode	Kartogramme Kartodiagramme Dichtekarten
	Darstellung von Bewegungsvorgängen	Vektorbilder
Synthetische Karte		Kombinierte Darstellungen

Technik thematischer Kartendarstellung*

Thematische Karte um so wirkungsvoller, je anschaulicher sie Raumwirklichkeit darstellt. Raumwirklichkeit jedoch komplex, schwer überschaubar, daher Forderung nach einfacher Darstellung. Beschränkung auf Wesentliches, Betonung des Typischen. Klarheit und Übersichtlichkeit inhaltlicher und graphischer Gestaltung bestimmen Aussagekraft und Wirkung jeder Karte.

Allgemeine Voraussetzungen

Thematische Karte stärker als topographische Karte Spiegel persönlicher Auffassungen ihres Autors. Hohes Maß wissenschaftlicher Verantwortung in Fragen der

---
*) Vgl. Anmerkung S. 195.

Auswertung des Quellenmaterials, Wahl der Darstellungsmethode, Generalisierung, Koordinierung von Inhalt und graphischem Ausdruck, sinnvoller Kombination dargestellter Sachbereiche. Bei aller Subjektivität der Auffassungen darf Objektivität der Aussage nicht beeinträchtigt werden.

Größere Variationsbreite der Darstellungstechniken auf thematischen Karten als auf topographischen Karten in Abhängigkeit von Maßstab, Thema und Struktur des Raumes.

Beispiel: Einfache Industriestandortkarte mit flächenproportionalen Kreisen der Beschäftigtenzahl abhängig von Streuung der Industriebetriebe. Bei starken Unterschieden zwischen industriellen und landwirtschaftlichen Räumen Anwendung anderer Darstellungsverfahren als bei homogener Struktur.

Grundlage jeder thematischen Karte bildet kritisch untersuchtes *Quellenmaterial*. Beruht auf Geländebeobachtung, Archivalien, Statistik, Luftbild und allgemeinen landeskundlichen Kenntnissen. Sorgfältigste Prüfung und Auswertung erfordern *statistische Unterlagen*. Bearbeiter muß mit statistischen Erhebungs- und Bearbeitungsmethoden, insbesondere mit „Gesetz der großen Zahl", vertraut sein. Muß wissen, daß erst bei genügend großer Zahl von Beobachtungen zufällige Einzelerscheinung verschwindet und große Züge und Linien hervortreten: das „Typische". Wahl des „Wertbegriffs" eng mit jeweiliger besonderer Fragestellung verbunden. Produktionskraft einer Industrie kann z.B. an Zahl der Beschäftigten, am Geldwert des Erzeugten, an Menge der in bestimmter Zeiteinheit hergestellten Ware gemessen werden. Verwendung von Mittel- und Prozentwerten kann richtig oder falsch sein. Zur Vermeidung von Fehlinterpretationen besonders gründliche Überlegungen über Wahl der Verarbeitungsformen statistischer Zahlenreihen erforderlich.

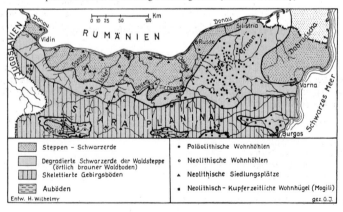

Abb. 148 Beispiel für sinnvolle Themenverbindung: Karte der Bodentypen und prähistorischen Besiedlung Nordbulgariens (nach H. Wilhelmy)

Notwendiger *logischer Bezug* zwischen Zahlenwerten bleibt unbeachtet, wenn z. B. Maisproduktion zweier Gebiete auf gesamte landwirtschaftliche Nutzfläche bezogen wird. Bei gleicher Produktion und gleicher Nutzfläche können sich Maisanbauflächen in zwei Gebieten wesentlich unterscheiden: In einem wird bei intensivem Anbau auf kleiner Fläche gleicher Ertrag erzielt wie im anderen bei extensivem Anbau auf großer Fläche. Produktion von Mais sollte direkt auf seine Anbaufläche bezogen werden, diese auf das Ackerland und das Ackerland auf gesamte landwirtschaftliche Nutzfläche, so daß logischer Bezug jeweils gewahrt bleibt.

Frage nach zu wählendem *Darstellungstyp* ist Frage nach spezieller kartographischer Methode. Antwort ergibt sich aus Kenntnis möglicher Darstellungstypen und aus Inhalt geplanter Karte. Soll z. B. flächenhafte Verbreitung von Bodentypen wiedergegeben werden, wäre dafür Mosaikkarte zu wählen. Jedes einzelne Flächenstück gibt durch unterschiedliche Flächenfärbung oder Signaturen auftretende Bodentypen an.

Bei sehr komplexem Inhalt Stoffauslese unvermeidlich. Geforderte Anschaulichkeit und Einfachheit zwingen zum Weglassen und Zusammenfassen in Gruppen: Hier ist „freie Generalisierung" als geistiger Akt auf Grundlage fachwissenschaftlicher Kenntnis und Verantwortung erforderlich (S. 39).

Gute thematische Karte gekennzeichnet durch *Einheit von Inhalt und graphischem Ausdruck*. Wesentliches und Typisches ist zeichnerisch hervorzuheben, Unwesentliches und Zufälliges zurückzudrängen. Gleiches sollte figürlich und farblich gleich, Ähnliches ähnlich, Ungleiches und Unähnliches entsprechend wiedergegeben werden. Mengen-, Wert- oder Zeitunterschiede sind durch figürliche und farbliche Abstufungen, Art- und Formunterschiede durch Farb- und Formunterschiede der Flächen oder Symbole sichtbar zu machen. Unbestimmte Sachverhalte oder allmähliche Übergänge müssen als solche erkennbar sein. Ist Abgrenzung einer Verbreitungserscheinung unsicher, wird Grenzlinie nicht fett, sondern gestrichelt gezeichnet. Für Sachgruppierungen und -zusammenhänge sind entsprechende Signatur- und Farbgruppen zu wählen.

Zwischen Inhalt und graphischer Gestaltung sollte Harmonie und Gleichgewicht bestehen. Zeichnerischer Ausdruck darf die Sache durch Wahl zu greller Farben oder überdimensionierter Signaturen niiht überbewerten, noch dürfen durch inhaltliche Überladung unerfüllbare Forderungen an graphische Gestaltung der Karte gestellt werden.

Veranschaulichung mehrerer Sachverhalte nur in *sinnvoller Kombination*. Beispiele für logische Sachverbindungen: Karte der Schafhaltung und Niederschlagsverteilung Australiens (S. 230) oder Karte der Bodentypen und prähistorischen Besiedlung Nordbulgariens (Abb. 148).

Graphische Elemente thematischer Kartendarstellung sind:

Flächenfarben,
Schraffuren und Raster,
Symbole und Signaturen,
Punkte und Linien,
schematisierte und stilisierte Bildzeichen,
Namenaufdruck, Buchstaben und Ziffern.

Art und Weise ihrer Anwendung entscheiden ebenso wie inhaltliche Gestaltung über Güte des Entwurfs.

Flächenfarben

Sinnvolle Wahl der *Farben* bei thematischen Karten besonders wichtig. Farboptisch und psychologisch richtig gewählte Farben erleichtern Lesbarkeit der Karte. Rot versinnbildlicht Höhe, Wärme, Trockenheit (Abb. 149), dagegen Blau Tiefe, Kälte, Feuchte, Darstellung der Isothermen über 0 °C daher zweckmäßig in roten, unter 0 °C in blauen Linien. Richtig angelegte Niederschlagskarte läßt ohne erläuternde Farbskala erkennen, welcher Farbanordnung die Darstellung von geringeren zu höheren Regenmengen folgt. Phänologische Karten zeigen bei richtiger Farbanwendung sogleich klimatisch begünstigte Landstriche durch rotgelbe Farbtöne gegenüber denen kürzerer Vegetationsperioden in kalten Blautönen. In ähnlicher Weise Anwendung gleitender Farbskala auf Karten zur Darstellung von Veränderungen, z. B. Blautöne für abnehmende, Rottöne für zunehmende Bevölkerungszahlen.

Bei Farbwahl gleichzeitig sinnfällige Beziehung zu dargestelltem Gegenstand beachten. Berücksichtigung farbpsychologischer Gesichtspunkte erleichtert Verständnis der Karte (S. 247). Sinnvolle „Leitfarben" sind: Braun für Ackerland, Gelbgrün für Wiesenland, Dunkelgrün für Laubwald, Gelb allgemein für Kulturland. Innerhalb dieser Leitfarben zahlreiche Abstufungen möglich. Auf Landschaften oder Vegetationsformationen übertragen (z.B. in Naturfarbenkarte, S. 123): Taiga Hellgrün, Steppe Gelbbraun, Wüste Gelbgrau.

Intensitätssteigerungen ebenfalls durch sinnvolle Farbenwahl ausdrückbar, am besten im Sinne des Spektrums (Regenbogenfarben): Gelblichrot, Orange, Gelb, Grün, Blau, Blauviolett. Weiß möglichst nicht verwenden, weil optisch leicht zu übersehen und mit unbearbeiteten Flächen zu verwechseln, Schwarz nur sparsam, weil es auf größeren Flächen andere Farben erdrückt.

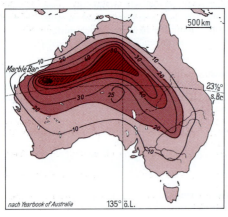

Abb. 149 Rotabstufungen zur Darstellung zunehmender Wärme: Dauer der Hitzewellen (Tage über 35°C) in Australien (aus „Erdkunde in Stichworten", Verlag Ferdinand Hirt)

Konventionell festgelegte Flächenfarben z. B. auf geologischen Karten: Jura = Blau, Kreide = Grün, kristalline und vulkanische Gesteine = Rot (S. 248). Auch für klimatologische, pflanzengeographische u. a. Karten ähnliche Standardfarbtöne.

Ist Farbwahl durch Thema nicht mitbestimmt, sondern freigestellt, wie bei Staatenkarten, sollten folgende Prinzipien beachtet werden:

1. Ausgedehnte Flächen in hellen Farben, kleine in dunklen, intensiven Farben, damit große Areale die kleinen farblich nicht erdrücken.

2. Kompliziert begrenzte Areale farblich betonen.

3. Intensive Farben für Rand- und Eckgebiete der Karte. Gesamtbild wirkt geschlossener.

4. Allgemeiner Leitsatz: Farbhauptgruppe für Themenhauptgruppe.

Auch Wahl der Signaturen und Symbole nach farbpsychologischen Grundsätzen zweckmäßig, um spezifischer Eigenart dargestellter Objekte gerecht zu werden:

Gold, Kupfer, Erdöl, Textilerzeugnisse in warmen Farben, Erzeugnisse der Holz- und Lederindustrie in Braun, Nahrungsmittel Grün, Erzeugnisse der Metallindustrie Blau, andere Industrieerzeugnisse in Rot, Violett für Objekte, die Zwischen- oder Nachbarstellung einnehmen und deren Wiedergabe in Rot oder Blau möglich wäre.

Grundsätzlich sollten in allen Wirtschaftskarten und Kartogrammen *quantitative* Gegenüberstellungen *eines* Objekts in *qualitativer* Abänderung *einer Farbe* erfolgen.

Besondere Bedeutung erlangt richtige Farbwahl auf Karten zur Wiedergabe der *Entwicklung* von Erscheinungen (dynamische Karten). Flächentönung in verschiedenen Farbstufen, Helligkeiten, reinen und gemischten Farben. Mannigfache Kombination in Verbindung mit Signaturen (S. 238 ff.). Über Flächenfarben in Richtung von Bewegungen Schraffen und farbige Raster, diese überlagert von andersfarbigen Strichführungen, Schriften und Zeichen. Besonders auf politischen Karten Verdeutlichung historischer Entwicklungen durch solche Verfahren.

Literatur

Farbbezeichnung von Buntstiften verschiedener deutscher Firmen. Geogr. Taschenbuch, 1949, S. 221; 1951, S. 437

JENSCH, G.: Zum Grundprinzip der Zuordnung von Farbe, Form und Sachverhalt in thematischen Karten. Veröff. Akad. f. Raumforsch. u. Landesplanung, Forsch.- u. Sitzungsber., Bd. 51, Thematische Kartographie 1, Hannover 1969, S. 27–42

SCHIEDE, H.: Praktische Farbenpsychologie in Karten. Peterm. Geogr. Mitt., Erg.-H. 264X, Gotha 1957

—: Die Farben in der Kartenkunde (Tagung „Kartengestaltung und Kartenentwurf", Niederdollendorf 1962). Mannheim 1962

—: Das Element Farbe in der thematischen Kartographie. Grundsatzfragen der Kartographie, Hrsg.: Österr. Geogr. Ges. Wien 1970, S. 247–268

Abb. 150 Rasterbeispiele (nach E. Meynen)

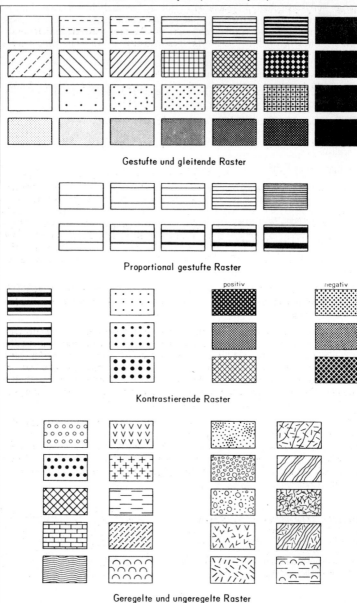

Raster, Schraffuren und Flächenmuster

Dienen auf der Karte zur Kennzeichnung von Flächen und ermöglichen qualitative (z. T. auch quantitative) Aussage. Können deshalb wie Flächenfarben als flächenhafte Signaturen aufgefaßt werden (Abb. 150).

Raster sind Linien oder Punkte, regelmäßig und in gleichem Abstand angeordnet, die den Eindruck flächenhafter Ausbreitung geben sollen. Durch Linien gestaltete Raster oft auch als Schraffuren bezeichnet. Vorteil: In Schwarzweißdarstellung einfach anzufertigen und leicht zu reproduzieren. Farbige Gestaltung kann jedoch erforderlich sein, um bessere Übersichtlichkeit zu gewährleisten. Mustergültige thematische Karten in Schwarz-Weiß-Technik im „Handwörterbuch des Grenz- und Auslandsdeutschtums" (Ferd. Hirt, Breslau 1933 ff.).

Schraffuren sind Scharen paralleler Linien von meist untereinander gleichem Abstand. Am gebräuchlichsten sind horizontale, vertikale, rechts- und linksschräge Geraden und Kombinationen als Kreuzschraffuren. Bei Schrägschraffuren 45°-Neigung optisch am ansprechendsten. Schraffuren mit anderen Neigungswinkeln nur zur Wiedergabe sachlicher Informationen empfehlenswert, z. B. auf geologischer Karte zur Darstellung von Schichtstreichen. Kreuzschraffuren erwecken wie geregelte Punktraster Eindruck der Richtungslosigkeit. Horizontalschraffur hingegen kann z. B. für flachlagernde Sedimente, Funktion strukturbezeichnender Signatur übernehmen.

Schraffierte Flächen heben sich um so besser voneinander ab, je stärker sie sich in Helligkeitswerten unterscheiden. Für Kontrastwirkung optischer Grauton wichtiger als Richtung gewählter Schraffur (Abb. 151).

Neben Schraffuren mit gleich dicken Linien in gleichbleibenden Abständen u. U. auch wechselnde Linienabstände oder unterschiedliche Strichbreiten zweckmäßig. Linienabstand richtet sich allgemein nach kleinster, jeweils auf betreffender Karte zu kennzeichnender Fläche. Sind Flächenstücke sehr klein oder Umrisse sehr unregelmäßig, erweisen sich weitmaschige Schraffuren als unbrauchbar. Durch auslaufende Schraffen Andeutung von Grenzsäumen möglich, z. B. beim Übergang von Frühjahrsregengebieten in Sommerregengebiete.

Leitsatz: Zur Kennzeichnung unterschiedlicher Sachverhalte kontrastreiche Raster verwenden. Wiedergabe von Intensitätsunterschieden innerhalb eines gleichen Sachgebietes durch Stufenraster. Geregelte, aus Punkten oder Linien bestehende Schraffuren und Raster nur dort zweckmäßig, wo Sachverhalte ohne Struktureigenschaften und ohne Richtungsabhängigkeit kartographisch wiedergegeben werden sollen.

Abb. 151 Optische Wirkung von Schraffuren
Links: Verschiedengerichtete, gleichabständige Schraffen ergeben geringe Kontrastwirkung
Rechts: Unterschiedliche Linienabstände ergeben gute Kontrastwirkung durch verschiedenen Helligkeitswert (nach R. Metz)

Flächenmuster: Entweder aus geometrisch abstrakten Formen oder aus bildhaften schematisierten Zeichen („sprechende" Flächenmuster) zusammengesetzte Flächensignatur. Häufig für vegetationskundliche Karten benutzt (Abb. 195).

Zwischen Flächenmuster und Raster stehen *Strukturraster*, die durch Form und Anordnung ihrer graphischen Elemente assoziative Verbindung zu wesentlichen Merkmalen der dargestellten Erscheinung herstellen (Abb. 166).

Signaturen und Symbole

Signaturen im engeren Sinn sind punkt- oder linienhafte Elemente einer Karte, denen qualitative (und evt. quantitative) Aussagen zugeordnet sind. Im weiteren Sinn auch Farb- und Rasterflächen als Signaturen aufzufassen.

Ältere Bezeichnung „Symbol" heute meist durch „Signatur" ersetzt bzw. gleichbedeutend benutzt. Im engeren Sinn kann unter Symbol Sonderfall sprechender Signatur verstanden werden, bei der jedoch nicht äußeres Erscheinungsbild des darzustellenden Objekts, sondern allgemeinverständliches Sinnbild Grundlage der graphischen Gestaltung bildet, z.B. Hirschgeweih für Forsthaus.

Sprache der Karte weitgehend Signatur- und Symbolsprache. Kartenlesen (S. 184) bedeutet gedankliche Rückübersetzung graphischer Zeichen in die Wirklichkeit. Als Darstellungsmittel dienen: Punkte, Kreuze, Pfeile usw., ferner zwei- oder dreidimensionale Figuren wie Kreis, Kugel, Dreieck, Quadrat, Würfel, Säule. „Sprechende" Signaturen und Symbole sollen möglichst sinnfällige Gedankenverbindungen hervorrufen (Abb. 131); vor allem für Industriestandortkarten geeignet, z.B. Glaskolben für chemische Industrie, Zahnrad für Metallindustrie, gekreuzte Hämmer für Bergwerke (Abb. 152).

Bildstatistisches Prinzip besonders in Österreich entwickelt („Wiener Methode der Bildstatistik"; S. 241). Nicht zu verwechseln mit bildhafter Darstellung auf volkstümlichen Wirtschafts- und Werbekarten (Abb. 153). Diese wegen fehlender

Abb. 152 Bildymbole für Industrie- und Bergbaustandortkarten (nach E. Arnberger)

Abb. 153 Industriestandortkarte in bildhafter Darstellung (nach E. Arnberger)

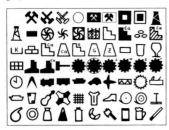

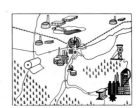

Abb. 154 Möglichkeiten der Entwicklung von Sekundärsignaturen aus begrenzter Zahl von Grundformen (nach E. Arnberger)

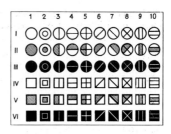

quantitativer Bezüge u. a. Darstellungsmängel nur von geringer wissenschaftlicher Bedeutung.

Zeichensprache der Karte nur verständlich, wenn *Signaturenschlüssel* logisch und methodisch klar aufgebaut ist. Gute Signaturen müssen Zuordnung dargestellter Dinge zu Begriffen und Oberbegriffen deutlich erkennen lassen. Dieses erreichbar durch Beachtung der *Gruppen-* und *Kombinationsfähigkeit* der Signaturen. „Gruppenfähigkeit" bedeutet Fähigkeit, unter Wahrung der Grundform der Signatur durch sekundäre Formänderungen qualitative oder quantitative Unterschiede artverwandter Dinge zu kennzeichnen, z. B. Grundformen = Kreis, abgeleitete Formen = Kreis mit Mittelpunkt, Doppelkreis, gefüllter Kreis usw. (Abb. 154). Grundformen sollten jeweils einem Oberbegriff, Sekundärvarianten den Arten und Unterarten zugeordnet werden. „Kombinationsfähigkeit" bedeutet Fähigkeit der Verbindung mit anderen Signaturen ohne Verlust eigenen Charakters, z. B. Dreieck um Kreis, Dreieck im Kreis, Kreis im Quadrat usw.

Darstellung von Mengen, Werten usw. kann durch Veränderung der Signaturengröße erfolgen. Bei punkthaften Signaturen entspricht Flächeninhalt oder Volumen darzustellendem Wert. Anwendung dieses Prinzips bei geometrischen Signaturen einfach. Bei bildhaften Signaturen nur näherungsweise möglich, da Flächeninhalt oft kaum zu berechnen. Falsch ist, Werte durch Länge, Radius oder sonstige Strecken auszudrücken, da sonst irreführender visueller Eindruck bei Betrachter.

Darstellung muß konsequent beachteter Figurenmaßstab zugrunde liegen, z. B. 10 mm^2 ≙ 1000 t Weizen. Auf Karte statt zahlenmäßiger Angabe besser graphischer Maßstab bzw. Wiedergabe einiger Beispielflächen für „runde" Werte, so daß Kartenbenutzer übrige Werte abschätzen kann.

Abb. 155 Figurenmaßstäbe für Kreisflächen und Kugeln (nach E. Imhof)

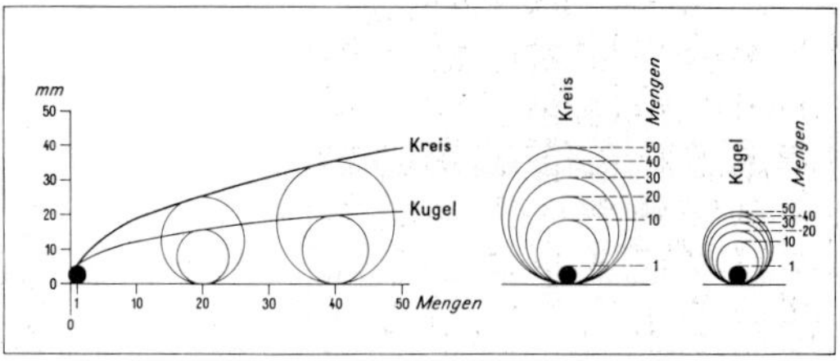

Festlegung des Figurenmaßstabs nicht aus Kartenmaßstab abzuleiten. Ausnahme: Darstellung von Flächenwerten (z. B. Weizenanbauflächen); hier kann Kartenmaßstab Grundlage für Figurenmaßstab sein. Bei Maßstab 1 : 100000 ist Figurenmaßstab 1 mm^2 ≙ 1 ha, bei 1 : 250000 entsprechend 1 mm^2 = 6,25 ha. Prinzip nicht immer anwendbar, ohne optische Wirkung der Karte zu beeinträchtigen; sollte deshalb nicht als starre Forderung gelten.

Grundprinzip der Proportionalität von Figurenflächen und darzustellenden Werten auch bei gruppierten Werten zu beachten; Mittelwert jeder Gruppe (Klassenmitte) bestimmt Signaturengröße.

Figurenmaßstab ist so festzulegen, daß kleinster und größter Wert auf der Karte noch darstellbar und wertmäßig abschätzbar. Bei sehr großer Spannweite der Werte nicht immer möglich. Lösung manchmal durch Körpersignaturen, d. h. perspektivisch gezeichneten dreidimensionalen Figuren (Kugel, Würfel usw.). Hier entspricht Volumen dem darzustellenden Wert, z. B. 1 mm^3 = 1000 t Weizen.

Während Fläche des Kreises in zweiter Potenz des Radius wächst, nimmt Volumen der Kugel in dritter Potenz zu (Abb. 155). Kugeln daher für Veranschaulichung großer Mengen bei starken Zahlenwertunterschieden sehr geeignet, überdies auf Bevölkerungskarten erleichterte gedankliche Assoziation zur Bevölkerungsballung. Positionstreue Plazierung der Kugeln, daher wirklichkeitsnahe Streuung bei weitgehender Vermeidung von Überlagerungen und Überschneidungen der Figuren. *Nachteile:* Entwurf erfordert hohe graphische Fähigkeiten. Auf kleinen Kugelbildern wird dritte Dimension entgegen der Absicht nicht mehr ausgedrückt. Kugeln oder Würfel schlechter meß- und vergleichbar als lineare oder flächige Signaturen. „Dreidimensionale" Figuren erlauben nur visuelles Abschätzen der Mengen oder Werte. Inhalte zweier Würfel von 1,5 mm und 6 mm Seitenlänge verhalten sich wie 1:64!

Gestaltung der Signaturengröße nach logarithmischem Maßstab in der Regel nicht sinnvoll; läßt falschen visuellen Eindruck enstehen.

Für Bewegungsdarstellungen *Pfeile* in zahlreichen Abwandlungen verwendbar (Abb. 156).

Differenzierung nach Art der Bewegung durch unterschiedliche Farbgebung; quantitative Aussage durch veränderliche Breite.

Literatur

ARNBERGER, E.: Die Signaturenfrage in der thematischen Kartographie. Mitt. Österr. Geogr. Ges. Wien 1963
—: Das topographische, bildstatistische und bildhafte Prinzip in der Kartographie. Internat. Jb. f. Kartogr. 1964
BERTIN, J.: Graphische Semiologie. Berlin 1974
FRENZEL, K.: Zur Frage des optischen Gewichts von Signaturen für thematische Karten. Erdkunde 1965
IMHOF, E.: Thematische Kartographie, ein Lehrbuch. Berlin 1972

JENSCH, G.: Der nichtlineare Maßstab auf angewandten Karten. Die Erde 1951/52
KRETSCHMER, I.: Von der „Wiener Methode" der Bildstatistik zur internationalen Bildersprache. Kart. Nachr. 32, 1982, S. 218–227
NEURATH, O.: Gesellschaft und Wissenschaft (Bildstatistisches Elementarwerk). Leipzig 1930
—: Bildstatistik nach Wiener Methode und Schule, Wien 1933
SCHRÖDER, P.: Diagrammdarstellung in Stichworten. Unterägeri 1985
WAGNER, J.: Die Bildkarte: ein neues wertvolles geographisches Lehrmittel. Geogr. Rundschau 1953
WERDECKER, J.: Kreis und Kugel, Quadrat und Würfel in der Kartendarstellung nach der absoluten Methode. Geogr. Taschenbuch 1949, S. 213–220; 1950, S. 251–253
WINKLER, W.: Bemerkungen zur Bildstatistik. Statist. Vierteljahresschr. 1950

Gruppierung von Signaturen und Symbolen

Zur Darstellung *unterschiedlicher* Mengen oder Werte mit Hilfe *gleicher* graphischer Zeichen (Werteinheitensignaturen) vier additive Gruppierungsmöglichkeiten:

1. *Zählrahmenmethode.* Ihrem Ursprung nach als „Wiener Methode der Bildstatistik" bezeichnet: Genormte, *gleichgroße* Figuren (Quadrate, Kreise, Bildsymbole usw.) in leicht überschaubarer und auszählbarer Anordnung, z.B. Reihen- oder Rechteckanordnung (Abb. 157).

Nachteil: großer Raumbedarf und entsprechend unexakte Plazierung der Figuren. Zwingt zu genauer Positionsangabe durch zusätzliche Signatur.

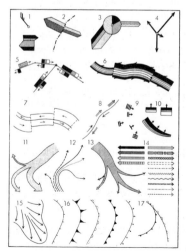

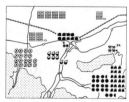

Abb. 156 Pfeile als Bewegungs- und Richtungssignaturen (nach E. Arnberger)
1–4: von einem Punkt aus betrachtete Bewegungen,
5–14: linienhaft beobachtete bzw. nach bestimmten Richtungen ausgerichtete Bewegungen
15–17: flächenhafte Bewegungen

Abb. 157 (rechts) Gruppierung von Bildsymbolen nach Zählrahmenmethode (nach E. Arnberger)

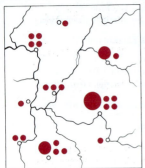
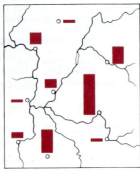
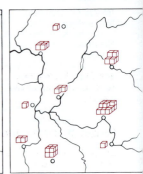

Abb. 158 Kleingeldmethode: Summe verschieden großer Kreisscheiben entspricht Wert oder Menge

Abb. 159 Stabmethode: Höhe der Stäbe entspricht Wert oder Menge (nach E. Imhof)

Abb. 160 Block- oder Quadermethode: Summe der Einzelquader entspricht Wert oder Menge

2. *Kleingeldmethode*. Additive Zusammensetzung *unterschiedlicher* Wertsignaturen wie bei Geldstücken zu Summenwerten (Abb. 158). Genaue Plazierung einfacher als bei Zählrahmenmethode, da weniger Signaturen zur Darstellung benötigt werden. Dagegen Mengenanschaulichkeit und Auszählbarkeit geringer. Nicht nur Zusammenzählung, auch Zusammenrechnung erforderlich.

3. *Stabmethode*. Einheitsrechtecke zu senkrechten oder waagerechten Stäben zusammengefügt. Länge bzw. Höhe der Stäbe gibt Werte oder Mengen an (Abb. 159). Stäbe auch dreidimensional aus säulenartig aufeinandergeschichteten Kreisscheiben (Geldstücken) oder Quadern (Ziegelsteinen) darstellbar. Vor- und Nachteile wie bei Zählrahmenmethode. Ungünstiger optischer Eindruck, wenn hohe (lange) Stäbe Kartenblatt dicht bedecken oder über Grenzlinien hinausragen.

4. *Block- oder Quadermethode*. Zusammenfügung dreidimensionaler Würfelbilder zu Blöcken und Quadern (Abb. 160). Gute Auszählbarkeit kubischer Mengenbilder, leichte Konstruktion und Möglichkeit der Erfassung großer Werte und Wertstreuungen. Geringerer Raumbedarf als bei zweidimensionalen Zeichen.

Buchstaben und Ziffern

Als selbständige Signaturen, vorwiegend aber als Zusatzsignaturen, auch Verwendung von Buchstaben und Ziffern. Buchstaben, z. B. Abkürzungen für chemische Elemente auf Lagerstättenkarten, neben Bergbausignaturen (Abb. 161). Ziffern zuweilen für zusätzliche qualitative Aussagen.

Kombination von Buchstaben und Ziffern auf synoptischen Wetterkarten, auf geologischen Karten zur Identifizierung von Flächenfarben. Zusammensetzung zu Formeln zur näheren Kennzeichnung der Klimagebiete auf Klimakarten nach System von KÖPPEN (Af, Cfb usw.) und ähnlichen Entwürfen anderer Autoren.

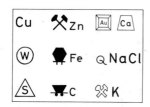

Abb. 161 Buchstaben auf Lagerstätten- und Bergbaukarten alleinstehend oder als Ergänzung zu Symbolen

Punktkarten (Absolutdarstellungen)

Bei Dichtepunkt-Methode (S. 223) bleibt Wahl der Punktgröße und Punktwertigkeit subjektivem Ermessen überlassen. Gegebene Möglichkeiten bewegen sich zwischen erforderlicher Zahl der Punkte, die auf Kartengrundlage untergebracht werden kann, und der Notwendigkeit, Unterschiede zwischen einzelnen Darstellungsbereichen noch genügend deutlich werden zu lassen.

Ungeschickte Wahl der Punktgröße und Punktwertigkeit kann auch bei absoluter Methode zu unrichtiger kartographischer Aussage führen. Vermeidung dieser Fehlerquelle, indem man Größen und Wertigkeiten der Punkte in funktionalen Zusammenhang mit Maßstab der Kartenunterlage bringt.

Nachteile absoluter Darstellung: Gebiete mit geringer Punkthäufigkeit werden infolge optischer Täuschung hinsichtlich ihres Intensitätsgrades unterschätzt, Gebiete starker Punkthäufung in ihrem Intensitätsgrad überschätzt. Punktmethode findet Grenze bei zu gleichmäßiger oder zu gegensätzlicher Verteilung dargestellter Objekte.

Mosaikkartogramme (Relativdarstellungen)

Veranschaulichung von Werten und Mengen relativer Art durch unterschiedlich gefärbte, schraffierte oder gerasterte Flächen (S. 234 ff.). Gefahr methodisch falscher Entwürfe: Wenn z. B. zur Veranschaulichung der Ernteerträge des Winterweizens zwei Bezirke mit gleichen Hektarerträgen in ganzer Ausdehnung mit gleicher Flächenschraffur ohne Rücksicht auf tatsächlich mit Winterweizen bestellte Fläche in beiden Bezirken versehen werden, hat derartiges Kartogramm nur bedingten Wert. Betrachter wird folgern, daß Gebiete gleicher Schraffur (Flächenfärbung) für Gesamterzeugung an Winterweizen gleiche Bedeutung besitzen.

Solche Unzulänglichkeiten charakteristisch für große Zahl kartographischer Darstellungen nach relativer Methode. Division bestimmter Zahlengrößen (Einwohnerzahl, Länge des Straßennetzes usw.) durch eine Flächengröße, die nur einen Teil der Gesamtfläche räumlicher Erhebungseinheit ausmacht, ergibt falsche Verhältniszahlen. Aus der Berechnung ausgeschiedene Flächen (Seen, Waldgebiete) oder Bevölkerungsteile (städtische Bevölkerung) müssen auch auf kartographischer Darstellung ausgeschieden sein, d. h. betreffende Flächen müssen weiß bleiben. Forderung kann aus technischen Gründen allerdings oft nicht erfüllt werden.

Kombination von Farben und Signaturen

Gegensätzliche graphische Elemente vertragen sich bei Überlagerung, gleichartige oder ähnliche nicht. Schwarze Signaturen und Symbole leicht mit unterlegten Farbtönen kombinierbar, desgl. Schraffuren verschiedenartiger Linienführung, bei geschickter Wahl auch Raster. Mit 2 Farben lassen sich durch Kombination 3 Farben in allen Rasterabstufungen drucken. Bei flächigem Druck Entstehung von Mischfarben. Mit 3 Druckfarben Wiedergabe aller Farben des Spektrums möglich.

Topographische Bezugsgrundlagen

Als *Arbeitskarte* für Eintragung thematischer Inhalte gewöhnlich Umriß-, Höhenlinien-, Gewässernetz-, Gemeindegrenzen-, Flurkarten u. ä. verwendet. Für Erkennung von Raumbeziehungen auf thematischen Karten jedoch auch geeignete topographische Bezugsgrundlage erforderlich. Dreidimensionale Lagebestimmung durch Angabe geographischer Breite, Länge und Meereshöhe. Thematische Karte ohne topographische Bezugsgrundlage daher unvollständig. Diese muß einerseits klar und reichhaltig sein, um sichere Lokalisierung thematischer Eintragungen zu gewährleisten, andererseits mit sparsamsten Mitteln arbeiten, um genügend Platz für thematische Eintragungen zu lassen.

Vergleich thematischer Karte ohne Reliefdarstellung mit physischer Karte gleichen Maßstabs läßt zwar grobe Beziehungen mancher thematischen Erscheinungen zum Relief erkennen, vermag jedoch feinere Zusammenhänge nicht zu verdeutlichen. Diese nur durch exakten Übereinanderdruck von Themaaussage und Topographie erkennbar.

Je nach Thema der Darstellung ist gesamter oder Teil des Karteninhalts topographischer Karte für thematische Karte bedeutungsvoll: Gewässernetz, Verkehrswege, Siedlungsbild, Relief. Wiedergabe des Gewässernetzes, der Verkehrswege und Eintragung der Namen bedeutendster Orte auf kulturgeographischen Karten üblich, jedoch oft unzureichend. *Reliefdarstellung* meist ganz vernachlässigt. Notwendigkeit der Geländedarstellung abhängig vom Grad des Raumbezuges des Themas. Im Gebirge z. B. Bevölkerungsdichte durch Relief bestimmt: in Talzonen hoch, in Höhenlagen niedrig. Grundlagenkarte für genanntes Beispiel sollte mindestens Haupttalzonen und Gebirgskämme wiedergeben. Noch abhängiger vom Relief, von Exposition und Schutzlage ist Verteilung empfindlicher Kulturen. In diesem Falle detailreiche Geländedarstellung angebracht.

Gerade bei komplizierteren Abhängigkeiten erweist sich einfaches Vergleichen einer Gelände- und Themakarte als unzureichend. Regenmengen auf einer Niederschlagskarte stimmen z. B. nicht genau mit stauenden Gebirgsrändern überein, sind luvseitig gegen Vorland erheblich erweitert. Auch völliges Verständnis z. B. geologischer, pflanzengeographischer oder agrargeographischer Karten nur möglich bei gleichzeitiger Wiedergabe der Geländeverhältnisse. Nicht nur einfache Kongruenzen, sondern vor allem Inkongruenzen und Ausschließlichkeiten von wissenschaftlichem Interesse.

Höhenliniendarstellung für thematische Karten nur geeignet, wenn thematische Überdrucke Flächenkolorite sind oder Überdrucke linearen Charakters (z. B. Isolinien) wesentlich einfacheren Verlauf aufweisen als Höhenlinien. Verwirrendes Bild sich kreuzender Linien muß vermieden werden; Schummerung dank weichen, tonigen Charakters im allgemeinen vorzuziehen. Schummerung liefert neutralen Untergrund für thematischen Überdruck durch Flächentöne, Raster oder Schraffuren, durch Linien, Punkte, Signaturen und Symbole. Besonders anschauliches Bild der Oberflächenformen vermitteln Schattenschummerung (Schräglichtschummerung) und Geländewiedergabe nach Reliefphotographie (Wenschow-Verfahren). Gelungenes Beispiel: Schräglichtschummerung mit farbigem Rasteraufdruck auf Karten des Welt-Seuchenatlas.

Für plastische Geländedarstellung Verwendung mehrerer Farben unvorteilhaft, da diese für thematische Eintragungen benötigt werden. Farbige Grundkarte überlastet Gesamtbild. Relief muß in blassen Tönen gehalten werden, aber doch gut erkennbar sein.

Folgende *Gesichtspunkte für Geländedarstellung* auf thematischen Karten zu beachten:

1. Geländedarstellung darf nicht vernachlässigt werden.

2. Entwurf einer dem besonderen Zweck entsprechenden Grundlagenkarte mit Geländedarstellung zweckmäßiger als Übernahme ursprünglich für andere Zwecke geschaffener topographischer Karte.

3. Schattenschummerung oder Reliefphotographie am besten für unaufdringliche Darstellung des Geländeuntergrundes geeignet.

4. Grundlagenkarte soll einfarbig, höchstens zweifarbig sein, da vielfarbige Grundlagenkarten Wirkung thematischer Darstellung beeinträchtigen.

5. Farben und Signaturen der Themaüberdrucke sollten denen der Grundlagenkarte harmonisch angepaßt sein.

Literatur

HÖLZEL, F.: Zur Geländedarstellung in thematischen Karten. Peterm. Geogr. Mitt., Erg.-H. 264, Gotha 1957

KOSACK, H.P.: Die internationale Weltkarte als Grundlage angewandter Karten. Ber. Dt. Landeskunde 1948

LOUIS, H.: Die thematische Karte und ihre Beziehungsgrundlage. Peterm. Geogr. Mitt. 1960

MEYNEN, E.: Die Gemeindegrenzenkarte der deutschen Länder und Bemerkungen zur Schaffung einer Gemeindegrenzenkarte der BRD. Zeitschr. f. Raumforsch. 1950

Legende (Zeichenerklärung)

Abstrakte Darstellung thematischen Karteninhalts erfordert Zeichenerklärung und gegebenenfalls textliche Erläuterung. *Legende* muß knapp, klar und übersichtlich sein und schnelles Ausdeuten der Karte gewährleisten. Thematischer Inhalt soll in Überschrift und in seiner graphischen Darstellung erklärt werden. Manche Bildsymbole (Grundriß- oder Aufrißsymbole) in geschickter bildhafter Anpassung an dargestellten Gegenstand auch ohne Legende verständlich.

Gestaltung der Legende thematischer Karten ist Bestandteil der vom Autor geleisteten wissenschaftlichen Arbeit. Von sachlich und technisch geschicktem Aufbau der Legende hängt weitgehend Lesbarkeit der Karte ab.

Normung

Problem der Normung thematischer Darstellungsmethoden noch ungelöst, wohl auch nicht lösbar. Infolge weitgespannten Aufgabenbereichs thematischer Kartographie Beschränkung in der Praxis auf allgemein gehaltene Regeln und Vorschläge für bestimmte Sachgebiete, z. B. für Verwendung bestimmter Symbole in absoluter Darstellung, Rasterabstufungen bei einfarbigen relativen Karten, Zeichen für stadtgeographische Kartierungen oder funktionale Gemeindetypen. Farbvorschläge für Kartierung von land- oder forstwirtschaftlichen Nutzflächen, von Bodentypen u. ä.

Einheitlichkeit des Signaturenschlüssels innerhalb einzelner Sachgebiete würde Kartenvergleich und schnelles Entwerfen fördern. In Geologie, Morphologie, Meteorologie und Klimatologie weitgehend Verwendung konventioneller Zeichen und Farben. Für thematische Darstellungen aus Bereich der Kulturgeographie oft Benutzung gleicher Signaturen und Symbole, jedoch mit verschiedener Sinngebung in einzelnen Sachbereichen: Kreisscheibe z. B. in einer Karte als Symbol für Autoindustrie, in anderer als Positionszeichen für Sitz einer Universität verwendet. Vereinheitlichung des Signaturenschlüssels, d. h. Festlegung spezieller Symbole für jeden denkbaren Begriff thematischer Kartographie würde zu unendlicher Zahl unterschiedlicher Zeichen führen und Interpretation der Darstellung nur erschweren. Große Verschiedenheit und Fülle der Themen erfordert immer wieder spezielle und individuelle Lösungen.

Allgemeine Literatur zur Darstellungstechnik

ARNBERGER, E.: Die Signaturenfrage in der thematischen Kartographie. Mitt. Österr. Geogr. Ges. Wien 1963

FLASKÄMPER, P.: Technik der graphischen Darstellungen. In: P. Flaskämper, Allgemeine Statistik. Hamburg 1962

HÖLZEL, F.: Die graphischen Elemente in der Karte (Tagung „Kartengestaltung und Kartenentwurf", Niederdollendorf 1962). Mannheim 1962

IMHOF, E.: Thematische Kartographie. Ein Lehrbuch. Berlin 1972

JOLY, F. u. BROMMER, S. DE: Projet de normalisation de symboles de cartes thématiques. Internat. Jb. f. Kartogr. 6, 1966, S. 46–77

KINDELBERGER, A.: Systematik und Grundsätze der graphischen Darstellung. Statist. Praxis 1958

KOLLER, S.: Zur Darstellungstechnik geographisch-statistischer Schaubilder. Allg. Statist. Arch., Jena 1942/43

LEHMANN, E.: Symbol Systems in thematic cartography. Internat. Cartogr. Assoc. 5th Internat. Conference of Cartography, Stresa (Novara), 4–10 May 1970, S. 1–7

MAYR, G. V.: Zur Methodik und Technik statistischer Karten. Allg. Statist. Arch., Tübingen 1907

Praktische Hinweise zum Entwurf angewandter Karten, Vorschriften für Pläne und Karten. Geogr. Taschenbuch 1951/52, S. 419–421

Psychologische Wirkung thematischer Karten

Bei Entwurf thematischer Karten nicht zuletzt psychologische Gesichtspunkte zu berücksichtigen. Bereits bei einfachen Diagrammen muß psychologischer Effekt von Linien- oder Streifendiagrammen, Quadrat-, Kreis-, Würfel-, Säulen- oder Kugeldarstellungen, linearen, quadratischen oder logarithmischen Maßstäben beachtet werden, da Abschätzung dargestellter Größenwerte durch Benutzer nur mit individuell verschiedener Sicherheit möglich ist. Bei kartographischen Darstellungen weitere Schwierigkeiten: Auswirkung der räumlichen Anordnung, Frage der Vor- und Nachteile absoluter und relativer Methode, der gegenseitigen optischen Beeinflussung von Symbolen, Signaturen und Farben, der optischen Täuschung, der psychologischen Wirkung von Schraffuren, Farben und Farbskalen.

Literatur

Koch, W. G.: Optische Täuschung und Kontrasterscheinungen in thematischen Karten. Vermess.-techn. 32, 1984, S. 196–200

Ekman, G., R. Lindman u. W. William-Olsson: A psychological study of cartographic symbols. Rep. Psych. Labor. Univ. Stockholm, Nr. 61, 1961

Grohmann, P.: Alters- und geschlechtsspezifische Unterschiede im Einprägen und Wiedererkennen kartographischer Figurensignaturen. Veröff. d. Inst. für Kartographie der österr. Akademie der Wissenschaften. Wien 1975

Vanecek, E.: Experimentelle Beiträge zur Wahrnehmbarkeit kartographischer Signaturen. In: Forschungen zur theor. Kartographie 6. Wien 1980

Auswertung thematischer Karten

Thematische Kartendarstellungen sollen qualitativ oder quantitativ möglichst weitgehend deutbar sein. Interpretation setzt jedoch umfangreicheres Wissen voraus als Analyse topographischer Karten (S. 187). Auf thematischen Karten oft Sachverhalte, Vorgänge oder Mengenverteilungen dargestellt, die sich bildmäßiger Vorstellung entziehen, da in der Natur nicht mit Auge wahrnehmbar. Auf Erdoberfläche z. B. keine Linien zu sehen, die Punkte gleicher, mittlerer, auf den Meeresspiegel reduzierter Januartemperaturen verbinden. Isothermenkarten dennoch wichtiges Anschauungsmittel. Gleiches für alle kartographischen Darstellungen abstrakter Begriffe gültig. Benutzung solcher Karten daher nicht ohne wissenschaftliche Sachkenntnisse möglich.

Interpretation gleicher, methodisch jedoch verschiedenartig veranschaulichter Sachverhalte kann zu ungleichem Ergebnis führen. Bevölkerungsdichte z. B. durch Flächenkartogramm (Mosaikkartogramm) oder Bevölkerungsdichtekarte mit Pseudoisarithmen darstellbar (Abb. 209).

Kartenbenutzer wissen, daß im Kartogramm unvermittelte Berührung stark unterschiedlicher Dichtestufen an Grenzen der Erhebungsbezirke nicht Wirklichkeit entspricht und daß Karte mit Linien gleicher Bevölkerungsdichte tatsächlichen Verhältnissen näherkommt. Näheres zur Interpretation thematischer Karten bei A. Hüttermann, Geographische Interpretation thematischer Karten, Karteninterpretation, Teil 2. Kiel 1979.

Klassifikation thematischer Karten nach Sachgebieten

Gegenüber begrenzter Zahl von Darstellungsprinzipien und Darstellungstypen scheinen darstellungsfähige Inhalte thematischer Kartographie unbegrenzt. Themenkreise wachsen mit weiterer Entfaltung der Wissenschaft. Behandlung aller für kartographische Darstellung in Betracht kommender Sachgebiete weder möglich, noch erforderlich. Viele Themen zu Gruppen gleichartiger graphischer Gestaltung zusammenfaßbar. Stand- oder Belegortkarten von Papierfabriken, Mühlen, Steppenheidepflanzen oder keltischen Ringwällen müssen in gleicher Weise als Positions- oder Ortslagekarten gezeichnet werden. Bevölkerungs- oder Volksdichtekarten, d. h. absolute oder relative Darstellungen der Verteilung von Menschen, sind grundsätzlich nichts anderes als die von Pferden oder irgendwelchen Dingen. Daher ausführlichere Behandlung von Themenkarten im folgenden auf solche mit eigener Darstellungsproblematik beschränkt.

Geologische Karten

Geologische Karte im engeren Sinn ist *stratigraphisch*, d.h. Karte erdgeschichtlicher Formationen (Abb. 136). Stellt in Farben, Signaturen und Symbolen geologische Schichtenfolgen, ihre Grenzlinien und ihre Lagerung (Fallen, Streichen, Verwerfungen) dar. Davon zu unterscheiden *petrographische* Karten mit Darstellung der Gesteinsarten (z. B. Granit, Gneis, Schiefer) ohne Rücksicht auf Altersstellung (Abb. 162). Für Bergmann, Bauingenieur oder Morphologen vielfach wichtiger, petrographisch-lithologischen Charakter von Gesteinen, deren Mineralgehalt Widerstandsfähigkeit usw. zu kennen als deren geologisches Alter. Vereinigung beider Prinzipien in üblichen geologischen Karten.

Historisch betrachtet waren „geognostische" Karten (ältere Bezeichnung für geologische Karten) petrographische Karten. Entwicklung stratigraphischer Karten erst mit Aufblühen paläontologischer Forschung. Als erster hat sächsischer Bergmeister G. GLÄSER 1774 auf geologischer Karte der Grafschaft Henneberg durch verschiedene Farben die Hauptgesteine (Formationen) voneinander geschieden: mit roter Farbe „granitartiges Gestein", mit gelber „Sand", mit grauer „Kalk-Gestein" verzeichnet. Mehr Ausscheidungen (8 Farben) und Einzelheiten in Folgezeit auf „Petrographische Karte des Churfürstentums Sachsen" (1778) von W. V. CHARPENTIER. Wichtig für Entwicklung geologischer Karten in Deutschland „Geognosti-

Abb. 162 Petrographische Karte: Südschwarzwald (Ausschnitt, nach R. Metz)

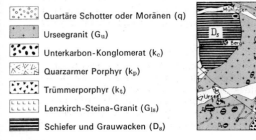
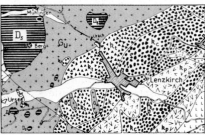

Quartäre Schotter oder Moränen (q)
Urseegranit (G_u)
Unterkarbon-Konglomerat (k_c)
Quarzarmer Porphyr (k_p)
Trümmerporphyr (k_t)
Lenzkirch-Steina-Granit (G_{ls})
Schiefer und Grauwacken (D_s)

sche Spezialkarte von Deutschland" von L. v. BUCH (1826) und „Geognostische Übersichtskarte von Deutschland, Frankreich, England und den angrenzenden Ländern" (1838) von H. v. DECHEN. Erste großräumige geologische Übersichtskarten von H. CREDNER in BERGHAUS' „Physikalischem Atlas" (1843) und LEPSIUS' „Geologische Karte des Deutschen Reiches" 1:500 000 auf Karte von C. VOGEL in 27 Blättern (1894–1897).

Geologische Karte verzeichnet im Gelände beobachtete geologische Erscheinungen in richtiger Lagebeziehung. Beste Kartierungsunterlage ist topographische Karte. Erklärt manche geologische Erscheinung und umgekehrt. Wo nicht vorhanden (Entwicklungsländer!), muß sich Geologe topographische Grundlagenkarte selbst schaffen, entweder durch eigene Vermessung, bei Zeitmangel durch Bestimmung einiger Festpunkte. Wichtige Kartierungsgrundlage heute durch Luftbilder gegeben.

Kartiert werden Gesteine nach Art, Textur, Struktur und Fossilgehalt. Früher vorwiegend Kartierung durch einzelne Feldgeologen, heute meist in Gemeinschaftsarbeit (Teams), in Kulturländern durch geologische Landesanstalten. Dargestellt wird anstehendes Gestein, außerdem Verzeichnung von Schuttdecken und Lockersedimenten (Löß, Sand), ferner sollte geologische Karte Beobachtungen über Bodenbildungen, Hinweise auf Abbaustätten nutzbarer irdischer Stoffe (Tongruben, Schächte, Steinbrüche, Kiesgruben) und hydrogeologische Angaben enthalten. Wichtige Tiefbohrungen und Fundplätze von Fossilien sind durch Signaturen kenntlich zu machen.

Klare Unterscheidung zwischen wirklichen Beobachtungen und Annahmen erforderlich. Kartiert wird nur, was in Aufschlüssen sichtbar ist. Verdeckte Zwischengebiete bleiben weiß. Erst bei endgültiger Ausführung der Karte auch Eintragung von Vermutungen, jedoch deren Kennzeichnung durch gestrichelte Linien und hellere Farbtöne.

Auf älteren geologischen Karten Trennung zwischen sicherer Beobachtung und Annahme meist nicht vermerkt, so daß Zuverlässigkeit begrenzt ist. Karten, die nur an Erdoberfläche anstehende Gesteine wiedergeben, sind *lithologische Karten*.

In Gebieten mit mächtigen Lockerdecken Konstruktion von *abgedeckten Karten*, besser: Felsgrundkarten auf Grundlage von Bohrergebnissen, Kenntnissen aus Bergbau und geophysikalischen Messungen. Verzicht auf Darstellung der an Erdoberfläche sichtbaren Lockermassen, Beschränkung auf Wiedergabe des darunter anstehenden Gesteins. Entwurf von Felsgrundkarten vor allem in Gebieten starker Bedeckung mit eiszeitlichen Ablagerungen auf weithin verhüllten kristallinen Schilden (Schweden, Finnland, Kanada). Im norddeutschen Tiefland heute durch zahlreiche Erdölbohrungen gute Kenntnis des tieferen Untergrundes und seiner Salzstock-Strukturen.

Tektonische Karten (Abb. 163) beschränken sich auf Veranschaulichung tektonischer Hauptmerkmale eines Gebietes (Faltenzüge, Bruchsysteme, Schubrichtungen, Sättel, Mulden usw.). Wesentlicher Beitrag zur Erkennung tektonischer Großstrukturen durch Luftbildaufnahmen und Satellitenbilder. Darstellung der Grenzfläche des Grundgebirges gegen Deckgebirge oder andere Grenzflächen in Höhen- oder Tiefenlinienkarten, z.B. in Norddeutschland der Basisfläche des Zechsteins, in Südwestdeutschland der Muschelkalk-Keupergrenze, ergeben

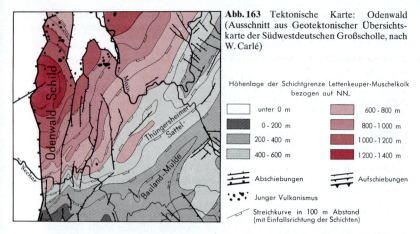

Abb. 163 Tektonische Karte: Odenwald (Ausschnitt aus Geotektonischer Übersichtskarte der Südwestdeutschen Großscholle, nach W. Carlé)

Streichkurven- oder *Schichtlagerungskarten.* Lassen Verbiegungen der Erdkruste deutlich erkennen (z. B. Schichtlagerungskarten von Südwestdeutschland von G. WAGNER). Vervollständigung solcher Karten durch Eintragung strukturgeologisch-tektonischer Merkmale wie Faltenbau mit Faltenachsen, Lage von Störungen, Klüften, Erzgängen und Deformationsrichtungen (geologische *Strukturkarten*).

Beispiel: Geotektonische Übersichtskarte der Südwestdeutschen Großscholle von W. CARLÉ (Abb. 163).

Isobasen-, Isoanabasen- oder Isanabasenkarten sind Karten mit Linien gleichgroßer tektonischer Hebung (Abb. 164), Isokatabasenkarten solche mit Linien gleicher Landsenkung.

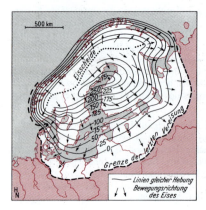

Abb. 164 Isobasenkarte von Skandinavien. Zahlen geben Betrag tektonischer Hebung seit letzter Vereisung an (aus „Geologie in Stichworten", Verlag Ferdinand Hirt)

Weitere *Sonderformen* geologischer Karten: Fazieskarten, Kluftrichtungskarten, Baugrundkarten, Lagerstätten- und Flözkarten, hydrogeologische und paläogeographische Karten (Abb. 165).

Karten mit Linien gleicher Mächtigkeit einer geologischen Schichtenfolge werden Isolithen- oder Isopachenkarten, solche mit Linien gleicher Mächtigkeit von Gesteinsschichten einer bestimmten Fazies als Isofazienkarten bezeichnet. Karten, die unter Verzicht auf Vollständigkeit des geologischen Inhalts nur Beschaffenheit des Baugrundes, Verbreitung mineralischer Rohstoffe, wirtschaftlich wichtiger Erden, Gesteine u. ä. wiedergeben, heißen geotechnische Karten.

Lagerstättenkarten gehören zum einfachen Typ von Ortslage- oder Verbreitungskarten (S. 217). Paläogeographische Karten sind Rekonstruktionen der Erd- und Meeresräume aufgrund lithologischer und fazieller Ausbildung der Sedimente (Abb. 165). Aus Küstenkonglomeraten, Flach- und Tiefseesedimenten Rückschlüsse auf frühere Verteilung von Land und Meer, besonders des Verlaufs der Küstenlinien, möglich.

Berühmte Karten: Karte des Silurmeeres in Nordamerika von CH. SCHUCHERT, Weltkarte der Juraformation von M. NEUMAYR, ferner die paläogeographischen Karten von E. KAYSER, F. KOSSMAT, S. V. BUBNOFF, A. WEGENER, H. STILLE.

Aus *Verlauf von Höhenlinien* auf topographischen Karten *und geologischen Grenzlinien* wichtig Rückschlüsse möglich:

1. Verbindung der Schnittpunkte einer Höhenlinie mit geologischer Grenzlinie ergibt Streichen betreffender Schicht.

Abb. 165 Paläogeographische Karte: Land und Meer im Obermalm (Portland) in Mitteleuropa (nach S. v. Bubnoff)

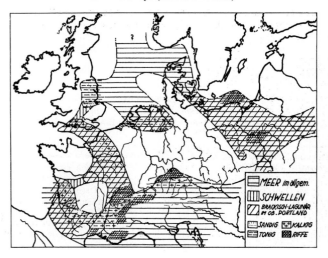

2. Läuft nächst höhere oder tiefere Streichlinie parallel zu Höhenlinie, so beweist Parallelität, daß Schichtgrenzfläche eine Ebene ist. Bestimmung des Einfallswinkels aus Abstand beider Parallelen mittels Böschungsmaßstabs.

3. Geneigte Schichtgrenzflächen laufen mit Höhenlinien parallel, solange Streichen beider übereinstimmt, schneiden sich im umgekehrten Fall.

4. Waagrechte Schichtgrenzflächen ergeben mit Höhenlinien parallele Grenzlinien.

5. Senkrechte Schichtgrenzflächen haben geradlinigen, mit Streichrichtung zusammenfallenden Verlauf.

Erste geologische Meßtischblätter erschienen 1866 in Preußen. Geben reiche Auskunft über Gesteinsqualität einer Formation für kleinen Raum. Großer Maßstab verhindert jedoch Übersicht über weitere Gebiete. Daher Zwang zur Zusammenfassung und Vereinfachung für Karten kleinerer Maßstäbe. Geologische Karte von Deutschland 1:200000 seit 1919 (unvollständig), von Europa 1:1,5 Mill. und für gesamte Erde 1:5 Mill. in 80 Blättern. Herstellung Internationaler Geologischer Weltkarte 1:1 Mill. wegen Lückenhaftigkeit geologischer Aufnahmen noch zu schwierig.

Wichtigstes geologisches Kartenwerk Deutschlands: Geologische Spezialkarte 1:25000. Zeigt weitgehende Stufengliederung geologischer Formationen in positionstreuer Lage, so daß leichtes Wiederauffinden verzeichneter geologischer Erscheinungen im Gelände möglich ist. Als Arbeitsgrundlage für Kartierung dient heute meist Grundkarte 1:5000.

In geologisch komplizierten Gebieten (Hochgebirge) auch Verwendung größerer Maßstäbe, z.B. 1:1000, in speziellen Fällen (bei Anlage von Steinbrüchen, Vorbereitung technischer Bauten usw.) sogar von Plänen in Maßstäben 1:200 bis 1:50.

Für Zahl auf geologischer Karte auszuscheidender Formationen ist Maßstab wichtig: auf Spezialkarte alle Stufen, auf Übersichtskarte nur große Gruppen. Wiedergabe der Formationen durch Farbabstufungen oder Signaturen als Überdruck.

Regel: Je jünger die Formation, desto heller der Tonwert in der betreffenden Farbe.

Farbskala: Auf kleinmaßstäblichen Karten weltweite Normung in Verwendung von Farben, Zeichen und Symbolen. Seit Internationalem Geologenkongreß in Bologna (1881) folgende *konventionelle Farbskala* für geologische Formationen:

Holozän (Alluvium): helles Grüngrau	Trias: Violett
Pleistozän (Diluvium): Hellgelb	Perm: Graubraun
Pliozän: Tiefgelb	Karbon: Dunkelgrau
Miozän: Dunkelgelb	Devon: Dunkelbraun
Oligozän: Olivgrün	Silur: Blaugrün
Eozän: Orange	Kambrium: Grüngrau
Kreide: Grün	Junge Eruptiva: Hellrot
Jura: Blau	Kristallin: Dunkelrot

Auf großmaßstäblichen geologischen Karten einzelner Länder durch spezielle Kartierungsnotwendigkeiten Abweichung von internationaler Normung unumgänglich.

Treten auf geologischer Karte viele kleine Flächenstücke auf, werden außer Signaturen Abkürzungen betr. geologischer Formationen zur leichteren Identifizierung verwendeter Farben benutzt: Tiefen- und Ergußgesteine mit großen Buchstaben, Sedimente und metamorphe Gesteine mit kleinen Buchstaben gekennzeichnet.

Beispiele: G = Granit, B = Basalt, j = Jura, mo = Oberer Muschelkalk, te = Tertiär, dl = Löß, gn = Gneis. Zur weiteren Unterscheidung Beifügung von Ziffern, z. B. mo_2 = Nodosuskalk des oberen Muschelkalks.

Signaturen: Weit schwieriger als Entwurf farbiger geologischer Karten ist anschauliche Wiedergabe geologischer Sachverhalte in Schwarz-Weiß-Technik. Außer dafür üblichen Flächensignaturen (S. 236) Verwendung „gefügegerechter" Signaturen. Diese erlauben außer Darstellung flächenhafter Verbreitung von Gesteinsarten auch Wiedergabe von Struktur- und Textureigenschaften, Absonderungen, Lagerungsverhältnissen, Streichen, Faltungsrichtungen, Faziesverhältnissen, tektonischer Überprägung u. a. Merkmale in räumlicher Lage und Richtung. Eine Flächensignatur für Gesteine um so besser gewählt, je mehr Aussagekraft sie besitzt, d.h. je strukturgemäßer sie ist. Gesteinscharakter (Korngröße, Gefüge, Verfestigungsgrad) soll möglichst einfach und symbolhaft wiedergegeben werden, z. B. Kalk oder Dolomit durch Mauersignatur, Granit durch Kreuzmuster. Für Thema einer Karte belanglose Gesteine oder Gesteinsserien durch strukturlose Punkt- oder Linienraster (Schraffuren) dargestellt. *Einprägsame Flächensignaturen* machen Benutzung der Legende weitgehend überflüssig.

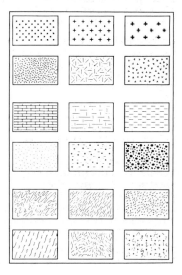

Abb. 166 Strukturbezeichnende Flächensignaturen für geologische Karten (nach R. Metz)

1–6: *Magmatische Gesteine.*
Massiges, regellos-körniges Gefüge durch stehende und liegende Kreuze unterschiedlicher Größe anschaulich darstellbar

7–12: *Sedimentgesteine.*
Klastische Lockergesteine durch regellos angeordnete Punkte (Sand, Löß), geröllreiche Ablagerungen durch kleine Kreise verschiedener Größe einprägsam gekennzeichnet. Für flachlagernde, tonige Sedimente horizontale Striche, für Brezien unregelmäßige Dreiecke usw.

13–18: *Metamorphe Gesteine.*
Struktur durch gewellte Linien angedeutet, ggf. ergänzt durch Punkte und Striche

Leitsatz: Flächensignaturen einer Karte sollten untereinander nach Helligkeitswerten abgestuft sein, etwa nach geologischem Alter, Verhalten gegenüber Abtragungsvorgängen oder in anderer, für Thema jeweiliger Karte sinnvoller Reihenfolge. Ausführliche Behandlung aller Fragen des Entwurfs und der Auswertung geologischer Karten vor allem in den Arbeiten von W. SCHMIDT-EISENLOHR und O. WAGENBRETH.

Auswahl geologischer Karten(werke) und Bearbeitungsstand um 1988

Gebiet	Maßstab	Erscheinungs-jahr	Zahl der Blätter insgesamt vorgesehen	bereits erschienen
Bundesrepublik	1 : 200 000	1973 ff.	42	20
Deutschland	1 : 1 Mio.	[3]1981	1	1
Bundesländer				
Baden-Württemberg	1 : 25 000		286	143
	1 : 100 000	1976 ff.	20	2
Bayern	1 : 25 000		558	200
	1 : 50 000		157	3
	1 : 100 000	1951 ff.	43	8
	1 : 500 000	[2]1964	1	1
Berlin	1 : 50 000	1962	2	2
Hessen	1 : 25 000		172	160
	1 : 300 000	[4]1986		
Niedersachsen	1 : 25 000		435	79
Nordrhein-Westfalen	1 : 25 000		270	200
	1 : 100 000		19	12
	1 : 500 000	1953	1	1
Rheinland-Pfalz	1 : 25 000		156	13
	1 : 500 000	1979	1	1
Saarland	1 : 25 000	1965 ff.	24	9
	1 : 50 000	1981		
	1 100 000	1964		
Schleswig-Holstein	1 : 25 000		176	24
	1 : 500 000	1958	1	1
Sonstige Teilgebiete:				
Eifel	1 : 200 000	1962	1	1
Harz	1 : 200 000	1956	1	1
Nordwestdeutschland	1 : 300 000	1951	1	1
Rhein.-Westf. Steinkohlengebiet	1 : 100 000	1958	1	1
Rheinpfalz	1 : 200 000	1934	1	1
Sauerland	1 : 100 000	1928	1	1
Südwestdeutschland	1 : 600 000	1954	1	1
Württemberg	1 : 200 000	[4]1962	4	4
DDR	1 : 500 000	1962	2	2
Teilgebiete:				
Brandenburg	1 : 500 000	1921	1	1
Sachsen	1 : 400 000	1930	1	1
Thüringen	1 : 300 000	1955		
Mitteleuropa	1 : 2 Mio.	1971	1	1
	1 : 5 Mio.	1971	2	2

* (a) = abgedeckte Karten, (q) = quartäre Oberfläche

Geologische Kartenwerke der dt. Bundesländer 1 : 25 000 gehen auf Vorläufer im 19. Jh. zurück (Preußen 1866 ff.); deshalb in der Tabelle kein Erscheinungsjahr angeführt.

Gebiet	Maßstab	Erscheinungs-jahr	Zahl der Blätter insgesamt vorgesehen	bereits erschienen
Sonstige europäische Gebiete:				
Belgien	1 : 25 000	1958 ff.	237	9
	1 : 40 000	1893–1911	226	11
Dänemark	1 : 50 000	1986 ff.	110	1
	1 : 100 000	1893 ff.	25	25
Finnland	1 : 20 000 – 1 : 50 000	1973 ff.	3712	150
	1 : 100 000 (a)	1949 ff.	349	134
	1 : 100 000	1950 ff.	349	60
	1 : 400 000 (a)	1900 ff.	22	22
	1 : 400 000	1903 ff.	26	21
Frankreich	1 : 50 000	1928 ff.	ca. 1094	ca. 780
	1 : 80 000	1868 ff.	256	214
	1 : 250 000	1979 ff.	44	12
	1 : 320 000	1892 ff.	21	12
	1 : 1 Mio.	1969	2	2
Griechenland	1 : 50 000	1956 ff.	ca. 420	ca. 210
	1 : 500 000	²1984		
Großbritannien	1 : 63 360 (neu: 1 : 50 000)	1923 ff.	ca. 500	ca. 250
	1 : 250 000	1977 ff.	ca. 80	z. T.
	1 : 625 000	1979	2	2
Irland	1 : 63 360	1858–1875	205	205
	1 : 750 000	²1962 (N)	1	1
Italien	1 : 50 000	1972 ff.	636	15
	1 : 100 000	1984	278	278
	1 : 500 000	1976 ff.	5	5
	1 : 1 Mio.	1961	2	2
Niederlande	1 : 50 000	1964 ff.	ca. 90	18
	1 : 600 000	1975	1	1
Norwegen	1 : 50 000	1972 ff.	727	59 44(a)
	1 : 250 000	1970 ff.	44	16
Österreich	1 : 50 000	1955 ff.	213	52
	1 : 500 000	1933	2	2
	1 : 1 Mio.	1964/86	1	1
Polen	1 : 50 000	1973 ff.	1064	ca. 300
	1 : 200 000	1971 ff. (q/a)	76	64
	1 : 300 000	1946–1955	28	28
	1 : 500 000	1977	4	4
	1 : 1 Mio.	1984	2	2
Schweden	1 : 50 000	1964 ff. (q)		ca. 96
	1 : 50 000	1967 ff. (a)		ca. 100
	1 : 1 Mio.	1958 (q/a)	3	3
Schweiz	1 : 25 000	1930 ff.	249	83
	1 : 200 000	1942–1964	8	8
	1 : 500 000	²1980	1	1
Spanien	1 : 50 000	1972 ff.	1130	546
	1 : 200 000	1970–1973	81	81
	1 : 400 000	1933–1971	64	9
Tschechoslowakei	1 : 200 000	1961 ff.	35	ca. 11
	1 : 1 Mio.	²1982	1	1

Für außereuropäische Gebiete stehen überwiegend nur Karten in kleinem Maßstab zur Verfügung (1 : 1 Mio. und kleiner). Ausnahmen u. a. Teilgebiete in Nordamerika, Japan, Australien und Südafrika. In Südafrika (1973 ff.) und Japan (1951 ff.) befinden sich geologische Kartenwerke im Maßstab 1 : 50 000 im Aufbau.

Literatur

BEDERKE, E. u. WUNDERLICH, H.-G.: Atlas zur Geologie, Meyers Großer Physischer Weltatlas, Bd. 2, Mannheim 1968

BLASCHKE, R. u. a.: Interpretation geologischer Karten. Stuttgart 1977

BREDDIN, H.: Die Schwarz-Weiß-Darstellung der Gesteine. Geolog. Mitt. hrsg. v. Geolog. Inst. der Rhein.-Westf. TH Aachen, 1960

BÜLOW, K.: Geologisches Kartieren – Grundlagen und Ziel der Nachwuchsbildung. Zeitschr. f. angew. Geol. 1, 1955, S. 129–133

CARLÉ, W.: Geotektonische Übersichtskarte der Südwestdeutschen Großscholle 1:1 Mill., Stuttgart 1950

CLOOS, H.: Geologische Zeichen für Karten und Schnitte. Geogr. Taschenbuch 1949, S. 204 f.; 1950, S. 242 f.

Congrès Géologique International: Carte Tectonique Internationale de l'Europe, 1:2,5 Mill., Moskau 1962–1964

DACQUÉ, E.: Grundlagen und Methoden der Paläogeographie. Jena 1915

DEUBEL, F.: Entwicklung und Bedeutung des geologischen Kartenwesens. Zeitschr. f. angew. Geol. 1956

FALKE, H.: Anlegung und Ausdeutung einer geologischen Karte. Berlin 1975

GRIPP, K.: Glazialmorphologie und geologische Kartierung. Zeitschr. Dt. Geol. Ges. 1947/49

GÜNTHER, E. u. KOPP, D.: Zur geologischen Flachlandkartierung. Zeitschr. f. angew. Geol. 2, 1956, S. 301–303

GUNTAU, M. u. G. PÁPAY: Die Herausbildung einer einheitlichen Farbgebung in geologischen Karten. Peterm. Mitt. 128, 1984, S. 45–49

HÄBERLEIN, R. u. G. WEISSER: Rechnergestützte Herstellung der Geologischen Karte 1 : 25000. Kart. Nachr. 39, 1989, S. 46–51

HAIBACH, O.: Neuere Entwicklung der Kartographie zur Lösung von Aufgaben in Geologie und Lagerstättenkunde in der Rohstoffgewinnung. Geol. Rdschau 69, 1980, S. 473–487

Internationale Farbgebung für geologische Formationen. Geogr. Taschenbuch 1949, S. 205

KOSACK, H.: Geologische Beobachtungen im Gelände. Geogr. Taschenb. 1949, S. 196–203

LÜTTIG, G.: Geologie und Rohstoffsicherung. In: Kartographie der Gegenwart in der Bundesrepublik Deutschland '84. Bielefeld 1984, S. 138–144

METZ, R.: Gefügegerechte Signaturen auf geologischen und morphologischen Karten. Geogr. Taschenb. 1960/61, S. 494–498

MEYER, K.-D.: Die geologische Übersichtskarte 1 : 200000 (GUK 200) unter besonderer Berücksichtigung Niedersachsens. Forsch. zur dt. Landesk. 220, 1983, S. 27–42

MÜLLER-MINY, H.: Gesteinskarte und landeskundliche Darstellung. Geogr. Taschenb. 1953, S. 499–501

PETRASCHEK, W. E.: Metallogenetische Karten. Umschau in Wiss. u. Technik, 1965

RICHTER, K., MÜLLER, H., DECHEND, W. u. LÜTTIG, G.: Die geologische Karte. In: Lehrbuch der angewandten Geologie, hrsg. v. A. Bentz, Bd. 1., Stuttgart 1961

SCHAFFER, F. X.: Über die Darstellung paläogeographischer Karten. Mitt. Geol. Ges. Wien 1924

SCHAMP, H.: Ein Jahrhundert amtliche geologische Karten, Verzeichnis der amtlichen geologischen Karten von Deutschland. Ber. Dt. Landeskunde, Sonderh. 4, 1961

—: Die geologischen Übersichtskarten Deutschlands. Geogr. Taschenbuch 1960/61, S. 181–191

SCHMIDT, W. F.: Erfahrungen beim Kartieren und Prospektieren im afrikanischen Busch. Berg- u. Hüttenmänn. Monatshefte 1961

VOSSMERBÄUMER, H.: Geologische Karten. Stuttgart 1983

Geophysikalische Karten

Umfassen Darstellungen des Erdmagnetismus, des Schwerephänomens, der Tiefentemperaturen, der Erd- und Seebeben. Außer Karten zur Veranschaulichung der Lage (Verbreitung) der Schüttergebiete sind alle geophysikalischen Karten Isolinienkarten (S. 225).

Isogonen- oder Isodeklinatenkarten sind Karten mit Linien gleicher magnetischer Deklination, Isoklinenkarten solche mit Linien gleicher erdmagnetischer Inklination, d.h. gleicher Neigung der Magnetnadel.

Schwerefelddarstellungen (Abb. 167) durch Isodynamen (Linien gleicher Intensität des erdmagnetischen Feldes) und Isogammen (Linien gleicher Schwereabweichung).

Isogeothermen- oder Isobathythermenkarten sind Karten mit Linien gleicher Tiefentemperatur unter der Erdoberfläche.

Erdbebenkarten gliedern sich in Isoseismenkarten mit Linien gleicher Erdbebenstärke oder -häufigkeit und Isoseistenkarten mit Linien gleichzeitigen Auftretens von einem Zentrum ausgehender Erdbebenstöße (Abb. 168).

Literatur

HARMS, M.: Die Zeichnung magnetischer Kraftlinien. Seewarte 1938
KAUTZLEBEN, H.: Zur Objektivierung der geophysikalischen Kartographie. Forsch. u. Fortschr. 41, 1967, S. 72–76
MAURER, H.: Neue Weltkarte zur Darstellung der Isogonen. Peterm. Geogr. Mitt. 1911, II

Abb. 167 Karte der Schwereverteilung im Bereich des Antillenbogens (nach H. Hess)

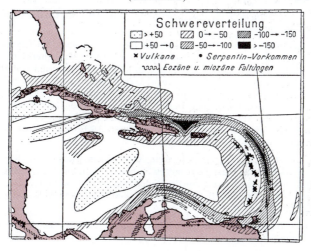

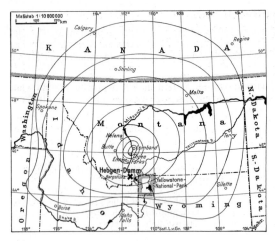

Abb. 168 Isoseisten des Erdbebens von Montana vom 27.6.1925 (nach J. T. Pardee)

MORELLI, C.: Zur kartographischen Darstellung der Erdbeben. Boll. Soc. Sismol. Ital. 1941
REICH, H.: Über die Deutsche geophysikalische Reichsaufnahme. Beitr. Angew. Geophys. 1936
SCHÜTTE, K.: Karte der Schwereabweichungen von Süddeutschland. Veröff. Bayer. Komm. f. Internat. Erdmessung. München 1930
SIEMENS, G.: Die Schwerekarte der DDR. Freiberger Forschungsheft C 1, Berlin 1953

Bodenkarten

Zwei Gruppen von Bodenkarten (pedologischen Karten): Karten der Bodenarten und der Bodentypen.

Karten der Bodenarten: Darstellungen des Oberbodens nach Art („Schwere"), Mächtigkeit und Untergrund. In landwirtschaftlicher Praxis seit alters Unterscheidung zwischen schweren (Weizenböden), mittleren (Gersten- und Haferböden) und leichten Böden (Roggenböden). In präziserer Terminologie als Lehm, Mergel, sandiger Lehm, Sand, Moor-, Torfboden o. ä. bezeichnet. Rein empirische Benennung dieser Bodenarten, oft ohne Bezug auf Art und Alter des Muttergesteins. Bei Einbeziehung des Muttergesteins spricht man von Bodenkarten auf petrographischer oder geologischer Grundlage. Kennzeichnung der Böden, z. B. als Granitböden, Buntsandsteinböden, Kalkböden.

Graphische Probleme entsprechen weitgehend denen geologischer Karten (S. 248). Übliche Flächendarstellung mittels Farben, Schraffuren, Raster. Anpassung der Flächenfarben an Naturfarben der Böden zweckmäßig. Bei dünner Bedeckung des eigentlichen Bodens, z. B. Flugsand über Lehm, zusätzliche Punkt- oder Strichsignaturen.

Karten der Bodentypen (Abb. 169) sind bodengenetische Karten. Gliederung in Bodentypen besonders von russischer Schule entwickelt (DOKUTSCHAJEW, GLIN-

KA), in Deutschland seit 1920 (H. STREMME) weitergeführt. Prägung von bodenkundlichen Begriffen wie z.B. Podsol (Bleicherde), Braunerde, Parabraunerde, Tschernosem (Schwarzerde), Rendsina, Terra rossa, Laterit, Solonetz (Salzboden). Bodentypenkarten haben sich gegenüber Bodenartenkarten durchgesetzt. Verbinden genetische Aussage mit Hinweis auf Ausgangsgestein, sind somit synthetische Bodenkarten. Tschernoseme bilden sich z.B. auf Löß; Rendsinen und Terra rossa auf Kalken. Kartographische Veranschaulichung der Bodentypen mit gleichen zeichnerischen Mitteln wie auf Bodenartenkarten.

Darstellungsschwierigkeiten beginnen bei *Kombination* von Bodenarten- und Bodentypenkarten. Lösbar durch Verwendung des Flächenkolorits für Bodentypen, von Signaturen für Bodenarten oder umgekehrt. Bei kleinen Maßstäben gewöhnlich Flächenfärbung für Bodentypen, bei großen Maßstäben für Bodenarten. Vereinigung beider Darstellungsmittel ermöglicht Ausscheidung großer Zahl von Bodeneinheiten. Ganzheitliche Betrachtung der Böden jedoch durch Fülle der Farben und Signaturen erschwert. Ausweg durch Beschränkung auf Bodentypendarstellungen und Hinzufügung von Erläuterungen nach Bodenart, Bodentextur usw. in Legende, z.B. Bodenkarte von Mitteleuropa im Atlas des Deutschen Lebensraumes von H. STREMME.

Praktischen Bedürfnissen dienen *Bodengüte-* und *Bodenschätzungskarten*. Als Grundlage aller deutschen Bodengütekarten dienen Ergebnisse der 1934 begonnenen, nach dem Kriege von den Ländern beendeten Reichsbodenschätzung. Ihre Ergebnisse wurden in Karten und Bücher des Liegenschaftskatasters übernom-

Abb. 169 Bodentypenkarte der Ukraine (nach H. Wilhelmy)

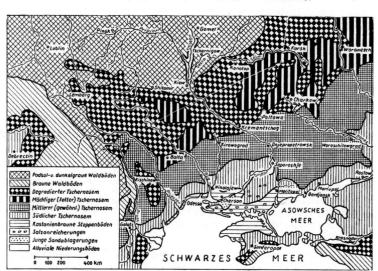

men. Darauf aufbauend die Bodenschätzungskarten der Landesvermessungsämter (1:5000 in Nordrhein-Westfalen und Niedersachsen, 1:100000 in Bayern) und Bodengütekarte 1:1 Mill. der Bundesanstalt für Landeskunde (75 × 102 cm). Beide Karten enthalten nur Grenzen und formelhafte Eintragungen. Bieten kein Darstellungsproblem, da flächendeckende Signaturen fehlen. Bodengütekarte der BRD 1:1 Mill. (1962) auf Basis der Gemeindegrenzenkarte. In Farbstufen für jede Gemeinde des Bundesgebietes Angabe der mittleren Gütestufe der Ertragsmeßzahlen, in denen alle natürlichen Ertragsbedingungen (Boden, Geländegestalt, Klima) berücksichtigt sind. Gemeinden mit 60% und mehr Grünlandanteil besonders gekennzeichnet. Ergebnis ist detailliertes, anschauliches Bild agrarischer Nutzungsmöglichkeiten. Wichtige Arbeitsgrundlage für Landwirte, Agrargeographen und Landesplaner.

Literatur

Arbeitsgemeinschaft Bodenkunde: Die Bodenkarte 1:25000, Anleitung und Richtlinien zu ihrer Herstellung. Hannover 1965

BARTELS, A.: Zur Darstellung der Bodenverhältnisse in Wirtschaftskarten. Vermessungstechnik 1955

BETZ, D.: Bodenkartierungen im Bergland. Diss. TH Stuttgart 1951

Bodenkarte der Bundesrepublik Deutschland 1:1 Mill. Hrsg. von der Bundesanst. f. Bodenforsch., Hannover 1963

Die wichtigsten Bodentypen von Europa (mit Karte). Geogr. Taschenbuch 1951/52, S. 208f.

ELLENBERG, H.: Zeigerpflanzen für die Kartierung von Böden in Südwestdeutschland. Geogr. Taschenbuch 1950, S. 227–230

Food and Agriculture Organization of the United Nations: Soil Map of Europe 1:2,5 Mill., Text und Karte. Rom 1966

GANSSEN, R.: Bodengeographie. Stuttgart 1957

GERASSIMOW, I. P.: Eine neue Bodenkarte der Welt und ihre wissenschaftlichen Probleme. Die Erde 1963

HOLLSTEIN, W.: Zur heutigen Methode bodenkundlicher Übersichtskarten und ihrer Anwendung auf die internationale Bodenkarte von Europa. Zeitschr. Ges. f. Erdkunde Berlin 1938

—: Bodenaufnahme im Gelände. Geogr. Taschenbuch 1951/52, S. 398–404

—: Bodenkarten und ihre bes. Darstellungsprobleme. Kartogr. Nachr. 1963

HUMMEL, P.: Böden. In: Kartographie der Gegenwart in der Bundesrepublik Deutschland '84. Bielefeld 1984, S. 145–147

KRISCHE, P.: Bodenkarten und andere kartographische Darstellungen der Faktoren der landwirtschaftlichen Produktion. Berlin 1928

LANG, R.: Versuch einer exakten Klassifikation der Böden in klimatischer und geologischer Hinsicht. Internat. Mitt. f. Bodenkunde 1915

LORENZ, W.: Die Bodenkartierung und ihre Aufgaben im Dienste unserer Volkswirtschaftsplanung. Zeitschr. f. Erdkundeunterricht 1952

—: Kartographische und technische Aufgaben bei der Entwicklung von Bodenkarten. Peterm. Geogr. Mitt. 1953, S. 81–88

MÜCKENHAUSEN, E.: Bodenkarten, ihr Wesen und Zweck. Allg. Vermessungsnachrichten 1938

RIEDL, H.: Kritische Bemerkungen zur Österreichischen Bodenkarte 1:5000. Mitt. Naturwiss. Ver. f. Steiermark 95, 1965, S. 178–184

RUPPERT, K.: Bodengütekarte und Bodenkarte. Zwei neue bayerische Kartenwerke. Erdkunde 16, 1962, S. 64–67

Simonson, R. W.: Mapping of Soils. Soil Science 74, 1952, S. 323–330

STREMME, H.: Die Bodenkartierung. In: E. Blanck, Handbuch der Bodenlehre, Bd. X. Berlin 1932, S. 259–428

TASCHENMACHER, W.: Zur Übersichtskarte der Bodengüte der landwirtschaftlich genutzten Flächen in der Bundesrepublik Deutschland. Ber. Dt. Landeskunde 1963
WALTER, F.: Die Kartierung der Bodenarten. Landwirtschaftl. Jb. 1933
WEIDENBACH, F.: Klassifikation und Bestimmung von Bodenarten. Geogr. Taschenbuch 1950, S. 221–226
WOLFF, W.: Bodenkundliche Karten. Mitt. Reichsamt f. Landesaufn. 1931/32
—: Grundsätzliches über Bodenkartierung. Zeitschr. Pflanzenernährung 1933

Geomorphologische Karten

Erstreben über einfache, wahrheitsgetreue kartographische Darstellung der Topographie hinaus Zusammenfassung einzelner Erscheinungen der Erdoberfläche zu Formengruppen und deren zeichnerische Darstellung. Auswahl nach Gesichtspunkten der Formenähnlichkeit oder der gleichen Formenentwicklung, d.h. beschreibend oder erklärend.

Morphographische Karten: Beschränkung der Darstellung auf objektive Formenbeschreibung. Unterscheiden sich von topographischen Karten durch sachlich begründete Hervorhebungen, Weglassungen und Zusammenfassungen des Formenschatzes.

Morphogenetische Karten bezwecken Deutung der Formen, Entschleierung ihrer Entstehungsgeschichte und deren Darstellung.

Beschreibung (Morphographie) und Erklärung (Morphogenese) in *einer* Karte ergibt kombinierte Karte, d.h. *geomorphologische Karte* im umfassenderen Sinn.

Morphographische Karten

Geländeformen können auf großmaßstäblichen topographischen Karten hinreichend genau und anschaulich wiedergegeben werden. Bei kleinmaßstäblichen Karten Abnahme objektiver Geländedarstellung in gleichem Maße, wie Kartograph zur Generalisierung gezwungen ist.

Schon Isohypsenbild deutscher Karte 1:200000 entspricht nicht mehr tatsächlicher Mannigfaltigkeit des Formenschatzes. Wichtige Kleinformen, z.B. Karsterscheinungen in unübersichtlichem Gelände, können auf Übersichtskarten nicht mehr dargestellt werden. Noch weniger befriedigende Darstellung auf Karten kleineren Maßstabs. Weltkarte 1:1 Mill. sagt z.B. nichts über relative Höhen innerhalb dargestellter Höhenintervalle aus. Raum zwischen zwei Höhenlinien kann von stetig ansteigender schiefer Ebene oder von bewegtem Relief erfüllt sein.

Morphographische Karten geben Formenschatz klassifizierend ohne genetische Aussage durch Signaturen oder Symbole wieder. Beruhen auf Auswertung von Spezialkarten oder unmittelbaren Geländestudien. Methodisch Unterscheidung von vier morphographischen Kartentypen:

1. Physiographische Karten,

2. Morphometrische Karten,

3. Morphographische Karten i.e.S. (Formentypenkarten),

4. Kombinierte morphographische Karten.

Physiographische Karten

In derartigen, von Amerikanern A. K. LOBECK und E. RAISZ entworfenen Karten anschauliche, detaillierte Wiedergabe der Landschaftstypen und Formkomplexe. In ähnlich kleinen Maßstäben (1:3 Mill.–1:8 Mill.) von keiner anderen Darstellungsmethode erreicht. Geländedarstellung durch sorgfältig ausgewählte Symbole von stark perspektivischer Wirkung (Abb. 170). Entwurf physiographischer Karten setzt enge Zusammenarbeit zwischen Geographen und Kartographen voraus. LOBECK/RAISZ denken sich Kartenfläche in kleine Felder zerlegt und bauen in diese perspektivisch entworfene, bestimmten Formentypen entsprechende Symbole ein. Anblick physiographischer Karten erweckt Eindruck zeichnerischer Wiedergabe des Geländes wie im Skizzenbuch eines Beobachters beim Flug über die Erde. Einfluß des Luftbildes auf derartige Darstellungen unverkennbar.

Gutes Beispiel anschaulicher und aussagekräftiger physiographischer Karte: Morphographische Karte von El Salvador, von H. G. GIERLOFF-EMDEN (Abb. 171).

Grenzen physiographischer Karten: Darstellungsmethode nur anwendbar, wo klare morphographische Typen vorliegen. Versagt, wo Formenschatz sich

Abb. 170 Signaturen für physiographische Karten (nach E. Raisz)

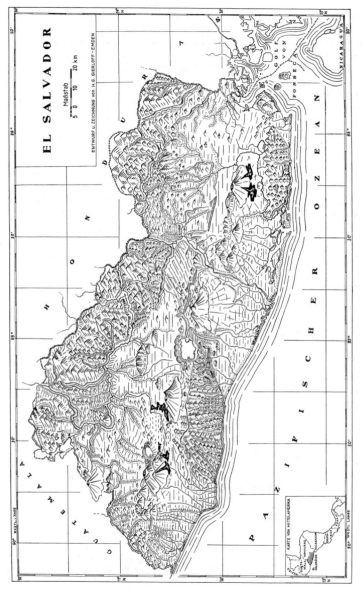

Abb. 171 Physiographische Karte von El Salvador (nach G. Gierloff-Emden)

durch schnellen Wechsel auf engem Raum der Typisierung entzieht. Absolute und relative Höhenangaben fehlen. Durch Generalisierung und Überhöhung Täuschung über tatsächlichen Maßstab. Formbilder werden leicht als Darstellungen morphographischer Einzelerscheinungen, nicht als zusammenfassende Zeichen für Formengruppen aufgefaßt.

Morphometrische Karten

Erfassen Formenschatz nicht nach allgemeincharakteristischen Zügen, sondern nach Maß und Zahl. Unterscheiden sich von *orometrischen* Karten durch stärkere Betonung besonders kennzeichnender Formengruppen oder Einzelzüge. Wichtigste morphometrische Karten: Karten der *Reliefenergie* und der *Hangneigung*.

Unter zahlenmäßig faßbaren orographischen Werten am wichtigsten die sogenannte „Reliefenergie". Bezeichnung von J. PARTSCH. Gab 1911 seinem Schlesien-Werk erstmalig Karte der *Reliefenergie* bei, d. h. Karte der relativen Höhenwerte des Reliefs im Maßstab 1:1 Mill. H. LEHMANN (1941) spricht von „Höhenspannenkarten". Höhenspanne ist maximaler Höhenunterschied innerhalb eines bestimmten Raumes, Spanne zwischen höchstem und niedrigstem Wert der absoluten Höhe.

Für Charakterisierung einer Landschaft relative Höhe (Höhenunterschied zwischen zwei beliebigen Geländepunkten) von größerer Bedeutung als auf Meeresniveau bezogene absolute Höhe. Nur Höhendifferenzen zwischen Berg und Tal, Hügel und Ebene bieten Vorstellung vom Grad der Zertalung und von Unebenheit des Geländes.

Arbeitsgang: Kartenblatt wird in Anlehnung an Gitternetz in Quadrate aufgegliedert, in jedem Quadrat wird Höhendifferenz zwischen tiefstem und höch-

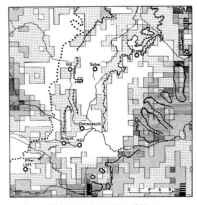

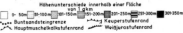

Abb. 172 Karte der Reliefenergie nach Quadratmethode: Baar und Stufenrand der südwestlichen Schwäbischen Alb (nach F. Obiditsch)

Abb. 173 Karte der Reliefenergie nach morphographischen Zonen: Südwestliche Schwäbische Alb (nach M. König)

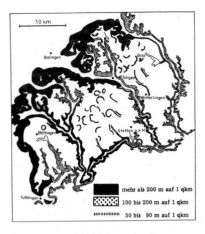

stem Punkt bestimmt. Abstufungen durch unterschiedliche Schraffierungen oder Farbgebungen (Abb. 172). Ergebnis ist unnatürliches Mosaik. Einzelfelder stehen nur in gröbsten Zügen in Beziehung zu tatsächlicher Topographie. Werte der Reliefenergie vom Zufall abhängig, d. h. von jeweiliger Lage des Gitternetzes: Bedeckt ein Quadrat ein ebenes Talbecken, so erscheint in Darstellung eine Fläche besonders geringer Reliefenergie. Wird Talbecken zufällig von Gitternetzlinie halbiert oder von zweiten geviertelt, richtet sich Reliefenergie auch für ebene Fläche des Talbeckens nach Höhe umliegender Hänge.

Werte der Reliefenergie ebenso abhängig von gewählter Größe der Quadrate. Je größer die Felder, desto größer die Höhenspannen: Einzelheiten des Reliefs verschwinden. Je kleiner die Felder, um so geringer die Höhenspannen und um so bessere Wiedergabe der Kleinformen. Kartogramme nach Feldermethode daher allenfalls morphometrisches Hilfsmittel; als morphographisches Ausdrucksmittel nur von beschränktem Wert. Geographisch aussagekräftigere Darstellungen bei Zugrundelegung von Zonen unterschiedlicher Hangwinkel (Abb. 173).

N. Krebs (1922) hat aufzunehmende Gebiete zwar ebenfalls in Quadrate aufgegliedert, diese Einteilung jedoch nicht in zeichnerische Darstellung übernommen, sondern erhaltene gleichartige Zahlenwerte durch Linien verbunden. Zu beachten jedoch, daß Reliefenergie ein Raum-, kein Punktelement ist. Daher unmöglich, „Linien gleicher Reliefenergie" zu zeichnen. Vergleich solcher Linien mit Isohypsen, klimatischen Kurven oder anderen wirklichen Isarithmen unrichtig. Vergleichbar mit Karten der Bevölkerungsdichte, deren Kurven ebenfalls nur „scheinbare" oder „Pseudoisarithmen" sind (S. 226).

Echte Isarithmen nur auf Karte der „Relativen Höhen von Kärnten" von V. Paschinger (1934). Stellte Höhenunterschiede zwischen Talsohlen und benachbarten Gebirgskämmen fest und verband gleichwertige Punkte, in 6 Stufen geordnet, durch „Linien gleicher relativer Höhe". Ergebnis ist Karte relativer Höhenschichten. Plastisches, nicht von subjektiven Faktoren abhängiges Bild. Gegensatz zur Quadratmethode mit beliebiger Wahl der Felderngröße.

Bei Kreismethode von W. Thauer (1955) wird Reliefenergie aus Differenz zwischen höchstem und tiefstem Punkt der Erdoberfläche innerhalb eines Kreises bestimmt und Differenzwert dem Kreismittelpunkt zugeordnet. Kreise können beliebig dicht gelegt werden und sich überschneiden. Je dichter Kreismittelpunkte liegen, desto genauer das endgültige Bild. Auf Karte 1:25 000 Kreise mit Radius von 4 cm (= 1 km in der Natur) zweckmäßig. Verbindung erhaltener Zahlenwerte durch Isarithmen. Auf ihnen liegen alle Punkt, in deren Umkreis von 1 km gleiche maximale Reliefenergie herrscht.

Nähere Erläuterung der Karten der Reliefenergie durch Verwendung formbeschreibender Symbole. Durch Überdruck, z. B. bei Darstellung von Gebieten mit einheitlicher 100-m-Höhenspanne, Unterscheidung zwischen welligem und kuppigem Hügelland, zwischen zerschnittenen Platten- und Riedellandschaften. Bei farbiger Darstellung Kennzeichnung eines Flachreliefs, z. B. auf Höhe der Gebirgsstöcke, in eingesenkten Beckenböden und in Tiefebenen, durch Signaturüberdruck notwendig. Anderenfalls Verwechslungen möglich.

Bei einfarbigen Karten der Reliefenergie Wahl der Schraffuren und Raster für Darstellung des Übergangs vom schwachen zum starken Relief in Hell-Dunkel-Reihe. Bei mehrfarbigem Druck Abstufung der Farbtöne von blassen nach kräftigen oder von kalten nach warmen Farben. Auch Farbfolge Grün-Braun wie auf Höhenschichtenkarten, jedoch Gefahr von Verwechslungen. SCHREPFER/KALLNER wählten Farbreihe: Gelb, Grün, Blau, Violett, Schwarz. Gewisse Stetigkeit in Abstufung zweckmäßig, da Karte sonst unanschaulich.

Allgemeiner *Nachteil* der Reliefenergiekarten: geben Höhenunterschiede, aber nicht charakteristische Unterschiede des *Formenschatzes* an. Gleiche Reliefenergie von z. B. 100 m im Bereich ganz verschiedener Formentypen möglich (Abb. 174).

Karten der Reliefenergie nach Feldermethode zur Beantwortung von Fragen der Hangforschung ungeeignet, da Hänge nur stückweise durch zufällig festgelegte Grenzen aus Gesamtverband des Geländes herausgelöst und dargestellt werden. Kennzeichnung unterschiedlicher Böschungswinkel kann bedeutsamer werden als die relative Höhe. Daher Entwurf spezieller *Hangneigungskarten* erforderlich. Karte des Deutschen Reiches 1 : 100 000 ist Karte der Hangneigung mit Schraffen nach Böschungswinkeln (S. 106). Schraffenprinzip versagt jedoch bei Karten kleinerer Maßstäbe. Auf Karte der Hangneigung Ausscheidung natürlicher Einheiten mit annähernd gleicher Hangneigung, d. h. Erfassung des innerhalb begrenzten Raumes auftretenden mittleren Böschungswinkels (Abb. 175). Sol-

Abb. 174 Beispiele verschiedener Formentypen mit gleicher Reliefenergie (nach H. Lehmann)

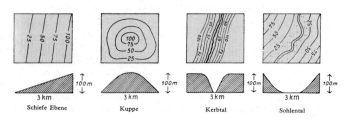

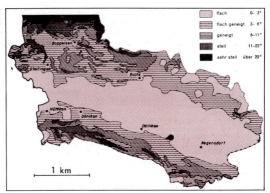

Abb. 175 Karte der Hangwinkel: Ausschnitt aus dem Schweizer Mittelland (nach H. Gutersohn)

che Karten wichtig für Beurteilung landwirtschaftlicher Nutzbarkeit eines Gebietes nach topographischen Verhältnissen.

Außer Reliefenergie und Hangneigung noch andere Möglichkeiten morphometrischer Darstellung gegeben: z.B. Karten der Taldichte, der Taltiefe, des Reliefsockels und der Reliefhülle (H. LOUIS und K. FISCHER).

Morphographische Karten im engeren Sinne (Formentypenkarten)

Erstreben Auflösung tatsächlich vorhandener Mannigfaltigkeit der Geländeformen in überschaubare Zahl von Formentypen und Formenkomplexen und deren übersichtliche Darstellung durch Symbole, Signaturen oder andere graphische Mittel. Voraussetzung für Entwurf: Zweckmäßige Klassifizierung vorkommender Geländeformen und Fixierung ihrer Lage innerhalb des Untersuchungsgebietes. Erarbeitung feiner morphographischer Typenskala erforderlich, da übliche Geländebezeichnungen (Hügelland, Mittelgebirge, Hochgebirge) von ungenügender Aussagekraft.

Zwei technische Darstellungsmöglichkeiten: Durch anschauliche physiographische Symbole oder durch abstrakte graphische Signaturen bzw. Flächenfarben. Abstrakte graphische Signaturen bei geschickter Wahl ebenso anschaulich wie die durch Überhöhung und Perspektive zu irrtümlichen Auffassungen führenden physiographischen Symbole von A.K. LOBECK und E. RAISZ (S. 262).

Entwurf morphographischer Karte mit abstrakten Signaturen setzt wie bei physiographischer Karte Aufstellung von Typenreihen voraus, jedoch zeichnerische Ausführung einfacher als die idealisierter Bildsymbole (Abb. 170). Gut durchdachte, folgerichtig entwickelte Vorschläge für morphologische Zeichen (Abb. 176) von H. LEHMANN. Zeichenschlüssel für großmaßstäbliche Kartierung in den Alpen von H. SPREITZER und H. ANNAHEIM, für Flachland und Mittelgebirge von M. KLIMASZEWSKI. Derartige Zeichenschlüssel ermöglichen selbst bei kleinräumigem Formentypenwechsel situationstreue Darstellung. Auch durch abstrakte Signaturen

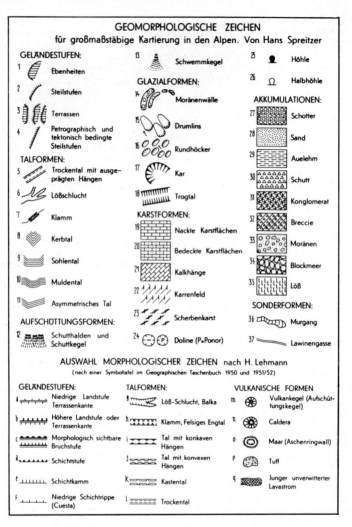

Abb. 176 Typenskala morphographischer Zeichen (in Auswahl) (nach H. Spreitzer u. H. Lehmann)

Suggestivwirkung erreichbar, z.B. Wiedergabe horizontaler Formelemente (Hochflächen, Riedelflächen, Terrassen) durch waagerechte Strichsignaturen. Flächenfarben bieten zwar bessere Übersicht, wirken jedoch nicht anschaulich. Buntes Farbmosaik muß wie farbige geologische Karte gelesen werden. Anlehnung an Farbenskala der Höhenschichtenkarten erweckt falsche Vorstellungen, daher unzweckmäßig. Gute Resultate durch Kombination von Signaturen mit Flächentönung.

Kombinierte morphographische Karten

Beruhen auf Vereinigung der drei behandelten Darstellungsmethoden. Verbindung von Reliefenergie oder Hangwinkeldarstellungen mit zusätzlichen, formenkennzeichnenden Symbolen besonders geeignet, Aufgabe morphographischer Karte befriedigend zu lösen. Beispiel: E. LICHTENBERGER, Karte der morphologisch-ökologischen Gliederung Mittelkärntens (Geogr. Jahresber. aus Österreich 1957/58).

Literatur

CARLBERG, B.: Morphographische und physiographische Karte. Peterm. Geogr. Mitt. 1942

FISCHER, K.: Hüllfläche und Sockelfläche des Reliefs, dargestellt am Beispiel der Schweizer und Salzburger Alpen. Bayer. Akad. Wiss., Math.-naturwiss. Klasse, Sitzungsber., München 1963

GIERLOFF-EMDEN, H. G.: Die Bedeutung morphographischer Karten für die Geographie. Die Erde 1953

—: Erhebungen und Beiträge zu den physikalisch-geographischen Grundlagen von El Salvador. Mitt. Geogr. Ges. Hamburg 1958

GOHL, D.: Strukturen und Skulpturen der Landschaft. Die Methodik der Darstellung am Beispiel einer Karte von Deutschland. Forsch. z. dt. Landeskde. 184, 1967

GUTERSOHN, H.: Relief und Flußdichte. Diss. Zürich 1932

HEMPEL, L.: Hangdarstellung in der geomorphologischen Karte. Congr. Internat. de Géogr., Rio de Janeiro 1956

HÖLZEL, F.: Perspektivische Karten. Internat. Jb. f. Kartogr. 1963

KLIEWE, H.: Relief, Reliefenergie und Glaziärgenese des Spätglazials im Kartenbild. Geogr. Ber. 1960

LEHMANN, E.: Neue Wege großmaßstäbiger kartographischer Darstellung in der Morphographie und Morphologie. Beitr. z. Raumforsch., Schriftenreihe d. Österr. Ges. z. Förderung v. Landesforsch. u. Landesplanung, Bd. 2, Festschrift für H. Bobek, Wien 1964, S. 71–82

LEHMANN, H.: Aufgaben und Methoden morphographischer Karten. Jb. Kartogr. 1941

—: Vorschläge für morphologische Zeichen. Geogr. Taschenbuch 1950, S. 240 f.; 1951/52, S. 435 f.

LÖFFLER, E.: Die Oberflächengestaltung des Pfälzer Waldes. Forsch. Dt. Landes- u. Volkskunde XXVII, 1. Stuttgart 1929

LOUIS, H.: Über Sockelfläche und Hüllfläche des Reliefs. Zeitschr. f. Geomorphol. 1963

NEUSCHWANDER, G.: Morphometrische Begriffe. Eine kritische Übersicht auf Grund der Literatur. Diss. Zürich 1944

RAISZ, E.: The Physiographic Method of Representing Scenery on Maps. Geogr. Review 1931

—: Landform, Landscape, Land-use, and Land-type Maps. J. of Geogr. 1946

SCHLÄPFER, A.: Die Berechnung der Reliefenergie und ihre Bedeutung als graphische Darstellung. Diss. Zürich 1938

SCHREPFER, H. u. KALLNER, H.: Die maximale Reliefenergie Westdeutschlands. Peterm. Geogr. Mitt. 1930

THAUER, W.: Neue Methoden der Berechnung und Darstellung der Reliefenergie. Peterm. Geogr. Mitt. 1955

WALDBAUR, H.: Die Reliefenergie in der morphographischen Karte. Peterm. Geogr. Mitt. 1952

—: Landformen im mittleren Europa. Morphographische Karte mit Reliefenergie. 1:2 Mill., hrsg. v. Dt. Inst. f. Länderkunde. Leipzig 1958

Morphogenetische Karten

Dienen der Wiedergabe geomorphologischer Forschungsergebnisse. Koordinieren Vielzahl morphologischer Einzeluntersuchungen, bringen deren Ergebnisse auf gemeinsamen Nenner und machen sie der Erkenntnis eines größeren Zusammenhangs dienstbar.

Morphogenetische Karten erstreben Herausarbeitung der für *Formgenese* wichtigen Elemente. Bezwecken Deutung und Altersbestimmung des Formenschatzes, sind daher auch durch großmaßstäbliche Karten nicht ersetzbar. Morphogenetische Karten brauchen nicht wie morphographische Karten Gesamtheit des Formenschatzes darzustellen. Inhalt und Methode der Darstellung hängen vom wissenschaftlichen Ziel ab. Darstellung kann sich auf wissenschaftlich interessante, im Geländebild jedoch weniger hervortretende Formkooplexe beschränken.

Vielfalt morphogenetischer Karten erklärt sich aus Problemstellung der Geomorphologie als Forschungsdisziplin und allgemeinem Bestreben, Oberflächengestalt eines Gebietes über Möglichkeiten topographischer Kartendarstellungen hinaus nach wissenschaftlichen Prinzipien wiederzugeben. Vielzahl morphogenetischer Karten gliedert sich in vier Gruppen:

1. Morphophysiologische Karten,

2. Morphodynamische Karten,

3. Morphochronologische Karten,

4. Morphogenetische Karten i. e. S.

Morphophysiologische Karten

Stellen die durch Untergrund, Klima, Gewässer- und Vegetationsverhältnisse gegebenen Voraussetzungen und Faktoren der Formenbildung dar; daher auch morphoökologische Karten genannt (J.F. GELLERT).

Probleme morphophysiologischer Karte besonders von S. PASSARGE untersucht. Sein methodisch wichtigstes Beispiel: Morphologische Kartierung des Meßtischblattes Stadtremda (1914). Grundlage bilden topographische Karte zur Entnahme der Geländeformen und geologische Karte zum Studium von Tektonik und Lagerungsverhältnissen der Formationen. Analytische Darstellung der an Formengestaltung beteiligten Faktoren: Härte, Klüftung, Porosität und Löslichkeit der Gesteine, Durchlässigkeit von Geröll, Kies, Sand, Lehm, Ton, Sumpf- und Moorboden, Auftreten von Kalkkrusten, Schutzrinden usw. Aus Vegetationsbedeckung Rückschlüsse auf Abtragung und Bodenbewegung. Große Zahl morphologisch wichtiger Faktoren zwingt zu sinnvoller Zusammenfassung mehrerer auf einer Karte.

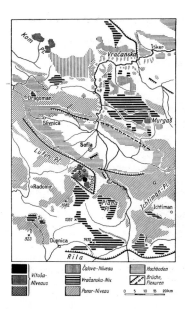

Abb. 177 Morphochronologische Karte: Flächenkarte von Westbulgarien (nach H. Wilhelmy)

Morphodynamische Karten

Stellen die an Erdoberfläche wirksamen formgebenden Kräfte in örtlicher Verteilung und die im Gelände beobachtbaren morphologischen Vorgänge dar. Daher auch als aktualmorphologische Karten bezeichnet (J.F. GELLERT).

Morphochronologische Karten

Stellen Oberflächenformen nach Entstehungsalter dar, z. B. Rumpfflächensysteme (Abb. 177), Erosionsgenerationen, Moränenfolgen.

Morphogenetische Karten im engeren Sinne

Gliedern Formen und Formengruppen nach Erscheinungsbild und Entstehungsweise. Bezwecken kartographische Wiedergabe der Oberflächengestalt eines Gebietes als erdgeschichtlich entstandenes Gefüge regelhaft entwickelter Oberflächenformen. Vermitteln Beobachtungstatsachen und wissenschaftliche Deutungen. Dieser Gruppe gehört Großteil bisher entworfener morphologischer Karten an.

Entgegen relativ einfachem Grundprinzip geologischer Karten (S. 248) steht geomorphologische Kartierung vor der Aufgabe, ein kompliziertes, sich durchdringendes System von Oberflächenformen verschiedener Größenordnung, Bildungsart und Entstehungszeit (Reliefgenerationen) zu erfassen und kartographisch darzustellen.

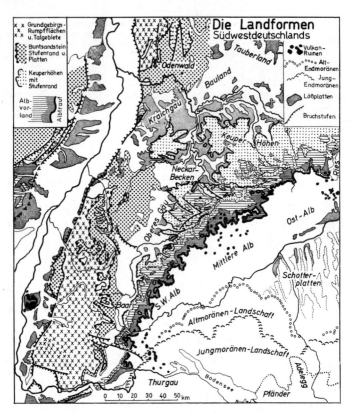

Abb. 178 Morphogenetische Karte: Landformen SW-Deutschlands
(nach F. Huttenlocher)

Übersichtliche Verhältnisse z. B. im Norddeutschen Flachland. Oberflächengestaltung dort durch einfache Systeme größtenteils einphasig entstandener, meist wenig veränderter quartärer Ablagerungs- und Abtragungsformen charakterisiert. Im Gebirge dagegen Vielzahl eng miteinander verzahnter, oftmals einander überlagernder, u. U. sich gegenseitig auslöschender Formen, die bis weit ins Tertiär zurückreichen. Ergebnis vielphasiger Genese ist verwickeltes Gefüge von Abtragungs- und Ablagerungsformen.

Für kartierenden Morphologen zusätzliche Schwierigkeiten dadurch, daß Oberflächenformen unabhängig von Charakter und Größe unter Einfluß der seit ihrer Entstehung wirkenden Kräfte weiterentwickelt und verändert werden. Bearbeiter steht weit mehr als kartierender Geologe vor Problemen der Wiedergabe vielschichtiger Tatsachen- und Erscheinungskomplexe.

Drei Möglichkeiten morphogenetischer Kartendarstellung i. e. S.:

1. Kennzeichnung der Reliefabhängigkeit von geologischer Struktur. Beispiel für geologisch-morphologische Karten: Karte der süddeutschen Schichtstufenlandschaft (Abb. 178).

2. Darstellung von Formentypen unter besonderen Betonung der Leitformen und des Alters ihrer Bildung. Dabei kann es sich um selektive Wiedergabe einer bestimmten morphologischen Erscheinung (monomorphologische Karten) oder mehrerer Formelemente handeln. Ergebnis: *Analytische* morphologische Karte, beruhend auf Übersichtskartierung oder Spezialkartierung (Abb. 179). Über-

Abb. 179 Analytische morphogenetische Karte: Terrassen der mittleren Mosel (Ausschnitt, nach E. Kremer)

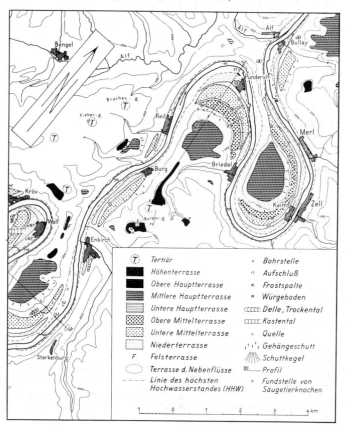

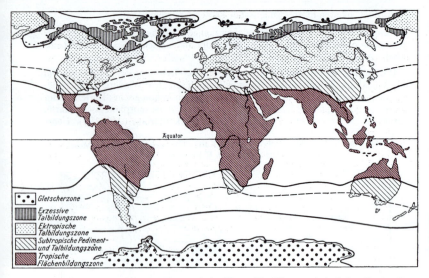

Abb. 179a Synthetische morphogenetische Karte: Die klimamorphologischen Zonen der Erde (nach J. Büdel, 1963)

sichtskartierung beschränkt sich auf Erfassung größerer Raumkomplexe oder einzelner großer Formenzüge auf kleinmaßstäblichen Karten: Einzig mögliche Form morphologischer Kartierung in Gebieten mit unzureichenden topographischen Grundlagen. *Spezialkartierung* gibt morphologische Detailuntersuchungen in großem Maßstab wieder (1:5000–1:10000 geomorphologische Grundkartierung, 1:10000–1:100000 geomorphologische Detailkartierung). Beispiel: Terrassenkarten.

3. Wiedergabe des gesamten Formenschatzes eines Gebietes. Ergebnis: *Synthetische* oder *komplexe* morphologische Karte, beruhend auf Totalkartierung (Abb. 178). Zwei Verfahrensweisen: a) Aufteilung der Beobachtungsergebnisse auf *mehrere* Karten, b) Darstellung der wesentlichen Formelemente auf *einer* Karte (Abb. 179a). Darstellung von Einzelphänomenen auf Sonderkarten.

Beispiel: Morphologische Karte des Harzes. Ihre Aufgabe: Erklärung der Oberflächenformen als Ergebnis des sich phasenhaft wandelnden Zusammenwirkens von tektonischen Vorgängen (Krustenbewegungen) und klimatisch gesteuerten Denudations- und Erosionsprozessen.

Auf morphogenetischen Karten zweischichtige Darstellung zweckmäßig: Formentypen in Signaturen und Schwarz-Weiß-Druck, Altersangaben in farbiger Stufenfolge.

Literatur

ANNAHEIM, H.: Zur Frage der geomorphologischen Kartierung. Peterm. Geogr. Mitt. 1956
BARGON, E.: Bodenerosion. Ihr Auftreten, ihre Erkennung und Darstellung. Geol. Jb. 1962
BARSCH, D.: Geomorphologische Karte 1:25 000 des Schweizer Juras. Regio Basiliensis, H. XII, 2, 1971, S. 323–329
—: Das GMK-Schwerpunktprogramm der DFG: Geomorphologische Detailkartierung in der Bundesrepublik. Ztschr. f. Geomorph. 20, 1976, S. 488–498
BOESCH, H.: Morphologische Karten. Schweizer Geograph 1945
BÜDEL, J.: Klima genetische Geomorphologie. Geogr. Rundschau 1963
CREUTZBURG, N.: Methodik morphologischer Kartendarstellung in einem zentralalpinen Gebiet. Peterm. Geogr. Mitt. 1922
DEMEK, J. (Hrsg.): Report of the Working Team for the Geomorphological Map of Europe on 1:500 000. Czechosl. Acad. Sci., Inst. of Geogr. Brno. Internat. Geogr. Union – Comm. on Applied Geomorphology, Subcommission on Geomorphological Mapping. Brno 1968
— (Hrsg.) u. a.: Handbuch der geomorphologischen Detailkartierung. Wien 1976
DEMEK, J., EMBLETON, C. und KUGLER, H. (Hrsg.) Geomorphologische Kartierung in mittleren Maßstäben. Peterm. Mitt., Erg.-Heft 281. Gotha 1982
ERGENZINGER, P. u. JANNSEN, G.: Grundsätze für geomorphologische Karten am Beispiel des Entwurfs zu einer geomorphologischen Übersichtskarte von West-Mitteleuropa im Maßstab 1:500 000. Bundesforschungsanst. f. Landeskunde u. Raumforsch., Bad Godesberg 1969
FRANZ, H. J. u. SCHOLZ, E.: Die Blätter „Potsdam" und „Berlin-Süd" der geomorphologischen Übersichtskarte der Deutschen Demokratischen Republik. Maßstab 1:200 000. Geogr. Ber. 1965
FRÄNZLE, O.: La cartographie géomorphologique. Nature et ressources. Bull. Décen. hydrolog. internat. 2, Nr. 4, 1966, S. 16–18
GEHNE, H.: Eine neue Methode geomorphologischer Kartendarstellung. Peterm. Geogr. Mitt. 1912
GELLERT, J. F.: Über geomorphologische Kartierungsarbeiten in der Deutschen Demokratischen Republik. Geographical Studies, Nr. 46, Warszawa 1963
—: Probleme der geomorphologischen Kartierung. Geogr. Ber. 1964
—: Internationale Diskussionen über geomorphologischen Karten. Geogr. Ber. 1966
—: Das System der komplex-geomorphologischen Karten. Peterm. Geogr. Mitt. 112, 1968, S. 185–190
—: Weitere Arbeiten zur Unifizierung der Legende der geomorphologischen Detailkarte. Peterm. Geogr. Mitt. 111, 1967, S. 214–215
—: Bericht der Arbeitsgruppe für die Geomorphologische Übersichtskarte 1:500 000 von Europa. Peterm. Geogr. Mitt. 112, 1968, S. 120
—: Karte der Großformentypen und Morphostruktur Bulgariens im Maßstab 1:2,5 Mill. Geogr. Ber. 51, 1969, S. 118–122
—: Die Konzeption und unifizierte internationale Legende für geomorphologische Übersichtskarten europäischer Länder. Geogr. Ber. 51, 1969, S. 132 bis 145
—: Projekte und Probleme der internationalen geomorphologischen Forschung und Kartierung. Peterm. Geogr. Mitt. 116, 1972, S. 75–79
—: Die Geomorphologische Generalkarte der DDR im Maßstab 1:1,5 Mill. und deren Beziehung zur Internationalen Geomorphologischen Karte von Europa 1:2,5 Mill. Peterm. Geogr. Mitt. 117, 1973, S. 76–79
—: Probleme einer Anleitung zur mittelmaßstäbigen geomorphologischen Kartierung. Peterm. Geogr. Mitt. 118, 1974, S. 163–156
GELLERT, J. F., SACHSE, R. u. SCHOLZ, E.: Konzeption und Methodik einer morphogenetischen Karte der Deutschen Demokratischen Rupblik. Geogr. Ber. 1960
GIERLOFF-EMDEN, H.-G.: Orbital Remote Sensing of Coastal and Offshore Environments. A Manual of Interpretation. Berlin-New York 1977

GÖBEL, P.: Vorschläge zur inhaltlichen und graphischen Gestaltung geomorphologischer Karten. Erl. am Beisp. d. geomorph. Kt. 1: 25 000 Friedewald. Rhein-Mainische Forschungen, H. 87, Frankfurt/M. 1978

GOHL, D.: Methodik der strukturell-skulpturellen Landschaftskarte am Beispiel einer Wandkarte von Mittel- und Westdeutschland. Diss. Bonn 1967

GRIMM, F., HAASE, G., KUGLER, H. u. RICHTER, H.: Empfehlung für den Inhalt und die Bearbeitung einer geomorphologischen Grundkarte im Maßstab 1: 10 000 (mit Zeichenschlüssel). Peterm. Geogr. Mitt. 108, 1964, S. 150–157

HEMPEL, L.: Arbeiten mit Hangdarstellung in geomorphologischen Karten. Prem. Rapp. de la Comm. pour l'Étude des Versants. IGU, Amsterdam 1956, S. 83–84

HOFMANN, W. u. LOUIS, H.: Landformen im Kartenbild. Topographisch-geomorphologische Kartenproben 1: 25 000 (mit Erläuterungen), 30 Blätter in Einzelheften, Braunschweig 1968–1975, vollst. erschienen

Institut Géographique National: Relief Form Atlas. Paris 1956

Institute of Geography of the Polish Academy of Sciences: Problems of Geomorphological Mapping. Geographical Studies, Nr. 46, Warszawa 1963

International Geographical Union, Commission on Geomorphic Survey Mapping: Legend to the International Geomorphological Map of Europe 1: 2,5 Mill. Compiled by N. V. BASHENINA u. a. Czechosl. Acad. Sci. Inst. of Geogr. Brno 1971

KÄUBLER, R.: Kritische Bemerkungen zu geomorphologischen Karten Deutschlands. Wiss. Zeitschr. d. Martin-Luther-Univ. Halle-Wittenberg. Math.-Naturwiss. VI, 5, 1957, S. 903–906

KLIMASZEWSKI, M.: The Problems of Geomorphological and Hydrological Map on the Example of the Upper Silesian Industrial District. Polish Acad. Sci., Inst. of Geogr. Studies, H. 25, Warschau 1961

—: The Principles of the Geomorphological Survey of Poland (Table of Colours used in the Geomorphological Map of Poland – Table of Geomorphological Forms and Signs used in the Geomorphological Map of Poland). Przeglad Geogr. XXVIII, Suppl., 1965

— (ed.): Problems of geomorphological mapping. Data Internat. Conf. Subcomm. Geomorph. Mapping, Poland 1962. Geogr. Studies. Inst. of Geogr. Polish Acad. Sci., 46, Warszawa 1963

KUGLER, H.: Zur Erfassung und Klassifikation geomorphologischer Erscheinungen bei der ingenieurgeologischen Spezialkartierung. Zeitschr. f. angew. Geol. 11, 1963, S. 591–598

—: Großmaßstäbige geomorphologische Kartierung und geomorphologische Refliefanalyse. Vorschlag und Beispiele für eine Geomorphologische Grundkarte 1: 10 000 und eine Geomorphologische Karte 1: 25 000. Diss. Math.- Naturwiss. Univ. Leipzig 1964

—: Die geomorphologische Reliefanalyse als Grundlage großmaßstäbiger geomorphologischer Kartierung. Wiss. Veröff. Dt. Inst. f. Länderkunde, N.F. 21/22, Leipzig 1964

—: Aufgaben, Grundsätze und methodische Wege für großmaßstäbiges geomorphologisches Kartieren. Peterm. Geogr. Mitt. 1965

—: Einheitliche Gestaltungsprinzipien und Generalisierungswege bei der Schaffung geomorphologischer Karten verschiedener Maßstäbe. Peterm. Geogr. Mitt. Erg.-H. 271 „Landschaftsforschung", 1968, S. 259–279

—: Die Entwicklung der geomorphologischen Karten des Atlas DDR als Beispiel zur Strukturforschung und Ressourcenerkundung in der Deutschen Demokratischen Republik. Geogr. Ber. 52/53, 1969, S. 242–251

LESER, H.: Geologisch-geomorphologische Karte der Mittleren Schwäbischen Alb. Ein Verfahren zur Kombination von Geologie und Geomorphologie im Kartenbild. Ber. Dt. Landeskunde 1963

—: Geomorphologische Spezialkarte des Rheinhessischen Tafel- und Hügellandes. Mit einem Abriß der Geschichte der geomorphologischen Spezialkarte. Erdkunde 21, 1967, S. 161–168

—: Geomorphologische Karten im Gebiet der Bundesepublik Deutschland nach 1945, I, Ber. z. dt. Landeskde. 39, 1967, S. 101–121, II. Catena 1, 1974, S. 297–324

—: Informationstheorie und Geomorphologische Kartographie. Kartogr. Nachr. 25, 1975, S. 54–62

—: Bemerkungen zur geomorphologischen Kartierung 1:25000 in der BRD am Beispiel des Blattes 7520 Mössingen. Erdkunde 29, 1975, S. 166–173

—: Das GMK-Projekt. Bericht über die Arbeiten an Geomorphologischen Karten der BRD. Kartogr. Nachr. 26, 1976, S. 169–177

—: Aktuelle konzeptionelle Fragen der GMK 25. Kart. Nachr. 34, 1984, S. 161–174

— u. STÄBLEIN, G. (Hrsg.): Geomorphologische Kartierung. Richtlinien zur Herstellung geomorphologischer Karten 1:25000. Inst. f. Physische Geographie d. FU Berlin ^{2}1975; Geogr. Taschenb. 1979/80, S. 115–134

MACHATSCHEK, F.: Über morphologische Karten. Kartogr. u. Schulgeogr. Zeitschr. 1917

MÄUSBACHER, R.: Die Verwendbarkeit der geomorphologischen Karte 1:25000 (GMK 25) der Bundesrepublik Deutschland für Nachbarwissenschaften und Planung. Diss. Heidelberg 1984

MAYER, R.: Über morphologische Karten. Zeitschr. f. Geomorphol. 1926/27

MCGILL, J.T.: Coastal classification maps: a review. 2nd Coastal Geogr. Conf. Washington 1959, S. 1–21

MIETZNER, G.: Die kartographische Darstellung des Geländes unter besonderer Berücksichtigung der geomorphologischen Kleinformen. Mitt. Inst. f. angew. Geodäsie, Nr. 43. Frankfurt/M. 1964

NEUGEBAUER, G.: Entwurf einer geomorphologischen Übersichtskarte des westlichen Mitteleuropa 1:1 Million. Frankfurt/M. 1970

PASSARGE, S.: Morphologischer Atlas. Lfg. 1: Morphologie des Meßtischblattes Stadtremda. Hamburg 1914

Progress made in Geomorphological Mapping. Proc. of the Meeting of the IGU-Subcomm. on Geomorphological Mapping, held in Brno and Bratislava, 1965. Inst. of Geogr. Czechosl. Acad. Sci. Brno 1967

RATHJENS, C.: Geomorphologie für Kartographen und Vermessungsingenieure. Kartogr. Schriftenreihe 6, Lahr 1958

RICHTER, H.: Eine neue Methode der großmaßstäbigen Kartierung des Reliefs. Peterm. Geogr. Mittl. 106, 1962, S. 309–213

RITCHOT, G.: La cartographie géomorphologique en noir et blanc. Cahiers de géographie de Quebec 14, 1970, S. 359–376

SACHSE, R. u. SCHOLZ, E.: Morphogenetische Karte der DDR im Maßstab 1:200000. Entwurf einer Legende des Potsdamer Arbeitskreises. Geogr. Ber. 1960

SCHOLZ, E.: Geomorphologische Übersichtskarten und ihre Bedeutung für Landesforschung und Naturschutz. Arch. f. Naturschutz u. Landesforsch., 1966, S. 271–279

—: Stand der internationalen Arbeiten zur Vereinheitlichung der Legenden für geomorphologische Detailkarten. Geogr. Ber. 52/53, 1969, S. 252–264

—: Geomorphologische Karten und Legenden ausgewählter Maßstabsgruppen. Beitr. z. internat. Vereinheitlichung sowie zu ihrer Anwendung in Wissenschaft, technisch-ökonomischer u. pädagogischer Praxis. Brno 1973

SCHROEDER-LANZ, H.: Erfahrungen bei der Herstellung von Moränenkatastern im Hochgebirge mit Hilfe der Luftbildauswertung. Gezeigt am Beispiel von Gletschervorfeldern in Jotunheimen/Norwegen. Bildmessung u. Luftbildwesen 1970, S. 164–171

SPIRIDONOW, A. I.: Geomorphologische Kartographie. Berlin 1956

STÄBLEIN, G.: Geomorphologische Detailkartierung in der Bundesrepublik Deutschland. Geogr. Taschenb. 1979/80, S. 109–113

WEBER, H.: Die Herstellung geomorphologischer Spezialkarten. Peterm. Geogr. Mitt. 1924

WERNER, R.: Geomorphologische Kartierung 1:25000 am Beisp. d. Blattes 5816 Königstein im Taunus. Rhein-Mainische Forschungen H. 86, Frankfurt/M. 1977

Wetter- und Klimakarten

Wetterkarten: Von amtlichen Wetterdiensten täglich mehrmals herausgegebene Darstellungen der Wetterlage zur Unterrichtung über augenblicklich herrschenden meteorologischen Zustand und zur Wettervorhersage.

Klimakarten: Veranschaulichen regionale Vielfalt atmosphärischer Zustände und Witterungsabläufe aufgrund langjähriger Beobachtungen.

Historischer Ausgangspunkt: Isothermenkarten von A. v. HUMBOLDT in berühmter Abhandlung „Des lignes isothermes et de la distribution de la chaleur sur le globe" (Paris 1817). HUMBOLDT bestimmte mittlere Jahrestemperatur von 58 Stationen und verband Orte gleicher, auf Meeresspiegel reduzierter Werte durch Kurven in Abständen von 5° zu 5°: „Isothermen". 1826 erste Isobaren- und Windkarten des Breslauer Physikers H. W. BRANDES. Aufgrund ihm nachträglich erreichbarer zufälliger Beobachtungen während eines heftigen Sturmes am 6. März 1783 zeichnete er Karte mit Linien gleicher, vom Normalwert abweichender Barometerstände und fand Beziehungen zwischen Luftdruck und Richtung der Winde. Gewann Erkenntnis, daß regelmäßig zu bestimmten Zeiten vorgenommene Beobachtungen über Luftdruck, Temperatur, Wind und Bewölkung geeignet seien, tägliche Wetterkarten herzustellen.

Idee jedoch erst realisierbar, nachdem umfangreiches meteorologisches Beobachtungsnetz geschaffen und durch Erfindung des elektrischen Telegraphen (1832) schnelle Nachrichtenübermittlung möglich geworden war. Am 14. Juni 1849 Veröffentlichung erster Wetterkarte in Zeitung „Daily News", London. 1876 erste Wetterkarte der Deutschen Seewarte, 1906 Begründung des öffentlichen deutschen Wetterdienstes. Bild der Wetterkarte wandelte sich mit fortschreitender Klärung physikalischer Vorgänge des Wettergeschehens. Entscheidende Beiträge dazu lieferten u. a.: V. BJERKNES, T. BERGERON, F. M. EXNER, R. SCHERHAG, H. FLOHN.

Wetterkarten

Wetterkarten bilden Grundlage für Wettervorhersage. Unter Wetterkarte im üblichen Sinn ist *Bodenwetterkarte* zu verstehen. Grundlage sind synoptische, d. h. gleichzeitig angestellte Beobachtungen (griech. *synopsis* = Zusammenschau) ausgewählter Stationen zu bestimmten, durch internationale Vereinbarung festgesetzten Stunden (Abb. 180). Meldungen werden mittels internationalem Zahlenschlüssel chiffriert, telefonisch an Zentralstelle weitergegeben und durch Funk oder Fernschreiber verbreitet. Satellitenbeobachtung hat neue bedeutende Möglichkeiten für schnelle Gewinnung großräumiger synoptischer Wetterübersichten und deren kartographische Darstellung und Fernsehverbreitung eröffnet.

Neben synoptischen Wetterkarten Entwurf von *Höhenwetterkarten* für Diagnose und Wetterprognose. Besonders Karten der relativen und absoluten Topographie der 500-Hektopascal-Fläche wichtig. Absolute 500-hPa-Topographie gibt Höhe der 500-hPa-Fläche über NN an, relative Topographie verzeichnet Abstand zwischen 500- und 1000-hPa-Fläche in geopotentiellen Metern. Da Abstand von Dichte der Luft und diese wiederum von Temperatur und Feuchte abhängt, gibt relative Topographie Aufschluß über Charakter von Luftmassen (Kalt- und Warmluftmassen). Verwendung der absoluten Topographie für Strömungs- und Verlagerungsbetrachtungen.

Synoptische Wetterkarten erfordern *winkeltreue Projektionen*. Erster Vorschlag zur Vereinheitlichung der in Meteorologie verwendeten Netzentwürfe 1919 auf 4.

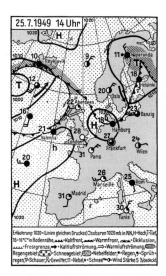

Abb. 180 Wetterkarte einer typischen Hochsommerlage (vereinfacht, nach H. Voigts)

Internationaler Konferenz in Paris, endgültige Übereinkunft 1947 in Toronto. Als Standardprojektionen empfohlen.

1. Für Polarregionen Stereographische Projektion mit Berührung in 60°.
2. Für mittlere Breiten Lamberts winkeltreue Kegelprojektion mit Schnitt in 30° und 60° N bzw. 10° und 40° S.
3. Für Äquatorialgebiete Mercatorprojektion.

Im früheren Reichswetterdienst, anfangs auch im Deutschen Wetterdienst, Verwendung von Lamberts winkeltreuer Kegelprojektion (längentreu in 30° und 60° N). Arbeitskarte 1:10 Mill. reichte vom Kaspischen Meer bis Labrador. Kartenausschnitt erwies sich für moderne Wettervorhersage als zu klein, da für Wettervorhersage besonders wichtiges Polargebiet fehlte. Daher Übergang zu polständiger Stereographischer Projektion mit Darstellung wesentlich größeren Gebietes (1:20 Mill.). Dieser Kartenausschnitt in Verkleinerung auf 1:50 Mill. wird im „Täglichen Wetterbericht des Deutschen Wetterdienstes" veröffentlicht. Bei Darstellungen von Teilgebieten Verwendung stereographischer Projektionen größeren Maßstabs mit Berührung in 60° N: Karte von Europa ohne Randgebiete (1:5 Mill. oder 1:10 Mill.), Karte von Europa mit Nordatlantik (1:10 Mill. oder 1:20 Mill.). Für Hemisphärenkarten Standardmaßstab 1:30 Mill., für Weltkarten 1:40 Mill. Diese Karten im Dreifarbendruck. Bei zweifarbigen Wetterkarten vorzugsweise Verwendung der Farben Braun und Blau, bei einfarbigen Braun (Klimakarten des Deutschen Wetterdienstes siehe S. 287).

Hauptproblem kartographischer Darstellung meteorologischer Sachverhalte ist sinnfällige Wiedergabe dynamischer Vorgänge. Veränderlichkeit der Erscheinungen in der Regel durch Serien aufeinanderfolgender Karten veranschaulicht. Spezialsignaturen für Darstellung der Wetterfronten (Abb. 180), Niederschlagsarten, Windverhältnisse usw.

Lesen und *Deuten* einer Wetterkarte erfordern Übung, theoretische Kenntnisse und Verständnis für meteorologische Vorgänge. Jeweilige Wetterlage durch Verlauf der Isobaren bestimmt. Luftdruck früher in Millimetern kommunizierender Quecksilbersäule des Barometers gemessen, d. h. durch Längenmaß ausgedrückt. Normaldruck im Meeresniveau (760 mm) bei 0 °C = 1 Atmosphäre. Heute benutzt Meteorologie physikalisches Kraftmaß: das Pascal. 100 Pascal = 1 Hektopascal (hPa); zahlenmäßig identisch mit früher benutzter Einheit Millibar. Druck von 760 mm Quecksilber entspricht 1013,2 hPa. Ein hPa demnach 0,75 mm Hg oder 1 mm Hg = 1,53 hPa.

Isobaren umschließen Gebiete hohen und tiefen Luftdrucks. Gebiet hohen Drucks als barometrisches Maximum, Antizyklone oder kurz „Hoch" bezeichnet (abgekürzt H), Gebiet niedrigen Drucks wird Minimum, Depression, Zyklone oder „Tief" (T) genannt (Abb. 180). Luftaustausch vom Hoch zum Tief. Auf der Nordhalbkugel der Erde umströmen Winde das Tief im umgekehrten Uhrzeigersinn, d. h. bei Wind im Rücken liegt Kern des Tiefs immer links. Auf Südhalbkugel umgekehrte Windzirkulation.

Zyklone besteht aus zwei durch *Fronten* deutlich voneinander getrennten Luftmassen. Subtropische Warmluft stößt in scharf begrenztem Sektor in polare Kaltluft vor. Warmsektor jeweils auf Vorderseite durch *Warmfront*, auf Rückseite durch *Kaltfront* charakterisiert. Heranrücken einer Warmfront (schwarze Linien mit Halbkreisen) in Verbindung mit Druckfall und Bewölkungszunahme bedeutet mit hoher Wahrscheinlichkeit einsetzenden Niederschlag, d. h. Wetterverschlechterung. Nach Durchzug einer Kaltfront (schwarze Linie mit Zacken) Druckanstieg, Übergang zu Schauerwetter, Bewölkungsauflockerung und Wetterberuhigung, falls keine weiteren Zyklonen unmittelbar folgen. Bei Hochdrucklagen Frontalzonen naturgemäß schwach entwickelt. Nur bei Westwetterlagen, besonders im Herbst und Frühjahr, volle Ausbildung des Frontensystems.

Stationskreise zeigen durch schwarze Ausfüllung jeweiligen Bedeckungsgrad an, Pfeile die Windrichtung nebst Windstärke nach Beaufortskala. Ganze Feder am Schaft bedeutet Windstärke 2, halbe Feder Windstärke 1. Zahlen am Stationskreis geben Temperaturen an. Alle weiteren Symbole der Legende jeder Wetterkarte zu entnehmen.

In Analysenzentrale des Deutschen Wetterdienstes Verarbeitung der Wetterbeobachtungen von 8000 Bodenstationen und rund 700 aerologischen Stationen auf der Erde, von Schiffen, Flugzeugen, Wettersatelliten u. a., d. h. von über 100 000 Einzelbeobachtungen jeden Termins (Luftdruck, Temperatur, Niederschlag, Bewölkungsgrad, Art und Höhe der Wolken, Windrichtung, Sicht). Auf Monatsniederschlagskarten des Bundesgebietes Zusammenfassung der Beobachtungen von etwa 3000 Stationen.

Klimakarten

Klimakarten sind Anschauungskarten auf Grundlage sachlich begründeter Schwellenwerte. Erlauben nur z. T. unmittelbare Entnahme klimatischer Daten. Daher Ergänzung durch Diagramme, Kartogramme oder Kartodiagramme zweckmäßig.

Grundlage bilden Prinzip der Form- und Flächentreue weitgehend vereinigende Projektionen (z. B. Entwürfe von WINKEL oder ECKERT, S. 81, 78 ff.). Wahl möglichen Maßstabs einer Klimakarte hängt von Dichte des Beobachtungsnetzes ab. Ferner spielt Topographie wesentliche Rolle. Im Flachland *eine* Klimastation für viel weiteres Gebiet repräsentativ als im Hügelland oder Hochgebirge. Gebirgsländer erfordern daher für Entwurf von Klimakarten dichteres Beobachtungsnetz als Flachländer.

Analytische Klimakarten

Analytische Klimakarten sind Darstellungen einzelner Klimaelemente. Begannen mit Wärmekarten: Isothermenkarte der Erde (1838) von H. BERGHAUS, Karte der Wärmegürtel der Erde (1884) von W. KÖPPEN.

Sondertyp analytischer Klimakarten sind *phänologische* Karten, d. h. Darstellungen im Jahreslauf periodisch wiederkehrender Wachstumserscheinungen der Pflanzen als Indikator für Eintreten bestimmter Temperaturschwellenwerte. Ihre Wegbereiter: H. HOFFMANN (1881), E. IHNE (1905) und F. SCHNELLE.

Synthetische Klimakarten sind Verbreitungsdarstellungen von Klimatypen. Bahnbrechend für ihre Entwicklung: Entwürfe von W. KÖPPEN, weitere methodisch wichtige Klimakarten u. a. von A. HETTNER, A. PHILIPPSON, H. v. WISSMANN, N. CREUTZBURG, B. P. ALISSOW, C. TROLL-K. H. PAFFEN.

Wichtigster Darstellungstyp sind Isolinienkarten (S. 225). Durch Isolinien Veranschaulichung der Wertefelder von Luftdruck, Temperatur, Feuchtigkeit u. a. Klimaelementen.

Klimatischen Größen kontinuierlicher Verbreitung stehen solche gegenüber, deren Verteilung stark orographisch oder lokal beeinflußt ist. Können sich dadurch auf verhältnismäßig engem Raum schnell verändern, wie z. B. Niederschlag, im weiteren Sinne auch Bewölkung und Sonnenschein. Beide Gruppen unterscheiden sich in gegebenen Möglichkeiten der für kartographische Darstellungen notwendigen Extra- und Interpolation. Trotz objektiv einwandfreien klimatologischen Beobachtungsmaterials daher Zeichnung von Isolinien nicht immer einfach. Entwürfe *nur* auf Grundlage geometrischer Interpolation sogar meist falsch. Besonders für Zeichnung sinnvoller Isohyeten- und Isothermenkarten. Berücksichtigung des Reliefs unerläßlich. Für Darstellung des Luftdrucks dagegen Interpolation aus Beobachtungsergebnissen weniger Stationen unter weitgehender Außerachtlassung des Reliefs möglich. Keine Notwendigkeit der Darstellung in großen Maßstäben, da durchschnittliche Luftdruckverteilung vor allem großräumige Luftströmungen bestimmt. Maßstäbe 1 : 2 Mill. – 1 : 5 Mill. ausreichend.

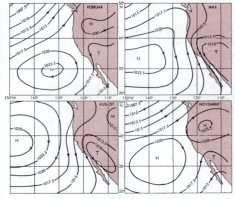

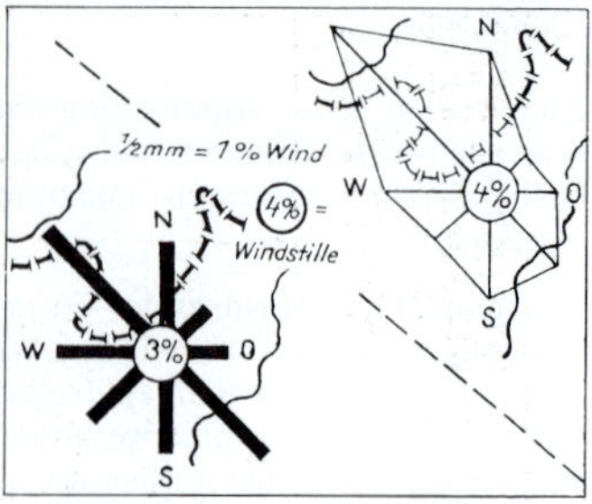

Abb. 182 Windrosendiagramme (nach E. Meynen)

Abb. 181 Isobarenkarte: Mittlere monatliche Luftdruckverteilung vor der kalifornischen Küste

Darstellung von *Luftdruck* und *Winden* durch:

Isobaren: Linien gleichen, auf Meeresspiegel reduzierten Luftdrucks (Abb. 181).
Isallobaren: Linien gleicher Luftdruckschwankung.
Isogonen: Linien gleicher Windrichtung.
Isanemonen: Linien gleicher mittlerer Windstärke.
Pfeile: Vektordarstellung in Strömungs- oder Gradientrichtung (Abb. 146).

Isobarenkarten aussagekräftiger bei Einzeichnung der Hauptwindrichtungen durch Pfeile. Lokalisierung an Beobachtungsstationen. Länge der Pfeile als Maß der Beständigkeit des Windes, Dicke als Maß der Stärke. Andere Methode: Beobachtungsstation im Zentrum einer Windrose, Länge der Pfeile proportional der Stundenzahl oder des Prozentanteils des Windes aus betreffender Richtung. Verbindung der Endpunkte der Pfeile ergibt Diagramm, das mühelos erlaubt, Windverhältnisse an Beobachtungsstation im Laufe eines Jahres zu überblicken (Abb. 182). Derartige Diagramme sind Mittelwertdarstellungen, dynamische Luftbewegung wird statisch dargestellt.

Temperaturdarstellungen möglich durch:

1. Karten mit Linien wirklich beobachteter Temperaturen,
2. Karten mit Linien auf den Meeresspiegel reduzierter Temperaturen,
3. Thermoisoplethendarstellungen,
4. PhänologischeKarten.

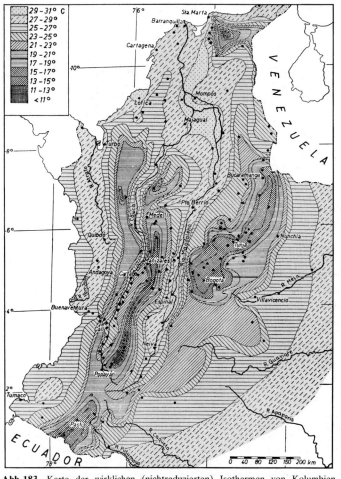

Abb. 183 Karte der wirklichen (nichtreduzierten) Isothermen von Kolumbien (nach R. Schröder)

Wichtigste Isolinien zur Veranschaulichung von *Temperaturverhältnissen:*

Isothermen: Linien gleicher wirklicher oder auf Meeresspiegel reduzierter Mitteltemperatur (Jahr, Monat).
Isochimenen: Linien gleicher mittlerer Wintertemperatur.
Isallothermen: Linien gleicher Temperaturschwankung.

Isoamplituden: Linien gleicher mittlerer Jahresschwankung der Lufttemperatur zur Darstellung des Unterschiedes der Mitteltemperatur des wärmsten und des kältesten Monats.

Isanomalen oder *Isoanomalen:* Linien gleicher thermischer Anomalie.

Isofrigoren: Linien gleicher Abkühlung innerhalb bestimmter Zeitspanne.

Thermoisoplethen: Linien gleichen täglichen und jährlichen Temperaturganges (siehe unten).

Isophanen: Linien gleichen mittleren Eintritts einer Pflanzenart in bestimmte phänologische Phase.

Für Zwecke der Praxis Karten *wahrer Temperaturen* zweckmäßiger als auf Meeresspiegel reduzierter Isothermen, da sie unmittelbar Überblick über wirkliche Temperaturverteilung vermitteln. Im Verlauf nichtreduzierter Isothermen spiegelt sich Isohypsenbild (Abb. 183).

Für Karten kleinerer Maßstäbe, z. B. Weltkarten, Darstellung mit *reduzierten Isothermen* erforderlich, da anderenfalls unmöglich, planetarische Temperaturzonen zum Ausdruck zu bringen.

Regional unterschiedliche Tages- und Jahresschwankungen der Temperaturen führten C. TROLL zur Unterscheidung von Tages- und Jahreszeitenklimaten (thermischen Klimatypen) und deren Darstellung in *Thermoisoplethen*.

Auf **phänologischen Karten** (griech. *phainesthai* = erscheinen) Einzeichnung von Linien gleichen Phasenbeginns, z. B. Wachstumsphasen bestimmter Pflanzen, Aussaat und Ernte von Kulturgewächsen (Abb. 184). Beginn der Apfel- oder Flie-

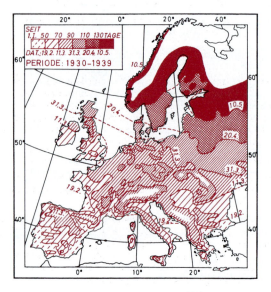

Abb. 184 Phänologische Karte: Beginn der Sommerweizenaussaat (nach F. Schnelle)

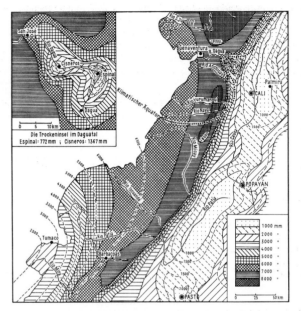

Abb. 185 Karte der mittleren Jahresniederschläge im pazifischen Küstenland Kolumbiens (nach H. Wilhelmy)

derblüte drückt feiner als instrumentelle Beobachtung Beginn bestimmten Erwärmungsgrades aus. Isophanen in 5 zu 5 oder 10 zu 10 Tagen Abstand veranschaulichen jahreszeitlichen Gang der Erwärmung von höheren zu niederen Breiten, vom Tiefland zu Gebirslagen, Dauer der Vegetationsperiode, Lage von Kälte- oder Wärmeinseln, Einflüsse lokalen Reliefs u. ä. Phänologische Karten daher besonders für Landwirtschaft wichtig (S. 337 ff.).

Niederschlagsdarstellungen sind:

1. Diagrammkarten, in denen für jede Beobachtungsstation Diagramme der monatlichen Niederschlagshöhe verzeichnet werden. Niederschlagsdiagramme veranschaulichen Jahresgang des Niederschlags (Abb. 132).

2. Isohyetenkarten, aus denen für jeden Punkt Monats- bzw. Jahressummen der Niederschläge ablesbar bzw. interpolierbar sind (Abb. 185). Sinnvoller Entwurf von Niederschlagskarten nur in enger Anlehnung an Topographie, da infolge ungenügender Zahl von Beobachtungsstationen Interpolation unter Berücksichtigung der Geländeverhältnisse erforderlich. Höhenlinienkarten daher geeignetste Grundlage für Zeichnung von Niederschlagskarten.

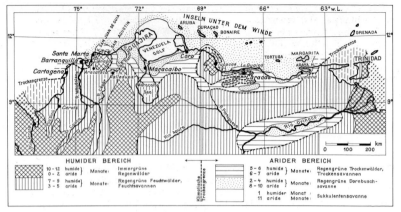

Abb. 186 Isohygromenenkarte: Das Trockengebiet am Nordrand Südamerikas (verändert, nach W. Lauer)

Niederschlag, Vergletscherung und Luftfeuchtigkeit darstellbar durch:

Isohyeten: Linien gleicher Niederschlagsmenge,

Isobronten: Linien gleicher Anzahl jährlicher Gewittertage,

Isochalazen: Linien gleicher Hagelhäufigkeit,

Isochionen: Linien gleicher Mächtigkeit der Schneedecke, gleicher Andauer der Schneebedeckung, gleicher Schneefallhäufigkeit, gleicher Höhe der Schneegrenze (Firnlinie) über dem Meeresspiegel,

Isoglacihypsen: Linien gleicher Höhe des Beginns der Vergletscherung, auch Linien gleicher Höhe der klimatischen Schneegrenze (Firnlinie),

Isohumen: Linien gleicher Luftfeuchtigkeit,

Isohygrothermen: Linien gleicher Schwüle.

Darstellung von *Humidität* und *Aridität* auf Grundlage des Verhältnisses von Niederschlag und Verdunstung. Hilfsmittel: Regenfaktor nach LANG oder Trockengrenzindizes nach DE MARTONNE, KÖPPEN, WANG/ v. WISSMANN, THORNTHWAITE, WILHELMY, GAUSSEN-WALTER u. a. Für großräumige Darstellungen vorzugsweise Indizes von DE MARTONNE (W. LAUER, C. TROLL) und WANG/V. WISSMANN (R. JÄTZOLD) benutzt (Abb. 186).

Verwendung folgender Isolinien:

Isohygromenen: Linien gleicher Anzahl humider und arider Monate im Jahr.

Isothymen: Linien gleicher Intensität der Verdunstung.

Isonotiden: Linien gleichen Regenfaktors.

Zahlreiche Möglichkeiten der **Kombination** mehrerer klimatischer Elemente auf einer Karte zum Zwecke besseren Verständnisses und aus Raumersparnisgründen.

Entweder kombinierte Darstellung im Rahmen eines einzigen, nach verschiedensten Richtungen erläuterten Elementes oder mehrerer Elemente. In Schulatlanten häufig farbige Januar- und Juli-Isobarenkarten mit gleichzeitiger schematischer Wiedergabe der Windverhältnisse nach Richtungen, Geschwindigkeitsstufen und Beständigkeit. Ohne Schwierigkeiten Kombination von Niederschlagsmengen und Niederschlagshäufigkeit in einem Kartenbild oder von Isohyeten- und Diagrammdarstellungen.

Zur Beurteilung der Zuverlässigkeit auf Originalkarten Verzeichnung der Beobachtungsstationen wünschenswert. Bei Kartodiagrammen Abgrenzung des Geltungsbereichs eingetragener Diagramme; auf Diagrammkarten Angabe der Stationen in positionstreuer Lage.

Wichtige analytische Klimakarten: Zu unterscheiden zwischen analytischen Klimakarten kleinerer staatlicher Räume und weltweiten Übersichtsdarstellungen. In Kulturstaaten umfassen Klimakarten größerer Maßstäbe vor allem Karten der Temperatur und des Niederschlags. In kleineren Maßstäben: Karten des Luftdrucks, der Luftmassen, Temperaturanomalien, Extremtemperaturen, Sonnenscheindauer (Isohelienkarten), Bewölkung (Isonephenkarten), Verteilung und Andauer der Schneedecke, Zyklonenzugbahnen usw.

Für Gebiet der Bundesrepublik Deutschland liegt seit 1955 Kartenwerk des mittleren Niederschlags für Beobachtungszeitraum 1891–1930 im Maßstab 1:200000 (45 Blätter) von H. Schirmer vor.

Spezielle Niederschlagskarte des Gebietes der BRD ist Karte des mittleren Jahres- und Winterniederschlags (1891–1930) nach Flußgebieten, vollständig in 14 Blättern, erschienen als Beilage zur Hydrogeologischen Übersichtskarte 1:500000.

Grundlage bildet von R. Keller geschaffene gewässerkundliche Arbeitskarte. Verkleinerte Wiedergabe im Maßstab 1:1 Mill. zusammen mit Karte über Verhältnis der sommerlichen zu winterlichen Niederschlägen in dreiteiliger Monographie von R. Keller, R. Grahmann und W. Wundt „Das Wasserdargebot in der Bundesrepublik Deutschland" (Remagen 1958).

Grundlage der Klimakarten des Deutschen Wetterdienstes bildet Internationale Weltkarte 1:1 Mill., zweifarbig (Braun und Blau), mit Isohypsen. Diese Karte auch Grundlage für Blätter der zahlreichen Klimaatlanten deutscher Bundesländer (vgl. Literatur S. 288 ff.). Vervollständigen G. Hellmanns klassischen Klimaatlas von Deutschland (1921).

Vordringlich zu schaffende physikalische Klimakarten dienen Erfassung der Energiebilanz und der Darstellung des Wasserhaushalts der Erde. Schwierigkeiten, da es noch an allgemein anerkannten Maßgrößen fehlt.

Dynamische Klimakarten betreffen allgemeine Zirkulation: Luftdruckverteilung am Boden, Druckverteilung in verschiedenen Niveaus freier Atmosphäre, dargestellt durch Topographien der 1000-, 850-, 700-, 500-hPa-Fläche, Karten der Zyklonen- und Frontenhäufigkeiten, Karten der Luftmassen und weitere Spezialkarten. Alle Weltklimakarten der WMO in Maßstäben zwischen 1:5 Mill. und 1:20 Mill. geplant.

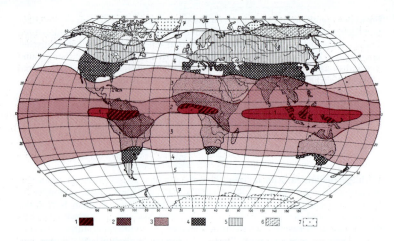

Abb. 187 Synthetische Klimakarte: Luftmassen-Klimagürtel (nach B. P. Alissow)

1 Zone der äquatorialen Luftmassen,
2 Zone der äquatorialen Monsune (subäquatoriale Zone),
3 Zone der tropischen Luftmassen,
4 Subtropenzone,
5 Zone der Luftmassen der gemäßigten Breiten,
6 Subarktische Zone,
7 Arktische Zone

Synthetische Klimakarten

Isoliniendarstellungen analytischer Klimakarten stehen *synthetische Klimakarten* gegenüber, die Ausscheidung von Klimagebieten zum Ziel haben (W. KÖPPEN, H. V. WISSMANN, N. CREUTZBURG, C. TROLL-K. H. PAFFEN). Sind Verbreitungskarten in Flächendarstellung. Auflösung des Kontinuums durch klimageographisch wichtigen Schwellenwerten folgende Linien (Isothermen, Isohygromenen u. a.). Flächenfärbung, Schraffierung oder Rasterung erhaltener Einheiten, Erleichterung der Identifizierung durch zusätzliche Eintragung von Klimaformeln. Suche nach neuen Lösungen seit Übergang von klassischen Mittelwertdarstellungen (HELLMANN, KÖPPEN, KNOCH u. a.) zur dynamischen Klimatologie oder Luftmassenklimatologie (Abb. 187).

Literatur

ANIOL, R.: Kartographie im Deutschen Wetterdienst. Kartogr. Nachr. 1955
— u. SCHLEGEL, M.: Klimaatlanten und neuere Klimakarten. Bibliographien des Deutschen Wetterdienstes 14. Offenbach/M. 1963
BLÜTHGEN, J.: Allgemeine Klimageographie. Berlin ^{2}1966
BÜDEL, J.: Klima-genetische Geomorphologie. Geogr. Rundschau 1963
CREUTZBURG, N.: Klima, Klimatypen und Klimakarten. Peterm. Geogr. Mitt. 1950
—: Eine Methode zur kartographischen Darstellung der Jahreszeitenklimate. Dt. Geographentag München 1948, Tagungsber. u. wiss. Abh., Wiesbaden 1958

DIECKMANN, A.: Kartographische Darstellung klimatischer Elemente. Festschr. C. Uhlig. Öhringen 1932
ELSNER, G. V.: Die Entwicklung der Wetterkarte und der Wettervorhersage. Naturwissenschaften 1935
HAGEMANN, E. u. VOIGTS, H.: Bioklimatischer Atlas für Schleswig-Holstein. Lübeck 1948
HELLMANN, G.: Klimaatlas von Deutschland. Berlin 1921
HESS, P.: Einführung in die Wetterkarte. Geogr. Taschenb. 1970/72, S. 357–365
HIRTH, P.: Die Isonotiden. Peterm. Geogr. Mitt. 1926
HOFMEISTER, J. u. SCHNELLE, F.: Klima-Atlas von Niedersachsen. Hannover 1945
IHNE, E.: Phänologische Karte des Frühlingseinzugs in Mitteleuropa. Peterm. Geogr. Mitt. 1905
JÄTZOLD, R.: Aride und humide Jahreszeiten in Nordamerika. Stuttgarter Geogr. Stud., Bd. 71, Stuttgart 1961
—: Die Dauer der ariden und humiden Zeiten des Jahres als Kriterium für Klimaklassifikationen. Hermann von Wissmann-Festschrift. Tübingen 1962
JENSCH, G.: Textheft zum Klimaglobus. Berlin 1970
KALB, M.: Wetter und Klima (einschließlich Luftverschmutzung). In: Kartographie der Gegenwart in der Bundesrepublik Deutschland '84. Bielefeld 1984, S. 148–151
KELLER, R.: Die Temperaturjahreszeiten Europas. Erdkunde 1947
—: Die Relativdarstellung des Niederschlags. Auf der Grundlage der Gewässerkundlichen Arbeitskarte 1:500 000. Ber. Dt. Landeskunde 1958
KERN, H.: Niederschlags-, Verdunstungs- und Abflußkarten von Bayern (Jahresmittel 1901–1951). München 1954
KISHIMOTO, H.: Die Genauigkeit von Isoplethenkarten. Kartogr. Nachr. 20, 1970, S. 156–158
Klima-Atlas für das Gebiet der Deutschen Demokratischen Republik. Hrsg. v. Meteorolog. u. Hydrolog. Dienst der DDR. Berlin 1953
KNOCH, K.: Klima-Atlas von Hessen. Kissingen 1950
—: Klima-Atlas von Bayern. Kissingen 1952
—: Klima-Atlas von Baden-Württemberg. Kissingen 1953
—: Die Landesklimaaufnahme. Wesen und Methodik. Ber. Dt. Wetterdienst, Nr. 85, Offenbach 1963
— u. SCHULZE, A.: Methoden der Klimaklassifikation. Peterm. Geogr. Mitt., Erg.-H. 249, Gotha 1952
KÖPPEN, W.: Die Wärmezonen der Erde. Meteorol. Zeitschr. 1884
—: Versuch einer Klassifizierung der Klimate, vorzugsweise nach ihren Beziehungen zur Pflanzenwelt. Geogr. Zeitschr. 1900
—: Klassifikation der Klimate nach Temperatur, Niederschlag und Jahreslauf. Peterm. Geogr. Mitt. 1918
—: Grundriß der Klimakunde. Berlin-Leipzig 1931
—: Das geographische System der Klimate. Handbuch der Klimatologie (KÖPPEN/GEIGER). Bd. I, Teil C. Berlin 1936
— u. GEIGER, R.: Klimakarte der Erde. Gotha 1928
LAUER, W.: Hygrische Klimate und Vegetationszonen der Tropen mit besonderer Berücksichtigung Ostafrikas. Erdkunde 1951
—: Humide und aride Jahreszeiten in Afrika und Südamerika und ihre Beziehung zu den Vegetationsgürteln. Bonner Geogr. Abh., H. 9, 1952
—: L'Indice Xérothermique. Erdkunde 1953
—: Klimadiagramme. Erdkunde 1960
— u. BREUER, T.: Das Wettersatellitenbild. Opladen 1976
LAUTENSACH, H.: Die Isanomalenkarte der Jahresschwankung der Lufttemperatur. Peterm. Geogr. Mitt. 1952
LAUTENSACH, H. u. MAYER, E.: Humidität und Aridität, insbesondere auf der Iberischen Halbinsel. Peterm. Geogr. Mitt. 1960
MÄDE, A.: Zur Methodik phänologischer Kartenentwürfe. Zeitschr. Angew. Meteorol. 1952

MEINARDUS, W.: Die Entwicklung der Karten der Jahres-Isothermen von A. v. Humboldt bis auf W. Dove. In: Wiss. Beitr. z. Gedächtnis der hundertjähr. Wiederkehr des Antritts von A. v. Humboldt's Reise nach Amerika. Berlin 1899

MEYER, H. K.: Konstruktion und Güte von 24stündigen Höhenvorhersagekarten unter Verwendung barotroper Vorhersagen. Ber. des Dt. Wetterdienst, Nr. 103 (Bd. 14) Offenbach/M. 1967

REINHARD, H.: Klimaatlas von Mecklenburg. Berlin 1952

SCHARLAU, K.: Zur Einführung eines Schwülemaßstabes und Abgrenzung von Schwülezonen durch Isohygrothermen. Erdkunde 1950

SCHERHAG, R.: Die Entstehung der im „Täglichen Wetterbericht" der Deutschen Seewarte veröffentlichten Höhenwetterkarten und deren Verwendung im Wetterdienst. Meteorol. Zeitschr. 1936

SCHIRMER, H.: Mittlere Jahressummen des Niederschlags (mm) für das Gebiet der Bundesrepublik, Zeitraum 1891–1930. 45 Karten 1:200000, 1 Übersichtskarte. Bad Kissingen 1955

SCHMIDT, G.: Wie entsteht eine Wetterkarte und wie liest man sie? Geogr. Rundschau 1954

SCHNELLE, F: Phänologische Charakterisierung typischer Klimagebiete Europas. Peterm. Geogr. Mitt. 1945

—: Pflanzen-Phänologie. Leipzig 1955

— u. UHLIG, S.: Beiträge zur Phänologie Deutschlands. Ber. Dt. Wetterdienst US-Zone Nr. 39. Bad Kissingen 1952

STEINHAUSER, F: Grundsätzliche und kritische Bemerkungen zur Ausarbeitung von Klimakarten. Geogr. Jahresber. aus Österr., Bd. 26, 1955/56

SUPAN, A.: Die Temperaturzonen der Erde. Peterm. Geogr. Mitt. 1879

THORNTHWAITE, C. W.: Climates of the Earth. Geogr. Review 1933

—: Atlas of Climatic Types in the United States, 1900–1939. U. S. Dept. of Agric. Misc., Publ. 421., Washington 1941

—: An Approach towards a Rational Classification of Climates. Geogr. Review 1948

TROLL, C.: Die Jahreszeitenklimate der Alten Welt. Geogr. Taschenbuch 1956/57, S. 268f.

— u. PAFFEN, K. H.: Karte der Jahreszeiten-Klimate der Erde. Erdkunde 1964

VENT-SCHMIDT, V.: Analytische und synthetische Klimakarten. Kart. Nachr. 30, 1980, S. 137–143

WALTER, H.: Klimadiagrammkarte der Türkei. Stuttgart 1956

—: Klimatypen, dargestellt durch Klimadiagramme. Geogr. Taschenbuch 1958/59, S. 540

— u. LIETH, H.: Klimadiagramm-Weltatlas. Jena 1960–67

WANG, T.: Die Dauer der ariden, humiden und nivalen Zeiten des Jahres in China. Tübinger Geogr. u. Geol. Abh., Reihe II, H. 7, 1941

WILHELMY, H.: Methoden der Verdunstungsmessung und der Bestimmung des Trockengrenzwertes am Beispiel der Südukraine. Peterm. Geogr. Mitt. 1944

WISSMANN, H. V.: Die Klima- und Vegetationsgebiete Eurasiens. Zeitschr. Ges. f. Erdkunde Berlin 1939

Gewässerkarten

Darstellungsobjekte: Fließende und stehende Gewässer (Flüsse, Seen, Grundwasser, Meere) und deren physikalische Eigenschaften. Dementsprechend Gliederung in hydrographische, hydrologische, hydrogeologische, limnologische und ozeanographische Karten.

Grundlage *hydrographischer Karten* (Abb. 188) ist Flußnetz in gleicher Darstellung wie in Situationszeichnung auf topographischer Karte (S. 97). Erweiterung durch Abgrenzung der Flußgebiete (d. h. der von Wasserscheiden umgrenzten

Abb. 188 Hydrographische Karte: Die Rückstauseen am mittleren Jangtse (nach H. Schmitthenner)

Flächen), Einzeichnung der Wassereinzugsgebiete, Angabe der Abflußmengen und anderer für Wasserwirtschaft und Binnenwirtschaft wichtiger Daten, z. B. der Strömungsgeschwindigkeit, dargestellt durch Isotachen, der Talsperren- und Schleusenanlagen, des Verschmutzungsgrades der Flüsse, der Überschwemmungsgebiete usw.

Flußdichtekarten (Abb. 189) für morphologische Fragestellungen wichtig. Flußdichte als Quotient aus Flußlänge durch Flächeneinheit (km^2) definiert. Methodisch kein Unterschied zum Verfahren der Eisenbahndichtedarstellung (S. 351).

Hydrologische Karten unterrichten über physikalische Eigenschaften der Gewässer, *hydrogeologische Karten* über Vorkommen (Wassermangel- und Wasserüberschußgebiete), Tiefe, Art (Mineralgehalt) und Bewirtschaftung des Grundwassers (Quellenaustritte, Brunnen). Durch Hydroisobathen Veranschaulichung der Lage des Grundwasserspiegels unter Erdoberfläche. Darstellung der Grundwasserverhältnisse in Bundesrepublik Deutschland in „Hydrogeologischer Übersichtskarte 1 : 500 000" (14 Bl.) mit Erläuterungsheften.

Weitgehend gleichartige Aufgaben *limnologischer* und *ozeanographischer Karten*. Veranschaulichung der Tiefenverhältnisse durch Isobathen Bestandteil der Reliefdarstellung topographischer Karte. Darstellung physikalischer Wassereigenschaften durch Isolinien.

Isobathythermen oder *Isothermobathen:* Linien gleicher Wassertemperatur in bestimmter Tiefe,

Isohalinen: Linien gleichen Salzgehaltes,

Isohachien: Linien gleichen Fluteintritts,

Isokryonen oder *Isopekten:* Linien gleichzeitigen Beginns des Zufrierens oder Auftauens von Gewässern,

Isohagen: Linien gleicher mittlerer Andauer der Eisbedeckung von Gewässern.

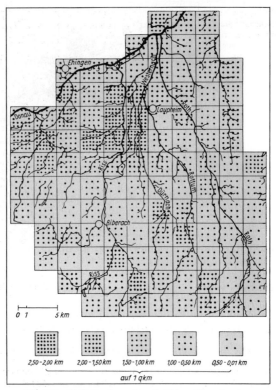

Abb. 189 Flußdichtekarte des nördlichen Oberschwabens
(nach M. L. Gönnewein)

Für Darstellung von Meeresströmungen (Abb. 190) Verwendung von Pfeilen seit A. v. HUMBOLDT. Auf älteren Strömungskarten lange, fortlaufende Strömungslinien, auf neueren zahlreiche kleinere Pfeile. Beständigkeit der Strömung durch Dicke des Pfeils, Geschwindigkeit durch Fiederung dargestellt.

Literatur

BRÜNING, K.: Wasserwirtschafts-Atlas von Niedersachsen. Hannover-Göttingen 1950
BÜDEL, J.: Die Vereisung der Küsten Europas und Asiens. Arch. Dt. Seewarte 1942
GRAHMANN, R.: Eine Grundwasserkarte der Bundesrepublik Deutschland. Ber. Dt. Landeskunde 1958
DIETRICH, G. u. ULRICH, U.: Atlas zur Ozeanographie. Meyers Großer Physischer Weltatlas, Bd. 7. Mannheim 1965
HENNING, I.: Bibliographie hydrologischer Karten von Deutschland. Bad Godesberg 1969

Abb. 190 Ozeanographische Karte: Kalifornischer Küstenstrom mit Auftriebswasserzonen (nach H. Wilhelmy)

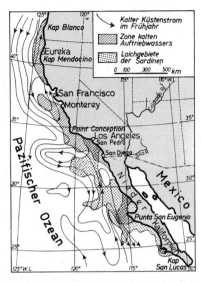

JAEGER, F.: Die Gewässer Afrikas. Zeitschr. Ges. f. Erdkunde Berlin. Sonderbd. Jahrhundertfeier, 1928
—: Die Gewässer Eurasiens. Peterm. Geogr. Mitt. 1935
—: Die Gewässer Nordamerikas. Peterm. Geogr. Mitt. 1938
—: Die Gewässer Australiens und Ozeaniens. Peterm. Geogr. Mitt. 1939
—: Die Gewässer Südamerikas. Peterm. Geogr. Mitt. 1940
JURVA, R.: Atlas der Eisverhältnisse des Baltischen Meeres an den Küsten Finnlands. Helsinki 1937
KELLER, R.: Die hydrographische Gliederung Deutschlands. Bemerkungen zum Erscheinen der gewässerkundlichen Arbeitskarte 1:500000. Ber. Dt. Landeskunde 1951
—: Vorarbeiten zu einem hydrologischen Kartenwerk des Bundesgebietes. Dt. Geographentag Frankfurt a. M. 1951, Tagungsber. u. wiss. Abh., Remagen 1952
—: Gewässer und Wasserhaushalt des Festlandes. Berlin 1961
—, GRAHMANN, R. u. WUNDT, W.: Das Wasserdargebot in der Bundesrepublik Deutschland. Forsch. Dt. Landeskunde, Bd. 103–105
Teil 1: KELLER, R.: Der mittlere Niederschlag in den Flußgebieten der Bundesrepublik Deutschland. Remagen 1958
Teil 2: GRAHMANN, R.: Die Grundwässer in der Bundesrepublik Deutschland und ihre Nutzung. Mit einem Beitrag über die kleinsten Abflußspenden von W. WUNDT. Remagen 1958
Teil 3: WUNDT, W.: Die mittleren Abflußhöhen und Abflußspenden des Winters, des Sommers und des Jahres in der Bundesrepublik Deutschland. Remagen 1958
PAFFEN, K. H.: Maritime Geographie. Erdkunde 1964
SCHNEIDER, H.: Geohydrologische und hydrochemische Arbeitsverfahren und Einheitskarten in der siedlungswirtschaftlichen Generalplanung. Wasserwirtsch. 1949/50
SCHNELL, K.: Gewässerkundliche Karten von Nordrhein-Westfalen. Hrsg. vom Min. f. Ernährung, Landw. u. Forsten, Land Nordrhein-Westfalen. Düsseldorf 1955
VRBA, J.: Einige Probleme der hydrologischen Kartierung. Ber. geolog. Ges. 1963

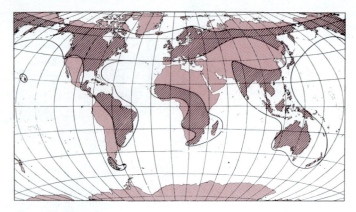

Abb. 191 Pflanzengeographische Arealkarte: Verbreitung der kosmopolitischen Gattung Drosera (Sonnentau) (nach J. Schmithüsen u. a.)

Pflanzengeographische Karten

Darstellung räumlicher Verbreitung von Pflanzen, Pflanzengesellschaften und Vegetationsformationen. Drei Möglichkeiten der Veranschaulichung a) als Fundortkarte mit positionstreuen Signaturen, b) als Arealkarte in Grenzlinien- oder Grenzbandmethode, besonders zur Erfassung von „Pseudoarealen" (S. 221), oder c) in Flächendarstellung (Abb. 191).

Farben, Signaturen und Symbole leichter als bei anderen thematischen Karten sinnfällig auswählbar, z. B. Dunkelgrün für Laubwald, Blaugrün für Nadelwald, Moosgrün für Moore, Hellgrün für Grasfluren, Braun für Trockenwald.

Abb. 192 Florenreiche der Erde (nach L. Diels)

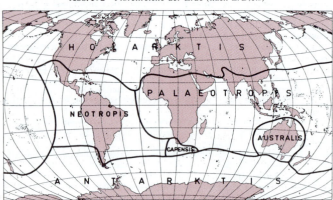

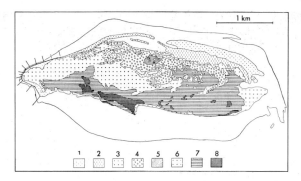

Abb. 193 Pflanzensoziologische Karte: Die Pflanzengesellschaften der Insel Baltrum (nach R. Tüxen)

1 Binsenquecken-Vordünen,
2 Strandhafer-Hauptdünen, Helm-Dünen,
3 Kleingras-Dünen mit Silbergras-Flur und Straußgras-Rasen,
4 Sanddorn-Dünenweiden-Busch,
5 Sumpfgesellschaften der Dünentäler,
6 Queller-Watt,
7 Salzbinsen-Wiese,
8 Andel-Wiese

Für detaillierte pflanzensoziologische Kartierung Maßstäbe 1:25 000 oder 1:50 000, für zusammenfassende Darstellungen 1:100 000 oder kleiner.

Vegetationskarte nicht zugleich geobotanische oder systematisch-floristische Darstellung (Florenkarte, Abb. 192). Weltweit verbreitete Vegetationsformationen können gleichen Habitus besitzen, jedoch floristisch ganz verschieden sein (z. B. afrikanischer und südamerikanischer Trockenwald). Schaffung großmaßstäblicher Vegetationskarten Hauptaufgabe der Pflanzensoziologie, Schaffung kleinmaßstäblicher Vegetationskarten Aufgabe der Pflanzengeographie (Vegetationsgeographie).

Großmaßstäbliche Kartierung bietet keine begrifflichen oder technischen Schwierigkeiten. Ist meist Standort- oder Arealkartierung. Problem kartographischer Vegetationsdarstellung beginnt bei großräumiger Vegetationsgliederung in kleinen Maßstäben. Erforderliche Generalisierung weniger technisches als wissenschaftlich-logisches Problem.

In großmaßstäblicher Kartierung (pflanzensoziologische Spezialkarte) zunächst Erfassung der topographischen Einheit der Vegetation: der *Pflanzenassoziation* oder des *Bestandes* (Abb. 193). In kleineren Maßstäben „Bestand" nicht mehr darstellbar. Zwingt zum Übergang von konkreter topographischer Wiedergabe zu abstrakter Darstellung. Mannigfaltige Vegetationsmosaike müssen zu Komplexen vereinigt, d. h. zu real vorhandenen Vegetationseinheiten begrifflich zusammengefaßt werden. Entscheidend ist Auffindung von Kriterien zur Charakterisierung solcher höheren Einheiten. Auch für ihre Darstellung ist Maßstabsgrenze gesetzt, denn Vegetationskomplexe bleiben nur innerhalb eines Raumes von bestimmter

Größe einheitlich. Bei weiterer Verkleinerung des Kartenmaßstabes Zusammenfassung zu Komplexen nächst höherer Ordnung erforderlich, deren Verbreitung wiederum auf Karte flächenhaft dargestellt werden kann. Dieses Verfahren im gleichen Sinne entsprechend der Verkleinerung des Maßstabes fortzusetzen.

Konkrete Vegetationseinheiten lassen sich im Sinne von Klimaxserien (Endstadien der natürlichen Entwicklung von Flora und Fauna) zu begrifflichen Einheiten verbinden. Zum gleichen Klimaxkomplex gehört gesamte Vegetation, die zu gleicher Schlußgesellschaft führt. Solche Schlußgesellschaften mosaikartig über Erdoberfläche verteilt.

Von realen Vegetationskarten Darstellungen *potentieller* natürlicher Vegetation zu unterscheiden (Abb. 194). Auf solchen Karten nicht Darstellung tatsächlich vorhandener, sondern aufgrund der Eigenschaften des Raumes *möglicher* Vegetation. Karte potentieller natürlicher Vegetation beruht auf Gesamterfassung der Umwelt, von der die Vegetation abhängig ist: ausgedrückt in Bezeichnung „Vegetationspotential". Karten des Vegetationspotentials stellen Raumqualitäten dar wie geologische und hydrologische Karten oder Karten der Bodentypen, Klimate usw.

Vegetationskarten auch nach einzelnen *Eigenschaften* der Pflanzengesellschaften zu entwerfen, z. B. nach deren physiognomischem Charakter. Dieser abhängig von ökologischen Bedingungen (Klima-, Bodenverhältnisse). Darstellung auf Erdkar-

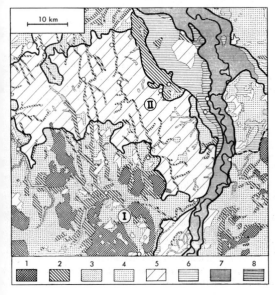

Abb. 194 Karte der potentiellen natürlichen Vegetation an der mittleren Weser mit Grenzen der Wuchsdistrikte (nach W. Lohmeyer)
I Diepholzer Moorniederung
II Syker Geest
1 Hochmoor und Birkenbruch
2 Erlenbruch, z. T. mit Birkenbruch und Erlen-Eichenwald
3 Feuchter Stieleichen-Birkenwald mit Erlenbruch
4 Trockener und feuchter Stieleichen-Birkenwald
5 Buchen-Eichenwald u. a.
6 Feuchter Eichen-Hainbuchenwald im Wechsel mit feuchtem Stieleichen-Birkenwald
7 Eschen-Ulmenwald u. a.
8 Frische Buchenmischwälder

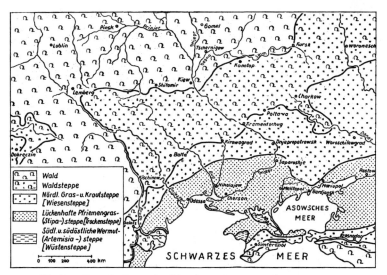

Abb. 195 Karte der Vegetationsformationen der Ukraine (nach H. Wilhelmy)

ten sehr kleinen Maßstabs: *Karten der Vegetationsformationen* (Abb. 195). Wären in großem Maßstab sinnlos: Aufgabe pflanzensoziologischer Kartierung. Für kleine Maßstäbe sind Formationskarten bisher einzige Darstellungsmöglichkeit.

Auf *historischen Vegetationskarten* durch Isohylochronen Veranschaulichung gleichzeitiger Lage der Waldgrenze, z. B. postglazialer Grenzen der Ausbreitung bestimmter Baumarten. Darstellungen heutiger oder früherer Bodenbedeckung auf topographischen Karten (Waldverteilung) gehören nicht zu Vegetationskarten i. e. S.

Literatur

AARIO, L. u. ILLIES, J.: Biogeographie. Das Geographische Seminar. Braunschweig 1970
BECK-MANNAGETTA, G.: Über die Umgrenzung der Pflanzenformationen. Österr. Botan. Zeitschr. 1902
Bundesforschungsanstalt f. Forst- u. Holzwirtschaft: Welforstatlas. Hamburg-Berlin 1951 ff.
DIELS, L. u. MATTICK, F.: Pflanzengeographie. Berlin ^{5}1958 (mit Karte der Florenreiche)
DRUDE, O.: Die Florenreiche der Erde. Peterm. Geogr. Mitt., Erg.-H. 16., Gotha 1884
—: Atlas der Pflanzenverbreitung. 3. Aufl., Gotha 1892
GAUSSEN, H. (Hrsg.): Méthodes de la Cartographie de la Végétation. Paris 1961
GRISEBACH, A.: Die Vegetation der Erde nach ihrer klimatischen Anordnung. 2 Bde. Leipzig 1872
HAFFNER, W.: Die Vegetationskarte als Ansatzpunkt zu landschaftsökologischen Untersuchungen. Erdkunde 22, 1968, S. 215–225

JAEGER, H.: Methoden der forstlichen Standortserkundung und -kartierung in Deutschland. Peterm. Geogr. Mitt. 1958
KRAUSE, W.: Methoden und Ergebnisse der Vegetationskartierung. Umschau in Wiss. u. Technik 1958
KÜCHLER, A. W.: Die physiognomische Kartierung der Vegetation. Peterm. Geogr. Mitt. 1950
—: Vergleichende Vegetationskartierung. Vegetatio, Bd. 9, 1960
LIETH, H. u. KAWOSA, M. A.: The development of vegetation maps from satellite images in remote regions. In: Mitt. aus dem Geol.-Paläont. Inst. d. Univ. Hamburg 58, 1985, S. 145–163
MATTICK, F.: Entwicklung und Ziele der pflanzengeographischen Kartierung Deutschlands. Ber. Dt. Botan. Ges. 1936
SCHARFETTER, R.: Die kartographische Darstellung der Pflanzengesellschaften. In: Handbuch der biologischen Arbeitsmethoden, hrsg. v. A. ABDERHALDEN. Abt. XI, 4. Berlin u. Wien 1928, S. 77–164
SCHMID, E.: Die Vegetationskarte der Erde im Schweizerischen Mittelschulatlas. Geogr. Helvetica 1948
SCHMITHÜSEN, J.: Die Grenzen der chilenischen Vegetationsgebiete. Dt. Geographentag Essen 1953, Tagungsber. u. wiss. Abh., Wiesbaden 1955
—: Der wissenschaftliche Inhalt von Vegetationskarten verschiedener Maßstäbe. Bericht über das Internationale Symposion für Vegetationskartierung vom 23.–26. März 1959 in Stolzenau/Weser, hrsg. v. R. TÜXEN. Weinheim 1963
—: Allgemeine Vegetationsgeographie. 3. Aufl., Berlin 1968, S. 291 ff.
SCHÖNNAMSGRUBER, H.: Natürliche Vegetation und Landschaftsschutz, In: Kartographie der Gegenwart in der Bundesrepublik Deutschland '84, Bielefeld 1984, S. 152–155
TRAUTMANN, W.: Die Vegetationskarte der Bundesrepublik Deutschland im Maßstab 1:200000. Geogr. Rdsch. 16, 1974, S. 217–223
TROLL, C.: Das Pflanzenkleid des Nanga Parbat. Begleitworte zur Vegetationskarte der Nanga-Parbat-Gruppe 1:50000. Wiss. Veröff. d. Dt. Museum f. Länderkunde Leipzig, N. F. 7, 1939
TÜXEN, R.: Die heutige potentielle natürliche Vegetation als Gegenstand der Vegetationskartierung. Ber. Dt. Landeskunde, Bd. 19, 1957
—: (Hrsg.) Bericht über das Internationale Symposion für Vegetationskartierung vom 23.–26. 3. 1959 in Stolzenau/Weser. Weinheim 1963
— u. PREISING, E.: Erfahrungsgrundlagen für die pflanzensoziologische Kartierung des westdeutschen Grünlandes. (= Angew. Pflanzensoziol. 4). Stolzenau/Weser 1951

Tiergeographische Karten

Tiergeographische Karten sind wie Vegetationskarten Verbreitungskarten, jedoch wegen sporadischer Verbreitung und Beweglichkeit der Tiere Erschwerung der Darstellung. Tiergeographische Karten in der Regel nur als kleinmaßstäbliche Übersichtskarten sinnvoll: Verbreitungskarten in Flächendarstellung für einzelne (repräsentative) Tierarten, Faunenreiche oder Lebensformen (Zooformationen). Der Freizügigkeit der Tiere entspricht besser Erfassung der sich häufig überschneidenden „Pseudoareale" (S. 221) durch Grenzlinien oder farbige Grenzbänder. Für Darstellung von Zooformationen richtungweisend: Karte der Verbreitung und Verteilung der Lebensformen der Tierwelt in Ostafrika von L. WAIBEL (Abb. 196). Veranschaulichung spezieller tiergeographischer Erscheinungen, z. B. der Bewegung von Heuschreckenschwärmen, mit jeweils geeigneten graphischen Mitteln.

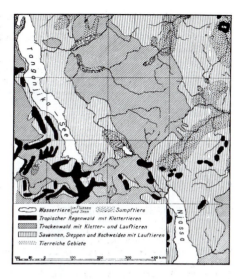

Abb. 196 Karte der Zooformationen: Lebensformen der Tierwelt in Ostafrika (Ausschnitt, nach L. Waibel)

Literatur

SCHILDER, F. A.: Lehrbuch der Allgemeinen Zoogeographie. Jena 1956
VOOUS, K. H.: Die Vogelwelt Europas und ihre Verbreitung. Ein tiergeographischer Atlas über die Lebensweise aller in Europa brütenden Vögel. Übersetzt und bearbeitet von M. ABS. Hamburg 1962
WAIBEL, L.: Lebensformen und Lebensweise der Tierwelt im tropischen Afrika. Mitt. Geogr. Ges. Hamburg 1913

Siedlungsgeographische Karten

Darstellung der Siedlungen im Grundriß oder durch gestufte Ortssignaturen auf jeder topographischen Karte. Gehört zum üblichen Karteninhalt (S. 97). Siedlungsgeographische Karten hingegen veranschaulichen Genese, Formal- und Funktionalgefüge der Siedlungen.

Einfache *genetische* Siedlungskarten als Karten vor- und frühgeschichtlicher Funde und Ortsnamenkarten. Dienen dem Nachweis des Siedlungsganges, der Siedlungskontinuität oder -diskontinuität, der Unterscheidung von Alt- und Neusiedlsngsräumen. Siedlungsentwicklung auch in Kartenserien darstellbar (Abb. 197). Verknüpfung von siedlungshistorischen mit vegetationsgeographischen und bodenkundlichen Methoden führt zu Karten früher Siedlungsräume (R. GRADMANN, O. SCHLÜTER, Abb. 148). Analog der Siedlungsraumentwicklung Darstellung der Genese städtischer Grundrisse durch Heraushebung von Altersschichten (Abb. 198) oder Bauperioden (Abb. 201).

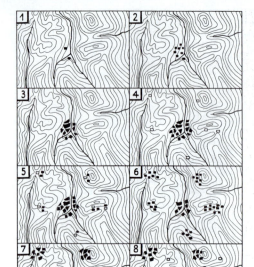

1 Einzelhöfe
2 Weiler

3 Haufendorf im Tal
4 Haufendorf mit Košaren (periodische Wohnsitze)

5 Haufendorf mit ersten Ausbauhöfen auf den Bergweiden
6 Verkleinerung des Haufendorfes und Wachstum der Weiler
7 Völliges Verschwinden des Mutterdorfes und Vergrößerung der Weiler zu kleineren Haufendörfern
8 Wiederholung des Auflösungsprozesses, Ausbau neuer Košaren und Einzelhöfe

Abb. 197 Siedlungsgenetische Kartenserie: Entwicklung ländlicher Siedlungen im westbulgarischen Gebirgsland, schematisch (nach H. Wilhelmy)

Darstellung der *Stadt- und Dorfformen* auf Übersichtskarten durch generalisierte Grundrißform (z. B. Strich für Reihendorf, Doppelstrich für Straßendorf, offener Kreis für Rundling, gefüllter Kreis für Haufendorf) oder andersartige Signaturen (Abb. 199). Anregende Beispiele bieten Siedlungskarten des nordöstlichen Thüringens von O. SCHLÜTER. Ähnliche Lösungen für unterschiedliche Stadtgrundrisse.

Funktionale Gliederung der Siedlungen, besonders der Städte (Abb. 200), durch Flächenfärbung, Schraffur oder Raster: City und periphere Geschäftsviertel, Behördenzentrum, Industriegebiete, Verkehrsanlagen, Wohnviertel, Parke, Grüngürtel usw.

Dazu Spezialkartierungen nach Hausformen, Gebäudefunktionen, Stockwerkhöhen, Baustilen, Wachstumszonen (Abb. 201), Pendlerbewegungen (Abb. 229), Zentralität (Abb. 236) u. a. Durch Isodynenkarten Darstellung wirtschaftlicher Anziehungskraft einer Stadt, ausgedrückt durch Linien gleicher Zuwanderung von Arbeitskräften innerhalb bestimmter Zeitspanne.

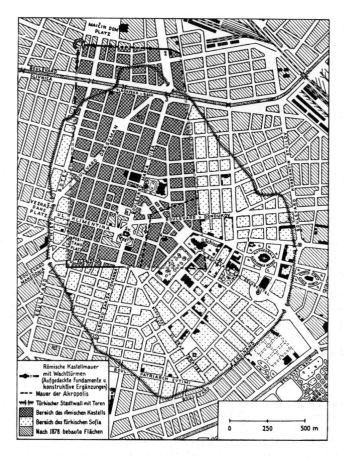

Abb. 198 Stadtgenetische Karte nach Alterschichten: Lagekonstanz des römischen, türkischen und heutigen Sofia (nach H. Wilhelmy)

Veranschaulichung der *Wirtschafts-* und *Sozialstruktur* ländlicher Gemeinden (funktionaler Siedlungstypen) nach den von H. LINDE, P. HESSE o. a. erarbeiteten Gliederungen, z. B. in gewerbliche Gemeinden und Verwaltungszentren, Arbeiterwohngemeinden, Kleinbauerngemeinden und Bauerngemeinden, mit detaillierter Untergliederung (Abb. 202).

Zu Siedlungskarten im weiteren Sinn gehören auch *Flurformenkarten* (Abb. 203), entworfen auf Grundlage großmaßstäblicher Flurkarten (Katasterkarten). In gro-

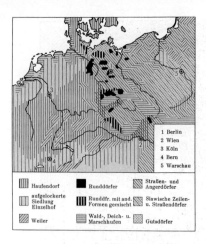

Abb. 199 Siedlungsformenkarte in Flächendarstellung: Ländliche Siedlungsformen in Mitteleuropa (nach A. Helbok)

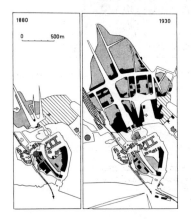

Abb. 200 Funktionale Siedlungskarte: Funktionale Gliederung der Innenstadt von Stockholm 1880 und 1930 (nach W. William-Olsson)

ßem Maßstab Veranschaulichung des realen Flurbildes (z. B. Karten von A. MEITZEN), in kleinmaßstäblicher Darstellung Zusammenfassung von Gebieten gleicher Flurformen in Flächentönung (z. B. Karte der Flurformen Deutschlands im „Atlas der Deutschen Agrarlandschaft").

Literatur zu den siedlungsgeographischen Karten: siehe S. 304.

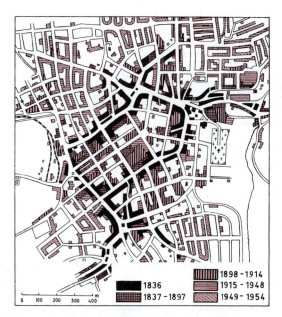

Abb. 201 Siedlungsgeographische Spezialkartierung: Wachstumszonen von Trossingen (nach F. Obiditsch)

Abb. 202 Zeichenschlüssel für funktionale Siedlungstypen (nach P. Hesse)

A Gewerbliche Gemeinden und Verwaltungszentren
B Arbeiterwohngemeinden und Wohnsiedlungen
C Arbeiterwohngemeinden
D Kleinbäuerliche Gemeinden
E Bäuerliche Gemeinden

Erläuterung der Untergliederung I–III im
Geogr. Taschenbuch 1950, S. 243–245

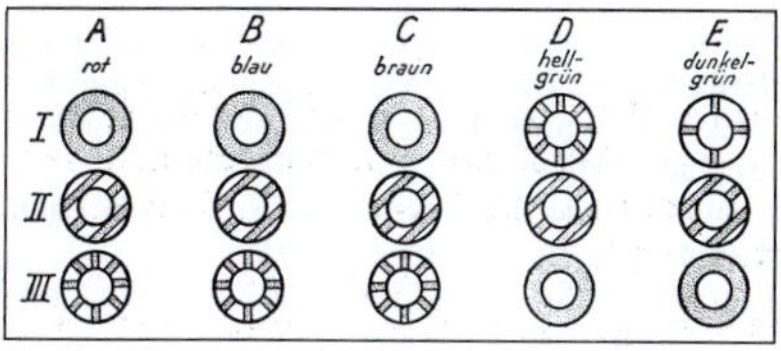

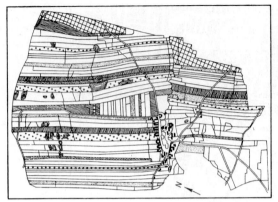

Abb. 203 Flurformenkarte: Gelängeflur mit Angerdorf (Burkersdorf, Kr. Schleiz, nach R. Kötzschke)

Literatur

ARNHOLD, H.: Bemerkungen zu thematischen Stadtkarten. Die Grundkarte 1 : 5000 als Unterlage für quantitative Darstellungen. Kartogr. Nachr. 15, 1965, S. 75–79
BANKER, J. P.: Die moderne Stadtkartographie in den Niederlanden, gezeigt am Beispiel Amsterdam. Kartogr. Nachr. 15, 1965, S. 138–141
CHRISTALLER, W.: Die zentralen Orte in Süddeutschland. Darmstadt ^{2}1968
CULEMANN, C.: Zur Methodik der Stadtgestaltungspläne. Raumforsch. u. Raumordnung 1941
—: Planzeichen für stadtgeographische Kartierungsarbeiten. Geogr. Taschenbuch 1950, S. 248
ENGELBERT, W.: Stadtplan und Stadtkarte. Diss. Hannover 1948
ESSEN, W.: Die ländlichen Siedlungen in Litauen mit besonderer Berücksichtigung ihrer Bevölkerungsverhältnisse. Leipzig 1931
FINSTERWALDER, R.: Die Stadtkarte. Erdkunde 1950
GORKI, H. u. PAPE, H.: Stadtkartographie. Die Kartographie und ihre Randgebiete, hrsg. von E. ARNBERGER, Bd. III. Wien 1986
HESSE, P.: Grundprobleme der Agrarverfassung. Stuttgart-Köln 1949
—: Darstellung von funktionalen Siedlungstypen. Geogr. Taschenbuch 1950, S. 243–247
HEYDE, H.: Der Stadtplan als kartographische Aufgabe. Allg. Vermessungsnachrichten 1937
HÜBNER, G.: Probleme der Stadtkartographie in Berlin. Kartogr. Nachr. 15, 1965, S. 133–138
HUTTENLOCHER, F.: Versuche kulturlandschaftlicher Gliederung am Beispiel von Württemberg. Forsch. Dt. Landeskunde, Bd. 47, Stuttgart 1949
—: Funktionale Siedlungstypen. Ber. Dt. Landeskunde 1949/50
—: Zur Frage der Gemeindetypen. Erdkunde 1955
IMHOF, E.: Das Siedlungsbild in der Karte. Düsseld. Geogr. Vorträge u. Erörterungen, I, Breslau 1927. Mitt. Geogr. Ethnogr. Ges. Zürich 1936/37
KANNENBERG, E.-G.: Die Entwicklung der Kulturlandschaft im Verdichtungsraum Stuttgart von 1900 bis 1965. Grundlagen, Methoden und Ergebnisse einer kartographischen Untersuchung. Veröff. Akad. f. Raumforsch. u. Landesplanung., Forsch.- u. Sitzungsber. 51, Thematische Kartographie 1, Hannover 1969, S. 149–161
KLAAR, A.: Siedlungsformenkarte der Reichsgaue Wien, Kärnten, Niederdonau, Oberdonau, Salzburg, Steiermark und Tirol und Vorarlberg. Wien 1942
KRENZLIN, A.: Die Kartierung von Siedlungsformen im deutschen Volksgebiet. Ber. Dt. Lendeskunde 1943

—: Zur Frage der Kartographischen Darstellung von Siedlungsformen. Ber. z. dt. Landeskde. 48, 1974, S. 81–95

LEHMANN, H.: Die zentralen Orte und ihre kartographische Darstellung. Zeitschr. Bayer. Statist. Landesamt, München 1951

LICHTENBERGER, E.: Die Kartierung als kulturgeographische Arbeitsmethode. Mitt. Österr. Geogr. ggv . 109, 1967, S. 308–337

MÜLLER-WILLE, W.: Stadtkartographie und Siedlungsgeographie. Kartogr. Nachr. 1964

Niedersächsischer Städteatlas. Celle 1953

OGRISSEK, R.: Zur Problematik der Siedlungsformenkarte. Wiss. Zeitschr. E. M. Arndt-Univ. Greifswald 14, Math.-Naturwiss. R. 1/2, 1965, S. 149–150

PAPE, H.: Stadtkarten, unter besonderer Berücksichtigung kartographischer Probleme. Kartogr. Nachr. 1964

PASSONNEAU, J. Q. u. WURMAN, R. S.: Urban Atlas: 20 American Cities. Cambridge (Mass.) 1967

SATZINGER, W.: Darstellungsmethoden auf Stadtkarten in historischer Sicht. Kartogr. Nachr. 15, 1965, S. 172–179

SCHLÜTER, O.: Die Siedlungen des nordöstlichen Thüringen. Berlin 1903

—: Die Siedlungsräume Mitteleuropas in frühgeschichtlicher Zeit. Forsch. Dt. Landeskunde, Bde. 63, 74, 110, Remagen 1952–1958

SCHÖTTLER, H.: Zentrale Orte als Darstellungsmittel in der Kartographie. Kartogr. Nachr. 24, 1974, S. 104–111

STAMS, W.: Die Stadtkarte von Dresden. Inhalt und Gestaltung komplexer thematischer Stadtkarten. Peterm. Geogr. Mitt. 111, 1967, S. 61–75

—: Untersuchungen zur Darstellung und Generalisierung von Siedlungen auf chorographischen Karten. Arbeiten a. d. Vermessungs- u. Kartenwesen d. Deutschen Demokratischen Republik, 21, Leipzig 1969

Bevölkerungskarten

Bevölkerungskarten veranschaulichen drei Sachverhalte:

1. Wirkliche Bevölkerungszahl eines bestimmten Gebietes,

2. Verteilung der Bevölkerungszahl über angenommene Flächeneinheit,

3. Dichte der Bevölkerung.

Zwei Wege der Bevölkerungsdarstellung: nach absoluter und nach relativer Methode (S. 211f.). Wird Zahl der Menschen in wirklicher Verbreitung über Erdoberfläche ohne Herausarbeitung von Relationen zu anderen Größen dargestellt, erhält man *Karten der Bevölkerungsverteilung* (Abb. 204a). Wird Bevölkerung nach relativer Methode dargestellt, d. h. in Beziehung zur besiedelten Fläche, erhält man Volksdichte- oder *Bevölkerungsdichtekarten* (Abb. 204b und c).

G. GREIM (1930) ersetzte Bezeichnung Volksdichte durch Bevölkerungsdichte, weil Volk und Bevölkerung keine völlig identische Begriffe sind.

Karten der Bevölkerungsverteilung (nach absoluter Methode)

Auf absoluten Bevölkerungskarten unmittelbare Darstellung räumlicher Verbreitung der Bevölkerung auf Kartenunterlage durch Punkte. Dazu Bildung von Stufenwerten, ausgedrückt durch zwei- oder dreidimensionale geometrische Figuren wie Kreise und Quadrate oder Kugeln und Würfel.

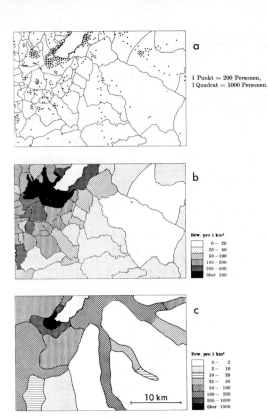

Abb. 204 Möglichkeiten der Bevölkerungsdarstellung (nach E. Imhof)

1 Punkt = 200 Personen,
1 Quadrat = 1000 Personen.

a) Bevölkerungsverteilung Absolute Darstellung durch Punkte

b) Bevölkerungsdichte Relative Darstellung nach statistischer Methode

c) Bevölkerungsdichte Relative Darstellung nach geographischer Methode

Beispiel: Karte der Bevölkerungsverteilung 1950 in der BRD 1:1 Mill., Bundesanstalt für Landeskunde, Bad Godesberg.

Punkte übersetzen Nacheinander der Statistik in übersichtlicheres Nebeneinander der Karte. Darstellung bietet jedoch keinen Ersatz für Statistik, da Auge nicht imstande ist, dargestellte Bevölkerungsmengen genau, d. h. absolut zu erfassen. Ziel der Darstellung ist es, Vergleiche zu ermöglichen. Da Menschen nicht gleichmäßig über Fläche verteilt sind, sondern an einzelnen Punkten (Wohnplätzen) leben, muß objektive Karte der Bevölkerungsverteilung Karte der Wohnplätze mit gestuften Signaturen nach Einwohnerzahlen sein. Großmaßstäbliche Karten, die positionstreue Wiedergabe aller einzelnen Wohnplätze erlauben, sollten daher nur nach absoluter Methode gezeichnet werden.

Anwendung der Punktmethode jedoch für kleinmaßstäbliche Karten, besonders Atlaskarten, schwierig (Abb. 138). Da aus Platzgründen einzelner Punkt zusammengefaßte Zahl mehrerer ländlicher Siedlungen symbolisieren muß, widerspricht Punktbild in dünnbesiedelten Gebieten wirklichen Verhältnissen.

Auf Karte der Bevölkerungsverteilung im „Atlas des Deutschen Lebensraumes" (1937 ff.) bestand z. B. Schwierigkeit absoluter Darstellung in Größe der Spanne zwischen dünnst- und dichtest besiedelten Gebieten. Dünn besiedelte Gebiete im dargestellten Ausschnitt Mitteleuropas durften nicht als menschenleer erscheinen, in dicht besiedelten Industriegebieten mußte zu starke Häufung von Signaturen bzw. Ersatz durch schwer lokalisierbare Sammelsignaturen vermieden weren. Maßstab 1 : 3 Mill. zwang W. HARTKE zur Zusammenfassung von je 1000 Menschen in einem Punkt, d. h. zum Verzicht auf Wiedergabe der meisten ländlichen Gemeinden durch eigene Signatur.

Gewöhnlich keine Lösung des Darstellungsproblems durch Übergang zur Kreis- oder Quadratmethode. Beide haben den Nachteil, daß entweder Minimum nicht mehr darstellbar ist oder maximale Figuren einander überschneiden.

Unterschiedliche Bevölkerungsverteilungen auf engem Raum lassen sich durch Wahl weniger rasch anwachsender dreidimensionaler geometrischer Figuren kartographisch besser darstellen als durch Punkt-, Kreis- oder Quadratmethode. Erstmalige Kombination der Punkt- und Kugelmethode im Bevölkerungsatlas von Schweden von STEN DE GEER (1919). Umfaßt 12 Karten: Menschenleeres Gebiet Weiß, besiedeltes Land in drei braunen Dichtestufen. Darin für je 100 Einwohner ein Punkt, Orte über 5000 Einwohner in perspektivischen Kugeln (Abb. 140).

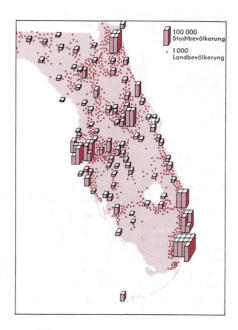

Abb. 205 Punktstreuungskarte von Florida mit Säulen für städtische Bevölkerung (nach E. Raisz, Atlas of Florida, 1964)

Darstellungen in *Kugelmethode* sind im strengen Sinn weder absolute noch relative Darstellungen der Volks*dichte*, sondern quantitativ differenzierte „Wohnplatzkarten", d. h. Karten der Verteilung der Bevölkerung über den Raum. Veranschaulichen durch Abstände der Figuren nur indirekt auch Beziehungen der Menge zur Fläche (Dichte).

Methode DE GEER ermöglicht absolute Darstellung der Bevölkerungsverteilung mit anderen Aussagen zu verbinden, Kausalbeziehungen zu verdeutlichen, z. B. relative Darstellung der Bevölkerungs*dichte* durch Flächenkartogramm und absolute Darstellung der *Verteilung* nach Kugelmethode. Auch Kombination mit anderen Sachverhalten, z. B. Verkehrslinien, Gewässernetz. Bei starker Drängung sind statt Kugelsignaturen in Ballungsräumen Säulen sinnvolle Lösung (Abb. 205).

Karten der Bevölkerungsdichte (nach relativer Methode)

„Bevölkerungsdichte", ein fiktiver Begriff, wird definiert durch Quotienten aus Zahl der Menschen und von diesen bewohnter Fläche. Bevölkerungsdichtekarten geben Anzahl der Bewohner je km^2 oder Quadratmeile als Durchschnittswert wieder, berechnet für kleinere oder größere Gebiete und zusammengefaßt in Dichtestufen. Bevölkerungsdichtekarten also Abstraktionen, keine Naturbilder der Verteilung der punktweise in Siedlungen zusammengedrängt lebenden Menschen. Werden in flächenhafter Verbreitung dargestellt, obwohl gleichmäßige Verteilung der Menschen im Sinne errechneter Bevölkerungsdichte nirgends effektiv vorhanden ist. Karten der Bevölkerungsdichte erlauben zwar schnelle Orientierung über allgemeines Bild der Bevölkerungsverteilung, ersetzen jedoch nicht Einzelangaben der Statistik.

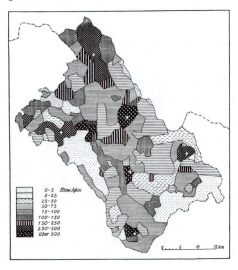

Abb. 206 Bevölkerungsdichtekarte der Grafschaft Glatz (1925) nach statistischer Methode (O. Schlüter)

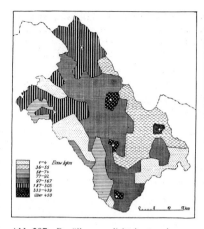
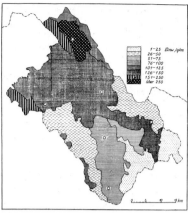

Abb. 207 Bevölkerungsdichtekarte der Grafschaft Glatz (1925) nach Methode räumlicher Gruppenbildung (W. Künzel)

Abb. 208 Bevölkerungsdichtekarte der Grafschaft Glatz (1929) nach wirtschaftsräumlichen Einheiten (W. Geisler, G. v. Geldern)

Jeweils ermittelte Bevölkerungsdichte als Zahlenwert zwar objektiv kontrollierbar, läßt jedoch in Fragen der Abgrenzung und Zusammenfassung subjektiven Entscheidungen freien Spielraum. Erste subjektive Entscheidung des Bearbeiters betrifft **Wahl der Bezugsfläche**. Grundlage für Berechnung der Bevölkerungsdichte können sein:

1. Administrative Einheiten,

2. Natur- oder kulturräumliche (wirtschaftsräumliche) Einheiten,

3. Quadratraster,

4. Punktkarten absoluter Bevölkerungsverteilung.

Bevölkerungskarten auf Grundlage *administrativer* Einheiten haben nur Sinn bei Wahl möglichst kleiner Bezugseinheiten, z. B. von Gemeinden (Abb. 206). Aus solchen Karten der Bevölkerungsdichte kleiner Raumeinheiten werden Karten der Bevölkerungsdichte größerer Räume durch Zusammenfassung und Generalisierung gewonnen (Abb. 207).

Geographisch bedeutsamer als Bevölkerungsdichtekarten größerer politischer Bereiche sind Darstellungen auf Grundlage von *natur-* und *wirtschaftsräumlichen Einheiten:* umfassen gewöhnlich Gebiete ähnlicher Lebensbedingungen, während Grenzen statistischer Erhebungsgebiete selten mit geographischen übereinstimmen (Abb. 208).

Im *Quadratraster-Flächenkartogramm* Aufteilung statistischer Bezugsflächen in schematische Kleinquadrate (Raster) und Wiedergabe der Dichtewerte durch entsprechende Zahl gestufter Quadratraster (S. 222).

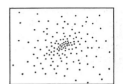 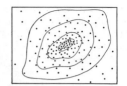 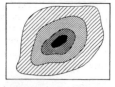

Abb. 209 Konstruktion einer Bevölkerungsdichtekarte mit Pseudoisarithmen aus Punktstreuungskarte (Schema, nach E. Imhof)

Punktkarte absoluter Bevölkerungsverteilung erlaubt (möglichst in Verbindung mit Bevölkerungsdichtekarte nach administrativen Einheiten) Korrektur des Dichtebildes im Sinne einer Anpassung an tatsächliche Bevölkerungsverteilung (Abb. 209). Ergebnis ist Bevölkerungsdichtekarte mit Pseudoisarithmen. (Beispiel: Carta della densità della popolazione in Italia 1951, 1:1,5 Mill., Florenz 1960) oder mit Pseudoarealen (Abb. 204c).

Entwurf von Bevölkerungsdichtekarten nach relativer Methode gewöhnlich in zwei Arbeitsgängen:

1. Arbeitsgang: Eintragung der errechneten Dichtezahlen in Gemeindegrenzenkarte, Kolorierung oder Schraffierung nach gewählten Stufenwerten. Ergebnis: *Kartogramm* der Bevölkerungsdichte.

2. Arbeitsgang: Zusammenfassung der Gebiete gleichartiger Bevölkerungsdichte des Gemarkungskartogramms. Ergebnis: *Karte* der Bevölkerungsdichte. Bei Verkleinerung des Maßstabs Zusammenfassung in wenigen, größeren Dichtestufen.

Alte Streitfrage bildet Ausschluß bestimmter Teile der Bodenfläche (Wald, Seen, Ödland u. a.) sowie bestimmter Teile der Bevölkerung (nichtbodenständiger Bevölkerung, Stadtbevölkerung) von der Berechnung. Derartige Ausscheidungen, besonders Beschränkung der Volksdichteberechnung auf Nutzfläche, beruhen auf fehlerhafter Annahme, daß es möglich sei, „tatsächliche Verteilung" der Bevölkerung auf der von ihr bewohnten Fläche rechnerisch oder graphisch darzustellen.

Bei Ausscheidung des Waldes vor Berechnung der Bevölkerungsdichte würden z. B. Buntsandsteingebiete des Hinteren Odenwaldes mit ihren kargen Böden höhere Bevölkerungsdichte erhalten als fruchtbare, dichtbesiedelte Rheinhessen. Bliebe städtische Bevölkerung unberücksichtigt, würde Ruhrrevier als sehr dünn bevölkerter Teil Deutschlands erscheinen.

Derartige Ausscheidungen nur berechtigt, wenn sie Veranschaulichung bestimmter Sachverhalte dienen, z. B. Verhältnis landwirtschaftlicher Bevölkerung zu landwirtschaftlich genutzter Fläche. Solche Darstellungen der „Dichteverteilung landwirtschaftlicher Bevölkerung, bezogen auf Fläche des Acker- und Wiesenlandes", der „Dichteverteilung in Forstwirtschaft tätiger Personen, bezogen auf die Waldfläche", der „Dichteverteilung handeltreibender Bevölkerung, bezogen auf kleinste Verwaltungsbezirke" sind keine Karten der Bevölkerungsdichte, sondern Kartogramme.

Unterschiedliche Auffassungen über vorzunehmende Ausscheidungen haben dazu geführt, aß Bevölkerungsdichtekarten verschiedener Autoren nicht miteinander vergleichbar sind.

Zweite Aufgabe bei Entwurf einer Bevölkerungsdichtekarte ist sogenannte *Gruppenbildung*. Bearbeitung statistischer Zahlenwerte zwingt zu Zusammenfassung und räumlicher Anordnung mittels Farben und Schraffuren. In dadurch bedingter Subjektivität der Darstellung liegt Gewinn und Gefahr der Methode zugleich. Kartenbearbeiter beeinflußt durch vorgenommene Wertabstufungen bereits Karteninterpretation.

Gruppierung statistischer Daten oft durch Quelle vorgegeben. Kartenautor kann Gruppen zusammenfassen, Gruppierung jedoch nicht überprüfen oder verfeinern.

Ausscheidung von Dichtegruppen. 5 Möglichkeiten, nach statistischen (1,2), mathematischen (3,4) oder geographischen Prinzipien (5):

1. Statistische Methode. Zusammenfassung der Wertestufen nach Verfahren von O. SCHLÜTER: 0–5, 5–25, 25–50, 50–75, 75–100, 100–150, 150–250, 250–500, über 500 Einwohner je km^2 (Abb. 207). Für zugrundeliegende administrative Bezugsflächen (Gemarkungen, Kreise, Länder, Staaten) ist statistisches Quellenmaterial ohne Umrechnung verwendbar, da es für diese erhoben worden ist.

Vorzug der statistischen Methode: Einfachheit und Eindeutigkeit der Konstruktion. Schematisch festgelegte Dichtestufen ermöglichen quantitativen Vergleich mit anderen Gebieten der Erde dank unkomplizierter konventioneller Skala.

Nachteil: Bevölkerungsdichte ist Ergebnis unterschiedlicher wirtschaftlicher Struktur, historischer Entwicklung, sozialer Verhältnisse und physischer Grundlagen. Verwendung genormter Skala kann typische Stufung verwischen. Abgrenzung der Dichtestufen sollte besonderen Verhältnissen jeweiliger Untersuchungsgebiete Rechnung tragen. Nachteilig für Vergleiche kann sich auch ungleiche Größe jeweiliger Bezugsflächen auswirken.

2. Zugrundelegung von Sinngruppen durch zweckmäßige Wahl der Schwellenwerte, z. B. 0–5, 5–25, 25–50, 50–100, 100–250, 250–500 usw. Einwohner je km^2. Schwellenwerte müssen jeweiligen örtlichen Verhältnissen angepaßt werden.

Im Planungsatlas Baden-Württemberg z. B. 10 Dichtestufen: 1–40, 40–60, 60–80, 80–120, 120–160, 160–200, 200–250, 250–500, 500–1000, über 1000. Für Bevölkerungsdichtedarstellungen auf Welt- und Erdteilkarten bisher im allgemeinen folgende Dichtestufen: 0,0–1, 1–10, 10–25, 25–50, 50–100, 100–200, über 200 Einw./km^2. Diese Intervalle am Anfang und Ende der Skala unzweckmäßig. Dichtestufe 1–10 vereinigt zu unterschiedlich besiedelte Gebiete. Skala bricht bei 200 Einw./km^2 ab, obwohl Dichtewerte von mehr als 400 Einw./km^2, selbst von 800 Einw./km^2, auf größeren Flächen vorkommen. H. LOUIS wählte für seine Bevölkerungsdichtekarte der Erde (1952) Dichtestufen: 0–2, 2–10, 10–50, 50–250 und über 250 Einw./km^2.

3. Mathematische Methode. Feststellung der Gesamtzahl statistischer Bezugseinheiten innerhalb eines Arbeitsgebietes und Ermittlung geringster und größter vorkommender Bevölkerungsdichte der einzelnen Bezugseinheiten. Untergliederung der sich ergebenden Dichtespanne in beliebige Anzahl von Dichtestufen nach verschiedenen mathematischen Prinzipien.

Beispiel: Arbeitsgebiet umfaßt 105 Erhebungseinheiten, geringste Dichte = 1,6 Einw./km², größte Dichte = 103,4 Einw./km², Dichtespanne = 101,8. Folgende Möglichkeiten der Stufenberechnung, wenn aus zeichentechnischen Gründen 7 Wertestufen ausgeschieden werden sollen:

Stufen in gleichen Abständen	Stufen in arithmetischer Progression	Stufen in geometrischer Progression
1,6 – 16,0	1,6 – 5,1	1,6 – 2,8
16,1 – 30,6	5,2 – 12,4	2,9 – 5,2
30,7 – 45,1	12,5 – 23,3	5,3 – 9,5
45,2 – 59,7	23,4 – 37,9	9,6 – 17,2
59,8 – 74,2	38,0 – 56,1	17,3 – 31,3
74,3 – 88,7	56,2 – 77,9	31,4 – 56,9
88,8 – 103,4	78,0 – 103,4	57,0 – 103,4

Nähere Erläuterungen der Skalenbildung bei G. F. JENKS und M. R. C. COULSON (1963). Graphische Darstellungen (Abb. 210) ergeben sehr unterschiedliche Bilder. Da mathematisch gefundene Wertestufen keinerlei Raumbezug haben, hat Methode nur geringen Wert.

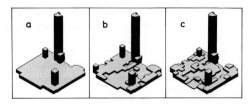

Abb. 210 Schaubilder der Bevölkerungsdichte, Wahl der Schwellenwerte nach verschiedenen mathematischen Methoden (nach G. F. Jenks u. M. R. C. Coulson)
a) Stufen in gleichen Abständen
b) Stufen in arithmetischer Progression
c) Stufen in geometrischer Progression

4. Bildung natürlicher Gruppen, indem aus statistischen Einzelwerten zunächst Häufigkeitsdiagramm gezeichnet und Zahlenmaterial zu sich danach ergebenden Gruppen zusammengefaßt wird. Diese Methode in der Statistik bewährt, führt jedoch nicht immer zu geographisch brauchbaren Ergebnissen. Ergiebiger als statistische Gruppenbildung ist

5. Methode räumlicher Gruppenbildung nach W. KÜNZEL. Besteht in Zusammenfassung der Gemeinden zu größeren Einheiten und Errechnung des gemeinsamen Dichtewertes. Weitere Zusammenfassung der „Großgemeinden" unter räumlichen Gesichtspunkten zu Dichtezonen, die bestimmten kulturgeographischen

Einheiten entsprechen (Abb. 207). Ausscheidung der Dichtegruppen nach KÜNZEL stößt bis hart an jene Grenze vor, wo anstelle exakter kartographischer Aufbereitung subjektives Ermessen tritt. Durch gewählte Dichtegruppen sollen natur- und kulturräumliche Einheiten möglichst erfaßt werden.

Umgekehrten Weg geht Methode natur- oder kulturräumlicher Aufgliederung eines Gebietes und nachträglicher Ermittlung der Bevölkerungsdichte für gefundene Einzelräume (Abb. 208). In diesem Falle werden statistische und mathematische Methode verlassen: Ordnungsprinzipien des Raumes stehen vor denen des Zahlenmaterials. Ergebnis ist Bevölkerungsdichtekarte vorher ausgeschiedener naturgeographischer oder kulturgeographischer Räume, die meist – jedoch nicht unbedingt – Dichteräumen entsprechen.

Flächen gleicher Bevölkerungsdichte werden durch Linien voneinander abgegrenzt. Darstellungsweise ist ähnlich wie auf Isohypsen-, Isothermen- oder Isogammenkarten. Dennoch grundsätzlicher Unterschied:

Isolinienkarten sind Abbildungen eines Kontinuums, d. h. eines Wertefeldes (S. 204). Darauf beruht gleichmäßige Folge der Isolinien. Diese haben reale Bedeutung, verbinden Punkte gleicher Höhe, Temperatur, Schwereabweichung. Bevölkerungsdichtekarten hingegen sind keine Isolinienkarten, sondern Mosaikkarten. Ihre „Kurven" verbinden nicht *Punkte* gleicher Bevölkerungsdichte, sondern sind Grenzlinien von *Flächen* gleicher Bevölkerungsdichte. Auf ihnen können ganz verschiedene Wertigkeitsstufen aneinanderstoßen, wie z. B. am Rande von Ebenen und Gebirgen, wo auf hohe unvermittelt geringe Bevölkerungsdichten folgen. Auf Bevölkerungsdichtekarten daher keine Notwendigkeit vollständiger Stufenfolge der Linien zur Darstellung kontinuierlicher Übergänge. „Bevölkerungsdichtekurven" gibt es nicht. Interpolation von Zwischenkurven in Gebieten scharfer Dichtegegensätze also widersinnig.

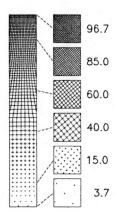

Abb. 210a
Verlaufraster ermöglichen stufenlose Zuordnung von Dichtewerten

Quelle:
Schuler/Bopp-Strukturatlas Schweiz. Ex Libris Verlag Zürich. 2. Aufl. 1986. S. 65

Bei Verwendung kontinuierlich von Hell nach Dunkel übergehender **Verlaufraster** auch Dichtekarten ohne Dichtestufen möglich. *Beispiel:* Strukturatlas Schweiz (Abb. 210a). Grundlage für alle Karten ist dieselbe Rasterabfolge. Zuordnung der Dichtewerte durch Extremwerte auf jeweiliger Karte bestimmt. Höchster Dichtewert durch dunkelsten Rasterton, niedrigster Dichtewert durch hellsten Rasterton wiedergegeben. Für alle Zwischenwerte lassen sich entsprechende Zwischentöne finden. *Vorteil:* Jede Fläche auf der Karte erhält exakt den Rasterton, der dem berechneten Dichtewert entspricht. Problem der Bildung von Dichtestufen damit aufgehoben. Auch geringe Unterschiede zwischen Raumeinheiten bleiben erhalten. Karte wird aussagefähiger. *Nachteil*: Zuordnung von Raster und Dichtewerten auf jeder Karte anders. Direkter Vergleich dadurch erschwert. *Zeichentechnisch* großer Aufwand, kann aber durch Einsatz automatisierter Zeichenanlagen verringert werden.

Bevölkerungsdichtekarten lassen sich gut mit solchen der Veränderungen (Schwankungen) der Bevölkerungsdichte innerhalb bestimmter Zeiträume verbinden. Darstellung der Bevölkerungsdichte z. B. durch Punktierung und Schraffierung auf farbigem Untergrund in verschiedenen Blau- und Rottönen. Blau bedeutet Abnahme der Bevölkerungsdichte, Rot Zunahme. Ergebnis: Karte der *Bevölkerungsentwicklung.*

Problematisch ist Vergleich von Dichtekarten bei zu starkem Größenunterschied statistisch-räumlicher Grundeinheiten. Gemeinde von 135 Einwohnern und 2 km^2 Fläche hat z. B. gleiche Bevölkerungsdichte wie Asien mit 1,9 Mrd. Einwohnern und 27,6 Mill. km^2 Fläche (68 Einw./km^2). Trotz richtiger Rechnung keine Vergleichsmöglichkeit wegen unterschiedlicher Größenordnung. Selbst bei Gemeinden mit zu großen Flächenunterschieden kann Vergleich Sinn verlieren. Verringerung der Schwierigkeiten und Vertiefung der Darstellung durch Gegenüberstellung absoluter und relativer Methode (Abb. 204) oder durch Kombination beider.

Verbindung absoluter und relativer Methode stellt „optimale" Quadratmethode von W. Volz dar. Ihrem Nachteil mathematischer Anordnung der Quadrate steht Vorteil der Vermeidung dritter Dimension gegenüber.

Bei Kombination absoluter und relativer Methode zu beachten, daß Gesamtbevölkerung erfaßt wird, d. h. kein Teil weggelassen, aber auch kein Teil doppelt dargestellt wird. Derartige fehlerhafte Zahlenverarbeitung liegt vor, wenn Städte mit Größensignaturen wiedergegeben werden, städtische Bevölkerung jedoch gleichzeitig in Bevölkerungsdichteberechnung einbezogen wird.

In kritischer Analyse der seit etwa 100 Jahren üblichen Bevölkerungsdichtekarten weisen E. Otremba und W. Witt darauf hin, daß diese heute viel von früherer Bedeutung verloren haben. Zunehmende Mobilisierung der Bevölkerung, Intensivierung der Verkehrsverflechtung, Zunahme der Pendlerzahlen und des Einflusses überregionaler Wirtschaftszweige, Verschiebung der Relationen zwischen Primär- und Sekundärbevölkerung u. a. haben Bindungen des Menschen an den Boden aufgelockert.

Karten der Tag- bzw. Nachtbevölkerung verdeutlichen unterschiedliche Funktion von City und Randzone einer Großstadt.

Klassischer Begriff der Bevölkerungsdichte wurzelt in agrarwirtschaftlich gesehenem Versorgungsdenken des 19. Jhs. Vor Einsetzen stärkerer weltwirtschaftlicher Verflechtung entworfene Bevölkerungsdichtekarten veranschaulichen im Grunde agrarische Dichte, wollen Ausdruck für Tragfähigkeit des Landes sein.

Alte Vorstellung der Bevölkerungsdichte hat nur dort noch rechten Sinn, wo Bevölkerung vorwiegend agrarisch lebt (landwirtschaftliche Bevölkerung bezogen auf landwirtschaftliche Nutzfläche). Interpretation einer Dichteziffer von 300 in einem Industriegebiet (Ruhrrevier) oder in tropischem Agrarland (Java) nicht ohne fundierte wirtschaftliche und soziologische Kenntnisse möglich. Übliche Dichtekarte veranschaulicht nur formal gleichen Zustand, gibt keine Auskunft über Ursache hoher Dichteziffern. Korrelation zwischen Menschenzahl und Bruttosozialprodukt würde z. B. Kombination von hoher und geringer Dichte mit hohem oder niedrigem Lebensstandard erkennen lassen. Ebenso aufschlußreich Differenzierung in agrarisch und städtisch-industriell tätige Bevölkerungsteile (z. B. in Bevölkerungskarte der Erde 1:10 Mill., 1960 von A. SÖDERLUND), kartographische Veranschaulichung der Wanderungsbewegungen und des Anteils nichtlandwirtschaftlicher Bevölkerung an Gesamtbevölkerung (Überlagerungsgrad) als Ausdruck der Intensität struktureller Verstädterung der Gemeinden.

Literatur

ARNBERGER, E.: Grundlagen und Methoden zur kartographischen Darstellung der Bevölkerungsentwicklung der letzten hundert Jahre in Österreich. Mitt. Österr. Geogr. Ges. Wien 1960
—: Die kartographische Darstellung von Typen der Bevölkerungsveränderung. Veröff. Akad. f. Raumforsch. und Landesplanung, Forsch.-, u. Sitzungsber. 64, Thematische Kartographie 2, 2. Tl., 1971, S. 1–22
—: Literatur zur Methode der kartographischen Darstellung des Bevölkerungswesens. Wien 1973
BOESCH, H.: Bemerkungen zu einer neuen Weltbevölkerungskarte. Geogr. Helvetica 1961
BÜRGENER, M.: Das Quadratraster-Flächenkartogramm. Geogr. Taschenbuch 1956/57, S. 466–471
DIETRICH, B.: Die Methode der natürlichen Gruppenbildung in volkspolitischen, geographischen und statistischen Untersuchungen. Volk unter Völkern, Breslau 1925
FEHRE, H.: Neues Verfahren der kartenmäßigen Darstellung der Bevölkerungsentwicklung. Peterm. Geogr. Mitt. 1933
—: Zum Entwurf einer korrelativen Volksdichtekarte. Ber. Dt. Landeskunde 1949
FLASKÄMPER, P.: Zur kartographischen Veranschaulichung der Bevölkerungsdichte. In: Flaskämper, Bevölkerungsstatistik. Hamburg 1962, S. 471–473
FREUDENBERG, H.: Zur Methodik der Darstellung bei angewandten Karten, insbesondere Volksmengenkarten. Peterm. Geogr. Mitt. 1941
GEER, STEN DE: Befolkningens fördelning i Sverige. Stockholm 1919
GEISLER, W.: Absolute oder relative Methode? Probleme der Bevölkerungs- und Wirtschaftskartographie. Kartogr. Mitt. 1930
GREIM, G.: Die kartographische Darstellung der Volksdichte. Peterm. Geogr. Mitt. 1913
—: Bemerkungen zur Darstellung der Bevölkerungsverteilung. Jb. Geogr. Ges. Hannover 1930
GSTEU, H.: Die Darstellung der Bevölkerungsverhältnisse auf Karten. Geogr. Anzeiger 1934
HARTKE, W.: Die Verteilung der Bevölkerung. Atlas des Deutschen Lebensraumes, 1937

HELBIG, K.: Eine Bevölkerungskarte von Zentralamerika. Peterm. Geogr. Mitt. 109, 1965, S. 225–229

HETTNER, A.: Über die Untersuchung und Darstellung der Bevölkerungsdichte. Geogr. Zeitschr. 1901

IMHOF, E.: Thematische Kartographie, ein Lehrbuch. Berlin 1972

JENKS, G. F. and COULSON, M. R. C.: Class Intervals for Statistical Maps. Internat. Jb. f. Kartogr. 1963

KANNENBERG, E.-G.: Die Bevölkerungsentwicklung in Baden-Württemberg von 1956 bis 1961. Mit einem Beitrag zur Methodik der kartographischen Darstellung. Ber. Raumforsch. u. Raumordnung 23, 1965, S. 24–28

KELLETAT, H.: Zur Methodik der Volksdichtedarstellung. Geogr. Wochenschr. 1934

KOSACK, H. P.: Ein Beitrag zur Methodik der Bevölkerungskarten. Zeitschr. Ges. f. Erdkunde Berlin 1937

KÜHN, A.: Über Bevölkerungsdichtekarten im Deutschen Planungsatlas. Forschungs- u. Sitzungsber., Akad. f. Raumforsch. u. Landesplanung I, 1950

KÜNZEL, W.: Die Methode der räumlichen Gruppenbildung am Beispiel einer neuen Volksdichtekarte vom Freistaat Sachsen. Mitt. Verein der Geographen an der Univ. Leipzig 1932

LENDL, E.: Zur Frage der Berechnung der agraren Dichte. Geogr. Taschenbuch 1954, S. 424

LEYDEN, FR.: Die Darstellung der Volksdichte auf Karten. Geogr. Anzeiger 1930

LOUIS, H.: Über Aufgaben und Möglichkeiten einer Bevölkerungsdichtekarte der Erde. Peterm. Geogr. Mitt. 1952

OTREMBA, E.: Die Bezugsgrundlage zur Darstellung wirtschaftlicher Sachverhalte in Atlanten und Wirtschaftskarten. Kartogr. Nachr. 1961

PENCK, A.: Die Kurven der Volksdichte. Forsch. u. Fortschr. 1942

PLAPPER, W.: Die kartographische Darstellung von Bevölkerungsentwicklungen, veranschaulicht am Beispiel ausgewählter Landkreise Niedersachsens. Forsch. z. dt. Landeskde., Bd. 206, 1975

RICHTER, E. A.: Die graphische Darstellung der Bevölkerungsdichte. Peterm. Geogr. Mitt. 1933

SCHARNER, F.: Ein Beitrag zur Frage der Dichtedarstellung in Kartogrammen. Allg. Statist. Arch. 1958

SCHLÜTER, O.: Eine neue Volksdichtekarte der Rheinprovinz. Peterm. Geogr. Mitt. 1920

SCHULTIS, J. B.: Bevölkerungsprobleme in Tropisch-Afrika. Tübinger Geogr. Stud. 41, Tübingen 1970

STAMS, W.: Die Kartographische Gestaltung einer Weltbevölkerungskarte 1 : 2,5 Mill. Int. Jb. f. Kartogr. 12, 1972, S. 33–44

SUTER, K.: Das Quadratraster-Flächenkartogramm. Kritische Bemerkungen zur Konfessionskarte im Atlas Östliches Mitteleuropa. Geogr. Helvetia 1961

WANKA, E.: Methoden der Wertstufenbildung und ihre Eignung für die thematische Kartographie. Mitt. Österr. Geogr. Ges. 122, 1980, S. 70–76

WILLIAM-OLSSON, W.: Die Bevölkerungsweltkarte 1 : 1 Mill. Geogr. Taschenbuch 1962, S. 320–322

WITT, W.: Komplexe Themakartographie in der Landesplanung. Kartogr. Nachr. 1961

—: Thematische Kartographie. Methoden und Probleme, Tendenzen und Aufgaben. Veröff. Akad. f. Raumforsch. u. Landesplanung, Abh. Bd. 49, 2. Aufl., Hannover ²1970

—: Bevölkerungskartographie. Veröff. Akad. f. Raumforsch. u. Landesplanung. Abh. Bd. 63, Hannover 1971

WITTHAUER, K.: Eine Bevölkerungskarte der DDR. Peterm. Geogr. Mitt. 1962

—: Verteilung und Dynamik der Erdbevölkerung. Gotha-Leipzig 1969

ZACH, W.-D.: Bevölkerungsstruktur und -entwicklung. In: Kartographie der Gegenwart in der Bundesrepublik Deutschland '84. Bielefeld 1984, S. 176–183

ZIMPEL, H. G.: Bevölkerungsdichte und Siedlungsverteilung im Bereich der mediterranen Randschwelle der Arabischen Halbinsel (Zum Entwurf einer Karte 1 : 1 Mill.). Mitt. Geogr. Ges. München 50, 1965, S. 47–75

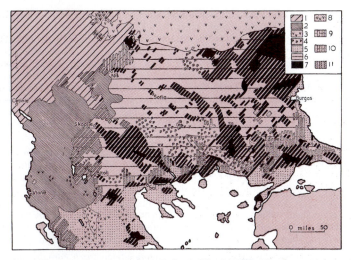

Abb. 211 Völkerkarte der mittleren Balkanhalbinsel (1878). Mischungsgebiete in Streifenmanier (nach K. Sax)

1 Serben,	5 Griechen,	8 Aromunen,
2 Albaner,	6 Bulgaren,	9 Serbo-Bulgaren,
3 Rumänen,	7 Tscherkessen,	10 Greco-Bulgaren,
4 Pomaken,	Tataren und Türken,	11 Greco-Albaner

Rassen-, Religions-, Sprachen-, Völker- und Nationalitätenkarten

Rassen- und *Religionskarten* stellen regionale Ausbreitung und Verteilung der Angehörigen verschiedener Rassen und Religionen nach absoluter oder relativer Methode dar. Ebenso sollen *Sprachen-* und *Völkerkarten* wirklichkeitstreue Bilder der Aufgliederung der Bevölkerung unterschiedlicher Herkunft, d. h. von Sprach- und Volksräumen, liefern. Solche Karten früher einheitlich als „Sprachkarten" bezeichnet, auch wenn sie Volksgruppen darstellten. Spätere Benennung „Ethnographische Karten", „Nationalitätenkarten" oder „Volkstumskarten". Habsburgischer Vielvölkerstaat wurde klassisches Land für Methodik der Sprach- und Volkstumskartographie. Entwicklung führte von Darstellung von Volksstämmen, also ethnologischer Methode mit Wertung der Sprache als wichtigstem Merkmal der „Stämme", zum Entwurf von Sprachenkarten aufgrund der Sprachenstatistik.

Zum Verständnis von Sprachenkarten Kenntnis der Erhebungsmethode erforderlich: ob statistisch ermittelte Sprache, Umgangssprache, Familiensprache, Muttersprache oder Lieblingsprache. Sprachenkarten in erster Linie von philologischem, Völker- oder Nationalitätenkarten von politischem Interesse.

Von *Nationalitätenkarten* klar ersichtliche Scheidung der räumlichen Verteilung der Angehörigen verschiedensprachiger Bevölkerungsgruppen zu fordern. Übliche Darstellung in Flächenkolorit beschränkt sich auf Wiedergabe geographischer Verbreitung der Völker, unterdrückt zur Erhöhung der Anschaulichkeit kleine Völkerinseln und generalisiert Völkergrenzen. Keine Aussage solcher vergröbernder Karten über Zahl des Vorkommens oder Verbreitungsdichte. Diskrepanz zwischen Wirklichkeit und Darstellung besteht darin, daß Menschen in Einzelsiedlungen zusammengeballt wohnen, Karte aber durch gleichmäßige Färbung großer unbewohnter Zwischenräume Eindruck gleichmäßiger Verteilung über ganze Fläche erweckt. Im Volkstumskampf oft mißbrauchte Methode des Flächenkolorits verbesserbar durch Abstufungen der Flächenfarbe nach Volksdichte.

Wirklichkeitstreue kartographische Wiedergabe der Volkstumsverhältnisse im Kerngebiet des geschlossenen Siedlungsraumes einer Volksgruppe verhältnismäßig leicht erreichbar. Dagegen Schwierigkeiten der Darstellung in Berührungs- und Durchmischungszonen. Drei *Darstellungsmethoden:*

1. Veranschaulichung der gegenseitigen Durchdringung *in Streifenmanier* (Abb. 211). Gemischte Gebiete werden in generalisierenden farbigen Streifen dargestellt. Vergröbernde, wissenschaftlich selten zu rechtfertigende Darstellungsweise.

2. Darstellung von Mischgebieten zweier Nationalitäten *durch Farbabstufungen* nach dem Prozentsatz des jeweiligen Bevölkerungsanteils.

Mehrzahl älterer Nationalitätenkarten nach Mehrheitsprinzip gezeichnet, d. h. Gebiete mit mehr als 50% der sich zu einer Sprache bekennenden Bevölkerung in optisch wirksamer „Mehrheitsfarbe" angelegt (z. B. Rot), restliche Gebiete in optisch zurücktretender „Minderheitenfarbe" (z. B. Gelb, Blau). Diese Flächenmethode stark generalisierend, Mischgebiete können gar nicht oder nur ungenau wiedergegeben werden.

Hauptmangel der Relativmethode ist völlige Unterdrückung absoluter Zahlen. Relativdarstellung sagt nichts über Wichtigkeit der einzelnen Nationalitäten aus. Orte mit Minderheitenbevölkerung von 49% erscheinen z. B. in Farbe des Staatsvolkes, obwohl eine städtische Minderheit von 20000 Menschen viel bedeutsamer sein kann als flächengleiches Dorf mit 5000 Angehörigen des Staatsvolkes. Fehlerhafte „Optik" einer Nationalitätenkarte tritt durch Relativmethode besonders hervor, wenn die eine Volkstumsgruppe vorzugsweise in Städten, die andere auf dem Lande wohnt. Bewußte oder unbewußte Kartenfälschungen mit Hilfe der Relativmethode vielfach Ursache von „Kartenkriegen" um Völkerschaften und deren Siedlungsräume in sprachlichen und ethnischen Mischgebieten. – Zuverlässiger als Darstellung durch Prozentzahlen daher:

3. Darstellung *durch absolute Zahlenwerte*, wobei *ein* Zeichen in verschiedenen Farben (Punkt, Kreis, Quadrat oder sonstige Figur) jeweils bestimmter Zahl der Angehörigen verschiedener Sprache oder Nationalität entspricht. Absolute Methode gewährleistet exakte Wiedergabe der Durchdringung, des Siedlungsanteils und der Wichtigkeit der auf darzustellender Fläche vertretenen Volksgruppe. Minderheiten erscheinen im richtigen Verhältnis zur Staatsbevölkerung.

Karten gemischtsprachiger Gebiete müssen zugleich Besiedlungskarten sein, wenn sie wahres Bild vom Charakter des Volksbodens geben sollen.

Statt kostspieliger farbiger Darstellung gleiche Wirkung in Schwarz-Weiß-Technik durch Wahl verschiedener Zeichen: Punkt, stehendes Kreuz, liegendes Kreuz, Kreis, Dreieck, Viereck, Diagramm usw.

Folgende 5 Möglichkeiten:

1. *Kreissektorenmethode.* Zeichnung von Ortskreisen proportional zur Gesamteinwohnerzahl. In diesen werden durch Sektoren prozentuale Anteile vertretener Volksgruppen dargestellt.

2. *Quadratmethode.* Wiedergabe der prozentualen Anteile entweder in einem unterteilten Quadrat oder durch mehrere, den bestimmten Bevölkerungszahlen entsprechende Quadrate.

3. *Punktquadratmethode.* Wiedergabe der Gesamteinwohnerzahl durch quadratisch angeordnete Punkte. Anteil der einzelnen Nationen wird durch verschiedene Farben oder Grauraster für diese Punkte dargestellt.

4. *Säulendiagramm.* Darstellung des Anteils der vertretenen Nationalitäten durch verschieden hohe Einzelsäulen oder durch eine Säule mit prozentualer Unterteilung.

5. *Kombination* mehrerer Methoden: z. B. Schwarzaufdruck der Volksdichte (Schraffuren oder Streupunkte) auf Grundkarte, die durch verschiedene Farben die Anteile der verschiedenen Nationalitäten veranschaulicht.

Literatur

GEISLER, W.: Politik und Sprachenkarten. Zeitschr. f. Geopolitik 1926
—: Die Sprachen- und Nationalitätenverhältnisse an der deutschen Ostgrenze und ihre Darstellung. Peterm. Geogr. Mitt., Erg.-H. 217, Gotha 1933
—: Die Problematik der Völker- und Sprachenkarten, dargelegt am Beispiel der deutschen Ostgrenze. Peterm. Geogr. Mitt. 1934
HASSINGER, H.: Bemerkungen über Entwicklung und Methode von Sprachen- und Volkstumskarten. Wiss. im Volkstumskampf 1941
ISBERT, O. A.: Kartographische und statistische Methoden im Volkstumskampf. Deutschtum im Ausland 1942
KOSACK, H. P.: Ein Beitrag zur Methodik der Bevölkerungskarten. Nationalitätenkarte von Bulgarien. Zeitschr. Ges. d. Erdkunde Berlin 1937
KRALLERT, W.: Methodische Probleme der Völker- und Sprachenkarten. Internat. Jb. f. Kartogr. 1961
KREBS, N.: Ein neuer deutscher Sprachenatlas. Zeitschr. Ges. f. Erdkunde Berlin 1929
KRETSCHMER, I.: Die thematische Karte als wissenschaftliche Aussageform der Volkskunde. Forsch. Dt. Landeskunde 153, Bad Godesberg 1965
MILLEKER, R.: Über ethnographische Karten als Grundlage geopolitischer Entscheidungen. Zeitschr. f. Geopolitik 1937
PENCK, A.: Die Deutschen im polnischen Korridor. Zeitschr. Ges. f. Erdkunde Berlin 1921
RÖHR, E.: Die Volkstumskarte. Volkstumsgeogr. Forsch., Bd. I. Leipzig 1939
SCHACHT, H. H.: Die Darstellung grenz- und auslandsdeutscher Siedlung im Kartenbild. Peterm. Geogr. Mitt., Erg.-H. 214, Gotha 1932
SCHEEL, O., SCHWALM, H. u. a.: Handwörterbuch des Grenz- und Auslanddeutschtums. 3 Bde. Breslau 1936 ff.
SCHREPFER, H.: Volkstum und Sprache im Kartenbild. Neue Deutsche Schule 1935

Politische, historische und geopolitische Karten

Politische Karten sind Zustandskarten, historische Karten veranschaulichen frühere Zustände und Entwicklungen, geopolitische Karten zeigen Entwicklungen und aus behaupteten „Raumgesetzen" abgeleitete Entwicklungstendenzen. Drei stofflich eng miteinander verbundene thematische Karten, jedoch unterschiedlicher Darstellungsprinzipien: statisch oder dynamisch.

Politische Karten. Aufgabe: Wiedergabe politischer Einheiten (Staaten, Länder nebst Untergliederung) durch Flächenkolorit oder farbige Grenzbänder. Sachlich und methodisch kein Unterschied zu innerstaatlichen Verwaltungskarten.

Politische Karten bisher dürftigst entwickelter Zweig thematischer Kartographie. Sind über einfachste farbige Flächendarstellungen zur Kennzeichnung von Hoheitsbereichen und politischen Zugehörigkeiten nicht hinausgekommen. Bedürfen stärkerer Auflockerung und Differenzierung. Bis in jüngste Zeit auf vielen Wand- und Atlaskarten für Mutterländer und Außenbesitzungen gleiche Farbgebung und -stärke. Außerachtlassung wichtiger staatsrechtlicher Unterschiede (Souveräner Staat, Commonwealth-Mitglied, Protektorat, Kolonie usw.). Für politische Karten folgende staatsrechtliche Unterscheidungen erforderlich:

1. Gebiete souveräner Staatsgewalt: Darstellung in voller Flächenfarbe.

2. Gebiete ohne souveräne Staatsgewalt: Darstellung in abgeschwächter Farbtönung oder mit Farbschraffen. Zu untergliedern in:

   a) Schutzstaaten, Schutzherrschaften und Kolonien mit gehobener Selbstbestimmung (Doppelschraffen) und

   b) Kolonien mit geringer oder keiner Selbstbestimmung (einfache Schraffen).

Durch geschickte Farbwahl Möglichkeit, bestimmte Staatengruppen nach Regierungsformen, Bündnissystemen (NATO-Staaten, Ostblockländer usw.) oder Staatenentwicklungen zusammenzufassen und optisch zu verdeutlichen.

Auf *politisch-geographischen Karten* Herausarbeitung von Lagebeziehungen und Strukturtypen von Staaten, z. B. Maritimität und Kontinentalität der Staaten (Meeres- und Binnenlagetypen), Kern- und Anwachsräume, Art und Veränderlichkeit der Grenzen.

Zu politischen Karten gehören auch *Wahlkarten*, d.h. Karten, auf denen Wahlkreiseinteilungen und/oder Wahlergebnisse dargestellt sind. Größe und Umriß von Wahlkreisen entscheiden über Einschluß oder Ausschluß wahlberechtigter Bevölkerungsgruppen. Bei reinem Verhältniswahlrecht (Summe aller Stimmen aus allen Wahlkreisen bestimmt Wahlergebnis) sind Wahlkreise nur Zähleinheiten. Kartographische Darstellung des Wählerverhaltens verdeutlicht evt. bestehende Zusammenhänge mit sozialer Situation, Konfession usw. Angaben von Wahlkarten beziehen sich nicht auf Fläche, sondern auf Bevölkerung. Deshalb gelegentlich Transformation der Wahlkreise in Flächen (Rechtecke), deren Inhalt jeweiliger Bevölkerungszahl entspricht. Mosaikkarte/-kartogramm wird zu Anamorphotenkartogramm (nach E. ARNBERGER geometrische Figurengrundkarte, vgl. Abb. 128).

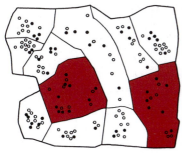
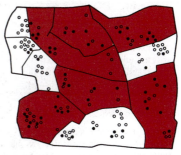

○ = 100 Stimmen für Partei A   gerasterte Fläche:
● = 100 Stimmen für Partei B   absolute Mehrheit für Partei B

Abb. 212 Wahlkarten:
Durch Veränderung der Wahlkreiseinteilung erhält B die absolute Mehrheit in 6 der 11 Wahlkreise (rechts), obwohl 60% aller Stimmen für Partei A abgegeben wurden.

Bei Mehrheitswahlrecht (für jeden Wahlkreis wird ein Wahlsieger ermittelt) spielen Größe und Gestalt der Wahlkreise wesentliche Rolle. Durch Verändern der Grenzen können Wählergruppen umverteilt werden, um Wahlergebnis zu beeinflussen (nach amerik. Bezeichnung „Garrymandering").

Für Analyse von Wahlergebnissen sind Wahlkarten unentbehrlich. Entsprechendes gilt auch für andere Abstimmungen. Historische Betrachtung: Wie hat sich Wahlverhalten geändert? Wie haben sich Veränderungen der Bevölkerungsstruktur, Zu- und Abwanderung usw. auf Wahlergebnis ausgewirkt?

Historische Karten. Rasche politische Änderungen lassen Staatenkarten zu *historischen Karten* werden. Ihre Hauptaufgabe: Verbildlichung geschichtlicher Zustände und Entwicklungen, d. h. Umsetzung des Nacheinanders historischer Entwicklungen in ein Nebeneinander unter gleichzeitiger Herausarbeitung enger Beziehungen zwischen Leistungen des Menschen und ihn umgebenden Raum.

Historischer Stoff wird geordnet, ihm innewohnende Sinnrichtungen werden kartographisch zum Ausdruck gebracht. Kartographisches Ziel zeit- und raumgebundener Ordnung des Stoffes ist erreicht, wenn es gelingt, durch Zusammenfassung Zustände verschiedener Zeitalter, wichtige Abschnitte bestimmter Abläufe, auch gleichzeitige Parallelentwicklungen, auf einem Kartenblatt darzustellen (Abb. 213). Große Zahl darstellungsfähiger Erscheinungen verlangt sorgfältige Auswahl des Stoffes und Begrenzung der Zeitabschnitte zur Vermeidung von Überlastungen des Kartenbildes mit Zeichen und Symbolen. Ordnung und Zusammenfassung zwingen gerade auf historischen Karten zu kritischer Generalisierung unter Ausscheidung nebensächlicher Einzelerscheinungen. Verallgemeinerung darf jedoch nicht zur Verfälschung führen und damit Ursache von Fehldeutungen werden.

Historische Karten sollen aber auch Dynamik historischen Geschehens und dessen Ursachen veranschaulichen. Aus Darstellungen von Zuständen ergeben sich zu-

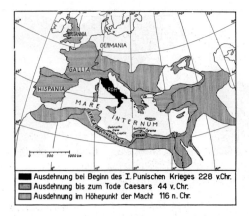

Abb. 213 Historische Karte: Das römische Weltreich

sammenfassende Zustandskarten, aus Darstellungen von Entwicklungen synthetische Entwicklungskarten. Solche besonders zur Vermittlung historischer Einsichten und Aufschlüsse geeignet.

Zustandskarten sind einfachste Form historischer Karten. Dienen Darstellung politischer Verhältnisse in bestimmtem Gebiet zu bestimmter Zeit. Wert und Wirkung in erster Linie von geschickter Auswahl des Zeitpunktes oder sinnvoller Abgrenzung des Zeitraumes abhängig, für den bestimmte geschichtliche Zustände durch Karte veranschaulicht werden sollen. Historische Karte soll nicht beliebigen, sondern *herrschenden Zustand* versinnbildlichen.

Darstellung politischer *Entwicklungen* in *historisch-genetischer* Darstellungsweise. Ausgang einer Serie von Entwicklungskarten ist die sorgfältig ausgewählte Zustandskarte.

Als Arbeitskarte für territorial-geschichtliche Darstellung im deutschen Bereich *historisch-statistische Grundkarten* bewährt. Im gleichen Maße wie zur Eintragung historischer Forschungsergebnisse als Unterlage für Bevölkerungsdarstellungen geeignet, sofern statistische Unterlagen für einzelne Siedlungen und Gemarkungen zur Verfügung stehen, z. B. für Bevölkerungsdichtekarten, Karten der Verteilung von Konfessionen, Berufen.

Idee und Name historisch-statistischer Grundkarten gehen auf Tübinger Rechtsgelehrten FRIEDRICH VON THUDICHUM zurück (1883), Kartenwerk weitergeführt durch R. KÖTZSCHKE.

Grundkarten umfassen je zwei im Breitenkreis zusammenstoßende Blätter der Karte des Deutschen Reiches 1 : 100 000. Enthalten Gewässernetz, alle Siedlungen mit Namen (Städte, Dörfer, Rittergüter, Staatsdomänen, Einzelhöfe, Mühlen, Burgen, Klöster), rotgedruckte Grenzen der Gemarkungen. Verzicht auf Grenzen der Staaten und Provinzen, auf Verkehrswege, Bodenbedeckung und Reliefdarstellung, so daß reichlich Platz für verschiedenartigste Eintragungen zur Verfügung steht.

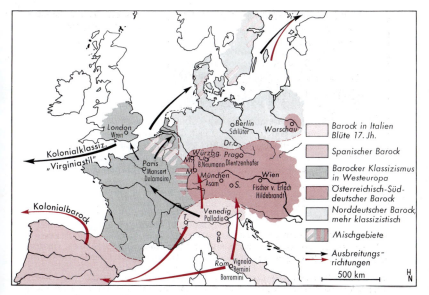

Abb. 214 Dynamisch-historische Karte: Ausbreitung barocker Baukunst (aus „Geschichte in Stichworten" III, Verlag Ferdinand Hirt)

Wie auf historisch-statistischen Grundkarten tritt allgemein auf historischen Karten geographischer Inhalt hinter geschichtlichem zurück: Beschränkung auf Umrisse und Gewässernetz meist ohne Geländeformen. Politische Ereignisse und geschichtliche Abläufe erscheinen dadurch als bedingungslos und unabänderlich. Zahlreiche mögliche Beziehungen bleiben unerkannt. Erhöhung der Aussagekraft durch sinnvolle Auswahl darzustellender geographischer Fakten, d. h. Zahl der zum Verständnis historischer Vorgänge erforderlichen Raumelemente. Verlauf historisch bedeutsamer Völkerwanderungen z. B. ohne Darstellung der Wüsten, der großen Steppenbahnen, der Gebirge und geschlossenen Waldgebiete kaum verständlich zu machen. Ebenso hat historische Kartendarstellung soziale und wirtschaftliche Bezüge herauszuarbeiten.

Verdeutlichung *dynamischer Vorgänge* durch ausdünnende Farbflächen, Veranschaulichung von Bewegungslinien und -richtungen besonders nach Vektormethode. Vielfältige Anwendungsmöglichkeiten des Pfeils auf Schlachtenskizzen, zur Darstellung von Feldzügen, Truppenbewegungen, kulturellen Strömungen usw. (Abb. 214). Verschiedenfarbige (z. B. rote oder blaue) Pfeile haben stärkere Aussagekraft als schwarze.

Geopolitische Karten. Während auf historischen Karten Faktor Zeit Thema der Darstellung beherrscht, treten auf *geopolitischen Karten* Raum und „Raumkräfte" in den Vordergrund. Zeitsinnbilder werden auf ihnen von Raum- und Bewegungssinnbildern abgelöst. Anstelle vorwiegend *statischer* historischer Karte tritt *dynamische* geopolitische Karte. Fülle von Entwicklungslinien geschichtlicher Karten, ausgedrückt durch Nebeneinander mehrerer Karten, wird auf wenige einfache „Raumgesetze" zurückgeführt, die nach Lehre der Geopolitik in verschiedenen politischen Vorgängen zum Ausdruck kommen.

R. Kjellén definierte Geopolitik als Lehre vom Staat als Raumorganismus. Stärker als Kjellén hat K. Haushofer Prinzipien des geographischen Determinismus seinen Deutungen des politischen Weltbildes zugrunde gelegt. Aus Raumbezogenheit politisch-staatlichen Lebens wurde Lehre „von geographischer Bedingtheit der Politik", „von Erdgebundenheit politischer Vorgänge" (P. Schöller).

Unbestreitbar lassen sich aus vertiefter *geographischer* Betrachtung der Staatenwelt und des politischen Lebens Erkenntnisse für die Politik gewinnen. *Erkenntnis* bedeutet jedoch keine *Gesetzmäßigkeit*. Falscher Ansatz der Geopolitik lag darin, daß sie Naturfaktoren in direkte Beziehungen zum Staat und zum politischen Leben setzte, überbewertete und „raumbedingte Gesetzmäßigkeiten" politischer Entwicklungen erkennen wollte. In ihrem Anspruch, zwangsläufiges Geschehen vorauszusagen, enthüllt sich ein Determinismus, den politische Geographie längst überwunden hatte. Pseudowissenschaft der Geopolitik arbeitete mit Schlagworten, Metaphern, unklaren Begriffen und Suggestivkarten, die vorwiegend in der von K. Haushofer 1924 begründeten „Zeitschrift für Geopolitik" erschienen sind.

Aufgabe geopolitischer Karten umriß R. v. Schumacher (1934) wie folgt: „Propagandistisches Moment kennzeichnet jede geopolitische Karte, nicht stofflicher Inhalt". Ferner: „Aufgabe des Verfassers populärer geopolitischer Karten ist Aufspaltung der Karte auf einfachsten thematischen Nenner, um ihre plakatartige Wirkung zu sichern." Politisches Ziel charakterisiert viele geopolitische Karten als propagandistische Erzeugnisse, d. h. als *fingierte* Karten, die häufig der Wirklichkeit nicht entsprechende Sachverhalte und Raumvorstellungen veranschaulichen wollen.

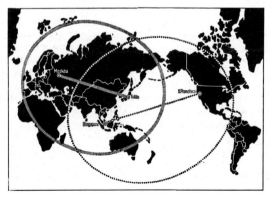

Abb. 215
Geopolitische Karte:
Die zu erwartende Ost-West-Auseinandersetzung in der Sicht K. Haushofers 1938:
„Die Überschneidungsfläche der beiden Ellipsen zeigt den künftigen Entladungsraum"

Der Pfeil. Diese Form des Pfeiles ist die beste Lösung. Alle geschweiften und sonstigen Formen eignen sich nicht für die strenge Darstellung des Kartenbildes. Sie wirken maniriert und machen die Karte leicht unernst

 Der Sammelpfeil oder Flächenpfeil. Seine auseinanderklaffenden Äste raffen gewissermaßen ein Gebiet, dessen Gesamtkräfte sich in Angriff befinden. Beispiel zeigt Angriffsrichtung eines Städtebundes

 Der Strahlungspfeil. Aufspaltung eines Angriffs nach verschiedenen Richtungen. Die Pfeile müssen das Verhältnis der Kraftströme wiedergeben. Ihre Summe muß die Breite der Hauptlinie ergeben. Graphisch sehr häufig falsch gelöst

 Darstellung des aus einem Gebiet (Raum) vorgetragenen Angriffs

 Angriffsbänder. Sie zeigen den Verlauf von Bewegungen durch von der Natur vorgezeichnete Gebiete. (Kartographisch richtige Pfeile!)

 Auflösende Keilwirkung eines Gebietes

Umfassungsstreben (im Bilde an Inseln veranschaulicht)

 Umklammerung mit Abschnürungsabsicht (dynamisch)

Anschauliche Kombination von Kreis-, Pfeil- und Flächentönung. (Die schematisierende Wirkung ist durch die geographische Beziehung der Pfeile ausgeglichen.)

Abb. 216 Verwendung des Pfeils auf geopolitischen Karten (nach R. v. Schumacher)

Kraftlinien ersten Grades bilden gewöhnlich Grundlinien geopolitischer Karten, schneiden sich häufig in Nähe geschichtlich bedeutsamer Punkte. Kraftlinien zweiten Grades folgen natürlichen Grenz- und Gliederungslinien, schneiden Leitlinien ersten Grades und vollenden Begrenzung und Gliederung des von diesen bestimmten Raumes. Schnittpunkte solcher Kraftlinien werden als bedeutsame „Kraft- und Wirkungspunkte" des Raumes aufgefaßt. Liegen vielfach im Zentrum des Gesamtraumes bzw. der Teilräume.

Pfeile an Enden der Kraftlinien geben Richtungen an, versinnbildlichen sie aber auch selbständig. Kennzeichnung der Stärke von Kräften durch Breite oder Anzahl der Linien. Punkte verschiedener Dicke – einfache, doppelte, verschiedenartig gestaltete Kreise usw. – veranschaulichen Bedeutung der Knotenpunkte und in ihnen konzentrierter Kräfte. Schraffierungen, Schattierungen, Raster, Umrandungen usw. heben mittelbare und unmittelbare Wirkungsbereiche hervor, stellen Art und Stärke der Einflüsse dar.

Versinnbildlichung von „Fronten" durch Linien, z. B. von „Abwehrfronten" durch glatte Linien, von „Angriffsfronten" durch Zickzacklinien und nach außen gebogene Linien mit Pfeilen oder Dreiecken. Darstellung von Pforten und Pässen durch übliches Paßzeichen in verschiedensten Abwandlungen. Kennzeichnung von „Kernräumen", „Raumzellen", „Wachstumsräumen", „Abwehrräumen", „Angriffsräumen", „Wehrräumen", „Kampfräumen" durch Schraffierungen, Raster u. ä. Diese fragwürdigen Raumvorstellungen aus „Trieblehre der Raumorganismen" entwickelt: Erhaltungstrieb, Schutzmotiv, Verkehrsmotiv, Kolonialmotiv usw.

Im Unterschied zu meist farbigen historischen Karten geopolitische Karten fast ausschließlich als Schwarz-Weiß-Karten. Schwarz-Weiß-Darstellungen oder Karten mit wenigen kontrastierenden Farben sind vollbunter Karte an Eindruckswirkung überlegen (Abb. 215). Zwingen Beschauer zur Beachtung der Hauptpunkte: Suggestivkarte.

Wichtigstes graphisches Ausdrucksmittel geopolitischer Karten ist der *Pfeil*. Geopolitiker entwickelten geradezu „Pfeilkult". Durch Pfeile werden wiedergegeben: Konzeptionen, räumliches Wachstum, Stoßrichtungen, Unterwanderungen, Bündnisse, Raumtendenzen usw. (Abb. 216). Allgemeiner Gewinn für thematische Kartographie: Entwicklung des Pfeils als Signatur in kaum überbietbarer Vervollkommnung, verwendbar für andere Themadarstellungen, z. B. für Verkehrskarten, geomedizinische Karten u. a.

Literatur

AMMANN, H. u. SCHIB, K.: Historischer Atlas der Schweiz. Aarau ²1958
ANTE, U.: Politische Geographie. Braunschweig 1981
AUBIN, H.: Methodische Probleme historischer Kartographie. Neues Jb. f. Wiss. u. Jugendbildung 1929
BEHRENS, H.: Einige Bemerkungen zur vergleichenden geographischen-kartographischen Methode in der Urgeschichtsforschung. Archaeol. Geogr. 1951
BÖNISCH, F.: Was ist eine historische Karte? Kartogr. Nachr. 20, 1970, S. 184–187
EGGERS, H. J.: Die vergleichende geographisch-kartographische Methode in der Urgeschichtsforschung. Archaeologia Geogr. 1950
FISCHER, H.: Historisch-statistische Grundkarten. Peterm. Geogr. Mitt. 1918
HALTENBERGER, M.: Die kartographische Darstellung der territorialen Entwicklung der Balkanstaaten. Zeitschr. f. Geopolitik 1925
HAUSHOFER, K.: Rückblick und Vorschau auf das geopolitische Kartenwesen. Zeitschr. f. Geopolitik 1932
JÄGER, H. (Hrsg.): Historisch-landeskundliche Exkursionskarte von Niedersachsen, Blatt Duderstadt m. Erl.-H. Veröff. Inst. f. Histor. Landesforsch., Univ. Göttingen, 2. Tl. 1, Hildesheim 1964
JANTZEN, W.: Zur Gestaltung geopolitischer Kartenskizzen. Nachr. aus dem Reichsvermessungsdienst 1943
KRALLERT, W.: Die Geschichte Osteuropas in kartographischer Darstellung, II.: Ein Beitrag zur Methodik der historischen Karte. Jb. Gesch. Osteuropas 1958
LAUTENSACH, H.: Ein geopolitischer Typenatlas. Zeitschr. f. Geopolitik 1929
LENDL, E.: Darstellungsmethoden historischer Karten. Ber. 5. Österr. Historikertag Innsbruck. Hrsg.: Verband Österr. Geschichtsvereine 1960
MAULL, O.: Über politisch-geographisch-geopolitische Karten. In: Haushofer, K. u. a., Bausteine zur Geopolitik. Berlin 1928
MEYNEN, E.: Geographische und kartographische Forderungen an die historische Karte. Blätter f. Dt. Landesgesch. 1958
MORTENSEN, H. u. G. (Hrsg.): Historisch-geographischer Atlas des Preußenlandes. Wiesbaden 1968
OGRISSEK, R.: Die Karte als Hilfsmittel des Historikers. Eine allgemein verständliche Einführung in Entwurf und Gestaltung von Geschichtskarten. Gotha-Leipzig 1968
SCHÄFER, O.: Die geopolitische Kartenskizze. Geogr. Wochenschr. 1935
—: Die Arten und Wesenszüge geschichtlicher und geopol. Karten. Geogr. Anzeiger 1943
SCHARFE, W.: Historische Kartographie. In: Kartographie der Gegenwart in der Bundesrepublik Deutschland '84. Bielefeld 1984, S. 206–208

SCHÖLLER, P.: Wege und Irrwege der Politischen Geographie und Geopolitik. Erdkunde 1957
SCHUMACHER, R. V.: Zur Theorie der Raumdarstellung. Zeitschr. f. Geopolitik 1934
—: Zur Theorie der geopolitischen Signatur. Zeitschr. f. Geopolitik 1935
SCHWALM, E.: Die politische Karte in der Gemeinschaftskunde. Geogr. Rundsch. 19, 1967, S. 161–169
UHLHORN, F.: Probleme der kartographischen Darstellung geschichtlicher Vorgänge. Hessisches Jb. f. Landesgesch. 8, Marburg 1958, S. 106–132

Geomedizinische Karten

Aufgabe ist Darstellung von Beziehungen der Krankheitserscheinungen zu geographisch bestimmter Umwelt. Veranschaulichen Statik und Dynamik der Seuchen als Grundlage für Prognosen über deren künftiges Verhalten. Gegenstände der Darstellung sind zeitliche Abläufe, d. h. erstes Auftreten, Verlauf und Erlöschen einer Epidemie (auch in der Vergangenheit), Verharren von Seuchen in abgegrenzten Räumen, allgemeiner Kenntnisstand über Verbreitung einzelner Seuchen.

Ältere geomedizinische Karten sind Verbreitungskarten, d. h. Karten der Pseudoareale, in deren Bereich bestimmte Krankheiten vorkommen, z. B. A. PETERMANNS Karte der Choleraverbreitung auf den Britischen Inseln (1848). Anderer Typ sind Belegortkarten mit positionstreuen Angaben des Auftretens einer Krankheit.

Über Verbreitungsbild hinaus muß geomedizinische Karte Aussagen über Faktoren physikalischer, biologischer und sozialer Umwelt des Menschen enthalten, soweit sie als Verbreitungsursachen mitverantwortlich sind. Darstellung dieser Korrelationen stellt an Kartenbearbeiter besonders hohe Anforderungen.

Einteilung geomedizinischer Karten in zwei Gruppen: statische und dynamische Karten.

Statische Karten: Dazu gehören alle einfachen Darstellungen über Krankheitsvorkommen. Verzeichnen Verbreitung oder verschiedene Stärke des Auftretens bestimmter Krankheiten. Vom Umfang des Beobachtungsmaterials abhängig, ob Wiedergabe als einfache Belegortkarte (S. 217) oder als ausführliche, wirklichkeitstreue Verbreitungskarte (S. 219). Entwürfe möglich nach absoluter Methode (Punktkarte oder Karte mit gestuften Zeichen), nach relativer Methode (Krankheitsfälle je Flächeneinheit) oder im Verhältnis zur Einwohnerzahl bestimmten Gebietes (Dichtedarstellungen; S. 221).

Bei solchen Dichtedarstellungen zu unterscheiden zwischen raumbezogenen (Häufigkeit der Krankheitsfälle je km^2) und sachbezogenen Relationen (Zahl der Krankheitsfälle je Einwohner eines Gebietes). Verbreitung einer Krankheit auch als kontinuierliche Erscheinung auffaßbar: Veranschaulichung als Wertefelddarstellung (vgl. Isolinienkarte S. 225).

Geomedizinische Belegortkarten geben Auskunft über gelegentliches oder gehäuftes Vorkommen von Krankheitsfällen oder der durch Krankheiten verursachten Todesfälle in bestimmtem Raum (Stadt, Kreis, Land, Kontinent), veranschaulicht durch Zahl oder Größe der Signaturen. Unterrichten jedoch nicht über Begrenzung des betreffenden Krankheitsareals.

Verbreitungsdarstellungen sollten Beziehungen zu geomedizinisch wichtigen Faktoren erkennen lassen. Aus Legende muß hervorgehen, ob Karte absolute Größenwerte oder Mittelwerte veranschaulicht. Aus Titel der Karte muß ferner deutlich werden, ob Darstellung primäre Quellenkarte ist, d. h. aufgrund von genauen Krankheitsmeldungen entworfen wurde, oder ob sie abgeleitete Quellenkarte ist, d. h. Darstellung überarbeiteten Materials.

Darstellung tierischer Krankheitsüberträger besonders durch Bildsymbole (Abb. 217). „Sprechende" Symbole in charakteristischer Form betreffender Tierart leichter verständlich als abstrakte Zeichen oder geometrische Figuren. Für verwandte Tierarten gleichartige, abgewandelte Symbole, bei farbigen Darstellungen Symbole in gleicher Farbe wie betreffende Seuche. Verbreitungsdarstellungen tierischer Krankheitserreger kennzeichnen zugleich Gebiete potentieller Seuchengefährdung: Auswertung für Prognose.

Darstellung mehrerer verwandter Seuchen oder Seuchenerreger in einer Karte durch gleichgroße Zeichen verschiedener Form oder Farbe.

Für Intensitätsdarstellungen eignen sich als Dichtestufen aufeinander abgestimmte Flächentöne eines Farbaufdrucks (in Viertel-, Halb-, Dreiviertel- oder Vollton), bei generalisierten Darstellungen auch engere oder weitere Schraffuren. Zusätzliche Gliederung der Schraffuren durch Punkte, Parallellinien oder Kreuzlinien.

Dynamische Karten der Geomedizin haben Aufgabe, zeitliches Nacheinander mit Nebeneinander verschieden großer Intensitäten einer Seuche auf einem Kartenbild zu veranschaulichen. Dynamik der Ausbreitung und Krankheitsabläufe durch Linien gleichen Epidemiebeginns (Isodaten) darstellbar. Veranschaulichung des jahreszeitlichen Rhythmus des Seuchenauftretens durch *Jahreszeitenuhr*: Intensitätsschwankungen der Krankheit dargestellt durch Zu- oder Abnahme des Farbtons, Gipfelmonat durch Uhrzeiger.

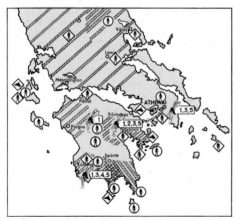

Abb. 217 Geomedizinische Karte: Auftreten der Leishmaniasen in Griechenland (umgezeichnet nach Welt-Seuchen-Atlas). Zwei Schraffurrichtungen zur Kennzeichnung der beiden Leishmania-Krankheiten (Kala Azar und Orientbeule). Schraffurdichte entspricht Verbreitungsdichte der Krankheiten. Kreis- und Quadratsymbole (Kala Azar) mit Bild für Krankheitsfälle bei Mensch oder Tier. Bildsymbole für Überträger (Sandmücke) mit Ziffern für verschiedene Arten

Verwendung von Seuchenkarten für Krankheitsursachenforschung und prognostische Zwecke erfordert unkomplizierte Übersicht über biologische Voraussetzungen oder Zusammenhänge der Seuchenentwicklung mit der Umwelt. Für geomedizinische Karten daher topographische Grundlagenkarte von besonderer Bedeutung. Standorte mancher Seuchen erklären sich mittelbar oder unmittelbar aus topographischer Situation. Vielfalt von Korrelationen ist bestimmend dafür, ob Seuchen endemisch herrschen, epidemisch auftreten oder sich flächenhaft ausbreiten. Geomedizinische Karte erstrebt, diese Korrelationen – soweit bildlich darstellbar – in einem Kartenbild zu vereinigen.

Nächst Topographie starke Abhängigkeit der Verbreitungsgebiete tierischer Seuchenüberträger von Klima und Vegetation. Isothermen, Isohyeten usw. in neutralen Farben stören übriges Kartenbild nicht. Darstellung der Vegetationsformationen, die der Verbreitung bestimmter Tierart zuträglich bzw. abträglich sind, erklärt oft bereits Auftreten bzw. Fehlen bestimmter Seuchen. Tsetsefliege als Verbreiter der Schlafkrankheit in Ostafrika z. B. an Trockenwaldgebiete gebunden. Auf solchen Darstellungen natürliche Ausbreitungsgrenzen für manche Seuchen erkennbar. Bilden wertvolle Grundlage für Durchführung prophylaktischer Maßnahmen.

Von E. RODENWALDT, H. J. JUSATZ u. a. herausgegebener Welt-Seuchen-Atlas ist Musterbeispiel angewandter Kartographie: unterrichtet über bearbeitete Fragestellungen hinaus über moderne Möglichkeiten graphischer Gestaltung thematischer Karten (Abb. 217).

Verbreitung der Seuchen durch einheitliche Balkenschraffuren. Intensität ihres Auftretens durch verschiedene Schraffurdichte dargestellt, in einigen Fällen ergänzt durch Flächentöne. Weiterhin Anwendung von Richtungszeichen, Pfeilen, Grenzlinien, Zeichen für Zu- und Abnahme sowie anschauliche Symbole für Vorhandensein und Verbreitung tierischer Überträger. Durch einfache geometrische Signaturen (Keil, Wellenlinie, Doppelstrich) Zu- oder Abnahme, Schwanken oder Gleichbleiben der Seuchen veranschaulicht. So auch auf statischen Karten Hinweise auf zeitliche Entwicklung erreicht.

Verschiedenfarbige Wiedergabe des Reliefs in sorgfältig durchgeführter Schummerung durch F. HÖLZEL. Wegen kartentechnischer Unmöglichkeit, alle übrigen geographischen Erscheinungen auf einem Kartenblatt gleichzeitig darzustellen, Beifügung von klimatologischen und demographischen Sonderkarten. Farbige Darstellungen mit roten Isolinien und 21stufiger Farbskala. Eigentliche Seuchenkarten beschränken sich auf linearfarbige Eindrucke.

Welt-Seuchen-Atlas von RODENWALDT hat durch Herausarbeitung enger Beziehungen zwischen Krankheitserregern und Umwelt synthetischen Charakter. Im Unterschied dazu ist von der IGU veröffentlichter „Atlas of Distribution of Diseases" Sammelwerk analytischer Karten: umfaßt zahlreiche Verbreitungskarten, die keinen Einlick in ökologische Zusammenhänge pathogener Komplexe geben, so daß eigentlicher Zweck geomedizinischer Karten nicht erreicht ist.

Literatur

Atlas of Distribution of Diseases. Geogr. Review 1950 ff.
CARLBERG, B.: Der Weltseuchenatlas in kartographischer Betrachtung. Kartogr. Nachr. 1955
JUSATZ, H. J.: Zur Entwicklungsgeschichte der medizinisch-geographischen Karten in Deutschland. Mitt. Reichsamt f. Landesaufn. 1939
—: Aufgaben und Methoden der medizinischen Kartographie. Peterm. Geogr. Mitt. 1944

—: Die Bedeutung der Karte als wissenschaftliches Hilfsmittel der Seuchenforschung. Zeitschr. f. Hygiene 1953
—: Fortschritte der medizinischen Kartographie. Peterm. Geogr. Mitt., 1957
—: Die Darstellung von Krankheiten und Seuchen im Kartenbild. Geogr. Taschenbuch 1962/63, S. 322–333
— u. HECKLAU, H. K.: Bemerkungen zum Entwurf von geomedizinischen Karten. Kartogr. Nachr. 28, 1978, S. 8–11
KOLLER, S.: Zur Darstellungstechnik geographisch statistischer Schaubilder Allg. Statist. Arch., Jena 1942/43
MAY, J. M.: Medical Geography: its Methods and Objectives. Geogr. Review 1950
RODENWALDT, E., H. J. JUSATZ u. a.: Welt-Seuchen-Atlas. Hamburg 1952–61
TROLL, C.: Ein Markstein in der Entwicklung der medizinischen Geographie. Zum Erscheinen von E. Rodenwaldts Welt-Seuchen-Atlas. Erdkunde 1953
ZEISS, H.: Seuchen-Atlas. Gotha 1942–45
—: Medizinische Kartographie und Seuchenbekämpfung. Peterm. Geogr. Mitt. 1944

Wirtschaftskarten

Zwei Hauptarten von Wirtschaftskarten:

1. *Produktionskundliche Karten,* d.h. Karten, auf denen nur *ein* Rohstoff, *ein* industrielles Erzeugnis oder nur *eine* kleine zusammengehörige Gruppe von Wirtschaftsgütern in räumlicher Verbreitung dargestellt wird (analytische Wirtschaftskarten).

2. Karten der *Wirtschaftsräume* oder *Wirtschaftsformationen,* d.h. Darstellungen, die die Mannigfaltigkeit des Wirtschaftslebens, dessen Abhängigkeit von physisch-geographischen und anthropogeographischen Gegebenheiten und die Verknüpfung wirtschaftlicher und sozialer Erscheinungen zeigen (synthetische Wirtschaftskarten).

Beide Arten von Wirtschaftskarten setzen geographische Verarbeitung des Tatsachenmaterials voraus, wie es aus landschaftlicher Struktur und Beziehungen zwischen Mensch und Raum erfaßt werden muß. Dazu gehören Erarbeitung zweckmäßiger Darstellungsmethoden der räumlichen Differenzierung wirtschaftlicher Erscheinungen in qualitativer und quantitativer Gliederung und Gruppierung, ferner wirtschaftliche Differenzierung der Bevölkerung im Kartenbild und Herausarbeitung anderer anthropogener Bezugsgrundlagen.

Wirtschaftskarten in *qualitativer* Methode verwenden verschiedenartige Symbole für bestimmte Wirtschaftszweige (z.B. Agrarwirtschaft, Bergbau) oder Wirtschaftsformen (z.B. Hackbau, Pflugbau): Symbole werden ohne Abstufungen am betreffenden Standort eingetragen. Registrieren ohne quantitative Unterscheidung nur das Vorkommen an sich. Wahl der Symbole läßt Phantasie weiten Spielraum.

Einfachste Symbole sind farbige Punkte. Bei unterschiedlicher Gestaltung der Symbole (Bildsymbole) und Verwendung mehrerer Farben Möglichkeit der Einzeichnung zahlreicher Agrarprodukte, Industrien usw. Solche Karten jedoch unübersichtlich, erfordern mühsames Aufsuchen der Symbole und Farben in Legende.

Abb. 218 Produktionskundliche Karte in Absolutdarstellung: Weizenanbau in der Pampa (1914) nach Punktstreuungsmethode (nach Finch u. Baker). 1 Punkt = 2000 ha

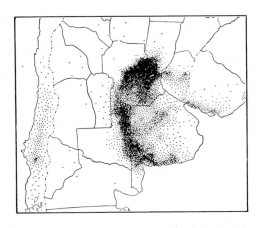

Bei *quantitativer* Darstellung Abstufung der Symbole nach Wert oder Menge (Abb. 218). Symbole sind Punkte oder einfache, in Größe leicht veränderliche Figuren: Kreise, Kreisringe, Rechtecke usw. Bei Raummangel zusätzlich Säulen oder Kugeln. Kreise oder Kreisringe in Sektoren unterteilt: Jeder Sektor entspricht bestimmtem Wirtschaftszweig.

Unterscheidung der Sektoren durch Farben oder Schraffuren. Kreissektorendiagramm mit gestuften und aufgegliederten Größezeichen innerhalb des betreffenden Flächenstücks ist häufigst angewendete Form des Wirtschaftskartodiagramms (Abb. 112).

Wirtschaftskarten sollten nur solche Zahlen und Tatsachen darstellen, die sich ihrem Wesen nach für kartographische Verarbeitung eignen. Je nach logischem Charakter der Zahlen ist Darstellungsergebnis Karte oder Kartogramm. Besonders bei Relativdarstellungen müssen veranschaulichte Sachverhalte in innerem Zusammenhang stehen. Solche innere Logik etwa bei Darstellung des Verhältnisses von Ackerfrüchten zu Ackerland, Winterweizen zur Gesamtgetreidefläche, Wiese zur landwirtschaftlichen Nutzfläche. Rechnerisch ermittelte Werte ohne Beziehung zum Raum, wie Fleischverbrauch je Einwohner, Geldeinkommen je Einwohner usw., ergeben keine Wirtschaftskarten, sondern sachbezogene Wirtschaftskartogramme. Erfüllen alleinige Aufgabe, Zahlen der Statistik raumorientiert lebendig zu machen.

Grundlage für Wirtschaftskarten: Eintragung der Grenzen, des Flußnetzes, nach Möglichkeit auch des Reliefs. Auswahl einzutragender Ortsnamen durch dargestellte wirtschaftliche Erscheinungen bestimmt. Auf Wirtschaftskarten ohne Reliefunterlage sorgfältig ausgeführte thematische Gegenstandsdarstellung für Kartenbenutzer oft nicht voll ausnutzbar, weil exakte Lokalisierung dargestellter Erscheinungen nicht möglich ist. Gründe der Verbreitung wirtschaftlicher Erscheinungen u. U. nur durch Kombination der Wirtschaftskartierung mit Reliefdarstellung auf gleicher Karte erkennbar, z. B. Höhenstufen der Agrarwirtschaft, Bindung der Bewässerungskulturen an Talböden u. a. (Abb. 219).

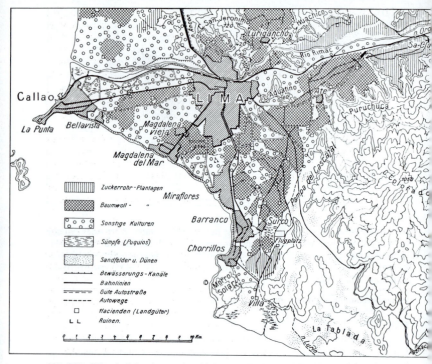

Abb. 219 Wirtschaftskartierung, kombiniert mit Reliefdarstellung: Lima und Umgebung 1928 (nach C. Troll)

Analytische Wirtschaftskarten

Bezwecken Darstellung der Verbreitung eines Produktes, eines wirtschaftlichen Sachverhalts oder einer kleinen Gruppe wirtschaftlicher Erscheinungen. J. H. SCHULTZE (1944) unterscheidet *Flächenverbreitung* und *Ballungsverbreitung:* Versteht unter Flächenverbreitung mehr oder weniger gleichmäßige Verbreitung der Objekte über bestimmtes Gebiet, unter Ballungsverbreitung punktähnliche Konzentrierung der Objekte auf einige Orte.

Analytische Karten verhältnismäßig einfach zu entwerfen, sobald Entscheidung für bestimmte Darstellungsmethode gefunden ist: Einheitslinie von TIESSEN (S. 350f.), Bildsymbole, Punkte oder Kugeln nach DE GEER (S. 224). In jedem Fall läßt sich ein Objekt klar, anschaulich, oft auch meßbar darstellen. Wirtschaftskarten mit eingedruckten Worten als Hinweis auf Verbreitung bestimmter Produkte sind methodisch schlechter Behelf.

Für *Wiedergabe absoluter Zahlen* farbige Flächenstufen ungeeignet. Dagegen Punkte oder punktähnliche Zeichen gut verwendbar: verschieden große Punkte, Abstufung der Punkte nach Größengruppen, verschiedene Formen der Größengruppen, ferner Dreiecke, Vielecke, Säulen. Ablesbarkeit von Werten und Mengen nicht eigentliche Aufgabe einer Karte mit Dichtepunkten, sondern nur möglichst richtige Wiedergabe verschiedener örtlicher Dichte bestimmter Tatsachen.

Mehrzahl analytischer Wirtschaftskarten sind Ortslagekarten, Punktstreuungskarten (Abb. 218) oder positionstreue Diagrammdarstellungen. Möglichkeit exakter Plazierung der Symbole, verbunden mit Art-, Mengen- und Wertangaben, macht Positionskarte zu vorzüglichem Darstellungsmittel wirtschaftlicher Standorte, ihrer Art und Produktion. Aus diesem Grunde im wirtschaftsgeographischen Schrifttum weit verbreitet. Ihre Schwäche: bieten nur Bestandsaufnahme der Verbreitung wirtschaftlicher Sachverhalte. Erst in Verbindung mit guter Reliefdarstellung oder anderen thematischen Aussagen erlauben sie geographische Schlußfolgerungen. Für besondere Zwecke auch wirtschaftsgeographische *Relativdarstellung* sinnvoll, z.B. Erzeugung pro Flächeneinheit zur Herausarbeitung von Intensitätsstufen (Abb. 220).

Schwierigkeiten bei Entwurf von *Weltwirtschaftskarten:* Für zahlreiche Erzeugnisse der Eingeborenenwirtschaft (Hirse, Maniok u.a.), die nur örtlichem Verbrauch dienen, keine oder nur ungenügende Statistiken; Produktionskarten bei Beschränkung auf statistisch erfaßte Agrarprodukte daher unvollständig. Kennzeichnung der Bananenanbaugebiete z.B. im allgemeinen nach weltwirtschaftlich wichtigen Liefergebieten (Zentralamerika, Kanarische Inseln); andere wichtige Anbaugebiete der Tropen für Lokalverbrauch bleiben dabei unberücksichtigt. Folge: Auf Weltwirtschaftskarten, denen anstelle der Produktionswerte statistisch leichter erfaßbare Exportwerte zugrunde liegen, Unterbewertung von Ländern mit geringer weltwirtschaftlicher Verflechtung, z.B. der Sowjetunion. Exportweltkarte erweckt Anschein unbedeutender Produktion in Ländern vorwiegenden Eigenverbrauchs.

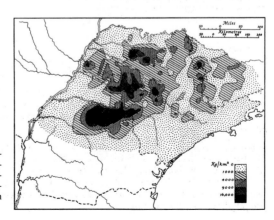

Abb. 220 Produktionskundliche Karte in Relativdarstellung: Kaffeeproduktion in Mittelbrasilien 1950 (nach H. O'Reilly-Sternberg)

In früheren Zeiten kleinräumiger Volkswirtschaften Beschränkung der Wirtschaftskarten auf einfache Verbreitungsdarstellungen der Produktion. Weltwirtschaft heute aus einfacher Phase überseeischer Rohstofflieferungen in Phase vielfältigen Güteraustausches eingetreten. Moderne Wirtschaftsgeographie hat sich von geographischer Produktionskunde zur Wirtschaftsraumforschung entwickelt. Daher Ersatz produktenkundlicher Verbreitungskarten, die nur Korrelation Natur-Produktion herausarbeiteten, durch Darstellungen komplexen Wirtschaftsgefüges erforderlich. In kartographischer Darstellung muß stärker als früher Korrelation Mensch-Produktion zum Ausdruck kommen.

Synthetische Wirtschaftskarten

Wirtschaftskartographie hat Betrachtung von Naturgebundenheit auf Konsumgebundenheit zu lenken, deren Kriterien Bevölkerung, Arbeitsleistung und Güteraustausch sind. Erst in neueren Atlanten von J. HUMLUM, H. BOESCH, B. SKIBBE Berücksichtigung dieser Gesichtspunkte. Kartographisch können wirtschaftliche zu anderen anthropogeographischen Sachverhalten sinnvoll in Beziehung gesetzt werden, z. B. durch Herausarbeitung des Verhältnisses agrarischer Bevölkerungsdichte zur Ertragsleistung. Von wirtschaftsgeographischen Karten ist weiterhin Beantwortung folgender Fragen zu fordern: Welche wirtschaftlichen Erscheinungen gehören räumlich zusammen, wie wirken sie zusammen, auf welchen Wegen spielt sich innerer und äußerer Güteraustausch ab? Neben- und Übereinanderdarstellung vieler wirtschaftlicher Einzelerscheinungen ergibt schwer lesbare *komplexe Karte,* jedoch keine Synthese.

Wirtschaftsgeographische Gesamtdarstellungen oft noch kartographische Bilderrätsel aus Schraffuren, Signaturen und Buchstaben. Bleiben unverständlich und bedürfen mühevoller Auflösung durch ausführliche Legende.

Entwurf lesbarer *synthetischer Wirtschaftskarte* erfordert Vereinfachung, d. h. kartographische Zusammenfassung zusammengehöriger Erscheinungen, z. B. Lagerstätten von Eisenerz und Steinkohle, kombiniert mit Standorten der Hüttenwerke, Energiegewinnungsanlagen, eingebaut in Netz der Wasser- und Landverkehrswege, d. h. Wiedergabe von Urproduktion, Verarbeitung, Handel und Konsum auf einem Kartenblatt.

Ähnliche Kombinationen im Grenzbereich zwischen Landwirtschaft, Bergbau und chemischer Industrie denkbar durch gemeinsame Darstellung von Bergbau auf Düngermineralien, chemischer Industrie, Thomashüttenwerken, Handelswegen und Kunstdüngerverbrauch. Nur solche ganzheitlichen „Kartenkompositionen" (E. OTREMBA) werden Wesen der Wirtschaft als einheitlichem Prozeß von Gütergewinnung bis zum Verbrauch gerecht.

Ziel solcher synthetischen Wirtschaftskarten: flächenhafte Gliederung der Länder in Wirtschaftslandschaften, Wirtschaftsräume, Wirtschaftsbezirke, Wirtschaftsgebiete oder Wirtschaftsformationen (im Sinne von L. WAIBEL). Für Binnenwirtschaft oder Außenhandel wichtige Einzelerzeugnisse erhalten demgegenüber nur Rang zusätzlicher Merkmale und werden gewöhnlich durch übergedruckte Signaturen dem Flächenkolorit gesamter Wirtschaftsformation hinzugefügt.

Für kartographische Darstellung der Wirtschaftslandschaft unterscheidet H. CAROL klar zwischen Darstellung *formaler Struktur,* d. h. Zusammenfassung relativ

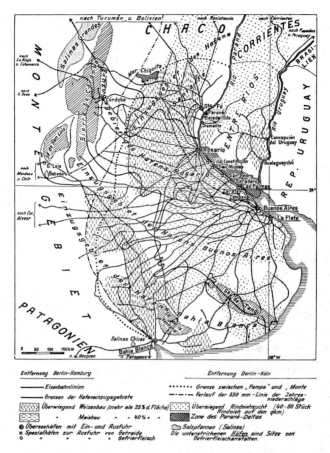

Abb. 221 Synthetische Wirtschaftskarte: Hauptwirtschaftsgebiete Argentiniens
(nach F. Kühn)

einheitlicher Elemente einer Wirtschaftslandschaft, und Darstellung *funktionaler Struktur,* d.h. Zusammenfassung von Erscheinungen, die sich ergänzen und eine wirtschaftliche Einheit bilden. Derartige Gesamtdarstellungen weniger abhängig von Statistik, zeigen große Grundlinien der Wirtschaft und ihrer Verknüpfung mit geographischem Raum. Methodisch schwieriger als analytische Karten.

Synthetische Erfassung der Landschaft und Darstellung des Landschaftsgefüges ist ein Hauptanliegen der Geographie. Zeichentechnisch keine Schwierigkeit, da es sich um Darstellungstyp der Pseudoareale handelt, also um Eintragung von Grenzlinien (S. 219). *Hauptproblem* liegt auf wissenschaftlicher Seite, nämlich in Charakterisierung und Typisierung der wirtschaftsgeographischen Raumeinheiten und ihrer äußerst schwierigen gegenseitigen Abgrenzung. Grenzen einer wirtschaftsgeographischen Einheit liegen dort, wo sich Wirtschaftsstruktur ändert; Wirtschaftsstruktur ändert sich dort, wo andere wirtschaftliche Prägekräfte wirksam werden. Dieses aufgrund analytischer Bestandsaufnahme nur in ganzheitlicher Landschaftsschau erkennbar. Heranziehung statistischer Erhebungen allenfalls zur Klärung örtlicher Besonderheiten.

Viele synthetische Wirtschaftskarten zeigen als flächigen Farbuntergrund vorherrschende Bodennutzung, darauf Wiedergabe des Anbaus bestimmter Produkte durch Schraffuren oder flächig gesetzte Symbole. Durch Farbabstufungen Abgrenzung der Kernzonen von peripheren Verbreitungsgebieten. Mit Diagramm- oder Buchstabensignaturen Hervorhebung von Industrie- und Bergbaustandorten. Bei größerer Zahl unterschiedlicher Industriezweige Verwendung von Kreissektorendiagrammen zur Kennzeichnung der Standorte. Vielfältigkeit wirtschaftlicher Erscheinungen zwingt zur Verwendung zahlreicher Signaturformen und -farben. Ergänzung der Flächen- und Signaturdarstellungen gegebenenfalls durch Bewegungslinien zur Veranschaulichung von Handelswegen oder Bandsignaturen entsprechend dem Verlauf der Verkehrswege.

Hervorragende frühe Leistung einer Wirtschafts- und Verkehrskarte: Karte von Argentinien von F. KÜHN (Abb. 221). Im Unterschied zu anderen Wirtschaftskarten beschränkt sie sich nicht auf einseitige Herausarbeitung der Wirtschaft der Pampa, sondern schenkt auch abseits liegenden Landesteilen und Kümmerzonen erforderliche Aufmerksamkeit. Verzicht auf Statistik und sonst häufig eingedruckte Namen von Erzeugnissen, geschickte Farbskala; dadurch werden argentinische Wirtschaftsgebiete anschaulich lokalisiert und charakterisiert.

Literatur

ARNBERGER, E.: Statistiken als Grundlage wirtschaftsgeographischer Arbeiten. Wiener Geogr. Schr. 18–23, Wien-Horn 1965, S. 21–32

—: Die Generalisierung thematischer Karten (Generalisierungsmethoden, erklärt an Beispielen aus der Wirtschaftsgeographie). Kartographische Generalisierung, Textband. Erg. d. 6. Arbeitskurses Niederdollendorf 1966 d. Dt. Ges. f. Kartogr., hrsg. v. H. BOSSE. Mannheim 1970, S. 225–238

BARTH, R.: Die wirtschaftsgeographischen Sonderkarten. Geogr. Anzeiger 1943

BRODERSEN, L.: Aspekte der graphischen Gestaltung komplexer Wirtschaftskarten in Schulatlanten. Diss. Zürich 1986

CAROL, H.: Die Wirtschaftslandschaft und ihre kartographische Darstellung. Geogr. Helvetica 1946

ENGELMANN, G.: Carl Ritters Produktenkarten 1800–1836. Ein Beitrag zur Geschichte der thematischen Karten. Int. Jb. f. Kartogr. 6, 1966, S. 41–45

FRENZEL, K.: Das kartographische Problem der Darstellung des Lebensraumes in thematischen Karten, insbesondere in Wirtschaftskarten. Internat. Jb. f. Kartogr. 7, 1967, S. 136–142

GABRIEL, E.: Die wirtschaftsgeographische Karte. Diss. Hamburg 1952

GEISLER, W.: Absolute oder relative Methode? Probleme der Bevölkerungs- und Wirtschaftskartographie. Kartogr. Mitt. 1930

—: Vom Kartogramm zur Wirtschaftskarte. Festschrift für Carl Uhlig. Öhringen 1932

JÄGER, H. u. a.: Zur Methodik von Wirtschaftskarten des 19. Jahrhunderts. Veröff. d. Akad. f. Raumforsch. u. Landesplanung, Histor. Raumforschung 8, Hannover 1969
LEHMANN, E.: Weltatlas. Die Staaten der Erde und ihre Wirtschaft. Leipzig ²1957
—: Wirtschaftsatlanten, Peterm. Geogr. Mitt., Erg.-H. 264, Gotha 1957
LOUIS H.: Zum Problem der Wirtschaftskarte. Erdkunde 1959
MEYNEN, E.: Die wirtschaftsräumliche Gliederung Deutschlands. Ber. Dt. Landeskunde 1955
OTREMBA, E.: Wirtschaftsgeographische Kartenaufnahme des Stadtgebietes von Hamburg. Ber. Dt. Landeskunde 1958
—: Kartographische Probleme der Kulturgeographie. Kartogr. Nachr. 1958
—: Die Bezugsgrundlage zur Darstellung wirtschaftlicher Sachverhalte in Atlanten und Wirtschaftskarten. Kartogr. Nachr. 1961
Planzeichen für Flächennutzung der ehemaligen Reichsstelle für Raumordnung. Geogr. Taschenbuch 1949, S. 205; 1950, S. 247
PREOBRAZENSKIJ, A. J.: Ökonomische Kartographie. Gotha 1970
RUNGALDIER, R.: Wirtschaftskarten in Heimat- und Schulatlanten. Mitt. Geogr. Ges. Wien 1952
SCHULTZE, J. H.: Luftbildanwendung für Wirtschaftskarten. Zeitschr. Ges. f. Erdkunde Berlin 1943
—: Zur Vereinheitlichung wirtschaftsgeographischer Karten. Zeitschr. f. Raumforsch. und Raumordnung 1944
SCHUHMACHERS, F. P.: Zum Problem der wirtschaftsgeographischen Karte. Mitt. Geogr. Ges. München 1931
SEIFERT, H.: Berliner Wirtschaftskarten. Die Erde, 1949/50, S. 60–65
THAUER, W.: Methodische Überlegungen bei der Entwicklung von Wirtschaftskarten für Schulatlanten. Akad. f. Raumforsch. u. Landesplanung, Forsch.- u. Sitzungsber. 64, Thematische Kartographic 2, 1971, S. 145–170
TIESSEN, E.: Geographisch statistische Wirtschaftskarten. Technik u. Wirtschaft 1918
—: Einheitskarten. Eine statistisch-kartographische Grundlage der Wirtschaftsgeographie. Peterm. Geogr. Mitt. 1918
—: Über Wirtschaftskarten. Düsseldorfer Geogr. Vorträge u. Erörterungen 1927
—: Die wesentlichen Forderungen an wirtschaftsgeographische Karten. Peterm. Geogr. Mitt., Erg.-H. 209, Gotha 1930

Spezielle Wirtschaftskarten

Drei Gruppen spezieller Wirtschaftskarten:

1. Agrargeographische Karten, 2. Industrie- und Bergbaukarten, 3. Verkehrsgeographische Karten

In jedem dieser wirtschaftsgeographischen Teilgebiete Wiederholung der Gliederung in analytische und synthetische Karten.

Agrargeographische Karten

Analytische Karten der Agrarlandschaft veranschaulichen *Einzelerscheinungen* der Landwirtschaft, z. B. Verbreitung der Kulturpflanzen und landwirtschaftlichen Nutztiere (in absoluter Methode) oder Verhältnis der Anbauflächen (in relativer Methode). Bei Zusammenfassung mehrerer Einzelerscheinungen Übergang zu synthetischen Karten, wie z. B. Karte der Bewirtschaftungssysteme von W. BUSCH (Abb. 226), der Feldpflanzengemeinschaften von J. SCHMITHÜSEN oder der Fruchtfolgesysteme im Atlas der Bayerischen Ostmark.

In jedem der drei Beispiele Veranschaulichung einer *wesentlichen Erscheinung* der Agrarlandschaft. Gleiches gilt für Karten landwirtschaftlicher Besitzverhältnisse und Betriebsgrößen, der Erbsitten (Realteilung oder Anerbenrecht), der Vergesellschaftung der Nutzpflanzen in Feldpflanzengemeinschaften oder Feldbausystemen. Trotz Wiedergabe z. T. komplexer Erscheinungen liefern solche Karten kein Abbild der Agrar*landschaft*.

Analytische agrargeographische Karten bisher gewöhnlich als einfache oder kombinierte Verbreitungsdarstellungen: Punktkarten, Flächenkarten und -kartogramme, Kartodiagramme, z. B. Kreissektorenkartodiagramme. Neue Einsichten in unterschiedliche Agrarstrukturen erfordern darüber hinaus Veranschaulichung der Beziehungen zwischen agrarischer Bevölkerungsdichte und Ertragsleistung oder des Verhältnisses von Umfang und Ertrag des Anbaus. Durch Darstellung der vier Möglichkeiten: Hoher Ertrag bei starkem Anbau, niederer Ertrag bei geringem Anbau, niederer Ertrag bei starkem Anbau und hoher Ertrag bei geringem Anbau Vermittlung wichtiger agrar- und sozialgeographischer Erkenntnisse.

Synthetische Karten der Agrarlandschaft infolge Vielfalt der Erscheinungen methodisch weitaus schwieriger. Aufgabe ist Darstellung der für das Wesen einer Agrarlandschaft *bestimmenden Züge* im Kartenbild. Diese gliedern sich in drei Haupterscheinungsformen: Ländliche Siedlung, Flurbild nach Grundriß und Anbau, landwirtschaftliche Lebensvorgänge.

Darstellung der Grundtypen *ländlicher Siedlungen* (Einzelhöfe, Weiler, Haufendörfer, Gutssiedlungen) durch schüttere Netze von Punkten und Kreisen verschiedener Größenordnung, der Straßen- und Hufendörfer durch ebenso verteilte gestreckte Rechtecke oder Doppelstriche (S. 300).

Flurbild ist flächenhaft eindrucksvollste Erscheinung (Abb. 203). Amtliche Flurkarte ist großmaßstäbliche Karte (1:500 bis 1:5000) mit grundrißtreuer Darstellung der Landbesitzgrenzen (Parzellen einer Ackerflur), gewöhnlich ohne Geländedarstellung. Flurkarten mit Geländedarstellung als Höhenflurkarten bezeichnet. Auf eine bestimmte Gemarkung beschränkte Flurkarte heißt Gemarkungskarte.

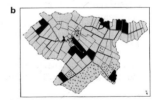
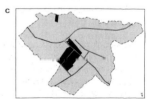

Abb. 222 Flurformenkarten: Wandlungen des Flurbildes durch Verkoppelung und Flurbereinigung, dargestellt am Besitz eines Vollhufners (schwarz) der Gemeinde Mühlenrade (aus Chr. Degn, Arrondieren oder Kollektivieren, Verlag Ferdinand Hirt)
a) 1748, vor der Verkoppelung,
b) nach der Verkoppelung,
c) nach der Flurbereinigung 1959

Abb. 223 Großmaßstäbliche Nutzflächenkartierung: Weizenanbau und extensive Viehzucht in den Plains von Südalberta (nach J. Humlum)

Wichtige Rückschlüsse aus *Verhältnis* der *Flur* zum *Wald* möglich: ob Flur von Wald umschlossen, von Waldstücken durchsetzt oder Flurstücke in den Wald eingesprengt sind (Rodungslandschaften, Aufforstungsgebiete).

Weiteres bedeutsames Element des Flurbildes ist *Größe der Feldeinheiten*. Diese abhängig von Größe der landwirtschaftlichen Betriebe und Stand der Flurbereinigung (Abb. 222). Darstellung muß unterscheiden zwischen Gutsschlägen, Zelgenwirtschaft und bäuerlichen Kleinfeldfluren.

In *Anordnung der Felder* innerhalb der Gemarkungen spiegeln sich ursprüngliche und weitergebildete Flurformen, wie Gewannfluren, Gewannstreifenfluren, Blockfluren, Blockstreifenfluren und Hufenfluren (*Flurformentypus*).

Im Atlas zu seinem fundamentalen Werk „Siedlung und Agrarwesen der Westgermanen..." veröffentlichte A. MEITZEN 1895 erste systematisch angelegte Sammlung von Flurformenkarten.

Viertes physiognomisch wichtiges Element der Agrarlandschaft sind Anbaupflanzen und deren Flächenverhältnis. Zwei Methoden der *Nutzflächenkartierung:*

1. Großmaßstäbliche Gemarkungskartierung,
2. Wirtschaftslandschaftskartierung in kleineren Maßstäben.

Großmaßstäbliche Gemarkungskartierung registriert Nutzpflanzenbedeckung aller einzelnen Feldstücke ohne jegliche Generalisierung (Abb. 223). Erlaubt Ausscheidung von *Flurnutzungsformen* (H. MÜLLER-MINY), z. B. Obstgartenflur, Obstgartenbeetflur, Gemüsegartenflur, Feldgartenflur, Obstfeldgartenflur. Bezeichnung dieser Methode als „konkrete" Kartierung. Karte hält Augenblickszu-

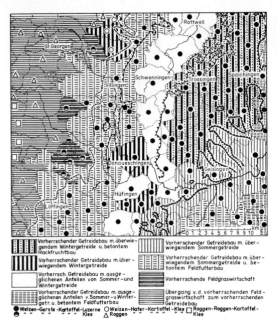

Abb. 224 Karte der Feldpflanzengemeinschaften: Anbaugefüge in der Baar (nach F. Obiditsch)

stand fest: läßt Verteilung der Anbaupflanzen über die Flur für bestimmten Zeitpunkt erkennen, veranschaulicht Feldpflanzengemeinschaft, d. h. das Verhältnis der einzelnen Getreidearten untereinander und zu den Hackfrucht- und Futterbauflächen (Abb. 224). Wert der Karten nicht dadurch beeinträchtigt, daß Landnutzung im Rahmen landwirtschaftlicher Fruchtfolge jährlich und sogar jahreszeitlich wechselt. Bodennutzungssystem bleibt das gleiche (vgl. Karte „Landwirtschaftliche Bodennutzungssysteme in der BRD 1953", 1 : 1 Mill., Bad Godesberg).

Anordnung der Hauptkulturpflanzen läßt zugleich Grundzüge des *Anbausystems* erkennen, ob Gemarkung in Zelgen oder zelgenfrei bewirtschaftet wird *(Flurverfassung)*.

Gute Beispiele für Nebeneinander von zelgengebundener Dreifelderwirtschaft im Innenfeld und zelgenfreier Bewirtschaftung der Außenfelder auf landwirtschaftsgeographischen Karten aus dem nördlichen Hunsrück von J. Schmithüsen.

Bei Vergesellschaftung des Anbaus üblicher Kulturpflanzen mit Sonderkulturen läßt konkrete großmaßstäbliche Gemarkungskartierungsmethode deren Einordnung in Anbaubild erkennen, z. B. bei Hopfen- und Weinbau, Anbau von Baum- und Beerenobst. Karte beantwortet Frage nach Gründen besonderer Standortwahl. Großer Maßstab erlaubt Kartierung weiterer Einzelheiten, z. B. der Besitzverhältnisse, Lage der Parzellen einzelner Bauern u. ä.

In Mitteleuropa für Nutzflächenkartierung am günstigsten die Zeit der Winterroggenernte, wenn Roggen noch in Hocken auf dem Felde steht. Arbeit erleichtert durch Luftbildauswertung, erschwert in Gebieten verwickelter Fruchtfolgen, z. B. in mediterranen Ländern mit mehreren Ernten im Jahr oder Stockwerkanbau.

Wirtschaftslandschaftskartierung in kleineren Maßstäben verzichtet auf Aufnahme einzelner Felder und ihrer Bebauung. Faßt Einzelbeobachtungen zusammen und kartiert Nutzflächenarten und Flurnutzungssysteme. *Nutzflächenarten* sind Wälder, Wiesen, Weiden, Äcker und Ödland. *Flurnutzungssysteme* (Abb. 225) sind z. B. zelgengebundene verbesserte Dreifelderwirtschaft, zelgenfreie Vierfelderwirtschaft u. ä.

Derartige Kartierung der Flurnutzungssysteme erstmalig durch W. MÜLLER-WILLE 1936 vom oldenburgischen Landesteil Birkenfeld.

Flächenkolorit und Signaturen nach Vorschlägen von J. SCHMITHÜSEN: Darstellung geschlossen bewirtschafteter Zelgen flächenhaft mit Farben der Anbaupflanzen (Wintergetreide, Sommergetreide, Hackfrucht), diagonale Farbstreifen für zelgenfrei bewirtschaftete Felder, Farbbänder zur Kennzeichnung ihrer Bewirtschaftung in Dreifelderfolge, Vierfelderfolge usw. Gewählte Farben: Blauabstufungen für Wälder, Gelb für Getreidearten, Braun für Hackfrüchte, Rot für intensive Weinkulturen, Grün für Wiesenland.

Farbintensitäten sollten wirklicher Bedeutung entsprechend abgestuft sein. Signaturen müssen sich vor diesem Hintergrund deutlich abheben. Sind nach Intensitätswerten so zu wählen, daß weltwirtschaftlich wichtige Güter deutlich hervortreten. Möglichst positionstreue Anordnung, Karte wird dadurch lebendig und wirklichkeitsnah.

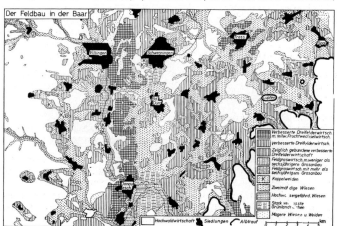

Abb. 225 Karte der Flurnutzungssysteme am Beispiel der Baar (nach F. Obiditsch)

Teil-synthetische Darstellung wichtigster agrargeographischer Erscheinungen in zwei *landwirtschaftsgeographischen Grundkarten* (W. CREDNER):

Auf erster Grundkarte: Wald-Flur-Verhältnis, Feldgrößen, Felderanordnung und Feldpflanzengemeinschaften. Auf zweiter Grundkarte: Darstellung der zeitlichen Folge des Anbaus, d.h. der Fruchtfolgesysteme, durch farbig angelegte Flächen, Art der Viehhaltung und ihres Produktionszieles durch Schraffen.

Darstellung der *Anbauzonen* gewöhnlich nach der von TH. H. ENGELBRECHT entwickelten Methode:

ENGELBRECHT ermittelt Anbauareale der einzelnen Feldfrüchte für jede Verwaltungseinheit (Provinz, Staat), errechnet Verhältnis zur Getreidefläche und koloriert Verwaltungseinheiten nach erhaltenen Prozentwerten. Charakterisiert damit relative Bedeutung jeder Feldfrucht für unterschiedlich intensiven Landbau einzelner Erhebungsbereiche. Kartentyp steht neben einfachen und kombinierten Produktionsverbreitungskarten.

Kritik an Karten ENGELBRECHTS: Weitgehende Schematisierung, indem kartographische Darstellung der Anbauzonen für alle Feldfrüchte und alle Gebiete der Erde nach *einem* Verhältnis (Frucht: Getreidefläche) durchgeführt wird und gewählte Verwaltungseinheiten zu groß sind. Engelbrechtsche Anbauzonenkarten für Gebiete von Erdteilgröße bei großer Spannweite der Naturgrundlagen zwar noch anwendbar, für Bereich Westeuropas oder Mitteleuropas steht heute dagegen Sozialbestimmtheit der Agrarwirtschaft stärker im Vordergrund. Der zur Fundierung der Agrarkarten bei ENGELBRECHT übliche Getreidebau als Bezugseinheit tritt für West- und Mitteleuropa hinter viehwirtschaftlicher Veredelung, dazugehöriger Futterwirtschaft (Acker-Grünland-Verhältnis!) und Veredlungswirtschaft der Sonderkulturen zurück.

Abb. 226 Karte der Landbauzonen Deutschlands (nach W. Busch)

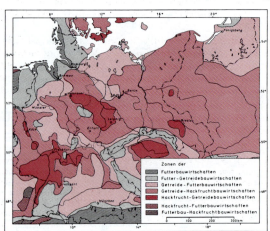

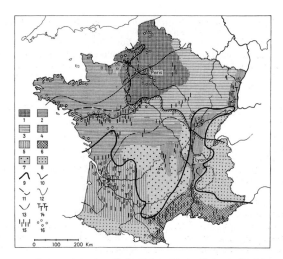

Abb. 227 Synthetische agrargeographische Karte: Die Landwirtschaftsgebiete Frankreichs (Farbstufen der Originalkarte in Raster umgesetzt, nach W. Hartke)

1 Die hochproduktiven offenen Ackerbaulandschaften des Nordens; 2 Die Heckenlandschaften und Grünlandgebiete des Westens; 3 Die waldreichen Plateaulandschaften des Ostens; 4 Die Furchen und Senken Mittel- und Ostfrankreichs; 5 Der ozeanische Süden; 6 Der mediterrane Süden; 7 Die Höhengebiete im Zentralmassiv; 8 Die randlichen hohen Gebirge; 9 Nordgrenze des Körnermaisanbaus; 10 Südgrenze der offenen Ackerlandschaften der „Grande Culture"; 11 Südgrenze des Cidreapfelanbaus; 12 Nördliche Weinbaugrenze in der Gegenwart; 13 Nordgrenze des überwiegenden Kuhanspanns vor der Motorisierung; 14 Tabakanbau; 15 Hauptweinbaugebiete; 16 Obst- und Gemüsebaugebiete

W. Busch stößt unter Hervorhebung dominanter Faktoren innerhalb gesamter landwirtschaftlicher Produktion über Engelbrechtsche Anbauzonen zu Landbauzonen vor (Abb. 226). Bei ENGELBRECHT zu geringe Berücksichtigung der Tatsache, daß eine Kulturpflanze in einem Gebiet niemals allein, sondern stets in Gemeinschaft mit anderen angebaut wird. Grundlegend für moderne agrargeographische Karten ist Darstellung des *Anbaugefüges*.

Methodisch weiterführend Karte der agrargeographischen Gliederung Frankreichs im Großen Herder-Atlas von W. HARTKE (Abb. 227):

Unter Beiseitelassung statistischer Prozentangaben Erfassung von 8 Hauptstrukturtypen der Bodennutzung. Wahl von 8 Grundfarben, gestuft in satte Farben für intensive Bewirtschaftung und hohe Erträge, lichtere Farben für weniger ergiebige Wirtschaft: Grün für ozeanischen NW mit Grünlandwirtschaft, Braun für N mit Ackerbau, Rot für mediterranen S mit Obst- und Spezialkulturen, Rosa für Becken- und Tallandschaften mit Getreidebau, Hellbraun für waldreiche Plateaulandschaften mit überwiegendem Getreidebau, Gelb für ozeanischen SW mit Feldbau auf wenig ergiebigen Böden. Dazu Aufdrucksignaturen für dominierende Feldfrüchte.

Modernstes agrargeographisches Kartenwerk ist der seit 1962 von E. OTREMBA herausgegebene „Atlas der deutschen Agrarlandschaft". Erstrebt Zusammenfassung aller Zweige deutscher agrar- und siedlungsgeographischer Forschung in einer Beispiel-Dokumentation, vermittelt Übersicht vom Werden und Gegenwartsbild der deutschen Agrarlandschaft.

Literatur

BOESCH, H.: Landnutzungskarten. Geogr. Helvetica 1950
—: The World Land Use Survey. Internat. Jb. f. Kartogr. 8, 1968, S. 136–143
—: u. BRASSEL, K.: Schweizerische Landnutzungskarten. Geographica Helvetica 1973, S. 181–198
BUSCH, W.: Die Landbauzonen im deutschen Lebensraum. Stuttgart 1936
CREDNER, W.: Über Kartierung landwirtschaftlicher Nutzflächen. Zeitschr. f. Erdkunde 1938
—: Die deutsche Agrarlandschaft im Kartenbild. Sitzungsber. Europ. Geogr., Würzburg 1942
ENGELBRECHT, TH. H.: Kartographische Darstellung der Anbauverhältnisse des Deutschen Reiches nach kleineren Bezirken. Arch. Dt. Landwirtschaftsrat 1910
—: Die Feldfrüchte Indiens in ihrer geographischen Verbreitung. Zeitschr. Ges. f. Erdkunde Berlin 1925
—: Die Feldfrüchte des Deutschen Reiches in ihrer geographischen Verbreitung. Arb. Dt. Landwirtsch. Ges., Berlin 1928
FREUDENBERG, H.: Die Insel Reichenau. Freiburg/Br. 1939
GAMPERL, H.: Ländliche Neuordnung (Flurbereinigung). Handb. d. Vermessungskunde, Bd. IVb, Stuttgart 1967
HESSE, P.: Landvolk und Landwirtschaft in den Gemeinden von Württemberg-Hohenzollern. Stuttgart 1939
HOFFMANN, E.: Über Methoden zur Darstellung der regionalen Verbreitung landwirtschaftlicher Produktionsformen. Forsch. u. Fortschr. 1957
HOFMEISTER, B.: Die quantitative Grundlage einer Weltkarte der Agrartypen. Abh. 1. Geogr. Inst. d. FU Berlin, Bd. 20, Berlin 1974, S. 109–127
HORN, W.: Eine Weltbodennutzungsaufnahme. Peterm. Geogr. Mitt. 1951
KIENITZ, E.: Neue Darstellungsgrundlagen für die forstlichen Wirtschaftskarten. Zeitschr. f. Weltforstwirtsch. 1943
KIRCHEN, E.: Die Einheitsflächenmethode. Eine Anwendung der Unit-area-method zur Kartierung von Agrarlandschaften. Diss. Zürich 1949
KOSACK, H.-P.: Bibliographie von Landnutzungskarten Deutschlands und seiner Teile. Ber. Dt. Landeskunde, Sonderh. 12, 1968
LEY, H.: Gartenbaukartierung im Rheinland. Zeitschr. f. Raumforsch. u. Raumordnung 1941
LWGA: Kartierung und Darstellung land- und forstwirtschaftlicher Nutzflächen. Farbvorschläge der LWGA. Geogr. Taschenbuch 1950, S. 235
MAHNCKE, K. J.: Methodische Untersuchungen zur Kartierung von Brandrodungsflächen im Regenwaldgebiet von Liberia mit Hilfe von Luftbildern. Münchner Geogr. Abh. 8, 1973
MATZ, R.: Agraratlas über das Gebiet der Deutschen Demokratischen Republik. Gotha 1956
MEFFERT, H.: Planzeichen für Flächennutzungspläne. Zeitschr. f. Raumforsch. u. Raumordnung 1950
MEIENBERG, P.: Die Landnutzungskartierung nach Pan-, Infrarot- und Farbluftbildern. Münchner Stud. z. Sozial- u. Wirtschaftsgeogr. 1, 1966
MEITZEN, A.: Siedlung und Agrarwesen der Westgermanen und Ostgermanen, der Kelten, Römer, Finnen und Slawen. 3 Bde. u. Atlas. Berlin 1895
MEYNEN, E.: Das Fruchtfolgerad (Anbaurad) und seine Anlage. Geogr. Taschenbuch 1950, S. 234
MÜCKENHAUSEN, E.: Zur landwirtschaftlichen Standortkartierung. Ber. Dt. Landeskunde 1942

MÜLLER-MINY, H.: Die linksrheinischen Gartenbaufluren der südlichen Kölner Bucht, im besonderen die des Vorgebirges, im Kartenbild. Ber. Raumforsch. u. Raumordnung. Leipzig 1940

MÜLLER-WILLE, W.: Die Ackerfluren im Landesteil Birkenfeld und ihre Wandlungen seit dem 17. und 18. Jahrhundert. Beitr. Landeskunde Rheinlande, 2. R., H. 5, Bonn 1936

NIEHAUS, H.: Der landwirtschaftliche Anbau. Atlas des Deutschen Lebensraumes. Leipzig 1937

OTREMBA, E.: Der „Atlas der deutschen Agrarlandschaft". Geogr. Rundsch. 1964

PFEIFER, G. u. SCHÜTTLER, A.: Die kleinräumige Kartierung landwirtschaftlicher Nutzflächen und ihre kulturgeographische Bedeutung. Peterm. Geogr. Mitt. 1941

RATHJENS, C.: Über die Darstellung der Bodennutzung in unseren großmaßstäblichen topographischen Karten. Zeitschr. f. Vermessungswesen 1957

ROBINSON, R. J.: Zur Interpretation von Bodennutzungskarten. Der Erdkundeunterricht, H. 22, Stuttgart 1975, S. 7–15

SCHMITHÜSEN, J.: Rodungsfähiger Niederwald im linksrheinischen Schiefergebirge, die wirtschaftsgeographische Karte im Dienste der Raumforschung und Landesplanung. Zeitschr. f. Raumforsch. u. Raumordnung 1937

—: Das Luxemburger Land. Forsch. Dt. Landes- u. Volkskunde, Bd. 34, Leipzig 1940

—: Vorschläge über die Verwendung von bestimmten Leitfarben bei landwirtschaftsgeographischen Nutzflächenkartierungen. Ber. Dt. Landeskunde 1943; Zeitschr. f. Erdkunde 1943

—: Farbvorschläge für Kartierung und Darstellung land- und forstwirtschaftlicher Nutzflächen. Geogr. Taschenbuch 1949, S. 206

SCHWACKHÖFER, W.: Agrarwirtschaft 4, Wien 1964, S. 1–13

SKIBBE, B.: Agrarwirtschaftsatlas der Erde in vergleichender Darstellung. Gotha 1958

STARK, W.: Zur Herstellung von Wirtschaftskarten für die Landwirtschaft. Vermessungstechnik 1958

TROLL, C.: Die Landbauzonen in ihrer Beziehung zur natürlichen Vegetation. Geogr. Zeitschr. 1925

WALTER, F.: Karte und Statistik mit besonderer Berücksichtigung der Landwirtschaftsstatistik. Mitt. Reichsamt f. Landesaufn. Berlin 1929/30

—: Karten zur Landwirtschaftsgeographie. Deutschland, Reihe I, Bl. 1. Die landwirtschaftlichen Großbetriebe über 200 ha (1 : 1 Mill.). Gotha 1930

—: Zur Methode der kartographischen Darstellung in der Landwirtschaftsgeographie. Die Ernährung der Pflanze 1933

—: Karte und Agrargeschichte. Zeitschr. f. Agrargesch. 1953

Industrie- und Bergbaukarten

Nach Methode und Inhalt bisher kaum entwickelt. *Industriekarten* gewöhnlich Standortkarten zur Wiedergabe vorhandener Industrien durch bestimmte Signaturen mit oder ohne Quantifizierung. Branchenaufgliederung oft bis zur Grenze des Tragbaren getrieben. Industrieverbreitungskarten mit 15–20 unterschiedlichen Symbolen keine Seltenheit. Außer den für Standortangaben besonders geeigneten Bildsymbolen (Abb. 152, 153) Verwendung von Punkt- und Buchstabensignaturen (Abb. 161), in geringerem Umfang der Flächenmethode zur Kennzeichnung größerer Industriegebiete oder zur Darstellung räumlich ausgedehnter Lagerstätten (Kohle, Kali, Erdöl usw.).

Graphische Verarbeitung der Industriestatistik auch in Kartodiagrammen und Flächenkartogrammen nach Beschäftigtenzahlen oder Produktionswert (Abb. 228). Neue Möglichkeiten durch Kombination absoluter und relativer Methode.

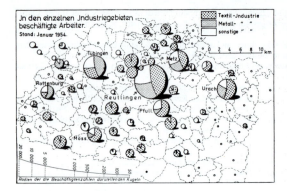

Abb. 228 Industriekarte nach Beschäftigtenzahlen: Albvorland um Reutlingen, Kugelsektorendiagramm-Methode (nach W. Schmid)

Im Atlas von Berlin z. B. Karte der Industriefläche, die Anteil industrieller Produktionsfläche an Gesamtfläche je Baublock wiedergibt: farbig getönte Flächenfelder mit übergedruckten farbigen Kreisringen.

Über unbefriedigende Standortkarten hinaus müssen Wege gesucht werden, um Industriekomplexe auch in kleinem Maßstab in ihrer strukturellen Einheit darzustellen, d. h. Korrelation zwischen Arbeitskräfteeinsatz und Industrieproduktion herauszuarbeiten. Bedeutung und spezifische Ausrichtung einer Industrie z. B. durch Verhältnis der Zahl der Erwerbstätigen zur Zahl der in fraglicher Industrie Beschäftigten ausdrückbar. Weitere Vertiefung der Industriekarten durch Beachtung anderer Gesichtspunkte möglich, z. B. Differenzierung der Industrie nach Deckung von Fern- oder Nahbedarf, der Betriebsstruktur (relativ hohe Beschäftigtenzahl oder Automatisierung), der Arbeitskräftesituation (ortsansässige Arbeiter, Pendler, ausländische Arbeitskräfte [Abb. 229], Männer- und Frauenquote der Beschäftigten), Formen des Berufsverkehrs, Energie- und Wasserversorgung, Abwasserfragen.

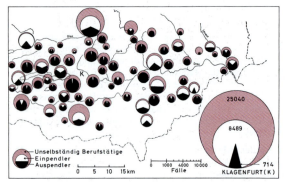

Abb. 229 Karte der Pendler-Bewegung im Klagenfurter Becken (nach H. Paschinger)

Für industriegeographische Standort- und Verbreitungskartierungen empfiehlt
J. H. SCHULTZE (1944) folgende Farbskala:

Industrie der Steine und Erden	Schwarz
Eisen- und Stahlgewinnung, Metallhütten und Metallhalbzeugindustrie	Rot
Eisen- und Metallwarenindustrie, Maschinen-, Apparate- und Fahrzeugbau	Lila
Elektrotechnische, optische und feinmechanische Industrie	Hellblau
Chemische Industrie	helles Gelbbraun
Textilindustrie und Bekleidungsgewerbe	Hellgrün
Papierindustrie und Druckereien	Dunkelblau
Holzindustrie und Baugewerbe	Dunkelgrün
Nahrungs- und Genußmittelindustrie	Gelb
Übrige Industrien	Grau

Bergbaukarten ohne Quantifizierung der Symbole und Kenntlichmachung funktionaler Zusammengehörigkeit nur von geringem Wert und irreführend. Gleiche Signatur z. B. für Eisenerzlagerstätten von Pegnitz an der Frankenalb und Lagerstätten von Kiruna bedeutet grobe Verfälschung wahren Sachverhalts (10 Mill. t Jahresförderung im skandinavischen Grundgebirge gegenüber 265 000 t Erz im Dogger Frankens!). Auf zahllosen Wirtschaftskarten ähnliche gleichartige Darstellungen unterschiedlicher Wirklichkeit. Symbole für Gold, Silber, Bauxit, Phosphat oder Braunkohle stehen beziehungslos nebeneinander auf einem Kartenblatt. Prinzip logischer Kombination und richtigen Bezugs der Inhalte hier besonders zu beachten (Abb. 230). Verarbeitung voneinander abhängiger Bodenschätze (z. B. Eisenerz-Kohle) sollte in Urproduktion, Veredelung, Handel und Konsum in einem Kartenbild dargestellt werden (Abb. 231).

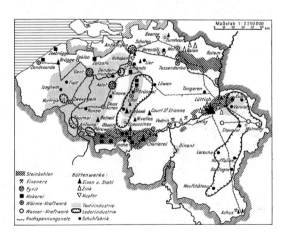

Abb. 230 Kombinierte Industrie- und Bergbaukarte von Belgien (nach J. J. Comhaire)

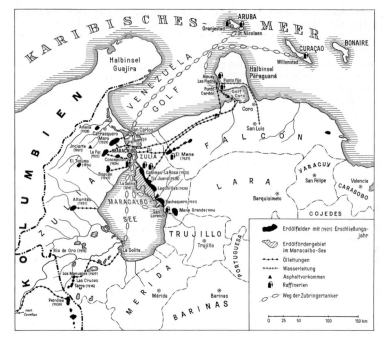

Abb. 231 Kombinierte Darstellung von Urproduktion, Handel und Veredelung: Erdölfelder im Maracaibo-Becken und Raffineriestandorte (nach H. Wilhelmy)

Übliche Nebenkarten in Atlanten mit Darstellungen der Bodenschätze usw. als reine „Sammelkarten" im Typus heute veraltet. Nichtquantifizierte Symboldarstellung allenfalls brauchbar zur Lokalisierung von Bergbauregionen auf geologischen Karten.

Für farbige Bergbaukarten empfiehlt sich folgende Skala:

Eisenerze	Rot	Erdöl	Braun
Nichteisenerze	Blau	Salz	Grün
Edelmetalle	Gelb	andere Minerale	Hellblau
Kohle	Schwarz		

Industrie- und Bergbaukarten gewöhnlich ohne topographische Bezugsgrundlage. Bilden in dieser Ausführung nur Lagekartogramme. Ohne Schwierigkeiten z. B. möglich, in wenigen Stufen Bevölkerungsdichte bzw. Dichte industriell Erwerbstätiger zu unterlegen. Erst dadurch Entstehung einer Industrie-Wirtschaftskarte: Objekte stehen in Bezug zur Lage in dicht- oder schwachbesiedelten Gebieten bzw. als reine Rohstoffgewinnungspunkte im menschenleeren Ergänzungsraum.

Durch derartige sinnvolle Unterlegungen zeichnen sich wirtschaftlich zusammengehörende Räume ab, Auffüllungstendenzen, Bevölkerungswachstumsspitzen, Ausbreitungsvorgänge aufgrund mineralwirtschaftlicher oder industrieller Arbeit werden anschaulich gemacht.

Herausarbeitung innerer Einheit und funktionaler Bindung der Industrie- und Bergbaukarte erfordert ferner Eintragung wichtigster Verkehrslinien. Bergbauwirtschaft ist meist Mengenproduktion, daher verkehrsorientiert. Mineralwirtschaftskarten ohne Lieferungs- und Absatzwege verschleiern wichtige wirtschaftliche Zusammenhänge.

Literatur

CARLBERG, B.: Bergmännische Kartenpraxis. Peterm. Geogr. Mitt. 1944
CAROL, H.: Die neue Industriekarte der Schweiz. Geogr. Helvetica 1955
CREUTZBURG, N.: Die kartographische Darstellung der Industrieverteilung, am Beispiel des nordwestlichen Thüringer Waldes. Peterm. Geogr. Mitt. 1925
HAAS, H.-D.: Junge Industrieansiedlung im nordöstlichen Baden-Württemberg. Tübinger Geogr. Stud. 35, Tübingen 1970
ISENBERG, G.: Hinweise zur Kartierung von Industriestandorten. Geogr. Taschenbuch 1949, S. 208
MCGREGOR, D. R.: The mapping of industry. Internat. Jb. f. Kartogr. 7, 1967, S. 168–185
MAERGOIZ, M.: Zur Erarbeitung industriegeographischer Karten. Darlegungen zu einer Karte „Wasserkraftwerke der europäischen Volksdemokratien". Peterm. Geogr. Mitt. 114, 1970, S. 75–78
OTREMBA, E.: Probleme der kartographischen Darstellung industriegeographischer Sachverhalte im Wandel der Maßstäbe. Akad. f. Raumforsch. u. Landesplanung, Forsch.- u. Sitzungsber. 64, Thematische Kartographie 2, 2. Tl., 1971, S. 103–114
PETRASCHEK, W.: Zur Diskussion über die internationale metallogenetische Karte. Zeitschr. f. Erzbergbau u. Metallhüttenwesen 1963
RATAISKI, L.: Maps of industry. Their methodological and cartometrical attributes. Geogr. Studies No. 56, Warszawa 1966
RUDOLPH, A.: Industriekarten. Geogr. Wochenschr. 1935
RUPPERT, H.-R. P.: Computerkartographie. Industriegeographische Anwendungsbeispiele. Nürnberger wirtschafts- und sozialgeogr. Arb., Bd. 31. 1979
VOPPEL, G.: Die Aachener Bergbau- und Industrielandschaft. Kölner Forsch. z. Wirtsch.- u. Sozialgeogr. 3, Wiesbaden 1965
WENZEL, A.: Vorschläge zur kartographischen Darstellung der Industrie in großen, mittleren und kleinen Maßstäben. Erdkunde 25, 1971, S. 1–12
WOHLGEMUTH, H. U.: Der Metallbergbau – 1960. Ein Beitrag zum Problem der wirtschaftsgeographischen Karte. Diss. Zürich 1963

Verkehrskarten

Verkehrskarten sollen Überblick über räumliche und zeitliche Entwicklung des Verkehrsnetzes, Stärke und Häufigkeit des Verkehrs, über bewegte Gütermengen oder beförderte Personen geben.

Einfachste Verkehrskarten sind Karten der *Verkehrswege*. Diese bereits auf jeder topographischen Karte verzeichnet: Bahn- und Straßennetz, untergegliedert in Haupt- und Nebenbahnen bzw. Straßen verschiedener Ordnung. Verkehr als Bewegung von Gütern und Personen kartographisch nicht darstellbar. Jedoch Mög-

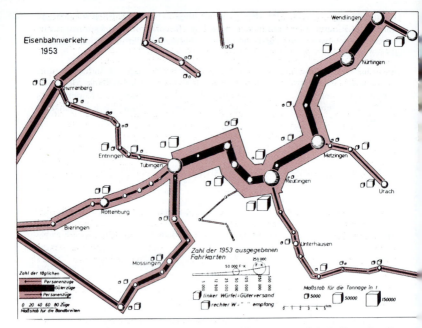

Abb. 232 Verkehrsdichtekartogramm: Güter- und Personenzugverkehr im Raum Reutlingen–Tübingen 1953 (nach W. Schmid)

lichkeit, auf Grundlage der Verkehrswege Intensität des Verkehrs und Art beförderter Güter durch Verbreiterung der Verkehrslinien zu *Verkehrsbändern* (z. B. 1 mm = 1000 Personen, Autos, Tonnen) graphisch zu veranschaulichen (Abb. 130). Dadurch Verarbeitung der Ergebnisse von Verkehrszählungen, wobei Belastung der Verkehrswege durch Anzahl der auf ihnen in bestimmten Zeiteinheiten verkehrenden Fahrzeuge durch Bänder verschiedener Breite und Farbgebung im Sinne des Verlaufs der Verkehrslinien wiedergegeben wird (Verkehrsdichtekarte).

Zahlreiche Abwandlungen des Bandprinzips: Durch Bänder Darstellung der Verkehrsbelastung (Verkehrsfrequenz), Art und Menge transportierter Güter, Richtung der Verkehrs- und Frachtströme, gegebenenfalls in Verbindung mit Verkehrspfeilen (Abb. 232).

Vorteil der Banddarstellung beruht auf Anschaulichkeit. Sinnvoll jedoch nur bei Anwendung linearen Maßstabs. Durch Maßstab andererseits Begrenzung der Bandbreite. Wirkt bei zu großen Zahlen plump. Beseitigung des Mißstandes durch Verwendung mehrerer Farben oder verschiedener, quantitativ gestufter Strichbreiten. Derartiges Verfahren von E. TIESSEN entwickelt:

Seine „Einheitslinien-Methode" beruht auf Annahme einer Linie für bestimmte, beliebig gewählte Zahleneinheit. Stärkere Linie vertritt das Doppelte der Einheit. Durch Zusammenstellung solcher Einheits- und Doppellinien wird ein Mehr- und Vielfaches gewählter Einheiten dargestellt. Bei größeren Differenzen der Zahlenwerte tritt Balkenlinie hinzu, die 20 Einheiten entspricht. Durch Kombination dieser drei deutlich unterschiedenen Linienstärken können Zahlenunterschiede innerhalb großen Spielraumes dargestellt werden. Verschiedenheit der Linienbündel fällt unmittelbar bildhaft ins Auge, abgerundete Zahlenwerte sind ablesbar.

Verkehrsbanddarstellungen in lagerichtiger Anpassung an Verkehrsnetz sind *Verkehrskarten*, solche, die stark schematisiert nur noch Hauptverkehrsrichtungen wiedergeben, *Verkehrskartogramme*. In diesem Falle führt quantitative Banddarstellung durch Verzicht auf Wiedergabe der Verkehrslinien zu inhaltlicher Verarmung. Einwand entfällt für Verkehrsarten, die nicht an festliegende Trassen gebunden sind, wie Luft- oder Seeverkehr. Für sie bietet sich quantitative Verkehrsbanddarstellung zur gleichzeitigen Veranschaulichung der Verkehrslinien besonders an.

Transport- und Handelsbänder von Kontinent zu Kontinent dienen gewöhnlich der Veranschaulichung weltwirtschaftlicher Beziehungen. Darstellung jedoch meist unvollständig, da sich Statistik des Seeverkehrs auf Linienverkehr beschränkt, wichtige Tramp- und Tankschiffahrt nicht erfaßt wird. Außenhandelsstatistiken geben keine Auskunft über Transportwege, erlauben daher nur graphische Verarbeitung.

Darstellung anderer für verkehrsgeographische Fragestellungen wichtiger Erscheinungen durch *Isolinienkarten* (vgl. auch S. 225):

Isodistanzen (Abb. 142): Linien gleicher *räumlicher* (Luftlinien-)Entfernung von einem Ort oder gegebener Linie (Uferlinie, Straße, Eisenbahn). Verwendung zum Entwurf von Karten der Verkehrsferne, Straßenferne, Eisenbahnferne usw., auch als *Isochoren* bezeichnet. Wirtschaftsgeographisch ähnlich aufschlußreich z. B. Karten mit Linien gleicher Transportkosten.

Isochronen (Abb. 143): Linien gleicher, geringster oder mittlerer *zeitlicher* Verkehrsentfernung entsprechend vorhandenem Wegenetz, zur Verfügung stehenden Verkehrsmitteln und für den Weg benötigter Zeit. Isochronenkarten haben gewöhnlich Wiedergabe von Zonen kürzester Reisedauer, bezogen auf Arbeitszentren oder zentrale Orte, zum Ziel. Grundlage bilden von der Allgemeinheit benutzte Transportgelegenheiten, nicht private oder vereinzelte besonders schnelle Verkehrsmittel. Isochronenkarten von praktischer Bedeutung für Planungszwecke.

Isotachen: Linien gleicher Reisegeschwindigkeit.

Isosynechen: Linien gleicher Verkehrshäufigkeit.

Isodynamen: Linien gleicher Verkehrsspannung.

Methode des Flächenkartogramms (S. 221 f.) zur Konstruktion von Karten der Verkehrslinien oder Stationsdichte. Karten der Eisenbahndichte sollten auch Beziehungen zur Volksdichte erkennen lassen (z. B. Eisenbahnkilometer je 10 000 Einwohner). Verkehrskarten allgemein wenig sinnvoll ohne Beziehungen zu Relief, politischen Grenzen, Bevölkerungsschwerpunkten und Wirtschaftsgliederung betreffender Gebiete.

Erster Versuch *synthetischer Verkehrskarten* sind „Verkehrseinheitskarten" von E. TIESSEN. Diese veranschaulichen:

1. Geographische Lage der Verkehrsbezirke (Verkehrskreise),
2. Belastung, die jeder einzelne Verkehrsbezirk in betreffender Ware oder Warengruppe auf die Verkehrsmittel ausübt (Belastung der Verkehrskreise),
3. Wege und Richtungen der Güterbewegungen (Verkehrslinien),
4. Auf den Verkehrslinien transportierte Mengen (Belastung des Verkehrsnetzes).

Literatur

AHRENS, H.: Neue Eisenbahndichtekarten. Eisenbahnbau 1950
—: Darstellung der Verkehrswege auf amtlichen Karten. Zeitschr. f. Vermessungswesen 1952
AURADA, F.: Thematische Probleme der modernen Straßenkarte. Ber. z. dt. Landeskde. 32, 1964, S. 277–291
BOESCH, H.: Das Entwerfen von Bandkarten des internationalen Handels. Geographica Helvetica 33, 1978, S. 29–32
BRUNNER, K. u. B. GÜNZEL: Eisenbahnstreckenkarten und ihre Darstellungsmethoden. Kart. Nachr. 38, 1988, S. 17–22
CLAUSS, CHR.: Besonderheiten und Probleme der kartographischen Darstellung des Verkehrs mit Hilfe von Linienelementen. Geogr. Ber. 1962
ECKERT, M.: Eine neue Isochronenkarte der Erde. Peterm. Geogr. Mitt. 1909
ENGELBRECHT, TH. H.: Kartographische Darstellung der Güterbewegung auf deutschen Eisenbahnen. Peterm. Geogr. Mitt. 1923
FREITAG, U.: Verkehrskarten. Systematik und Methodik der kartographischen Darstellungen des Verkehrs mit Beispielen zur Verkehrsgeographie des mittleren Hessen. Gießener Geogr. Schriften, H. 8, 1966
GEISLER, W.: Methodik von Eisenbahndichtekarten. Peterm. Geogr. Mitt. 1932
HASSERT, K.: Die Isochronenkarte. Allgemeine Verkehrsgeographie. Bd. I. Berlin ²1931
KÖHLER, G. u.a.: Verkehrsgeographische Übersicht der Erde (Stand 1958). Maßstab 1:35 Mill. Peterm. Geogr. Mitt. 1959
KÖTHE, K.: Eisenbahnkarten. In: Kartographie der Gegenwart in der Bundesrepublik Deutschland '84. Bielefeld 1984, S. 184–186
KÜNDIG-STEINER, W.: Isochronen- und Verkehrsdichtekarten. Schweiz. Geogr. 1942
LORKE, B.: Gestaltung und Entwurf von Eisenbahnkarten. (Tagung „Kartengestaltung und Kartenentwurf", Niederdollendorf 1962). Mannheim 1962
MEINE, K.-H.: Darstellung verkehrsgeographischer Sachverhalte. Ein Beitrag zur thematischen Verkehrskartographie. Forsch. Dt. Landeskunde 136. Bad Godesberg 1967
MÖLLER, P.: Straßenkarten. In: Kartographie der Gegenwart in der Bundesrepublik Deutschland '84. Bielefeld 1984, S. 187–189
PASCHINGER, H.: Die Verkehrskarte in neueren Atlanten. Mitt. Geogr. Ges. Wien 1952
PIRATH, C.: Die Grundlagen der Verkehrswirtschaft. Berlin-Göttingen-Heidelberg 1949
RIEDEL, J.: Anregungen für die Konstruktion und die Verwendung von Isochronenkarten. Diss. Leipzig 1911
—: Neue Studien über Isochronenkarten. Peterm. Geogr. Mitt. 1911
SCHAMP, H.: Probleme der Luftverkehrsgeographie im thematischen Kartenbild. Kartogr. Nachr. 1962
SIEDENTOP, I.: Methodik von Eisenbahndichte-, Eisenbahnintensitäts- und Verkehrsdichtekarten. Peterm. Geogr. Mitt. 1933
TIESSEN, E.: Einheitskarten II. Die Einheitskarten der Güterbewegung (Verkehrskarten). Peterm. Geogr. Mitt. 1918
TRONNIER, R.: Über Eisenbahnferne und Eisenbahnfernekarten. Peterm. Geogr. Mitt. 1910

Raumgliederungs- und Planungskarten

Raumgliederungskarten veranschaulichen räumliche Gliederung in einfachster Form durch Grenzlinien oder Flächensignaturen (Abb. 233). Ausmaß der Generalisierung und der Schematisierung abhängig vom Maßstab.

Karten naturräumlicher Gliederung (Abb. 234) bezwecken Darstellung der Gesamtheit der sich aus Landesnatur ergebenden Raumeigenschaften. Natürliche Ausstattung eines Raumes umfaßt: Lage, Aufbau und Oberflächenformen, Klima, Gewässernetz, Wasserhaushalt, Bodenarten und Bodentypen, Vegetation. Kleinste Raumeinhciten von J. SCHMITHÜSEN als ,,Fliesen" bezeichnet.

Komplexe Bewertung der Physiotope und Ökotope (Raumeigenschaften unbelebter und belebter Natur) erlaubt Ausscheidung größerer Raumeinheiten, z. B. Karte der naturräumlichen Gliederung Deutschlands 1:1 Mill. und Karten der geographischen Landesaufnahme 1:200 000.

Karten *kulturräumlicher Gliederung* erstreben in gleicher Weise Ausscheidung von Raumeinheiten aufgrund anthropogeographischer Fakten (Soziotope). Aus diesem Bereich bisher Karten wirtschaftsräumlicher und zentralörtlicher Gliederungen vorliegend.

Abb. 233 Landschaftsgliederungskarte: Die Kleinlandschaften Hochbulgariens, Gliederung nach Relief (nach W. Wilhelmy)

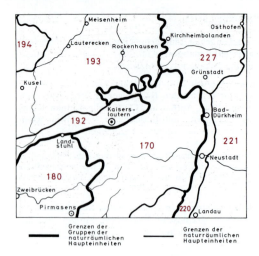

Abb. 234 Karte der naturräumlichen Gliederung: Pfälzer Wald und Weinstraße (nach Karte der Naturräumlichen Gliederung Deutschlands 1:1 Mill.)

170 Haardt,
180 Zweibrücker Westrich,
192 Kaiserslauterer Senke,
193 Glan-Alsenz-Berg- und Hügelland,
194 Oberes Naheberglland,
220 Haardtrand,
221 Vorderpfälzer Tiefland,
227 Alzeyer Hügelland

Karten wirtschaftsräumlicher Gliederung (Abb. 235) bezwecken Ersatz nichtgeographischer administrativer Raumgliederungen zur Erhöhung der Auswertbarkeit von Daten regionaler Bevölkerungs- oder gewerblicher Produktionsstatistik. Abgrenzung nach verschiedenen Gesichtspunkten:

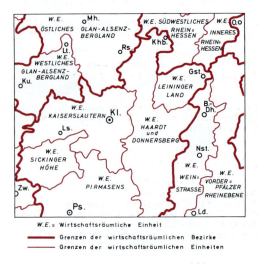

Abb. 235 Karte der wirtschaftsräumlichen Gliederung: Pfälzer Wald und Weinstraße (nach R. Klöpper u. C. Rathjens)

Abb. 236 Karte der zentralörtlichen Gliederung: Pfälzer Wald und Weinstraße (nach R. Körber)

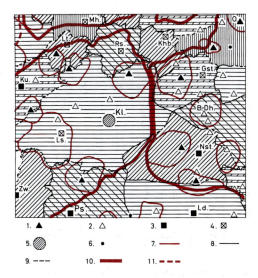

1. ▲ 2. △ 3. ■ 4. ⊠
5. ◐ 6. ● 7. —— 8. ——
9. - - - 10. ▬▬▬ 11. ▪ ▪ ▪

Zentrale Orte, deren Ausstattung ihrer Umlandsbedeutung entspricht:
1. Zentraler Ort unterer Stufe (Normalausstattung: Ärzte, Apotheke oder Drogerie; Kfz- und Elektrowerkstätte, Landesproduktenhandlung; Kino, ländl. Fortbildungsschule)
2. Nicht voll ausgestatteter zentraler Ort unterer Stufe (mit oder ohne fest umgrenzenden Versorgungsbereich)
3. Zentraler Ort mittlerer Stufe (Normalausstattung: Oberschule, Krankenhaus, Fachärzte, Spezialgeschäfte; Theateraufführungen, wissenschaftliche Vorträge; oft, aber nicht immer Sitz der Kreisverwaltung)
4. Nicht voll ausgestatteter zentraler Ort mittlerer Stufe
5. Zentraler Ort höherer Stufe (Normalausstattung: Luxusgeschäfte, Warenhäuser, ständiges Theater, Museen, Spezialfachschulen; höhere Behörden, Wirtschaftsverbände; größere Vergnügungsstätten, Ausstellungen)

Zentrale Orte, deren Ausstattung nicht ihrer Umlandsbedeutung entspricht:
6. Ort, der zwar mit zentralen Einrichtungen unterer Stufe voll ausgestattet ist, aus dem Umland aber wenig in Anspruch genommen wird

Grenzen und Bereiche:
7. Grenze der Einzugsbereiche um zentrale Orte unterer Stufe

Grenzen des überwiegenden Einflusses zentraler Orte mittlerer Stufe:
8. Grenzstrecke trennt Gebiete mit einfacher Orientierung
9. Grenzstrecke zeigt Mehrfachorientierung der durchzogenen Gemeinden an
10. Grenzen der unbestrittenen Umlandsbedeutung zentraler Orte höherer Stufe. Jenseits dieser Grenzen können Gebiete konkurrierender Einflusses liegen
11. Grenze eines Gebietes mit überwiegenden Beziehungen höherer Stufe zu einem entfernten Großzentrum

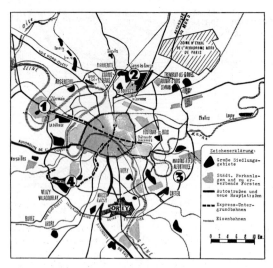

Abb. 237 Raumordnungsskizze von Groß-Paris (nach H. Rozbroj)

Gegenwärtige Nutzung, Struktur und Funktion oder Entwicklung, Dynamik und Eignung. Dabei je nach Zweck der Karte unterschiedliche Bewertung wirtschaftsgeographischer, produktions- und verbrauchswirtschaftlicher, sozialer, verkehrsstruktureller und -funktioneller Kriterien. Breiter Spielraum für subjektive Auffassungen des Bearbeiters. Keine Karte wirtschaftsräumlicher Gliederung kann absolute Richtigkeit für sich beanspruchen.

Karten zentralörtlicher Gliederung (Abb. 236) veranschaulichen Einzugs- oder Wirkungsbereiche zentraler Orte:

Reichweite zentraler Dienste, Nahverkehrsgebiete, kulturelle Einflußbereiche, Versorgungs- und Absatzgebiete. Lassen Überlagerungszonen der Einflußbereiche verschiedener zentraler Orte erkennen. Untersuchung der Anziehungskraft und Ausstrahlungsbereiche mit unterschiedlichen Methoden, oft unter Überbetonung einzelner Funktionen. Darstellung der Stadt-Land-Beziehungen vom Blickpunkt der *Stadt,* Wertung des Umlandes als Wirkungsfeld zentralen Ortes. Stadt-Land-Beziehungen auch umgekehrt vom *Land* her auffaßbar. Wertung des Umlandes nicht als „Objekt" des zentralen Ortes, sondern als gleichwertiger Partner in polarem Beziehungsgefüge.

Kartographische Darstellung zentralörtlicher Gliederungen besonders schwierig, da funktionale Beziehungen nicht nur in einer Ebene, sondern gleichzeitig in verschiedenen, sich überschneidenden und durchdringenden Ebenen sichtbar gemacht werden müssen.

Planungskarten: Thematische Karten neben topographischen Karten wichtigste Informationsquelle für Raumforschung und Landesplanung, damit deren unentbehrliches Forschungsmittel. Verwendung für Entwürfe von *Planungskarten,* d. h. der kartographischen Darstellung von „Planungen" oder „Plänen". Planungskarten dienen als Grundlage für Durchführung technischer Projekte: im Eisenbahn-

oder Wasserbau, für Stadterweiterungen oder Flurbereinigungen, Siedlungen oder Trockenlegungen, Bau von Straßen, Flugplätzen u. a.

Begriffe „Plan" und „Karte" in Vermessungswesen und Raumforschung bzw. Landesplanung nicht in gleichem Sinne verwendet. Vorschlag des Fachnormenausschusses, daß als „Pläne" nur zeichnerische Darstellungen *geplanter* Maßnahmen bezeichnet werden sollten, nicht annehmbar, da Begriff Plan allgemein für großmaßstäbliche Darstellungen festgelegt ist (S. 37).

Inhalt einer Planungskarte gliedert sich in:
1. Kartengrundlage,
2. Darstellung des Zustandes,
3. Darstellung der Planungsvorschläge in Raumordnungsskizzen (Abb. 237), Raumordnungsplänen und Regionalplänen (im allgemeinen durch Entwicklungsprogramme als Text ergänzt).

Geeignete *Grundlagenkarten für Landesplanung* sind Karten in Maßstäben 1:25000 bis 1:300000, besonders Karte 1:25000 oder 1:50000. Verwendet werden jeweils letzte berichtigte Blätter der Karte, jedoch Vergleich mit älteren Ausgaben derselben Kartenwerke wichtig, um kulturlandschaftlichen Entwicklungsprozeß zu erkennen. Für detailliertere Darstellungen Verwendung der Deutschen Grundkarte 1:5000, u. U. in handlicher Verkleinerung auf 1:10000. Letztere besonders für Stadtplanungen geeignet bei Orten in Größenordnung von 5000–40000 Einwohnern.

Luftbild zwar wertvolle Ergänzung schnell veralternder topographischer Karte, Verwendbarkeit in allgemeiner Landesplanung der Kulturländer jedoch geringer als für spezifische Fachplanungen (Städtebau, Wasserwirtschaft, Straßenbau). Dagegen in Entwicklungsländern bei Fehlen zuverlässiger topographischer Karten aus Luftbildern entwickelte *Luftbildkarten* oft einzige verfügbare Planungsgrundlage.

Zustandsdarstellung der Planungskarte geht aus von Flächennutzungsplänen, die durch Bundesbaugesetz einheitlich für alle Gemeinden vorgeschrieben sind. Damit Erfordernis gewisser Standardisierung der Darstellungsarten und Normung der Kartenzeichen für diesen engeren Bereich thematischer Kartographie. Herausarbeitung gegebener Raumstruktur: der Verflechtung wichtigster funktionaler Beziehungen und bisheriger Entwicklung als Grundlage aller Überlegungen für künftige geordnete Raumentwicklung entsprechend wirtschaftlichen, bevölkerungspolitischen, sozialen, kulturellen und landschaftlichen Erfordernissen.

Wichtige kartographische Unterlagen für Raumforschung und Landesplanung liefert große Zahl von National- und Regionalatlanten (S. 175). Besonders Regionalatlanten mit sozialökonomischen Detaildarstellungen für praktische Raumforschung von Bedeutung. Verfeinerung der Arbeitsweisen in Landesplanung führte zu neuer Gruppe kartographischer Sammelwerke, den Planungsatlanten.

Planungsatlanten meist als Fortsetzungswerke erscheinende Kartenfolge mit topographischen und thematischen Karten, die als Arbeitsgrundlage für planvolle Weiterentwicklung eines Raumes dienen.

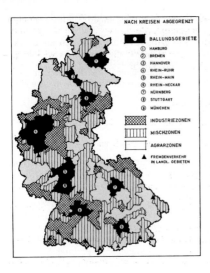

Abb. 238 Raumstrukturkarte der Bundesrepublik Deutschland (nach G. Isenberg)

In BRD 1960 als erster vollständiger Band im Rahmen der Gesamtreihe „Deutscher Planungsatlas" Schleswig-Holstein-Kartenwerk erschienen. Zeigt neben Grundmaterial Herausarbeitung gegenwärtiger Struktur- und Funktionssysteme. Ferner tragen bodenkundliche, wasserwirtschaftliche u. a. Atlanten zur Raumbestandsaufnahme bei.

Darstellung folgender Nutzungskomplexe auf Planungskarten vorrangig:

1. Bauflächen und Baugebiete
    a) in baugeschichtlicher Entwicklung,
    b) nach Gebäudehöhen,
    c) nach Art der Nutzung,
    d) nach Eigentumsverhältnissen,
2. Grünflächen,
3. Verkehrsanlagen,
4. Versorgungsleitungen (Wasser, Gas, Elektrizität),
5. Wasserwirtschaftlich genutzte Flächen,
6. Landwirtschaftlich genutzte Flächen,
7. Industriegebiete,
8. Bodenschätze (Mutungsflächen),
9. Sonstige Raumbeanspruchungen.

Für Raumordnungskataster Kartenserien in Atlasform zweckmäßiger als geschlossene Darstellungen auf einem Plan. Raumordnungsplan umfaßt gewöhnlich 5–10 Teilpläne: für Land- und Forstwirtschaft, gewerbliche Wirtschaft, Wasserwirtschaft, Energiewirtschaft, Wohnungsbau, Verkehrswesen, Naturschutz und Landschaftspflege, Fremdenverkehr, Militärbereiche. Solche analytischen Einzelkarten für Planungsvorbereitungen aufschlußreicher als synthetische Karten. Daher in Raumforschung und Landesplanung bevorzugt. Zusammenfassung in synthetischen Raumforschungs- und Raumstrukturkarten (Abb. 238): sollen neben Bestandsaufnahme und gegenwärtiger Raumproblematik allgemeine Entwicklungstendenzen und Wege für Verwirklichung angestrebter raumordnerischer Ziele aufzeigen.

Literatur

BLUME, H. u. SCHWARZ, R.: Zur Regionalisierung der USA. Geogr. Ztschr. 64, 1976, S. 262–295

BRÜNGER, L.: Grundkarten für raumkundliche Forschung und Landesplanung. Zeitschr. f. Raumforsch. u. Raumordnung 1950

BÜRGENER, M.: Zur geographischen Landesaufnahme Deutschlands. Naturräumliche Gliederung. Geograph. Taschenbuch 1949, S. 121–128

CHRISTALLER, W.: Wege und Arten sozialräumlicher Landschaftseinheiten und ihre Darstellung auf der Karte 1 : 200000. Ber. Dt. Landeskunde 1949/50

CULEMANN, C.: Zur Methodik der Stadtgestaltungspläne. Zeitschr. f. Raumforsch. u. Raumordnung 1941

Deutscher Planungsatlas. In Einzelbänden nach Bundesländern. Lfg. seit 1953

Die Karte als Planungsinstrument. Schriftenreihe Siedlungsverb. Ruhrkohlenbezirk, 36, Essen 1970

GEISLER, W.: Kartographie und Raumforschung. Zeitschr. f. Raumforsch. u. Raumordnung 1942

GILDEMEISTER, R.: Landesplanung. Das Geographische Seminar, Braunschweig 1973

HAUBNER, K.: Raumordnung und Kartographie. In: Kart. Nachr. 32, 1982, S. 86–91

—: Planungsgrundlagenkarten auf Länderebene: Deutscher Planungsatlas. In: Kartographie der Gegenwart in der Bundesrepublik Deutschland '84. Bielefeld 1984, S. 121–128

HERZOG, W.: Kartographie und Bürgerbeteiligung im Rahmen der vorbereitenden Bauleitplanung. Paderborn 1986

HUTTENLOCHER, F.: Versuche kulturlandschaftlicher Gliederung am Beispiel Baden-Württembergs. Forsch. Dt. Landeskunde 1949

—: Die naturräumliche Gliederung. Geogr. Rdsch. 1949

ISSATSCHENKO, A. G.: Die geographische Landschaft und ihre Darstellung auf der Karte. Beitr. Sowjet. Kartogr. 1954

KAYSER, M. L.: Kulturgeographische Karte vom Siegerland. Beitrag zur Darstellung der Kulturlandschaft im Kartenbild. Forsch. Dt. Landeskunde 1958

KRAUSS, G.: Die Automation in der Kartographie und die Luftbildkarte 1 : 5000. Veröff. Akad. f. Raumforsch. u. Landesplanung, Forsch.- u. Sitzungsber., Bd. 64, Thematische Kartographie 2, 1971, S. 45–54

KRETSCHMER, J.: Was kann die Kartographie für die Umweltplanung leisten? Kartogr. Nachr. 27, 1977, S. 10–17

LEHMANN, E.: Spezielle Regionalatlanten – erläutert an der kartographischen Konzeption eines Atlasses über die „Optimale Gestaltung der Umweltbedingungen". Geoforum 15, 1973, S. 59–67

LEHMANN, S.: Neuere sowjetische Regionalatlanten, Themenkatalog und kartographische Methoden. Veröff. d. Akad. f. Raumforsch. u. Landesplanung, Forschungs- u. Sitzungsberichte, Bd. 64, 1971, S. 55–72

LESER, H.: Thematische und angewandte Karten in Landschaftsökologie und Umweltschutz. Tagungsber. u. Wiss. Abh., Deutscher Geographentag Kassel 1973, Wiesbaden 1974, S. 466–480

— u. SCHMIDT, R. G.: Gebietsentwicklungsatlas der Regio Basiliensis. „Regio Basiliensis" 17, Basel 1976, S. 33–42

MEYNEN, E. u. SCHMITHÜSEN, J.: Handbuch der naturräumlichen Gliederung Deutschlands. Remagen-Godesberg 1953–1962
— u. a.: Die geographische Landesaufnahme am Beispiel des Raumes Saar-Nahe-Rhein. Ber. Dt. Landeskunde 1960
MÖLLER, P.: Bemerkungen zur Generalisierung thematischer Karten, insbesondere unter dem Aspekt der Landesplanung. Veröff. Akad. f. Raumforsch. u. Landesplanung, Forsch.- u. Sitzungsber., Bd. 64, Thematische Kartographie 2, 1971, S. 73–82
MÜLLER, H.: Darstellungsmethoden in Karten der Landeskunde und Landesplanung. 1: Berufsverkehr, 2: Produzierendes Gewerbe, 3: Verkehr und Energiewirtschaft. Forsch. Landes- u. Volkskunde Niedersachsens, Bd. 77, Göttingen-Hannover 1964–1968
NEEF, E.: Zur Kartierung von Umweltstörungen. Geogr. Ber., Bd. 70, 1974, S. 1–11
Nordrhein-Westfalen-Atlas. Düsseldorf 1949 ff.
PAFFEN, K. H.: Die natürliche Landschaft und ihre räumliche Gliederung. Forsch. Dt. Landeskunde 1953
PAPE, H.: Einheitliche Stadtplanwerke für Ballungsgebiete. Kartogr. Nachr. 16, 1966, S. 14–17
—: Stadtkartographie – Stadtplanung. Kartogr. Nachr. 23, 1973, S. 17–23
—: Karten über Luftverschmutzung und Umweltbelastung. Kartogr. Nachr. 27, 1977, S. 50–53
PEREIRA, R.: Entwicklung eines Signaturensystems für die Planungskartographie, insbesondere im Bereich der Raumordnung und Landesplanung. Kartogr. Nachr. 21, 1971, S. 133–148
REINERS, H.: Landesplanerische Pläne in Nordrhein-Westfalen. Akad. f. Raumforsch. u. Landesplanung, Forsch.- u. Sitzungsber., Bd. 64, Thematische Kartographie 2, 1971, S. 115–144
—: Raumordnungs- und Entwicklungspläne – Landesplanung, Regionalplanung, Bauleitplanung –. In: Kartographie der Gegenwart in der Bundesrepublik Deutschland '84. Bielefeld 1984, S. 129–137
SCHNELLE, F.: Karte der naturräumlichen Gliederung im mittleren Europa auf Grund phänologischer Unterlagen. Ber. Dt. Wetterdienst, US-Zone 42, 1952
SCHULTZE, J.-H.: Das Problem der natürlichen Landschaften und ihrer Kartierung in der Deutschen Demokratischen Republik. Leipzig 1952
STRUBELT, W.: Planungskarten auf Bundesebene: Atlas zur Raumentwicklung. In: Kartographie der Gegenwart in der Bundesrepublik Deutschland '84. Bielefeld 1984, S. 114–121
TAEGE, G.: Zur thematischen Kartographie in der Gebiets-, Stadt- und Dorfplanung. Vermessungstechnik 1963
TROLL, C. u. HAHN, H.: Neue Landes- und Planungsatlanten. Erdkunde 1952
Vorschläge für einheitliche graphische Zeichen auf Planungskarten. Geogr. Taschenbuch 1950, S. 250
WALTER, F.: Forschung und Karte, ein Beitrag zur Raumforschung. Zeitschr. f. Raumforsch. u. Raumordnung 1954
WITT, W.: Thematische Kartographie. Bremen 1960, Hannover ²1970
—: Die kartographische Bestandsaufnahme in der Raumforschung und Landesplanung. Inform. Inst. f. Raumforsch. 1960; 1961
—: Komplexe Themakartographie in der Landesplanung. Kartogr. Nachr. 1961
—: Das Atlaswerk „Die Bundesrepublik Deutschland in Karten", Raumforsch. u. Raumordnung 1965, S. 236–239
—: Thematische Kartographie. Methoden und Probleme, Tendenzen und Aufgaben. Veröff. Akad. Raumforsch. u. Landespl., Abh. Bd. 49, Hannover ²1970, S. 713 ff.
—: Die Maßstabsfolgen thematischer Karten in der Raumforschung und Raumordnung. Akad. f. Raumforsch. u. Landesplanung. Forsch.- u. Sitzungsber., Bd. 64, Thematische Kartographie 2, 1971, S. 171–180

Militärgeographische Karten

Zwecken der Landesverteidigung und Kriegführung entsprangen erste topographische Landesaufnahmen (S. 143). Topographische Abteilungen der Generalstäbe und Kriegsdepartements führten Aufnahmen mit Offizieren durch und sorgten für Geheimhaltung der Kartenwerke. In vielen Ländern Periode der Militärtopographie heute durch zivile Landesaufnahmen ersetzt.

Über konventionelle topographische Karten hinaus durch Entwicklung moderner Waffentechnik und veränderte Formen der Kriegführung Verwendung zahlreicher thematischer Spezialkarten erforderlich, z. B. Karten der Geländeeignung für verschiedenartige und -schwere Fahrzeuge, der Bodenhindernisse (Steilhänge, Sümpfe, Seen), der Tragfähigkeit winterlicher Eisdecken für Menschen und Fahrzeuge, Karten der Befestigungen und geeigneten Plätze für Stellungsbau, Flieger-, Luftlande- und Schußfeldkarten, ferner wehrgeologische, wehrwirtschaftliche und Wehrverkehrskarten.

Eine Reihe solcher militär- oder wehrgeographischer Karten muß für jeweiligen speziellen militärischen Zweck entworfen werden, andere entnehmen militärgeographisch wichtige Tatsachen und Sachverhalte den üblichen thematischen Karten, stellen diese analytisch oder in wehrgeographischer Synthese dar. Bauen in geographischer Gestaltung auf allgemeiner Methodik thematischer Karten auf.

Außerordentlich wichtig ist größtmögliche Aktualität des Karteninhalts. Da Karten ständig nachgeführt werden müssen, ist „Vorratshaltung" größerer Stückzahlen unsinnig. Mobile Druckereien ermöglichen rasche Vervielfältigung und Verteilung aktualisierter Karten. Wichtigste Quelle für Aktualisierung sind Luftbilder. Daraus entwickelte „Pictomap" kann als Grundkarte für thematische Darstellung dienen. Militärgeographische Karten heute innerhalb der Militärbündnisse weitgehend standardisiert (u. a. einheitliche, leicht verständliche und einprägsame Signaturen).

Literatur

ALBRECHT, O.: Kurze Geschichte des militärischen Karten- und Vermessungswesens bis zum Ausgang des ersten Weltkrieges. Fachdienstl. Mitt. des Mil.-geogr. Dienstes 1970.
Ministerium für nationale Verteidigung der DDR, Hrsg.: Militärtopographie. Lehrbuch für Unteroffiziere. Berlin 1959
—: Militärtopographie. Lehrbuch für Offiziere. Berlin 1960
MÜLLER, T.: Das Orthophoto, seine Herstellung sowie Bedeutung und Verwendung für die Herstellung von MilGeo-Unterlagen. Fachdienstl. Mitt. des Mil.-geogr. Dienstes 1972.
SEEL, K.-A.: Karten des Militätischen Geowesens. In: Kartographie der Gegenwart in der Bundesrepublik Deutschland '84. Bielefeld 1984, S. 89–94
TREITSCHKE, C.: Kriegsführung und Karte. Peterm. Geogr. Mitt. 1941
WOLF, K. H. u. GROSS, L.: Karten- und Geländekunde für den Soldaten und den Unteroffizier. Berlin ²1969

Thematische Atlanten und Globen

Zahlreiche Atlaswerke, bes. Haus- und Schulatlanten, heute durch Aufnahme thematischer Karten wesentlich bereichert, Regional- und Nationalatlanten sogar in erster Linie durch Fülle thematischer Darstellungen gekennzeichnet. Nur große Handatlanten – mit wenigen Ausnahmen (z. B. Bertelsmann Weltatlas, Neuer Herder-Handatlas) – noch immer überwiegend Sammlungen topographischer Karten.

Neben den sowohl topographische wie thematische Sachverhalte wiedergebenden Atlanten Entwicklung spezieller Thematischer Atlanten.

Gliederung in 4 Gruppen:

1. Atlanten, die Vielzahl thematischer Sachverhalte in weltweiter Übersicht behandeln.

   1838–1848 erschienener „Physikalischer Atlas in 90 Karten" von HEINRICH BERGHAUS war erster Atlas mit thematischen Karten aus allen geographisch wichtigen Sachgebieten: Geologie, Hydrographie, Pflanzen- und Tiergeographie, Anthropologie und Völkerkunde. Neuere Atlanten mit ähnlicher Zielsetzung, z. B. Atlaswerke des Iro-Verlags, hervorragende thematische Weltkarten des Großen Duden-Lexikons. Bedeutendstes modernes thematisches Kartenwerk ist „Meyers Großer Physischer Weltatlas" (1965ff.) in 8 Bänden: Atlas zur Biogeographie (J. SCHMITHÜSEN), Bodenkunde (R. GANSSEN u. F. HÄDRICH), Geologie (E. BEDERKE u. H. G. WUNDERLICH), Geomorphologie (H. POSER u. J. HAGEDORN), Himmelskunde (K. SCHAIFERS), Klimatologie (W. DAMMANN), Orographie (K. H. WAGNER), Ozeanographie (G. DIETRICH u. J. ULRICH).

2. Atlanten, die Vielzahl thematischer Sachverhalte in regional begrenzten Übersichten behandeln, z. B. innerhalb einer Landschaft, eines Landes oder eines Erdteils.

   Geschichte regional begrenzter, aber thematisch umfassender Darstellungen beginnt mit E. D. HAUBERS „Atlas Württembergicus" von 1723. Enthält kolorierte Karten der politischen Gliederung, der Verwaltungseinheiten, der kirchlichen Bezirke, der Flußgebiete, der Forsten, des Weinbaus u. a. 1806 veröffentlichte CARL RITTER seinen Atlas mit „Sechs Karten von Europa über Produkte, physikalische Geographie und Bewohner dieses Erdtheils" als ersten thematischen Atlas eines Kontinents.

   Fülle der seit Jahrhundertwende erschienenen Regional- und Nationalatlanten gehört zu dieser Kategorie, z. B. der infolge des 2. Weltkrieges unvollendet gebliebene Atlas des deutschen Lebensraumes von N. KREBS und das 1965 ff. erschienene Werk „Die Bundesrepublik Deutschland in Karten". Übersicht über deutsche Regionalatlanten und wichtigste europäische Nationalatlanten S. 176f. ferner bei W. WITT ²1970, S. 805 ff.

3. Atlanten, die ein Sachgebiet in allen seinen charakteristischen Erscheinungen in weltweiter Verbreitung darstellen.

   Derartige auf ein Thema spezialisierte Weltatlanten seit 1950 in großer Zahl erschienen: Internationaler Karstatlas von H. LEHMANN, Erdöl-Weltatlas von F. MAYER, Klimadiagramm-Weltatlas von H. WALTER u. H. LITH, Weltforstatlas von F. HESKE u. R. TORUNSKY, Weltseuchen-Atlas von R. RODENWALDT u. H. J. JUSATZ, Kulturgeografisk Atlas von J. HUMLUM, Wirtschaftsgeographischer Weltatlas von H. BOESCH, Atlas of the Worlds Resources von W. VAN ROYEN, Grande Atlante Geographico Economico, Oxford Economic

Atlas of the World, Iro-Weltwirtschaftsatlas, Agrarwirtschafts-Atlas der Erde von B. SKIBBE, ferner Sprach- und Nationalitätenatlanten, Völker- und Religionsatlanten, politische und historische Atlanten.

Thematische *Globusdarstellungen* lange Zeit auf politische Weltübersichten beschränkt. Erster Versuch der Wiedergabe anderer Sachverhalte: Klimaglobus von G. JENSCH (1970).

4. Atlanten, die ein Sachgebiet in seinem vielfältigen Erscheinungsbild in regional begrenzter Übersicht behandeln.

1851 erschien in St. Petersburg der „Wirtschaftsstatistische Atlas des Europäischen Rußland" mit Kartenfolgen zur Land-, Vieh- und Forstwirtschaft, deren durch Klima und Böden bestimmte Grundlagen, über Anbauverhältnisse, Ernteergebnisse, Preise, Verarbeitung landwirtschaftlicher Erzeugnisse und Märkte. A. L. HICKMANNS „Industrieatlas des Königreichs Böhmen" (4 Bde., Prag 1862–1864) erfüllte bereits weitgehend die Ansprüche an einen modernen Wirtschaftsatlas.

Einer der ersten speziellen Agraratlanten: „Culturatlas von Niederösterreich" (24 Bl., Wien 1873) mit Verbreitungskarten der Zwei-, Drei- und Vierfelderwirtschaft. Seit Jahrhundertwende bahnbrechend für kartographische Darstellung der Agrarlandschaft die Arbeiten von TH. H. ENGELBRECHT: „Die Landbauzonen der außertropischen Länder" (2 Bde., 1899 mit Atlas), „Die Feldfrüchte Indiens in ihrer geographischen Verbreitung" (1914, mit Atlas), „Landwirtschaftlicher Atlas des Russischen Reichs in Europa und Asien" (1916). ENGELBRECHTS Spätwerk „Die Feldfrüchte des Deutschen Reiches in ihrer geographischen Verbreitung" (1928) mit 41 Karten in 1 : 2,5 Mill. ist erster umfassender Agraratlas Deutschlands. Von E. ORTREMBA seit 1962 herausgegebener „Atlas der deutschen Agrarlandschaft" verfolgt anderen Zweck: Darstellung der Entwicklung und des Gegenwartsbildes der deutschen Agrarlandschaft an Hand typischer Beispiele. Klassisches Vorbild kartographischer Darstellung von Siedlungs- und Flurformen: A. MEITZENs dreibändiges Werk „Siedlung und Agrarwesen der Westgermanen und Ostgermanen, der Kelten, Römer, Finnen und Slawen" mit Atlasband (1895).

Aus physisch-geographischem Bereich Klimaatlanten dank großer Bedeutung für wirtschaftliche Praxis für Raumeinheiten verschiedenster Größenordnung geschaffen. G. HELLMANNS „Klimaatlas von Deutschland" (1921) inhaltlich erweitert und verfeinert in den zahlreichen, seit 1950 von K. KNOCH herausgegebenen Klimaatlanten der deutschen Bundesländer. Ähnliche Klimakartenwerke in Großbritannien (1952), DDR (1953), Tschechoslowakei (1958), Ungarn (1960), Sowjetunion und vielen außereuropäischen Ländern (USA, Kanada, Mexiko, Venezuela, Brasilien, Japan, Australien) erschienen.

Einzelne deutsche Bundesländer bereits im Besitz größerer Reihen thematischer Spezialatlanten, z. B. Niedersachsen dank Initiative von K. BRÜNING über folgende Sachgebiete: Klima, Wasserwirtschaft, Böden, Volkstum, Geschichte, Städte, Landwirtschaft und Bodenschätze.

Zukunftweisend der nach Bundesländern gegliederte und von diesen seit 1953 herausgegebene „Deutsche Planungsatlas". Planungskartenwerke von vielen europäischen und außereuropäischen Staaten in Angriff genommen. Nachweis weiterer thematischer Atlaswerke in nachstehender Übersicht und bei W. WITT[2] 1970, S. 731 ff.

Auswahl wichtiger thematischer Atlanten

A comparative Atlas of America's Great Cities. 20 Metropolitan Regions. Hrsg. v. R. ABLER, Minneapolis 1976
Afrika-Kartenwerk, hrsg. v. d. DFG, Berlin-Stuttgart 1977 ff.
Agraratlas über das Gebiet der Deutschen Demokratischen Republik, hrsg. v. R. MATZ. Gotha 1956
Agrarwirtschaftsatlas der Erde in vergleichender Darstellung von B. SKIBBE. Gotha 1958
Agro-ecological Atlas of Cereal Growing in Europe. I: Agro-Climatic Atlas of Europe, 1965, hrsg. v. P. THRAN u. S. BROEKHUIZEN; II: Atlas of the Cereal Growing Areas in Europe 1969, hrsg. v. S. BROEKHUIZEN
Atlante fisico Economico d'Italia. Mailand 1940
Atlas Climatologico de Africa, hrsg. v. P. JACKSON. Lagos-Nairobi 1961
Atlas der deutschen Agrarlandschaft, hrsg. v. E. OTREMBA. Wiesbaden 1962 ff.
Atlas der Deutschen Volkskunde, hrsg. v. H. HARMJANZ u. E. RÖHR. Leipzig 1937 ff.
Atlas der Donauländer, hrsg. v. J. BREU, Wien 1970–1989
Atlas der Eisverhältnisse des Baltischen Meeres an den Küsten Finnlands, hrsg. v. R. JURVA. Helsinki 1937
Atlas der Landwirtschaft der UdSSR, hrsg. v. A. J. TULUPNIKOW. Moskau 1960
Atlas der nutzbaren Gesteine und Lagerstätten Niedersachsens, hrsg. v. K. BRÜNING u. a. Bremen 1952
Atlas der Pflanzenverbreitung von O. DRUDE, Gotha ³ 1892
Atlas der Republik Österreich. Ltg. H. BOBEK, A. ARNBERGER u. a. Wien 1961–1980
Atlas der Schweizerischen Landwirtschaft, hrsg. v. W. BÄGGLI. Bern 1954
Atlas des Deutschen Lebensraumes in Mitteleuropa, hrsg. v. N. KREBS, Leipzig 1937–1941
Atlas Deutsche Demokratische Republik. Hrsg. von der Akademie der Wissenschaften der DDR. Gotha/Leipzig 1976–1981
Atlas für Temperatur, Salzgehalt und Dichte der Nordsee und Ostsee. Hamburg 1927
Atlas Géographique et Physique du Royaume de la Nouvelle-Espagne v. A. v. HUMBOLDT, hrsg. v. H. BECK u. W. BONACKER, Stuttgart 1969
Atlas International Larousse, politique et économique. Paris 1951
Atlas of Australian Resources. Mehrere Bände. Hrsg. v. T. PLUMB. Canberra 1980 ff.
Atlas of climatic types in the United States, 1900–1939, hrsg. v. C. W. THORNTHWAITE, U. S. Dept of Agric., Misc. Publ. 421. Washington 1941
Atlas of Distribution of Diseases. Geogr. Rev. 1950 ff.
Atlas of Economic Development, hrsg. v. N. GINSBURG. Chicago 1961
Atlas of Israel. Hrsg. v. R. ADLER u. a. Tel-Aviv/New York/London ³1985
Atlas of Landforms, hrgs. v. J. L. SCOVEL, J. C. MCCORMACK, J. O'BRIEN u. R. B. CHAPMAN, New York-London 1965
Atlas of Land Utilization in Taiwan, hrsg. v. Cheng-Sian CHEN. 1950
Atlas of the History of Islam. Cairo 1987
Atlas of the Worlds Resources, hrsg. v. W. VAN ROYEN. I: The Agricultural Resources of the World, 1953; II: The Mineral Resources of the World, New York 1954
Atlas östliches Mitteleuropa, hrsg. v. TH. KRAUS, E. MEYNEN, H. MORTENSEN u. H. SCHLENGER. Bielefeld – Berlin – Hannover 1959
Atlas Ost- und Südosteuropa. Hrsg. Österr. Ost- und Südosteuropa Inst., Leitg.: P. JORDAN, F. KELNHOFER. Stuttgart 1989 ff.
Atlas over Danmark, hrsg. v. N. NIELSEN. Kopenhagen 1949–1961
Atlas Polski, 4 Teile, Warszawa 1955
Atlas slovenskej socialistickej Republiky. 1980
Atlas sozialökonomischer Regionen Europas, hrsg. v. L. NEUNDÖRFER. Baden-Baden 1970 ff.
Atlas van Nederland in 20 delen. 2. Ausg. 's Gravenhage 1984 ff.

Befolkningens fördelning i Sverige von STEN DE GEER. Stockholm 1919
Bevölkerungs-Atlas der Tschechoslowakei. Prag 1961
Bioklimatischer Atlas für Schleswig-Holstein, hrsg. v. E. HAGEMANN u. H. VOIGTS. Lübeck 1948
BLV Atlas über die Landwirtschaft der Bundesrepublik Deutschland. München 1968
Bodenkundlicher Atlas von Niedersachsen 1:100 000, 3 Bde. Hannover 1938 bis 1940
Britische Inseln – Frankreich – Belgien – Niederlande – Luxemburg, Wirtschaftshistorische Entwicklung, hrsg. v. E. LEHMANN u. a. Leipzig 1960
Climatic Atlas of Europe. I: Maps of mean temperature and precipitation. Budapest 1970
Climatic Atlas of Iran. Teheran 1965
Climatic Atlas of the United States, hrsg. v. S. S. VISHER. Cambridge 1954
Climatological Atlas of the British Isles. London 1952
Der Neue Herder Handatlas, hrsg. v. C. TROLL. Freiburg 1966
Deutscher Planungsatlas (in Teilausgaben für alle Bundesländer). 1953 ff.
Deutscher Wirtschaftsatlas von E. TIESSEN. Berlin 1929
Die Bundesrepublik Deutschland in Karten. Mainz 1965 ff.
Die Landwirtschaft im Wirtschaftsgebiet Niedersachsens, hrsg. v. K. BRÜNING. Oldenburg 1939
Die Welt von heute. Thematische Karten zur Gemeinschaftskunde in 6 Teilen, hrsg. v. H. BARTELS u. H. P. JORZICK. Kiel 1969–1976
Economic and social Atlas of Greece. Athens 1964
Economic Atlas of Hong-Kong, hrsg. v. Cheng Siang CHEN. Hong-Kong 1967 ff.
Economic Atlas of the Soviet Union, hrsg. v. G. KISH. Michigan 1960
Erdöl-Weltatlas von F. MAYER. Braunschweig ²1976
Geopolitischer Typenatlas von SCHMIDT-HAACK. Gotha 1929
Geschichtlicher Atlas der Rheinprovinz. Hrsg.: Ges. f. Rhein. Geschichtskunde. Bonn 1894–1930
Geschichtlicher Hand-Atlas Niedersachsens, hrsg. v. G. SCHNATH. Berlin 1939
Grande Atlante Geografico Economico, hrsg. v. L. VISINTIN u. U. BONAPACE. Novara 1966
Großer Bertelsmann Weltatlas, hrsg. v. W. BORMANN. Gütersloh 1966
Großer Herder-Atlas, hrsg. v. C. TROLL. Freiburg 1958
Großer Historischer Weltatlas, hrsg. v. Bayer. Schulbuchverlag. München ⁵1972
Großes Duden-Lexikon, 8 Bde., Mannheim ²1969
Grundwasseratlas von Schleswig-Holstein, hrsg. v. H. L. HECK. Hamburg 1948
Historical Atlas of China, hrsg. v. A. HERRMANN, N. GINSBURG u. P. WHEATLEY. Amsterdam 1966
Historischer Atlas der österreichischen Alpenländer mit Erläuterungen. Wien 1929
Historischer Atlas der Schweiz, hrsg. v. H. AMMANN u. K. SCHIB. Aarau ²1958
Historischer Atlas von Baden-Württemberg, hrsg. v. d. Kommission f. geschichtl. Landeskunde. Stuttgart 1972–1988
Historischer Handatlas von Brandenburg und Berlin, hrsg. v. H. QUIRIN u. a., Berlin 1973
Historischer Weltatlas, Jubiläumsausgabe, hrsg. v. F. W. PUTZGER, Bielefeld- Berlin-Hannover 1965
Historisch-geographischer Atlas des Preußenlandes, hrsg. v. H. u. G. MORTENSEN, Wiesbaden 1968–1989
Hydrologischer Atlas der Bundesrepublik Deutschland. Hrsg. v. DFG/R. KELLER. Boppard 1978
Internationaler Karstatlas, hrsg. v. H. LEHMANN. Berlin 1960 ff.
Iro-Weltwirtschaftsatlas. München 1962 ff.
Klimaatlanten der deutschen Bundesländer, hrsg. v. K. KNOCH: Hessen (1950), Bayern (1952), Baden-Württemberg (1953), Rheinland-Pfalz (1957), Nordrhein-Westfalen (1960), Niedersachsen (1964), Schleswig-Holstein, Hamburg u. Bremen (1967)
Klima-Atlas für das Gebiet der Deutschen Demokratischen Republik, hrsg. v. Meteorolog. u. hydrolog. Dienst der DDR. Berlin 1953

Klimaatlas von Deutschland von G. HELLMANN. Berlin 1921
Klimaatlas von Mecklenburg von H. REINHARD. Berlin 1952
Klima-Atlas von Niedersachsen, hrsg. v. J. HOFFMEISTER. Hannover 1945
Klimadiagramm-Weltatlas von H. WALTER u. H. LITH. Jena 1960–1967
Kulturgeografisk Atlas von J. HUMLUM. København [4]1955
Land Utilization in China. Atlas und Statist. hrsg. v. J. L. BUCK. London 1937
Landwirtschaftlicher Atlas des Russischen Reichs in Europa und Asien von TH. ENGELBRECHT. Berlin 1916
Les atlas afrique jeune. (Einzelbände für zahlreiche frankophone Länder Afrikas in den 70er und 80er Jahren)
Magyarország Tervezési-gazdasági körzetei. 6 Bände. Budapest 1974
Meyers Großer Physischer Weltaltas (in 8 Teilatlanten: Biogeographie, Bodenkunde, Geologie, Geomorphologie, Himmelskunde, Klimatologie, Orographie, Ozeanographie). Mannheim 1965 ff.
Morphologischer Atlas von S. PASSARGE. Lfg. 1: Morphologie des Meßtischblattes Stadtremda. Hamburg 1914
Narodowy Atlas polski. Hrsg. Polska Akademia Nauk. Wroclaw 1973–1978
National Atlas of India. 2 Bände. Calcutta 1980
Niedersächsischer Städteatlas. Celle 1953
Nordrhein-Westfalen-Atlas, Düsseldorf 1949 ff.
Österreichischer Städteatlas. Wiss. Ltg. F. CZEIKE, R. BANIK-SCHWEITZER. Wien 1982 ff.
Oxford-Economic Atlas of the World. Oxford [3]1965
Oxford Regional Economic Atlas, hrsg. v. K. M. CLAYTON u. I. B. F. KORMOSS. Oxford 1960 ff.
Oxford Regional Economic Atlas of the United States and Canada. London [2]1975
Putzgers Historischer Schulatlas. Bielefeld – Berlin – Hannover [88]1965
Relief Form Atlas, hrsg. v. Institut Géographique National. Paris 1956
Rhodesia, its Natural Resources and Economic Development. Salisbury 1965
Seuchen-Atlas, hrsg. v. H. ZEISS. Gotha 1942–1945
Steirischer Land- und Forstwirtschafts-Atlas, hrsg. v. W. KIESLINGER. Graz 1954
Strukturatlas Nordwestschweiz – Oberelsaß – Südschwarzwald. Basel-Stuttgart 1967
Strukturatlas Schweiz. Ltg. K. E. BRASSEL u. E. A. BRUGGER. Zürich [2]1986
The Climate of Africa, hrsg. v. B. W. THOMPSON. Nairobi – London – New York 1965
The National Atlas of Japan. Tokyo 1977
Tübinger Atlas des Vorderen Orients, hrsg. v. d. DFG, Wiesbaden 1977 ff.
Urban Atlas: 20 American Cities von J. Q. PASSONNEAU. Cambridge, Mass., 1967
Verkehrsatlas der Deutschen Demokratischen Republik. Gotha 1961
Völker, Staaten und Kulturen. Ein Kartenwerk zur Geschichte, hrsg. v. H. E. STIER, E. KIRSTEN u. a. Braunschweig 1957
Volkstumsatlas von Niedersachsen, hrsg. v. W. PESSLER. Braunschweig 1933 bis 1939
Wasserwirtschaftlicher Atlas von Niedersachsen, hrsg. v. O. UHDEN. Hannover 1961
Wasserwirtschafts-Atlas von Niedersachsen, hrsg. v. K. BRÜNING. Hannover-Göttingen 1950
Weltatlas. Die Staaten der Erde und ihre Wirtschaft, hrsg. v. E. LEHMANN. Leipzig [8]1965
Weltforstatlas, hrsg. v. F. HESKE u. R. TORUNSKY. Hamburg-Berlin 1951 ff.
Welt-Seuchen-Atlas, hrsg. v. E. RODENWALDT, H. J. JUSATZ u. a. Hamburg 1952 bis 1961
Westermann Großer Atlas zur Weltgeschichte, hrsg. v. H. E. STIER, E. KIRSTEN u. a. Braunschweig [8]1972
Wirtschaftsatlas von Westeuropa, hrsg. v. J. DOLLFUS. Paris – Baden-Baden – Bonn 1961
Wirtschaftsgeographischer Atlas der Welt von H. BOESCH. Bern 1951
Wirtschaftsgeographischer Weltatlas, hrsg. v. H. BOESCH. München 1968
Wirtschafts- und verkehrsgeographischer Atlas von Schlesien, hrsg. v. W. GEISLER. Breslau 1932
World Atlas of Agriculture, hrsg. v. G. MEDICI. 4 Bde., Novara 1969–1972

Literatur

Aniol, R. u. Schlegel, M.: Klimaatlanten und neuere Klimakarten. Bibliographien des Deutschen Wetterdienstes 14. Offenbach 1963
Aurada, F.: Bedeutung und Eigenständigkeit der thematischen Kartographie im Rahmen der Schulatlanten. Mitt. Österr. Geogr. Ges. 108, 1966, S. 110–122
—: Synthese, Quantitätsdarstellung und Dynamik – Kernfragen der thematischen Schulkartographie. Intern. Jb. Kartogr. 8, 1968, S. 113–135
—: Das Vordringen thematischer Darstellungen in Schulatlanten – ein Weg zur gegenwartsnahen Kartographie. Kartogr. Nachr. 1969, S. 185–196
Bakker, N. J., van Elzakker, C. P. J. M., Ormelin, F.: National atlases and development. ITC Journal 1, 1987, S. 83–92
Breu, J.: Die Möglichkeiten komplexer thematischer Kartenwerke größerer Erdräume am Beispiel des Atlasses der Donauländer. Int. Jb. f. Kartogr. 12, 1972, S. 63–86
Carlberg, G.: Der Weltseuchenatlas in kartographischer Betrachtung. Kartogr. Nachr. 1955
Dittrich, E.: Die Bundesrepublik Deutschland in Karten, Raumforsch. u. Raumordnung 1965, S. 32–35
Engelbrecht, Th. H.: Die Landbauzonen der außertropischen Länder, 2 Bde. Berlin 1899 (mit Atlas)
—: Die Feldfrüchte des Deutschen Reiches in ihrer geographischen Verbreitung. Arb. Dt. Landwirtsch. Ges., Berlin 1928
Haberlandt, A.: Zur kartographischen Problematik volkskundlicher Atlanten. Mitt. Geogr. Ges. Wien 102, 1960, S. 207–210
Hanle, A.: Die Bearbeitung thematischer Atlaskarten. „Die Wissenschaftliche Redaktion", Mannheim 1969, H. 6
Horn, W.: Zur Geschichte der Atlanten. Kart. Nachr. 11, 1961, S. 1–8
Jensch, G.: Thematische Globen. Österr. Geogr. Ges. Grundsatzfragen der Kartographie. Wien 1970, S. 140–149
—: Textheft zum Klimaglobus. Berlin 1970
Krebs, N.: Ein neuer deutscher Sprachenatlas. Z. Ges. f. Erdkde. Berlin 1929
Kretschmer, I.: Volkskundeatlanten in Europa und ihre Bedeutung für die geographische Forschung. Mitt. Österr. Geogr. Ges. 109, 1967, S. 297–307
Lautensach, H.: Ein geopolitischer Typenatlas. Z. f. Geopol. 1929
Lehmann, E.: Wirtschaftsatlanten. Kartographische Studien (Haack-Festschrift), Peterm. Geogr. Mitt., Erg. H. 264, Gotha 1957
—: Ein thematischer Weltatlas. Peterm. Geogr. Mitt., 113, 1969, S. 226–230
Lehmann, H.: Vorschlag für einen vergleichenden Karstatlas. Z. Geomorph., Suppl. Bd. 2, 1960, S. 103–107
Mayer, F.: Atlaskartographie im Wandel. Kart. Nachr. 37, 1987, S. 49–55
Meitzen, A.: Siedlung und Agrarwesen der Westgermanen und Ostgermanen, der Kelten, Römer, Finnen und Slawen. 3 Bde. u. Atlas, Berlin 1895
Otremba, E.: Der „Atlas der deutschen Agrarlandschaft" Geogr. Rdsch. 1964
Rungaldier, R.: Wirtschaftskarten in Heimat- und Schulatlanten. Mitt. Geogr. Ges. Wien 1952
Schlenger, H.: Methodische und technische Grundlagen des Atlas der deutschen Volkskunde. Dt. Forsch., H. 27, 1934
Thauer, W.: Atlasredaktion im Zusammenspiel von Kartographie, Geographie und Regionalstatistik. Int. Jb. Kart. 20, 1980, S. 180–204
Thiele, D.: Schulatlanten im Wandel. Berlin 1984
Troll, C.: Ein Markstein in der Entwicklung der medizinischen Geographie. Zum Erscheinen v. E. Rodenwaldts Welt-Seuchen-Atlas. Erdkunde 1953
— u. Hahn, H.: Neue Landes- und Planungsatlanten. Erdkunde 1952
Wawrik, F.: Berühmte Atlanten. Dortmund 1982

ZEITTAFEL ZUR GESCHICHTE DER KARTOGRAPHIE

Frühzeit
(bis 500 v. Chr.)

Noch keine Kenntnis von Kugelgestalt der Erde, Darstellungen ohne mathematische Grundlagen. Anfänge der Kartographie im alten Orient.

Vor Chr.

Um 3800	Kartographische Darstellung des nördlichen Mesopotamiens auf einer Tontafel, älteste Karte der Welt (Fund von Nuzi)
Um 1300	Nubische Goldminenkarte mit schematischen Gebirgskonturen
Um 700	Babylonische Weltkarte auf Tontafel
Um 550	ANAXIMANDER VON MILET: Erste Versuche zur Herstellung von Erdkarten

Erste Blütezeit in der Antike
(500 v. Chr. – 200 n. Chr.)

Auffassung der Erde als Kugel, erste Orts- und Längenbestimmungen, Anfänge der Projektionen.

Vor Chr.

Um 500	Pythagoraeer lehren Kugelgestalt der Erde HEKATAEUS VON MILET: Erdkarte
384–322	ARISTOTELES: Beweise für Kugelgestalt der Erde
320	DIKAEARCH AUS MESSINA: Erdkarte mit ersten Orientierungslinien: O–W verlaufende Längsachse des Mittelmeeres, N–S-Linie durch Rhodos
250	ARCHIMEDES: Entwurf der ersten flächentreuen Zylinderprojektion
Um 240	ERATOSTHENES, Alexandriner Geograph: Erste Erdumfangberechnung
Um 200	HERON VON ALEXANDRIEN: Anwendung trigonometrischer Höhenmessung
Um 150	KRATES MALLOTES (*Krates von Mallos*) tätig in Pergamon: Erster Erdglobus
	HIPPARCH: Entdeckt Prinzip perspektivischer Projektion, entwirft stereographische und orthographische Projektionen für Himmelskarten, teilt Äquator in 360 Grade ein

Vor Chr.

Um 70   POSIDONIUS: Erdumfangberechnung

30–12   Sammlung von Itinerarien im Gebiet des Römischen Reiches unter AGRIPPA

Nach Chr.

41   POMPONIUS MELA: Chorographie und Weltkarte

Um 100   MARINUS VON TYRUS: Führt rechteckige Plattkarte als erste Gradnetzkarte ein

150   CLAUDIUS PTOLEMÄUS VON ALEXANDRIEN: Kartensammlung, durch griechische Abschriften übermittelt. Begründung der Kartenprojektionslehre, erste Kegelprojektionen, Wahl der „Glückseligen Inseln" (Kanaren) für Nullmeridian, Geländedarstellung durch schematische Bergprofile

Nachblüte in der Spätantike

(200–600)

Rückfall in schematisierte Darstellungen, Verlust des mathematischen Prinzips.

Um 375   CASTORIUS: Weltkarte, erhalten als „Tabula Peutingeriana" in einer aus dem 12. Jh. stammenden Kopie. Älteste bekannte Straßenkarte des Römischen Reiches

um 550   KOSMAS INDICOPLEUSTES: Erdkarte

                    Mosaikkarte von Madeba. Älteste erhaltene Original-Landkarte, stellt Palästina, Syrien und Ägypten dar

Weltanschaulich beeinflußte Kartographie des Mittelalters

(600–1300)

Statt möglichst exakter Erddarstellung Hinwendung zu religiös geprägten Erdvorstellungen; Niederschlag in Mönchs- und Radkarten.

766   BEATUS, spanischer Mönch: Weltkarte

1154   IDRISI, arabischer Geograph: Weltkarte („Charta Rogeriana"). Auf orientalischen Quellen beruhend, weitgehend unbeeinflußt von abendländisch-christlichen Weltvorstellungen, Neudruck Stuttgart 1980

Um 1235   „Ebstorfer Weltkarte" (nicht 1284, wie früher angenommen)

Kartographie des Spätmittelalters
(1300–1475)

Neues Streben nach wirklichkeitstreuer Darstellung, ausgelöst durch Bedürfnisse der Seefahrt.

Um 1300	Pisanische Weltkarte
1311	Älteste datierte italienische Seekarte
1375	Katalanische „Mapa Mondi", Neudruck Stuttgart 1977
1446	Erfindung des Kupferstichs
1459	FRA MAURO, Mönch aus Venedig: Weltkarte. Bedeutendstes Denkmal mittelalterlicher Kartographie
1466	Erste Anwendung trapezförmiger Projektion
1474	PAOLO TOSCANELLI, italienischer Arzt: Plattkarten des Atlantischen Ozeans zur Erläuterung eines westlichen Seeweges nach Indien. Erste Seekarte mit Gradnetz. Original nicht erhalten
1475	Älteste gedruckte Weltkarte im Lübecker „Rudimentum Novitiorum"

Kartographie der Renaissance und des Entdeckungszeitalters
(1475–1570)

Wiederentdeckung kartographischer Leistungen des Altertums (PTOLEMÄUS), Bereicherung durch Erweiterung des Weltbildes im Entdeckungszeitalter, vor allem durch weltweite Seefahrt.

1477	Erste gedruckte PTOLEMÄUS-Ausgabe, Bologna, Neudruck London 1967
1482	NICOLAUS DONIS: Entwickelt einen im Prinzip der Mercator-Sansonschen Projektion entsprechenden Netzentwurf
1491	NICOLAUS CUSANUS (*Nikolaus von Kues*), deutscher Philosoph und Theologe: Erste Kupferstichkarte von Deutschland. Darstellung der Gebirge als „Maulwurfshügel"
1492	MARTIN BEHAIM: „Erdapfel". Ältester bekannter Globus (Germanisches Nationalmuseum, Nürnberg)
1495–97	KONRAD TÜRST: Erste Karte der Schweiz
1500	JUAN DE LA COSA, spanischer Seefahrer: Weltkarte. Erste Darstellung der Entdeckungen in der Neuen Welt
	ERHARD ETZLAUB: Romweg-Karte

1502	JOHANN STAB (*Johann Stabius*): Herzförmige flächentreue Projektion
1502–03	LEONARDO DA VINCI: Karten der Toscana
1507	MARTIN WALDSEEMÜLLER: Große Weltkarte. Erste gedruckte Karte mit Namen Amerika für die Neue Welt (nach AMERIGO VESPUCCI), Neudrucke Innsbruck 1903, Amsterdam 1967
1511	MARTIN WALDSEEMÜLLER: „Carta Itineraria Europae". Älteste gedruckte Wandkarte von Europa
	ERHARD ETZLAUB: Weltkarte auf einer Sonnenuhr in der später (1569) nach GERHARD MERCATOR benannten Projektion
1513	MARTIN WALDSEEMÜLLER: Straßburger Ptolemäus-Ausgabe, Neudruck London 1967
1514	JOHANNES WERNER: Schlägt neue Projektionsmethode nach Angaben von JOHANN STAB (1502) vor
1515–33	JOHANNES SCHÖNER: Zahlreiche Globen mit gedruckten, in Meridianstreifen zerlegten Karten
1516	MARTIN WALDSEEMÜLLER: Erste gedruckte Seekarte („Carta Marina Navigatoria"). Quadratische Plattkarte
1520	PETER APIAN (*Peter Bienewitz*): Weltkarte
1522	LORENZ FRISIUS (*Lorenz Frieß*): Straßburger Ptolemäus-Ausgabe
	PETER APIAN: Entwirft eine der Bonneschen Projektion ähnliche unechte Zylinderprojektion
1524	PETER APIAN: Kosmographie. Erstmalige Verwendung der Pollinie auf zwei Erdkarten
1525	FERNEL, Frankreich: Erste Bogenmessung der Neuzeit (Paris-Amiens)
1528	BORDONE, Italien: Verwendung der Pollinie
1533	RAINER GEMMA-FRISIUS: Anfänge der Triangulation
1538	GERHARD MERCATOR: Weltkarte in Stab-Wernerscher Projektion
	EGIDIUS TSCHUDI: Zweite Karte der Schweiz
1544	SEBASTIAN MÜNSTER: Kosmographie
1547–48	JOHANNES STUMPF: 12 Holzschnittkarten der Schweiz, ältestes Beispiel eines Heimatatlas
1554	GERHARD MERCATOR: „Karte von Europa" in Kegelprojektion, 15 Blätter
1563	PHILIPP APIAN: Karte von Bayern. Gebirgsdarstellung in verfeinerter Maulwurfshügelmanier

1564	ABRAHAM ORTELIUS, Antwerpen: Große Weltkarte, 8 Blätter
1568	PHILIPP APIAN: „Bayerische Landtafeln", 24 Holzschnittblätter im ungefähren Maßstab 1:140 000
1569	GERHARD MERCATOR: Weltkarte in der nach ihm benannten Projektion, 18 Blätter

Zeit der frühen Atlas- und Regionalkartographie
(1570–1700)

Nach Vorläufern aus der Zeit der Renaissance (Ptolemäus-Atlas) Veröffentlichung erster großer Weltatlanten (ORTELIUS, MERCATOR, BLAEU). Wunsch nach großmaßstäblichen Karten führt zur Begründung der Regionalkartographie (Vorläufer PETER APIAN), unterstützt durch Entwicklung der Vermessungstechnik

1570	ABRAHAM ORTELIUS, Antwerpen: Veröffentlicht in seinem „Theatrum Orbis Terrarum" erste Sammlung ausschließlich neuer Karten, Neudruck London 1967
1576	KASPAR HENNEBERGER: Landtafel von Preußen
1584	LUCAS J. WAGHENAER, Niederlande: Sammlung von Seekarten („Spieghel der Zeevaerdt"), Neudruck London 1967
	PIETER BRUINSS, niederländischer Feldmesser: Älteste Isobathendarstellung auf Karte des durch Haarlem fließenden Spaarne-Flusses
1590	J. PRAETORIUS: Erfindung des Meßtischs
1595	GERHARD MERCATORS „Atlas sive Cosmographicae Meditationes de Fabrica Mundi" wird ein Jahr nach seinem Tode veröffentlicht. Seit dieser Zeit Verwendung des Begriffes *Atlas* für Kartensammlungen
1606	Unechte flächentreue Zylinderprojektion auf einer Karte im Nachlaß von MERCATOR, später als Mercator-Sansonsche Projektion bekannt geworden
1607	GERHARD MERCATOR: „Atlas minor"
1611	JOHANNES HONDIUS: Große Weltkarte, 18 Blätter
1615	WILLEBRORD SNELLIUS, Niederlande: Begründung moderner Triangulation
1617	J. A. RAUH: Karten von Wangen und Lindau. Älteste Karten mit Bergschraffen
1618	EILARDUS LUBINUS: Landkarte von Pommern
1619	Erste englische Karte von Indien

1620	W. Schickhart: Erste Verwendung von Dreiecksnetzen für Landesaufnahme in Württemberg
1623	Willem Janszoon Blaeu, Niederlande: „Seespiegel"
1624–35	W. Schickhart: Landesaufnahme von Württemberg
1630	Johann Amos Comenius: „Comenius-Karte" der Grafschaft Mähren
1633	Gerhard Mercator: Erste deutsche Ausgabe seines Atlas
1634	Nullmeridian wird von Franzosen durch Ferro gelegt
1635	Christoph Scheiner: Erfindung des Pantographen
1638	Willem Janszoon Blaeu, Niederlande: Erscheinungsbeginn seiner großen Atlanten
1640	Matthäus Merian: „Topographia Europaea"
1644	Abel Tasman, niederländischer Seefahrer: Große Seekarte
	Evangelista Torricelli, italienischer Physiker: Erfindung des Barometers
1645	Nicolas Sanson, französischer Kartograph: Erscheinungsbeginn seiner Atlanten
1648	Blaise Pascal, französischer Philosoph, Mathematiker und Physiker: Anwendung des von Torricelli erfundenen Barometers zur Höhenmessung
1650	Nicolas Sanson: Zahlreiche Karten in dem als Mercator-Sansonsche Zylinderprojektion bezeichneten flächentreuen Netzentwurf
1662	Johan Blaeu, Amsterdam: „Le Grand Atlas" in 12 Bänden, Neudruck Amsterdam 1966
1667	Hans Conrad Gyger: „Karte des Kantons Zürich" 1:32000. Früheste Reliefdarstellung im Grundriß, farbenplastisch durch Schräglichtbeleuchtung
1669	Jean Picard, französischer Astronom: Messung des Meridianbogens Amiens-Malvoisine
1682	Giovanni Domenico Cassini, französischer Astronom: Erdkarte
1682–84	Johannes van Keulen, Niederlande: „De Groote nieuwe Zee Atlas" in 5 Bänden mit klarer Unterscheidung von Steil- und Flachküsten
1683	Marco Coronelli, italienischer Pater: Riesengloben
1693	Edmont Halley, englischer Astronom: Erster Versuch einer Flächenmessung durch Wägung der aus einer Landkarte ausgeschnittenen Flächenstücke

1693–1700	PIETER MORTIER, Frankreich: Großes Seekartenwerk „Neptune françois"
1695	PETER GEDDA, Schweden: Ostseekarten
1697	PIERRE ANCELIN: Karte der Maas und des alten Hafens von Rotterdam mit Tiefenlinien von fünf zu fünf Fuß

Periode exakter Erdmessung, Schaffung methodischer und technischer Grundlagen für moderne Kartographie, erste Landesaufnahmen
(1700–1850)

Barometrische Höhenmessung, genaue Kenntnis des Umfangs und der Abplattung der Erde, Einführung des Nullmeridians von Greenwich und des Koordinatensystems von GAUSS, Verwendung der Polyederprojektion, Übergang zur Meßtischaufnahme, Einführung der Böschungs- und Schattenschraffe, der Höhen- und Tiefenlinie, farbiger Höhenschichten, verbunden mit Erfindung des Steindrucks schaffen die Voraussetzungen für moderne Kartographie. Ab 1750 mit CASSINI-Karte erste topographische Landesaufnahmen.

1700	GUILLAUME DE L'ISLE (DELISLE), Frankreich: Veröffentlicht erste Karte Europas nach neueren Ortsbestimmungen
1701	EDMONT HALLEY, englischer Astronom: Isogonenkarte. Erste thematische Karte
1702	Begründung der Homannschen Offizin in Nürnberg (bis 1813). Zusammenstellung zahlreicher von JOHANN BAPTIST HOMANN gezeichneter Karten zu Atlasbänden (Homannscher Atlas).
1705	J. SCHEUCHZER, Schweiz: Erste für Eintragung in eine Karte bestimmte barometrische Höhenmessung
1716	Großer HOMANN-Atlas, 126 Karten
1718	Anwendung der Böschungsschraffe auf einer Karte des Breisgaus
1723	E.D. HAUBER: Atlas Württembergicus
1724–25	GUILLAUME DE L'ISLE (DELISLE): Erste Europakarte aufgrund neuer astronomischer Ortsbestimmungen
1729	JOHN FLAMSTEED, Großbritannien: Posthume Veröffentlichung der Himmelskarten in Mercator-Sansonscher unechter flächentreuer Zylinderprojektion, daher in englischsprachiger Welt irrtümlich als Sanson-Flamsteed-Projektion bezeichnet

1729	NICOLAUS SAMUEL CRUQUIUS, Niederlande: Isobathenkarte der Maasmündung (Merwede)
1731	JOHN HADLEY: Erfindung des Spiegelsextanten
1733	HERMANN MOLL: Atlas of the World, London
1735–44	CHARLES MARIE DE LA CONDAMINE, französischer Mathematiker: Expedition nach Peru zur Lösung des Problems der Erdabplattung
1736–37	PIERRE LOUIS MOREAU DE MAUPERTIUS, franz. Physiker: Gradmessung in Lappland zum Beweis der Erdabplattung
1737	PHILIPPE BUACHE, Frankreich: Isobathenkarte des Ärmel-Kanals
	CHR. PACKE: Erste geologische Karte (Grafschaft Kent)
1749	MILLET DU MUREAU, französischer Ingenieur: Vorschlag, Landoberfläche durch gleichabständige Höhenlinien darzustellen
1750–93	CÉSAR FRANÇOIS CASSINI, französischer Astronom: Karte von Frankreich in Schraffenmanier, 1:86400. Erstes topographisches Kartenwerk eines Staates, 1815 veröffentlicht
1752	RIGOBERT BONNE, Frankreich: Unechte Kegelprojektion
1764	Basismessung München-Dachau
1764–86	Kurhannoversche Landesaufnahme, Blätter mit handkolorierter Schummerung
1767	Einführung des Nullmeridians von Greenwich für englisches Seekartenwerk
1771	DU CARLA, französischer Ingenieur: Erste Isohypsenkarte
1772	J. H. LAMBERT: Schlägt in seinen „Beiträgen zum Gebrauch der Mathematik" eine Reihe neuer flächentreuer Projektionen vor
1773	E. A. W. ZIMMERMANN: Zoologische Weltkarte
1774	G. GLÄSER, sächsischer Bergmeister: Erste farbige geologische Karte
1777	LEONARD EULER: Wichtige Forschungen zum mathematischen Problem der Übertragung der gekrümmten Kugeloberfläche auf gekrümmte Flächen
1780–1825	JOHANN GEORG LEHMANN: Sächsische Ingenieurkarte 1:12000. Geländedarstellung durch Böschungsschraffen
1782	JEAN-LOUIS DUPAIN-TRIEL, Frankreich: Begründet seine Theorie der Isohypsen
1785	JUSTUS PERTHES: Gründung der Geographisch-Kartographischen Anstalt in Gotha

1791	JEAN-LOUIS DUPAIN-TRIEL, Frankreich: Karte von Frankreich mit Isohypsen und Höhenprofil. Erste Höhenlinienkarte
1793	Erste amtliche Dreiecksmessung Preußens
1798	ALOIS SENEFELDER: Erfindung des Steindrucks (Lithographie)
1798–1828	J.G.F. BOHNENBERGER: Topographische Karte von Schwaben 1:86400 in 54 Blättern
1799	JOHANN GEORG LEHMANN, sächsischer Major: Theorie der Böschungsschraffen
1804	ALEXANDER V. HUMBOLDT: Begründung der wissenschaftlichen Hypsometrie
1805	KARL MOLLWEIDE: Berechnet seine elliptische, flächentreue unechte Zylinderprojektion mit gestreckten Parallelkreisen
	PIERRE SIMON LAPLACE und JEAN BIOT, Frankreich: Barometrische Höhenformel
1806	Beginn der Französischen Landesaufnahme Österreichs, erste Blätter der REYMANNschen Karte von Deutschland 1:200000; CARL RITTERS: „Sechs Karten von Europa", erster thematischer Atlas eines Kontinents
1808	J.A. ZEUNE: Erste farbige Höhenschichtenkarte
1808–12	ALEXANDER V. HUMBOLDT: Mexico-Atlas, Neudruck Stuttgart 1959
1814	Erfindung des Linearplanimeters
1815	W. SMITH: Geologische Karten von England und Europa
1816	Beginn der Aufnahme Preußens im Maßstab 1:25000 unter Leitung des preußischen Generalstabs
1817	ALEXANDER V. HUMBOLDT: Isothermenkarte
1818–30	Erstmalige Verwendung der Polyederprojektion für preußische Meßtischaufnahme, daher Bezeichnung „Preußische Polyederprojektion"
1820	ADOLF STIELER: „Handatlas". Erste Ausgabe Erfindung des Stahlstichs
1821	Beginn der Meßtischaufnahmen in Deutschland
1822–47	CARL FRIEDRICH GAUSS: Entwirft das nach ihm und L. KRÜGER (1912) benannte Koordinatensystem
1826	HEINRICH WILHELM BRANDES: Erste Isobaren- und Windkarte
1830	FRANZ V. HAUSLAB, Österreich: Theorie einer „Höhenplastik in Farben"

1830	Oluf Nicolai Olsen, Dänemark, und Bredstorff: Hypsometrische Karte von Europa
1833	Friedrich List: Planungskarte für ein deutsches Eisenbahnnetz
1835	Carl af Forsell, Schweden: Karte der südlichen Teile von Schweden und Norwegen 1:500 000. Farbige Höhenschichtenkarte
1836–60	Oberreit: Sachsenatlas. Vorzügliche Schraffenkarten im Maßstab 1:57 600
1838	C. Desjardin: Erste gedruckte Schummerungskarte
	Emil v. Sydow: Asienkarte. Schraffenkarte mit „Regionalfarben" zur Wiedergabe der Bodenplastik
1838–48	Heinrich Berghaus: Physikalischer Atlas. Erster Weltatlas mit thematischen Karten
1838–75	César François Cassini: „Carte topographique de la France" 1:80 000 in 273 Blättern
1840–53	Eine der frühesten amtlichen Kippregelaufnahmen (Kurhessen)
1841	Wilhelm Bessel: Berechnung des Erdsphäroids
1842	Heinrich Berghaus: Europakarte. Älteste deutsche Höhenschichtenkarte
1843	Ami Boué: Geologische Weltkarte
1844–63	Guillaume-Henri Dufour, Schweiz: „Topographische Karte der Schweiz 1:100 000". Vorbildliche Schattenschraffenkarte
1847	Emil v. Sydow: „Schulatlas", 36 Karten
	Erfindung des Aneroids (Federbarometers), dadurch wesentliche Vereinfachung von Höhenmessungen auf Reisen
1849	Erste Wetterkarte in der Zeitung „Daily News", London

Periode der großen Landesaufnahmen, der modernen Atlaskartographie und der thematischen Kartographie
(ab 1850)

Erfindung der terrestrischen und der Aerophotogrammetrie, Ausbau des amtlichen Vermessungswesens und der wissenschaftlichen Kartographie. Isohypsen und Schummerungen werden führend in der Geländedarstellung. Herstellung großer Auflagen in mehrfarbigem Offsetdruck bei hoher Qualität und Wirtschaftlichkeit sichern modernen Kartenwerken weite Verbreitung und vielfältige Verwendungsmöglichkeiten im öffentlichen Leben.

1851	JOHANN JAKOB BAEYER, preußischer General: Forderung, preußische Katasterkarten zu einheitlichem Kartenwerk 1:5000 zusammenzuschließen
	Wirtschaftsstatistischer Atlas des Europäischen Rußland
1852	A. M. NELL: Modifizierte äquatorständige Azimutalprojektion H. W. DOVE: Isanomalenkarte
1853	Entdeckung des Anaglyphenverfahrens
1855	Erscheinungsbeginn von „Dr. A. Petermanns Mitteilungen aus Justus Perthes' Geographischer Anstalt in Gotha", wichtigste Zeitschrift für Veröffentlichung von Originalkarten
1856	Einführung der polykonischen Projektion in amtliche Kartographie
1860	JACQUES BABINET, französischer Physiker und Astronom: Erstmalige Verwendung der Mollweideschen Projektion als Homalographische Projektion
1862–64	A. L. HICKMANN: Industrieatlas des Königreichs Böhmen
1863	Erste tägliche Wetterkarte mit Isobaren in Frankreich
1866	Erscheinungsbeginn deutscher geologischer Spezialkarte 1:25000
1870–90	HERMANN SIEGFRIED, Schweiz: Topographischer Atlas der Schweiz 1:25000 und 1:50000. Höhenlinienkarte mit Felszeichnung
1871	Erste Alpenvereinskarte: Karte der Glockner-Gruppe 1:66000
1873	„Culturatlas von Niederösterreich", einer der ersten speziellen Agraratlanten
1873–88	Österreichische Spezialkarte 1:75000. Schraffenkarte mit Höhenlinien und Felsgerippezeichnung
1875	Beschluß der Herausgabe einheitlichen deutschen Kartenwerkes 1:100000, damit Begründung der deutschen Landesaufnahme
1876	Erste Wetterkarte der Deutschen Seewarte
1877	F. W. PUTZGER: „Historischer Schulatlas" A. STEINHAUSER: Hypsometrische Wandkarte von Mitteleuropa 1:1500000. Höhenplastik nach Methode von v. HAUSLAB

1879	HERMANN SIEGFRIED, Schweiz: Verwendet erstmals Bezeichnung „angewandte Karte"
1880/81	RICHARD ANDREE: „Handatlas"
1881	TISSOT: Mathematische Analyse der Kartennetze; Theorie der Verzerrungen
	RUDOLF LEUZINGER, Schweiz: Reliefkarte der Schweiz 1:500000. Erste Karte in „Schweizer Manier"
	Festlegung der Farbskala für geologische Karten auf Internationalem Geologenkongreß in Bologna
	H. HOFFMANN: Phänologische Karte von Mitteleuropa
1883	CARL DIERCKE: „Schulatlas"; heute unter dem Namen „Weltatlas"
1883/84	Meridian von Greenwich als einheitlicher Nullmeridian eingeführt
1884	WLADIMIR KÖPPEN: Karte der Wärmezonen der Erde
1888	ERNST HAMMER: „Die geographisch wichtigsten Kartenprojektionen"
1889	DAVID AITOFF: Planisphäre, abgeleitet aus äquatorständiger mittabstandstreuer Azimutalprojektion
	A.E. NORDENSKJÖLD, Schweden: „Facsimile-Atlas on the Early History of Cartography"
1891	ALBRECHT PENCK: Fordert Herstellung einer einheitlichen Weltkarte im Maßstab 1:1 Mill.
1891–93	CARL VOGEL: Karte des Deutschen Reiches in Bonnescher Projektion 1:500000
1892	ERNST HAMMER: Planisphäre, abgeleitet aus Lamberts flächentreuer äquatorständiger Azimutalprojektion
1894	ERNST DEBES: „Neuer Handatlas"
1894–97	RICHARD LEPSIUS: „Geologische Karte des Deutschen Reiches" 1:500000
1895	A. MEITZEN: Atlas zu „Siedlung und Agrarwesen der Westgermanen ... usw." Erste systematisch angelegte Sammlung von Flurformenkarten
1897	A.E. NORDENSKJÖLD, Schweden: Periplus
1898–1911	KARL PEUCKER: Karte der Umgebung von Bozen 1:200000. Geländewiedergabe in der von ihm entwickelten „Farbenplastik"
1899	SEBASTIAN FINSTERWALDER: „Mathematische Grundlagen der Photogrammetrie" (Gletschermessungen)

1899	„Atlas von Finnland". Erster Nationalatlas der Welt
	TH. H. ENGELBRECHT: „Landbauzonen der außertropischen Länder" mit methodisch wichtigem Atlas für agrargeographische Darstellungen
1900	WLADIMIR KÖPPEN: Erster Entwurf einer Klimakarte der Erde auf pflanzengeographischer Grundlage
1901	CARL PULFRICH (Zeiss): Begründung der Stereophotogrammetrie
1906	MAX ECKERT: Veröffentlicht 6 neue Erdkartenentwürfe mit Pollinien von halber Äquatorlänge
1909	Erstes amtliches deutsches Kartenwerk vollständig erschienen: Karte des Deutschen Reiches 1:100 000
	Londoner Konferenz zur Herstellung der Internationalen Weltkarte im Maßstab 1:1 Mill.
1910	WALTER BEHRMANN: Flächentreue Schnittzylinderprojektion
1911	JOSEPH PARTSCH: Erste Karte der Reliefenergie (Schlesien)
1911/12	Erste Blätter der Internationalen Weltkarte 1:1 Mill. nach den 1909 in London angenommenen einheitlichen Vorschriften erschienen
1912	L. KRÜGER: Ergänzung des Gaußschen Koordinatensystems
1913	O. WINKEL: Vermittelnde Projektionen
1914	WILHELM OSTWALD: Farbenlehre
1915	Topographische Übersichtskarte des Deutschen Reiches im Maßstab 1:200 000, 196 Blätter in Vierfarbendruck, vollständig erschienen
	Übersichtskarte von Mitteleuropa im Maßstab 1:300 000, 210 Blätter in sechsfarbigem Steindruck, vollständig erschienen
	Alpenvereinskarte der Dachstein-Gruppe 1:25 000. Höhenlinienkarte mit Felsgerippezeichnung nach stereophotogrammetrischen Aufnahmen
	OSKAR MESSTER: Begründung der Aerophotogrammetrie durch Konstruktion einer Luftbildreihenkamera
1917	Erste Isohypsenkarte nach photogrammetrischen Luftaufnahmen
	Erste Herstellung von Präzisionsreliefs durch maschinelle Übertragung der Höhenlinien von KARL WENSCHOW
1918	WLADIMIR KÖPPEN: Klimaformeln als Grundlage für eine Klimakarte der Erde

1919	Übernahme amtlicher deutscher Kartographie durch ziviles Vermessungswesen
	Erscheinungsbeginn deutscher geologischer Karte 1 : 200 000
	STEN DE GEER, Schweden: Erstmalige Anwendung der „Kugelmethode" für Bevölkerungskarten (Bevölkerungsatlas von Schweden)
1920–25	ADOLF STIELER: „Handatlas" – Hundertjahrausgabe
1921	GUSTAV HELLMANN: „Klimaatlas von Deutschland"
1921–25	MAX ECKERT: Die Kartenwissenschaft, 2 Bde.; richtungweisendes Lehrbuch
1923	Einführung des Gauß-Krügerschen Gitternetzes in amtliche deutsche Kartenwerke
	Erster Stereoplanigraph der Firma Carl Zeiss nach WALTHER BAUERSFELD
1927	„Atlante Internazionale" des Touring Club Italiano
1928	TH. H. ENGELBRECHT: Die Feldfrüchte des Deutschen Reiches mit 41 Agrarkarten 1 : 2,5 Mill.
1929	Erscheinungsbeginn deutscher Regionalatlanten
1930	Erste WENSCHOW-Reliefkarten, hergestellt durch Photographieren schrägbeleuchteter Präzisionsreliefs („Ebene Hochbildkarten")
1932	Schweizerischer Mittelschulatlas mit Reliefkarten in der von EDUARD IMHOF fortentwickelten „Schweizer Manier"
1934	Unterstellung des deutschen Vermessungswesens unter das Reichsinnenministerium (Reichsamt für Landesaufnahme)
	Beginn neuer Reichsdreiecksmessung
	ADOLF STIELER: „Handatlas" – Internationale Ausgabe
1936	Beginn der Arbeiten an Deutscher Grundkarte 1 : 5000
	W. BUSCH: Karte der Landbauzonen Deutschlands
1937	Erscheinungsbeginn des „Atlas des Deutschen Lebensraumes", hrsg. von NORBERT KREBS
1938	Dezentralisation des Reichsamts für Landesaufnahme, Gründung von 13 Hauptvermessungsabteilungen
	E. RAISZ, USA: Physiographische Karte von Ägypten 1 : 8 Mill. Morphographische Karte mit Aufgliederung des Geländes nach Formentypen, die in anschaulicher scheinperspektivischer Zeichnung wiedergegeben werden
1939	Gründung des Forschungsbeirats für Vermessungstechnik und Kartographie beim Reichsamt für Landesaufnahme

1939	HERMANN V. WISSMANN: Karte der Klima- und Vegetationsgebiete Eurasiens
	CARL TROLL: Vegetationskarte der Nanga-Parbat-Gruppe 1:50000
1941	C. W. THORNTHWAITE, USA: Atlas klimatischer Typen der USA
1949	K. H. WAGNER: Erdkartennetze mit Pollinien und gekrümmten Parallelen
1950	Erscheinungsbeginn der Klimaatlanten der deutschen Bundesländer, hrsg. von KARL KNOCH
	NIKOLAUS CREUTZBURG: Klimakarte der Erde
	EDUARD IMHOF: „Gelände und Karte", führendes Lehrbuch
1951	F. HESKE, R. TORUNSKY: Erscheinungsbeginn des „Weltforstatlas"
1950–58	Russischer „Seeatlas" (Morskoj Atlas) in 3 Bänden, Moskau
1952	Erscheinungsbeginn der Hydrogeologischen Übersichtskarte von Deutschland 1:500000
	ERNST RODENWALDT: Erscheinungsbeginn des „Welt-Seuchen-Atlas"
	OTTO SCHLÜTER: Karte der Siedlungsräume Mitteleuropas in frühgeschichtlicher Zeit
	E. LEHMANN: Weltatlas „Die Staaten der Erde und ihre Wirtschaft"
	WILHELM LAUER: Karte der humiden und ariden Jahreszeiten in Afrika und Südamerika
1952/53	Umwandlung der Geographisch-Kartographischen Anstalt Justus Perthes, Gotha, in VEB Hermann Haack
1952–57	Deutsche Generalkarte 1:200000, 26 Blätter, hrsg. von Mairs Geographischem Verlag, Stuttgart
1953	„Deutscher Planungsatlas" erscheint in ersten Lieferungen
	Kartographisches Büro der UNO übernimmt zentrale Leitung der Internationalen Weltkarte 1:1 Mill.
1954	Erstes Musterblatt der neuen deutschen Topographischen Karte 1:100000
	„Atlas Mira", hrsg. von A. N. BARANOV, Moskau
	HERMANN LAUTENSACH: „Atlas zur Erdkunde"
1955	H. SCHIRMER: Niederschlagskarte von Deutschland 1:200000, 45 Blätter

1955–59	Neubearbeitung des „Times Atlas of the World" in 5 Bänden, hrsg. von J. BARTHOLOMEW, Edinburgh
1958	Großer Herder-Atlas, hrsg. von CARL TROLL
	BRUNO SKIBBE: „Agrarwirtschaftsatlas der Erde"
	H. WALDBAUR: Karte der Landformen im mittleren Europa 1:2 Mill.
1959	„Atlas östliches Mitteleuropa", hrsg. von TH. KRAUS u. a.
1960	Erscheinungsbeginn „Internationaler Karstatlas", hrsg. von H. LEHMANN
	A. I. TULUPNIKOW: „Atlas der Landwirtschaft der UdSSR", Moskau
1961	„Bertelsmann Weltatlas", hrsg. von W. BORMANN
1962	Erscheinungsbeginn des „Atlas der deutschen Agrarlandschaft", hrsg. von ERICH OTREMBA
	Dritte Internationale Kartenkonferenz der Vereinten Nationen über Internationale Weltkarte in Bonn
1962–64	Internationale tektonische Karte von Europa 1:2,5 Mill.
1963	„Bertelsmann Atlas International", hrsg. von W. BORMANN
1964	Neues Weltkartenwerk der Ostblockländer 1:2,5 Mill.
	CARL TROLL, KARL HEINZ PAFFEN: „Karte der Jahreszeiten-Klimate der Erde"
	Erster moderner physisch-geographischer Themakartenatlas der Erde (Fisiko-geografitscheskij Atlas Mira), Moskau
1965	K. H. WAGNER: Erscheinungsbeginn der Deutschen Weltkarte 1:5 Mill.
	Erscheinungsbeginn von Meyers Großem Physichem Weltatlas in 8 thematischen Teilatlanten
	Atlas of Landforms
	EDUARD IMHOF: Kartographische Geländedarstellung
1966	F. MAYER: Erdöl-Weltatlas
	E. ARNBERGER: Handbuch der thematischen Kartographie
	W. WITT: Thematische Kartographie, zwei grundlegende Handbücher
	Neuer Herder-Handatlas, hrsg. von C. TROLL
	Beginn des Aufbaus kartographischer Datenbanken in den USA (World Data Bank)
1967	Strukturatlas Nordwestschweiz – Oberelsaß – Südschwarzwaldf

1968	BVL Atlas über die Landschaft der BRD
	Wirtschaftsgeographischer Weltatlas, hrsg. von H. Boesch
1969	World Atlas of Agriculture, Padua
1969–72	World Atlas of Agriculture, 4 Bde., Novara
1969–76	Thematische Karten zur Welt von heute, Kiel
1972	Eduard Imhof: Thematische Kartographie
	Beginn der Satellitenerderkundung durch LANDSAT I und Nutzung für Kartographie
1973	World Data Bank II. Weltweite Datei von Küstenlinien, Gewässernetz und politischen Grenzen für Kartographie erschlossen
1975	List Großer Weltatlas
	Erscheinungsbeginn der von Erik Arnberger herausgegebenen Enzyklopädie: Die Kartographie und ihre Randgebiete (16 Haupt- und 5 Ergänzungsbände)
1976	Alexander Weltatlas
	Atlas der Republik Österreich, hrsg. v. H. Bobek und E. Arnberger
1977	Erscheinungsbeginn des Afrika-Kartenwerks der DFG und des Tübinger Atlas des Vorderen Orients
1979	Werner Witt: Lexikon der Kartographie
1986	Europäischer Erdbeobachtungssatellit SPOT

Kennzeichnend für Kartographie seit Mitte der achtziger Jahre: Stürmische Entwicklung der Nutzung von Fernerkundungsdaten (Satelliten) und digitaler Technologien durch Computereinsatz (raumbezogene Informationssysteme, Datenbanken, Automatisierung bei Entwurf und Zeichentechnik, automatisierte Kartennachführung usw.). Auch in Deutschland Aufbau kartographischer Datenbanken, z. B. EUROB des Instituts für Angewandte Geodäsie auf der Basis der Karte 1 : 1 Million.

Literatur

Bargrow, L.: Geschichte der Kartographie. Berlin 1951
— u. Skelton, R. A.: Meister der Kartographie. Berlin 1963
Beck, H.: Zeittafel der Geographie. Geogr. Taschenbuch 1958/59, S. 29–48; 1960/61, S. 1–14; 1962/63, S. 1–20; 1964/65, S. 1–18
Bonacker, W.: Kartenmacher aller Länder und Zeiten. Stuttgart 1966
Bricker, Ch. u. Vere Tooley, R.: Gloria Cartographiae. Geschichte der mittelalterlichen Kartographie. Gütersloh – Berlin 1971

ENGELMANN, G.: Zeittafel der Kartographie 1700–1850. Geogr. Taschenbuch 1966/69, S. 1–20

FREITAG, U.: Die Zeitalter und Epochen der Kartengeschichte. Kartogr. Nachr., 1972, S. 184–191

GROSJEAN, G., KINAUER, R.: Kartenkunst und Kartentechnik vom Altertum bis zum Barock. 2. Aufl. Bern 1975

KRETSCHMER, I.: Dreißig Jahre Kartographie (1945–1975) in den „Mitteilungen der Österreichischen Geographischen Gesellschaft". Kartogr. Nachr. 26, 1976, S. 20–23

LEHMANN, E.: Alte deutsche Landkarten. Leipzig 1935

Lexikon zur Geschichte der Kartographie. Bearb. von I. KRETSCHMER, J. DÖRFLINGER, F. WAWRIK. (Die Kartographie und ihre Randgebiete, hrsg. von E. ARNBERGER, Band C). Wien 1986

MEINE, K.-H. (Hrsg.): Kartengeschichte und Kartenbearbeitung. Festschr. f. W. BONAKKER. Bad Godesberg 1968

MILLER, K.: Mappae mundi, die ältesten Weltkarten. 6 Bände. Stuttgart 1895–1898

NORDENSKIÖLD, A. E.: Facsimile-Atlas to the early history of cartography. Stockholm 1889

OEHME, R.: Die Geschichte der Kartographie des deutschen Südwestens. Konstanz – Stuttgart 1961

—: Neue Literatur der Geographie und Kartographie Deutschlands des 16. Jahrhunderts. Geogr. Ztschr., 53, 1965, S. 192–197

SCHARFE, W. (Hrsg.): Kartendrucke von Deutschland (bis 1815). Titelverzeichnis. Berlin 1978

SCHMIDT-FALKENBERG, H.: Die „Geographie" des Ptolemäus und ihre Bedeutung für die europäische Kartographie. Forsch. u. Fortschr., 39, 1965, S. 353–357

WAWRIK, F.: Berühmte Atlanten. Dortmund 1982

WOLKENHAUER, W.: Aus der Geschichte der Kartographie. Dt. Geogr. Blätter. Bremen 1895, 1904, 1910, 1911, 1912, 1913, 1917

—: Zeittafel zur Geschichte der Kartographie mit erläuternden Zusätzen und mit Hinweis auf die Quellenliteratur unter besonderer Berücksichtigung Deutschlands. Acta cartogr., 9, 1970, S. 469–498 (Aus dt. Geogr. Blätter 16, 1893, S. 319–348)

Sachregister

Abgeleitete Quellenkarten *202*
Abplattung der Erde 43
Absolute Methode *207f.*, *211f.*, 231, *243*, 310
Abstrakte Karten 195, *203*, 245
Abweitung 44
Äquatorialmaßstab 37
Äquatorständige Azimutalprojektion 55–60, 85, 88 ff., 93
Äquidistanz 117, 119, 146, 150, 162
Äquipotentialfläche 42
Aerophotogrammetrie 21, 135 f., 159, 161, 377
Agrargeographische Karten 244, *337*
Aitoffs Planisphäre 60, 77, 88, 92
Albers' flächentreue Schnittkegelprojektion 64, 83, 87

Alpenvereinskartographie 172
Amtliche Kartenwerke 141 ff.
Amtliches Vermessungswesen 377
Anaglyphenkarte 25, 115
Analytische Karten *202*, 231, 281, 287, 332, 337
Angewandte Karte 20, 179, 195
Arbeitskarten 244
Arealkarten 294
Astronomische Karten 52, 56, 73, 92, 368
Atlas der deutschen Agrarlandschaft 344, 363, 388
– des deutschen Lebensraumes 364
Atlaskartographie 91, 173 ff., 372, 377
Aufgabe thematischer Karten 195

Ausleseverfahren 199
Aussage thematischer Karten 196
Azimutalprojektionen 49–61, 83, 85, 87–89, 91, 95, 378 f.
Azimutbestimmungen
→ Winkelmessungen

Banddarstellungen 227, 231, 350
Bandkartogramme 215
Bandkolorit 219
Bandsignaturen 336
Barometrische Höhenformel 376
– Höhenmessung 132 f.
Bartholomews Lotusprojektion 78

Basislinie 131, 135
Basismessung 375
Begriff „thematische Karte" 195
Behrmanns flächentreue Schnittzylinderprojektion 71, 83 f.
Belegortkarten 203, 213, 327
Bergbaukarten 242, *347*
Bergschraffen 372
Bergstriche 110 f., 123
Besitzverhältnisse, Karte der 340
Bevölkerungsdichtekarten 195, *305–312*
Bevölkerungsdichtekartogramme 213
Bevölkerungskarten 198, 203, 214, 230, 239, *305–315*
Bevölkerungsverteilung, Karten der 229, 305 ff.
Bewegungsvorgänge, Darstellung der 213, 231 f.
Bildpläne 137 f.
Bildplastik 121
Bildstatistisches Prinzip 238
Bildsymbole 217, 238, 241, 245, 332
Bildzeichen 233
Binnenschiffahrtskarten 180, 196
Blatteinteilung 145
Blockdiagramm (Blockbild) 22, 118
Blockmethoe 242
Bodenkarten 258
Bodennutzungskarten 339–341, 358
Bodenschätzungskarten 259
Bodenwetterkarte 278
Böschungsschraffen 106–109, 123 f., 274 f.
Böschungsschummerung 109 ff.
Bogenmaßstab 42, 371
Bonnesche Projektion 64, 82, 87, 95, 162, 371, 379
Breitenkreise 43
Bussole 127

Cassinische Karte 23, 30, 35, 162
Computereinsatz 211
Computerkartographie 32 ff., 115
Consol-Karten 180

Darstellung in absoluter Methode *207 f.*, 242, 305
– dynamischer Veränderungen 214
– fest begrenzter und kontinuierlich verbreiteter Erscheinungen 204
–, kombinierte 229, 231
– komplexer Erscheinungen 198
–, positionstreue 213
–, raumtreue 213
– in relativer Methode *208*, 212, 231, 243, 318, 333
–, situationstreue 213
– unveränderlicher und veränderlicher Sachverhalte 204
Darstellungsmöglichkeiten 197
Darstellungsprinzipien 196
Darstellungstechnik *231 ff.*, 246
Darstellungstypen thematischer Karten *216 ff.*, 231
Daten, digitale 15, 157
Decca-Karten 180
Deckblatt 187, 189, 191
Deckblattkarten 202
Deduktive Karten 204
Deutsche amtliche Kartenwerke *143 ff.*
– Atlaskartographie 175
– Generalkarte 171, 383
– Grundkarte 148
– Landesaufnahme 377
– Topographische Karte 143–157, 382
– Weltkarte 383
Deutscher Planungsatlas 358, 363, 383
Diagramm 195, 217 f.
Diagrammdarstellungen, positionstreue 217 f.
–, raumtreue 218
Diagrammkaren 217 f., 224, 231
Dichtedarstellung, relative 222
Dichtegruppen 311
Dichtekarten 212, 221, 231
Dichtekartogramme 222
Dichtepunkt-Methode 205, 212, *243*
Dichtestufen 247
Diskreta 204 f.
Dreiecke 333
Dreiecksmessung
→ Triangulation
Dreiecksnetze 130, *373*, 376
Dufour-Karte 110, 160
Dynamische Karten 328
– Vorgänge 323

Echte Kegelprojektion 61, 83, 86, 92
– Zylinderprojektion 66, 83, 90 f.
Eckerts Trapez-, Ellipsen- und Sinuslinienentwürfe 74–76, 84, 86, 90 f.
Eindeutigkeitsgrenze 38
Einfache Kegelprojektion 61, 83, 86, 92
Eingradfehler 44
Einheitsblätter 153
Einheitslinien-Methode 351
Einheitspunkte 212
Ellipsenentwürfe 74, 85
Entdeckungszeitalter 370
„Erdapfel" Martin Behaims 29
Erdbebenkarten 275
Erdellipsoid 42, 80
Erdgestalt 48, 80, 368
Erdmessung 42, 374
Erdöl-Weltatlas 383
Erdsphäroid 42, 377
Erdteilkarte 55, 59, 91
Erdumfangberechnung 42, 368 f.
ERTS 138

Facsimile-Atlas 174, 379
Faksimileausgaben 140
Farbenlehre 122, 380
Farbenplastik 13, 120 f.
Farbskalen, luftperspektivische 122
Farbwahl 195, 198, 235, 253, 317, 341
Fehlinterpretationen 232
Feinübersichtskarten 210
Feldskizze 135
Felszeichnung 118, 160
Fernerkundung 31
Ferro 43, 373
Figurenmaßstab 239
Fiktive Karten 203
Flachdruck 140
Flächenberechnung 191
Flächendarstellung 197, 221, 231, 320
Flächenfarben 211, *219*, 225, *234*, 259, 341
Flächenkartogramm 202, 205, *208*, 212, 222, 351
Flächennutzungskarten 196, *339*, 358
Flächenraster 229
Flächensignaturen 97, 101 f., 253
Flächentönung 111

Flächentreue 18, 45f., 71f., 77, 89, 91, 182
Flächenvergleich 90, 197
Flächenzeichenkartogramm 208
Fliegerkarten → Luftfahrtkarten
Flurformenkarten 301f., 338
Flurnutzungsformen *339f.*
Flußdichtekarten 291
Flußkarten 180
Folgemaßstäbe 163
Forderungen an thematische Karte 198
Formbilder 264
Formenanschaulichkeit 109, 123
Formenplastik 110
Formentypenkarten 267
Formlinie 117
Franzisko-Josephinische Aufnahme 158, 172
Franziszeische Landesaufnahme 158, 371
Funktionale Siedlungskarte 302
– Strukturkarten 335

Gauß-Krügersche Koordinaten 70, 80, 380
Gauß-Krügersches Gitternetz 81f.
Gebirgsdarstellung 103, 113
Gefällslinien 214
Geländedarstellung 102–124, 244f.
Geländeskizze 112
Geländezeichnung 103
Gemarkungskarten 339f.
Gemarkungsübersichtskarten 190
Generalisierung 39ff., 96f., 184, 197, 233, 353
Generalkarten 38, 155, 159
Generalstabskarten 149, 159
Geodäsie 13, 26, 42
Geodätische Abbildungen 80
Geognostische Karten 248
Geoid 42
Geoinformationssysteme (GIS) 15, 31ff.
Geologische Karten 171, 213, 219, 248ff., 348
Geomedizinische Karten 327
Geomorphologische Karten 204, 261
Geophysikalische Karten *257*
Geopolitische Karten *319*, 323
Geradachsige Kegelprojektion 62
Gesetz der großen Zahl 232

Gesteinskarte 203
Gewässerkarten *290*
Gitterlinien, Gitternetz 81, 148, 151, 187
Gletscherdarstellungen 159
Gliederung, kulturräumliche 353
–, naturräumliche 353
–, wirtschaftsräumliche 354
–, zentralörtliche 355f.
Globularprojektion 57ff., 88, 91
Globus 26ff., 91, 326, 368, 370, 373
Gnomonische Projektion 49f., 87
Gon 44
Goods flächentreue Zylinderprojektion 77, 83, 86
Gradabteilungskarten 79, 91, 149, 152, 154, 156, 162, 165
Gradfeld 44, 193
Gradfeldstreifen 75
Gradnetz 29, 43, 370
Gradtrapez 44
Gravitationsgesetze 43
Greenwich 44, 379
Grenzbandmethode 219, 228, 231, 319
Grenzen thematischer Karten 198
Grenzlinienmethode 219
Größenpunktmethode 205, 212
Großkreis 69
Großmaßstäbliche Karten 118, 164, 187, 193
Grundkarten 245, 322, 342
Grundlagekarte 219, *244*
Grundrißtreue 100
Grundrißzeichnung 197

Halbkugeldarstellungen 91
Halbperspektivische Darstellungen 105
Hammers Planisphäre 10, 85, 88, 92
Handatlanten 361
Handatlas 175, 379
Hangwinkelkarten 264, 266f.
Hausatlanten 175
Hauslabs Höhenplastik 121
Hilfskärtchen 187
Himmelsgloben 29
Himmelskarten 29, 51, 56, 73, 92, 368
Historisch-genetische Darstellung 322
Historisch-Statistische Grundkarte 1 : 100000 190

Historisch-Statistische Grundkarten 322
Historische Karten *321*
Hochbildkarten 115
Hochdruck 139
Hochwert 80
Höhenanschaulichkeit 110, 123
Höhenbezugspunkt 160
Höhenflurkarte 149
Höhenlinien 103, 106, 115, 148ff.
Höhenliniendarstellung 244
Höhenlinienkarte (auch Isohypsenkarte) 123, 148ff., 378
Höhenmessung 18, 128, 132, 386, 373, 377
Höhennullpunkte 132, 158ff., 378
Höhenplastik 120, 376, 378
Höhenschichten 13, 120, 168
Höhenschichtenkarte 120, 123, 163, 165, 374, 376
Höhenspannenkarten 264
Höhenstufenkarten 123
Höhenwetterkarten 278
Höhenzahlen 117
Holzschnittdrucke 139
Holzschnittkarten 370
Homalographische Projektion 73, 376
Homannsche Offizien 175
Horizontalmaßstab 22
Hybrid-Dateien 33
Hydrologische Karten 291
– Übersichtskarte 382
Hydrographische Karten 165, 290
Hypsometer
→ Siedethermometer
Hypsometrische Karte 376f.

Imhofs luftperspektivische Skala 122
Indicatrix 95
Induktive Karten 203
Industriekarten 199, 349
Industriestandortkarten 232, 238
Informationssysteme 15, 18
Inselkarten 148, 221
Intensitätsstufen 198
Internationale Atlaskartographie 176
– Weltkarte 146, 162ff., 167ff.
Interpretation thematischer Karten 274
Interpretationskarten 202

Invar-Draht-Meßverfahren 131
Isanomalenkarte 378
Isarithmen 202, *225*, 265
Isobaren 225, 281
Isobasen 250
Isobathe 117, 374
Isobathendarstellung 182, 372
Isobathenkarte 182, 375
Isochronen 226, 351
Isodistanzen 226, 351
Isodynamen 351
Isogonen 195, 225, 281
Isohyeten 225, 285
Isohygromenen 268
Isohypsen 36, 103, 116, 153
Isohypsenkarte (auch Höhenlinienkarte) 376, 380
Isolinien 197, 205, *225*, 231, 257, 281, 313, *351*
Isometrische Projektion 25
Isoplethen 226
Isosynchen 351
Isotachen 351
Isothermen 278, 281 f.
Isothermenkarte 376
Itinerarien 127, 369

Josephinische Landesaufnahme 158 f.

Kantenlinien 119
Kantenschraffen 119
Karstatlas 383
Karte 18
– des Deutschen Reiches 109, 139, 143, 152
– von Mitteleuropa 171
Kartenanalyse 187
Kartenaufnahme 127
Kartendarstellung 18, 37 f.
Kartengrundlage 357
Karteninhalt 96
Karteninterpretation *187, 192*
Kartenlesen *184–186*
Kartenprojektionen 42–95
Kartenreproduktion 139
Kartensammlungen 186
Kartenschrift 124
Kartensignatur 190
Kartenskizze 18
Kartenwerke 141
– europäischer Staaten 158 ff.
Kartentechnik 14
Kartenwissenschaft 381
Kartenzeichen 198
–, Normung der 357

Kartenzweiecke 27, 44
Kartodiagramme 206, 216, *218*, 224, 231
Kartogramm 195, *206*, 224, 231
Kartographie, Geschichte der 368
–, praktische 13 f.
–, thematische 13, 377, 383
–, theoretische 13
Kartometrie 191
Katasteraufnahmen 148
Katasterkarten 37, 301
Kausalprofil 26 f.
Kavalierperspektive 105
Kegelprojektionen 61, 162, 168, 181
Kippregel 130
Kippregelaufnahmen 377
Klassifikation thematischer Karten 201, 231, *248*
Kleingeldmethode 242
Kleinmaßstäbliche Karten 123, 184
Kleintriangulation 132
Klimaatlanten 364, 381 f.
Klimadiagrammkarte 218
Klimakarten 278, 385 ff.
–, analytische 281, 287
–, synthetische 281, 288
Körperzeichenkartogramme 208
Kombination von Farben und Signaturen 244
Kombinierte Geländedarstellung 123
Kompaßkarte 93
Komplexe Karten 202, 334
Konfessionskarte 222
Konkrete Karen 203
Konkretisierung 14
Kontinua 204, 225, 313
Koordinatensystem 376
Korrelationsdiagramm 239
Kraftlinien 324
Kreiskartogramm 207, 331
Kreisringe 331
Kreissektorendiagramm 209, 318
Kreissektorenkartodiagramm 205, 209, 219
Kroki 112, 128
Küstenitinerare 92
Kugelkreis, größter 69
Kugelmethode 247, 308, 331
Kugelzone 43, 64
Kupferstich 139, 152
Kupfertiefdruck 160
Kurvenkartodiagramm 207

Länderkarten 67, 73, 91
Längenbestimmungen 368
Längenkreise 43
Längenmaßstab 36
Längentreue 18, 45, 80, 89, 91, 95
Lagekartogramme 348
Lagerstättenkarten 251
Lagevergleich 92
Lambert-Gaußsche winkeltreue Kegelprojektion 83, 162, 168
Lamberts flächentreue äquatorständige Azimutalprojektion 59, 83, 88
– – Kegelprojektion 64, 83, 87
– – polständige Azimutalprojektion 54, 83, 88
– – Zylinderprojektion 70, 83 ff., 90
Landesaufnahme 91, 95, 129, 143, 374, 377 f.
Landesplanung 138, 195, 357
Landnutzungskarten 213, 340, 343, 357
Landsat 138
Landschaftsgliederungskarten 204
Landwirtschaftsgeographische Grundkarten 342
Laufendhaltung 19, 29, 137, 144
Legende 96, 146, 197, 245
Lehmannsche Böschungsschraffen 107, 153
– Schraffenskala 107
Lichtdruck 140
Lichtsatz 126
Lineardarstellungen 227
Liniensignaturen 90 ff., 197, 227, 233
Lithographieverfahren 140
Loran-Karten 180
Loxodrome 69, 89
Luftbild 29 ff.
Luftbildaufnahmen 29, 148
Luftbilder 191
Luftbildinterpretation 31, 138, 191
Luftbild-Raummodell 22
Luftfahrtkarten 46, 56, 70, 89, 180, 195
Luftperspektivische Skala 122

Mantellinie 61
Maßstab 36 f., 142, 187, 196, 209, 350
Maßstabslose Karte 37
Maßstabreihe 146

Maßstabsschlüssel 36
Mathematische Grundlagen 95
Maulwurfshügelmanier 103f., 371
Mehrpolige Projektionen 77
Meldegitter 82, 152
mental-maps 18
Mercator-Sansonsche Zylinderprojektion 73, 76, 83–85, 94, 372, 374
Mercatorprojektion 37, 68, 83f., 89, 182
Meridian 43
Meridiangrad 37, 68
Meridiankonvergenz 82
Meridianstreifen 44, 75
Meßtisch 130, 134
Meßtischaufnahme 134, 148, 152
Meßtischblatt 149, 184, 187
Meßtischphotogrammetrie 161
Meßtischtachymetrie 135
Meßziffern 196
Meteorologische Karten 204
Methode, mathematische 313
–, qualitative 330
– räumlicher Gruppenbildung 313
Methoden thematischer Kartographie 211
Militärgeographische Karten 360
Militärkartographie 143, 156, 361
Milligon 44
Mischprojektionen 77
Mittabstandstreue Azimutalprojektionen 53, 83, 87
Modifizierte Kartenprojektionen 45, 78, 80
– polykonische Projektion 79
Modul 36
Mönchskarten 92, 369
Mollweidesche Projektion 73, 76, 85f., 88, 90f.
Mondkarten (auch Himmelskarten) 56
Morphochronologische Karten 271
Morphodynamische Karten 271
Morphogenetische Karten 270f.
Morphographische Karten 267
– Zeichen 268
Morphologische Ausgaben 154
– Karten 197, 204, 261
Morphometrie 194
Morphometrische Karten 264

Morphophysiologische Karten 270
Mosaikkarte 221, 233, 369
Mosaikkartogramme 221, 243
Müfflingsche Manier 109, 153

Nadelabweichung 82
Nationalatlanten 177, 361
Nationalitätenkarten 195, 221, 243, 317
NATO-Karten 82
Naturfarbenskala 123
Navigationskarten 50, 180
Nells modifizierte Azimutalprojektion 58, 88, 91, 95
Netzentwürfe 23, 42f., 83–89, 92
– Geschichte der 92
Nichtamtliche Kartenwerke 171
Niederschlagskarten 195, 285
Nivellement 128f., 382
Nordische Länder
Normalhöhenpunkt 134, 143
Normung 246, 357
Nubische Goldminenkarte 368
Nullfläche 117
Nullmeridian 43, 128, 160–165
Nutzflächenkarten 337, 339, 358

Offsetdruck 14, 196
Orientierung 185
Orometrie 194
Orohydrographische Karten 151, 156
Orthodrome 50, 55, 69
Orthographische Azimutalprojektionen 49, 51, 54, 88
Ortsbestimmungen 128, 375
Ortslagekarten 217, 231, 333
Ortssignaturen 105ff.
Ostwalds Farbenlehre 122
Ozeanographische Karten 204, 290

Paläogeographische Karte 251
Parallelkreise 44
Peilkompaß 127
Perspektivische Projektion 22, 47
Peters-Projektion 71, 83f., 90
Peuckersche Farbenplastik 121
Peutinger-Tafel 103, 180
Pfeil als Signatur 214, 228, 323, 325f.

Pflanzengeographische Karten 294f.
Pflanzensoziologische Karten 295
Phänologische Karten 195, 282, 284, 379
Photogrammetrie 29, 127, 135–138
Photolithographie 140
Physiographische Karten 262, 381
Pictomap 361
Pläne 37, 191
Plan 357
Planigloben 58, 91
Planimetrie 193
Planisphäre 60, 74, 77, 84f., 88, 92, 379
Plankammern 141
Planungsatlanten 375, 363
Planungskarten 356ff., 377
Planwerke 148
Planzeiger 82
Plattkarte, quadratische 67, 83f., 182
Plattkarten 67f., 77, 84f., 92f., 370
Polarkarten 53, 91
Politische Karten 319
Pollinie 371
Polständige Azimutalprojektionen 49, 54, 83, 87f., 91
– Mittabstandstreue Azimutalprojektion 53
– Orthographische Azimutalprojektion 51, 88
– Stereographische Azimutalprojektion 52, 88
– Zentrale Azimutalprojektion 49
Polyederprojektion 78, 84, 87, 91, 95, 149, 152, 376
Polygonzugmessung 131f.
Portulankarte 93, 182
Positionskarten 217, 231, 333
Positionssignaturen 217f.
Positionstreue 206, 218
Präzisionsrelief 115, 380f.
Preußische Landesaufnahme 143
– Polyederprojektion 78, 143, 149, 376
Problemkarten 195
Produktionskundliche Karten 330
Profile 118
Profilschnitte 22
Projektion 45–94, 196

–, orthogonale 106
–, polykonische 78, 84, 87, 91, 95, 165, 167, 378
Projektionen
→ Kartenprojektionen bzw. unter Spezielbezeichnungen
–, echte 47
–, flächentreue 51
–, Kriterien für die Bestimmung von 84 ff.
Projektionsfläche 47
Pseudoareale 220, 221, *294*, 298
Pseudoisarithmen 226, 265, 310
Psychologische Wirkung thematischer Karten 247
Prolemäus-Atlanten 93, 371
Ptolemäuskarten 173
Punktkarten 212, *223f.*, 231, *242*, 309, 332
Punktkartogramm *207*, 212
Punktmethode 306
Punktquadratmethode 318
Punktsignaturen 197
Punktstreuungskarten 218, *224*, 231, 307, 311

Quadermethode *242*
Quadratraster-Flächenkartogramm 310
Quadratische Plattkarte 67, 83 f., 264
Qualitative Methode 211
Quantitätsstufen 198
Quellenkarten, primäre 202
Quellenmaterial 14, 232

Radar-Karten 180
Radkarten 92, 173, 369
Rassenkarten *317*
Raster 225, 235, *237*, 246
Rasterbeispiele *236*
Raumbildkartogramm 208
Raumgliederungskarten *353*
Raummodell 22
Raumordnungspläne 357f.
Raumplastische Karte 115
Raumstrukturkarte 359
Raumtreue 206, *218*
Rechteckige Plattkarte 67f., 77, 83, 92, 369
Rechtswert 80
Regionalatlanten 176, 357, 381
Regionalfarben 121
Regionalkartographie 372
Regionalpläne 357
Reichsdreiecksmessung 381

Relative Methode *208*, 212, 231, 243, 318, 333
Relief 13, 21 f., 28, 187, 373
Reliefdarstellung 102, 106, *187*
Reliefenergie. Karte der 264, 380
Reliefgloben 28
Reliefkarte 102, 173, 379, 381
Religionskarten *316*
Reproduktionstechnik 139
Reymannsche Karte 154
Richtungspfeile 214, 228, 240, 323, *325*
Ringkartogramm 209
Rotationsellipsoid 45, 80
Routenaufnahme 127
Rumbenkarte 93, 182

Säulendiagramm **3/8**, 331, 333
Sammelkarten 348
Sanson-Flamsteed-Projektion 374
Satellitenaufnahmen 138
Schattenplastische Geländedarstellung 115
Schatenschraffen 109, 160
Schattenschraffenkarte 377
Schattenschummerung 111, 113, 115, 123, 155
Scheinkorrelation 212
Schematisierung 353
Schichtgravur 196
Schichtlinien 115
Schiefachsige (zwischenständige) Azimutalprojektion 49, 61, 88 f., 91
Schmetterlingskarten 78, 83, 89
Schnittkegelprojektion 64, 154, 169
Schnittzylinderprojektion 380
Schrägansicht 103
Schräglichtschummerung
→ Schattenschummerung
Schraffen 106, 109, 111, 123, 149, 158, 162
Schraffenkarte 123, 162, 377 f.
Schraffur 195, 235, *237*, 336
Schulatlanten 175 f., 361
Schummerung 106, 111–115, 123, 152
Schummerungskarte 123, 377
Schwarz-Weiß-Karten 318, 326
Schweizer Manier 117, 122, 379, 381
Schwereverteilung, Karte der 257
Seekarten 46, 56, 70, 89, 174, 182 f., 196, 370 f., 373
Seitenmessung → Trilateration

Seuchenkarten 329
Siebdruck 141
Siedlungsformenkarte 302
Siedlungsgeographische Karten *299*
Siegfried-Atlas 119, 172
Siegfried-Karte 160
Signaturen 96–102, 184, 190, 195, 233, 235, *239*, *254*, 341
Signaturenschlüssel 239, 246
Sinuslinienentwürfe 74, 86, 91
Situationstreue 206
Situationszeichnung 148, 154
Skala, luftperspektivische 122
Skalenwerte 198, 239
Soldnersche Koordinaten 80
Speichentreue Azimutalprojektion 53, 87
Spezialentwürfe für topographische Kartenwerke 78
Sphärische Zweiecke 27, 44
Sphäroid 42f., 377
Sprachkarten 195, 197, *316*
„Sprechende" Symbole 328
Sprungstelle 82
Staatenkarten 221
Stab-Wernersche Projektion 65, 83, 87, 93
Stabmethode 242
Stadtgenetische Karten 301
Stahlstich 139, 376
Standortkarten 345
Statische Karten 327
Statistische Unterlagen 232
Steindruck 154, 374, 376
Stereographische Projektion 49, 52, 56, 83
Stereokaren 22
Stereophotogrammetrie 380
Sterngloben 29
Stoffauswahl 14
Straßenkarten 180, 195, 369
Streckenmessung 131
Streifendiagramme 206, 247
Streifenkartodiagramme 218
Streifenkartogramme *209*
Streifenmanier 317
Strichätzung 139
Stromlinien *214*
Strukturtypen thematischer Karten *216*
Stufenrelief 21
Stumme Karten 124
Suggestivkarten 326
Summenlinien 196
Sydowschw Regionalfarben 121
Symbole 96, 195, 198, 211, 217, 233, *238*, 266, 328, 333

Synthetische Karten *202*, 231, 281, 288, 334, 336, 338, 351

Tachymeteraufnahme 127, 135
Technik thematischer Kartendarstellung *231*
Tektonische Karten 204, *249*
Textkarten 139
Thematische Atlanten 209, *363*
- Karte 20, 195ff., 179
- Spezialkarten 210
Thematischer Globus 362
- Weltatlas 195
Thermoisoplethen 282
Terraindarstellung 102
Tiefdruck 139
Tiefenlinie → Isobathe
Tiergeographische Karten *298*
Topographische Bezugsgrundlage 19, *244*
- Karten 18ff., 143ff.
- Kartenwerke 171
Touristenwanderkarte 172
Transversale Mercatorprojektion 70
Transversalmaßstab 36
Trapezentwürfe 74, 86
Triangulation 25, 43, 144, 371 f.
Trigonometrische Höhenmessung 133, 368
Trigonometrischer Punkt 130 f.

Übersichtskarten 38, 180, 210
Umdruckkare 160
Umdruckverfahren 139
Umwelt-Informationssysteme 15
Unechte Kegelprojektionen 64, 87, 375
- Zylinderprojektionen 72, 77, 84, 90 f., 93
UTM-Gitter 82

Vegetationskarten *296*
Vektorgraphik (CAD) 15

Vektorzeichen 197 f., 228, 231, 323
Verbreitungsareale 219
Verbreitungsdarstellungen nach absoluter Methode 222
- nach relativer Methode 221
Verbreitungskarten 197, *219*, 221, 222, 298, 329, 347
- in Flächendarstellung *219*
Vereinfachte Kegelprojektion 62, 83, 86
Verkehrsbänder 215, 350
Verkehrseinheitskarten 351
Verkehrskarten 215, *349*, 351
Verkehrskartogramme 351
Verlaufsraster 313 f.
Vermessungstechnik 372
Vermittelnde Projektionen 97, 380
Vertikalmaßstab 22
- projektion 22
Vervielfältigung von Karten 141
Verzerrung 379
Verzerrungsellipse 95
Verzerrungsgesetz 95
Völkerkarten 197, 211, 219, 317
Volksdichtekarten 195, 208, 239, *308*, 313, 334
Volkstumskarten 317

Wahlkarten 320 f.
Wanderkarten 17, 195
Wandkarten 173
Wehrgeographische Karten 361
Welt-Klima-Atlas 287
Welt-Seuchen-Atlas 112, 329, 383
Weltatlas 176, 377, 379
Weltkarte, geologische 377
-, Internationale 39, 146, 156, 162 f., 167-170, 379 f., 383
Weltkartenkonferenz 167 f., 383
Weltkartenwerk der Ostblockländer 383
Weltkartenwerke 169 f.

Weltwirtschaftskarten 333
Wenschow-Verfahren 115
Wertdiagramme 198
Wertefelddarstellungen 197, 205
Wetterkarten 52, 89, *278*, 377
Wiener Methode der Bildstatistik 238, *241 f.*
Windkarten 278
Windrosendiagramme 282
Windstrahlenkarte 93, 182
Winkelmessungen 127
Winkels vermittelnde Projektion 77, 89, 92
Winkeltreue 18, 45, 69, 77, 92, 95, 182
- Projektionen 83, 89
Winkelverzerrung 71
Wirtschaftsformationen, Karte der 334
Wirtschaftskarten 90, 198, *330*
-, analytische *332*, 337
-, komplexe 334
-, spezielle 337
-, synthetische *334*, 337
Wirtschaftskartogramme 213
Wirtschaftslandschaft, Karten der 334, 339, *341*
Wirtschaftsräumliche Gliederung 354
Wohnplatzkarten 308

Zählkurven 117, 150, 155
Zählrahmenmethode 241
Zahlenbilder 198
Zahlentachymetrie 135
Zeichenerklärung *245*, 267, 303
Zentigon 44
Zentrale Projektionen 49, 55, 88
Zentralörtliche Gliederung 355, *356*
Zentralperspektive 32
Zustandskarten 322
Zwischenständige Azimutalprojektionen 61, 89, 91
Zylinderprojektion 49, 66, 83, 91 ff., 95, 368, 372, 376
-, Unechte flächentreue 93, 376

cm	1:5000 (m)	1:25000 (m)	1:50000 (m)	1:100000 (km)	1:200000 (km)	1:300000 (km)	1:500000 (km)	1:1000000 (km)	1:10000000 (km)	1:50000000 (km)
16	800	4000	8000	16	32	48	80	160	1600	8000
15	750	3750	7500	15	30	45	75	150	1500	7500
14	700	3500	7000	14	28	42	70	140	1400	7000
13	650	3250	6500	13	26	39	65	130	1300	6500
12	600	3000	6000	12	24	36	60	120	1200	6000
11	550	2750	5500	11	22	33	55	110	1100	5500
10	500	2500	5000	10	20	30	50	100	1000	5000
9	450	2250	4500	9	18	27	45	90	900	4500
8	400	2000	4000	8	16	24	40	80	800	4000
7	350	1750	3500	7	14	21	35	70	700	3500
6	300	1500	3000	6	12	18	30	60	600	3000
5	250	1250	2500	5	10	15	25	50	500	2500
4	200	1000	2000	4	8	12	20	40	400	2000
3	150	750	1500	3	6	9	15	30	300	1500
2	100	500	1000	2	4	6	10	20	200	1000
1	50	250	500	1	2	3	5	10	100	500
0	0	0	0	0	0	0	0	0	0	0